Berliner Kommentare

WpDVerOV

Wertpapierdienstleistungs-Verhaltens-
und Organisationsverordnung

Kommentar

Herausgegeben von

Dr. Thomas Preuße
Rechtsanwalt

und

Dr. Frank Zingel
Rechtsanwalt

Bearbeitet von

Dr. Mareike Altmann · Annika Dahm, LL.M. · Claudia Haubner ·
Dr. Rolf Haußner · Dr. Arne Hertel · Dr. Daniel Kieser ·
René Lorenz · Dr. Stephan Niermann · Dr. Thomas Preuße ·
Dr. Lars Röh · Dr. Holger Schäfer · Dr. Sabine Scholz-Fröhling ·
Dr. Frank Zingel

ERICH SCHMIDT VERLAG

Bibliografische Information der Deutschen Nationalbibliothek
Die Deutsche Nationalbibliothek verzeichnet diese Publikation
in der Deutschen Nationalbibliografie; detaillierte bibliografische Daten
sind im Internet über
http://dnb.d-nb.de abrufbar.

**Weitere Informationen zu diesem Titel
finden Sie im Internet unter**
ESV.info/978 3 503 15890 4

Zitiervorschlag:
Bearbeiter, in: Preuße/Zingel, WpDVerOV, § … Rn. …

ISBN 978 3 503 15890 4
ISSN 1865-4177

Alle Rechte vorbehalten
© Erich Schmidt Verlag GmbH & Co. KG, Berlin 2015
www.ESV.info

Dieses Papier erfüllt die Frankfurter Forderungen
der Deutschen Nationalbibliothek und der Gesellschaft für das Buch
bezüglich der Alterungsbeständigkeit und entspricht sowohl den
strengen Bestimmungen der US-Norm Ansi/Niso Z 39.48-1992
als auch der ISO-Norm 9706.

Gesetzt aus 8/9 Punkt Candida

Satz: schwarz auf weiss, Berlin
Druck und Bindung: Kösel, Altusried-Krugzell

Vorwort

Das Bundesministerium der Finanzen hat die *Verordnung zur Konkretisierung der Verhaltensregeln und Organisationsanforderungen für Wertpapierdienstleistungsunternehmen* (**Wertpapierdienstleistungs-Verhaltens- und Organisationsverordnung – WpDVerOV**) am 20. Juli 2007 erlassen (BGBl. I S. 1432). Die WpDVerOV hat seitdem zahlreiche Ergänzungen und Änderungen erfahren, zuletzt durch die *Zweite Verordnung zur Änderung der Wertpapierdienstleistungs-Verhaltens- und Organisationsverordnung* vom 15. Juli 2014 (BGBl. I S. 956). Die WpDVerOV konkretisiert zahlreiche Normen des *Wertpapierhandelsgesetzes* (**WpHG**). Sie ist eine maßgebliche Rechtsquelle für die Anforderungen, denen Wertpapierdienstleistungsunternehmen in ihrer Tätigkeit unterliegen.

Die WpDVerOV erfährt nach unserem Eindruck aber nicht immer die Beachtung, die ihr mit ihren detaillierten Vorgaben zu den Organisations- und Wohlverhaltenspflichten für das Wertpapiergeschäft von Banken, Sparkassen und Finanzdienstleistungsinstituten zukommt. Dies liegt nicht zuletzt daran, dass der Blick immer wieder auf Auslegungsentscheidungen der Bundesanstalt für Finanzdienstleistungsaufsicht (**BaFin**) gezogen wird, die in Informationsblättern, Leitfäden, Merkblättern, Mitteilungsblättern, FAQ-Listen und Rundschreiben veröffentlicht werden. Diese Auslegungsentscheidungen lösen sich in ihrer Darstellung oftmals von einzelnen Tatbestandsmerkmalen der gesetzlichen Anforderungen im WpHG und seiner konkretisierenden Verordnungen wie der WpDVerOV, so dass diese hinter ihnen verschwimmen.

Dadurch kann bisweilen der Eindruck entstehen, dass etwa das BaFin-Rundschreiben über *Mindestanforderungen an die Compliance-Funktion und die weiteren Verhaltens-, Organisations- und Transparenzpflichten nach §§ 31 ff. WpHG für Wertpapierdienstleistungsunternehmen* (**MaComp**) eigenständige Vorgaben enthält; und nicht (lediglich) eine Darstellung jener Auslegungen von gesetzlichen Bestimmungen ist, die die BaFin ihrer Aufsichtspraxis zugrunde legt. Vor diesem Hintergrund erscheint es uns lohnenswert, eine Kommentierung der WpDVerOV vorzulegen und damit den dort enthaltenen Normen eine größere Aufmerksamkeit zu widmen. Wir freuen uns über jede Anregung und Kritik aus dem Kreis unserer Leser.

Die Bearbeiter dieser Kommentierung sind in der Aufsicht, in Banken, Verbänden und Rechtsanwaltskanzleien tätig. Sie alle sind mit der Aufsichtspraxis über Wertpapierdienstleistungsunternehmen langjährig befasst. Dies hat zu der vorliegenden praxisorientierten Kommentierung wesentlich beigetragen. Das Werk befindet sich durchgängig auf dem Stand vom Januar 2015. Später erschienene Aufsichtspraxis und Literatur konnte nur noch vereinzelt berücksichtigt werden.

Die Herausgeber bedanken sich bei allen Autorinnen und Autoren für ihr Engagement und die oftmals geopferte Freizeit. Ganz herzlich danken wir Herrn Peter Fischenbeck für das schnelle und zuverlässige Vorablektorat der Manuskripte sowie Maja Masuhr und Marcel Michaelis für wertvolle Recherchen. Unser besonderer Dank gebührt zudem Herrn Joachim Diehm und allen Mitarbeitern des Erich Schmidt Verlages, die das Werk umsichtig und zügig betreut haben.

Berlin, im Februar 2015

Thomas Preuße   Frank Zingel

Inhaltsverzeichnis

Vorwort V

Autorenverzeichnis IX

Abkürzungsverzeichnis X

Literaturverzeichnis XIV

Verordnung zur Konkretisierung der Verhaltensregeln und Organisationsanforderungen für Wertpapierdienstleistungsunternehmen (Wertpapierdienstleistungs-Verhaltens- und Organisationsverordnung – WpDVerOV)
– Verordnungstext – 1

§ 1	Anwendungsbereich	28
§ 2	Kunden	33
§ 3	Dauerhafter Datenträger	56
§ 4	Redliche, eindeutige und nicht irreführende Informationen an Privatkunden	59
§ 5	Kundeninformationen über Risiken, das Wertpapierdienstleistungsunternehmen, die Wertpapierdienstleistung, Kosten und Nebenkosten	80
§ 5a	Informationsblätter	126
§ 5b	Hinreichende Anzahl von auf dem Markt angebotenen Finanzinstrumenten	141
§ 6	Einholung von Kundenangaben	145
§ 7	Nicht komplexe Finanzinstrumente	171
§ 8	Berichtspflichten des Wertpapierdienstleistungsunternehmens nach § 31 Abs. 8 des Wertpapierhandelsgesetzes über die Ausführung von Aufträgen	179
§ 9	Berichtspflichten des Wertpapierdienstleistungsunternehmens nach § 31 Abs. 8 des Wertpapierhandelsgesetzes bei Finanzportfolioverwaltung	184
§ 9a	Berichtspflichten des Wertpapierdienstleistungsunternehmens bei Verwahrung von Kundenvermögen	206
§ 10	Zusammenlegung von Kundenaufträgen; Aufhebung der Bekanntmachungspflicht nach § 31c Abs. 2 des Wertpapierhandelsgesetzes	208
§ 11	Bestmögliche Ausführung von Kundenaufträgen	218

§ 12 Organisationspflichten	235
§ 13 Interessenkonflikte	314
§ 14 Aufzeichnungs- und Aufbewahrungspflichten	347
§ 14 Abs. 6 Aufzeichnungs- und Aufbewahrungspflichten	357
§ 14a Getrennte Vermögensverwahrung	406
§ 15 Inkrafttreten	418
Stichwortverzeichnis	419

Autorenverzeichnis

Dr. Mareike Altmann, Bundesanstalt für Finanzdienstleistungsaufsicht, Frankfurt a.M. — § 4

RAin Annika Dahm, LL.M., Norddeutsche Landesbank Girozentrale, Hannover — §§ 7, 10

Claudia Haubner, Norddeutsche Landesbank Girozentrale, Hannover — § 2

Dr. Rolf Haußner, Bundesanstalt für Finanzdienstleistungsaufsicht, Frankfurt a.M. — § 9

RA Dr. Arne Hertel, Deutscher Sparkassen- und Giroverband, Berlin — §§ 5b, 11

Dr. Daniel Kieser, Commerzbank AG, Frankfurt a.M. — § 5

RA René Lorenz, Bundesverband Öffentlicher Banken Deutschlands, Berlin — § 14a

RA Dr. Stephan Niermann, Commerzbank AG, Frankfurt a.M./London — § 5

RA Dr. Thomas Preuße, Deutscher Derivate Verband, Berlin — §§ 1, 5a, 5b

RA Dr. Lars Röh, lindenpartners, Berlin — § 13

Dr. Holger Schäfer, Bundesanstalt für Finanzdienstleistungsaufsicht, Frankfurt a.M. — §§ 6, 14 Abs. 6

Dr. Sabine Scholz-Fröhling, Barclays Bank PLC, Hamburg — § 12

RA Dr. Frank Zingel, lindenpartners, Berlin — §§ 1, 3, 8, 9a, 14 (ohne Abs. 6), 14a

Abkürzungsverzeichnis

a.A.	anderer Ansicht
a.a.O.	am angegebenen Ort
ABl.	Amtsblatt
Abs.	Absatz
a.E.	am Ende
AEUV	Vertrag über die Arbeitsweise der Europäischen Union
a.F.	alte Fassung
AG	Aktiengesellschaft
AGB	Allgemeine Geschäftsbedingungen
AIF	Alternative Investmentfonds
AktG	Aktiengesetz
Alt.	Alternative
AnsFuG	Gesetz zur Stärkung des Anlegerschutzes und Verbesserung der Funktionsfähigkeit des Kapitalmarkts (Anlegerschutz- und Funktionsverbesserungsgesetz)
Art.	Artikel
AT	Allgemeiner Teil
Aufl.	Auflage
Az.	Aktenzeichen
BaFin	Bundesanstalt für Finanzdienstleistungsaufsicht
BAnz	Bundesanzeiger
BB	Betriebs-Berater (Zeitschrift)
BCBS	Basel Committee on Banking Supervision
Bd.	Band
BDSG	Bundesdatenschutzgesetz
Begr.	Begründung
BGB	Bürgerliches Gesetzbuch
BGBl. I	Bundesgesetzblatt Teil I
BGH	Bundesgerichtshof
BGHSt	Entscheidungen des Bundesgerichtshofs in Strafsachen
BGHZ	Entscheidungen des Bundesgerichtshofs in Zivilsachen
BI	Business Intelligence (Zeitschrift)
BKR	Zeitschrift für Bank- und Kapitalmarktrecht
BörsG	Börsengesetz
BörsZulV	Börsenzulassungs-Verordnung
BR-Drs.	Bundesratsdrucksache
BT	Besonderer Teil
BT-Drs.	Bundestagsdrucksache
BuB	Bankrecht und Bankpraxis (Loseblattsammlung)
BVerfG	Bundesverfassungsgericht

BVerfGE	Sammlung der Entscheidungen des BVerfG
BI	Bankinformation – Das Fachmagazin der Volksbanken Raiffeisenbanken
BVR	Bundesverband der Deutschen Volksbanken und Raiffeisenbanken
bzgl.	bezüglich
bzw.	beziehungsweise
CCZ	Corporate Compliance Zeitschrift
CESR	Committee of European Securities Regulators
CRD	Capital Requirements Directive
CRP	CompRechtsPraktiker (Zeitschrift)
CRR	Capital Requirements Regulation
DCGK	Deutscher Corporate Governance Kodex
DepotG	Depotgesetz
ders.	derselbe
d.h.	das heißt
dies.	dieselbe(n)
DK	Deutsche Kreditwirtschaft
DSGV	Deutscher Sparkassen- und Giroverband
ECIIA	European Confederation of Institutes of Internal Auditing
EG	Europäische Gemeinschaften
EGBGB	Einführungsgesetz zum Bürgerlichen Gesetzbuch
ESMA	European Securities and Markets Authority (Europäische Wertpapier- und Marktaufsichtsbehörde)
etc.	et cetera
EU	Europäische Union
EWG	Europäische Wirtschaftsgemeinschaft
EWR	Europäischer Wirtschaftsraum
FinAnV	Verordnung über die Analyse von Finanzinstrumenten (Finanzanalyseverordnung)
FMA	(österreichische) Finanzmarktaufsicht
f.	folgende
Fn.	Fußnote
FRUG	Gesetz zur Umsetzung der Richtlinie über Märkte für Finanzinstrumente und der Durchführungsrichtlinie der Kommission (Finanzmarkt-Richtlinie-Umsetzungsgesetz)
gem.	gemäß
GG	Grundgesetz der Bundesrepublik Deutschland
ggf.	gegebenenfalls
GmbH	Gesellschaft mit beschränkter Haftung
GmbHG	Gesetz betreffend die Gesellschaften mit beschränkter Haftung
Halbs.	Halbsatz
HGB	Handelsgesetzbuch
h.M.	herrschende Meinung
Hrsg.	Herausgeber

WpDVerOV Abkürzungsverzeichnis

IAS	International Accounting Standards
i.d.R.	in der Regel
IDW	Institut der Wirtschaftsprüfer
i.E.	im Ergebnis
IFRS	International Financial Reporting Standards
IKS	Internes Kontrollsystem
IPO	Initial Public Offering
i.S.d.	im Sinne des/der
i.S.v.	im Sinne von
i.V.m.	in Verbindung mit
KAGB	Kapitalanlagegesetzbuch
KK-WpHG	Kölner Kommentar zum WpHG
KWG	Gesetz über das Kreditwesen
LG	Landgericht
lit.	littera
MaComp	Mindestanforderungen an die Compliance-Funktion und die weiteren Verhaltens-, Organisations- und Transparenzpflichten nach §§ 31 ff. WpHG für Wertpapierdienstleistungsunternehmen
MaRisk	Mindestanforderungen an das Risikomanagement
MiFID	Markets in Financial Instruments Directive (Richtlinie über Märkte für Finanzinstrumente – Finanzmarktrichtlinie)
MiFID II	Markets in Financial Instruments Directive II
MiFID-DRL	MiFID-Durchführungsrichtlinie
MiFID-DVO	MiFID-Durchführungsverordnung
MiFIR	Markets in Financial Instruments Regulation (Verordnung über Märkte für Finanzinstrumente – Finanzmarktverordnung)
MüKo-...	Münchener Kommentar zum ...
m.w.N.	mit weiteren Nachweisen
n.F.	neue Fassung
NJW	Neue Juristische Wochenschrift (Zeitschrift)
NJW-RR	NJW Rechtsprechungs-Report
Nr.	Nummer
o.Ä.	oder Ähnliches
ÖBA	(Österreichisches) BankArchiv (Zeitschrift)
o.g.	oben genannte
OGAW	Organismen für gemeinsame Anlagen in Wertpapieren
OLG	Oberlandesgericht
OTC	Over The Counter
OWiG	Gesetz über Ordnungswidrigkeiten
PAngV	Preisangabenverordnung
PIB	Produktinformationsblatt
Reg.	Regierung
RegE	Regierungsentwurf
Rn.	Randnummer(n)

S.	Seite
s.	siehe
SchVG	Gesetz über Schuldverschreibungen aus Gesamtemissionen (Schuldverschreibungsgesetz)
SEC	Securities and Exchange Commission
s.o.	siehe oben
sog.	sogenannte
s.u.	siehe unten
s.v.	sub voce
Tz.	Textziffer
u.a.	unter anderem
Unterabs.	Unterabsatz
u.U.	unter Umständen
UWG	Gesetz gegen den unlauteren Wettbewerb
v.	vom
Var.	Variante
VermAnlG	Gesetz über Vermögensanlagen (Vermögensanlagengesetz)
vgl.	vergleiche
VVG	Gesetz über den Versicherungsvertrag
WM	Wertpapier-Mitteilungen, Zeitschrift für Wirtschafts- und Bankrecht
WpDPV	Wertpapierdienstleistungs-Prüfungsverordnung
WpHG	Gesetz über den Wertpapierhandel (Wertpapierhandelsgesetz)
WpPG	Wertpapierprospektgesetz
WpÜG	Wertpapiererwerbs- und Übernahmegesetz
z.B.	zum Beispiel
ZBB	Zeitschrift für Bankrecht und Bankwirtschaft
zfwu	Zeitschrift für Wirtschafts- und Unternehmensethik
ZHR	Zeitschrift für das gesamte Handelsrecht und Wirtschaftsrecht
Ziff.	Ziffer
ZIP	Zeitschrift für Wirtschaftsrecht
ZIR	Zeitschrift Interne Revision
ZIS	Zeitschrift für Internationale Strafrechtsdogmatik
ZPO	Zivilprozessordnung
z.T.	zum Teil

Literaturverzeichnis

Ankert, Stefan: Versteckte Schätze im Beratungsprotokoll nutzen, bank und markt 2012, S. 34 ff.

Assies, Paul H.; Beule, Dirk; Heise, Julia; Strube, Hartmut (Hrsg.): Handbuch des Fachanwalts Bank- und Kapitalmarktrecht, 3. Auflage, Köln, 2012

Assmann, Heinz-Dieter: Interessenkonflikte und „Inducements" im Lichte der Richtlinie über Märkte für Finanzinstrumente (MiFID) und der MiFID-Durchführungsrichtlinie, ÖBA 2007, S. 40 ff.

Assmann, Heinz-Dieter; Schneider, Uwe H. (Hrsg.): Wertpapierhandelsgesetz, 6. Auflage, Köln, 2012

Assmann, Heinz-Dieter; Schütze, Rolf A. (Hrsg.): Handbuch des Kapitalanlagerechts, 4. Auflage, München, 2015

Balzer, Peter: Umsetzung der MiFID: Ein neuer Rechtsrahmen für die Anlageberatung, ZBB 2007, S. 333 ff.

Balzer, Peter; Lang, Volker: Kundenkategorisierung und allgemeine Informationspflichten, BankPraktiker 2007, Beilage 1, S. 10 ff.

Baumbach, Adolf; Hopt, Klaus J.: Handelsgesetzbuch, 36. Auflage, München, 2014

Becker, Axel; Förschler, Dominik; Klein, Joachim (Hrsg.): MiFID – Bearbeitungs- und Prüfungsleitfaden, Frankfurt, 2007

Benicke, Christoph: Wertpapiervermögensverwaltung, Tübingen, 2006

Blazek, Daniel: § 34f Gewerbeordnung (GewO) und seine Folgen: Zu den Pflichten für Anlageberater und Anlagevermittler nach der neuen Verordnung über die Finanzanlagenvermittlung (FinVermV), 2013

Bock, Dennis: Strafrechtliche Aspekte der Compliance-Diskussion, ZIS 2009, S. 68 ff.

Böhlen, Andreas von; Kan, Jens (Hrsg.): MiFID-Kompendium – Praktischer Leitfaden für Finanzdienstleister, Berlin/Heidelberg, 2008

Böhm, Michael: Regierungsentwurf zur Verbesserung der Durchsetzbarkeit von Ansprüchen aus Falschberatung, BKR 2009, S. 221 ff.

Boos, Karl-Heinz; Fischer, Reinfrid; Schulte-Mattler, Hermann (Hrsg.): Kreditwesengesetz, 4. Auflage, München, 2012

Brinckmann, Hendrik: Lehman-Zertifikate und die Neuregelungen bei der Anlageberatung anlässlich der Reform des SchVG – Lässt sich eine vorsichtigere Beratungspraxis etablieren?, BKR 2010, S. 45 ff.

Brinkmann, Michael; Haußwald, Falk; Marbeiter, Andreas; Petersen, Thies; Richter, Hans; Schäfer, Holger: Compliance – Konsequenzen aus der MiFID, Köln, 2008

Buck-Heeb, Petra: Informationsorganisation im Kapitalmarktrecht – Compliance zwischen Informationsmanagement und Wissensorganisationspflichten, CCZ 2009, S. 18 ff.

Buck-Heeb, Petra: Insiderwissen, Interessenkonflikte und Chinese Walls bei Banken – Zur rechtlichen Wirkung von Vertraulichkeitsbereichen, in: Grundmann, Stefan et al. (Hrsg.), Festschrift für Klaus J. Hopt zum 70. Geburtstag, Berlin, 2010, S. 1647 ff.

Buck-Heeb, Petra: Kapitalmarktrecht, 7. Aufl., Heidelberg 2013

Buck-Heeb, Petra: Verhaltenspflichten beim Vertrieb, ZHR 177 (2013), 310 ff.

Bühner, Rolf: Betriebswirtschaftliche Organisationslehre, 10. Auflage, München, 2004

Bülow, Stephan: Chinese Walls: Vertraulichkeit und Effizienz, die bank 1997, S. 290 ff.

du Buisson, Joachim: Kundengeldverwahrung nach § 34a Abs. 1 WpHG n.F., WM 2009, S. 834 ff.

Cahn, Andreas: Grenzen des Markt- und Anlegerschutzes durch das WpHG, ZHR 162 (1998), S. 1 ff.

Casper, Matthias: Der Compliance-Beauftragte – unternehmensinternes Aktienamt, Unternehmensbeauftragter oder einfacher Angestellter?, in: Bitter, Georg et al. (Hrsg.), Festschrift für Karsten Schmidt, Köln, 2009, S. 199 ff.

Claßen, Ruth: Neue Anforderungen – Anlageberatung im Fokus des Gesetzgebers, BI 9/2009, S. 71 f.

Claßen, Ruth/Müller, Heinz: Intensive Unterstützung – Umsetzung der neuen Anforderungen bei der Anlageberatung, BI 12/2009, S. 6 ff.

Clouth, Peter/Lang, Volker (Hrsg.): MiFID Praktikerhandbuch, 1. Auflage, Köln, 2007

Derleder, Peter; Knops, Kai-Oliver; Bamberger, Heinz G. (Hrsg.): Handbuch zum deutschen und europäischen Bankrecht, 2. Auflage, Wien, 2009

Dierkes, Thomas: Best Execution in der deutschen Börsenlandschaft, ZBB 2008, S. 11 ff.

Dlugosch, Oliver: Privatkundengeschäft: Prozessoptimierung in der Bankberatung, die bank 10/2011, S. 70 ff.

Duve, Christian; Keller, Moritz: MiFID: Die neue Welt des Wertpapiergeschäfts, BB 2006, S. 2425 ff.

Ebenroth, Carsten Thomas; Boujong, Karlheinz; Joost, Detlev; Strohn, Lutz: Handelsgesetzbuch, Band 1: §§ 1–342e, 3. Auflage, München, 2014

Eisele, Dieter: Insiderrecht und Compliance, WM 1993, S. 1021 ff.

Ellenberger, Jürgen: Prospekthaftung im Wertpapierhandel, Berlin, 2001

Ellenberger, Jürgen; Schäfer, Holger; Clouth, Peter; Lang, Volker (Hrsg.): Praktikerhandbuch Wertpapier- und Derivategeschäft, 4. Auflage, Heidelberg, 2011

Epping, Volker; Hillgruber, Christian (Hrsg.): Grundgesetz, 2. Auflage, München, 2013

Eulerich, Marc: Die regulatorischen Grundlagen des Three-Lines-of-Defense-Modells, ZIR 2012, S. 192 ff.

Fleischer, Holger: Corporate Compliance im aktienrechtlichen Unternehmensverbund, CCZ 2008, S. 1 ff.

Fleischer, Holger (Hrsg.): Handbuch des Vorstandsrechts, München, 2006

Fleischer, Holger: Die Richtlinie über Märkte für Finanzinstrumente und das Finanzmarkt-Richtlinie-Umsetzungsgesetz, BKR 2006, S. 389 ff.

Fleischer, Holger; Goette, Wulf (Hrsg.): Münchener Kommentar zum Gesetz betreffend die Gesellschaften mit beschränkter Haftung – GmbHG (MüKo-GmbHG), 2. Auflage, München, 2014

Früh, Andreas: Legal & Compliance – Abgrenzung oder Annäherung (am Beispiel einer Bank), CCZ 2010, S. 121 ff.

Fuchs, Andreas (Hrsg.): Wertpapierhandelsgesetz, 1. Auflage, München, 2009

Gaßner, Otto; Escher, Markus: Bankpflichten bei der Vermögensverwaltung nach Wertpapierhandelsgesetz und BGH-Rechtsprechung, WM 1997, S. 93 ff.

Grigoleit, Hans Christoph: Anlegerschutz – Produktinformationen und Produktverbote, ZHR 177 (2013), S. 264 ff.

Hauschka, Christoph E. (Hrsg.): Corporate Compliance. Handbuch der Haftungsvermeidung im Unternehmen, 2. Auflage, München, 2010

Heidel, Thomas (Hrsg.): Aktienrecht und Kapitalmarktrecht, 4. Auflage, Baden-Baden, 2014

Hellner, Thorwald; Steuer, Stephan (Hrsg.): Bankrecht und Bankpraxis, Band 4, 111. Ergänzungslieferung, Köln, 2014

Hirte, Heribert; Möllers, Thomas M. J. (Hrsg.): Kölner Kommentar zum WpHG (KK-WpHG), 2. Auflage, Köln, 2014

Hoeren, Thomas: Das neue BDSG und der Handel mit „non-performing loans", ZBB 2010, S. 64 ff.

Hopt, Klaus J.; Wohlmannstetter, Gottfried (Hrsg.): Handbuch Corporate Governance von Banken, München, 2011

Horn, Norbert: Die Aufklärungs- und Beratungspflichten der Banken, ZBB 1997, S. 139 ff.

Illing, Diana; Umnuß, Karsten: Die arbeitsrechtliche Stellung des Compliance-Managers – insbesondere Weisungsunterworfenheit und Reportingpflichten, CCZ 2009, S. 1 ff.

Jauernig, Othmar: Bürgerliches Gesetzbuch, 15. Auflage, München, 2014

Jordans, Roman: Die Umsetzung der MiFID in Deutschland und die Abschaffung des § 37d WpHG, WM 2007, S. 1827 ff.

Kasten, Roman A.: Das neue Kundenbild des § 31a WpHG – Umsetzungsprobleme nach MIFID und FRUG –, BKR 2007, S. 261 ff.

Kemter, Christian: Testamentsvollstreckung durch Banken und die Aufklärungs-, Beratungs- und Dokumentationspflichten nach § 31, § 34 Abs. 2a WpHG, BKR 2010, S. 23 ff.

Kindler, Alexandra: Beratungsprotokolle: Viel Aufwand, wenig Mehrwert, die bank 2014, 2/S. 34 ff.

Koch, Jens: Grenzen des informationsbasierten Anlegerschutzes, BKR 2012, S. 485 ff.

Köhler, Helmut: Was müssen Wertpapierdienstleistungsunternehmen bei der Werbung beachten? – Zu den Anforderungen des § 4 WpDVerOV –, WM 2009, S. 385 ff.

Koller, Ingo: Beratung und Dokumentation nach dem § 34 Abs. 2a WpHG, in: Burgard, Ulrich et al. (Hrsg.), Festschrift für Uwe H. Schneider zum 70. Geburtstag, Köln, 2011, S. 651 ff.

Krimphove, Dieter; Kruse, Oliver (Hrsg.): MaComp, Mindestanforderungen an die Compliance-Funktion und die weiteren Verhaltens-, Organisations- und Transparenzpflichten nach §§ 31 ff. WpHG für Wertpapierdienstleistungsunternehmen, 1. Auflage, München, 2013

Kümpel, Siegfried; Wittig, Arne: Bank- und Kapitalmarktrecht, 4. Auflage, Köln 2011

Kuhner, Christoph: Interessenkonflikte aus der Sicht der Betriebswirtschaftslehre, zfwu 2005, S. 138 ff.

Lang, Volker: Informationspflichten bei Wertpapierdienstleistungen. Rechtliche Grundlagen, Typenspezifische Anforderungen, Haftung, 1. Auflage, München, 2002

Lang, Volker: BGH: Aufklärungsbedürftigkeit bei Börsentermingeschäften auch bei Rechtsanwälten und Notaren, BKR 2005, S. 36 ff.

Lang, Volker; Kühne, Otto: Anlegerschutz und Finanzkrise – noch mehr Regeln?, WM 2009, S. 1301 ff.

Langenbucher, Katja; Bliesener, Dirk H.; Spindler, Gerald (Hrsg.): Bankrechts-Kommentar, München, 2013

Lenenbach, Markus: Kapitalmarktrecht, 2. Auflage, Köln, 2010

Leuering, Dieter; Zetsche, Dirk: Die Reform des Schuldverschreibungs- und Anlageberatungsrechts – (Mehr) Verbraucherschutz im Finanzmarktrecht, NJW 2009, S. 2856 ff.

Lösler, Thomas: Compliance im Wertpapierdienstleistungskonzern, Berlin, 2003

Lösler, Thomas: Die Mindestanforderungen an Compliance und die weiteren Verhaltens-, Organisations- und Transparenzpflichten nach §§ 31 ff. WpHG (MaComp), WM 2010, S. 1917 ff.

Marsch-Barner, Reinhard; Schäfer, Frank A. (Hrsg.): Handbuch börsennotierte AG. Aktien- und Kapitalmarktrecht, 3. Auflage, Köln, 2014

Maunz, Theodor; Dürig, Günter: Grundgesetz, 73. Ergänzungslieferung, München, 2014

Messenböck, Reinhard; Klein, Til: Das Ende der Beratung?, die bank 8/2012, S. 46 ff.

Mosch, Anita: Besser beraten, Sparkasse 9/2010, S. 10 ff.

Mülbert, Peter O.: Anlegerschutz und Finanzmarktregulierung, ZHR 177 (2013), S. 160 ff.

Nobbe, Gerd: Bankgeheimnis, Datenschutz und Abtretung von Darlehensforderungen, WM 2005, S. 1537 ff.

Paetzmann, Karsten; Schöning, Stephan: Corporate Governance von Kreditinstituten, Berlin, 2014

Palandt, Otto: Bürgerliches Gesetzbuch: BGB, 73. Auflage, München, 2014

Park, Tido (Hrsg.): Kapitalmarktstrafrecht, 3. Auflage, Baden-Baden, 2013

Pfeifer, Klaus-Gerhard: Einführung der Dokumentationspflicht für das Beratungsgespräch durch § 34 Abs. 2a WpHG, BKR 2009, S. 485 ff.

Preuße, Thomas (Hrsg.): SchVG, Gesetz über Schuldverschreibungen aus Gesamtemissionen, Berlin, 2011

Preuße, Thomas; Schmidt, Maike: Anforderungen an Informationsblätter nach § 31 Abs. 3a WpHG, BKR 2011, S. 265 ff.

Preuße, Thomas; Seitz, Jochen; Lesser, Thomas: Konkretisierung der Anforderungen an Produktinformationsblätter nach § 31 Abs. 3 a WpHG, BKR 2014, S. 70 ff.

Reinhart, Stefan; Alfes, André: Anlageberatung in Zeiten der Finanzmarktkrise, BankPraktiker 2009, S. 64 ff.

Renz, Hartmut; Hense, Dirk (Hrsg.): Organisation der Wertpapier-Compliance-Funktion, Berlin 2012

Renz, Hartmut; Hense, Dirk (Hrsg.): Wertpapier-Compliance in der Praxis, Berlin, 2010

Rößler, Nicolas/Yoo, Chan-Jae: Die Einführung des § 34d WpHG durch das AnsFuG aus aufsichts- und arbeitsrechtlicher Sicht – Berufsverbot oder Papiertiger?, BKR 2011, 377 ff.

Repke, Hagen: Die Rolle von Finanzanalysten in Investmentbanken unter Berücksichtigung von Interessenkonflikten, Dissertation, Berlin, 2007

Richter, Julia: Produktinformationsblätter: Erstellung und Einsatz, CRP 2014, S. 176 ff.

Röh, Lars: Compliance nach der MiFID – zwischen höherer Effizienz und mehr Bürokratie, BB 2008, S. 398 ff.

Röh, Lars; Zingel, Frank: Compliance nach der MiFID II, Compliance-Berater 2014, S. 429 ff.

Rönnau, Thomas; Schneider, Frédéric: Der Compliance-Beauftragte als strafrechtlicher Garant, ZIP 2010, S. 53 ff.

Säcker, Franz Jürgen; Rixecker, Roland: Münchener Kommentar zum Bürgerlichen Gesetzbuch: BGB (MüKo-BGB)
Band 1, Allgemeiner Teil, §§ 1–240, 6. Auflage, München, 2012
Band 2: Schuldrecht Allgemeiner Teil, §§ 241–432, 6. Auflage, München, 2012

Schäfer, Frank A.: Vereinbarungen über Benachrichtigungspflichten in Vermögensverwaltungsverträgen, WM 1995, S. 1009 ff.

Schäfer, Frank A.: Die Pflicht zur Protokollierung des Anlageberatungsgesprächs gemäß § 34 Abs. 2a, 2b WpHG, in: Grundmann, Stefan et al. (Hrsg.), Festschrift für Klaus J. Hopt zum 70. Geburtstag, Berlin, 2010, S. 2427 ff.

Schäfer, Frank A.; Hamann, Uwe (Hrsg.): Kapitalmarktgesetze, 2. Auflage, Stuttgart, 2013

Schäfer, Frank A.; Sethe, Rolf; Lang, Volker (Hrsg.): Handbuch der Vermögensverwaltung, München, 2012

Schäfer, Holger: Die MaComp und die Aufgaben von Compliance, BKR 2011, S. 187 ff.

Schaffland, Hans-Jürgen; Wiltfang, Noeme: Bundesdatenschutzgesetz (BDSG), Berlin, 2014

Scharpf, Marcus Alexander: Corporate Governance, Compliance und Chinese Walls, Regensburg, 2000

Schimansky, Herbert; Bunte, Hermann-Josef; Lwowski, Hans Jürgen (Hrsg.): Bankrechts-Handbuch, 4. Auflage, München, 2011

Schrödermeier, Martin: Nachforschungspflichten einer Bank als Vermögensverwalterin zur Person ihres Kunden, WM 1995, 2053 ff.

Schulze, Reiner; Dörner, Heinrich; Ebert, Ina et al.: Bürgerliches Gesetzbuch, 8. Auflage, Baden-Baden, 2014

Schwark, Eberhard; Zimmer, Daniel (Hrsg.): Kapitalmarktrechts-Kommentar, 4. Auflage, München, 2010

Schweizer, Thilo: Insiderverbote, Interessenkonflikte und Compliance, Berlin, 1996

Schwennicke, Andreas; Auerbach, Dirk (Hrsg.): Kreditwesengesetz, 2. Auflage, München, 2013

Sethe, Rolf: Verbesserung des Anlegerschutzes? Eine kritische Würdigung des Diskussionsentwurfes für ein Anlegerstärkungs- und Funktionsverbesserungsgesetz, ZBB 2010, S. 265 ff.

Sethe, Rolf: Die funktionale Auslegung des Bankaufsichtsrechts am Beispiel der Vermögensverwaltung im Treuhandmodell, in: Burgard, Ulrich et al. (Hrsg.), Festschrift für Uwe H. Schneider zum 70. Geburtstag, Köln, 2011, S. 1239 ff.

Seyfried, Thorsten: Die Richtlinie über Märkte für Finanzinstrumente (MiFID) – Neuordnung der Wohlverhaltensregeln –, WM 2006, S. 1375 ff.

Spindler, Gerald: Unternehmensorganisationspflichten, Köln, 2001

Spindler, Gerald: Compliance in der multinationalen Bankengruppe, WM 2008, S. 905 ff.

Spindler, Gerald; Kasten, Roman A.: Der neue Rechtsrahmen für den Finanzdienstleistungssektor – die MiFID und ihre Umsetzung, Teil I und II, WM 2006, S. 1749 ff. und S. 1797 ff.

Staub, Hermann: Großkommentar Handelsgesetzbuch, 5. Auflage, Berlin, 2008

Staudinger, Julius von: Kommentar zum Bürgerlichen Gesetzbuch, Buch 1: Allgemeiner Teil, §§ 125–129, 14. Auflage, Köln, 2012

Strohmeyer, Jochen: Regierungsentwurf zur verbesserten Durchsetzbarkeit von Anlegeransprüchen aus Falschberatung, ZBB 2009, S. 197 ff.

Teuber, Hanno: Finanzmarkt-Richtlinie (MiFID) – Auswirkungen auf Anlageberatung und Vermögensverwaltung im Überblick, BKR 2006, S. 429 ff.

Teuber, Hanno: Anlegerschutz durch Beratungsprotokoll und Rücktrittsrecht, BankPraktiker 2009, S. 462 ff.

Thiele, Stefan; von Keitz, Isabel; Brücks, Michael: Internationales Bilanzrecht, Bonn, 2012

Tippach, Stefan U.: Das Insider-Handelsverbot und die besonderen Rechtspflichten der Banken, Köln, 1995

Veil, Rüdiger: Anlageberatung im Zeitalter der MiFID – Inhalt und Konzeption der Pflichten und Grundlagen einer zivilrechtlichen Haftung, WM 2007, S. 1821 ff.

Veil, Rüdiger: Compliance-Organisationen in Wertpapierdienstleistungsunternehmen im Zeitalter der MiFID – Regelungskonzepte und Rechtsprobleme, WM 2008, S. 1093 ff.

Veil, Rüdiger: Europäisches Kapitalmarktrecht, 2. Auflage, Tübingen 2014

Weichert, Tilman; Wenninger, Thomas: Die Neuregelung der Erkundigungs- und Aufklärungspflichten von Wertpapierdienstleistungsunternehmen gem. Art. 19 RiL 2004/39/EG (MiFID) und Finanzmarkt-Richtlinie-Umsetzungsgesetz, WM 2007, S. 627 ff.

Weitnauer, Wolfgang; Boxberger, Lutz; Anders, Dietmar (Hrsg.): KAGB, Kommentar zum Kapitalanlagegesetzbuch und zur Verordnung über Europäische Risikokapitalfonds mit Bezügen zum AIFM-StAnpG, München, 2014

Wilken, Rainer/Wildhirt, Daniel/Krause, Eric: Die Informationsflut nutzen, die bank 8/2010, S. 45 ff.

Zeidler, Simon-Alexander: Marketing nach MiFID, WM 2008, S. 238 ff.

Zingel, Frank: Die Verpflichtung zur bestmöglichen Ausführung von Kundenaufträgen nach dem Finanzmarkt-Richtlinie-Umsetzungsgesetz, BKR 2007, S. 173 ff.

Verordnung zur Konkretisierung der Verhaltensregeln und Organisationsanforderungen für Wertpapierdienstleistungsunternehmen (Wertpapierdienstleistungs-Verhaltens- und Organisationsverordnung – WpDVerOV)

Vom 20. Juli 2007 (BGBl. I S. 1432),
zuletzt geändert durch Artikel 1 der Verordnung vom 15. Juli 2014
(BGBl. I S. 956)

Eingangsformel

Auf Grund des § 31 Abs. 11 Satz 1, des § 31a Abs. 8 Satz 1, des § 31b Abs. 2 Satz 1, des § 31c Abs. 3 Satz 1, des § 33 Abs. 4 Satz 1, des § 33a Abs. 9 Satz 1 und des § 34 Abs. 4 Satz 1 des Wertpapierhandelsgesetzes in der Fassung der Bekanntmachung vom 9. September 1998 (BGBl. I S. 2708), von denen § 31 Abs. 11 durch Artikel 1 Nr. 16 Buchstabe e, § 31a Abs. 8, § 31b Abs. 2 und § 31c Abs. 3 jeweils durch Artikel 1 Nr. 17, § 33 Abs. 4 durch Artikel 1 Nr. 20, § 33a Abs. 9 durch Artikel 1 Nr. 21 und § 34 Abs. 4 durch Artikel 1 Nr. 22 des Gesetzes vom 16. Juli 2007 (BGBl. I S. 1330) eingefügt worden sind, verordnet das Bundesministerium der Finanzen:

§ 1
Anwendungsbereich

(1) Die Vorschriften dieser Verordnung sind anzuwenden auf

1. die Kundeneigenschaft, soweit diese betrifft

    a) die Vorgaben an eine Einstufung als professioneller Kunde im Sinne des § 31a Abs. 2 Satz 2 Nr. 2 des Wertpapierhandelsgesetzes,

    b) das Verfahren und die organisatorischen Vorkehrungen der Wertpapierdienstleistungsunternehmen bei der Änderung der Einstufung des Kunden nach § 31a Abs. 5 des Wertpapierhandelsgesetzes,

    c) die Kriterien, das Verfahren und die organisatorischen Vorkehrungen bei einer Einstufung eines professionellen Kunden als Privatkunde nach § 31a Abs. 6 des Wertpapierhandelsgesetzes und eines Privatkunden als professioneller Kunde nach § 31a Abs. 7 des Wertpapierhandelsgesetzes,

2. organisatorische Vorkehrungen und Verfahren der Einstufung geeigneter Gegenparteien hinsichtlich

   a) der Form und des Inhalts einer Vereinbarung zwischen geeigneter Gegenpartei und dem Wertpapierdienstleistungsunternehmen nach § 31b Abs. 1 Satz 2 des Wertpapierhandelsgesetzes,

   b) der Zustimmung, als geeignete Gegenpartei nach § 31a Abs. 4 Satz 2 des Wertpapierhandelsgesetzes behandelt zu werden,

3. die allgemeinen Verhaltensregeln, soweit diese betreffen

   a) die Gestaltung der Information für die Kunden nach § 31 Absatz 1 Nummer 2, Absatz 2, 3, 4b und 4d Satz 1 des Wertpapierhandelsgesetzes nach Art, Inhalt und Zeitpunkt und die Anforderungen an den Datenträger,

   b) die Art der nach § 31 Abs. 4 und 5 des Wertpapierhandelsgesetzes von den Kunden einzuholenden Informationen,

   c) die Bestimmung weiterer nicht komplexer Finanzinstrumente im Sinne des § 31 Abs. 7 Nr. 1 des Wertpapierhandelsgesetzes,

   d) die Gestaltung nach Art, Inhalt und Zeitpunkt der nach § 31 Abs. 8 des Wertpapierhandelsgesetzes notwendigen Berichte an die Kunden und die Anforderungen an den Datenträger,

4. die Bearbeitung von Kundenaufträgen hinsichtlich

   a) der Verpflichtung zur korrekten Verbuchung der Kundengelder und Kundenfinanzinstrumente nach § 31c Abs. 1 Nr. 3 des Wertpapierhandelsgesetzes,

   b) der Verpflichtung, bei der Zusammenlegung von Kundenaufträgen mit anderen Kundenaufträgen oder mit Aufträgen für eigene Rechnung des Wertpapierdienstleistungsunternehmens die Interessen aller beteiligten Kunden zu wahren,

   c) der Verpflichtung, limitierte Kundenaufträge in Bezug auf Aktien, die zum Handel an einem organisierten Markt zugelassen sind, aufgrund der Marktbedingungen aber nicht unverzüglich ausgeführt werden, unverzüglich so bekannt zu machen, dass sie anderen Marktteilnehmern leicht zugänglich sind, solange der Kunde keine andere Weisung erteilt,

   d) der Voraussetzungen, unter denen die Bundesanstalt für Finanzdienstleistungsaufsicht (Bundesanstalt) die Verpflichtung zur Bekanntmachung limitierter Kundenaufträge nach § 31c Abs. 2 Satz 1 des Wertpapierhandelsgesetzes, die den marktüblichen Geschäftsumfang im Sinne des § 31 Abs. 2 Satz 3 des Wertpapierhandelsgesetzes erheblich überschreiten, aufheben kann,

5. die bestmögliche Ausführung von Kundenaufträgen in Bezug auf

   a) die Mindestanforderungen zur Aufstellung der Ausführungsgrundsätze nach § 33a Abs. 1 bis 5 des Wertpapierhandelsgesetzes,

b) die Grundsätze nach § 33a Abs. 8 Nr. 2 des Wertpapierhandelsgesetzes für Wertpapierdienstleistungsunternehmen, die Aufträge ihrer Kunden an Dritte zur Ausführung weiterleiten oder Finanzportfolioverwaltung betreiben, ohne die Aufträge oder Entscheidungen selbst auszuführen,

c) die Überprüfung sämtlicher Vorkehrungen nach § 33a Abs. 1 und 8 des Wertpapierhandelsgesetzes,

d) die Gestaltung nach Art und Umfang der Information über die Ausführungsgrundsätze nach § 33a Abs. 6 des Wertpapierhandelsgesetzes und die Anforderungen an den Datenträger,

6. die Organisationspflichten der Wertpapierdienstleistungsunternehmen bezüglich der Anforderungen nach § 33 Absatz 1 Satz 2 Nummer 1 in Verbindung mit Satz 3 und der angemessen Vorkehrungen und Maßnahmen nach § 33 Absatz 1 Satz 2 Nummer 3 sowie Absatz 3a des Wertpapierhandelsgesetzes,

7. die Aufzeichnungspflichten der Wertpapierdienstleistungsunternehmen und die Geeignetheit der dauerhaften Datenträger nach § 34 Abs. 1 und 2 des Wertpapierhandelsgesetzes,

8. die Pflichten zum Schutz des Kundenvermögens nach § 34a Abs. 1 bis 4 und die Anforderungen an qualifizierte Geldmarktfonds im Sinne des § 34a Abs. 1 Satz 1 des Wertpapierhandelsgesetzes.

(2) Die Verordnung gilt entsprechend für Zweigniederlassungen im Sinne des § 53b des Kreditwesengesetzes, Kapitalverwaltungsgesellschaften im Sinne des § 17 des Kapitalanlagegesetzbuchs, ausländische AIF-Verwaltungsgesellschaften, deren Referenzmitgliedstaat die Bundesrepublik Deutschland nach § 56 des Kapitalanlagegesetzbuchs ist, sowie Zweigniederlassungen und Tätigkeiten im Wege des grenzüberschreitenden Dienstleistungsverkehrs von Verwaltungsgesellschaften nach § 51 Absatz 1 Satz 1, § 54 Absatz 1 und § 66 Absatz 1 des Kapitalanlagegesetzbuchs, soweit die Vorschriften des Wertpapierhandelsgesetzes auf diese Anwendung finden.

§ 2
Kunden

(1) Wertpapierdienstleistungsunternehmen müssen die notwendigen organisatorischen Vorkehrungen treffen, insbesondere Grundsätze aufstellen, Verfahren einrichten und Maßnahmen ergreifen, um Kunden nach § 31a des Wertpapierhandelsgesetzes einzustufen und die Einstufung professioneller Kunden aus begründetem Anlass überprüfen zu können.

(2) Die Einstufung eines Privatkunden als professioneller Kunde nach § 31a Abs. 7 Satz 1 erste Alternative des Wertpapierhandelsgesetzes darf nur erfolgen, wenn der Kunde

1. gegenüber dem Wertpapierdienstleistungsunternehmen zumindest in Textform beantragt hat, generell oder für eine bestimmte Art von

Geschäften, Finanzinstrumenten oder Wertpapierdienstleistungen oder für ein bestimmtes Geschäft oder für eine bestimmte Wertpapierdienstleistung als professioneller Kunde eingestuft zu werden,

2. vom Wertpapierdienstleistungsunternehmen auf einem dauerhaften Datenträger eindeutig auf die rechtlichen Folgen der Einstufungsänderung hingewiesen worden ist,

3. seine Kenntnisnahme der nach Nummer 2 gegebenen Hinweise in einem gesonderten Dokument bestätigt hat.

Beabsichtigt das Wertpapierdienstleistungsunternehmen, einen Kunden nach § 31a Abs. 7 Satz 1 zweite Alternative des Wertpapierhandelsgesetzes als professionellen Kunden einzustufen, gilt Satz 1 entsprechend mit der Maßgabe, dass der Kunde sein Einverständnis zumindest in Textform erklären muss.

(3) Bei Personengesellschaften und Kapitalgesellschaften, die die Kriterien des § 31a Abs. 2 Satz 2 Nr. 2 des Wertpapierhandelsgesetzes nicht erfüllen, ist es für die Änderung der Einstufung nach § 31a Abs. 7 Satz 3 des Wertpapierhandelsgesetzes ausreichend, wenn die in § 31a Abs. 7 Satz 3 Nr. 1 oder 3 des Wertpapierhandelsgesetzes genannten Kriterien durch eine von der Gesellschaft benannte Person erfüllt werden, die befugt ist, die von der Änderung der Einstufung umfassten Geschäfte im Namen der Gesellschaft zu tätigen.

(4) Vereinbart ein Wertpapierdienstleistungsunternehmen mit einer geeigneten Gegenpartei eine Änderung der Einstufung nach § 31a Abs. 5 des Wertpapierhandelsgesetzes, ist diese als professioneller Kunde zu behandeln, es sei denn, es wird ausdrücklich zumindest in Textform die Einstufung als Privatkunde vereinbart. § 31a Abs. 6 Satz 3 des Wertpapierhandelsgesetzes gilt entsprechend.

(5) Eine vor dem 1. November 2007 entsprechend dem Bewertungsverfahren nach Teil C der Richtlinie gemäß § 35 Abs. 6 des Gesetzes über den Wertpapierhandel (WpHG) zur Konkretisierung der §§ 31 und 32 WpHG für das Kommissionsgeschäft, den Eigenhandel für andere und das Vermittlungsgeschäft der Wertpapierdienstleistungsunternehmen vom 23. August 2001 (BAnz. S. 19 217) durchgeführte Kundeneinstufung entspricht den Anforderungen des § 31a Abs. 6 Satz 5 des Wertpapierhandelsgesetzes. Die Information nach § 31a Abs. 6 Satz 6 des Wertpapierhandelsgesetzes kann in standardisierter Form erfolgen.

§ 3
Dauerhafter Datenträger

(1) Ist für die Bereitstellung von Informationen nach dieser Verordnung in Verbindung mit den Vorschriften des Wertpapierhandelsgesetzes die Verwendung eines dauerhaften Datenträgers vorgesehen, sind diese dem Kunden in einer Urkunde oder in einer anderen lesbaren Form zur Verfügung zu stellen, die für einen angemessenen Zeitraum die inhaltlich unveränderte Wiedergabe der Informationen ermöglicht.

(2) Die Verwendung eines anderen dauerhaften Datenträgers als Papier ist nur zulässig, wenn dies aufgrund der Rahmenbedingungen, unter denen das Geschäft ausgeführt wird, angemessen ist und der Kunde sich ausdrücklich für diese andere Form der Bereitstellung von Informationen entschieden hat.

(3) Eine auf aktuellem Stand zu haltende Veröffentlichung auf einer Internetseite genügt in den Fällen des § 5 Abs. 5 und des § 11 Abs. 4 für die Bereitstellung von Informationen, die nicht an den Kunden persönlich gerichtet sind, wenn

1. die Bereitstellung der betreffenden Informationen über dieses Medium den Rahmenbedingungen, unter denen das Geschäft zwischen dem Wertpapierdienstleistungsunternehmen und dem Kunden ausgeführt wird, angemessen ist,

2. der Kunde der Bereitstellung der Informationen in dieser Form ausdrücklich zugestimmt hat,

3. die Adresse der Internetseite, auf der die Informationen bereitgestellt werden, dem Kunden zumindest auf einem dauerhaften Datenträger mitgeteilt worden ist, und

4. die Informationen auf der Internetseite laufend abgefragt werden können und so lange eingestellt bleiben, wie unter billigem Ermessen für den Kunden zu erwarten ist.

(4) Eine Bereitstellung von Informationen über das Internet gilt insbesondere dann als angemessen, wenn der Kunde nachweislich über regelmäßigen Zugang zum Internet verfügt. Der Nachweis ist geführt, wenn der Kunde für die Bereitstellung von Informationen oder im Zusammenhang mit Wertpapierdienstleistungen eine E-Mail-Adresse angegeben hat.

§ 4
Redliche, eindeutige und nicht irreführende Informationen an Privatkunden

(1) Informationen einschließlich Werbemitteilungen, die Wertpapierdienstleistungsunternehmen Privatkunden zugänglich machen, müssen ausreichend und in einer Art und Weise dargestellt sein, dass sie für den angesprochenen Kundenkreis verständlich sind. Sie sind nur dann redlich, eindeutig und nicht irreführend im Sinne des § 31 Abs. 2 des Wertpapierhandelsgesetzes, wenn sie die Voraussetzungen der Absätze 2 bis 11 erfüllen.

(2) Mögliche Vorteile einer Wertpapierdienstleistung oder eines Finanzinstruments dürfen nur hervorgehoben werden, wenn gleichzeitig eindeutig auf etwaige damit einhergehende Risiken verwiesen wird. Wichtige Aussagen oder Warnungen dürfen nicht unverständlich oder abgeschwächt dargestellt werden.

(3) Werden im Rahmen der Informationen im Sinne des Absatzes 1 Wertpapierdienstleistungen, Wertpapiernebendienstleistungen, Finanzinstru-

mente oder Personen, die Wertpapierdienstleistungen oder Nebendienstleistungen erbringen, verglichen,

1. muss der Vergleich aussagekräftig und die Darstellung ausgewogen sein und

2. müssen die für den Vergleich herangezogenen Informationsquellen, wesentlichen Fakten und Hypothesen angegeben werden.

(4) Aussagen zu der früheren Wertentwicklung eines Finanzinstruments, eines Finanzindexes oder einer Wertpapierdienstleistung dürfen nicht im Vordergrund der Information stehen und müssen

1. geeignete Angaben zur Wertentwicklung enthalten, die sich auf die unmittelbar vorausgegangenen fünf Jahre beziehen, in denen das Finanzinstrument angeboten, der Finanzindex festgestellt oder die Wertpapierdienstleistung erbracht worden sind; Angaben über einen längeren Zeitraum müssen in Zwölfmonatszeiträumen erfolgen; liegen Angaben nur über einen kürzeren Zeitraum als fünf Jahre vor, müssen Angaben zu dem gesamten Zeitraum gemacht werden, der sich mindestens auf einen Zeitraum von zwölf Monaten erstrecken muss,

2. den Referenzzeitraum und die Informationsquelle eindeutig angeben,

3. bei Angaben in einer anderen Währung als in der Währung des Staates, in dem der Privatkunde ansässig ist, die Währung eindeutig angeben und einen Hinweis enthalten, dass die Rendite in diesen Fällen infolge von Währungsschwankungen steigen oder fallen kann, und

4. im Fall einer Bezugnahme auf die Bruttowertentwicklung angeben, wie sich Provisionen, Gebühren und andere Entgelte auswirken.

(5) Simulationen einer früheren Wertentwicklung oder Verweise auf eine solche Simulation dürfen sich nur auf ein Finanzinstrument, den einem Finanzinstrument zugrunde liegenden Basiswert oder einen Finanzindex beziehen. Sie müssen auf der tatsächlichen früheren Wertentwicklung mindestens eines Finanzinstrumentes, eines Basiswertes oder eines Finanzindexes beruhen, die mit dem betreffenden Finanzinstrument übereinstimmen oder diesem zugrunde liegen und die Voraussetzungen des Absatzes 4 erfüllen.

(6) Angaben zur künftigen Wertentwicklung dürfen nicht auf einer simulierten früheren Wertentwicklung beruhen oder auf eine solche Simulation Bezug nehmen. Die Angaben müssen auf angemessenen, durch objektive Daten gestützten Annahmen beruhen und für den Fall, dass sie auf der Bruttowertentwicklung beruhen, deutlich angeben, wie sich Provisionen, Gebühren und andere Entgelte auswirken.

(7) Die nach den Absätzen 4 bis 6 dargestellten Wertentwicklungen müssen jeweils deutliche Hinweise enthalten, auf welchen Zeitraum sich die Angaben beziehen und dass frühere Wertentwicklungen, Simulationen oder Prognosen kein verlässlicher Indikator für die künftige Wertentwicklung sind.

(8) Informationen zu einer bestimmten steuerlichen Behandlung müssen einen deutlichen Hinweis enthalten, dass die steuerliche Behandlung von den persönlichen Verhältnissen des jeweiligen Kunden abhängt und künftig Änderungen unterworfen sein kann.

(9) Informationen im Zusammenhang mit einer Werbemitteilung dürfen denjenigen Informationen nicht widersprechen, die das Wertpapierdienstleistungsunternehmen dem Kunden im Zuge der Erbringung von Wertpapierdienstleistungen und Wertpapiernebendienstleistungen zur Verfügung stellt.

(10) Enthält eine Werbemitteilung eine Willenserklärung, die unmittelbar auf die Herbeiführung eines Vertragsschlusses über ein Finanzinstrument, eine Wertpapierdienstleistung oder Wertpapiernebendienstleistung gerichtet ist, oder eine Aufforderung an den Kunden, ein solches Angebot abzugeben und ist die Art und Weise der Antwort oder ein Antwortformular vorgegeben, so sind bereits in der Werbemitteilung die Informationen nach § 5 Abs. 1 und 2 anzugeben, soweit diese für den Vertragsschluss relevant sind. Satz 1 gilt nicht, wenn ein Privatkunde zur Annahme oder zur Abgabe eines Angebots im Sinne des Satzes 1 mehrere zur Verfügung gestellte Dokumente heranziehen muss, aus denen sich, einzeln oder zusammengenommen, die geforderten Informationen ergeben.

(11) Der Name einer zuständigen Behörde im Sinne des Wertpapierhandelsgesetzes darf nicht in einer Weise genannt werden, die so verstanden werden kann, dass die Produkte oder Dienstleistungen des Wertpapierdienstleistungsunternehmens von der betroffenen Behörde gebilligt oder genehmigt werden oder worden sind.

§ 5
Kundeninformationen über Risiken, das Wertpapierdienstleistungsunternehmen, die Wertpapierdienstleistung, Kosten und Nebenkosten

(1) Die nach § 31 Abs. 3 Satz 3 Nr. 2 des Wertpapierhandelsgesetzes zur Verfügung zu stellenden Informationen über Finanzinstrumente müssen unter Berücksichtigung der Einstufung des Kunden eine ausreichend detaillierte allgemeine Beschreibung der Art und der Risiken der Finanzinstrumente enthalten. Die Beschreibung der Risiken muss, soweit nach Art des Finanzinstruments, der Einstufung und der Kenntnis des Kunden relevant, folgende Angaben enthalten:

1. die mit Finanzinstrumenten der betreffenden Art einhergehenden Risiken, einschließlich einer Erläuterung der Hebelwirkung und ihrer Effekte sowie des Risikos des Verlustes der gesamten Kapitalanlage,

2. das Ausmaß der Schwankungen des Preises (Volatilität) der betreffenden Finanzinstrumente und etwaige Beschränkungen des für solche Finanzinstrumente verfügbaren Marktes,

3. den Umstand, dass jeder Anleger aufgrund von Geschäften mit den betreffenden Instrumenten möglicherweise finanzielle und sonstige

Verpflichtungen einschließlich Eventualverbindlichkeiten übernehmen muss, die zu den Kosten für den Erwerb der Finanzinstrumente hinzukommen,

4. Einschusspflichten oder ähnliche Verpflichtungen, die für Instrumente der betreffenden Art gelten, und,

5. sofern die Wahrscheinlichkeit besteht, dass die Risiken durch die Verknüpfung verschiedener Finanzinstrumente oder Wertpapierdienstleistungen in einem zusammengesetzten Finanzinstrument größer sind als die mit jedem der Bestandteile verbundenen Risiken, angemessene Informationen über die Bestandteile des betreffenden Instruments und die Art und Weise, in der sich das Risiko durch die gegenseitige Beeinflussung dieser Bestandteile erhöht.

(2) Zu den Informationen im Sinne des § 31 Abs. 3 Satz 1 des Wertpapierhandelsgesetzes gehören gegenüber Privatkunden auch Informationen über die Vertragsbedingungen. Die nach § 31 Abs. 3 Satz 3 Nr. 1, 2 und 4 des Wertpapierhandelsgesetzes zur Verfügung zu stellenden Informationen müssen bei Privatkunden, soweit relevant, die folgenden Angaben enthalten:

1. hinsichtlich des Wertpapierdienstleistungsunternehmens und seiner Dienstleistungen:

    a) den Namen und die Anschrift des Wertpapierdienstleistungsunternehmens sowie weitere Angaben, die dem Kunden eine effektive Kommunikation mit diesem ermöglichen,

    b) die Sprachen, in denen der Kunde mit der Wertpapierfirma kommunizieren und Dokumente sowie andere Informationen von ihr erhalten kann,

    c) die Kommunikationsmittel, die verwendet werden, einschließlich der Kommunikationsmittel zur Übermittlung und zum Empfang von Aufträgen,

    d) Namen und Anschrift der zuständigen Behörde, die die Zulassung erteilt hat,

    e) einen Hinweis, wenn das Wertpapierdienstleistungsunternehmen über einen vertraglich gebundenen Vermittler handelt, einschließlich der Angabe des Mitgliedstaats, in dem dieser Vermittler registriert ist,

    f) Art, Häufigkeit und Zeitpunkt der Berichte über die erbrachten Dienstleistungen, die das Wertpapierdienstleistungsunternehmen dem Kunden nach § 31 Abs. 8 des Wertpapierhandelsgesetzes in Verbindung mit den §§ 8 und 9 dieser Verordnung zu übermitteln hat,

    g) eine Beschreibung der wesentlichen Maßnahmen, die das Wertpapierdienstleistungsunternehmen zum Schutz der bei ihm verwahrten Finanzinstrumente oder Gelder seiner Kunden trifft, einschließlich Angaben zu etwaigen Anlegerentschädigungs- oder

Einlagensicherungssystemen, denen das Wertpapierdienstleistungsunternehmen aufgrund seiner Tätigkeit in einem Mitgliedstaat angeschlossen sein muss,

h) eine Beschreibung der Grundsätze des Wertpapierdienstleistungsunternehmens für den Umgang mit Interessenkonflikten nach § 33 Abs. 1 Satz 2 Nr. 3 des Wertpapierhandelsgesetzes und § 13 Abs. 2 dieser Verordnung und

i) auf Wunsch des Kunden jederzeit Einzelheiten zu diesen Grundsätzen;

2. bei der Erbringung von Finanzportfolioverwaltung:

a) eine Bewertungs- oder andere Vergleichsmethode, die dem Privatkunden eine Bewertung der Leistung des Wertpapierdienstleistungsunternehmens ermöglicht,

b) die Managementziele, das bei der Ausübung des Ermessens durch den Verwalter zu beachtende Risikoniveau und etwaige spezifische Einschränkungen dieses Ermessens,

c) die Art und Weise sowie die Häufigkeit der Bewertung der Finanzinstrumente im Kundenportfolio,

d) Einzelheiten über eine Delegation der Vermögensverwaltung mit Ermessensspielraum in Bezug auf alle oder einen Teil der Finanzinstrumente oder Gelder im Kundenportfolio,

e) die Art der Finanzinstrumente, die in das Kundenportfolio aufgenommen werden können, und die Art der Geschäfte, die mit diesen Instrumenten ausgeführt werden können, einschließlich Angabe etwaiger Einschränkungen;

2a. bei der Erbringung der Anlageberatung:

a) ob Einschränkungen hinsichtlich der Finanzinstrumente, der Emittenten oder der Wertpapierdienstleistungen, die berücksichtigt werden können, bestehen und

b) ob bestimmte Finanzinstrumente, Emittenten oder Wertpapierdienstleistungen bevorzugt berücksichtigt werden;

3. falls ein Prospekt nach dem Wertpapierprospektgesetz veröffentlicht worden ist und das Finanzinstrument zu diesem Zeitpunkt öffentlich angeboten wird, die Angabe, bei welcher Stelle dieser Prospekt erhältlich ist;

4. im Fall von Finanzinstrumenten, die eine Garantie durch einen Dritten beinhalten, alle wesentlichen Angaben über die Garantie und über den Garantiegeber;

5. hinsichtlich der Kosten und Nebenkosten:

a) Angaben zu dem Gesamtpreis, den der Kunde im Zusammenhang mit dem Finanzinstrument, der Wertpapierdienstleistung oder der

Wertpapiernebendienstleistung zu zahlen hat, einschließlich aller damit verbundener Gebühren, Provisionen, Entgelte und Auslagen sowie aller über das Wertpapierdienstleistungsunternehmen zu entrichtenden Steuern, oder, wenn die Angabe eines genauen Preises nicht möglich ist, die Grundlage für die Berechnung des Gesamtpreises, damit der Kunde diesen überprüfen kann; die von dem Wertpapierdienstleistungsunternehmen in Rechnung gestellten Provisionen sind in jedem Fall separat aufzuführen. Falls ein Teil des Gesamtpreises in einer Fremdwährung zu zahlen oder in einer anderen Währung als in Euro dargestellt ist, müssen die betreffende Währung und der anzuwendende Wechselkurs und die damit verbundenen Kosten oder, wenn die genaue Angabe des Wechselkurses nicht möglich ist, die Grundlage für seine Berechnung angegeben werden,

b) einen Hinweis auf die Möglichkeit, dass dem Kunden aus Geschäften in Zusammenhang mit dem Finanzinstrument oder der Wertpapierdienstleistung noch weitere Kosten und Steuern entstehen können, die nicht über das Wertpapierdienstleistungsunternehmen gezahlt oder von ihm in Rechnung gestellt werden, und

c) Bestimmungen über die Zahlung oder sonstige Gegenleistungen.

(3) Die Informationen über die Vertragsbedingungen und die Informationen nach Absatz 2 Satz 2 Nr. 1 Buchstabe a bis h und Nr. 2 sind den Privatkunden zur Verfügung zu stellen, bevor eine Wertpapierdienstleistung oder Wertpapiernebendienstleistung erbracht oder ein Vertrag hierüber geschlossen wird; die übrigen Informationen sind den Privatkunden vor Erbringung der Wertpapierdienstleistung oder Nebendienstleistung zur Verfügung zu stellen. Wird auf Verlangen des Privatkunden der Vertrag telefonisch oder unter Verwendung eines anderen Fernkommunikationsmittels geschlossen, das eine Mitteilung auf einem dauerhaften Datenträger vor Vertragsschluss oder vor Beginn der Erbringung der Wertpapierdienstleistung nicht ermöglicht, hat das Wertpapierdienstleistungsunternehmen dem Privatkunden die Informationen über die Vertragsbedingungen unverzüglich nach Abschluss des Vertrags, die übrigen Informationen unverzüglich nach dem Beginn der Erbringung der Wertpapierdienstleistung auf einem dauerhaften Datenträger zur Verfügung zu stellen. § 312d Absatz 2 des Bürgerlichen Gesetzbuchs bleibt unberührt; ist der Privatkunde Unternehmer im Sinne des § 14 des Bürgerlichen Gesetzbuchs, ist § 312d Absatz 2 des Bürgerlichen Gesetzbuchs in Verbindung mit Artikel 246b § 1 des Einführungsgesetzes zum Bürgerlichen Gesetzbuche entsprechend anzuwenden, soweit dort die Offenlegung der Identität und des geschäftlichen Zwecks des Kontakts und die Zurverfügungstellung von Informationen bei Telefongesprächen geregelt ist.

(3a) Die Information nach § 31 Absatz 4d Satz 1 des Wertpapierhandelsgesetzes ist dem Kunden für jedes zu empfehlende Finanzinstrument unmittelbar vor der Empfehlung zur Verfügung zu stellen.

(4) Das Wertpapierdienstleistungsunternehmen hat den Kunden alle wesentlichen Änderungen in Bezug auf die ihnen nach § 31 Absatz 4b des

Wertpapierhandelsgesetzes sowie den Absätzen 1 und 2 zur Verfügung gestellten Informationen rechtzeitig mitzuteilen, soweit diese für eine Dienstleistung relevant sind, die das Wertpapierdienstleistungsunternehmen für den Kunden erbringt.

(5) Die Informationen nach § 31 Absatz 4b und 4d Satz 1 des Wertpapierhandelsgesetzes sowie den Absätzen 1 und 2 sind auf einem dauerhaften Datenträger zur Verfügung zu stellen. Das Gleiche gilt für eine Information nach Absatz 4, wenn für die Information, auf die sie sich bezieht, ebenfalls eine Übermittlung auf einem dauerhaften Datenträger vorgesehen ist. Eine Veröffentlichung auf einer Internetseite genügt unter den Voraussetzungen des § 3 Abs. 3.

§ 5a
Informationsblätter

(1) Das nach § 31 Absatz 3a Satz 1 des Wertpapierhandelsgesetzes zur Verfügung zu stellende Informationsblatt darf bei nicht komplexen Finanzinstrumenten im Sinne des § 7 nicht mehr als zwei DIN-A4-Seiten, bei allen übrigen Finanzinstrumenten nicht mehr als drei DIN-A4-Seiten, umfassen. Es muss die wesentlichen Informationen über das jeweilige Finanzinstrument in übersichtlicher und leicht verständlicher Weise so enthalten, dass der Kunde insbesondere

1. die Art des Finanzinstruments,

2. seine Funktionsweise,

3. die damit verbundenen Risiken,

4. die Aussichten für die Kapitalrückzahlung und Erträge unter verschiedenen Marktbedingungen und

5. die mit der Anlage verbundenen Kosten

einschätzen und mit den Merkmalen anderer Finanzinstrumente bestmöglich vergleichen kann. Das Informationsblatt darf sich jeweils nur auf ein Finanzinstrument beziehen und keine werbenden oder sonstigen, nicht dem vorgenannten Zweck dienenden Informationen enthalten.

(2) Das Informationsblatt kann auch als elektronisches Dokument zur Verfügung gestellt werden.

§ 5b
Hinreichende Anzahl von auf dem Markt
angebotenen Finanzinstrumenten

(1) Die hinreichende Anzahl von auf dem Markt angebotenen Finanzinstrumenten im Sinne des § 31 Absatz 4c Satz 1 Nummer 1 des Wertpapierhandelsgesetzes bestimmt sich in Bezug auf die auf dem Markt angebotenen Finanzinstrumente, die mit vertretbarem Aufwand verfügbar sind, und die Menge der Finanzinstrumente, die für den Kunden geeignet sind im Sinne des § 31 Absatz 4 Satz 2 des Wertpapierhandelsgesetzes.

(2) Das Wertpapierdienstleistungsunternehmen muss sicherstellen, dass die seiner Empfehlung zugrunde liegende Auswahl eine angemessene Streuung aufweist hinsichtlich verschiedener Arten von Finanzinstrumenten und hinsichtlich deren Anbieter oder Emittenten. Die Streuung hinsichtlich der Arten von Finanzinstrumenten kann beispielsweise darin bestehen, dass sich die Finanzinstrumente unterscheiden durch

1. die Funktionsweise oder die Ausstattung oder
2. die Art oder den Umfang der mit ihnen verbundenen Risiken oder
3. die mit der Anlage verbundenen Kosten.

§ 6
Einholung von Kundenangaben

(1) Zu den nach § 31 Abs. 4 des Wertpapierhandelsgesetzes einzuholenden Informationen gehören, soweit erforderlich,

1. hinsichtlich der finanziellen Verhältnisse der Kunden Angaben über Grundlage und Höhe regelmäßiger Einkommen und regelmäßiger finanzieller Verpflichtungen sowie über vorhandene Vermögenswerte, insbesondere Barvermögen, Kapitalanlagen und Immobilienvermögen und

2. hinsichtlich der mit den Geschäften verfolgten Ziele Angaben über die Anlagedauer, die Risikobereitschaft des Kunden und den Zweck der Anlage.

(2) Zu den nach § 31 Abs. 4 und 5 des Wertpapierhandelsgesetzes einzuholenden Informationen über Kenntnisse und Erfahrungen der Kunden gehören, soweit in Abhängigkeit von der Einstufung des Kunden, der Art und des Umfanges der Wertpapierdienstleistung, der Art der Finanzinstrumente und der jeweils damit verbundenen Komplexität und Risiken erforderlich, Angaben zu

1. Arten von Wertpapierdienstleistungen oder Finanzinstrumenten, mit denen der Kunde vertraut ist,
2. Art, Umfang, Häufigkeit und Zeitraum zurückliegender Geschäfte des Kunden mit Finanzinstrumenten,
3. Ausbildung sowie der gegenwärtigen und relevanten früheren beruflichen Tätigkeiten des Kunden.

Wertpapierdienstleistungsunternehmen dürfen Kunden nicht dazu verleiten, Angaben nach § 31 Abs. 4 oder 5 des Wertpapierhandelsgesetzes zurückzuhalten.

§ 7
Nicht komplexe Finanzinstrumente

Nicht komplex im Sinne von § 31 Abs. 7 Nr. 1 des Wertpapierhandelsgesetzes sind neben den dort genannten Wertpapieren und Geldmarktinstrumenten solche Finanzinstrumente,

1. die nicht unter § 2 Abs. 1 Nr. 3 Buchstabe b oder Abs. 2 des Wertpapierhandelsgesetzes fallen,

2. für die regelmäßig Möglichkeiten zur Veräußerung, Einlösung oder anderweitigen Realisierung zu Marktpreisen oder emittentenunabhängig ermittelten oder bestätigten Preisen bestehen, welche für Marktteilnehmer allgemein zugänglich sind,

3. die über die Zahlung der Anschaffungskosten hinaus für den Kunden mit keinen, auch nur bedingten, Verpflichtungen verbunden sind und

4. über deren Merkmale in angemessenem Umfang öffentlich Informationen verfügbar sind, die für einen durchschnittlichen Privatkunden verständlich genug sind, um auf ihrer Grundlage eine sachkundige Anlageentscheidung treffen zu können.

§ 8
Berichtspflichten des Wertpapierdienstleistungsunternehmens nach § 31 Abs. 8 des Wertpapierhandelsgesetzes über die Ausführung von Aufträgen

(1) Ein Wertpapierdienstleistungsunternehmen hat dem Kunden unverzüglich nach Ausführung des Auftrags auf einem dauerhaften Datenträger die wesentlichen Informationen über die Ausführung des Auftrags zu übermitteln.

(2) Einem Privatkunden ist vorbehaltlich des Absatzes 3 unverzüglich, spätestens am ersten Geschäftstag nach der Ausführung des Auftrags oder, sofern das Wertpapierdienstleistungsunternehmen die Bestätigung der Ausführung von einem Dritten erhält, spätestens am ersten Geschäftstag nach Eingang dieser Bestätigung auf einem dauerhaften Datenträger eine Bestätigung der Auftragsausführung zu übermitteln. Die Bestätigung muss, soweit relevant, die folgenden Angaben enthalten:

1. Name des Unternehmens, welches die Auftragsausführung bestätigt,

2. Name oder sonstige Bezeichnung des Kunden,

3. Handelstag,

4. Handelszeitpunkt,

5. Art des Auftrags,

6. Ausführungsplatz,

7. Finanzinstrument,

8. Kauf-/Verkauf-Indikator,

9. Wesen des Auftrags, falls es sich nicht um einen Kauf- oder Verkaufsauftrag handelt,

10. Menge,

11. Stückpreis; bei tranchenweiser Ausführung des Auftrags darf das Wertpapierdienstleistungsunternehmen den Preis für die einzelnen

Tranchen oder den Durchschnittspreis übermitteln; bei Angabe eines Durchschnittspreises hat es einem Privatkunden auf Wunsch den Preis der einzelnen Tranchen zu übermitteln,

12. Gesamtentgelt,

13. Summe der in Rechnung gestellten Provisionen und Auslagen sowie auf Wunsch des Privatkunden eine Aufschlüsselung nach Einzelposten,

14. Obliegenheiten des Kunden in Zusammenhang mit der Abwicklung des Geschäfts unter Angabe der Zahlungs- oder Einlieferungsfrist sowie der jeweiligen Konten, sofern diese Angaben und Aufgaben dem Kunden nicht bereits früher mitgeteilt worden sind, und

15. einen Hinweis entsprechenden Inhalts für den Fall, dass die Gegenpartei des Kunden das Wertpapierdienstleistungsunternehmen selbst oder eine Person der Gruppe, der das Wertpapierdienstleistungsunternehmen angehört, oder ein anderer Kunde des Wertpapierdienstleistungsunternehmens war, es sei denn, der Auftrag wurde über ein Handelssystem ausgeführt, das den anonymen Handel erleichtert.

Die Bestätigung kann unter Verwendung von Standardcodes erfolgen, wenn eine Erläuterung der verwendeten Codes beigefügt wird. Satz 1 ist nicht anzuwenden, wenn die Bestätigung der Auftragsausführung die gleichen Informationen enthalten würde wie eine Bestätigung, die dem Privatkunden unverzüglich von einer anderen Person zuzusenden ist.

(3) Wenn sich die Aufträge auf Anleihen zur Finanzierung von Hypothekarkreditverträgen zwischen dem Wertpapierdienstleistungsunternehmen und einem Kunden beziehen, ist das Finanzierungsgeschäft dem Kunden spätestens einen Monat nach Auftragsausführung zusammen mit den Gesamtbedingungen des Hypothekendarlehens zu melden.

(4) Unbeschadet der Absätze 1 bis 3 ist das Wertpapierdienstleistungsunternehmen verpflichtet, den Kunden auf Wunsch über den Stand der Ausführung seines Auftrags zu informieren.

(5) Ein Wertpapierdienstleistungsunternehmen, welches regelmäßig Aufträge von Privatkunden über Investmentanteile ausführt, muss dem Privatkunden entweder eine Bestätigung nach Absatz 2 Satz 1 bis 3 übermitteln oder ihm mindestens alle sechs Monate die in Absatz 2 Satz 2 Nr. 1 bis 15 genannten Informationen über die betreffenden Geschäfte übermitteln.

(6) Hat die Führung von Privatkundenkonten ein Geschäft zum Gegenstand, das eine ungedeckte Position bei einem Geschäft mit Eventualverbindlichkeiten enthält, muss das Wertpapierdienstleistungsunternehmen dem Privatkunden auch diejenigen Verluste mitteilen, die einen etwaigen, zuvor zwischen ihm und dem Wertpapierdienstleistungsunternehmen vereinbarten Schwellenwert übersteigen, und zwar spätestens am Ende des Geschäftstags, an dem der Schwellenwert überschritten wird oder, falls der Schwellenwert an einem geschäftsfreien Tag überschritten wird, am Ende des folgenden Geschäftstags.

§ 9
Berichtspflichten des Wertpapierdienstleistungsunternehmens nach § 31 Abs. 8 des Wertpapierhandelsgesetzes bei Finanzportfolioverwaltung

(1) Erbringt ein Wertpapierdienstleistungsunternehmen Finanzportfolioverwaltung, hat es dem Kunden auf einem dauerhaften Datenträger periodisch eine Aufstellung der in seinem Namen erbrachten Finanzportfolioverwaltungsdienstleistungen zu übermitteln, es sei denn, eine derartige Aufstellung wird bereits von anderer Seite übermittelt.

(2) Handelt es sich bei dem Kunden um einen Privatkunden, muss die Aufstellung nach Absatz 1, soweit relevant, folgende Angaben enthalten:

1. Name des Wertpapierdienstleistungsunternehmens,

2. Name oder sonstige Bezeichnung des Kontos des Privatkunden,

3. Zusammensetzung und Bewertung des Finanzportfolios mit Einzelangaben zu jedem gehaltenen Finanzinstrument, seinem Marktwert oder, wenn dieser nicht verfügbar ist, dem beizulegenden Zeitwert, dem Kontostand zum Beginn und zum Ende des Berichtszeitraums sowie der Wertentwicklung des Finanzportfolios während des Berichtszeitraums,

4. Gesamtbetrag der in dem Berichtszeitraum angefallenen Gebühren und Entgelte, mindestens aufgeschlüsselt in Gesamtverwaltungsgebühren und Gesamtkosten im Zusammenhang mit der Leistungserbringung sowie einen Hinweis, dass eine detailliertere Aufschlüsselung auf Anfrage übermittelt wird,

5. Vergleich der Wertentwicklung während des Berichtszeitraums unter Angabe einer Vergleichsgröße, falls eine solche zwischen dem Wertpapierdienstleistungsunternehmen und dem Kunden vereinbart wurde,

6. Gesamtbetrag der Dividenden-, Zins- und sonstigen Zahlungen, die während des Berichtszeitraums im Zusammenhang mit dem Kundenportfolio eingegangen sind,

7. Informationen über sonstige Maßnahmen des Unternehmens, die Rechte in Bezug auf im Finanzportfolio gehaltene Finanzinstrumente verleihen, und

8. für jedes in dem Berichtszeitraum ausgeführte Geschäft die in § 8 Abs. 2 Satz 2 Nr. 3 bis 12 aufgeführten Angaben, es sei denn, der Kunde hat verlangt, die Informationen jeweils gesondert für jedes ausgeführte Geschäft zu erhalten.

(3) Bei Privatkunden beträgt der Zeitraum der periodischen Aufstellung grundsätzlich sechs Monate. Das Wertpapierdienstleistungsunternehmen hat den Privatkunden darauf hinzuweisen, dass der Zeitraum auf Antrag auf drei Monate verkürzt werden kann. Der Zeitraum beträgt höchstens einen Monat, wenn der Vertrag zwischen Wertpapierdienstleistungsun-

ternehmen und einem Privatkunden über Finanzportfolioverwaltung ein kreditfinanziertes Finanzportfolio oder Finanzinstrumente mit Hebelwirkung zulässt.

(4) Verlangt ein Kunde Einzelmitteilungen über die jeweiligen Geschäfte, sind ihm die wesentlichen Informationen über das betreffende Geschäft unverzüglich nach dessen Ausführung durch den Finanzportfolioverwalter auf einem dauerhaften Datenträger zu übermitteln. Für Privatkunden gilt hinsichtlich der Bestätigung der Geschäftsausführung § 8 Abs. 2 entsprechend. Die periodische Aufstellung ist einem Privatkunden in diesem Fall abweichend von Absatz 3 Satz 1 mindestens einmal alle zwölf Monate zu übermitteln; betreffen einzelne Geschäfte Finanzinstrumente im Sinne des § 2 Abs. 1 Nr. 3 Buchstabe b oder Abs. 2 des Wertpapierhandelsgesetzes, ist die periodische Aufstellung alle sechs Monate zu übermitteln.

(5) Für Verluste, die bei der Finanzportfolioverwaltung für Privatkunden entstehen und vereinbarte Schwellenwerte überschreiten, gilt die Informationspflicht des § 8 Abs. 6 entsprechend.

§ 9a
Berichtspflichten des Wertpapierdienstleistungsunternehmens bei Verwahrung von Kundenvermögen

(1) Ein Wertpapierdienstleistungsunternehmen, welches Finanzinstrumente oder Gelder eines Kunden nach § 34a Abs. 1 oder Abs. 2 des Wertpapierhandelsgesetzes hält, ist verpflichtet, dem Kunden mindestens einmal jährlich auf einem dauerhaften Datenträger eine Aufstellung der betreffenden Finanzinstrumente oder Gelder zu übermitteln. Die Aufstellung muss folgende Angaben enthalten:

1. Angaben zu allen Finanzinstrumenten und Geldern, die das Wertpapierdienstleistungsunternehmen am Ende des von der Aufstellung erfassten Zeitraums für den betreffenden Kunden hält; für den Fall, dass das Portfolio des Kunden Erlöse aus noch nicht abgerechneten Geschäften enthält, kann entweder das Abschluss- oder Abwicklungsdatum herangezogen werden, vorausgesetzt, dass für alle derartigen Informationen in der Aufstellung so verfahren wird,

2. Angaben darüber, inwieweit Finanzinstrumente oder Gelder der Kunden Gegenstand von Wertpapierfinanzierungsgeschäften zwischen dem Wertpapierdienstleistungsunternehmen und einem Dritten gewesen sind, und

3. die Höhe und Grundlage etwaiger Erträge, die dem Kunden aus der Beteiligung an Wertpapierfinanzierungsgeschäften zwischen dem Wertpapierdienstleistungsunternehmen und einem Dritten über Finanzinstrumente des Kunden zugeflossen sind.

Die Pflicht nach Satz 1 gilt nicht, wenn eine solche Aufstellung dem Kunden bereits in einer anderen periodischen Aufstellung übermittelt wurde.

(2) Wertpapierdienstleistungsunternehmen, die Finanzinstrumente oder Gelder halten und für einen Kunden Finanzportfolioverwaltung erbringen, können die Aufstellung der Vermögenswerte nach Absatz 1 in die periodische Aufstellung nach § 9 Abs. 1 einbeziehen.

§ 10
Zusammenlegung von Kundenaufträgen; Aufhebung der Bekanntmachungspflicht nach § 31c Abs. 2 des Wertpapierhandelsgesetzes

(1) Die Wahrung von Kundeninteressen nach § 31c Abs. 1 Nr. 4 des Wertpapierhandelsgesetzes bei der Zusammenlegung von Kundenaufträgen mit Aufträgen anderer Kunden oder Eigengeschäften (Sammelauftrag) setzt zumindest voraus, dass

1. eine Benachteiligung der betroffenen Kunden durch die Zusammenlegung unwahrscheinlich ist,

2. jeder betroffene Kunde rechtzeitig darüber informiert wird, dass eine Zusammenlegung für einen einzelnen Auftrag nachteilig sein kann,

3. das Wertpapierdienstleistungsunternehmen Grundsätze der Auftragszuteilung niederlegt und umsetzt, in denen die ordnungsgemäße Zuteilung zusammengelegter Aufträge und Geschäfte, unter Berücksichtigung des Einflusses von Volumen und Preis auf die Zuteilung und Teilausführung von Aufträgen, geregelt wird, und

4. jede Teilausführung eines aus zusammengelegten Aufträgen bestehenden Sammelauftrags im Einklang mit den Grundsätzen nach Nummer 3 zugeteilt wird.

(2) Soweit Kundenaufträge mit Eigengeschäften zusammengelegt werden, ist zur Wahrung der Kundeninteressen nach § 31c Abs. 1 Nr. 4 des Wertpapierhandelsgesetzes über die Erfüllung der Anforderungen nach Absatz 2 hinaus zu gewährleisten, dass

1. die Sammelaufträge nicht in einer für den Kunden nachteiligen Weise zugeteilt werden,

2. bei der Teilausführung eines Sammelauftrags die Kundenaufträge gegenüber den Eigengeschäften bevorzugt werden,

3. in den Grundsätzen der Auftragszuteilung nach Absatz 1 Nr. 3 Verfahren vorgesehen sind, die eine Änderung der Zuteilung von Eigengeschäftsaufträgen zum Nachteil von Kunden verhindert, deren Aufträge damit zusammengelegt ausgeführt werden.

Soweit Kundenaufträge erst durch die Zusammenlegung überhaupt oder für den Kunden wesentlich vorteilhafter ausführbar sind, können die Eigengeschäftsaufträge in Abweichung von Satz 1 Nr. 2 nach Maßgabe der Grundsätze der Auftragszuteilung nach Absatz 1 Nr. 3 anteilig zugeteilt werden.

(3) Eine Aufhebung der Bekanntmachungspflicht nach § 31c Abs. 2 Satz 3 des Wertpapierhandelsgesetzes setzt voraus, dass die in Anhang

WpDVerOV Verordnungstext

II Tabelle 2 der Verordnung (EG) Nr. 1287/2006 der Kommission vom 10. August 2006 zur Durchführung der Richtlinie 2004/39/EG des Europäischen Parlaments und des Rates betreffend die Aufzeichnungspflichten für Wertpapierfirmen, die Meldung von Geschäften, die Markttransparenz, die Zulassung von Finanzinstrumenten zum Handel und bestimmte Begriffe im Sinne dieser Richtlinie (ABl. EU Nr. L 241 S. 1) genannten Mindestvolumina erreicht sind.

§ 11
Bestmögliche Ausführung von Kundenaufträgen

(1) Ausführungsplätze im Sinne von § 33a Abs. 5 des Wertpapierhandelsgesetzes sind

1. organisierte Märkte, multilaterale Handelssysteme, systematische Internalisierer, Market-Maker und sonstige Liquiditätsgeber sowie

2. vergleichbare Unternehmen und Einrichtungen in Drittstaaten.

(2) Zu den nach § 33a Abs. 3 des Wertpapierhandelsgesetzes bei der Berechnung des Gesamtentgelts zu berücksichtigenden Kosten zählen Gebühren und Entgelte des Ausführungsplatzes, an dem das Geschäft ausgeführt wird, Kosten für Clearing und Abwicklung und alle sonstigen Entgelte, die an Dritte gezahlt werden, die an der Auftragsausführung beteiligt sind.

(3) Eine Überprüfung der Ausführungsgrundsätze nach § 33a Abs. 1 Nr. 1 des Wertpapierhandelsgesetzes ist außerhalb des Jahresrhythmus dann vorzunehmen, wenn das Wertpapierdienstleistungsunternehmen von einer wesentlichen Veränderung Kenntnis erhält, die dazu führt, dass an den von den Ausführungsgrundsätzen umfassten Ausführungsplätzen eine Ausführung von Aufträgen nicht mehr gleichbleibend im bestmöglichen Interesse des Kunden gewährleistet ist. Eine Überprüfung der Grundsätze nach § 33a Abs. 8 Nr. 1 und 2 des Wertpapierhandelsgesetzes ist außerhalb des Jahresrhythmus nach § 33a Abs. 8 Nr. 3 des Wertpapierhandelsgesetzes dann vorzunehmen, wenn eine wesentliche Veränderung eintritt, die das Wertpapierdienstleistungsunternehmen in der Erfüllung seiner Pflichten nach § 33a Abs. 8 des Wertpapierhandelsgesetzes beeinträchtigt.

(4) Die Information nach § 33a Abs. 6 Nr. 1 des Wertpapierhandelsgesetzes muss folgende Angaben enthalten:

1. Beschreibung der vorgenommenen Gewichtung der relevanten Kriterien zur Erzielung des bestmöglichen Ergebnisses nach § 33a Abs. 2 des Wertpapierhandelsgesetzes oder eine Beschreibung der Methode, die für diese Gewichtung jeweils angewandt wird,

2. Verzeichnis der wesentlichen Ausführungsplätze nach § 33a Abs. 5 Satz 1 Nr. 2 des Wertpapierhandelsgesetzes, an denen das Wertpapierdienstleistungsunternehmen gleichbleibend die bestmöglichen Ergebnisse bei der Ausführung von Kundenaufträgen erzielen kann,

3. einen ausdrücklichen Hinweis nach § 33a Abs. 6 Nr. 2 des Wertpapierhandelsgesetzes.

Diese Informationen sind auf einem dauerhaften Datenträger zur Verfügung zu stellen. Die Veröffentlichung auf einer Internetseite genügt unter den Voraussetzungen nach § 3 Abs. 3.

§ 12
Organisationspflichten

(1) Die nach § 33 Abs. 1 Satz 2 Nr. 1 in Verbindung mit Satz 3 des Wertpapierhandelsgesetzes niederzulegenden Grundsätze und einzurichtenden Verfahren müssen darauf ausgerichtet sein, die Gefahr einer Verletzung des Wertpapierhandelsgesetzes und der in entsprechenden Verordnungen geregelten Verpflichtungen durch das Wertpapierdienstleistungsunternehmen oder seine Mitarbeiter sowie die mit einer solchen Verletzung verbundenen Risiken aufzudecken. Das Wertpapierdienstleistungsunternehmen hat hierfür angemessene Kontroll- und Überwachungsmaßnahmen durchzuführen und in den nach Satz 1 niederzulegenden Grundsätzen festzulegen, welche Personen mit den Kontroll- und Überwachungshandlungen im Sinne des § 33 Absatz 1 Satz 2 Nummer 1 des Wertpapierhandelsgesetzes betraut sind.

(2) Wertpapierdienstleistungsunternehmen haben angemessene Maßnahmen zu ergreifen und Verfahren einzurichten, um die Gefahren und Risiken nach Absatz 1 so weit wie möglich zu beschränken und der Bundesanstalt eine effektive Ausübung ihrer Aufsicht zu ermöglichen.

(2a) Defizite, die hinsichtlich der Angemessenheit und Wirksamkeit der Grundsätze und Vorkehrungen im Sinne der Absätze 1 und 2 festgestellt worden sind, hat das Wertpapierdienstleistungsunternehmen innerhalb angemessener Zeit zu beheben und Mitarbeiter zu benennen, die für die Behebung der festgestellten Defizite verantwortlich sind.

(3) Die nach § 33 Abs. 1 Satz 2 Nr. 1 in Verbindung mit Satz 3 des Wertpapierhandelsgesetzes einzurichtende Compliance-Funktion muss

1. die Angemessenheit und Wirksamkeit der Grundsätze und Vorkehrungen im Sinne der Absätze 1 und 2 sowie die zur Behebung von Defiziten getroffenen Maßnahmen überwachen und regelmäßig bewerten und

2. die Mitarbeiter im Hinblick auf die Einhaltung der in Absatz 1 genannten Bestimmungen beraten und unterstützen.

Der Compliance-Beauftragte im Sinne des Absatzes 4 Satz 1 muss berechtigt sein, geeignete und erforderliche vorläufige Maßnahmen zu treffen, um eine konkrete Gefahr der Beeinträchtigung von Kundeninteressen bei der Erbringung von Wertpapierdienstleistungen oder Wertpapiernebendienstleistungen abzuwenden.

(4) Das Wertpapierdienstleistungsunternehmen muss einen Compliance-Beauftragten benennen, der für die Compliance-Funktion sowie die Be-

richte an die Geschäftsleitung und das Aufsichtsorgan nach § 33 Abs. 1 Satz 2 Nr. 5 des Wertpapierhandelsgesetzes verantwortlich ist. Sollten die zur Behebung von Defiziten erforderlichen Maßnahmen nach Absatz 2a nicht innerhalb angemessener Zeit ergriffen und umgesetzt werden, hat der Compliance-Beauftragte die Geschäftsleitung hierüber in Kenntnis zu setzen. Die mit der Compliance-Funktion betrauten Personen müssen über die für eine ordnungsgemäße und unabhängige Erfüllung ihrer Aufgaben nach Maßgabe des Absatzes 3 erforderlichen Fachkenntnisse, Mittel und Kompetenzen sowie über Zugang zu allen für ihre Tätigkeit relevanten Informationen verfügen. Vorbehaltlich des Absatzes 5 dürfen sie weder an den Wertpapierdienstleistungen beteiligt sein, die sie überwachen, noch darf die Art und Weise ihrer Vergütung eine Beeinträchtigung ihrer Unvoreingenommenheit bewirken oder wahrscheinlich erscheinen lassen.

(5) Soweit das Wertpapierdienstleistungsunternehmen darlegen kann, dass die Anforderungen nach Absatz 4 Satz 3 aufgrund Art, Umfang und Komplexität seiner Geschäftstätigkeit oder der Art und des Spektrums seiner Wertpapierdienstleistungen unverhältnismäßig sind und die ordnungsgemäße Erfüllung der Compliance-Funktion nicht gefährdet ist, entfallen diese Anforderungen.

(6) Um die Honorar-Anlageberatung von der übrigen Anlageberatung nach § 33 Absatz 3a des Wertpapierhandelsgesetzes zu trennen, müssen Wertpapierdienstleistungsunternehmen entsprechend ihrer Größe und Organisation sowie der Art, des Umfangs und der Komplexität ihrer Geschäftstätigkeit sicherstellen, dass seitens der übrigen Anlageberatung kein Einfluss auf die Honorar-Anlageberatung ausgeübt werden kann. Dies erfordert insbesondere sicherzustellen, dass:

1. die Vertriebsvorgaben für die Honorar-Anlageberatung unabhängig von den Vertriebsvorgaben für die übrige Anlageberatung ausgestaltet, umgesetzt und überwacht werden und

2. die mit der Erbringung der Honorar-Anlageberatung betrauten Mitarbeiter nicht auch mit der Erbringung der übrigen Anlageberatung betraut sind.

§ 13
Interessenkonflikte

(1) Um die Arten von Interessenkonflikten nach § 33 Abs. 1 Satz 2 Nr. 3 des Wertpapierhandelsgesetzes zu erkennen, die in die Grundsätze zum Interessenkonfliktmanagement nach Absatz 2 aufzunehmen sind, müssen Wertpapierdienstleistungsunternehmen prüfen, inwieweit sie selbst, ihre Mitarbeiter oder Personen oder Unternehmen, die direkt oder indirekt durch Kontrolle im Sinne von § 1 Abs. 8 des Kreditwesengesetzes mit ihm verbunden sind, aufgrund der Erbringung von Wertpapierdienstleistungen oder Wertpapiernebendienstleistungen

1. zu Lasten von Kunden einen finanziellen Vorteil erzielen oder Verlust vermeiden könnten,

2. am Ergebnis einer für Kunden erbrachten Dienstleistung oder eines für diese getätigten Geschäfts ein Interesse haben, das nicht mit dem Kundeninteresse an diesem Ergebnis übereinstimmt,

3. einen finanziellen oder sonstigen Anreiz haben, die Interessen eines Kunden oder einer Kundengruppe über die Interessen anderer Kunden zu stellen,

4. dem gleichen Geschäft nachgehen wie Kunden,

5. im Zusammenhang mit der für einen Kunden erbrachten Dienstleistung über die hierfür übliche Provision oder Gebühr hinaus von einem Dritten eine Zuwendung im Sinne von § 31d Abs. 2 des Wertpapierhandelsgesetzes erhalten oder in Zukunft erhalten könnten.

(2) Um eine Beeinträchtigung von Kundeninteressen nach § 33 Abs. 1 Satz 2 Nr. 3 des Wertpapierhandelsgesetzes zu verhindern, müssen Wertpapierdienstleistungsunternehmen ihrer Größe und Organisation sowie der Art, des Umfangs und der Komplexität ihrer Geschäftstätigkeit entsprechend angemessene Grundsätze für den Umgang mit Interessenkonflikten auf einem dauerhaften Datenträger festlegen und dauerhaft anwenden, in denen sie bestimmen,

1. unter welchen Umständen bei der Erbringung von Wertpapierdienstleistungen oder Wertpapiernebendienstleistungen Interessenkonflikte auftreten können, die den Kundeninteressen erheblich schaden könnten und

2. welche Maßnahmen zu treffen sind, um diese Interessenkonflikte zu bewältigen.

In den Grundsätzen ist auch Interessenkonflikten Rechnung zu tragen, die sich aus der Struktur und Geschäftstätigkeit anderer Unternehmen derselben Unternehmensgruppe ergeben und die das Wertpapierdienstleistungsunternehmen kennt oder kennen müsste. Eine Unternehmensgruppe im Sinne des Satzes 2 und des Absatzes 3 erfasst Mutterunternehmen und Tochterunternehmen im Sinne des § 290 des Handelsgesetzbuchs, Unternehmen, an denen diese eine Beteiligung im Sinne des § 271 Abs. 1 des Handelsgesetzbuchs halten, sowie alle Unternehmen, die aufgrund eines mit diesen Unternehmen geschlossenen Vertrages oder einer Satzungsbestimmung dieser Unternehmen einer einheitlichen Leitung unterstehen oder deren Verwaltungs-, Leitungs- oder Aufsichtsorgane sich während des Geschäftsjahres und bis zur Aufstellung des konsolidierten Abschlusses mehrheitlich aus denselben Personen zusammensetzen.

(3) Die Maßnahmen nach Absatz 2 Satz 1 Nr. 2 müssen so ausgestaltet sein, dass Mitarbeiter Tätigkeiten, bei denen Interessenkonflikte im Sinne des Absatzes 2 Satz 1 Nr. 1 auftreten und Kundeninteressen beeinträchtigt werden könnten, mit einer der Größe und Geschäftstätigkeit des Wertpapierdienstleistungsunternehmens und seiner Unternehmensgruppe sowie dem Risiko einer Beeinträchtigung von Kundeninteressen angemessenen Unabhängigkeit ausführen. Soweit dieses zur Gewährleistung

des erforderlichen Grades an Unabhängigkeit notwendig und angemessen ist, umfassen die Maßnahmen nach Satz 1

1. Vorkehrungen zur wirksamen Verhinderung oder Kontrolle eines Informationsaustauschs zwischen Mitarbeitern, deren Tätigkeiten einen Interessenkonflikt nach sich ziehen könnten, wenn dieser Informationsaustausch Kundeninteressen beeinträchtigen könnte,

2. die Unabhängigkeit der Vergütung von Mitarbeitern von der Vergütung anderer Mitarbeiter mit anderen Aufgabenbereichen sowie von den von diesen erwirtschafteten Unternehmenserlösen oder Prämien, sofern die beiden Tätigkeiten einen Interessenkonflikt auslösen könnten,

3. die Verhinderung einer unsachgemäßen Einflussnahme anderer Personen auf die Tätigkeit von Mitarbeitern, die Wertpapierdienstleistungen oder Wertpapiernebendienstleistungen erbringen,

4. die Verhinderung oder Kontrolle einer Beteiligung eines Mitarbeiters an verschiedenen Wertpapierdienstleistungen oder Wertpapiernebendienstleistungen in engem zeitlichen Zusammenhang, sofern diese Beteiligung ein ordnungsgemäßes Interessenkonfliktmanagement beeinträchtigen könnte, und

5. die gesonderte Überwachung von Mitarbeitern, die im Rahmen ihrer Haupttätigkeit potentiell widerstreitende Interessen, insbesondere von Kunden oder des Wertpapierdienstleistungsunternehmens, wahrnehmen.

Soweit mit einer oder mehrerer dieser Maßnahmen der erforderliche Grad an Unabhängigkeit nicht erzielt wird, sind dafür notwendige alternative oder zusätzliche Maßnahmen zu treffen.

(4) Die Unterrichtung des Kunden über Interessenkonflikte nach § 31 Abs. 1 Nr. 2 des Wertpapierhandelsgesetzes muss unter Berücksichtigung seiner Einstufung als Privatkunde, professioneller Kunde oder geeigneter Gegenpartei dem Kunden ermöglichen, seine Entscheidung über die Wertpapierdienstleistung oder Wertpapiernebendienstleistung, in deren Zusammenhang der Interessenkonflikt auftritt, auf informierter Grundlage zu treffen. Die Information hat auf einem dauerhaften Datenträger zu erfolgen.

§ 14
Aufzeichnungs- und Aufbewahrungspflichten

(1) Ein Wertpapierdienstleistungsunternehmen genügt seiner Pflicht, Aufzeichnungen zu erstellen, die eine Nachprüfbarkeit im Sinne des § 34 Abs. 1 des Wertpapierhandelsgesetzes ermöglichen, wenn aufgrund der Aufzeichnung nachvollziehbar ist, ob das Wertpapierdienstleistungsunternehmen die jeweils in Rede stehende Pflicht erfüllt hat. Organisationsanweisungen und Aufzeichnungen über systemische Vorkehrungen sind geeignete Formen der Aufzeichnung, wenn durch sie die Nachvollziehbarkeit im Sinne des Satzes 1 gewährleistet ist.

(2) Unbeschadet der im Wertpapierhandelsgesetz und in der Verordnung (EG) Nr. 1287/2006 ausdrücklich normierten Aufzeichnungs- und Dokumentationspflichten sind nach § 34 Abs. 1 des Wertpapierhandelsgesetzes insbesondere aufzuzeichnen:

1. die Identität des Kunden und der Personen, die im Auftrag des Kunden handeln, soweit notwendig zusätzlich die Identität der Kunden, deren Aufträge in einem Geschäft zusammengefasst wurden, sowie vorbehaltlich des Absatzes 8 die Merkmale oder die Bewertung als professioneller Kunde oder geeignete Gegenpartei im Sinne des § 31a Abs. 2 Satz 2 Nr. 2, Abs. 4 Satz 2 oder Abs. 7 des Wertpapierhandelsgesetzes,

2. der Umstand, ob das Geschäft ganz oder teilweise im Rahmen der Finanzportfolioverwaltung erbracht wurde,

3. die Kundeninformationen nach § 31 Abs. 3 des Wertpapierhandelsgesetzes,

4. Nachweise der regelmäßigen Überprüfung der Ausführungsgrundsätze nach § 33a des Wertpapierhandelsgesetzes und

5. die Umstände, aus denen sich ergibt, dass eine Zuwendung im Sinne des § 31d Abs. 1 Satz 1 Nr. 1 des Wertpapierhandelsgesetzes darauf ausgelegt ist, die Qualität der für die Kunden erbrachten Dienstleistungen zu verbessern.

(3) Grundsätze und Organisationsanweisungen im Zusammenhang mit Geschäften oder Dienstleistungen, die zur Erfüllung der Pflichten des Abschnitts 6 des Wertpapierhandelsgesetzes gegenüber Kunden erforderlich sind, sowie die notwendigen Berichte an die Geschäftsleitung sind ebenfalls aufzuzeichnen.

(3a) Vertriebsvorgaben im Sinne des § 33 Absatz 1 Satz 2 Nummer 3a des Wertpapierhandelsgesetzes sowie die zur Umsetzung oder Überwachung getroffenen Maßnahmen, die Erfüllung der Vertriebsvorgaben und die Kriterien zur Überprüfung der Vereinbarkeit der Vertriebsvorgaben mit den Kundeninteressen sowie die Ergebnisse dieser Überprüfung sind ebenfalls aufzuzeichnen.

(4) Angaben der Kunden im Zusammenhang mit Geschäften oder Dienstleistungen, die zur Erfüllung der Pflichten des Abschnitts 6 des Wertpapierhandelsgesetzes gegenüber Kunden notwendig sind, sowie die Weigerung des Kunden, die erforderlichen Angaben zu machen, sind ebenfalls aufzuzeichnen; sie können zusammengefasst werden mit den Aufzeichnungen des Wertpapierdienstleistungsunternehmens über die Erfüllung dieser Pflichten.

(5) Die jeweiligen von dem Wertpapierdienstleistungsunternehmen erbrachten Arten von Wertpapierdienstleistungen oder Wertpapiernebendienstleistungen, bei denen ein den Interessen eines Kunden in erheblichem Maße abträglicher Interessenkonflikt aufgetreten ist oder noch während der Erbringung der Dienstleistung auftreten könnte, sind ebenfalls aufzuzeichnen.

(6) Das Protokoll nach § 34 Absatz 2a Satz 1 des Wertpapierhandelsgesetzes hat vollständige Angaben zu enthalten über

1. den Anlass der Anlageberatung,

2. die Dauer des Beratungsgesprächs,

3. die der Beratung zugrunde liegenden Informationen über die persönliche Situation des Kunden, einschließlich der nach § 31 Absatz 4 Satz 1 des Wertpapierhandelsgesetzes einzuholenden Informationen, sowie über die Finanzinstrumente und Wertpapierdienstleistungen, die Gegenstand der Anlageberatung sind,

4. die vom Kunden im Zusammenhang mit der Anlageberatung geäußerten wesentlichen Anliegen und deren Gewichtung,

5. die im Verlauf des Beratungsgesprächs erteilten Empfehlungen und die für diese Empfehlungen genannten wesentlichen Gründe.

Im Falle des § 34 Absatz 2a Satz 4 ist in dem Protokoll außerdem der ausdrückliche Wunsch des Kunden zu vermerken, einen Geschäftsabschluss auch vor Erhalt des Protokolls zu tätigen, sowie auf das eingeräumte Rücktrittsrecht hinzuweisen.

(7) Hinsichtlich der Informationen im Sinne des Absatzes 2 Nr. 3, der Werbemitteilungen im Sinne des § 31 Abs. 2 Satz 1 und 2 des Wertpapierhandelsgesetzes und der Finanzanalysen im Sinne des § 34b des Wertpapierhandelsgesetzes bedarf es neben der Aufbewahrung eines Exemplars der jeweiligen standardisierten Information, Werbemitteilung oder Finanzanalyse keiner weiteren Aufzeichnungen, soweit aus der Aufzeichnung hervorgeht, an welchen Kundenkreis sich die Information, Werbemitteilung oder Finanzanalyse richtet.

(8) Tätigt das Wertpapierdienstleistungsunternehmen ausschließlich Geschäfte mit nur einer Art von Kunden im Sinne des § 31a Abs. 2, 3 oder 4 des Wertpapierhandelsgesetzes, ist hinsichtlich der Einstufung der Kunden die Aufzeichnung der entsprechenden Organisationsanweisung ausreichend.

(9) Die Aufzeichnungen nach § 34 des Wertpapierhandelsgesetzes sind in der Weise auf einem dauerhaften Datenträger vorzuhalten, dass die Bundesanstalt innerhalb der Aufbewahrungsfrist jederzeit leicht darauf zugreifen und jede wesentliche Phase der Bearbeitung sämtlicher Geschäfte rekonstruieren kann. Das Wertpapierdienstleistungsunternehmen muss sicherstellen, dass jede nachträgliche Änderung einer Aufzeichnung und der Zustand vor der Änderung deutlich erkennbar und die Aufzeichnungen vor sachlich nicht gebotenen Änderungen geschützt bleiben.

§ 14a
Getrennte Vermögensverwahrung

(1) Wertpapierdienstleistungsunternehmen müssen bei der Auswahl, Beauftragung und regelmäßigen Überwachung von Dritten, bei denen sie

nach § 34a Abs. 1 oder 2 des Wertpapierhandelsgesetzes Kundengelder oder Kundenfinanzinstrumente verwahren, mit der erforderlichen Sorgfalt und Gewissenhaftigkeit vorgehen. Insbesondere sind die fachliche Eignung und die Reputation der Dritten sowie die relevanten Vorschriften und Marktpraktiken des Dritten im Zusammenhang mit der Verwahrung zu prüfen.

(2) Bei der Auswahl eines Verwahrers mit Sitz in einem Drittstaat genügt ein Wertpapierdienstleistungsunternehmen seinen Pflichten nach Absatz 1 in Bezug auf die Verwahrung von Kundenfinanzinstrumenten nur dann, wenn der Dritte besonderen Vorschriften für die Verwahrung und einer besonderen Aufsicht unterliegt. Bei einem Dritten, der keinen besonderen Vorgaben nach Satz 1 unterliegt, dürfen Kundenfinanzinstrumente nur dann verwahrt werden, wenn die Verwahrung bei diesem wegen der Art der betreffenden Finanzinstrumente oder Wertpapierdienstleistungen erforderlich ist oder ein professioneller Kunde das Wertpapierdienstleistungsunternehmen zur Verwahrung bei einem Dritten in diesem Drittstaat zumindest in Textform angewiesen hat.

(3) Um die Rechte von Kunden an den ihnen gehörenden Geldern und Finanzinstrumenten nach § 34a Abs. 1 und 2 des Wertpapierhandelsgesetzes zu schützen, sind Wertpapierdienstleistungsunternehmen verpflichtet,

1. durch Aufzeichnungen und eine korrekte Buchführung jederzeit eine Zuordnung der von ihnen gehaltenen Gelder und Finanzinstrumente zu den einzelnen Kunden und deren Abgrenzbarkeit von eigenen Vermögenswerten zu gewährleisten,

2. ihre Aufzeichnungen und Bücher regelmäßig mit denen aller Dritten, bei denen sie nach § 34a Abs. 1 oder 2 des Wertpapierhandelsgesetzes ihren Kunden gehörende Gelder oder Finanzinstrumente verwahren, abzugleichen,

3. organisatorische Vorkehrungen zu treffen, um das Risiko eines Verlustes oder Teilverlustes von Kundengeldern oder Finanzinstrumenten oder damit verbundenen Rechten durch Pflichtverletzungen so gering wie möglich zu halten.

(4) Bei der Verwahrung von Kundengeldern nach § 34a Abs. 1 des Wertpapierhandelsgesetzes müssen Wertpapierdienstleistungsunternehmen sicherstellen, dass die Kundengelder auf einem oder mehreren separaten Konten geführt werden, die von anderen Konten, auf denen Gelder des Wertpapierdienstleistungsunternehmens geführt werden, getrennt sind.

(5) Bei der Verwahrung von Kundenfinanzinstrumenten nach § 34a Abs. 2 des Wertpapierhandelsgesetzes sind Wertpapierdienstleistungsunternehmen verpflichtet, die notwendigen Vorkehrungen zu treffen, um jederzeit eine korrekte Abgrenzbarkeit der Kundenfinanzinstrumente von den eigenen Vermögenswerten und denjenigen des mit der Verwahrung beauftragten Instituts zu gewährleisten.

(6) Ein Wertpapierdienstleistungsunternehmen muss Kunden, deren Gelder oder Finanzinstrumente es nach § 34a Abs. 1 oder 2 des Wertpapierhandelsgesetzes entgegennimmt, über Sicherungs-, Pfand- oder Verrechnungsrechte informieren, die hieran zu seinen Gunsten oder zugunsten einer Verwahrstelle bestehen oder entstehen könnten. Unterliegt die Verwahrung der Gelder oder Finanzinstrumente dem Recht eines Drittstaates, sind die Kunden hierüber zu informieren und darauf hinzuweisen, dass dies ihre Rechte an den Geldern oder Finanzinstrumenten beeinflussen kann.

(7) Privatkunden sind darüber zu informieren, wo ihre Gelder oder Finanzinstrumente bei einem Dritten verwahrt werden könnten, welche Folgen eine Zahlungsunfähigkeit einer Verwahrstelle mit Sitz im Ausland haben könnte und inwieweit das Wertpapierdienstleistungsunternehmen für das Verhalten dieser ausländischen Verwahrstelle haftet.

(8) Bevor Kundenfinanzinstrumente an einen Verwahrer mit Sitz im Ausland weitergeleitet werden, wo sie nicht von Vermögenswerten anderer Kunden, des Wertpapierdienstleistungsunternehmens oder des mit der Verwahrung Beauftragten getrennt verwahrt werden, sind Privatkunden angemessen zu unterrichten und auf die damit verbundenen Risiken eindeutig hinzuweisen.

(9) Die Bedingungen der Nutzung von Kundenfinanzinstrumenten nach § 34a Abs. 4 Satz 1 des Wertpapierhandelsgesetzes einschließlich der Bedingungen für die Beendigung der Nutzung und die mit der Nutzung verbundenen Risiken sind Privatkunden auf einem dauerhaften Datenträger zu übermitteln.

(10) Die Informationen nach den Absätzen 6 bis 9 sind an Privatkunden vor Erbringung der Wertpapierdienstleistung oder Wertpapiernebendienstleistung zu übermitteln. § 5 Abs. 3 Satz 2 gilt entsprechend. Bei professionellen Kunden gilt Satz 1 nur hinsichtlich der Informationen nach Absatz 6.

(11) Qualifizierte Geldmarktfonds im Sinne des § 34a Abs. 1 Satz 1 des Wertpapierhandelsgesetzes sind Investmentvermögen, die

1. im Inland oder in einem anderen Mitgliedstaat der Europäischen Union oder einem anderen Vertragsstaat des Abkommens über den Europäischen Wirtschaftsraum nach Maßgabe der Richtlinie 85/611/EWG des Rates vom 20. Dezember 1985 zur Koordinierung der Rechts- und Verwaltungsvorschriften betreffend bestimmte Organismen für gemeinsame Anlagen in Wertpapieren (OGAW) (ABl. EG Nr. L 375 S. 3) in der jeweils geltenden Fassung zugelassen oder einer Aufsicht über Vermögen zur gemeinschaftlichen Kapitalanlage unterstellt sind,

2. zur Erreichung ihres primären Anlageziels, das eingezahlte Kapital oder das eingezahlte Kapital zuzüglich der Erträge zu erhalten, ausschließlich in Geldmarktinstrumenten angelegt sind, die

    a) über eine Restlaufzeit von nicht mehr als 397 Tagen verfügen oder deren Rendite regelmäßig, mindestens jedoch alle 397 Tage, an die Bedingungen des Geldmarktes angepasst wird,

b) eine gewichtete durchschnittliche Restlaufzeit von 60 Tagen haben und

c) von mindestens einer Ratingagentur, die Geldmarktfonds regelmäßig gewerblich bewertet und im Sinne des Artikels 81 Abs. 1 der Richtlinie 2006/48/EG des Europäischen Parlaments und des Rates vom 14. Juni 2006 über die Aufnahme und Ausübung der Tätigkeiten der Kreditinstitute (ABl. EU Nr. L 177 S. 1) anerkannt ist, die höchste und von keiner solchen Ratingagentur eine schlechtere Bewertung erhalten haben,

wobei ergänzend die Anlage in Guthaben bei einem Kreditinstitut, einer Zweigniederlassung von Kreditinstituten im Sinne des § 53b Abs. 1 Satz 1 des Kreditwesengesetzes oder vergleichbaren Instituten mit Sitz in einem Drittstaat zulässig ist, und

3. deren Wertstellung spätestens an dem auf den Rücknahmeauftrag des Anlegers folgenden Bankarbeitstag erfolgt.

§ 15
Inkrafttreten

(1) Diese Verordnung tritt vorbehaltlich des Absatzes 2 am 1. November 2007 in Kraft.

(2) § 14 tritt am 1. Januar 2008 in Kraft.

§ 1 Anwendungsbereich

(1) Die Vorschriften dieser Verordnung sind anzuwenden auf

1. die Kundeneigenschaft, soweit diese betrifft

    a) die Vorgaben an eine Einstufung als professioneller Kunde im Sinne des § 31a Abs. 2 Satz 2 Nr. 2 des Wertpapierhandelsgesetzes,

    b) das Verfahren und die organisatorischen Vorkehrungen der Wertpapierdienstleistungsunternehmen bei der Änderung der Einstufung des Kunden nach § 31a Abs. 5 des Wertpapierhandelsgesetzes,

    c) die Kriterien, das Verfahren und die organisatorischen Vorkehrungen bei einer Einstufung eines professionellen Kunden als Privatkunde nach § 31a Abs. 6 des Wertpapierhandelsgesetzes und eines Privatkunden als professioneller Kunde nach § 31a Abs. 7 des Wertpapierhandelsgesetzes,

2. organisatorische Vorkehrungen und Verfahren der Einstufung geeigneter Gegenparteien hinsichtlich

    a) der Form und des Inhalts einer Vereinbarung zwischen geeigneter Gegenpartei und dem Wertpapierdienstleistungsunternehmen nach § 31b Abs. 1 Satz 2 des Wertpapierhandelsgesetzes,

    b) der Zustimmung, als geeignete Gegenpartei nach § 31a Abs. 4 Satz 2 des Wertpapierhandelsgesetzes behandelt zu werden,

3. die allgemeinen Verhaltensregeln, soweit diese betreffen

    a) die Gestaltung der Information für die Kunden nach § 31 Absatz 1 Nummer 2, Absatz 2, 3, 4b und 4d Satz 1 des Wertpapierhandelsgesetzes nach Art, Inhalt und Zeitpunkt und die Anforderungen an den Datenträger,

    b) die Art der nach § 31 Abs. 4 und 5 des Wertpapierhandelsgesetzes von den Kunden einzuholenden Informationen,

    c) die Bestimmung weiterer nicht komplexer Finanzinstrumente im Sinne des § 31 Abs. 7 Nr. 1 des Wertpapierhandelsgesetzes,

    d) die Gestaltung nach Art, Inhalt und Zeitpunkt der nach § 31 Abs. 8 des Wertpapierhandelsgesetzes notwendigen Berichte an die Kunden und die Anforderungen an den Datenträger,

4. die Bearbeitung von Kundenaufträgen hinsichtlich

    a) der Verpflichtung zur korrekten Verbuchung der Kundengelder und Kundenfinanzinstrumente nach § 31c Abs. 1 Nr. 3 des Wertpapierhandelsgesetzes,

b) der Verpflichtung, bei der Zusammenlegung von Kundenaufträgen mit anderen Kundenaufträgen oder mit Aufträgen für eigene Rechnung des Wertpapierdienstleistungsunternehmens die Interessen aller beteiligten Kunden zu wahren,

c) der Verpflichtung, limitierte Kundenaufträge in Bezug auf Aktien, die zum Handel an einem organisierten Markt zugelassen sind, aufgrund der Marktbedingungen aber nicht unverzüglich ausgeführt werden, unverzüglich so bekannt zu machen, dass sie anderen Marktteilnehmern leicht zugänglich sind, solange der Kunde keine andere Weisung erteilt,

d) der Voraussetzungen, unter denen die Bundesanstalt für Finanzdienstleistungsaufsicht (Bundesanstalt) die Verpflichtung zur Bekanntmachung limitierter Kundenaufträge nach § 31c Abs. 2 Satz 1 des Wertpapierhandelsgesetzes, die den marktüblichen Geschäftsumfang im Sinne des § 31 Abs. 2 Satz 3 des Wertpapierhandelsgesetzes erheblich überschreiten, aufheben kann,

5. die bestmögliche Ausführung von Kundenaufträgen in Bezug auf

a) die Mindestanforderungen zur Aufstellung der Ausführungsgrundsätze nach § 33a Abs. 1 bis 5 des Wertpapierhandelsgesetzes,

b) die Grundsätze nach § 33a Abs. 8 Nr. 2 des Wertpapierhandelsgesetzes für Wertpapierdienstleistungsunternehmen, die Aufträge ihrer Kunden an Dritte zur Ausführung weiterleiten oder Finanzportfolioverwaltung betreiben, ohne die Aufträge oder Entscheidungen selbst auszuführen,

c) die Überprüfung sämtlicher Vorkehrungen nach § 33a Abs. 1 und 8 des Wertpapierhandelsgesetzes,

d) die Gestaltung nach Art und Umfang der Information über die Ausführungsgrundsätze nach § 33a Abs. 6 des Wertpapierhandelsgesetzes und die Anforderungen an den Datenträger,

6. die Organisationspflichten der Wertpapierdienstleistungsunternehmen bezüglich der Anforderungen nach § 33 Absatz 1 Satz 2 Nummer 1 in Verbindung mit Satz 3 und der angemessen Vorkehrungen und Maßnahmen nach § 33 Absatz 1 Satz 2 Nummer 3 sowie Absatz 3a des Wertpapierhandelsgesetzes,

7. die Aufzeichnungspflichten der Wertpapierdienstleistungsunternehmen und die Geeignetheit der dauerhaften Datenträger nach § 34 Abs. 1 und 2 des Wertpapierhandelsgesetzes,

8. die Pflichten zum Schutz des Kundenvermögens nach § 34a Abs. 1 bis 4 und die Anforderungen an qualifizierte Geldmarktfonds im Sinne des § 34a Abs. 1 Satz 1 des Wertpapierhandelsgesetzes.

(2) Die Verordnung gilt entsprechend für Zweigniederlassungen im Sinne des § 53b des Kreditwesengesetzes, Kapitalverwaltungsgesellschaften im Sinne des § 17 des Kapitalanlagegesetzbuchs, ausländische

WpDVerOV § 1 Anwendungsbereich

AIF-Verwaltungsgesellschaften, deren Referenzmitgliedstaat die Bundesrepublik Deutschland nach § 56 des Kapitalanlagegesetzbuchs ist, sowie Zweigniederlassungen und Tätigkeiten im Wege des grenzüberschreitenden Dienstleistungsverkehrs von Verwaltungsgesellschaften nach § 51 Absatz 1 Satz 1, § 54 Absatz 1 und § 66 Absatz 1 des Kapitalanlagesetzbuchs, soweit die Vorschriften des Wertpapierhandelsgesetzes auf diese Anwendung finden.

1 Die Verordnung zur Konkretisierung der Verhaltensregeln und Organisationsanforderungen für Wertpapierdienstleistungsunternehmen *(Wertpapierdienstleistungs-Verhaltens- und Organisationsverordnung – WpDVerOV)*[1] wurde am 20. Juli 2007 vom Bundesministerium der Finanzen erlassen. Die WpDVerOV konkretisiert gesetzliche Regelungen des Wertpapierhandelsgesetzes und dient ausweislich ihrer amtlichen Begründung[2] der weiteren Umsetzung von Anhang II der MiFID und der MiFID-DRL.

2 Grundlage der WpDVerOV sind zahlreiche **Verordnungsermächtigungen** im WpHG. Die einzelnen Ermächtigungsgrundlagen werden in der Einleitungsformel genannt. Damit trägt der Verordnungsgeber dem Zitiergebot aus **Art. 80 Abs. 1 Satz 3 GG** Rechnung.[3] Aufgezählt werden dabei folgende Bestimmungen:

- § 31 Abs. 11 Satz 1 WpHG (nähere Bestimmungen zu den allgemeinen Verhaltenspflichten),
- § 31a Abs. 8 Satz 1 WpHG (nähere Bestimmungen zu den Vorgaben, dem Verfahren und den organisatorischen Vorkehrungen bezüglich der Einstufung von Kunden),
- § 31b Abs. 2 Satz 1 WpHG (nähere Bestimmungen über Form und Inhalt von Vereinbarungen mit und Erklärungen von geeigneten Gegenparteien über ihre Behandlung),
- § 31c Abs. 3 Satz 1 WpHG (nähere Bestimmungen zu den Verpflichtungen über die Bearbeitung von Kundenaufträgen),
- § 33 Abs. 4 Satz 1 WpHG (nähere Bestimmungen zu den Organisationsanforderungen),
- § 33a Abs. 9 WpHG (Mindestanforderungen zur bestmöglichen Ausführung von Kundenaufträgen),
- § 34 Abs. 4 Satz 1 WpHG (nähere Bestimmungen zu den Aufzeichnungspflichten und zur Geeignetheit von Datenträgern für die Aufzeichnung.

3 **Nicht aufgezählt** wird in der Einleitungsformel die Ermächtigungsgrundlage in **§ 34a Abs. 5 WpHG** zur Konkretisierung der Pflichten zum Schutz

---

1 BGBl. I, S. 1432.
2 Abrufbar unter beck-online.de.
3 Vgl. hierzu etwa *Remmert*, in: Maunz/Dürig, Art. 80 Rn. 127.

des Kundenvermögens nach § 34a Abs. 1–4 WpHG und zu den Anforderungen an qualifizierte Geldmarkfonds nach § 34a Abs. 1 Satz 1 WpHG. Damit ist bezüglich der Regelungen in § 14a zweifelhaft, ob die Voraussetzungen von Art. 80 Abs. 1 Satz 3 GG eingehalten sind, wonach in der Verordnung die Ermächtigungsgrundlage anzugeben ist. Die Pflicht zur Angabe der Ermächtigungsgrundlage dient zum einen der Klarheit darüber, ob der Verordnungsgeber von einer gesetzlichen Ermächtigung Gebrauch machen wollte. Zum anderen soll der Verordnungsgeber sich selbst darin kontrollieren können, ob er sich innerhalb der Ermächtigung bewegt.[4] Diesen Schutzzwecken trägt die Verordnung wohl auch ohne ausdrückliche Angabe der Ermächtigungsgrundlage aus § 34a Abs. 5 WpHG in der Einleitungsformel Rechnung. § 1 Abs. 1 Nr. 8 nennt ausdrücklich die zu konkretisierenden Bestimmungen der § 34a Abs. 1–4 WpHG und beschreibt den Anwendungsbereich genau.[5] Ein Verstoß gegen das Zitiergebot aus Art. 80 Abs. 1 Satz 3 GG lässt sich damit mit guten Gründen verneinen.

Die WpDVerOV ist nach ihrem Erlass einer **Reihe von Überarbeitungen** 4 unterzogen worden. Im Einzelnen wurde sie durch folgende Regelungen ergänzt und modifiziert:

– Erste Verordnung zur Änderung der Wertpapierdienstleistungs-Verhaltens- und Organisationsverordnung vom 21. November 2007,[6]

– Art. 8 Abs. 9 des Gesetzes zur Umsetzung der Verbraucherkreditrichtlinie, des zivilrechtlichen Teils der Zahlungsdiensterichtlinie sowie zur Neuordnung der Vorschriften über das Widerrufs- und Rückgaberecht vom 29. Juli 2009,[7]

– Art. 7 des Gesetzes zur Neuregelung der Rechtsverhältnisse bei Schuldverschreibungen aus Gesamtemissionen und zur verbesserten Durchsetzbarkeit von Ansprüchen von Anlegern aus Falschberatung vom 31. Juli 2009,[8]

– Art. 5 des Gesetzes zur Stärkung des Anlegerschutzes und Verbesserung der Funktionsfähigkeit der Kapitalmärkte (Anlegerschutz- und Funktionsverbesserungsgesetz) vom 5. April 2011,[9]

– Art. 27 Abs. 5 des Gesetzes zur Umsetzung der Richtlinie 2011/61/EU über die Verwalter alternativer Investmentfonds (AIFM-Umsetzungsgesetz – AIFM-UmsG) vom 4. Juli 2013,[10]

---

4 BVerfGE 101, 1, 42 = NJW 1999, 3253; s. auch *Uhle*, in: Epping/Hillgruber, Art. 80 Rn. 32.
5 Zur entsprechenden Rechtsetzungstechnik s. das Handbuch der Rechtsförmlichkeit, 3. Aufl., Abschnitt E, abrufbar unter hdr.bmj.de.
6 BGBl. I, S. 2602.
7 BGBl. I, S. 2355.
8 BGBl. I, S. 2512.
9 BGBl. I, S. 538.
10 BGBl. I, S. 1981.

- Art. 10 des Gesetzes zur Umsetzung der Verbraucherrechterichtlinie und Änderung des Gesetzes zur Regelung der Wohnungsvermittlung,[11]
- Zweite Änderungsverordnung zur Änderung der Wertpapierdienstleistungs-Verhaltens- und Organisationsverordnung vom 15. Juli 2014.[12]

5 § 1 Abs. 2 stellt klar, dass die Verordnung nicht nur für Wertpapierdienstleistungsunternehmen i.S.v. § 2 Abs. 4 WpHG gilt, sondern für alle Unternehmen, die den Anforderungen des WpHG unterfallen. Dies betrifft:

- Zweigniederlassungen ausländischer Kreditinstitute und Wertpapierdienstleistungsunternehmen (§ 53b KWG),

- Kapitalverwaltungsgesellschaften (§ 17 KAGB),

- ausländische AIF-Verwaltungsgesellschaften, deren Referenzmitgliedstaat Deutschland ist (§ 56 KAGB),

- Zweigniederlassungen und Tätigkeiten im grenzüberschreitenden Dienstleistungsverkehr von Verwaltungsgesellschaften i.S.d. §§ 51 Abs. 1 Satz 1, 54 Abs. 1 und 66 Abs. 1 KAGB.

---

11 BGBl. I, S. 3642.
12 BGBl. I, S. 956.

§ 2 Kunden

(1) Wertpapierdienstleistungsunternehmen müssen die notwendigen organisatorischen Vorkehrungen treffen, insbesondere Grundsätze aufstellen, Verfahren einrichten und Maßnahmen ergreifen, um Kunden nach § 31a des Wertpapierhandelsgesetzes einzustufen und die Einstufung professioneller Kunden aus begründetem Anlass überprüfen zu können.

(2) Die Einstufung eines Privatkunden als professioneller Kunde nach § 31a Abs. 7 Satz 1 erste Alternative des Wertpapierhandelsgesetzes darf nur erfolgen, wenn der Kunde

1. gegenüber dem Wertpapierdienstleistungsunternehmen zumindest in Textform beantragt hat, generell oder für eine bestimmte Art von Geschäften, Finanzinstrumenten oder Wertpapierdienstleistungen oder für ein bestimmtes Geschäft oder für eine bestimmte Wertpapierdienstleistung als professioneller Kunde eingestuft zu werden,

2. vom Wertpapierdienstleistungsunternehmen auf einem dauerhaften Datenträger eindeutig auf die rechtlichen Folgen der Einstufungsänderung hingewiesen worden ist,

3. seine Kenntnisnahme der nach Nummer 2 gegebenen Hinweise in einem gesonderten Dokument bestätigt hat.

Beabsichtigt das Wertpapierdienstleistungsunternehmen, einen Kunden nach § 31a Abs. 7 Satz 1 zweite Alternative des Wertpapierhandelsgesetzes als professionellen Kunden einzustufen, gilt Satz 1 entsprechend mit der Maßgabe, dass der Kunde sein Einverständnis zumindest in Textform erklären muss.

(3) Bei Personengesellschaften und Kapitalgesellschaften, die die Kriterien des § 31a Abs. 2 Satz 2 Nr. 2 des Wertpapierhandelsgesetzes nicht erfüllen, ist es für die Änderung der Einstufung nach § 31a Abs. 7 Satz 3 des Wertpapierhandelsgesetzes ausreichend, wenn die in § 31a Abs. 7 Satz 3 Nr. 1 oder 3 des Wertpapierhandelsgesetzes genannten Kriterien durch eine von der Gesellschaft benannte Person erfüllt werden, die befugt ist, die von der Änderung der Einstufung umfassten Geschäfte im Namen der Gesellschaft zu tätigen.

(4) Vereinbart ein Wertpapierdienstleistungsunternehmen mit einer geeigneten Gegenpartei eine Änderung der Einstufung nach § 31a Abs. 5 des Wertpapierhandelsgesetzes, ist diese als professioneller Kunde zu behandeln, es sei denn, es wird ausdrücklich zumindest in Textform die Einstufung als Privatkunde vereinbart. § 31a Abs. 6 Satz 3 des Wertpapierhandelsgesetzes gilt entsprechend.

(5) Eine vor dem 1. November 2007 entsprechend dem Bewertungsverfahren nach Teil C der Richtlinie gemäß § 35 Abs. 6 des Gesetzes über

den Wertpapierhandel (WpHG) zur Konkretisierung der §§ 31 und 32 WpHG für das Kommissionsgeschäft, den Eigenhandel für andere und das Vermittlungsgeschäft der Wertpapierdienstleistungsunternehmen vom 23. August 2001 (BAnz. S. 19 217) durchgeführte Kundeneinstufung entspricht den Anforderungen des § 31a Abs. 6 Satz 5 des Wertpapierhandelsgesetzes. Die Information nach § 31a Abs. 6 Satz 6 des Wertpapierhandelsgesetzes kann in standardisierter Form erfolgen.

Inhalt

	Rn.		Rn.
A. Hintergrund	1	IV. Heraufstufung durch Vereinbarung	39
B. Kundenbegriff	3	E. Personen- und Kapitalgesellschaften (Abs. 3)	40
C. Organisatorische Vorkehrungen (Abs. 1)	6	F. Herabstufung einer geeigneten Gegenpartei (Abs. 4)	52
D. Heraufstufung Privatkunde zu professionellem Kunden (Abs. 2)	22	I. Herabstufung durch Vereinbarung	52
I. Einleitung	22	II. Verfahren	57
II. Heraufstufung auf Antrag des Kunden	25	1. Informationspflicht bei einseitiger Initiative	58
1. Bestimmtheit des Antrags	26	2. Schriftformerfordernis	60
2. Hinweis über den Verlust des Schutzniveaus	33	3. Herabstufung zum Privatkunden	62
3. Kundenbestätigung	35	4. Beschränkung der Herabstufung	63
III. Heraufstufung auf Initiative des Wertpapierdienstleistungsunternehmens	37	G. Bestandsschutz (Abs. 5)	67

A. Hintergrund

1 § 2 enthält Vorgaben für die **Einstufung eines professionellen Kunden** nach § 31a Abs. 2 Nr. 2 WpHG, für die **Einrichtung von Verfahren** und **organisatorischen Vorkehrungen** der Wertpapierdienstleistungsunternehmen bei einer Änderung der Einstufung nach § 31a Abs. 5 WpHG und **Kriterien** für **das Verfahren und die organisatorischen Vorkehrungen** bei einer Änderung oder Beibehaltung der Einstufung nach § 31a Abs. 6 und 7 WpHG.[1] Damit hat das Bundesministerium der Finanzen inhaltlich die Ermächtigung des § 31a Abs. 8 WpHG in Form einer Rechtsverordnung umgesetzt, jedoch von der Ermächtigungsweitergabe an die BaFin keinen Gebrauch gemacht.[2]

2 Damit werden auf der einen Seite die Gesamtziele der MiFID wie die **Gewährleistung des Anlegerschutzes und der Marktintegrität** umge-

---

1 *Koch*, in: Schwark/Zimmer, § 31a WpHG Rn. 56.
2 *Koch*, in: Schwark/Zimmer, § 31a WpHG Rn. 56.

setzt. Auf der anderen Seite findet der Umstand, dass es keinen einheitlichen Anleger gibt, Berücksichtigung. Vor diesem Hintergrund wurden die verschiedenen Anlegerkategorien (Privatkunden, professionelle Kunden, geeignete Gegenparteien)[3] eingeführt. Damit wird dem Verständnis Rechnung getragen, dass die Anleger je nach ihren **Kenntnissen, Erfahrungen und** ihrem **Sachverstand** in einem vorgegebenen Raster als **Privatkunde, professioneller Kunde** und **geeignete Gegenpartei** im Sinne ihrer individuellen Schutzbedürftigkeit zu behandeln sind.[4]

B. Kundenbegriff

Sowohl § 31a WpHG als auch § 2 verwenden als Überschrift den **Begriff des Kunden.** Der Begriff wird in § 31a Abs. 1 WpHG legaldefiniert und umfasst neben dem Wortlaut der **natürlichen und juristischen Personen** auch die nicht explizit benannten **Personengesellschaften,** gegenüber denen das Wertpapierdienstleistungsunternehmen sowohl Wertpapierdienstleistungen als auch -nebendienstleistungen erbringt oder anbahnt.[5] Heute besteht weitgehend Konsens, dass die gesetzliche Begrifflichkeit auf den Sinn und Schutzzweck der Norm[6] im Sinne des europäischen Verständnisses ausgeweitet werden muss. Deshalb werden auch solche Personenvereinigungen als juristische Personen mit umfasst, denen keine Rechtsfähigkeit verliehen wurde.[7] Dieses Verständnis hat das Bundesministerium der Finanzen mit der Einführung des § 2 Abs. 3 zum Ausdruck gebracht, indem es auch Personengesellschaften als Kunden berücksichtigt.[8] Das Kundenverständnis gilt für das Unternehmen selbst, nicht für die handelnden Personen.[9] 3

Für diese Auslegung spricht, dass im Rahmen des Gesetzgebungsverfahrens des FRUG der Deutsche Anwaltsverein in seiner Stellungnahme noch eine Erweiterung der Legaldefinitionen gefordert hatte, da ansonsten offene Handelsgesellschaften, Kommanditgesellschaften, Gesellschaften des bürgerlichen Rechts und nicht-rechtsfähige Vereine nicht von dem Kundenbegriff umfasst worden wären.[10] 4

---

3 S. auch *Fleischer*, BKR 2006, 389, 394; *Seyfried*, WM 2006, 1375; *Weichert/Wenniger*, WM 2007, 627, 628.
4 *Kasten*, BKR 2007, 261; *Fleischer*, BKR 2006, 389, 394; *Seyfried*, WM 2006, 1375.
5 *Kasten*, BKR 2007, 261, 264; *Koller*, in: Assmann/Schneider, § 31a Rn. 3 und 4.
6 *Fuchs*, in: Fuchs, § 31a Rn. 15.
7 So auch *Koch*, in: Schwark/Zimmer, § 31a WpHG Rn. 4; *Kasten*, BKR 2007, 261, 264.
8 WpDVerOV-Begr., S. 3.
9 *Fuchs*, in: Fuchs, § 31a Rn. 15.
10 Stellungnahme 61/06 des Deutschen Anwaltsvereins vom Oktober 2006 zum Regierungsentwurf vom 14. September 2006 eines Gesetzes zur Umsetzung der Richtlinie über Märkte für Finanzinstrumente und der Durchführungsrichtlinie der Kommission, S. 8–9.

5 Die durch die MiFID in das WpHG eingeführten Definitionen der „Privatkunden" und „professionellen Kunden" mussten seinerzeit in allen Wertpapierdienstleistungsunternehmen etabliert werden. Vor der MiFID wurden in den meisten Unternehmen die Kunden nach Privatkunden, Firmenkunden und ggf. noch nach Kontrahenten unterschieden. Privatkunden galten als Verbraucher i.S.d. § 13 BGB – darunter fiel jede natürliche Person, die ein Rechtsgeschäft zu einem bestimmten Zweck abgeschlossen hatte, der weder ihrer gewerblichen noch ihrer selbständigen beruflichen Tätigkeit zugerechnet werden konnte.[11] Firmenkunden waren Unternehmen, die keine Privatkunden im Sinne des BGB waren.[12] Andere Kreditinstitute, mit denen das Einlagensicherungsgeschäft betrieben wurde, wurden überwiegend als Kontrahenten bezeichnet.[13] Es musste ein strukturelles Umdenken dahin gehend erfolgen, dass nicht nur Verbraucher, sondern auch kleinere Unternehmen unabhängig von ihrer Rechtsform als Privatkunden einzustufen sind, soweit sie die Voraussetzungen des § 31a Abs. 2 WpHG nicht erfüllen.

C. Organisatorische Vorkehrungen (Abs. 1)

6 § 2 Abs. 1 normiert die **Einführung notwendiger organisatorischer Vorkehrungen, insbesondere das Aufstellen von Grundsätzen, die Einrichtung von Verfahren und das Ergreifen von Maßnahmen,** um die besonderen Anforderungen an die Klassifizierung von Kunden sowie die Einstufung professioneller Kunden aus begründetem Anlass überprüfen zu können.[14] Damit ist § 2 Abs. 1 als Konkretisierung der § 33 Abs. 1 Nr. 1 WpHG und § 12 Abs. 1 zu begreifen, die im Allgemeinen darauf verweisen, dass ein Wertpapierdienstleistungsunternehmen **angemessene Grundsätze aufstellen, Mittel vorhalten und Verfahren einrichten** muss, die darauf ausgerichtet sind, sicherzustellen, dass das Wertpapierdienstleistungsunternehmen und seine Mitarbeiter den Verpflichtungen des Gesetzes nachkommen können.[15]

7 Die angemessenen Maßnahmen und einzurichtenden Verfahren müssen sicherstellen, dass ein Wertpapierdienstleistungsunternehmen sachlich und personell in der Lage sowie mit den notwendigen Ressourcen ausgestattet ist, um die Kundenklassifizierung und darauf gründende Wertpapierdienstleistungen und -nebendienstleistungen ordnungsgemäß durchführen zu können.[16] Mit Einführung von neuen Wertpapierdienstleistungen bzw. -nebendienstleistungen, neuen Produkten sowie der Erschließung neuer Geschäftsfelder im Sinne des WpHG bzw. bei Änderungen oder Anpassungen des Aufsichtsrechtes ist das Wertpapier-

---

11 *Brinkmann*, in: Renz/Hense, Kap. II 2 Rn. 3.
12 *Brinkmann*, in: Renz/Hense, Kap. II 2 Rn. 3.
13 *Brinkmann*, in: Renz/Hense, Kap. II 2 Rn. 3.
14 *Fuchs*, in: Fuchs, § 33 Rn. 43.
15 *Schäfer*, BKR 2011, 187; *Fett*, in: Schwark/Zimmer, § 33 WpHG Rn. 1.
16 *Eisele/Faust*, in: Schimansky/Bunte/Lwowski, § 109 Rn. 97.

dienstleistungsunternehmen gehalten, die jeweiligen Vorschriften zu beachten und Prozesse hierfür einzuführen oder ggf. anzupassen.

Je nach Ausrichtung der Institute können unterschiedliche Bereiche mit der Erbringung von (neuen) Wertpapierdienstleistungen und -nebendienstleistungen, der Kundendatenpflege bzw. der Kundenverantwortlichkeit betraut sein. Als vorbereitende Maßnahme sollte deshalb jedes Wertpapierdienstleistungsunternehmen zunächst feststellen, welche Geschäfte getätigt, welche Produkte mit welcher Art von Kunden gehandelt werden und welche Bereiche des Institutes involviert sind. Hierzu kann es sich anbieten, ein Projekt aufzustellen oder einen Arbeitskreis zu gründen, in dem die entsprechenden Bereiche vertreten sind. Im Rahmen ihrer **Beratungskompetenz** nach BT 1.2.3 MaComp kann auch die **Compliance-Funktion** bei der Festlegung von Mindeststandards für den Prozess zur Einstufung und Überwachung in das Projekt eingebunden werden, um frühzeitig Defizite in der Umsetzung des neuen Prozesses erkennen zu können und Abhilfemaßnahmen zu initiieren.[17]

Innerhalb des Projektes kann unter anderem die Entscheidung getroffen werden, ob das Wertpapierdienstleistungsunternehmen eine **einheitliche Einstufung aller Kunden** als Privatkunden vornimmt[18] oder doch mit allen drei Kategorien – Privatkunde, professioneller Kunde und geeignete Gegenpartei – arbeitet. Sofern eine einheitliche Einstufung aller Kunden als Privatkunden vorgenommen wird, ist als Ausnahme der Handel mit anderen Wertpapierdienstleistungsunternehmen zur Durchführung von Eigengeschäften zu berücksichtigen.[19]

Wenn ein Unternehmen sich entscheidet, alle drei Kategorien zuzulassen, wird eine erhöhte Compliance-Relevanz für **die initiale Bestimmung professioneller Kunden** und geeigneter Gegenparteien und darüber hinaus für die Herauf- und Herabstufung bereits klassifizierter Kunden zu bejahen sein.

Durch das Wertpapierdienstleistungsunternehmen ist festzulegen, welcher Bereich für die Vornahme der Kundenklassifizierung verantwortlich sein soll. Hier bietet es sich an, dem Bereich die Verantwortung für die Einstufung und damit die erforderliche Kompetenz zu übertragen, der über die meisten Kundeninformationen bzw. Kundendaten verfügt. Gerade bei großen Unternehmen kann diese Entscheidung dazu führen, dass der die Klassifizierung vornehmende Bereich nicht gleichzeitig die Wertpapierdienstleistung bzw. -nebendienstleistung gegenüber den einzelnen Kunden erbringt. In diesem Fall ist die ordnungsgemäße Gestaltung des Informationsflusses[20] zwischen den verschiedenen betroffenen Bereichen sicherzustellen. Sind mehrere Bereiche des Institutes in einzelne Prozessschritte der Klassifizierung involviert, bietet es sich an, über die Projektdauer hinaus einen **zentralen Bereich** einzurichten. Dieser steht

---

17 *Schäfer*, in: Krimphove/Kruse, BT 1 Rn. 415 und 426.
18 *Brinkmann*, in: Renz/Hense, Kap. II 2 Rn. 26.
19 *Brinkmann*, in: Renz/Hense, Kap. II 2 Rn. 26.
20 *Spindler*, in: Fleischer, Handbuch des Vorstandsrechts, § 19 Rn. 47.

als Klammer über dem Verfahren und hat eine den gesamten Prozess erfassende übergeordnete Verantwortlichkeit (z.b. für Anpassungen des Prozesses oder die Erstellung und Aktualisierung der schriftlich fixierten Ordnung). Möglich ist auch, dass der zentrale Bereich dafür zuständig ist, die aufsichtsrechtlichen Vorgaben, wie zum Beispiel die WpDVerOV, regelmäßig zu überprüfen und Anpassungen in den institutsspezifischen Anweisungen vorzunehmen.

12 Des Weiteren ist festzulegen, ob die Klassifizierung manuell oder mit Hilfe eines **technischen Systems** vorgenommen werden soll. Die meisten Institute werden sich bei der Kundenklassifizierung eines technischen Systems bedienen und technische Auswahlfelder und systemtechnische Voraussetzungen schaffen.[21] Wird ein technisches System genutzt, können die hinterlegten Kundendaten systemseitig mit den Voraussetzungen des WpHG abgeglichen werden, so dass eine Voreinstufung möglich ist, die der verantwortliche Sachbearbeiter verifizieren kann. Zu berücksichtigen ist, dass das verwendete System die Mitarbeiter in die Lage versetzen muss, den dauerhaften Anforderungen an die Kundenklassifizierung zu entsprechen.[22] Dafür müssen die organisatorischen Voraussetzungen erfüllt sein, wie zum Beispiel das Vorliegen schriftlicher Beschreibungen der **Funktionsweise des Systems**, das Vorhandensein eines Notfallkonzeptes sowie die Durchführung **regelmäßiger Notfallübungen**.[23] Verzichtet man dagegen auf eine technische Lösung und nimmt die Klassifizierung manuell vor, sind erhöhte Anforderungen an die Kontrollen zu stellen, da Prüfer ein manuelles Verfahren häufig als fehleranfälliger einstufen.

13 Ist das Verfahren bestimmt, gehört es zu den grundlegenden organisatorischen Vorkehrungen, dass es in einer **Aufbauorganisationsübersicht** dargestellt und eine **schriftlich fixierte Ordnung**[24] für alle Mitarbeiter verbindlich festgelegt wird. Insbesondere sollten die verantwortlichen Bereiche und deren Aufgaben in Form eines Ablaufdiagramms fixiert werden.

14 Für die Vornahme der Einstufung sind explizite Vorgaben festzulegen, damit das **flexible System zur Herauf- als auch Herabstufung** (§ 31a Abs. 5–7 WpHG) richtig umgesetzt werden kann, sowie eine umfangreiche Information des Kunden und die Dokumentation[25] des Vorganges auf einem dauerhaften Datenträger sicherzustellen. In Anlehnung an das von der BaFin erstellte Verzeichnis der **Mindestaufzeichnungspflichten** gem. § 34b Abs. 5 WpHG legt AT 8 MaComp ebenfalls die Aufzeichnungspflicht der Kundenkategorie fest, wenn nicht nur Privatkunden eingestuft werden.[26] Zu berücksichtigen ist weiter, dass die Kundenklassifizierung vor Erbringung der Wertpapierdienstleistung bzw. -nebendienstleistung zu erfolgen hat und bereits **potenzielle Kunden** von der Verpflichtung

---

21 *Brinkmann*, in: Renz/Hense, Kap. II 2 Rn. 32.
22 *Schäfer*, in: Assmann/Schütze, § 23 Rn. 47 f.
23 *Koller*, in: Assmann/Schneider, § 33 Rn. 37.
24 *Buck-Heeb*, § 13 V Rn. 533 und 536; *Spindler*, in: Fleischer, § 19 Rn. 47.
25 *Koller*, in: Assmann/Schneider, § 33 Rn. 15.
26 *Schäfer*, in: Krimphove/Kruse, AT 8.1 Rn. 12.

zur Einstufung erfasst sind.[27] Für den Fall, dass klassifizierender und geschäftsabschließender Bereich voneinander abweichen, ist sicherzustellen, dass der geschäftsabschließende Bereich rechtzeitig mit Anbahnung des Geschäftes von der Einstufung unterrichtet wird. Diese Voraussetzung wird mit der Einführung einer technischen Lösung risikominimierender zu erfüllen sein als etwa durch mündliche oder schriftliche Informationsweitergabe. Wertpapierdienstleistungsunternehmen müssen als weitere notwendige Vorkehrung veranlassen, dass ihre **Mitarbeiter ausreichend geschult** werden und vom Kenntnisstand her in der Lage sind, den mit diesen Vorgängen verbundenen Anforderungen zu entsprechen und insbesondere die Kundeneinstufung richtig vorzunehmen.[28]

Wertpapierdienstleistungsunternehmen müssen gewährleisten, dass die verantwortlichen Mitarbeiter entsprechend ihrer Kenntnisse, Fähigkeiten und Erfahrungen eingesetzt werden. Sie müssen die aufsichtsrechtlichen Vorgaben, den Prozess und die schriftlich fixierte Ordnung bereits kennen oder entsprechend geschult werden. Die **Schulungen** sind bei neuen Mitarbeitern sowie bei Bedarf, z.B. bei Änderungen des Prozesses, regelmäßig zu wiederholen. Prozessabläufe sowie die damit verbundenen Aufgaben, Kompetenzen, Verantwortlichkeiten und Kommunikationswege sind regelmäßig bzw. anlassbezogen zu kontrollieren, um zu gewährleisten, dass die Verfahren eingehalten werden.[29] Hierfür sollten zunächst im Sinne einer **ersten Verteidigungslinie** prozessabhängige **Kontrollen** eingerichtet werden, die die Einhaltung der Vorgaben der Organisationsrichtlinien gewährleisten. Diese Kontrollen können im Rahmen eines vorgelagerten **Freigabeprinzips**, des üblichen prozessintegrierten **Vier-Augen-Prinzips** oder auch im Wege einer **nachgelagerten Kontrolle** durch einen Fachbereich erfolgen.[30] Dadurch soll gewährleistet werden, dass ein kontinuierlicher Verbesserungsprozess eingeleitet wird, durch den identifizierte Mängel nach und nach abgestellt werden und zugleich die Entwicklung neuer Mängel vermieden wird. Die Kontrolle der ersten Verteidigungslinie ersetzt nicht die Prüfungen der zweiten Verteidigungslinie, kann aber bei der Festlegung der Häufigkeit und Art der Prüfungshandlung durch die Compliance-Funktion risikomindernd Berücksichtigung finden.

Die **Compliance-Funktion** als **zweite Verteidigungslinie** hat die Aufgabe, die Überwachung und Bewertung der aufgestellten Grundsätze und Verfahren durchzuführen sowie die Nachhaltung der zur Behebung der Defizite erforderlichen Maßnahmen vorzunehmen (BT 1.2.1 Nr. 1 MaComp).[31]

---

27 *Fuchs*, in: Fuchs, § 33 Rn. 15.
28 BT 1.2.3 MaComp; *Schäfer*, in: Assmann/Schütze, § 23 Rn. 47 f.
29 *Schäfer*, in: Krimphove/Kruse, BT 1 Rn. 93; *Spindler*, in: Fleischer, § 19 Rn. 50; *Schäfer*, in: Assmann/Schütze, § 23 Rn. 47 f.
30 *Spindler*, in: Fleischer, § 19 Rn. 45–50.
31 *Brinkmann*, in: Renz/Hense, Kap. II 2 Rn. 33; *Schäfer*, BKR 2011, 187, 189; *Schäfer*, in: Krimphove/Kruse, BT 1 Rn. 94, 98 und 100; *Auerbach/Jost*, in: Hopt/Wohlmannstetter, S. 670.

WpDVerOV § 2 Kunden

Darüber hinaus hat die Compliance-Funktion die Fachbereiche zu beraten und in diesem Zusammenhang bei Mitarbeiterschulungen zu unterstützen.[32] Übernimmt die Compliance-Funktion die Schulung selbst, besteht der Vorteil, eine Sensibilisierung von bestimmten Problemfeldern[33] zu gewährleisten, Probleme aus der Praxis im Dialog mit den Mitarbeitern zu diskutieren und diese bei der nächsten Vorgehensweise zu berücksichtigen. Grundsätzlich liegt die Verantwortung aber bei der Geschäftsleitung, so dass es dem Unternehmen überlassen bleibt, wie geschult wird (extern, intern, Präsenz- oder Fernschulung).[34]

17 Im Rahmen ihrer Beratungsfunktion kann Compliance in den Entscheidungsprozess zur Einstufung bzw. Umstufung von Kunden – insbesondere bei der Umstufung zu „gekorenen professionellen Kunden" – eingebunden werden. Dabei ist sicherzustellen, dass die Einbindung der Compliance-Funktion im Sinne der Auslegung der Verordnung bzw. des WpHG erfolgt und die Verantwortung für das Verfahren bei den Fachbereichen verbleibt, um die geforderte Unabhängigkeit der Compliance-Funktion als überwachende Einheit weiterhin zu gewährleisten.[35]

18 Als explizite Pflicht nennt § 2 Abs. 1 Halbs. 2 die Einführung von organisatorischen Vorkehrungen, um die **Einstufung von professionellen Kunden aus begründetem Anlass überprüfen** zu können. Hierbei handelt es sich jedoch nicht um eine **laufende Pflicht mit Überwachungscharakter.**[36] In der Begründung zur WpDVerOV wird ausgeführt, dass es sich lediglich um eine **anlassbezogene Überprüfungspflicht** handelt.[37] Das Wertpapierdienstleistungsunternehmen muss diese Pflicht vor allem dann beachten, wenn es **positive Kenntnis von solchen Umständen** erlangt, die begründete Zweifel an der bestehenden Einstufung wecken.[38]

19 Insbesondere besteht eine begründete Pflicht zur Überprüfung, wenn der Kunde Angaben gegenüber dem Unternehmen macht, die die Bewertungskriterien nach § 31a Abs. 2 Nr. 2 oder Abs. 7 WpHG[39] in Frage stellen. Diese Informationen wird das Unternehmen regelmäßig dann erhalten, wenn es nach § 18 Abs. 1 KWG verpflichtet ist, sich von seinen Kunden im Rahmen einer Kredit- bzw. Darlehensvergabe die Vermögensverhältnisse z.B. durch Jahresabschlüsse offenlegen zu lassen. Hier muss das Wertpapierdienstleistungsunternehmen Vorkehrungen treffen, damit die im Kreditbereich offengelegten und auch für die Einstufung relevanten Informationen von dem für die Kundenklassifizierung zuständigen Fachbereich berücksichtigt werden können.

---

32 *Schäfer*, in: Krimphove/Kruse, BT 1 Rn. 400; *Röh*, BB 2008, 398, 403.
33 *Schäfer*, in: Krimphove/Kruse, BT 1 Rn. 396.
34 *Schäfer*, in: Krimphove/Kruse, BT 1 Rn. 398 f.
35 *Schäfer*, in: Krimphove/Kruse, BT 1 Rn. 444.
36 *Fuchs*, in: Fuchs, § 31a Rn. 44.
37 WpDVerOV-Begr., S. 2.
38 *Fuchs*, in: Fuchs, § 31a Rn. 44; *Koller*, in: Assmann/Schneider, § 31 Rn. 18.
39 Berichts des Finanzausschusses, BT-Drs. 16/4899, S. 27.

Verändert ein Unternehmen seinen gesellschaftsrechtlichen Status, der 20
über eine reine Umfirmierung bzw. einen identitätswahrenden Rechtsformwechsel hinausgeht, wird dies grundsätzlich Grundlage für eine Überprüfung der ursprünglichen Kundeneinstufung sein. Handelt es sich z.b. um die Fusion zweier Gesellschaften, wäre eine Überprüfungspflicht zu bejahen.

Aus den oben dargestellten Grundsätzen sowie § 31a Abs. 7 Satz 6 21
WpHG ergibt sich, dass das Wertpapierdienstleistungsunternehmen seine Pflichten nur verletzt, wenn es Informationen, die ihm der Kunde gibt, nicht berücksichtigt.[40] Es ist dem Unternehmen auch nicht zuzurechnen, wenn der Kunde fehlerhafte Angaben macht. Dies gilt z.B., wenn der Kunde falsche Auskünfte über seine Kenntnisse und Erfahrungen gibt. Auf die Frage, zu welchem Zeitpunkt die Größenkriterien unterschritten sein müssen, beispielsweise zum Jahresultimo des letzten abgeschlossenen Geschäftsjahres oder ggf. zum Bilanzstichtag mehrerer in der Vergangenheit abgeschlossener Berichtsperioden, kann es insofern nur darauf ankommen, als das Unternehmen positiv Kenntnis darüber erlangt.

D. Heraufstufung Privatkunde zu professionellem Kunden (Abs. 2)

I. Einleitung

Für den Fall, dass eine Einstufung als Privatkunde nicht mehr sachge- 22
recht ist, besteht nach § 2 Abs. 2 i.V.m. § 31a Abs. 7 WpHG die Möglichkeit, auf **Antrag eines Privatkunden** oder auf **Veranlassung des Wertpapierdienstleistungsunternehmens** den Kunden unter Berücksichtigung der gesetzlichen Voraussetzungen in die Kategorie der professionellen Kunden einzustufen. Legt man für die Einstufung die Kriterien des § 31a Abs. 7 Satz 3 WpHG zu Grunde, wird auch von einem **gekorenen professionellen Kunden** gesprochen.[41]

Insgesamt erfüllt § 2 Abs. 2 die Anforderungen aus Nr. II. 2 Unterabs. 1 23
des Anhanges II der MiFID und eröffnet durch die Möglichkeit, abweichende Einstufungen vorzunehmen, **privatautonome Regelungsspielräume**.[42] Gleichzeitig wird die gesetzlich vorgegebene schematische Einordnung der Kunden in bestimmte Kategorien durchbrochen. Gegeneinander abzuwägen sind dabei die Professionalität und die Schutzbedürftigkeit des jeweiligen Kunden.[43] Dies ist nach Anhang II MiFID im

---

40 *Koch*, in: Schwark/Zimmer, § 31a WpHG Rn. 19 und 55; BR-Drs. 833/06, S. 10: Dort schlägt der Bundesrat vor, dass eine aktive Informationspflicht des Kunden gegenüber seinem Wertpapierdienstleistungsunternehmen aufgenommen wird. In der Folge wurde § 31a Abs. 7 Satz 6 WpHG normiert.
41 *Brinkmann*, in: Brinkmann/Haußwald/Marbeiter/Petersen/Richter/Schäfer, Rn. 210.
42 *Koch*, in: Schwark/Zimmer, § 31a WpHG Rn. 1.
43 *Fuchs*, in: Fuchs, § 31a Rn. 6; *Weichert/Wenniger*, WM 2007, 627, 629.

Wege einer angemessenen Beurteilung des Sachverstandes, der Erfahrungen und der Kenntnisse des Kunden zu beurteilen. Der Kunde muss nach vernünftigem Ermessen in der Lage sein, seine Anlageentscheidung eigenständig zu treffen und die damit verbundenen Risiken einzuschätzen. Eine Heraufstufung hat zur Folge, dass der gekorene professionelle Kunde künftig über ein geringeres **Schutzniveau** verfügt, welches von Privatkunde über professionellen Kunden bis zur geeigneten Gegenpartei abnimmt.[44]

24 Ein **Privatkunde ist nach der Legaldefinition** des § 31a Abs. 3 WpHG ein Kunde, der die Voraussetzungen für die Einstufung zu einem geborenen professionellen Kunden und zu einer geeigneten Gegenpartei nicht erfüllt.[45] Er ist weder Unternehmer, noch erfüllt er die weiteren in § 31a Abs. 2 und 4 WpHG genannten Voraussetzungen. Er kann damit lediglich die Voraussetzungen für einen gekorenen professionellen Kunden erfüllen, nicht jedoch für eine gekorene oder geborene geeignete Gegenpartei. Folgerichtig sieht das Gesetz nur eine **Heraufstufungsoption** für Privatkunden zum professionellen Kunden vor.[46] Es gibt kein Verfahren, einen geborenen Privatkunden erst als gekorenen professionellen Kunden und anschließend als geeignete Gegenpartei einzustufen. Diese Gestaltungsmöglichkeit ist den Parteien – selbst auf Wunsch des Kunden – verwehrt.[47] Auf der anderen Seite muss einer geeigneten Gegenpartei, die sich nach § 31a Abs. 5 WpHG i.V.m. § 2 Abs. 5 zum Privatkunden hat herunterstufen lassen, auch künftig die Möglichkeit eröffnet sein, wieder als geeignete Gegenpartei eingestuft werden zu können.

II. Heraufstufung auf Antrag des Kunden

25 Gem. 31a Abs. 7 Satz 1 Alt. 1 WpHG, § 2 Abs. 2 Satz 1 kann eine Heraufstufung auf Antrag eines Privatkunden gegenüber dem Wertpapierdienstleistungsunternehmen erfolgen und der Kunde künftig als gekorener professioneller Kunde eingestuft werden, wenn zumindest zwei der drei genannten Voraussetzungen gem. § 31a Abs. 7 Satz 3 Nr. 1–3 WpHG vorliegen.[48] Es bedarf zunächst eines **Antrages durch den Kunden in Textform**. Der Antrag sollte differenzieren, für welche Geschäfte, Wertpapierdienstleistungen und Produkte die Heraufstufung gelten soll. Er kann sich aber auch generell auf die gesamte Einstufung beziehen. Das Wertpapierdienstleistungsunternehmen muss den Kunden **auf einem dauerhaften Datenträger** eindeutig auf die **rechtlichen Folgen der Her-**

---

44 *Koch*, in: Schwark/Zimmer, § 31a WpHG Rn. 1; *Brinkmann*, in: Brinkmann/Haußwald/Marbeiter/Petersen/Richter/Schäfer, Rn. 199.
45 *Fleischer*, BKR 2006, 389, 394.
46 *Kasten*, BKR 2007, 261, 264.
47 *Koch*, in: Schwark/Zimmer, § 31a WpHG Rn. 41; *Kasten*, BKR 2007, 261, 264 f.; a.A.: *Koller*, in: Assmann/Schneider, § 31a Rn. 13; *Seyfried*, WM 2006, 1375, 1378; *Duve/Keller*, BB 2006, 2425, 2428.
48 *Koller*, in: Assmann/Schneider, § 31a Rn. 17; *Fuchs*, in: Fuchs, § 31a Rn. 35 f.

aufstufung hinweisen, dieser Hinweis muss vom Kunden **zur Kenntnis genommen** und in einem **gesonderten Dokument** bestätigt worden sein.

1. Bestimmtheit des Antrags

Gem. § 2 Abs. 2 Satz 1 Nr. 1 muss der Antrag des Kunden zumindest in **Textform** erfolgen und sich auf **eine bestimmte Art von Geschäften, Finanzinstrumenten oder Wertpapierdienstleistungen bzw. -nebendienstleistungen** beziehen. Der **Antrag muss** damit die Voraussetzungen des § 126b BGB erfüllen. Die Textform wurde durch das Gesetz zur Anpassung der Formvorschriften des Privatrechts und anderer Vorschriften an den modernen Rechtsgeschäftsverkehr vom 13.07.2001 (FormVAnpG) in das BGB eingeführt.[49] Der Empfänger soll die Möglichkeit haben, über ein Medium informiert zu werden, das die Erklärung dauerhaft in Schriftzeichen wiedergibt; eine mündliche Erklärung ist nicht ausreichend.[50] Der Gesetzgeber sieht die Textform in solchen Fällen als ausreichend an, in denen die Informations- und Dokumentationsfunktion im Verhältnis zur Beweisfunktion überwiegt und die Warnfunktion für den Erklärenden keine oder eine untergeordnete Rolle spielt.[51] Die Textform setzt damit das Bedürfnis nach einer Erleichterung der strengen Formvorschriften für die Schriftform um und gilt im Übrigen für die Abgabe von Willenserklärungen und rechtsgeschäftsähnlichen Handlungen.[52]

26

Die Textform verlangt ein **papierhaftes** oder **elektronisches Dokument** (eine Urkunde oder „in einer anderen zur dauerhaften Wiedergabe in Schriftzeichen geeigneten Weise"[53]) unter Nennung des Namens des Erklärenden sowie der Erkennbarkeit des Abschlusses der Erklärung.[54] Eine Unterschrift ist nicht erforderlich. Das Dokument kann als Papierdokument wie Kopie, Fax, Telegramm, Anschreiben oder als elektronisches Dokument wie Diskette, CD-ROM, DVD, E-Mail ausgestellt sein.[55] § 126b BGB fordert lediglich, dass die Erklärung auf eine zur **dauerhaften Wiedergabe in Schriftzeichen geeignete Weise** abgegeben wird.[56] Ausreichend ist die Niederlegung im Festplattenspeicher eines Rechners mit Ausdruckmöglichkeit oder Möglichkeit einer Wiedergabe auf dem Bildschirm.[57]

27

Aus dem Dokument muss die **Person des Erklärenden** erkennbar sein. Nicht maßgeblich ist dabei, an welcher Stelle die Person genannt wird. Möglich ist sowohl die Nennung einer Faksimile-Unterschrift als auch die Aufführung im oberen Teil des Dokumentes oder innerhalb der eigentli-

28

---

49 *Einsele*, in: MüKo-BGB, § 126b Rn. 1; *Hertel*, in: Staudinger, § 126b Rn. 2.
50 *Einsele*, in: MüKo-BGB, § 126b Rn. 1 und 7.
51 *Einsele*, in: MüKo-BGB, § 126b Rn. 1.
52 *Einsele*, in: MüKo-BGB, § 126b Rn. 1.
53 *Einsele*, in: MüKo-BGB, § 126b Rn. 4.
54 *Einsele*, in: MüKo-BGB, § 126b Rn. 5 und 6.
55 *Dörner*, in: Schulze/Dörner/Ebert et al., § 126b Rn. 4; *Hertel*, in: Staudinger, § 126b Rn. 27.
56 *Einsele*, in: MüKo-BGB, § 126b Rn. 9.
57 *Dörner*, in: Schulze/Dörner/Ebert et al., § 126b Rn. 4.

chen Erklärung.[58] Dabei geht es nach dem Sinn der Vorschrift um die Erkennbarkeit der Person, die die Erklärung in eigener Verantwortung abgibt. Wenn es für den Empfänger ohne Zweifel nachvollziehbar ist, von wem die Erklärung stammt, werden auch keine erhöhten Anforderungen an die vollständige Nennung von Vor- und Zunamen gestellt werden können.[59] Bei juristischen Personen genügt deren Angabe. Der Name der vertretungsberechtigten Person, die die Erklärung in Vertretung abgibt, ist dann nicht mehr erforderlich.[60]

29 Es muss das Ende der Erklärung und damit die **Fertigstellung des Textes** dokumentiert werden.[61] Der Abschluss kann in vielfältiger Weise deutlich gemacht werden; so z.b. mit der Namensunterschrift, der Nennung des Namens am Ende, einem Faksimile, einer eingescannten Unterschrift, einer Grußformel oder Zusätzen wie: „Diese Erklärung ist nicht unterschrieben."[62] Der Antrag des Kunden ist für das Wertpapierdienstleistungsunternehmen nicht bindend. Sobald der Antrag eingegangen ist, ist zu prüfen, ob die Voraussetzungen für die Einstufung als gekorener professioneller Kunde vorliegen. Nur wenn das der Fall ist, kann eine Umstufung erfolgen. Das **Letztentscheidungsrecht** über die Einstufung verbleibt beim Unternehmen.[63]

30 Der Antrag des Kunden muss sich gem. § 2 Abs. 2 Satz 1 Nr. 1 auf **eine bestimmte Art von Geschäften, Finanzinstrumenten oder Wertpapierdienstleistungen bzw. -nebendienstleistungen** beziehen. Der Kunde muss in seinem Antrag einen genauen Wunsch äußern, für welche Finanzinstrumente, welche Art von Geschäften bzw. welche Art von Wertpapierdienstleistungen die Heraufstufung gelten soll. Die Einschränkung der Heraufstufung nur für bestimmte Produkte bzw. Geschäfte kann Einfluss auf die Entscheidung über die Einstufung haben. Ist zu prüfen, ob der Kunde gem. § 31a Abs. 1 Nr. 1 WpHG an dem Markt, an dem die Finanzinstrumente gehandelt werden, während des letzten Jahres durchschnittlich zehn Geschäfte von erheblichem Umfang getätigt hat oder ob er gem. § 31a Abs. 1 Nr. 3 WpHG über ausreichende Kenntnisse und Erfahrungen nur für bestimmte Finanzinstrumente verfügt, kann die Beurteilung anders ausfallen, als wenn ein Gesamturteil über den Kunden zu ermitteln ist.

31 Mit einer einheitlichen Einstufung ist allerdings dort vorsichtig umzugehen, wo **der Antrag des Kunden nicht eindeutig** erkennen lässt, ob die Einstufung generell oder nur für bestimmte Produkte und Geschäftsarten gelten soll. Ein Wertpapierdienstleistungsunternehmen sollte mit jeder

---

58 *Einsele*, in: MüKo-BGB, § 126b Rn. 5; *Ellenberger*, in: Palandt, § 126b Rn. 4.
59 *Hertel*, in: Staudinger, § 126b Rn. 30.
60 *Hertel*, in: Staudinger, § 126b Rn. 30.
61 *Einsele*, in: MüKo-BGB, § 126b Rn. 6.
62 *Dörner*, in: Schulze/Dörner/Ebert et al., § 126b Rn. 6.
63 *Fuchs*, in: Fuchs, § 31a Rn. 29. Eine Einstufung gegen den Willen des Wertpapierdienstleistungsunternehmens ist nicht möglich, s. auch *Koch*, in: Schwark/Zimmer, § 31a WpHG Rn. 42.

Auslegung der Kundenerklärung zurückhaltend sein und auf eine Konkretisierung des Antrags drängen. Im Zweifel ist insgesamt das höchste Schutzniveau des Antrages zu verwenden. Im Sinne des Kunden ist hier nicht von einer Unwirksamkeit des Antrages auszugehen, wie es im Falle einer nicht eindeutigen Initiative durch das Unternehmen zu bewerten wäre.

Wird ein Kunde **differenziert nach Produkten** und Geschäften in verschiedene Kategorien eingestuft, so bedeutet dies für das Wertpapierdienstleistungsunternehmen einen **erhöhten organisatorischen Aufwand**. Insbesondere sind in diesem Fall die Verfahren so einzurichten, dass für den Berater sofort erkennbar ist, dass verschiedene Kategorien bestehen und wofür sie gelten. Das Unternehmen kann für sich entscheiden, dass der organisatorische Aufwand zu hoch ist und je Kunde nur eine Kategorie vergeben werden soll. Für die Möglichkeit dieser Variante spricht auch die Begründung der Verordnung zu § 2 Abs. 2,[64] die einen generellen Verzicht auf eine Kategorie und damit auf ein Schutzniveau aufführt. Diese wird sich dann an die Kategorie mit dem höchsten Schutzniveau für den Kunden zu orientieren haben.[65] 32

2. Hinweis über den Verlust des Schutzniveaus

Gem. § 2 Abs. 2 Nr. 2 muss das Wertpapierdienstleistungsunternehmen den Kunden auf einem **dauerhaften Datenträger über die rechtlichen Folgen der Umstufung** hinweisen. 33

Stuft ein Wertpapierdienstleistungsunternehmen nach Überprüfung der Voraussetzungen den Kunden auf dessen Antrag als professionellen Kunden ein, muss es **ihm einen Hinweis auf die rechtlichen Folgen** geben. Erforderlich ist ein **eindeutiger und detaillierter Hinweis** des Wertpapierdienstleistungsunternehmens auf **den Verlust des Schutzniveaus** für den Kunden. Ein allgemeiner Hinweis, dass auf Rechte verzichtet wird, ist nicht ausreichend. Vielmehr muss der Hinweis eine detaillierte Aufzählung der einzelnen Rechte enthalten, auf die aufgrund der höheren Einstufung verzichtet wird. Mit der Umstufung in die Kategorie des professionellen Kunden sind grundsätzlich die folgenden, meist geringeren gesetzlichen Anforderungen zu berücksichtigen:[66] 34

- eingeschränkte Anforderungen an Kundeninformationen und Werbung gem. § 31 Abs. 2 WpHG,
- weniger detaillierte Kundeninformation gem. § 31 Abs. 3 WpHG,
- bei der Durchführung einer Anlageberatung gem. § 31 Abs. 9 WpHG können ausreichende Kenntnisse und Erfahrungen vorausgesetzt werden,
- keine Protokollierung der durchgeführten Anlageberatung gem. § 34 Abs. 2a WpHG,

---

64 WpDVerOV-Begr., S. 2 f.
65 *Brinkmann*, in: Renz/Hense, Kap. II 2 Rn. 22.
66 *Duve/Keller*, BB 2006, 2425, 2431.

- abweichende Gewichtung der Kriterien für eine bestmögliche Orderausführung (§ 33a Abs. 3 Satz 1 WpHG),
- Pflicht zum Abschluss einer Rahmenvereinbarung gem. § 34 Abs. 2 WpHG.

Der Hinweis ist auf einem **dauerhaften Datenträger** abzugeben. Mit dem Begriff des dauerhaften Datenträgers ist nicht lediglich eine Art der Textform gemeint, die der in § 126b BGB genannten Alternative „zur dauerhaften Wiedergabe in Schriftzeichen geeigneter Weise" entspricht. § 3 bestimmt den Begriff eigenständig.

3. Kundenbestätigung

35 Der Kunde muss gem. § 2 Abs. 2 Satz 1 Nr. 3 **die Kenntnisnahme des Hinweises** auf die Reduzierung des Schutzniveaus in einem **gesonderten Dokument bestätigen**. Auch hier spricht das Gesetz entgegen dem Wortlaut der MiFID-DVO von einer schriftlichen Bestätigung der Kenntnisnahme durch den Kunden (§ 31a Abs. 7 Satz 5 WpHG). § 2 Abs. 2 der Begründung zur WpDVerOV verlangt entsprechend das Vorliegen einer Unterschrift des Kunden.[67] Die schriftliche Erklärung dient überwiegend Beweiszwecken und bestätigt die Wirksamkeit[68] der Heraufstufung. Damit ist das Vorliegen einer **schriftlichen Erklärung des Kunden auf einem gesonderten Dokument** erforderlich, soweit die Parteien nicht etwas anderes vereinbart haben.

36 Die Einverständniserklärung durch den Kunden ist nicht erzwingbar und nicht rechtlich einklagbar. Die Einstufung ist erst mit Eingang der Einverständniserklärung wirksam. Die Einverständniserklärung gilt nur im Verhältnis zu dem Wertpapierdienstleistungsunternehmen, mit dem die Einstufung vereinbart wurde.[69] Das Unternehmen hat dabei ein Letztentscheidungsrecht über die Einstufung,[70] es kann kein Wechsel der Kundenkategorie ohne den Willen des Wertpapierdienstleistungsunternehmens erfolgen, aber auch nicht ohne den Willen des Kunden, so dass immer ein Konsens zwischen den Parteien über die Einstufung vorliegen muss.[71]

III. Heraufstufung auf Initiative des Wertpapierdienstleistungsunternehmens

37 Die **Initiative zur Vornahme einer Heraufstufung** von der Kategorie Privatkunde zu einem professionellen Kunden kann gem. § 2 Abs. 2 Satz 2

---

67 WpDVerOV-Begr., S. 3.
68 *Koch*, in: Schwark/Zimmer, § 31a WpHG Rn. 51.
69 *Koch*, in: Schwark/Zimmer, § 31a WpHG Rn. 51; *Fuchs*, in: Fuchs, § 31a Rn. 40.
70 *Fuchs*, in: Fuchs, § 31a Rn. 33.
71 *Koch*, in: Schwark/Zimmer, § 31a WpHG Rn. 44; *Fuchs*, in: Fuchs, § 31a Rn. 35.

auch **von dem Wertpapierdienstleistungsunternehmen** ausgehen. Die Voraussetzungen des § 2 Abs. 2 Satz 1 gelten entsprechend, so dass ein Antrag unter Nennung der betroffenen Produkte, Wertpapierdienstleistungen und Geschäftsarten durch das Unternehmen in Textform zu erfolgen, das Unternehmen den Kunden eindeutig auf den Verlust des Schutzniveaus hinzuweisen und die Kenntnisnahme des Verzichts des Schutzniveaus durch den Kunden in Schriftform zu erfolgen hat. Die Verordnung erweitert die Anforderungen um eine **Einverständniserklärung des Kunden**, die zumindest in Textform erfolgen muss. Zu überlegen ist, inwieweit eine gesonderte Einverständniserklärung des Kunden noch eine eigenständige Funktion hat, wenn der Kunde schriftlich den Verzicht des Schutzniveaus bestätigt. Eine **erhöhte Beweis- und Warnfunktion wird weder für den Kunden noch für das Unternehmen zu bejahen sein**. Anhang II Nr. II 1 und II 2 MiFID sieht diese Variante nicht vor. Dem Mitwirkungserfordernis des Kunden wird damit Rechnung getragen, dass der Kunde schriftlich bestätigen muss, dass er den Hinweis auf Verlust des Schutzniveaus zur Kenntnis genommen hat. Damit wird sichergestellt, dass eine Umstufung des Kunden nicht ohne seine Einwilligung erfolgt.[72] Vor dem Hintergrund, dass eine über den Hinweis auf den Verlust des Schutzniveaus hinausgehende Schutzbedürftigkeit des Kunden, die eine **gesonderte Einverständniserklärung** erforderlich machen würde, nicht gesehen wird, erscheint die **Aufnahme eines Satzes in das Dokument hinreichend, der das Einverständnis des Kunden ausdrückt.**

Will ein Wertpapierdienstleistungsunternehmen unterschiedliche Einstufungen zu bestimmten Produkten oder Geschäftsarten bzw. Wertpapierdienstleistungen vornehmen und ist die Information für den Kunden nicht eindeutig, wird der Antrag des Unternehmens zum Schutz des Kunden im Zweifel als unwirksam[73] anzusehen sein. 38

IV. Heraufstufung durch Vereinbarung

Gesetzlich nicht vorgesehen ist die Heraufstufung durch Vereinbarung. Da das WpHG und die WpDVerOV sowohl die Möglichkeiten der Initiative durch das Wertpapierdienstleistungsunternehmen als auch durch Antrag des Kunden vorsehen, ist es nur folgerichtig, die Umstufung durch Vereinbarung zwischen den Parteien ebenfalls als zulässig anzusehen.[74] Hierfür spricht auch die Voraussetzung von Informationspflichten zwischen den Parteien und Anforderungen an die Kenntnisnahme des Kunden von der Einstufung. Maßgeblich ist, dass zwischen dem Wertpapierdienstleistungsunternehmen und seinem Kunden Einigkeit über die Einstufung besteht.[75] 39

---

72 *Koch*, in: Schwark/Zimmer, § 31a WpHG Rn. 43 und 51.
73 *Koch*, in: Schwark/Zimmer, § 31a WpHG Rn. 43; *Ekkenga*, in: MüKo-BGB, §§ 343–372 Rn. 143.
74 *Fuchs*, in: Fuchs, § 31a Rn. 40.
75 *Koch*, in: Schwark/Zimmer, § 31a WpHG Rn. 43 und 44.

E. Personen- und Kapitalgesellschaften (Abs. 3)

40 Für den Fall, dass die Voraussetzungen[76] zur Einstufung als geborener professioneller Kunde für **eine Personen- oder Kapitalgesellschaft** nicht vorliegen, sieht § 2 Abs. 3 vor, dass die Kriterien für die Einstufung als gekorener professioneller Kunde durch **eine von der Gesellschaft benannte Person** erfüllt werden können, die **befugt ist, die relevanten Finanzgeschäfte** im Namen der Gesellschaft zu tätigen.

41 Die Regelung findet sowohl für Personengesellschaften wie der Gesellschaft bürgerlichen Rechts, der offenen Handelsgesellschaft und der Kommanditgesellschaft als auch für Kapitalgesellschaften wie Aktiengesellschaften, Gesellschaften mit beschränkter Haftung[77] und Kommanditgesellschaften auf Aktien Anwendung. Inhaltlich regelt § 2 Abs. 3 die Frage, auf wen die Kriterien der Einstufung als gekorener professioneller Kunde Anwendung finden. Damit setzt die Norm Nr. II.1 Unterabs. 4 Satz 2 des Anhanges II der MiFID um.[78] Grundsätzlich ist bei einer Prüfung, ob die Voraussetzungen für die Einstufung als gekorener professioneller Kunde nach § 31 Abs. 7 Satz 3 WpHG bei einer Personen- oder Kapitalgesellschaft vorliegen, auf die Gesellschaft selbst und ihre **gesetzlichen Vertreter** oder **organschaftlichen Vertreter** abzustellen.[79]

42 § 2 Abs. 3 sieht jedoch zu diesem Grundsatz eine Erweiterung der zu berücksichtigenden Personen dahin gehend vor, dass in Bezug auf die Kriterien nach § 31a Abs. 7 Satz 3 Nr. 1 oder 3 WpHG alternativ auch auf sonstige **handlungsbefugte Personen** abgestellt werden kann, die von der Gesellschaft für die Durchführung von Finanzgeschäften benannt wurden. Abweichend von dem Grundsatz, dass auf die gesetzlichen Vertreter bzw. die organschaftlichen Vertreter maßgeblich abzustellen ist, ist i.S.d. § 2 Abs. 3 eine durch die Gesellschaft bestimmte Person allein befugt, die Interessen der Gesellschaft zu definieren.[80] Dies entspricht dem Grundsatz, sich durch rechtsgeschäftlich bestellte Vertreter gem. § 167 BGB vertreten zu lassen.

43 Im Sinne dieser Erweiterung ist es neben der Berücksichtigung **benannter Personen** weiterhin ausreichend, wenn bei der Prüfung des Vorliegens der Kriterien auf die in der Gesellschaft vorgehaltene Sachkunde sowie die dort verfügbaren Kenntnisse und Erfahrungen abgestellt wird.[81]

44 Bei der Untersuchung, ob während des letzten Jahres **durchschnittlich zehn Geschäfte im Quartal von erheblichem Umfang** getätigt wurden (Nr. 1), mindestens ein Jahr **Berufserfahrung am Kapitalmarkt** besteht, sowie der Frage nach den **Kenntnissen über die in Betracht kommenden**

---

76 Kriterien für die Bilanzsumme, Umsatzerlöse und Eigenmittel sind nicht erreicht.
77 *Fleischer*, in: MüKo-GmbHG, Einleitung Kap. 2 Rn. 9.
78 WpDVerOV-Begr., S. 3.
79 WpDVerOV-Begr., S. 3.
80 *Koller*, in: Assmann/Schneider, § 31a Rn. 21 und 22.
81 *Fuchs*, in: Fuchs, § 31a Rn. 39.

Finanzgeschäfte (Nr. 3) kann auf die von der Gesellschaft benannten Personen abgestellt werden.

§ 2 Abs. 3 bezieht sich im Wortlaut nur auf die Kriterien des § 31a Abs. 7 Satz 3 Nr. 1 und 3 WpHG, da diese auf die Kenntnisse und Erfahrungen der handelnden Personen abstellen und damit auf den **persönlichen Wissensstand und die individuelle Praxiserfahrung** einer natürlichen Person. So kann es bei der Prüfung der Voraussetzungen folgerichtig nicht darauf ankommen, ob die natürliche Person die Finanzgeschäfte gem. § 31a Abs. 7 Satz 3 Nr. 1 WpHG oder die Berufserfahrung nach Nr. 3 für das eigene Privatvermögen oder als Vertreter einer Gesellschaft gemacht hat.[82]

45

Anders sieht es für das Kriterium nach § 31a Abs. 7 Satz 3 Nr. 2 WpHG aus, da es bei der Betrachtung der Höhe des Bankguthabens bzw. der Finanzinstrumente nur auf das Kapital der Gesellschaft ankommen kann. Konsequenterweise findet in § 2 Abs. 3 keine Bezugnahme auf das Kriterium Nr. 2 des § 31a Abs. 7 Satz 3 WpHG statt.[83]

46

Die Verordnung eröffnet einer Gesellschaft die Möglichkeit, eine Person zu benennen, auf die die Kriterien zutreffen und die vertretungsberechtigt die relevanten Finanzgeschäfte im Namen der Gesellschaft tätigen darf. Benennt eine Gesellschaft eine Person und werden in Anwendung der Kriterien der Nr. 1 und/oder Nr. 3 die Voraussetzungen für diese Person bejaht, kann die Gesellschaft als gekorener professioneller Kunde eingestuft und für künftige Finanzgeschäfte auch so behandelt werden.

47

Es stellt sich die Frage, ob das Wertpapierdienstleistungsunternehmen künftig nur mit dieser Person die umfassten Finanzgeschäfte tätigen darf oder ob auch eine andere – ebenfalls für die Gesellschaft vertretungsberechtigte, aber nicht die Kriterien der Nr. 1 und/oder Nr. 3 erfüllende – Person Finanzgeschäfte tätigen darf, ohne dass dies auf die Wirksamkeit der Einstufung Auswirkungen hat. Voraussetzung wäre zunächst, dass das Unternehmen keine positive Kenntnis von den fehlenden Anforderungen der handelnden Person hat. Das WpHG und die Verordnung stellen für die Einstufung der Kunden im Wesentlichen auf den Sachverstand, die Erfahrung und die Kenntnisse des Kunden ab. Es soll damit eine Sicherheit geschaffen werden, die den Kunden in die Lage versetzt, eine angemessene Anlageentscheidung zu treffen und die damit verbundenen Risiken zu verstehen. Diese Schutzfunktion könnte umgangen werden, wenn man für die Einstufung auf eine Person abstellt, die Geschäftsabschlüsse später jedoch von einer anderen Person getätigt werden. Davon ausgehend, dass auch die zweite Person vertretungsberechtigt ist, kann auf der anderen Seite jedoch auf den Sinn und Regelungszweck des § 166 BGB abgestellt werden. Insbesondere könnte man argumentieren, dass es Sache des Vertretenen – und damit der Gesellschaft – ist, sich einen zuverlässigen Vertreter auszusuchen, ihn zutreffend zu informieren,

48

---

82 *Fuchs*, in: Fuchs, § 31a Rn. 36 und 38.
83 *Fuchs*, in: Fuchs, § 31a Rn. 39; *Koch*, in: Schwark/Zimmer, § 31a WpHG Rn. 46.

anzuweisen und zu kontrollieren.[84] Es könnte in das **Betriebs- und Organisationsrisiko** der Gesellschaft fallen, nach Benennung einer Person zur Bejahung der Kriterien eine andere Person den Geschäftsabschluss tätigen zu lassen. Insofern könnte das Wertpapierdienstleistungsunternehmen darauf vertrauen, dass die Gesellschaft ihre Pflicht zur ordnungsgemäßen Organisation intern vorhandenen Wissens erfüllt und auch der zweiten Person die Kenntnisse und Erfahrungen weitergegeben werden. Für das Handeln professioneller Kunden ist es bezeichnend, dass sie Anlageentscheidungen selbst treffen und deren Risiken angemessen einschätzen können.[85]

49 Die Frage nach der **Zurechnung von Wissen** ist insbesondere in dem Fall zu überlegen, in dem rechtlich erhebliches Wissen bei einer Person versammelt ist, die außerhalb der von der Rechtsfolge betroffenen Gesellschaft steht.[86] Zunehmend findet eine **Zurechnungslösung** Anklang, nach der Wissen dann anzurechnen ist, wenn es typischerweise aktenmäßig innerhalb der Gesellschaft dokumentiert ist.[87] Eine am Rechtsverkehr teilnehmende Gesellschaft muss sich demnach so organisieren, dass Informationen, die für die Gesellschaft und die sie vertretenden Personen von Bedeutung sind, auch wirklich an relevante Personen in der Organisation weitergegeben werden.

50 Auf der anderen Seite ist zu berücksichtigen, dass es – wie oben dargestellt – nicht darauf ankommen kann, ob die **vertretungsberechtigte Person** ihre Kenntnisse und Erfahrungen im geschäftlichen oder im Privatbereich erlangt hat.[88] Ist maßgeblich auf den Privatbereich abgestellt worden, müsste dieses Wissen der Gesellschaft zugerechnet werden können, damit sich auch eine weitere vertretungsberechtigte Person darauf berufen kann. Eine derartige gesellschaftliche Zurechnung wird hier jedoch kritisch gesehen. Da die vorgenannten Überlegungen, insbesondere ob das Wissen und die Erfahrung der durch die Gesellschaft benannten Person privat oder durch die berufliche Tätigkeit erworben wurden, zum Zeitpunkt des Geschäftsabschlusses für den Berater des Wertpapierdienstleistungsunternehmens nicht offensichtlich sein dürften, sollte von der Zurechnung auf weitere Personen nur in restriktiven Fällen Gebrauch gemacht werden und die Begründung dokumentiert werden. Deshalb sollte ein Unternehmen grundsätzlich aus Gründen der Rechtssicherheit die Einstufung nur für die Person gelten lassen, für die die Kriterien vorliegen.[89]

51 Abschließend sei festgestellt, dass § 2 Abs. 1 ebenfalls gilt und keine laufende, sondern nur eine **anlassbezogene Überprüfungspflicht** besteht.[90] Eine Überprüfung der Einstufung wäre z.B. notwendig, wenn die Person,

---

84 *Schramm*, in: MüKo-BGB, § 166 Rn. 1; *Mansel*, in: Jauernig, § 166 Rn. 3.
85 BT-Drs. 16/4028, S. 66.
86 *Schramm*, in: MüKo-BGB, § 166 Rn. 24.
87 *Schramm*, in: MüKo-BGB, § 166 Rn. 24.
88 *Fuchs*, in: Fuchs, § 31a Rn. 36 und 38.
89 *Duve/Keller*, BB 2006, 2425, 2429.
90 WpDVerOV-Begr., S. 3.

auf die bei der Einstufung als gekorener professioneller Kunde abgestellt wurde, die Gesellschaft verlässt und das Wertpapierdienstleistungsunternehmen hiervon Kenntnis erhält.

F. Herabstufung einer geeigneten Gegenpartei (Abs. 4)

I. Herabstufung durch Vereinbarung

Regelungsgegenstand des § 2 Abs. 4 ist die **Vereinbarung eines Wertpapierdienstleistungsunternehmens mit einer geeigneten Gegenpartei**, dass diese als professioneller Kunde behandelt werden soll. Ebenso ist in Satz 2 dieser Vorschrift vorgesehen, dass sich die Vereinbarung darauf beziehen kann, die geeignete Gegenpartei über **zwei Stufen hinweg** als Privatkunden zu kategorisieren. 52

Damit konkretisiert § 2 Abs. 4 die Vorschrift des § 31a Abs. 5 WpHG, geht aber über den Wortlaut des Gesetzes hinaus, in dem es die **Möglichkeit einer Vereinbarung** zwischen den Parteien schafft. § 31a Abs. 5 WpHG sieht zunächst nur die **einseitige Herabstufung** durch das Wertpapierdienstleistungsunternehmen vor. Gemäß Begründung zur Verordnung regelt § 2 Abs. 4 das in Art. 50 Abs. 2 MiFID-DRL vorgeschriebene Verfahren zur **Herabstufung von geeigneten Gegenparteien** in den Status eines professionellen Kunden oder sogar eines Privatkunden.[91] 53

In Art 28. Abs. 3 MiFID-DRL wird davon ausgegangen, dass eine Herabstufung durch das **Wertpapierdienstleistungsunternehmen initiiert oder auf Antrag des Kunden** erfolgen kann. Darüber hinaus regelt § 31a Abs. 6 WpHG, dass das Unternehmen und ein professioneller Kunde die **Herabstufung in die Kategorie des Privatkunden vereinbaren** können. 54

Ebenfalls sieht § 31b Abs. 1 Satz 1 WpHG die Möglichkeit einer Vereinbarung zwischen einer geeigneten Gegenpartei und dem Unternehmen vor, für alle oder für einzelne Geschäfte als professioneller Kunde oder als Privatkunde behandelt zu werden. 55

Wie in § 2 Abs. 4 festgelegt, ist damit auch die Herabstufung einer **geeigneten Gegenpartei in den Status eines professionellen Kunden durch Vereinbarung** zwischen den Parteien möglich.[92] 56

II. Verfahren

Soweit nicht näher in der Vereinbarung spezifiziert, kommt es zu einer Einordnung als professioneller Kunde.[93] 57

---

91 WpDVerOV-Begr., S. 3.
92 *Koller*, in: Assmann/Schneider, § 31a Rn. 14.
93 WpDVerOV-Begr., S. 3.

1. Informationspflicht bei einseitiger Initiative

58 Das Wertpapierdienstleistungsunternehmen hat den Kunden gem. § 31a Abs. 5 Satz 2 WpHG über die **Änderung der Einstufung zu informieren**. Hierbei stellt das Gesetz weder Anforderungen an den Zeitpunkt der Information noch an eine bestimmte Form.[94] Eine nachträgliche Information des Kunden ist demnach ausreichend, sie sollte jedoch unverzüglich erfolgen.[95]

59 Mit Regelung der **einseitigen Klassifizierung durch das Wertpapierdienstleistungsunternehmen** gem. § 31a Abs. 5 WpHG ist es nur folgerichtig, dass der Kunde von seiner **Umstufung zu informieren** ist. Diese **gesonderte Informationspflicht** erübrigt sich bei der Variante nach § 2 Abs. 4, da hier gerade vom Vorliegen einer Vereinbarung zwischen den Parteien ausgegangen wird.[96]

2. Schriftformerfordernis

60 Da das Gesetz für den Fall der Herabstufung eines professionellen Kunden in den Status eines Privatkunden nach § 31a Abs. 6 Satz 2 WpHG die Schriftform gem. § 126 BGB vorsieht, könnte in gesetzeskonformer Auslegung auch für die Herabstufung einer geeigneten Gegenpartei das **Schriftformerfordernis analog anzuwenden** sein.

61 Bei geeigneten Gegenparteien kann davon ausgegangen werden, dass sie über ausreichende Kenntnisse und Erfahrungen verfügen und damit weniger schutzwürdig[97] sind. Deshalb sind **gegenüber geeigneten Gegenparteien nur eingeschränkte Aufklärungs- und Informationspflichten** zu erfüllen.[98] Damit könnte gerechtfertigt sein, die Textform für die Erklärung als ausreichend anzusehen. Jedoch stellt das Formerfordernis neben der **Schutzwürdigkeit auch auf die Beweisfunktion** ab.[99] Diese dürfte sowohl für geeignete Gegenparteien als auch für professionelle Kunden von Bedeutung sein, wenn es um die Frage geht, welcher Kategorie der Kunde angehört, und damit weitreichende Pflichten für das Wertpapierdienstleistungsunternehmen festgelegt werden. Darüber hinaus besteht die Möglichkeit, dass der professionelle Kunde über § 31a Abs. 4 WpHG auch zugleich geeignete Gegenpartei ist und somit das Schriftformerfordernis unterlaufen werden könnte.[100] Fraglich scheint auch die Behandlung eines Kunden, der zunächst in die Kategorie des professionellen Kunden optiert hat und nun in die des Privatkunden wechseln möchte. Soweit das Wertpapierdienstleistungsunternehmen zustimmt, würde im ersten Schritt die Textform ausreichend sein, bei der weiteren Heraufstu-

---

94 *Fuchs*, in: Fuchs, § 31a Rn. 30.
95 *Fuchs*, in: Fuchs, § 31a Rn. 30.
96 *Fuchs*, in: Fuchs, § 31a Rn. 30.
97 *Koller*, in: Assmann/Schneider, § 31a Rn. 14; *Fuchs*, in: Fuchs, § 31a Rn. 12.
98 *Brinkmann*, in: Renz/Hense, Kap. II 2 Rn. 49.
99 *Einsele*, in: MüKo-BGB, § 126 Rn. 1.
100 *Koch*, in: Schwark/Zimmer, § 31a WpHG Rn. 33 und 34.

fung jedoch die Schriftform erforderlich werden. Auch um die Handhabung für die Kunden und die Institute nicht zu unübersichtlich zu gestalten, sollte das Unternehmen ein einheitliches Verfahren einführen und das **Schriftformerfordernis** nach § 126 BGB vorsehen.

3. Herabstufung zum Privatkunden

Eine Vereinbarung zur Herabstufung einer geeigneten Gegenpartei über zwei Stufen zum Privatkunden hat zumindest in Textform zu erfolgen. Die Textform gem. § 126b BGB setzt ein papierhaftes oder elektronisches Dokument[101] unter Nennung des Namens des Erklärenden sowie der Erkennbarkeit des Abschlusses der Erklärung voraus.[102] Fehlt eine derartige Erklärung, ist von einer Einstufung als professioneller Kunde auszugehen.[103] 62

4. Beschränkung der Herabstufung

Durch den Verweis des § 2 Abs. 4 Satz 2 auf § 31a Abs. 6 Satz 3 WpHG wird die Grundlage geschaffen, die Herabstufung nur auf einzelne Elemente zu beschränken.[104] 63

Es muss allerdings ausdrücklich festgelegt werden, wenn die **Änderungen der Einstufung nur für bestimmte Wertpapierdienstleistungen, -nebendienstleistungen oder Finanzinstrumente** gelten soll.[105] Liegt diese ausdrückliche Festlegung nicht vor oder bestehen Zweifel an ihr, bezieht sich die Statusänderung auf alle Arten von Wertpapierdienstleistungen, -nebendienstleistungen und Finanzinstrumente.[106] 64

Eine **Herabstufung der Kundenkategorie auf Initiative des Wertpapierdienstleistungsunternehmens** könnte z.B. in Frage kommen, wenn sich ein Unternehmen entschieden hat, nur mit der Kundenkategorie „Privatkunde" Geschäfte zu tätigen und deshalb auch Kunden, die nach den gesetzlichen Voraussetzungen als professionelle Kunden eingestuft werden können, als Privatkunden einstuft. Ob hierbei auch Kunden, die zunächst als geeignete Gegenpartei eingestuft waren und mit dem Unternehmen eine Einstufung nach § 2 Abs. 4 als professioneller Kunde vereinbart hatten, als Privatkunden eingestuft werden, wird im Einzelfall unter Berücksichtigung der Umstände mit dem Kunden abzusprechen sein. 65

Ob ein Wertpapierdienstleistungsunternehmen eine Herabstufung nur für bestimmte Produkte oder Wertpapierdienstleistungen zulässt, wird sich im Regelfall an der grundsätzlichen Entscheidung des Wertpapier- 66

---

101 *Einsele*, in: MüKo-BGB, § 126b Rn. 4: in einer Urkunde oder in einer anderen zur dauerhaften Wiedergabe in Schriftzeichen geeigneten Weise.
102 *Einsele*, in: MüKo-BGB, § 126b Rn. 5 und 6.
103 *Koller*, in: Assmann/Schneider, § 31a Rn. 14; *Fuchs*, in: Fuchs, § 31a Rn. 30.
104 WpDVerOV-Begr., S. 3; *Koch*, in: Schwark/Zimmer, § 31a WpHG Rn. 35.
105 *Fuchs*, in: Fuchs, § 31a Rn. 32.
106 WpDVerOV-Begr., S. 3.

dienstleistungsunternehmens orientieren, eine derartige Differenzierung zuzulassen und den erhöhten Verwaltungsaufwand in Kauf zu nehmen.

G. Bestandsschutz (Abs. 5)

67 § 2 Abs. 5 sieht vor, dass eine durch die Institute bereits vor dem 01.11.2007 vorgenommene Einstufung von professionellen Kunden **weiterhin Gültigkeit** hat, soweit sie die **Kriterien der früheren Wohlverhaltensrichtlinie**[107] der BaFin erfüllen. Durch den Verweis des § 2 Abs. 5 auf die frühere Wohlverhaltensrichtlinie der BaFin wird § 31a Abs. 6 Satz 5 WpHG konkretisiert, der zur Bejahung des Bestandsschutzes allgemeiner auf den Sachverstand, die Erfahrungen und Kenntnisse der Kunden abstellt.[108]

68 Die Verordnungsbegründung zu § 2 Abs. 5 führt darüber hinaus aus, dass ein bereits **vor Umsetzung der MiFID eingeführtes Verfahren zur Kundeneinstufung**, das nicht den Anforderungen der Wohlverhaltensrichtlinie entsprach, ebenfalls dann Bestand hat, wenn es die Kriterien des § 31a Abs. 6 Satz 5 WpHG erfüllt.[109] § 2 Abs. 5 setzt Art. 71 der MiFID um.[110]

69 Der Kunde ist in standardisierter Form über die Kundenklassifizierung und die Einstufung[111] zu informieren.

70 Im Schrifttum[112] wurde mit Aufnahme des Bestandsschutzes in das WpHG und in die Verordnung dessen Bedeutung diskutiert und darauf hingewiesen, dass der Bestandsschutz nur für die **Länder relevant** sei, in denen es bereits vor Einführung der MiFID eine **Systematik zur Vornahme von Kundenklassifizierungen** gegeben habe, um einen Wettbewerbsnachteil zu verhindern.[113] Da in Deutschland eine derartige Systematik nicht gesetzlich vorgeschrieben[114] war und die Wohlverhaltensrichtlinie der BaFin lediglich die Befragung der Kunden nach Kenntnissen und Erfahrungen in Bezug auf Kundeninformation und -aufklärung regelte, könne die Vorschrift mangels bestehender Bestandskunden nur in sehr eingeschränktem Rahmen Anwendung finden.[115]

---

107 BAnz Nr. 165 S. 19 217, „Richtlinie gemäß § 35 Abs. 6 des Gesetzes über den Wertpapierhandel (WpHG) zur Konkretisierung der §§ 31 und 32 WpHG für das Kommissionsgeschäft, den Eigenhandel für andere und das Vermittlungsgeschäft der Wertpapierdienstleistungsunternehmen" vom 04.09.2001.
108 *Koch*, in: Schwark/Zimmer, § 31a WpHG Rn. 38; Bericht des Finanzausschusses, BT-Drs. 16/4899, S. 27.
109 WpDVerOV-Begr., S. 3; *Koch*, in: Schwark/Zimmer, § 31a WpHG Rn. 38.
110 WpDVerOV-Begr., S. 3.
111 *Kasten*, BKR 2007, 261, 266.
112 *Kasten*, BKR 2007, 261, 266; *Seyfried*, WM 2006, 1375, 1377; *Duve/Keller*, BB 2006, 2425, 2430.
113 *Kasten*, BKR 2007, 261, 266; *Seyfried*, WM 2006, 1375, 1377.
114 Bericht des Finanzausschusses, BT-Drs. 16/4899, S. 27.
115 *Kasten*, BKR 2007, 261, 266.

Der Ansicht der eingeschränkten Anwendbarkeit ist zuzustimmen. Da § 2 Abs. 5 mit fortschreitendem Zeitablauf an Bedeutung verliert, wird auch die Beantwortung dieser strittigen Frage kaum noch von Relevanz sein.

§ 3 Dauerhafter Datenträger

(1) Ist für die Bereitstellung von Informationen nach dieser Verordnung in Verbindung mit den Vorschriften des Wertpapierhandelsgesetzes die Verwendung eines dauerhaften Datenträgers vorgesehen, sind diese dem Kunden in einer Urkunde oder in einer anderen lesbaren Form zur Verfügung zu stellen, die für einen angemessenen Zeitraum die inhaltlich unveränderte Wiedergabe der Informationen ermöglicht.

(2) Die Verwendung eines anderen dauerhaften Datenträgers als Papier ist nur zulässig, wenn dies aufgrund der Rahmenbedingungen, unter denen das Geschäft ausgeführt wird, angemessen ist und der Kunde sich ausdrücklich für diese andere Form der Bereitstellung von Informationen entschieden hat.

(3) Eine auf aktuellem Stand zu haltende Veröffentlichung auf einer Internetseite genügt in den Fällen des § 5 Abs. 5 und des § 11 Abs. 4 für die Bereitstellung von Informationen, die nicht an den Kunden persönlich gerichtet sind, wenn

1. die Bereitstellung der betreffenden Informationen über dieses Medium den Rahmenbedingungen, unter denen das Geschäft zwischen dem Wertpapierdienstleistungsunternehmen und dem Kunden ausgeführt wird, angemessen ist,

2. der Kunde der Bereitstellung der Informationen in dieser Form ausdrücklich zugestimmt hat,

3. die Adresse der Internetseite, auf der die Informationen bereitgestellt werden, dem Kunden zumindest auf einem dauerhaften Datenträger mitgeteilt worden ist, und

4. die Informationen auf der Internetseite laufend abgefragt werden können und so lange eingestellt bleiben, wie unter billigem Ermessen für den Kunden zu erwarten ist.

(4) Eine Bereitstellung von Informationen über das Internet gilt insbesondere dann als angemessen, wenn der Kunde nachweislich über regelmäßigen Zugang zum Internet verfügt. Der Nachweis ist geführt, wenn der Kunde für die Bereitstellung von Informationen oder im Zusammenhang mit Wertpapierdienstleistungen eine E-Mail-Adresse angegeben hat.

1 § 3 definiert den **Begriff des dauerhaften Datenträgers**. Dieser wird für die Bereitstellung von Informationen in folgenden Bestimmungen verwandt: §§ 5 Abs. 3 und 5, 8 Abs. 1, 9 Abs. 1 und 4, 9a Abs. 1 Satz 1, 11 Abs. 4 Satz 2, 13 Abs. 2 Satz 1 und Abs. 4 Satz 2, 14 Abs. 9 Satz 1, 14a Abs. 9.

Die Definition des dauerhaften Datenträgers in § 3 Abs. 1 unterscheidet sich dabei im Wortlaut von der Definition in § 34 Abs. 2 Satz 5 WpHG. Inhaltlich entsprechen sich diese Definitionen jedoch. Entscheidend ist, dass der Kunde die Informationen in einer **lesbaren Form** erhält, die für einen angemessenen Zeitraum die inhaltlich unveränderte Wiedergabe ermöglicht. Wann dies der Fall ist, wird durch § 3 Abs. 2–4 näher konkretisiert.

Nach § 3 Abs. 2 ist **Papier** ein dauerhafter Datenträger. Ein **anderer dauerhafter Datenträger** als Papier kann nach § 3 Abs. 2 dann eingesetzt werden, wenn dies nach den Rahmenbedingungen des Geschäftes angemessen ist und der Kunde sich für diese andere Form der Bereitstellung von Informationen **ausdrücklich entschieden** hat. Notwendig ist eine entsprechende Erklärung des Kunden. Diese bedarf unmissverständlicher Worte, nicht notwendig ist jedoch, dass sie individual-vertraglich vereinbart wird. Auch eine AGB-mäßige Erklärung kann unmissverständliche Worte verwenden und damit ausdrücklich sein.[1] **Geeignete dauerhafte Datenträger** sind Speichermedien wie CD-ROMs und DVDs; aber auch der Versand in einer E-Mail entspricht dieser Anforderung.[2]

Die Informationen nach § 5 (Kundeninformationen über Risiken, das Wertpapierdienstleistungsunternehmen, die Wertpapierdienstleistung, Kosten und Nebenkosten) und § 11 (Informationen über die Ausführungsgrundsätze) können nach § 3 Abs. 3 auch auf einer **Internetseite** zur Verfügung gestellt werden. Voraussetzung hierfür ist, dass

(1) diese Bereitstellung bei den Rahmenbedingungen des Geschäfts angemessen ist,

(2) der Kunde ausdrücklich zugestimmt hat,

(3) die Adresse der Internetseite auf einem dauerhaften Datenträger mitgeteilt wurde und

(4) die Informationen laufend abgefragt werden können und so lange eingestellt bleiben, wie der Kunde dies nach billigem Ermessen erwarten kann.

Nach § 3 Abs. 4 Satz 1 ist die Bereitstellung von Informationen über das Internet insbesondere dann **angemessen** i.S.v. § 3 Abs. 3 Nr. 1, wenn der Kunde nachweislich über **regelmäßigen Zugang zum Internet** verfügt. Dieser Nachweis ist nach § 3 Abs. 4 Satz 2 erbracht, wenn der Kunde eine E-Mail-Adresse für die Bereitstellung von Informationen oder im Zusammenhang mit Wertpapierdienstleistungen angegeben hat.

---

1 Vgl. *Koller*, in: Assmann/Schneider, § 33a Rn. 45, für die entsprechende Voraussetzung in § 33a Abs. 5 Satz 2 WpHG im Zusammenhang mit der Auftragsausführung außerhalb von organisierten Märkten und multilateralen Handelssystemen.

2 Vgl. *Jang/Volhard*, in: Weitnauer/Boxberger/Anders, § 1 Rn. 65.

6 Die nach § 3 Abs. 3 Nr. 2 notwendige **ausdrückliche Zustimmung** des Kunden zur Bereitstellung von Informationen auf einer Internetseite verlangt eine unmissverständliche Formulierung, sie kann aber auch in Form von AGB erfolgen.[3]

7 Die Information mittels einer Internetseite ist nach § 3 Abs. 3 Nr. 3 nur zulässig, wenn das Wertpapierdienstleistungsunternehmen dem Kunden die **Adresse dieser Seite auf einem dauerhaften Datenträger mitgeteilt** hat.

8 Die von § 3 Abs. 3 Nr. 4 geforderte **Möglichkeit zur laufenden Abfrage** der Informationen für einen Zeitraum, den der Kunden nach billigem Ermessen erwarten kann, dürfte allenfalls in Ausnahmefällen zweifelhaft sein. In aller Regel sind die Informationen dauerhaft auf den Internetseiten der Unternehmen zu finden, die abgesehen von technischen Defekten ununterbrochen zugänglich sind.

---

3 S. bereits Rn. 3.

§ 4 Redliche, eindeutige und nicht irreführende Informationen an Privatkunden

(1) Informationen einschließlich Werbemitteilungen, die Wertpapierdienstleistungsunternehmen Privatkunden zugänglich machen, müssen ausreichend und in einer Art und Weise dargestellt sein, dass sie für den angesprochenen Kundenkreis verständlich sind. Sie sind nur dann redlich, eindeutig und nicht irreführend im Sinne des § 31 Abs. 2 des Wertpapierhandelsgesetzes, wenn sie die Voraussetzungen der Absätze 2 bis 11 erfüllen.

(2) Mögliche Vorteile einer Wertpapierdienstleistung oder eines Finanzinstruments dürfen nur hervorgehoben werden, wenn gleichzeitig eindeutig auf etwaige damit einhergehende Risiken verwiesen wird. Wichtige Aussagen oder Warnungen dürfen nicht unverständlich oder abgeschwächt dargestellt werden.

(3) Werden im Rahmen der Informationen im Sinne des Absatzes 1 Wertpapierdienstleistungen, Wertpapiernebendienstleistungen, Finanzinstrumente oder Personen, die Wertpapierdienstleistungen oder Nebendienstleistungen erbringen, verglichen,

1. muss der Vergleich aussagekräftig und die Darstellung ausgewogen sein und

2. müssen die für den Vergleich herangezogenen Informationsquellen, wesentlichen Fakten und Hypothesen angegeben werden.

(4) Aussagen zu der früheren Wertentwicklung eines Finanzinstruments, eines Finanzindexes oder einer Wertpapierdienstleistung dürfen nicht im Vordergrund der Information stehen und müssen

1. geeignete Angaben zur Wertentwicklung enthalten, die sich auf die unmittelbar vorausgegangenen fünf Jahre beziehen, in denen das Finanzinstrument angeboten, der Finanzindex festgestellt oder die Wertpapierdienstleistung erbracht worden sind; Angaben über einen längeren Zeitraum müssen in Zwölfmonatszeiträumen erfolgen; liegen Angaben nur über einen kürzeren Zeitraum als fünf Jahre vor, müssen Angaben zu dem gesamten Zeitraum gemacht werden, der sich mindestens auf einen Zeitraum von zwölf Monaten erstrecken muss,

2. den Referenzzeitraum und die Informationsquelle eindeutig angeben,

3. bei Angaben in einer anderen Währung als in der Währung des Staates, in dem der Privatkunde ansässig ist, die Währung eindeutig angeben und einen Hinweis enthalten, dass die Rendite in diesen Fällen infolge von Währungsschwankungen steigen oder fallen kann, und

WpDVerOV § 4 Informationen an Privatkunden

4. im Fall einer Bezugnahme auf die Bruttowertentwicklung angeben, wie sich Provisionen, Gebühren und andere Entgelte auswirken.

(5) Simulationen einer früheren Wertentwicklung oder Verweise auf eine solche Simulation dürfen sich nur auf ein Finanzinstrument, den einem Finanzinstrument zugrunde liegenden Basiswert oder einen Finanzindex beziehen. Sie müssen auf der tatsächlichen früheren Wertentwicklung mindestens eines Finanzinstrumentes, eines Basiswertes oder eines Finanzindexes beruhen, die mit dem betreffenden Finanzinstrument übereinstimmen oder diesem zugrunde liegen und die Voraussetzungen des Absatzes 4 erfüllen.

(6) Angaben zur künftigen Wertentwicklung dürfen nicht auf einer simulierten früheren Wertentwicklung beruhen oder auf eine solche Simulation Bezug nehmen. Die Angaben müssen auf angemessenen, durch objektive Daten gestützten Annahmen beruhen und für den Fall, dass sie auf der Bruttowertentwicklung beruhen, deutlich angeben, wie sich Provisionen, Gebühren und andere Entgelte auswirken.

(7) Die nach den Absätzen 4 bis 6 dargestellten Wertentwicklungen müssen jeweils deutliche Hinweise enthalten, auf welchen Zeitraum sich die Angaben beziehen und dass frühere Wertentwicklungen, Simulationen oder Prognosen kein verlässlicher Indikator für die künftige Wertentwicklung sind.

(8) Informationen zu einer bestimmten steuerlichen Behandlung müssen einen deutlichen Hinweis enthalten, dass die steuerliche Behandlung von den persönlichen Verhältnissen des jeweiligen Kunden abhängt und künftig Änderungen unterworfen sein kann.

(9) Informationen im Zusammenhang mit einer Werbemitteilung dürfen denjenigen Informationen nicht widersprechen, die das Wertpapierdienstleistungsunternehmen dem Kunden im Zuge der Erbringung von Wertpapierdienstleistungen und Wertpapiernebendienstleistungen zur Verfügung stellt.

(10) Enthält eine Werbemitteilung eine Willenserklärung, die unmittelbar auf die Herbeiführung eines Vertragsschlusses über ein Finanzinstrument, eine Wertpapierdienstleistung oder Wertpapiernebendienstleistung gerichtet ist, oder eine Aufforderung an den Kunden, ein solches Angebot abzugeben und ist die Art und Weise der Antwort oder ein Antwortformular vorgegeben, so sind bereits in der Werbemitteilung die Informationen nach § 5 Abs. 1 und 2 anzugeben, soweit diese für den Vertragsschluss relevant sind. Satz 1 gilt nicht, wenn ein Privatkunde zur Annahme oder zur Abgabe eines Angebots im Sinne des Satzes 1 mehrere zur Verfügung gestellte Dokumente heranziehen muss, aus denen sich, einzeln oder zusammengenommen, die geforderten Informationen ergeben.

(11) Der Name einer zuständigen Behörde im Sinne des Wertpapierhandelsgesetzes darf nicht in einer Weise genannt werden, die so verstanden werden kann, dass die Produkte oder Dienstleistungen des Wertpapierdienstleistungsunternehmens von der betroffenen Behörde gebilligt oder genehmigt werden oder worden sind.

Inhalt

	Rn.		Rn.
A. Hintergrund	1	G. Prognosen (Abs. 6)	38
B. Ausreichende und verständliche Informationen (Abs. 1)	7	H. Wertentwicklung und Performanceangaben nach Abs. 4–6 (Abs. 7)	39
C. Ausgewogene Darstellung von Risiken und Vorteilen (Abs. 2)	19	I. Steuerliche Hinweise (Abs. 8)	41
D. Vergleichende Information (Abs. 3)	23	J. Kongruenz der Informationen (Abs. 9)	43
E. Aussagen zur früheren Wertentwicklung (Abs. 4)	27	K. Werbemitteilungen mit vorformulierter Antwort (Abs. 10)	44
F. Simulierte Wertentwicklung (Abs. 5)	34	L. Keine Werbung mit der Aufsichtsbehörde (Abs. 11)	46

A. Hintergrund[1]

§ 4 konkretisiert die Anforderungen an Informationen und Werbung gem. § 31 Abs. 2 WpHG. Gem. § 4 Abs. 1 bestimmen Abs. 2–11 der Vorschrift, wann Informationen den Anforderungen „redlich, eindeutig und nicht irreführend" gem. § 31 Abs. 2 WpHG entsprechen. Mit der Regelung hat das Bundesministerium der Finanzen von seiner Ermächtigung gem. § 31 Abs. 11 WpHG Gebrauch gemacht, eine Verordnung zur näheren Bestimmung der Vorgaben in § 31 Abs. 2 und 3 Satz 1–3 WpHG zu erlassen. Bei der Auslegung von § 4 ist damit die zugrundeliegende Vorschrift des WpHG, § 31 Abs. 2, insbesondere die Anforderung „redlich, eindeutig und nicht irreführend", zu berücksichtigen. § 4 setzt außerdem Art. 27 MiFID-DRL um. Art. 27 MiFID-DRL bestimmt wie § 4 die Voraussetzungen, unter denen Informationen redlich, eindeutig und nicht irreführend sind. Mit der MiFID-DRL hat die Europäische Kommission von ihrer Ermächtigung gem. Art. 19 Abs. 10 MiFID Gebrauch gemacht. § 4 ist damit nicht nur im Lichte des § 31 Abs. 2 WpHG, sondern auch unter Berücksichtigung von Art. 19 Abs. 2 MiFID und Art. 27 MiFID-DRL auszulegen. Außerdem sind Art. 19 Abs. 1 MiFID sowie § 31 Abs. 1 WpHG zu berücksichtigen, die durch die weiteren Verhaltenspflichten gem. Art. 19 MiFID und §§ 31 ff. WpHG näher bestimmt werden. 1

Kritisch wird zu den Informationspflichten in MiFID, WpHG und WpDVerOV an erster Stelle der Unterschied zu den etablierten Regelungen und der Rechtsprechung zum UWG betrachtet, mit denen der eigenverantwortliche Verbraucher in den Mittelpunkt gerückt und die Grundrechte der Wertpapierdienstleistungsunternehmen berücksichtigt wurden. Nunmehr entstand und besteht die Befürchtung einer Überregulierung.[2] 2

---

[1] Die Verfasserin ist Mitarbeiterin der BaFin. Sie gibt in ihrem Beitrag nur ihre persönliche Auffassung wieder.
[2] Z.B. *Zeidler*, in: Ellenberger/Schäfer/Clouth/Lang, Rn. 1084.

3 Sicherlich bestehen zunächst große Überschneidungen zwischen dem UWG und der WpDVerOV (und dem WpHG). Sowohl das UWG als auch das WpHG haben ein ordnungsgemäßes Funktionieren der von den Vorschriften erfassten Bereiche zum Zweck: Das UWG schützt einen fairen Wettbewerb, das WpHG soll die Funktionsfähigkeit des Kapitalmarktes gewährleisten und verbessern.[3] So kann z.B. der Lauterkeitsbegriff des UWG als Anhaltspunkt für die Beurteilung der Redlichkeit einer Information herangezogen werden. Allerdings gehen WpHG und WpDVerOV tatsächlich über das UWG hinaus. Dies hat gute Gründe, wie ein Blick auf den Gesetzeszweck und die geregelte Materie zeigt: WpHG und WpDVerOV sollen nicht nur ein Funktionieren des Kapitalmarktes gewährleisten, sondern dienen auch dem Schutz des Anlegers und sollen u.a. gewährleisten, dass er seine Anlageentscheidung ausreichend informiert treffen kann. Damit gehen sie über den Regelungszweck des UWG hinaus, das zumindest zuvörderst nicht dem Verbraucherschutz dienen soll. Hauptzweck des UWG ist der Schutz des unverfälschten Wettbewerbs. Der Verbraucher wird nur insofern geschützt, als dass sein Interesse an einem unverfälschten Wettbewerb geschützt wird. Zwar schützen auch die MiFID und die auf ihr basierenden Vorschriften des WpHG und der WpDVerOV den Wettbewerb, anders als das UWG tun sie dies allerdings nur mittelbar.[4] Darüber hinaus handelt es sich bei dem Thema der Geldanlage um ein Gebiet, das oftmals von Emotionen und irrationalem Verhalten geprägt ist.[5] Um den Anleger in diesen Situationen, in denen er auf seine gleichwohl vorhandene Mündigkeit nicht immer zurückgreifen kann, ebenfalls zu schützen, darf die Regulierung auch weiter gehen als ein Gesetz wie das UWG, das in erster Linie den unverfälschten Wettbewerb schützt.[6]

4 Schließlich darf dem Einwand einer Überregulierung entgegengehalten werden, dass auch das WpHG und die WpDVerOV von Wertpapierdienstleistungsunternehmen nicht verlangen, mit einer Information i.S.v. § 4 jeden Kunden so lange aufzuklären, bis er jedes Anlageprodukt in allen Einzelheiten verstanden hat, auch wenn er seine Mitwirkung, z.B. durch Lesen der ausgehändigten Informationen, verweigert. Etwas anderes mag für die konkrete Beratungssituation gelten, in welcher selbstver-

---

3   *Fuchs*, in: Fuchs, § 31 Rn. 9.
4   *Zeidler*, WM 2008, 238; vgl. hierzu auch die Erwägungsgründe 31 und 34 MiFID: Erwägungsgrund 31 nennt den Anlegerschutz als Ziel. Erwägungsgrund 34 spricht vom „Gebot des fairen Wettbewerbs", nennt diesen aber nicht als Ziel.
5   Vgl. hierzu auch *Koch*, BKR 2012, 485 f., der die Anlageberatung als „geradezu paradigmatisches Beispiel für […] Phänomene begrenzter Rationalität" bezeichnet; auch *Koller*, in: Assmann/Schneider, § 31 Rn. 4, erkennt das irrationale Handeln des Anlegers; *Fuchs*, in: Fuchs, § 31 Rn. 40, etwas abgeschwächt, der den Schutz des irrationalen Anlegers durch das Erfordernis ausreichender Information genügen lässt.
6   Zum unterschiedlichen Schutzzweck der Regelwerke s. auch *Lenenbach*, Rn. 5.152.

ständlich alle Fragen des Kunden zu beantworten sind. Die Informationen gem. § 4 müssen ausreichen, um einem Durchschnittskunden die wesentlichen Aspekte des Produktes verständlich zu machen.[7] Weiterhin hat der Gesetzgeber bereits damit einer Überregulierung vorgegriffen, dass § 4 nur für Privatkunden gilt. Professionellen Kunden und geeigneten Gegenparteien wird der Schutz verwehrt, bzw. – je nach Perspektive – ihnen wird die geforderte Mündigkeit damit abverlangt.[8] Und auch innerhalb der erweiterten Anforderungen des § 4 wird eine Abstufung vorgenommen. So darf der Kenntnisstand der Anlegergruppe bei der Ausgestaltung der Information berücksichtigt werden. Für Kunden mit Vorbildung in Finanzfragen dürfen diese Vorbildung und vorhandenes Fachwissen berücksichtigt werden.[9]

Auch die Belange der betroffenen Wertpapierdienstleistungsunternehmen wurden vom europäischen Gesetzgeber im Blick behalten: So ist eine Genehmigung der Marketingmitteilungen vor Veröffentlichung durch eine nationale Behörde nicht vorgesehen, und es sind angemessene und verhältnismäßige Informationsanforderungen festgelegt worden. Ziel der MiFID-DRL ist es, eine Balance zwischen Anlegerschutz und Offenlegungspflichten der Wertpapierdienstleistungsunternehmen herzustellen.[10]

In praktischer Hinsicht werden die Vorgaben von § 31 Abs. 2 WpHG und § 4 durch BT 3 MaComp weiter konkretisiert. Dies soll der Beseitigung von Auslegungsunsicherheiten dienen. In BT 3 MaComp werden zahlreiche Beispiele für die Ausgestaltung der Informationen gegeben, die nicht abschließend sind.

B. Ausreichende und verständliche Informationen Abs. 1)

Grundsätzlich sind von § 4 diejenigen Informationen erfasst, die auch von § 31 Abs. 2 WpHG erfasst sind. Der Begriff der **Informationen** wird im Wortlaut nicht eingeschränkt, so dass er weit zu fassen ist und sämtliche Mitteilungen von Wertpapierdienstleistungsunternehmen umfasst, die sich auf Finanzinstrumente oder Wertpapierdienstleistungen beziehen. Auch § 31 Abs. 2 WpHG begrenzt den Begriff nicht.[11]

---

7 Vgl. Erwägungsgrund 45 der MiFID-DRL.
8 A.A. *Fuchs*, in: Fuchs, § 3 Rn. 112, der einzelne Aspekte von § 4 zumindest „in ihrem Kern" auch auf professionelle Kunden überträgt; *Rothenhöfer*, in: Schwark/Zimmer, § 31 WpHG Rn. 111.
9 BT 3.3.1 Tz. 2 f. MaComp; vgl. auch Erwägungsgründe 44 f. MiFID-DRL; hierzu noch ausführlicher unter § 4 Abs. 1 Satz 1.
10 Vgl. Erwägungsgründe 43 und 44 MiFID-DRL.
11 Zwar ist in Erwägungsgrund 46 MiFID-DRL eine Einschränkung für bestimmte Informationen enthalten, die mit Eckdaten der Firma zu tun haben. Es dürfte jedoch im Einzelfall schwierig sein, eine genaue Unterscheidung zwischen beiden Arten von Information vorzunehmen. Außerdem sind dort auch Gebühren
(Fortsetzung der Fußnote auf Seite 64)

WpDVerOV § 4 Informationen an Privatkunden

8 Der Begriff der **Werbemitteilungen** des § 4 entspricht ebenfalls dem des § 31 Abs. 2 WpHG. Eine Werbemitteilung liegt demnach vor, wenn eine absatzfördernde Absicht vorhanden ist, die Information also dazu dienen soll, dass der Empfänger aufgrund der Information eine Wertpapier(neben)-dienstleistung in Anspruch nimmt.[12]

9 Nicht unter § 4 fallen gem. § 31 Abs. 2 Satz 4 Nr. 1 WpHG Finanzanalysen. Sie müssen die Anforderungen von § 33b Abs. 5 und 6 sowie § 34b Abs. 5 WpHG erfüllen. Informationen gem. § 31 Abs. 2 Satz 4 Nr. 2 WpHG fallen ebenfalls nicht unter § 4, da es sich „um eine besondere Form von Finanzanalysen handelt, auf die die Vorschriften des § 34b WpHG sowie der Finanzanalyseverordnung anwendbar sind."[13] Schließlich fallen (neutrale) Produktinformationen, die im Rahmen einer Anlageberatung zur Erfüllung der diesbezüglichen Informationspflichten gegeben werden, nicht unter § 4.[14] In der Praxis dürfte die Ausgestaltung von Werbung und Werbemitteilungen den Hauptanwendungsfall des § 4 darstellen.[15]

10 Ein **Zugänglichmachen** liegt immer vor, wenn eine Information direkt von einem Wertpapierdienstleistungsunternehmen an Kunden herangetragen wird, und umfasst jede Art der Kommunikation. Nicht so eindeutig liegt ein Zugänglichmachen vor, wenn die Information nicht direkt an den Kunden gerichtet ist, beispielsweise bei Pressemitteilungen.[16] Es ist dann entscheidend, ob die Information dem Kunden grundsätzlich zur Kenntnis gelangen kann. Dies ist bei Pressemitteilungen regelmäßig der Fall. Außerdem wird die Mitteilung häufig auch auf der Homepage des jeweiligen Wertpapierdienstleistungsunternehmens veröffentlicht, was spätestens zu diesem Zeitpunkt die Pflichten des § 4 aufleben lässt.[17] Teilweise wird vertreten, dass an Informationen, die im Wege der Kommunikation des Wertpapierdienstleistungsunternehmens nicht direkt an den Kunden gerichtet sind, nicht ganz so strenge Maßstäbe anzulegen sind wie an die direkte Ansprache.[18] Die Anforderungen des § 4 sind aber grund-

---

genannt. Dass Angaben zu Gebühren nicht den Anforderungen des § 4 unterfallen sollen, ist nicht nachvollziehbar. So auch *Zeidler*, in: Ellenberger/Schäfer/Clouth/Lang, Rn. 1091.
12 *Fuchs*, in: Fuchs, § 31 Rn. 107.
13 BT 3.1.1 Tz. 2 MaComp.
14 BT 3.1.1 Tz. 1, 2 MaComp.
15 Vgl. die Formulierung in BT 3 MaComp: „... hat der Gesetzgeber detaillierte und weitreichende Regelungen für die Werbung von Wertpapierdienstleistungsunternehmen geschaffen."
16 Vgl. *Zeidler*, WM 2008, 238, 239.
17 *Zeidler*, WM 2008, 238, 239.
18 So auch *Köhler*, WM 2009, 385, 387, der fordert, die Vorschrift anzuwenden, aber je nach eingesetztem Informationsverbreitungskanal zu konkretisieren; *Zeidler*, WM 2008, 238, 239, fordert, z.B. die Anforderungen an die Darstellung von Wertentwicklung in diesem Fall nicht anzuwenden; er empfiehlt gleichwohl aus Vorsichtsgründen die Veröffentlichung einer Erfolgsmeldung nur für Fälle, in denen die Anforderungen an die Zeitdauer der Betrachtung der Wertentwicklung eingehalten sind.

sätzlich einzuhalten, wenn es sich um Angaben zu Finanzprodukten oder Wertpapier(neben)dienstleistungen handelt. Dies ist schon unter dem Aspekt[19] „nicht irreführend" geboten.

Darüber hinaus hat das Wertpapierdienstleistungsunternehmen die Anforderungen des § 4 auch dann einzuhalten, wenn es Informationen von Dritten zugänglich macht. Daneben hat das Drittunternehmen, wenn es sich ebenfalls um ein Wertpapierdienstleistungsunternehmen handelt, diese Anforderungen auch selbst einzuhalten.[20] Handelt es sich bei dem Drittunternehmen um ein Wertpapierdienstleistungsunternehmen aus dem EWR und hat das Wertpapierdienstleistungsunternehmen die Information unverändert übernommen und als solche des Drittunternehmens gekennzeichnet, muss es die Information hingegen nicht auf die Erfüllung der Anforderungen des § 4 prüfen. In diesen Fällen wird davon ausgegangen, dass das zuliefernde Wertpapierdienstleistungsunternehmen selbst entsprechende Pflichten zu erfüllen hat.[21] Offensichtliche Verstöße, die sich auch ohne eine nähere Überprüfung erkennen lassen, muss sich das Wertpapierdienstleistungsunternehmen dennoch zurechnen lassen. 11

§ 4 behandelt im Gegensatz zu § 31 Abs. 2 WpHG ausschließlich Informationen an **Privatkunden**.[22] Darunter können aber auch an professionelle Kunden gerichtete Informationen fallen, wenn diese Privatkunden zur Kenntnis gelangen können. Diese Informationen müssen dann ebenfalls die Anforderungen des § 4 erfüllen.[23] Damit sind auch Angaben auf Internetseiten etc. unter den Anwendungsbereich von § 4 zu fassen, wenn sie Privatkunden zur Kenntnis gelangen.[24] Mit der Einbeziehung von Angaben auf öffentlich zugänglichen Internetseiten wird bereits klar, dass nicht nur an Kunden, sondern auch an potentielle Kunden gerichtete Informationen, so also auch öffentlich verbreitete Werbung etc., unter § 4 fallen.[25] 12

Eine Information muss grundsätzlich so **ausreichend** sein, dass kein falscher Gesamteindruck über das beschriebene Produkt oder die beschriebene Wertpapierdienstleistung erweckt werden darf.[26] Dies er- 13

---

19 *Zeidler*, in: Ellenberger/Schäfer/Clouth/Lang, Rn. 1094.
20 BT 3.2 Tz. 2 MaComp.
21 BT 3.2 Tz. 3 MaComp.
22 BT 3.1.1 Tz. 4 MaComp; a.A. *Fuchs*, in: Fuchs, § 31 Rn. 112; *Rothenhöfer*, in: Schwark/Zimmer, § 31 WpHG Rn. 111.
23 *Zeidler*, in: Ellenberger/Schäfer/Clouth/Lang, Rn. 1089.
24 Ansonsten müsste ein deutlicher Hinweis gegeben werden, dass sich die Informationen nicht an Privatkunden richtet, BT 3.2. Tz. 4 MaComp. In der Praxis und im Zeitalter der hohen Verfügbarkeit von Informationen für jedermann dürfte diese Vorgehensweise nicht gut umzusetzen sein, so dass es sich empfiehlt, auf frei zugänglichen Internetseiten nur Informationen zu veröffentlichen, die den Anforderungen des § 4 genügen. Darüber hinaus ist in der Regel das bloße Einrichten eines Disclaimers nicht geeignet und ausreichend, *Köhler*, WM 2009, 385, 387.
25 BT 3.2 Tz. 1 MaComp.
26 Vgl. *Koller*, in: Assmann/Schneider, § 31 Rn. 67.

WpDVerOV § 4 Informationen an Privatkunden

gibt sich auch bereits aus dem Erfordernis „redlich, eindeutig und nicht irreführend"[27] sowie aus den weiteren Anforderungen in § 4 Abs. 2–11. Soweit in den Erwägungsgründen der MiFID-DRL davon die Rede ist, dass der Kunde eine „ausreichend fundierte Anlageentscheidung" treffen können muss,[28] ist dies nicht so zu verstehen, dass der Kunde allein auf Grundlage von Informationen gem. § 4 seine Anlageentscheidung treffen wird, da es sich zumeist um Werbematerialien handelt.[29] Dennoch darf beim Kunden kein verzerrtes Bild des beschriebenen Produkts oder der beschriebenen Wertpapierdienstleistung entstehen.[30]

14 Wann Informationen ausreichend sind, bestimmt sich nicht abstrakt nach der Menge der Informationen. Vielmehr ist für die Beurteilung zum einen auf den Adressatenkreis und zum anderen auf das beschriebene Produkt abzustellen. So kann bei einem angesprochenen Kreis von Kunden, die bereits Erfahrungen und Kenntnisse über die Finanzbranche vorweisen können, eine knappere Information genügen, während unerfahrene Kunden regelmäßig ausführlichere Informationen benötigen werden.[31] Dabei ist wie beim „Zugänglichmachen" entscheidend, ob unerfahrene Kunden Kenntnis von der entsprechenden Information, z.B. Marketingmitteilungen, erlangen können. Im Zweifel ist die Information daher, wie bereits oben festgestellt, auf unerfahrene Kunden zuzuschneiden, solange nicht ausgeschlossen ist, dass diese davon Kenntnis erlangen. Je komplexer ein Produkt oder eine Dienstleistung sind, desto ausführlicher müssen sie beschrieben werden.[32] Produktbeschreibung meint dabei eine Beschreibung der Funktionsweise des Produkts. Damit diese objektiv ist, müssen Risiken und Chancen ausgewogen (s.u. Rn. 19 ff.) dargelegt werden. Im Rahmen der Darstellung gem. § 4 müssen nicht alle Eigenschaften einschließlich Risiken genannt werden.[33] Etwas anderes bezüglich der Risiken gilt gem. § 4 Abs. 3, wenn auch Vorteile dargestellt werden (Rn. 19, 21).

15 Die Information muss nicht nur ausreichend, sondern auch für den angesprochenen Kundenkreis **verständlich** sein. Die Verständlichkeit beurteilt sich ebenfalls nicht abstrakt, sondern stellt auf die individuellen Vorkenntnisse der angesprochenen Kunden ab. Auch hier ist nicht nur der angesprochene Kundenkreis, sondern auch derjenige maßgeblich, an den die Informationen wahrscheinlich gelangen. Als Beispiel sind in BT 3.3.1 Tz. 3 MaComp Fachbegriffe genannt, die bei einem erfahrenen Kundenkreis eher verwendet werden können als bei einer an die Allgemeinheit gerichteten Marketingmitteilung. Bei der Unterscheidung zwischen Kundenkreisen mit verschiedenen Erfahrungsstufen und Vor-

---

27 Vgl. insofern *Möllers*, in: Hirte/Möllers, § 31 Rn. 211.
28 Erwägungsgrund 45 MiFID-DRL.
29 Vgl. *Koller*, in: Assmann/Schneider, § 31 Rn. 67.
30 *Rothenhöfer*, in: Schwark/Zimmer, § 31 WpHG Rn. 113.
31 BT 3.3.1 Tz. 2 MaComp; *Eisele/Faust*, in: Schimansky/Bunte/Lwowski, § 109 Rn. 41a.
32 BT 3.3.1 Tz. 2 MaComp.
33 *Rothenhöfer*, in: Schwark/Zimmer, § 31 WpHG Rn. 113; a.A. *Koller*, in: Assmann/Schneider, § 31 Rn. 67.

kenntnissen darf das Wertpapierdienstleistungsunternehmen auf „einen durchschnittlichen Angehörigen der angesprochenen Kundengruppe" abstellen.[34] Es muss die Informationen nicht so ausgestalten, dass sie auch für Kunden verständlich sind, deren „Verständnishorizont und Auffassungsgabe unterhalb des Durchschnittskunden" liegt.[35] Das gilt allerdings nur für die Ausgestaltung der Information gem. § 31 Abs. 2 WpHG, § 4. In der Beratungssituation muss die Information über die Produkte, insbesondere auf Nachfrage des Kunden, so erfolgen, dass sie auch ein Kunde mit unterdurchschnittlichem Verständnishorizont und unterdurchschnittlicher Auffassungsgabe verstehen kann.[36] Insofern bleibt der „unterdurchschnittliche" Kunde nicht schutzlos.[37] Zur Verständlichkeit trägt maßgeblich die optische Gestaltung der Information bei, insbesondere bei umfangreichen Informationen. Diese sind so aufzubereiten, dass sie die Verständlichkeit erhöhen.[38] Bei der optischen Gestaltung sind jedoch immer die Grenzen zu beachten, die § 4 setzt, so z.b. bei der Hervorhebung zentraler Aspekte.[39]

Satz 2 verweist für die Voraussetzungen „**redlich, eindeutig und nicht irreführend**" auf die Absätze 2–11 der Vorschrift, in denen diese Voraussetzungen nicht nur präzisiert, sondern vielmehr festgelegt werden. Allerdings ist eine Information nicht schon deswegen redlich, eindeutig und nicht irreführend, weil sie die Voraussetzungen des § 4 Abs. 2–11 erfüllt. Nach BT 3.3.1 Tz. 1 MaComp bedeutet redlich, eindeutig und nicht irreführend „u.a., dass wesentliche Aussagen nicht unklar ausgedrückt werden und wesentliche Informationen nicht unerwähnt bleiben dürfen." 16

Die **Redlichkeit** wird oftmals gleichgesetzt mit dem Lauterkeitsbegriff des UWG. Die unterschiedlichen Regelungszwecke des UWG und des WpHG wurden bereits erläutert. Dementsprechend kann auch für die Redlichkeit die Lauterkeit des UWG nur als Anhaltspunkt dienen, die Redlichkeit geht aber unter dem Gesichtspunkt des Anlegerschutzes darüber hinaus und hat insbesondere die Kundeninteressen angemessen zu wahren.[40] **Eindeutigkeit** i.S.v. § 31 Abs. 2 WpHG, § 4 meint eine Klarheit der Information, die nicht mehrere Interpretationen zulassen darf.[41] Eine Information ist bereits dann **irreführend**, wenn sie zur Irreführung des Durchschnittskunden objektiv geeignet ist. Eine tatsächliche Irreführung braucht nicht vorzuliegen.[42] 17

---

34 BT 3.3.1 Tz. 3 MaComp.
35 *Rothenhöfer*, in: Schwark/Zimmer, § 31 WpHG Rn. 112.
36 Vgl. *Koller*, in: Assmann/Schneider, § 31 Rn. 62.
37 A.A. *Rothenhöfer*, in: Schwark/Zimmer, § 31 WpHG Rn. 115; *Koller*, in: Assmann/Schneider, § 31 Rn. 66.
38 *Koller*, in: Assmann/Schneider, § 31 Rn. 63.
39 Vgl. *Koller*, in: Assmann/Schneider, § 31 Rn. 63.
40 *Koller*, in: Assmann/Schneider, § 31 Rn. 59.
41 *Fuchs*, in: Fuchs, § 31 Rn. 97.
42 Erwägungsgrund 47 MiFID-DRL; *Fuchs*, in: Fuchs, § 31 Rn. 98.

18 So muss zur Erfüllung der Anforderung „redlich, eindeutig und nicht irreführend" z.B. bei Garantiezusagen wie „Garantie-Zertifikat" auf die Person des Garantiegebers hingewiesen werden. Darüber hinaus bestehen weitere Aufklärungserfordernisse im Fall einer Kapitalgarantie, z.B. der Hinweis, dass eine Kapitalgarantie nur zum Laufzeitende besteht.[43] Diese Hinweispflicht ist nicht zu weitgehend.[44] Der Begriff „Garantie" kann bei einem durchschnittlichen Privatanleger die Assoziation auslösen, dass „in jedem Fall" eine Zahlung erfolgt, da dies in anderen Bereichen des täglichen Lebens ebenfalls damit assoziiert wird. Insofern ist auch dem durchschnittlichen Privatkunden die wirtschaftliche Bedeutung dieser Anlage zu erläutern.[45]

C. Ausgewogene Darstellung von Risiken und Vorteilen (Abs. 2)

19 Gem. § 4 Abs. 2 Satz 1 hat, wenn ein Vorteil eines Produkts oder einer Wertpapierdienstleistung hervorgehoben wird, eine **ausgewogene Darstellung** von Risiken und Vorteilen in der Information zu erfolgen.[46] Die **Ausgewogenheit von Vorteilen und Risiken** bezieht sich auf deren Verhältnis zueinander in der jeweiligen Information. Risiken müssen nur dargestellt werden, wenn auch ein Vorteil des Produkts hervorgehoben wird (was in der Praxis bei werbenden Informationen freilich immer der Fall sein dürfte). Ein Vorteil ist dann eindeutig hervorgehoben, wenn die Aufmerksamkeit des Kunden auf ihn gelenkt werden soll. Dies kann in optischer Hinsicht geschehen, z.B. durch drucktechnische Hervorhebung. Aber auch rein sprachlich[47] kann dies geschehen oder durch die Stellung im Text oder Anzahl der Nennung.[48] Wenn Vorteile hervorgehoben sind, muss auf die Risiken eindeutig verwiesen werden, und Vorteile und Risiken müssen proportional dargestellt sein.[49]

20 Ein eindeutiger Hinweis auf Risiken ist gegeben, wenn diese in gleicher Weise wie die Vorteile zur Geltung gebracht werden. Auch in optischer Hinsicht muss die Darstellung ausgewogen sein: Nicht erlaubt ist beispielsweise die Darstellung von Vorteilen und Risiken durch unterschiedliche Schriftgrößen.[50] Ein Verweis auf einen anderen Ort der Veröffentlichung oder ein Beratungsgespräch ist nicht zulässig.[51]

---

43 BT 3.3.1 Tz. 1 MaComp.
44 A.A. *Zeidler*, in: Ellenberger/Schäfer/Clouth/Lang, Rn. 1102.
45 Vgl. *Rothenhöfer*, in: Schwark/Zimmer, § 31 WpHG Rn. 113.
46 BT 3.3.3 Tz. 3 MaComp verdeutlicht, dass zu den Vorteilen auch Chancen (z.B. auf überproportionale Gewinnrisiken) zählen.
47 *Rothenhöfer*, in: Schwark/Zimmer, § 31 WpHG Rn. 116.
48 *Möllers*, in: Hirte/Möllers, § 31 Rn. 213.
49 Vgl. zur – auch drucktechnischen – Hervorhebung von Vorteilen sowie zur ausgewogenen Darstellung von Vorteilen und Risiken OLG Nürnberg v. 15.04.2014, Az. 3 U 2124/13, das die Angaben der WpDVerOV und der MaComp bestätigt.
50 *Köhler*, WM 2009, 385, 389.
51 BT 3.3.3 Tz. 3 f. MaComp.

Je umfangreicher auf die Vorteile eingegangen wird, desto ausführlicher 21
muss auch auf Risiken eingegangen werden. Allerdings dürfen die dargestellten Vorteile auch die Risiken überwiegen, wenn es tatsächlich mehr Vorteile als Risiken gibt. Genauso muss auch nicht zu jedem Vorteil ein „passendes" Risiko dargestellt sein.[52] Insofern ist die Befürchtung,[53] dass sich wegen des Wortlauts „damit einhergehende" ggf. nicht entsprechende Chancen und Risiken als Paar dargestellt werden könnten, entkräftet. Vielmehr ist damit gemeint, dass der grundsätzliche Zusammenhang zwischen den Vorteilen und den Risiken (je höher die Rendite, desto höher das Risiko) dem Kunden verständlich gemacht wird.[54] Es dürfen jedoch nicht nur die das Risiko begründenden Umstände, sondern das Risiko selbst muss benannt werden.[55] Dies stellt eine weitere Präzisierung des Merkmals „eindeutig" dar, das auch für die Darstellung der Vorteile und Risiken gilt.[56] Grundsätzlich gilt auch hier, dass die Darstellung der Risiken sich an Art und Risikoprofil des Finanzinstruments orientieren muss. Eine pauschale Angabe, wie umfangreich die Risiken dargestellt werden müssen, ist daher nicht möglich.[57] Stellt eine Produkteigenschaft jedoch zugleich auch ein Risiko dar, muss sie ebenfalls dargestellt werden. Dies gilt z.B. für die eingeschränkte Handelbarkeit eines Produkts.[58] Die MaComp nennt in BT 3.3.3. Tz. 5 einige mögliche Risiken, deren Aufzählung nicht abschließend ist.

§ 4 Abs. 2 Satz 2 bestimmt, dass **wichtige Aussagen oder Warnungen** 22
nicht unverständlich oder abgeschwächt dargestellt werden dürfen. Diese Vorschrift stellt eine Ausprägung des Grundsatzes „nicht irreführend" gegenüber Privatkunden dar und bezieht sich damit nicht nur auf Risiken i.S.d. § 4 Abs. 2 Satz 1, sondern generell auf Aussagen und Warnungen in Informationen gem. § 4.[59] Die Vorschrift gilt aber, entsprechend ihrer Platzierung, insbesondere für Risikohinweise.[60] Auch das Verbot der Abschwächung hat eine inhaltliche und eine darstellungsbezogene Komponente. So dürfen die wichtigen Aussagen weder sprachlich verharmlost werden noch optisch in den Hintergrund treten.[61] Das bedeutet allerdings nicht, dass im Gegenzug unwichtige Aussagen verharmlost oder abgeschwächt werden dürfen. Diese sind stets

---

52 Das stellt BT 3.3.3 Tz. 2 MaComp klar.
53 *Rothenhöfer*, in: Schwark/Zimmer, § 31 WpHG Rn. 115.
54 *Koller*, in: Assmann/Schneider, § 31 Rn. 72.
55 BT 3.3.3 Tz. 3 MaComp.
56 Vgl. insoweit auch *Koller*, in: Assmann/Schneider, § 31 Rn. 69, der das Erfordernis der Redlichkeit in richtlinienkonformer Auslegung in § 4 Abs. 2 Satz 1 hineininterpretiert. Gleiches muss auch für die Eindeutigkeit gelten.
57 Vgl. Erwägungsgrund 45 MiFID-DRL; *Köhler*, WM 2009, 385, 389.
58 BT 3.3.3 Tz. 5 MaComp; a.A. *Zeidler*, in: Ellenberger/Schäfer/Clouth/Lang, Rn. 1108.
59 Z.B. *Fuchs*, in: Fuchs, § 31 Rn. 113; *Köhler*, WM 2009, 385, 389; vgl. Wortlaut von BT 3.3.3 Tz. 3 MaComp „vor allem".
60 *Köhler*, WM 2009, 385, 389.
61 *Köhler*, WM 2009, 385, 389.

im Lichte des Irreführungsverbots ebenfalls klar und verständlich darzustellen.[62]

D. Vergleichende Information (Abs. 3)

23 Abs. 3 präzisiert die Anforderungen für vergleichende Werbung. Zur vergleichenden Werbung wird oftmals auf die Vorschriften des UWG verwiesen. Wie oben schon ausgeführt, können das UWG und die diesbezügliche Rechtsprechung zwar als Anhaltspunkt gesehen werden.[63] Aufgrund der unterschiedlichen Zielrichtung von WpHG und UWG gehen die Anforderungen von § 4 aber über die Anforderungen des UWG hinaus[64] und sind im Lichte des WpHG sowie der zugrundeliegenden europäischen Vorschriften auszulegen. Die MaComp enthält keine weitere Konkretisierung zu vergleichenden Informationen.

24 Ein Vergleich ist dann **aussagekräftig**, wenn er die Prämissen offenlegt, unter denen er erfolgt. Dabei muss zwischen den verglichenen Produkten ein Bezug bestehen, sie müssen ein vergleichbares Chance-Risiko-Profil ausweisen.[65] Teilweise wird vertreten, dass auch Produkte mit einem unterschiedlichen Chance-Risiko-Profil miteinander verglichen werden dürfen, solange diese Unterschiede offengelegt werden.[66] Dies ist indes nur zu bejahen, wenn die Darstellung der Unterschiede für den Kunden ebenfalls die Anforderungen an Redlichkeit, Eindeutigkeit und das Irreführungsverbot erfüllt, folglich von dem durchschnittlichen Privatanleger ohne Weiteres verstanden werden kann.[67] Dementsprechend ist es nicht zulässig, Produkte zu vergleichen, die gar keinen Bezug zueinander aufweisen.[68] Zu beachten ist, dass § 4 Abs. 3 auch für den Vergleich von Wertpapierdienstleistungen gilt.[69] Außerdem muss die Darstellung ausgewogen sein. Hier ergeben sich große Schnittmengen mit der Aussagekraft des Vergleichs, da eine ausgewogene Darstellung ebenfalls verlangt, dass die Platzierung vom Kunden richtig eingeordnet werden kann.

25 Die **Angabe** der für den **Vergleich herangezogenen Informationsquellen, wesentlichen Fakten und Hypothesen** muss ebenfalls auf der ausgehändigten Information erfolgen. Nicht zulässig ist es, auf eine andere Veröffentlichung, wie z.B. Internetseiten, zu verweisen, da die Angabe

---

62 *Koller*, in: Assmann/Schneider, § 31 Rn. 72.
63 So auch *Koller*, in: Assmann/Schneider, § 31 Rn. 74.
64 *Fuchs*, in: Fuchs, § 31 Rn. 114; *Rothenhöfer*, in: Schwark/Zimmer, § 31 WpHG Rn. 120; a.A. *Zeidler*, WM 2008, 238, 241.
65 *Rothenhöfer*, in: Schwark/Zimmer, § 31 WpHG Rn. 119.
66 *Rothenhöfer*, in: Schwark/Zimmer, § 31 WpHG Rn. 119.
67 Etwas schwächer *Rothenhöfer*, in: Schwark/Zimmer, § 31 WpHG Rn. 119, der die Anforderungen an den Hinweis „nicht überspannen" will.
68 *Rothenhöfer*, in: Schwark/Zimmer, § 31 WpHG Rn. 119.
69 *Zeidler*, in: Ellenberger/Schäfer/Clouth/Lang, Rn. 1108, mit dem Beispiel der börslichen und außerbörslichen Ausführung des Finanzkommissionsgeschäfts.

der geforderten Informationen der Nachprüfbarkeit des angeführten Vergleichs dient[70] und diese Nachprüfbarkeit nicht gegeben ist, wenn der Kunde erst noch weiter recherchieren muss.

Die Anforderungen von § 4 Abs. 3 sind nicht abschließend für die Gestaltung von vergleichenden Darstellungen. Sie müssen davon unabhängig ebenfalls stets redlich, eindeutig und nicht irreführend sein.[71] Informationen, in denen ein Vergleich in der Produktbeschreibung „versteckt" ist, sind in dieser Hinsicht besonders kritisch zu betrachten.[72]   26

E. Aussagen zur früheren Wertentwicklung (Abs. 4)

Abs. 4 stellt eine Reihe von Anforderungen an die Darstellung der **historischen Wertentwicklung** eines Finanzprodukts, eines Finanzindexes oder einer Wertpapierdienstleistung auf. Damit soll verhindert werden, dass die Kunden eine Fortführung der vergangenen Wertentwicklung für die Zukunft ohne weiteres voraussetzen.[73] Außerdem wird der Grundsatz der Eindeutigkeit und Redlichkeit sowie das Irreführungsverbot weiter konkretisiert, indem die Zeiträume für die Darstellung festgelegt werden.[74]   27

Die frühere Wertentwicklung darf nicht im Vordergrund der Information stehen, sondern lediglich als Teil der Gesamtinformation dargestellt werden. Damit darf die historische Wertentwicklung nicht „hervorstechen" oder „in den Vordergrund gerückt werden", weder durch eine drucktechnische Hervorhebung noch durch die Reihenfolge der Erwähnung, durch den Umfang der Darstellung oder in sonstiger Weise.[75] **Geeignet** sind grundsätzlich sowohl prozentuale als auch absolute Prozent- oder Wertangaben.[76]   28

„**Unmittelbar vorausgegangen**" verlangt die bestmögliche Aktualität der Daten. Diese Aktualität wird durch die MaComp unter Berücksichtigung der Verhältnismäßigkeit dahin gehend präzisiert, dass sie mit zumutbarem Aufwand hergestellt werden muss.[77] Insofern ist eine tagesaktuelle Verbreitung nicht gefordert.[78] Doch auch, wenn die Darstellung im Normalfall den Anforderungen an die Aktualität genügen würde, kann eine   29

---

70 Vgl. *Koller*, in: Assmann/Schneider, § 31 Rn. 74.
71 *Rothenhöfer*, in: Schwark/Zimmer, § 31 WpHG Rn. 119, der im Fall des § 4 Abs. 3 dem allgemeinen Redlichkeitsgebot und dem Irreführungsverbot „gesteigerte Bedeutung" zumisst; *Koller*, in: Assmann/Schneider, § 31 Rn. 74.
72 *Zeidler*, in: Ellenberger/Schäfer/Clouth/Lang, Rn. 1108; unabhängig davon dürfte ein solches „Verstecken" bereits unter dem Gesichtspunkt der Redlichkeit und Eindeutigkeit problematisch sein.
73 *Koller*, in: Assmann/Schneider, § 31 Rn. 75.
74 *Walz*, in: Krimphove/Kruse, BT 3 Rn. 77; *Koller*, in: Assmann/Schneider, § 31 Rn. 75.
75 BT 3.3.4 MaComp.
76 BT 3.3.4.1.1 Tz. 3 MaComp.
77 BT 3.3.4.1.2 Tz. 2 MaComp.
78 Vgl. *Zeidler*, WM 2008, 238, 242.

WpDVerOV § 4 Informationen an Privatkunden

Verbreitung der Information nicht angezeigt sein, wenn sich z.B. nach Redaktionsschluss noch wesentliche Änderungen ergeben haben.[79] In der Praxis sind hauptsächlich Änderungen zum Negativen relevant.[80] Dies entspricht auch dem Gesetzeszweck. Die Aktualität ist anders zu beurteilen, wenn keine drucktechnischen Verzögerungen und hohe Auflagen gedruckter Informationen gegeben sind. Dies ist naturgemäß bei Informationen der Fall, die im Internet zur Verfügung gestellt werden. Hier ist es zumutbar, die Aktualität in regelmäßigen Abständen von wenigen Wochen zu überprüfen.

30 Grundsätzlich muss die Wertentwicklung der letzten fünf Jahre dargestellt werden, gemessen in Zwölf-Monats-Zeiträumen. Es muss immer der einzelne Zwölf-Monats-Zeitraum betrachtet werden. Kumulierte oder annualisierte Durchschnittsangaben sind nicht zulässig.[81] Nur so ist für den Kunden eine Transparenz und Vergleichbarkeit der Wertentwicklung gewährleistet. Der Grundsatz der Darstellung über mindestens die letzten fünf Jahre wird durchbrochen, wenn Angaben nur für einen kürzeren Zeitraum vorliegen. Dann muss dieser kürzere Zeitraum, ebenfalls in Zwölf-Monats-Zeiträumen,[82] dargestellt werden. Ihre Grenze findet diese Ausnahme dort, wo nur ein kürzerer Zeitraum als ein Zwölf-Monats-Zeitraum dargestellt werden kann. Dann dürfen nach dem Gesetzeswortlaut nur Angaben zum aktuellen Wert gemacht werden, eine Darstellung der historischen Wertentwicklung ist hingegen in diesen Fällen nicht zulässig. Hierzu wird kritisiert, dass dies dem Bild vom mündigen Kunden widerspreche, der selbst entscheiden müsse, ob er einer kurzfristigen Wertentwicklung traue.[83] Eine Darstellung ist in diesen Fällen freilich im Sinne der informierten Kundenentscheidung dennoch möglich. Sie darf aber nicht in Informations- und Werbematerialien erfolgen, sondern nur in solchen Unterlagen, die der Kunde auf seine Nachfrage erhalten kann und die zudem wertungsfrei sein müssen.[84] Mit dieser Handhabung ist eine angemessene und verhältnismäßige Anwendung der Vorschrift gegeben. Der – mündige – Kunde kann entsprechende Informationen verlangen, und die Gefahr der Irreführung durch eine nicht nachhaltig erwiesene Wertentwicklung in Werbeinformationen besteht nicht. Dementsprechend dürfen in den Informationen auch keine anderen als Zwölf-Monats-Zeiträume im Rahmen der historischen Wertentwicklung dargestellt werden.[85] Diese Konstellation kann vorliegen, wenn eine Laufzeit

---

79 BT 3.3.4.1.2 Tz. 3 MaComp.
80 Vgl. *Zeidler*, in: Ellenberger/Schäfer/Clouth/Lang, Rn. 1114.
81 BT 3.3.4.1.1 Tz. 3 MaComp.
82 *Köhler*, WM 2009, 385, 390, mit zutreffendem Hinweis auf den Wortlaut („in jedem Falle") von Art. 27 Abs. 4 lit. b MiFID-DRL. Im Sinne der Vergleichbarkeit wäre eine andere Darstellung auch nicht sinnvoll; a.A. *Zeidler*, in: Ellenberger/Schäfer/Clouth/Lang, Rn. 1114.
83 *Zeidler*, WM 2008, 238, 243.
84 BT 3.3.4.1.5 MaComp; *Rothenhöfer*, in: Schwark/Zimmer, § 31 WpHG Rn. 122; a.A. *Zeidler*, WM 2008, 238, 243.
85 A.A. *Köhler*, WM 2009, 385, 390.

von beispielsweise 5,5 Jahren gegeben ist. Die über die fünf Zwölf-Monats-Zeiträume hinausgehende Zeit von sechs Monaten darf demnach dann nicht dargestellt werden. Dies ist erneut der Vergleichbarkeit der Informationen geschuldet.

§ 4 Abs. 4 Nr. 2 verlangt eine eindeutige Angabe von **Referenzzeitraum** *31* und **Informationsquelle**. Wenn der Referenzzeitraum nicht eindeutig angegeben wird, kann es unter Umständen zu einer falschen Wahrnehmung einer Wertentwicklung beim Kunden kommen. Eine Wertentwicklung, die eigentlich über fünf Jahre stattgefunden hat, wirkt um einiges rasanter, wenn der Zeitraum als kürzer dargestellt wird. Außerdem kann es irreführend sein, wenn verschiedene Zeiträume mit der optisch gleichen Grafik dargestellt werden und/oder die Referenzzeiträume nur schwer lesbar angegeben sind.[86]

§ 4 Abs. 4 Nr. 3 berücksichtigt zum einen das Währungsrisiko und ist zum *32* anderen erneut eine Ausprägung des Redlichkeits- und Eindeutigkeitsgebots sowie des Irreführungsverbots, da mit der eindeutigen Angabe der Währung und dem Hinweis auf Währungsschwankungen eine eventuelle Irreführung durch nicht erkennbare Angaben in einer anderen Währung ausgeschlossen werden soll.

§ 4 Abs. 4 Nr. 4 verlangt einen eindeutigen Hinweis, dass es sich um die *33* **Bruttowertentwicklung** handelt und dass die Auswirkungen von Provisionen, Gebühren und anderen Entgelten dem Kunden deutlich dargestellt werden. Diese Verpflichtung meint damit nicht nur das „ob" der Auswirkungen, sondern auch eine Darstellung, „wie" sie die Wertentwicklung beeinflussen, also zumindest die abstrakte Größenordnung.[87] Dieser Hinweis muss wiederum im Lichte der Redlichkeit, Eindeutigkeit und nicht irreführenden Darstellungen gegeben werden und stellt insofern keine Dopplung zur ohnehin notwendigen Information des Kunden über Zuwendungen im Rahmen der Anlageberatung dar. Nicht jeder Kunde nimmt bei der Betrachtung von Informations- und Werbematerialien die Unterscheidung zwischen Brutto- und Nettowertentwicklung vor, und nicht jeder Kunde ist in der Lage, diese Größenordnungen differenziert zu betrachten. Eine Modellberechnung ist zulässig.[88] Dabei hat eine solche Modellberechnung für den Kunden auch dann einen informatorischen Mehrwert,[89] wenn sie marktübliche Durchschnittswerte oder typischerweise anfallende Belastungen anhand des eigenen Gebührenverzeichnisses ausweist. Vielen Kunden ist, gerade bei einer erstmaligen Geldanlage, nicht bekannt, aus welchen Komponenten sich die Abschlä-

---

86 Vgl. auch *Rothenhöfer*, in: Schwark/Zimmer, § 31 WpHG Rn. 129, der Kunden bei dieser Art der Darstellung für verstärkt schutzwürdig hält.
87 Vgl. *Koller*, in: Assmann/Schneider, § 31 Rn. 77.
88 BT 3.3.4.1.7 Tz. 2 MaComp.
89 A.A. *Zeidler*, in: Ellenberger/Schäfer/Clouth/Lang, Rn. 1124, der diese Regelung als „regulatorischen Unfug" bezeichnet; ebenfalls a.A. *Walz*, in: Krimphove/Kruse, BT 3 Rn. 96, der aber eine pauschale Darstellung aus Praktikabilitätsgründen genügen lässt.

ge von der Bruttowertentwicklung zusammensetzen und zu welcher Höhe sie sich kumulieren können. Insofern sind auch Durchschnittswerte hilfreich[90] und im Sinne der Redlichkeit und Eindeutigkeit der Informationen zu erteilen. Eine mathematische Formel, mit deren Hilfe sich der Kunde die Nettowertentwicklung selbst ausrechnen kann,[91] dürfte dagegen viele Kunden, insbesondere Privatkunden, abschrecken und nicht zu deren Information beitragen. Ein Online-Wertentwicklungsrechner ist demgegenüber zum einen zeitgemäß, zum anderen ein geeignetes Mittel.[92] Bei der Bereitstellung des Online-Wertentwicklungsrechners sind aber wiederum sämtliche Vorgaben des § 4 Abs. 4 und 7 einzuhalten.

F. Simulierte Wertentwicklung (Abs. 5)

34 § 4 Abs. 5 befasst sich mit einer **simulierten historischen Wertentwicklung**. Dies betrifft hauptsächlich Fälle, in denen ein neues Finanzprodukt aufgelegt wird, das naturgemäß keine vorherige Wertentwicklung aufweisen kann. Die dort genannten Anforderungen an eine „redliche Simulation"[93] sind zusätzlich zu denjenigen aus § 4 Abs. 4 zu erfüllen.

35 Durch die Bindung an einen objektiven Basiswert wird verhindert, dass eine nur in den (Wunsch-)Vorstellungen des Herausgebers der Information existierende Wertentwicklung simuliert wird. Die Aufzählung der möglichen Basiswerte in § 4 Abs. 5 ist abschließend.[94] Außerdem muss im Sinne der Redlichkeit und Eindeutigkeit sowohl angegeben werden, dass es sich um eine Simulation für einen Zeitraum handelt, in dem das Produkt tatsächlich nicht gehandelt wurde,[95] als auch der Hinweis, auf welches Finanzinstrument oder welchen zugrundeliegenden Basiswert oder Finanzindex sich die Simulation bezieht.

36 Dabei ist im Falle von Korbzertifikaten zu beachten, dass sämtliche Korbbestandteile für den gesamten Simulationszeitraum betrachtet werden.[96] Mit dem Grundsatz der Eindeutigkeit, Redlichkeit und dem Irreführungsverbot wäre die Auswahl nur eines Korbbestandteils nicht vereinbar. Außerdem muss die Zusammensetzung des betrachteten Finanzinstruments, Basiswertes oder Finanzindexes genau definiert sein. Fonds, bei denen es im Ermessen des Fondsverwalters steht, in welche Werte investiert wird, können daher nicht mit einer simulierten Wertentwicklung dargestellt werden.[97] Der Wert strukturierter Produkte, bei denen variab-

---

90 A.A. *Köhler*, WM 2009, 385, 391.
91 So *Köhler*, WM 2009, 385, 391.
92 BT 3.3.4.1.7 Tz. 2 MaComp.
93 *Fuchs*, in: Fuchs, § 31 Rn. 116.
94 BT 3.3.4.1.8 Tz. 1 MaComp.
95 *Koller*, in: Assmann/Schneider, § 31 Rn. 81.
96 BT 3.3.4.1.8 Tz. 2 MaComp; nach teilweise vertretener Auffassung entgegen dem Wortlaut von § 4 Abs. 5 s. *Rothenhöfer*, in: Schwark/Zimmer, § 31 WpHG Rn. 127; *Zeidler*, WM 2008, 238, 243; *Walz*, in: Krimphove/Kruse, BT 3 Rn. 100.
97 BT 3.3.4.1.8 Tz. 3 MaComp.

le, nicht über die gesamte Laufzeit feststehende Margen des Emittenten Bestandteil der Preisbildung sind, dürfen nur mit einer simulierten Wertentwicklung dargestellt werden, wenn an hervorgehobener Stelle ausdrücklich auf die fiktiven und veränderlichen Margen und deren fehlende Verlässlichkeit für die künftige Wertentwicklung hingewiesen wird.[98] Die Mischung von tatsächlicher und simulierter Wertentwicklung ist gem. BT 3.3.4.1.8 MaComp zulässig, muss aber jeweils deutlich gekennzeichnet werden.

Über den Zeitraum der simulierten Wertentwicklung macht § 4 Abs. 5 keine von § 4 Abs. 4 abweichenden Angaben. Das Gebot der Eindeutigkeit und Redlichkeit gebietet es damit, die simulierte Wertentwicklung ebenfalls auf die vorausgegangenen fünf Jahre zu erstrecken,[99] sofern das der Simulation zugrundeliegende Produkt bereits über diesen Zeitraum gehandelt wurde. Da die Simulation auf einer tatsächlichen Wertentwicklung eines vergleichbaren Finanzinstruments etc. beruhen muss, ist diese tatsächliche Wertentwicklung auch über den in § 4 Abs. 4 Nr. 1 angegebenen Zeitraum zu betrachten.[100]

37

G. Prognosen (Abs. 6)

§ 4 Abs. 6 regelt die Anforderungen an die Darstellung einer zukünftigen Wertentwicklung. Diese **prognostizierte Wertentwicklung** birgt naturgemäß entsprechende Prognoseunsicherheiten. Um diese nicht noch weiter zu verstärken,[101] dürfen Prognosen zur Wertentwicklung nicht auf einer simulierten historischen Wertentwicklung beruhen. Vielmehr müssen die Annahmen, auf denen sie beruhen, durch angemessene und objektive Daten gestützt sein. Die MaComp bietet keine Definition von „angemessenen, durch objektive Daten gestützte Annahmen". Jedenfalls soll mit diesen Anforderungen die Prognose der Wertentwicklung aus dem Bereich der jeglicher Grundlagen entbehrenden Spekulationen herausgehalten werden. Die zugrundeliegenden Daten müssen daher realistisch, mithin überprüfbar sein.[102] Dabei können die objektiven Daten auch aus dem mikro- oder makroökonomischen Bereich stammen.[103] Zu der Pflicht, die Auswirkung von Provisionen, Gebühren und Entgelten auf die künftige Wertentwicklung darzustellen, kann auf die Erläuterungen zu § 4 Abs. 4 Nr. 4 verwiesen werden.

38

---

98 BT 3.3.4.1.8 Tz. 3 MaComp.
99 Vgl. BT 3.3.4.1.8 Tz. 5 MaComp.
100 A.A. *Zeidler*, WM 2008, 238, 243.
101 Vgl. *Koller*, in: Assmann/Schneider, § 31 Rn. 82.
102 *Koller*, in: Assmann/Schneider, § 31 Rn. 82.
103 *Zeidler*, in: Ellenberger/Schäfer/Clouth/Lang, Rn. 1130.

H. Wertentwicklung und Performanceangaben nach Abs. 4–6 (Abs. 7)

39 § 4 Abs. 7 betont nochmals, dass der **Hinweis auf den Referenzzeitraum** sowohl für die historische als auch für die simulierte und prognostizierte Wertentwicklung deutlich zu erfolgen hat. Im Sinne der Eindeutigkeit der Information und des Irreführungsverbots verhindert diese Regelung eine verzerrte Darstellung anhand von willkürlich gewählten Referenzzeiträumen.[104]

40 Der ebenfalls geforderte Hinweis, dass die dargestellte Wertentwicklung kein Indikator für die künftige Wertentwicklung ist, trägt dem Umstand Rechnung, dass es im Bereich der Geldanlage und der zu treffenden Entscheidungen nicht auszuschließen ist, dass ein Kunde bei entsprechend dargestellter Wertentwicklung oder Prognose, die unter Umständen optisch aufbereitet ist, einmal nicht darüber nachdenkt, welche Prognoseunsicherheiten sich in der Zukunft noch verwirklichen könnten.[105] Dabei muss der Hinweis unübersehbar sein[106] und im direkten räumlichen Zusammenhang zu der dargestellten Wertentwicklung stehen.[107] Als praktikabel hat sich erwiesen, den Hinweis direkt an der Darstellung anzubringen.[108] Dies dürfte für den durchschnittlichen Kunden unübersehbar sein, da Schaubildern meistens eine erhöhte Aufmerksamkeit gewidmet wird. Nicht ausreichend ist es, wenn statt der Formulierung „kein verlässlicher Indikator" der Begriff „keine Garantie" verwendet wird. Der Begriff des Indikators, also des Anzeichens, ist um einiges schwächer als der der Garantie, so dass ein Hinweis auf „keine Garantie für zukünftige Wertentwicklung" den Wortlaut des Gesetzes unzutreffend wiedergibt und den Hinweis damit abschwächt.[109]

I. Steuerliche Hinweise (Abs. 8)

41 **Informationen zur steuerlichen Behandlung** sind alle Informationen, die in den Kundeninformationen, einschließlich Werbung, zur Besteuerung einer Anlage, der Veränderung der steuerlichen Belastung, Ausnutzung von Freibeträgen etc. gegeben werden. In der Regel wird auf steuerliche Vorteile hingewiesen, die dem Anleger durch eine Investition in gerade dieses Produkt entstehen. Für viele Anleger ist die steuerliche Behandlung der Anlageform ein wichtiges Entscheidungskriterium. In der Praxis bereitet diese Vorschrift kaum Probleme. Zum einen ist bei der Erteilung steuerlicher Tipps stets Vorsicht geboten, um nicht mit dem Steuerbe-

---

104 Vgl. oben Rn. 27 ff.
105 *Koller*, in: Assmann/Schneider, § 31 Rn. 75; *Walz*, in: Krimphove/Kruse, BT 3 Rn. 77.
106 *Koller*, in: Assmann/Schneider, § 31 Rn. 78.
107 *Rothenhöfer*, in: Schwark/Zimmer, § 31 WpHG Rn. 129.
108 Vgl. *Rothenhöfer*, in: Schwark/Zimmer, § 31 WpHG Rn. 129; *Walz*, in: Krimphove/Kruse, BT 3 Rn. 79.
109 *Rothenhöfer*, in: Schwark/Zimmer, § 31 WpHG Rn. 132.

ratungsprivileg in Konflikt zu geraten.[110] Zum anderen wird von vielen Wertpapierdienstleistungsunternehmen bereits tatsächlich darauf hingewiesen, dass die steuerliche Behandlung immer von den individuellen Kundenverhältnissen abhängig ist und dies nur abschließend von einem Fachmann geklärt werden kann und außerdem stets mit gesetzlichen Änderungen zu rechnen ist.[111]

Dennoch ist darauf zu achten, dass dieser Hinweis deutlich für den Kunden erkennbar ist, wenn mit steuerlichen Vorteilen einer Anlage geworben wird. Gemäß der „Deutlichkeit", die auch in § 4 Abs. 7 genannt wird, und dem Verbot der Verschleierung wichtiger Aussagen gem. § 4 Abs. 2 Satz 2[112] darf der Hinweis für den Kunden nicht übersehbar sein. Die Werbung mit steuerlichen Vorteilen ist damit auch stets unter dem Gesichtspunkt der Eindeutigkeit und Redlichkeit zu betrachten. 42

J. Kongruenz der Informationen (Abs. 9)

§ 4 Abs. 9 fordert, was eigentlich selbstverständlich sein sollte:[113] die **Kongruenz der Informationen** gem. § 4 mit solchen, die der Kunde noch im weiteren Verlauf seiner Kundenbeziehung oder des Anlageprozesses von dem Wertpapierdienstleistungsunternehmen erhält.[114] Dies betrifft insbesondere, aber nicht ausschließlich, Angaben im Verkaufsprospekt oder sonstigen Informationsunterlagen.[115] Doch auch Angaben im persönlichen Gespräch sind davon erfasst.[116] Insofern ist die Aussage, diese Vorschrift bringe zum Ausdruck, „Werbung und Wirklichkeit sollen nicht zu weit auseinanderklaffen",[117] nicht ganz richtig. Was die Eigenschaften redlich, eindeutig und nicht irreführend angeht, dürfen Werbung und Wirklichkeit überhaupt nicht auseinanderklaffen. Ein werbendes Abweichen von der Wirklichkeit ist vielmehr nur in den Grenzen des § 4 erlaubt. Dabei darf die Gültigkeit der Informationen durch das Wertpapierdienstleistungsunternehmen begrenzt werden, so dass eine Änderung von Informationen grundsätzlich möglich ist, solange sie sich nicht auf konkret angebotene Dienstleistungen oder Produkte beziehen.[118] 43

---

110 Vgl. *Zeidler*, in: Ellenberger/Schäfer/Clouth/Lang, Rn. 1131.
111 Vgl. *Walz*, in: Krimphove/Kruse, BT 3 Rn. 115; *Zeidler*, in: Ellenberger/Schäfer/Clouth/Lang, Rn. 1131.
112 Vgl. *Koller*, in: Assmann/Schneider, § 31 Rn. 83.
113 S. auch *Rothenhöfer*, in: Schwark/Zimmer, § 31 WpHG Rn. 132, der das als Selbstverständlichkeit bezeichnet.
114 Das sind nicht nur Angaben nach Vertragsschluss, sondern auch vor Vertragsschluss oder im Zuge des Vertragsschlusses, *Koller*, in: Assmann/Schneider, § 31 Rn. 84.
115 BT 3.5 MaComp.
116 *Lenenbach*, Rn. 5.170.
117 *Zeidler*, in: Ellenberger/Schäfer/Clouth/Lang, Rn. 1132.
118 *Koller*, in: Assmann/Schneider, § 31 Rn. 84.

K. Werbemitteilungen mit vorformulierter Antwort (Abs. 10)

44 § 4 Abs. 10 Satz 1 regelt die Fälle, in denen der Kunde bereits bei Erhalt der Information einen Vertrag über ein Finanzinstrument, eine Wertpapierdienstleistung oder -nebendienstleistung abschließen kann. Damit soll eine Umgehung der Informationspflichten gem. § 5 verhindert und sichergestellt werden, dass der Kunde vor Vertragsschluss alle Informationen erhält, die WpHG und WpDVerOV fordern. Die MaComp enthält keine weiteren Erläuterungen zu § 4 Abs. 10.

45 Der Fall, dass mit der Werbemitteilung zugleich ein **Angebot auf den Abschluss einer Wertpapierdienstleistung** gemacht wird, dürfte außerhalb der Internetkommunikation in der Praxis eher selten anzutreffen sein.[119] Dies würde bedeuten, dass das Wertpapierdienstleistungsunternehmen mit jedem Kunden, dem sie die jeweilige Information zugänglich macht, ohne Ansehung der weiteren Umstände einen Vertrag schließen würde, was nicht der Realität entspricht.[120] Praktisch relevant wird diese Vorschrift jedoch für Werbemitteilungen im Internet, die eine entsprechende Ordermöglichkeit enthalten.[121] Für die Bereitstellung der geforderten Informationen sind sodann § 5 Abs. 5 sowie § 3 Abs. 3 zu beachten. Wenn das jeweilige Institut mit der Information den Kunden auffordert, ein Angebot zu machen, also eine invitatio ad offerendum vorliegt, muss diese bereits alle geforderten Angaben des § 5 enthalten.[122] Dies würde allerdings den Rahmen der Information höchstwahrscheinlich sprengen. Folglich ist bei der Gestaltung der Information verstärkt darauf zu achten, dass sie vom Kunden nicht als invitatio ad offerendum aufgefasst werden kann.[123] Jedoch fordert § 4 Abs. 10 auch, dass die Antwort vorgegeben sein oder ein Antwortformular beiliegen muss, das eine weitgehend vorformulierte Willenserklärung darstellen muss.[124] Dieses Merkmal darf als Unterscheidung einer Information von einer invitatio ad offerendum herangezogen werden. Abzugrenzen ist die invitatio ad offerendum insofern auch von der Einladung zur Anlageberatung, die z.B. in der Auslage oder Versendung eines Werbeflyers zu sehen ist.[125] Darin dürfte regelmäßig noch nicht die Einladung an den Kunden liegen, ein Angebot zu machen.

L. Keine Werbung mit der Aufsichtsbehörde (Abs. 11)

46 Bezüglich der praktischen Anwendung von § 4 Abs. 11 nennt BT 3.6 MaComp einige Beispiele. Danach ist es z.B. nicht zulässig, die Billigung des Prospekts einer Emission durch die BaFin so darzustellen, als sei das Fi-

---
119 So auch *Zeidler*, WM 2008, 238, 244; *Lenenbach*, Rn. 5.171.
120 *Zeidler*, WM 2008, 238, 244.
121 *Rothenhöfer*, in: Schwark/Zimmer, § 31 WpHG Rn. 133.
122 *Lenenbach*, Rn. 5.171.
123 *Zeidler*, WM 2008, 238, 244.
124 *Rothenhöfer*, in: Schwark/Zimmer, § 31 WpHG Rn. 133.
125 *Zeidler*, WM 2008, 238, 244.

nanzinstrument selbst ausdrücklich durch die BaFin gebilligt oder genehmigt. Gleiches gilt für die Aufsichtstätigkeit an sich. Diese darf nicht so dargestellt werden, als seien die angebotenen Dienstleistungen und Produkte ausdrücklich von der BaFin gebilligt oder genehmigt.[126] Dabei ist auf die Kundensicht abzustellen.[127] Die Aufzählung in BT 3.6. MaComp ist nicht abschließend („beispielsweise"). Sie ist entsprechend auf ähnliche Konstellationen anzuwenden. Weitere praktische Beispiele werden in der Literatur gegeben: Danach ist es nicht zulässig, den Eindruck eines „BaFin-Gütesiegels" zu erwecken[128] oder gar Formulierungen wie „BaFin-geprüft" oder „BaFin-zertifiziert"[129] zu verwenden. Der mit solchen Formulierungen „vermittelte Eindruck der besonderen Zuverlässigkeit"[130] ist geeignet, den Anleger irrezuführen, und entspricht nicht dem Gebot der Redlichkeit und Eindeutigkeit.

---

[126] BT 3.6 MaComp.
[127] Vgl. *Koller*, in: Assmann/Schneider, § 31 Rn. 86, der einen „verständigen Privatkunden" nennt; gemeint dürfte der auch sonst in der WpDVerOV adressierte Durchschnittskunde sein.
[128] *Rothenhöfer*, in: Schwark/Zimmer, § 31 WpHG Rn. 134; *Koller*, in: Assmann/Schneider, § 31 Rn. 25.
[129] *Rothenhöfer*, in: Schwark/Zimmer, § 31 WpHG Rn. 134; *Zeidler*, WM 2008, 238, 244.
[130] *Lenenbach*, Rn. 5.170.

§ 5 Kundeninformationen über Risiken, das Wertpapierdienstleistungsunternehmen, die Wertpapierdienstleistung, Kosten und Nebenkosten

(1) Die nach § 31 Abs. 3 Satz 3 Nr. 2 des Wertpapierhandelsgesetzes zur Verfügung zu stellenden Informationen über Finanzinstrumente müssen unter Berücksichtigung der Einstufung des Kunden eine ausreichend detaillierte allgemeine Beschreibung der Art und der Risiken der Finanzinstrumente enthalten. Die Beschreibung der Risiken muss, soweit nach Art des Finanzinstruments, der Einstufung und der Kenntnis des Kunden relevant, folgende Angaben enthalten:

1. die mit Finanzinstrumenten der betreffenden Art einhergehenden Risiken, einschließlich einer Erläuterung der Hebelwirkung und ihrer Effekte sowie des Risikos des Verlustes der gesamten Kapitalanlage,

2. das Ausmaß der Schwankungen des Preises (Volatilität) der betreffenden Finanzinstrumente und etwaige Beschränkungen des für solche Finanzinstrumente verfügbaren Marktes,

3. den Umstand, dass jeder Anleger aufgrund von Geschäften mit den betreffenden Instrumenten möglicherweise finanzielle und sonstige Verpflichtungen einschließlich Eventualverbindlichkeiten übernehmen muss, die zu den Kosten für den Erwerb der Finanzinstrumente hinzukommen,

4. Einschusspflichten oder ähnliche Verpflichtungen, die für Instrumente der betreffenden Art gelten, und,

5. sofern die Wahrscheinlichkeit besteht, dass die Risiken durch die Verknüpfung verschiedener Finanzinstrumente oder Wertpapierdienstleistungen in einem zusammengesetzten Finanzinstrument größer sind als die mit jedem der Bestandteile verbundenen Risiken, angemessene Informationen über die Bestandteile des betreffenden Instruments und die Art und Weise, in der sich das Risiko durch die gegenseitige Beeinflussung dieser Bestandteile erhöht.

(2) Zu den Informationen im Sinne des § 31 Abs. 3 Satz 1 des Wertpapierhandelsgesetzes gehören gegenüber Privatkunden auch Informationen über die Vertragsbedingungen. Die nach § 31 Abs. 3 Satz 3 Nr. 1, 2 und 4 des Wertpapierhandelsgesetzes zur Verfügung zu stellenden Informationen müssen bei Privatkunden, soweit relevant, die folgenden Angaben enthalten:

1. hinsichtlich des Wertpapierdienstleistungsunternehmens und seiner Dienstleistungen:

a) den Namen und die Anschrift des Wertpapierdienstleistungsunternehmens sowie weitere Angaben, die dem Kunden eine effektive Kommunikation mit diesem ermöglichen,

b) die Sprachen, in denen der Kunde mit der Wertpapierfirma kommunizieren und Dokumente sowie andere Informationen von ihr erhalten kann,

c) die Kommunikationsmittel, die verwendet werden, einschließlich der Kommunikationsmittel zur Übermittlung und zum Empfang von Aufträgen,

d) Namen und Anschrift der zuständigen Behörde, die die Zulassung erteilt hat,

e) einen Hinweis, wenn das Wertpapierdienstleistungsunternehmen über einen vertraglich gebundenen Vermittler handelt, einschließlich der Angabe des Mitgliedstaats, in dem dieser Vermittler registriert ist,

f) Art, Häufigkeit und Zeitpunkt der Berichte über die erbrachten Dienstleistungen, die das Wertpapierdienstleistungsunternehmen dem Kunden nach § 31 Abs. 8 des Wertpapierhandelsgesetzes in Verbindung mit den §§ 8 und 9 dieser Verordnung zu übermitteln hat,

g) eine Beschreibung der wesentlichen Maßnahmen, die das Wertpapierdienstleistungsunternehmen zum Schutz der bei ihm verwahrten Finanzinstrumente oder Gelder seiner Kunden trifft, einschließlich Angaben zu etwaigen Anlegerentschädigungs- oder Einlagensicherungssystemen, denen das Wertpapierdienstleistungsunternehmen aufgrund seiner Tätigkeit in einem Mitgliedstaat angeschlossen sein muss,

h) eine Beschreibung der Grundsätze des Wertpapierdienstleistungsunternehmens für den Umgang mit Interessenkonflikten nach § 33 Abs. 1 Satz 2 Nr. 3 des Wertpapierhandelsgesetzes und § 13 Abs. 2 dieser Verordnung und

i) auf Wunsch des Kunden jederzeit Einzelheiten zu diesen Grundsätzen;

2. bei der Erbringung von Finanzportfolioverwaltung:

a) eine Bewertungs- oder andere Vergleichsmethode, die dem Privatkunden eine Bewertung der Leistung des Wertpapierdienstleistungsunternehmens ermöglicht,

b) die Managementziele, das bei der Ausübung des Ermessens durch den Verwalter zu beachtende Risikoniveau und etwaige spezifische Einschränkungen dieses Ermessens,

c) die Art und Weise sowie die Häufigkeit der Bewertung der Finanzinstrumente im Kundenportfolio,

d) Einzelheiten über eine Delegation der Vermögensverwaltung mit Ermessensspielraum in Bezug auf alle oder einen Teil der Finanzinstrumente oder Gelder im Kundenportfolio,

e) die Art der Finanzinstrumente, die in das Kundenportfolio aufgenommen werden können, und die Art der Geschäfte, die mit diesen Instrumenten ausgeführt werden können, einschließlich Angabe etwaiger Einschränkungen;

2a. bei der Erbringung der Anlageberatung:

a) ob Einschränkungen hinsichtlich der Finanzinstrumente, der Emittenten oder der Wertpapierdienstleistungen, die berücksichtigt werden können, bestehen und

b) ob bestimmte Finanzinstrumente, Emittenten oder Wertpapierdienstleistungen bevorzugt berücksichtigt werden;

3. falls ein Prospekt nach dem Wertpapierprospektgesetz veröffentlicht worden ist und das Finanzinstrument zu diesem Zeitpunkt öffentlich angeboten wird, die Angabe, bei welcher Stelle dieser Prospekt erhältlich ist;

4. im Fall von Finanzinstrumenten, die eine Garantie durch einen Dritten beinhalten, alle wesentlichen Angaben über die Garantie und über den Garantiegeber;

5. hinsichtlich der Kosten und Nebenkosten:

a) Angaben zu dem Gesamtpreis, den der Kunde im Zusammenhang mit dem Finanzinstrument, der Wertpapierdienstleistung oder der Wertpapiernebendienstleistung zu zahlen hat, einschließlich aller damit verbundener Gebühren, Provisionen, Entgelte und Auslagen sowie aller über das Wertpapierdienstleistungsunternehmen zu entrichtenden Steuern, oder, wenn die Angabe eines genauen Preises nicht möglich ist, die Grundlage für die Berechnung des Gesamtpreises, damit der Kunde diesen überprüfen kann; die von dem Wertpapierdienstleistungsunternehmen in Rechnung gestellten Provisionen sind in jedem Fall separat aufzuführen. Falls ein Teil des Gesamtpreises in einer Fremdwährung zu zahlen ist oder in einer anderen Währung als in Euro dargestellt ist, müssen die betreffende Währung und der anzuwendende Wechselkurs und die damit verbundenen Kosten oder, wenn die genaue Angabe des Wechselkurses nicht möglich ist, die Grundlage für seine Berechnung angegeben werden,

b) einen Hinweis auf die Möglichkeit, dass dem Kunden aus Geschäften in Zusammenhang mit dem Finanzinstrument oder der Wertpapierdienstleistung noch weitere Kosten und Steuern entstehen können, die nicht über das Wertpapierdienstleistungsunternehmen gezahlt oder von ihm in Rechnung gestellt werden, und

c) Bestimmungen über die Zahlung oder sonstige Gegenleistungen.

(3) Die Informationen über die Vertragsbedingungen und die Informationen nach Absatz 2 Satz 2 Nr. 1 Buchstabe a bis h und Nr. 2 sind den Privatkunden zur Verfügung zu stellen, bevor eine Wertpapierdienstleistung oder Wertpapiernebendienstleistung erbracht oder ein Vertrag hierüber geschlossen wird; die übrigen Informationen sind den Privatkunden vor Erbringung der Wertpapierdienstleistung oder Nebendienstleistung zur Verfügung zu stellen. Wird auf Verlangen des Privatkunden der Vertrag telefonisch oder unter Verwendung eines anderen Fernkommunikationsmittels geschlossen, das eine Mitteilung auf einem dauerhaften Datenträger vor Vertragsschluss oder vor Beginn der Erbringung der Wertpapierdienstleistung nicht ermöglicht, hat das Wertpapierdienstleistungsunternehmen dem Privatkunden die Informationen über die Vertragsbedingungen unverzüglich nach Abschluss des Vertrags, die übrigen Informationen unverzüglich nach dem Beginn der Erbringung der Wertpapierdienstleistung auf einem dauerhaften Datenträger zur Verfügung zu stellen. § 312d Absatz 2 des Bürgerlichen Gesetzbuchs bleibt unberührt; ist der Privatkunde Unternehmer im Sinne des § 14 des Bürgerlichen Gesetzbuchs, ist § 312d Absatz 2 des Bürgerlichen Gesetzbuchs in Verbindung mit Artikel 246b § 1 des Einführungsgesetzes zum Bürgerlichen Gesetzbuche entsprechend anzuwenden, soweit dort die Offenlegung der Identität und des geschäftlichen Zwecks des Kontakts und die Zurverfügungstellung von Informationen bei Telefongesprächen geregelt ist.

(3a) Die Information nach § 31 Absatz 4d Satz 1 des Wertpapierhandelsgesetzes ist dem Kunden für jedes zu empfehlende Finanzinstrument unmittelbar vor der Empfehlung zur Verfügung zu stellen.

(4) Das Wertpapierdienstleistungsunternehmen hat den Kunden alle wesentlichen Änderungen in Bezug auf die ihnen nach § 31 Absatz 4b des Wertpapierhandelsgesetzes sowie den Absätzen 1 und 2 zur Verfügung gestellten Informationen rechtzeitig mitzuteilen, soweit diese für eine Dienstleistung relevant sind, die das Wertpapierdienstleistungsunternehmen für den Kunden erbringt.

(5) Die Informationen nach § 31 Absatz 4b und 4d Satz 1 des Wertpapierhandelsgesetzes sowie den Absätzen 1 und 2 sind auf einem dauerhaften Datenträger zur Verfügung zu stellen. Das Gleiche gilt für eine Information nach Absatz 4, wenn für die Information, auf die sie sich bezieht, ebenfalls eine Übermittlung auf einem dauerhaften Datenträger vorgesehen ist. Eine Veröffentlichung auf einer Internetseite genügt unter den Voraussetzungen des § 3 Abs. 3.

Inhalt

	Rn.		Rn.
A. Hintergrund	1	III. Umfang der Informationspflichten	11
I. Systematische Einordnung	2		
II. Standardisierbare Einheitsinformation	8	IV. Erfüllung der Informationspflichten	14

- V. Verpflichtung zu weitergehenden Informationen 16
- VI. Berechtigung zur Erteilung von weniger Informationen 20
- B. Informationen über Finanzinstrumente (Abs. 1) 22
  - I. Regelungsbereich 22
  - II. Allgemeine Anforderungen an die Information über Finanzinstrumente (Abs. 1 Satz 1) 23
    1. Allgemeine Beschreibung der Art und Risiken der Finanzinstrumente 24
    2. Ausreichend detaillierte Beschreibung der Arten und Risiken der Finanzinstrumente.......... 27
    3. Berücksichtigung der Kundeneinstufung..... 29
  - III. Anforderungen zur Beschreibung der Risiken von Finanzinstrumenten (Abs. 1 Satz 2) 31
    1. Relevanz der Art des Finanzinstruments, der Kundeneinstufung und der Kenntnis des Kunden 32
    2. Katalog besonderer Risiken sowie Risikoerhöhungen bei Verknüpfung von Finanzinstrumenten (Abs. 1 Satz 2 Nr. 1–5) .. 37
       - a) Hebelwirkung und Totalverlust (Abs. 1 Satz 2 Nr. 1) 38
       - b) Volatilität und etwaige Beschränkungen (Abs. 1 Satz 2 Nr. 2) . 40
       - c) Finanzielle und sonstige Verpflichtungen (Abs. 1 Satz 2 Nr. 3) . 42
       - d) Einschusspflichten oder ähnliche Verpflichtungen (Abs. 1 Satz 2 Nr. 4) 45
       - e) Verknüpfung verschiedener Finanzinstrumente oder Wertpapierdienstleistungen (Abs. 1 Satz 2 Nr. 5) 47
       - f) „Finanzinstrumente der betreffenden Art" versus „betreffende Finanzinstrumente"? 49
- C. Information für Privatkunden hinsichtlich des Wertpapierdienstleistungsunternehmens und seiner Dienstleistungen, Vertragsbedingungen, Kosten und Nebenkosten (Abs. 2) 50
  - I. Regelungsbereich 50
  - II. Information über Vertragsbedingungen (§ 5 Abs. 2 Satz 1) 52
  - III. Katalog von Informationen über das Wertpapierdienstleistungsunternehmen und seine Dienstleistungen (§ 5 Abs. 2 Satz 2) 53
    1. Das Wertpapierdienstleistungsunternehmen und seine Dienstleistungen (Abs. 2 Satz 2 Nr. 1)................ 55
       - a) Name, Anschrift des Wertpapierdienstleistungsunternehmens und weitere Angaben (Nr. 1a) 56
       - b) Sprachen der Kommunikation (Nr. 1b) . 57
       - c) Auswahl der Kommunikationsmittel (Nr. 1c) 59
       - d) Namen und Anschrift der zuständigen Behörde (Nr. 1d) 60
       - e) Vertraglich gebundener Vermittler (Nr. 1e) 61
       - f) Art, Häufigkeit und Zeitpunkt der Berichte (Nr. 1f) 62
       - g) Maßnahmen zum Anlegerschutz (Nr. 1g) 65
       - h) Grundsätze zum Umgang mit Interessenkonflikten (Nr. 1h) .. 67

i) Auf Kundenwunsch Einzelheiten zu angeführten Grundsätzen (Nr. 1i) 69
2. Finanzportfolioverwaltung (§ 5 Abs. 2 Satz 2 Nr. 2) 70
   a) Bewertungs- oder andere Vergleichsmethoden für Wertpapierdienstleistungsunternehmen (Nr. 2a) 72
   b) Managementziele, Risikoniveau, etwaige spezielle Einschränkungen (Nr. 2b) 75
   c) Art und Weise sowie Häufigkeit der Bewertung (Nr. 2c) 76
   d) Einzelheiten über eine Delegation (Nr. 2d) 77
   e) Art der Finanzinstrumente und Geschäfte sowie etwaige Einschränkungen (Nr. 2e) 78
3. Anlageberatung (§ 5 Abs. 2 Satz 2 Nr. 2a) ... 79
   a) Einschränkungen hinsichtlich Finanzinstrumenten oder Emittenten (Nr. 2a lit. a) 80
   b) Bevorzugung von Wertpapierdienstleistungsunternehmen etc. (Nr. 2a lit. b) ... 82
4. Sonderfall Prospekt nach dem Wertpapierprospektgesetz (§ 5 Abs. 2 Satz 2 Nr. 3) 85
5. Finanzinstrumente mit Garantie durch einen Dritten (§ 5 Abs. 2 Satz 2 Nr. 4) 86
6. Kosten und Nebenkosten (§ 5 Abs. 2 Satz 2 Nr. 5) 87
   a) Gesamtpreis, Steuerabzug, Provision, Fremdwährung (Nr. 5a) 91
   b) Hinweis auf weitere mögliche Kosten und Steuern (Nr. 5b) 93
   c) Zahlung oder sonstige Gegenleistung (Nr. 5c) 94
D. Rechtzeitige Zurverfügungstellung der Information (Abs. 3) 95
   I. Regelungsbereich 95
   II. Rechtzeitige Unterrichtung der Privatkunden (§ 5 Abs. 3 Satz 1) 96
   III. Telefonischer Vertragsabschluss auf Verlangen des Privatkunden (§ 5 Abs. 3 Satz 2) 103
   IV. Besondere Informationspflichten bei Fernabsatzverträgen (§ 5 Abs. 3 Satz 3) .. 105
   V. Besondere Informationspflichten bei Empfehlung von Finanzinstrumenten (§ 5 Abs. 3a) 108
E. Mitteilung wesentlicher Änderungen (Abs. 4) 111
F. Zurverfügungstellung der Information (Abs. 5) 115

A. Hintergrund

1 § 5 definiert die objektiv typisierbaren Mindestanforderungen, die an Kundeninformationen über Art und Risiken der Finanzinstrumente, das Wertpapierdienstleistungsunternehmen, die Wertpapierdienstleistungen und an Kosten und Nebenkosten im Rahmen der Aufklärung zu stellen sind. Ziel ist, dem Kunden eine informierte und damit fundierte Anlageentscheidung zu ermöglichen.[1]

I. Systematische Einordnung

2 Durch § 5 werden die Pflichtinformationen aus den aufsichtsrechtlichen Aufklärungs- und Informationspflichten des § 31 Abs. 3 WpHG weiter spezifiziert.[2] § 5 umfasst einen nicht abschließenden Katalog an Informationen, die ein Wertpapierdienstleistungsunternehmen zu erteilen hat. Während § 5 Abs. 1 und 2 eine Beschreibung der Vorgaben an Kundeninformationen gem. § 31 Abs. 3 Satz 3 WpHG enthalten, werden in Abs. 3 und 4 Ausführungen über den Zeitpunkt, d.h. die rechtzeitige Zurverfügungstellung der Informationen und ihrer Änderungen, sowie in Abs. 5 über die Art der Zurverfügungstellung gemacht.

3 Europarechtliche Grundlage des § 5 sind die aufsichtsrechtlichen Aufklärungspflichten der Art. 29–31 und 33 MiFID-DRL, die wiederum eine Konkretisierung des Art. 19 Abs. 3 der MiFID I-Richtlinie 2004/39/EG darstellen.[3] In das nationale Recht wurde § 5 durch das FRUG[4] eingeführt.

4 MiFID I statuiert damit aufgrund ihrer Umsetzungspflicht ein „europäisches Informationsmodell", das grundsätzlich für alle Kundenkategori-

---

1 Zusätzlich wird im Rahmen der Anlageberatung das Informationsblatt gem. § 5a (s. S. 126ff.) eingesetzt; s. *Koller*, in: Assmann/Schneider, § 31 Fn. 6 m.w.N.; *Fuchs*, in: Fuchs, § 31 Rn. 62; *Braun/Lang/Loy*, in: Ellenberger/Schäfer/Clouth/Lang, S. 234.

2 Die schuldrechtlichen Aufklärungspflichten bei Anlagegeschäften beginnen in der Regel mit der Aufnahme eines Beratungsgesprächs, das auf den Abschluss eines konkludenten Beratungsvertrags schließen lässt; s. *Grigoleit*, ZHR 177 (2013), 264, 266.

3 Begründung zur Verordnung zur Konkretisierung der Verhaltensregeln und Organisationsanforderungen für Wertpapierdienstleistungsunternehmen (WpDVerOV) vom 1.10.2007, Zu § 5, Vor Abs. 1; Durchführungs-Richtlinie 2006/73/EG der Kommission vom 10.8.2006 zur Durchführung der Richtlinie 2004/39/EG des Europäischen Parlaments und des Rates in Bezug auf organisatorische Anforderungen an Wertpapierfirmen und die Bedingungen für die Ausübung ihrer Tätigkeit sowie in Bezug auf die Definition bestimmter Begriffe für die Zwecke der genannten Richtlinie (ABl. L 241, S. 1), also die Durchführungsbestimmungen zur sog. „MiFID I-Richtlinie".

4 Gesetz zur Umsetzung der Richtlinie über Märkte für Finanzinstrumente und der Durchführungsrichtlinie der Kommission vom 16.7.2007, kurz „FRUG", BGBl. I, S. 1330.

en gilt. Dieses Konzept des Anlegerschutzes durch zwingende Regeln zur Informationsversorgung der Anleger bereitet in der Praxis Schwierigkeiten bei der Auswahl und Fülle der Informationen. Eine Rechtfertigung lässt sich nur über Kosten-Nutzen-Erwägungen zur Herstellung eines Ausgleichs des regelmäßig bestehenden Informationsgefälles bzw. der Informationsasymmetrie zwischen Wertpapierdienstleistungsunternehmen und Anlegern herleiten.[5] Die Pflicht zur Aufklärung ist grundsätzlich nicht von der Aufnahme eines Beratungsgesprächs abhängig.[6]

Strittig war vor Einführung der MiFID I insbesondere, ob im Rahmen der Kundeninformation des § 31 Abs. 3 WpHG anlageobjektbezogene oder lediglich anlageformbezogene Informationen geschuldet sind.[7] Im Kern ging es um die Frage, ob die Wertpapierfirma über die speziellen Risiken des Anlageobjekts informieren muss (anlageobjektbezogen) oder ob es ausreicht, allgemein über die verschiedenen Arten von Finanzinstrumenten und deren typische Risiken zu informieren (anlageformbezogen). Im Zuge der Umsetzung der MiFID I wurde dieser Streit durch das FRUG zugunsten der Erteilung von anlageformbezogenen Informationen entschieden.[8] Es wurde klargestellt, dass die Wertpapierfirma den Anleger in die Lage versetzen soll, die typischen (und nicht die konkreten Risiken) des Finanzinstruments zu verstehen. Grundsätzlich sind daher im Regelungskontext des § 31 Abs. 3 WpHG i.V.m. § 5 keine Informationen über das konkrete Anlageobjekt Gegenstand der Aufklärungspflicht.[9]

Künftig werden die aufsichtsrechtlichen Informationsanforderungen u.a. zu den Kosten und im Rahmen der Anlageberatung durch die MiFID II noch erweitert.[10] Die Regel dient ausschließlich dem Funktionenschutz und nicht dem Schutz des individuellen Anlegers. Allerdings ist von einer Ausstrahlungswirkung auf die zivilrechtlichen Informationspflichten der Wertpapierdienstleistungsunternehmen gegenüber den Kunden auszugehen.[11]

Ein Verstoß gegen die öffentlich-rechtliche, allgemeine Informationspflicht nach § 31 Abs. 3 WpHG wird nicht über §§ 38, 39 WpHG sanktioniert. Die Formulierung des § 39 Abs. 2 Nr. 15 WpHG, dass ordnungswidrig handelt, wer „entgegen § 31 Abs. 1 Nr. 2 einen Interessenkonflikt nicht, nicht richtig, nicht vollständig oder nicht rechtzeitig darlegt", be-

---

5   Die Informationsversorgungspflicht der Wertpapierdienstleistungsunternehmen ergibt sich auch aus Effizienzgründen, da die Produktionskosten der Anbieter niedriger sind als die Informationsbeschaffungskosten der Anleger, vgl. *Mülbert*, ZHR 177 (2013), 160, 184.
6   *Grigoleit*, ZHR 177 (2013), 264, 267.
7   S. auch im weiteren *Weichert/Wenninger*, WM 2007, 627, 637.
8   *Weichert/Wenninger*, WM 2007, 627, 637.
9   Zu den darüber hinausgehenden Informationspflichten s. § 31a WpHG, § 5a.
10 Art. 24 Abs. 4 bzw. Abs. 4a MiFID II-Richtlinie 2014/65/EU über Märkte für Finanzinstrumente, ABl. L 173, S. 349, wonach „allgemeine Grundsätze und Kundeninformationen" in standardisierter Form zulässig sind, vgl. Abs. 5.
11 *Beule*, in: Assies/Beule/Heise/Strube, S. 1340.

zieht sich schon dem Wortlaut nach nicht auf die Zurverfügungstellung einer Beschreibung der organisatorischen Vorkehrungen der Grundsätze des Wertpapierdienstleistungsunternehmens für den Umgang mit Interessenkonflikten gem. § 33 Abs. 1 Satz 2 Nr. 3 WpHG, § 5 Abs. 2 Satz 2 Nr. 1h. In der Konsequenz stellt dies auch keine Ordnungswidrigkeit im Sinne des OWiG dar.[12] Daraus folgt, dass die öffentlich-rechtlichen Informationspflichten weder für eine konstitutive Mitverantwortlichkeit noch für eine Begrenzung der zivilrechtlichen Haftung herangezogen werden können; vielmehr haben sie lediglich eine Ausstrahlungswirkung als unverbindliche „Muster" zur Unterlegung der zivilrechtlichen Argumente.[13] Da auch die MiFID II keine Ausführungen zum Verhältnis von Aufsichtsrecht und Zivilrecht enthält, gilt bis auf Weiteres der allgemeine Grundsatz, dass die §§ 31 ff. WpHG weder eine Begrenzung noch eine Erweiterung der zivilrechtlichen Haftung des Anlageberaters enthalten.[14]

II. Standardisierbare Einheitsinformation

8 § 31 Abs. 3 Satz 2 WpHG und der Wortlaut der MiFID I-Richtlinie[15] lassen standardisierte Informationen ausdrücklich zu. Daher ist es konsequent, dass die Zurverfügungstellung von abstrakten Einheitsinformationen für alle Kunden im Hinblick auf die verschiedenen Arten von Finanzinstrumenten und Wertpapierdienstleistungen auch im Rahmen des § 5 grundsätzlich zulässig ist, solange bei Aushändigung solcher Standardinformationen darauf hingewiesen wird, dass sie der Erfüllung der Informationspflicht dienen und nicht eine bloße Formalie sind. Werden dem Anleger vom Wertpapierdienstleistungsunternehmen Standardinformationen zur Verfügung gestellt, müssen diese immer aktuell sein.[16] Bei fehlender Aktualität ist der Anleger erneut zu informieren.

9 Erläuterungsbedürftig bleibt, wie § 5 Abs. 1 Satz 2 Halbs. 1 und der zugrunde liegende Art. 31 Abs. 2 Satz 1 MiFID-DRL gemeint sind, die die Beschreibung der Risiken auch von der Einstufung des Kunden abhängig machen. Dies soll „soweit ... relevant" geschehen, was lediglich bedeutet, dass trotz der möglichen Standardisierung den Kunden nicht zu wenig und nicht zu viel (s. A.III. „Umfang der Informationspflichten") Informationen gegeben werden sollen, da sonst die Gefahr mangelnder Verständlichkeit für Durchschnittsanleger besteht.[17]

---

12 *Buck-Heeb*, ZHR 177 (2013), 310, 324.
13 *Grigoleit*, ZHR 177 (2013), 264, 270 m.w.N.
14 *Buck-Heeb*, ZHR 177 (2013), 310, 319.
15 Richtlinie 2004/39/EG, Art. 19 Abs. 3 a.E.: „Diese Informationen können in standardisierter Form zur Verfügung gestellt werden." S. Fn. 3.
16 *Koller*, in: Assmann/Schneider, § 31 Rn. 98; Erwägungsgrund Nr. 50 der MiFID-DRL, Hinweise der CESR/05-024c, Januar 2005, zu Art. 19 (3), Level (2), Nr. 4., abrufbar unter www.esma.europa.eu (5.12.2014); s. auch die Ausführung zu § 5 Abs. 3.
17 *Koller*, in: Assmann/Schneider, § 31 Rn. 93b.

Im Zuge einer praxisgerechten Umsetzung werden im Schrifttum verschiedene Umsetzungsvorschläge gemacht, die die Relevanz für die verschiedenen Kunden durch weitere Kategorisierung sicherstellen wollen. Ziel ist letztlich, bei aller Standardisierung eine zielgruppengerechte Information zu ermöglichen. Dies kann beispielsweise durch die Bildung von Untergruppen solcher Kunden geschehen, bei denen regelmäßig oder typischerweise bestimmte Informationslücken erkennbar sind. Etwaige Informationslücken können bei der Einholung von Kundeninformationen, zur Einschätzung vorhandener Kenntnisse der Kunden gem. § 31 Abs. 4 Satz 1, Abs. 5 Satz 1 WpHG ermittelt werden.[18] Wenn zwischen Finanzinstrumenten einer Gattung wesentliche Unterschiede bestehen, müssen diese ebenfalls separat, quasi als Untergattung dargestellt werden (z.b. bei der Gattung der Anleihen wäre der Unterschied zwischen Staats- und Unternehmensanleihen relevant). Die unterschiedliche Komplexität der Finanzinstrumente einer Gattung spielt allerdings keine Rolle, solange Funktionsweise und Risiken weiterhin vergleichbar sind.[19]

10

III. Umfang der Informationspflichten

Die Effektivität der Informationspflichten steht immer unter dem Vorbehalt der Verwertbarkeit der geschuldeten Informationen.[20] Während ein „Zuwenig" an Informationen zur Folge hat, dass der Anleger seine Entscheidung nicht auf informierter Basis treffen kann, kann auch ein „Zuviel" an Informationen nicht im Anlegerinteresse sein.[21] Unabhängig davon, dass § 5 Abs. 1 Satz 2 hinsichtlich des Informationsumfangs die Einschränkung enthält, „soweit ... relevant" die Risiken zu beschreiben, darf es auch aus übergeordneten Erwägungen des Anlegerschutzes nicht zu einem Übermaß an Informationen („information overload") kommen, das die Effektivität des Anlegerschutzes beschränkt.[22] Der Gesetzgeber hat dieses Problem durch die Einführung der Produktinformationsblätter schon zu entschärfen versucht, in denen nach Art eines „Beipackzettels" auf maximal drei DIN-A4-Seiten die wesentlichen Merkmale des Finanzinstruments beschrieben werden müssen.[23]

11

Ein „Zuviel" an Informationen würde insbesondere solche Anleger benachteiligen, die besonders intensiv aufgeklärt werden müssen.[24] Zu denken ist an Anleger, die aufgrund geringer Kenntnisse und Fähigkeiten ein „Zuviel" an Informationen kaum verarbeiten können. Insoweit sollte bei einer Einheitsinformation für Anleger in der Praxis darauf geachtet werden, dass sichergestellt ist, dass der Informationsumfang und die Art und

12

---

18 *Koller*, in: Assmann/Schneider, § 31 Rn. 93b.
19 *Rothenhöfer*, in: Schwark/Zimmer, § 31 WpHG Rn. 218.
20 *Grigoleit*, ZHR 177 (2013), 264, 282.
21 *Koller*, in: Assmann/Schneider, § 31 Rn. 93c.
22 *Schäfer/Lang*, in: Clouth/Lang, S. 106.
23 S. hierzu die Ausführungen von Preuße zu § 5a, S. 126ff., zur Länge und den inhaltlichen Vorgaben an Informationsblätter.
24 *Koller*, in: Assmann/Schneider, § 31 Rn. 93c.

Weise der Bereitstellung nicht zu einer Überforderung der Anleger führt. Ein ungeordnetes Handbuch mit sämtlichen Informationen oder eine CD-ROM ohne Gliederung, aus denen sich die Kunden je nach Kenntnisstand ihre Informationen selbst aufbereiten müssen, dürfte diese Anforderungen nicht erfüllen. Es nimmt Kunden die Möglichkeit einer selektiven Aufnahme. Daher sollten die Informationen auch im Falle der Standardisierung gegliedert und graphisch aufbereitet sein.[25]

13 Die Gefahr einer Überforderung kann bei schon informierten Anlegern durch eine Abgrenzung der schon bekannten von den noch unbekannten Informationen verhindert werden.[26] Dies kann beispielsweise in Form einer individualisierten Gliederung geschehen, so dass der Kunde solche Informationen leichter überspringen kann, die er schon kennt.

IV. Erfüllung der Informationspflichten

14 Hat die Bank ihre Informationspflichten ordnungsgemäß erfüllt, darf sie „davon ausgehen", dass der Kunde die Risiken verstanden hat.[27] Es wird keine diesbezügliche Erfolgskontrolle verlangt, da das Wertpapierdienstleistungsunternehmen an der Art und Weise der Informationserteilung, nicht aber am Ergebnis gemessen wird. Ob der Kunde die Informationen auch tatsächlich verstanden hat, ist grundsätzlich irrelevant.[28] Es kommt darauf an, dass die Kundeninformation aus der Perspektive eines objektiv urteilenden Dritten grundsätzlich geeignet ist, zu einer richtigen Einschätzung insbesondere der Risiken zu kommen. Insoweit ist es auch irrelevant, ob der Anleger die richtige Anlageentscheidung getroffen hat.[29] Geschuldet sind mithin lediglich abstrakte Informationen, nicht dagegen die besonderen Umstände des konkret ins Auge gefassten Geschäfts.[30] Dem Anleger soll eine objektivierte Beurteilung der Verständlichkeit, Richtigkeit und Angemessenheit der Standardinformationen ermöglicht werden. Unerheblich ist insoweit, ob der Anleger sich im Ergebnis tatsächlich richtig und vernünftig entscheidet.[31] Eine Aufklärung des Anlegers über etwaige Irrationalitäten in seinem Anlageentscheidungsprozess wird von den Wertpapierdienstleistungsunternehmen nicht verlangt.

15 Stellt sich die vom Anleger getroffene Entscheidung für eine bestimmte Produktart im Nachhinein für ihn als falsch heraus, weil sich ein vermeintlich unvorhersehbares Risiko verwirklicht hat, wird dies von ihm oftmals ex post als für das Wertpapierdienstleistungsunternehmen vor-

---

25 *Rothenhöfer*, in: Schwark/Zimmer, § 31 WpHG Rn. 171.
26 Was aber die Einteilung der Anlegergruppen und der Informationen nicht erspart; anders *Koller*, in: Assmann/Schneider, § 31 Rn. 93c.
27 *Mülbert*, ZHR 177 (2013), 160, 187.
28 *Fuchs*, in: Fuchs, § 31 Rn. 139.
29 *Fuchs*, in: Fuchs, Vor § 31 Rn. 70.
30 *Fuchs*, in: Fuchs, § 31 Rn. 118.
31 Vgl. *Fuchs*, in: Fuchs, § 31 Rn. 70.

hersehbar dargestellt, sog. „Hindsight-bias-Anfälligkeit".[32] Ein Wertpapierdienstleistungsunternehmen sollte daher im Rahmen der Gestaltung von Informationen wissen, welche Informationsquellen und Medien beachtlich sind, um sich nicht dem Angriff auszusetzen, aufsichtsrechtlichen Informationspflichten nicht hinreichend nachgekommen zu sein. Als beachtenswert angesehen werden dürfte insoweit jede Veröffentlichung, die sich in der Fachöffentlichkeit bereits durchgesetzt hat.[33]

V. Verpflichtung zu weitergehenden Informationen

In Ausnahmefällen kann aber in Abhängigkeit von der Dienstleistung und dem Informationsbedarf bzw. Schutzbedürfnis des Anlegers gleichwohl eine Ergänzung der allgemeinen Informationen erforderlich sein. Eine gesonderte mündliche Aufklärung ist beispielsweise dann nötig, wenn der Kunde zeitgleich mit dem Erhalt der Basisinformation ein Geschäft tätigen will, da er dann offensichtlich den Inhalt der Information noch nicht zur Kenntnis nehmen konnte.[34] 16

Überdies muss bei konkreten Anhaltspunkten auf Verständnisschwierigkeiten eine standardisierte Informationsbroschüre im Einzelfall erläutert werden, ohne dass daraus allerdings in jedem Einzelfall eine Nachprüfungspflicht für das Wertpapierdienstleistungsunternehmen entstünde.[35] Wenn beispielsweise ein Kunde eine Information ersichtlich nicht versteht oder nachfragt oder wenn das Wertpapierdienstleistungsunternehmen zum Zeitpunkt der Erteilung Zweifel hatte oder haben musste, dass die Informationen verstanden wurden, dann muss es dem Kunden die Information individuell erläutern.[36] Auch darf nicht aufgrund des Berufs automatisch darauf geschlossen werden, dass der Kunde die Informationen versteht. Nur weil ein Kunde z.B. Rechtsanwalt oder Notar ist, ist nicht sichergestellt, dass er die Funktionsweise von Termingeschäften versteht.[37] Bestehende Zweifel müssen beseitigt werden. 17

---

32 So wird regelmäßig Einzelstimmen in den Medien, die vor dem Kollaps des US-amerikanischen Immobilienmarktes als Auslöser der Finanzkrise gewarnt haben, in der Rückschau ein größeres Gewicht beigemessen, als dies vor der Krise tatsächlich der Fall war; vgl. *Mülbert*, ZHR 177 (2013), 160, 188 f.
33 *Mülbert*, ZHR 177 (2013), 160, 188. Am Beispiel der Finanz- und Staatskrise in Griechenland wäre es nur schwer vermittelbar, wenn ein Wertpapierdienstleistungsunternehmen konkrete Hinweise in der Fachpresse zu einer Schieflage unberücksichtigt lassen würde bei der Informationsgestaltung für Anleger im Hinblick auf künftige Wertpapierdienstleistungen.
34 *Braun/Lang/Loy*, in: Ellenberger/Schäfer/Clouth/Lang, S. 235.
35 *Fuchs*, in: Fuchs, § 31 Rn. 132, mit Verweis auf *Lang*, Informationspflichten bei Wertpapierdienstleistungen.
36 Beispiele von *Fuchs*, in: Fuchs, § 31 Rn. 130; *Koller*, in: Assmann/Schneider, § 31 Rn. 95.
37 Eingehend *Lang*, BKR 2005, 36 ff.

WpDVerOV § 5 Kundeninformationen über Risiken

18 Überdies ist im Hinblick auf Finanzinstrumente ausländischer Emittenten der Informationsbedarf von Kunden aufgrund erschwerter Informationsmöglichkeiten grundsätzlich höher als bei Finanzinstrumenten inländischer Emittenten. Zwar gilt der Grundsatz, dass das Wertpapierdienstleistungsunternehmen nur zur Aufklärung über Tatsachen verpflichtet ist, nicht auch zur Mitteilung von Einschätzungen, Empfehlungen oder Ratschlägen.[38] Allerdings empfiehlt es sich, bei ausländischen Emittenten auf die Bedeutung von Werturteilen und die Folgen des Ratings einer Ratingagentur hinzuweisen, soweit relevant.[39]

19 Zudem kann es je nach Wesensmerkmalen der verschiedenen Gattungen von Finanzinstrumenten sowie der Abstraktionshöhe der Beschreibung nötig sein, zusätzlich produktspezifische Angaben über ein Finanzinstrument zu machen, z.B. über unterschiedliche Emittenten von Anleihen oder die Herkunft renditerelevanter Quellen und deren Auswirkungen.[40]

VI. Berechtigung zur Erteilung von weniger Informationen

20 Es gibt Situationen, in denen nicht immer alle Informationen dem vollen Umfang nach erteilt werden müssen: Erwägungsgrund Nr. 45 MiFID-DRL lässt beispielsweise auch die bloße Angabe der Art des Finanzinstruments zu, und zwar nach dem Sinn des Art. 19 Abs. 3 MiFID I dann, wenn der Anleger über hinreichende Kenntnisse verfügt. Teilinformationen sollen dann zulässig sein, wenn der Anleger offensichtlich schon aus anderen Quellen die relevanten Informationen bekommen hat, beispielsweise auch schon bei früheren Geschäften mit dem Wertpapierdienstleistungsunternehmen. Tätigt ein Kunde in einer Art von Finanzinstrumenten mehrmals Geschäfte, z.B. in Aktien, dann reicht es aus, wenn das Wertpapierdienstleistungsunternehmen dem Kunden vor dem erstmaligen Geschäft Informationen übermittelt.[41] Will der Kunde hingegen Finanzinstrumente einer anderen Art kaufen, muss das Wertpapierdienstleistungsunternehmen sicherstellen, dass die Informationslage beim Kunden hinreichend ist, und ggf. weitere Informationen dem Kunden zur Verfügung stellen.

21 Soweit das Wertpapierdienstleistungsunternehmen mangels eigener Informationen oder fehlender Sachkunde seiner Informationspflicht nicht nachkommen kann, beispielsweise über Angaben zu Kurs-, Zins- oder

---

38 *Fuchs*, in: Fuchs, § 31 Rn. 138.
39 *Schäfer/Lang*, in: Clouth/Lang, S. 107, nennen z.B. Kuwaitkrise oder die Folgen eines allgemeinen Kursrutsches; *Fuchs*, in: Fuchs, § 31 Rn. 159.
40 *Koller*, in: Assmann/Schneider, § 31 Rn. 103, führt als Beispiel solcher renditemindernder Faktoren den Hinweis auf Verwaltungsgebühren sowie bei Indexzertifikaten das Verbleiben der Dividendenzahlungen beim Emittenten.
41 Erwägungsgrund Nr. 50 MiFID.

Währungsrisiken in Zusammenhang mit komplexen Optionsgeschäften,[42] muss es den Kunden darauf hinweisen, braucht aber den Geschäftsabschluss selbst nicht zu verweigern. Auch wenn grundsätzlich der Vorrang des Anlegerinteresses gilt, muss der Anleger nicht vor sich selbst geschützt werden, wenn er eine Aufklärung ausdrücklich nicht wünscht oder sich als besonders geschäftserfahren geriert, obwohl er die Informationen tatsächlich nicht verstanden hat.[43]

B. Informationen über Finanzinstrumente (Abs. 1)

I. Regelungsbereich

Der Regelungsbereich des § 5 Abs. 1 umfasst konkrete Vorgaben hinsichtlich der Beschreibungen zu den verschiedenen Arten von Finanzinstrumenten und den damit verbundenen Risiken. Die Informationen, die den Kunden in standardisierter Form zur Verfügung gestellt werden können, müssen sich gemäß dem zugrunde liegenden § 31 Abs. 3 WpHG beziehen auf   22

1. das Wertpapierdienstleistungsunternehmen und seine Dienstleistungen,

2. die Arten von Finanzinstrumenten und vorgeschlagenen Anlagestrategien einschließlich damit verbundener Risiken,

3. Ausführungsplätze und

4. Kosten und Nebenkosten.

Anders als in § 31 Abs. 3 Satz 3 Nr. 2 WpHG sind konkretisierende Regelungen zur Aufklärung über Anlagestrategien und deren Risiken in § 5 Abs. 1 nicht enthalten. Insoweit bleibt es mithin bei den allgemeinen Vorgaben des WpHG.[44]

II. Allgemeine Anforderungen an die Information über Finanzinstrumente (Abs. 1 Satz 1)

In § 5 Abs. 1 Satz 1 sind allgemeine Anforderungen für den Regelungsgegenstand „Information über Finanzinstrumente" niedergelegt, unabhängig von einzelnen Transaktionen oder Wertpapierdienstleistungen. Ihnen ist gemein, dass sie grundsätzlich ohne Berücksichtigung der individu-   23

---

42 So der Grundfall im Zusammenhang mit einer Informationserteilung über den An- und Verkauf von gedeckten Optionsscheinen, „covered warrants", BGH v. 19. 05. 1998 – XI ZR 286/97.
43 *Schäfer/Lang*, in: Clouth/Lang, S. 108.
44 Über die Risiken der Anlagestrategien muss aufgeklärt werden, damit der Kunde das „magische Dreieck" der Vermögensanlage mit den Anlagekriterien Sicherheit, Liquidität und Rentabilität kennenlernt. Er soll so in Lage versetzt werden, für sich die passenden Anlageziele, den zeitlichen Anlagehorizont und die Risikotragfähigkeit einzuschätzen, vgl. *Fuchs*, in: Fuchs, § 31 Rn. 148.

ellen Umstände der Dienstleistungserbringung erteilt werden.[45] Die Informationen bilden als „Kernstück" der aufsichtsrechtlichen Informationspflichten die Grundlage für eine informierte Anlageentscheidung und stellen deshalb die Minimumanforderungen an Informationen für jede Art von Wertpapierdienstleistung dar.[46] Demnach ist der Katalog des § 5 hinsichtlich der regelmäßig zu erteilenden Informationen bei Dienstleistungserbringung durch ein Wertpapierdienstleistungsunternehmen nicht abschließend. Bei einer Anlageberatung und Vermögensverwaltung gelten weitere Informationspflichten. Im Rahmen der Anlageberatung sind z.B. die anlagebezogenen Informationen in einem „kurzen und leicht verständlichen Informationsblatt" zur Verfügung zu stellen, § 31 Abs. 3a WpHG und § 5a. Die Informationspflicht aus § 5 soll gewährleisten, dass der Kunde unabhängig von einer Beratungssituation Art und Risiken der angebotenen Produkte und Dienstleistungen nachvollziehen kann.

1. Allgemeine Beschreibung der Art und Risiken der Finanzinstrumente

24 Die Informationspflichten des Wertpapierdienstleistungsunternehmens erstrecken sich gem. § 5 Abs. 1 Satz 1 zunächst auf eine allgemeine Beschreibung von Art und Risiken der Finanzinstrumente. Gleichwohl muss die Beschreibung detailliert genug sein, damit der Kunde die Dienstleistung in ihren Grundstrukturen versteht und eine Anlageentscheidung in Kenntnis aller wesentlichen Umstände bezüglich der Art von Finanzinstrumenten treffen kann. Eine konkret geplante Anlageentscheidung ist damit nicht gemeint. Daraus folgt, dass über die Informationspflichten des § 5 Abs. 1 die charakteristischen Merkmale und Risiken der einzelnen Produktgattungen zu vermitteln sind, nicht aber das spezielle Risiko eines konkreten Finanzinstruments.[47]

25 Unter der „Art" von Finanzinstrumenten werden die allgemeinen Wesensmerkmale, also die verschiedenen Gattungen von Finanzinstrumenten entsprechend der Unterteilung in § 2 Abs. 2b WpHG, z.B. Aktien, Anleihen, Zertifikate, verstanden. Das „Risiko" beschreibt die möglichen oder wahrscheinlichen negativen Einflüsse auf den Wert der Finanzinstrumente und die Wertpapierdienstleistungen bei Eintritt eines oder mehrerer Szenarien.[48]

26 Die Risikohinweise sind entsprechend prominent zu platzieren und dürfen nicht durch Layout oder Wortwahl geschmälert werden, um eine ausgewogene Darstellung zu gewährleisten. Aus den Hinweisen muss der typische

---

45 *Rothenhöfer*, in: Schwark/Zimmer, § 31 WpHG Rn. 150; *Teuber/Müller*, in: Clouth/Lang, S. 134 Rn. 291.
46 *Fuchs*, in: Fuchs, § 31 Rn. 138, 139; *Schäfer/Lang*, in Clouth/Lang, S. 80 Rn. 151.
47 *Fuchs*, in: Fuchs, § 31 Rn. 152; enger *Koller*, in: Assmann/Schneider, § 31 Rn. 103.
48 *Rothenhöfer*, in: Schwark/Zimmer, § 31 WpHG Rn. 165 f.; eine Übersicht über die wesentlichen Inhalte der produktbezogenen Informationspflichten findet sich bei *Fuchs*, in: Fuchs, § 31 Rn. 152–187.

Grad der Gefährdung deutlich werden, und sie müssen den Kunden je nach Kenntnisstand zu weiteren Nachfragen befähigen.[49] Es empfiehlt sich, ausgeprägte Risiken dem Anleger als realistische Warnung darzustellen.[50] Insbesondere dürfen für die Produktart vorteilhafte Informationen (z.B. Ertragschancen, positive Hebeleffekte) nicht übertrieben dargestellt werden (Gebot der Sachlichkeit).[51] Denkbar wäre, insbesondere auch im Hinblick auf die neuen europäischen Vorgaben durch MiFID II[52], eine Darstellung von „best und worst case"-Szenarien mit dem Ziel, die Risikoauswirkung nachvollziehbar anhand von Beispielen zu verdeutlichen.[53] Insbesondere bei komplexeren Finanzinstrumenten bzw. Wertpapierdienstleistungen sind sie geeignet, dem Anleger exemplarisch zu verdeutlichen, wie sich der Wert des Finanzinstruments in bestimmten Situationen verhält.

2. Ausreichend detaillierte Beschreibung der Arten und Risiken der Finanzinstrumente

§ 5 Abs. 1 fordert trotz der grundsätzlichen Möglichkeit der Standardisierung gem. § 31 Abs. 3 Satz 1 WpHG eine „ausreichend detaillierte Beschreibung" der Arten und Risiken der Finanzinstrumente. Im Hinblick auf die Notwendigkeit der Detaillierung der Beschreibung der Risiken kommt es ausweislich des Wortlauts ausdrücklich auf die Kenntnis des Kunden an, was auf ein individualisierendes Element des § 5 hindeutet. Als Maßstab dient die Einstufung des Kunden als Privatkunde oder professioneller Kunde einerseits und die typischen Verständnismöglichkeiten eines Durchschnittsanlegers andererseits. Die Informationen müssen in einer geordneten und übersichtlichen Darstellung dargeboten werden. Um einen einheitlichen Standard zu gewährleisten, werden in der Praxis „Basisinformationen über Vermögensanlagen in Wertpapieren" eingesetzt, die diesen Anforderungen genügen.[54]

27

---

49 *Koller*, in: Assmann/Schneider, § 31 Rn. 98.
50 *Grigoleit*, ZHR 177 (2013), 264, 283.
51 Die Produktanbieter verpflichten sich teilweise selbst, positive Produktmerkmale dann nicht in den Vordergrund zu stellen, wenn deren Auswirkungen nur unter unwahrscheinlichen Umständen eintreten; damit sollen mögliche Fehlanreize für die Investmententscheidung eines Anlegers vermieden werden; vgl. Fairness Kodex des Deutschen Derivate Verbands DDV im Rahmen der Produktinformationsblätter, S. 9, http://www.derivateverband.de/DEU/Politik/Selbstregulierung (5.12.2014).
52 ESMA's Technical Advice to the Commission on MiFID II and MiFIR (ESMA/2014/1569), 19.12.2014, S. 110: Article 31(1) should provide for an additional requirement for investment firms to inform clients about the functioning and performance of financial instruments in different market conditions (including both positive and negative conditions).
53 CESR-Hinweise in CESR/05-024c, abrufbar unter www.esma.europa.eu (5.12.2014), Januar 2005, zu Art. 19 (3), Level (2), Nr. 12; *Schäfer/Lang*, in: Clouth/Lang, S. 106 Rn. 225.
54 Die „Basisinformationen über Vermögensanlagen in Wertpapieren" genügen diesen Anforderungen, so weiter *Fuchs*, in: Fuchs, § 31 Rn. 130.

28 Die Beschreibung der Art der Finanzinstrumente wird nicht weiter vom Gesetz konkretisiert und ist somit den Wertpapierdienstleistungsunternehmen im Wesentlichen freigestellt. Im Sinne eines „eher fürsorglichen Anlegerschutzkonzeptes"[55] muss allerdings die Pflicht zu eindeutiger, redlicher und nicht irreführender Information gem. § 31 Abs. 2 WpHG, § 4 berücksichtigt werden.

3. Berücksichtigung der Kundeneinstufung

29 § 31 Abs. 3 WpHG, der durch § 5 konkretisiert wird, ist sowohl auf Privatkunden (§ 31a Abs. 3 WpHG) als auch auf professionelle Kunden (§ 31a Abs. 2, 5, 7 WpHG) anwendbar.[56] Auch wenn in § 5 allgemein und unspezifiziert die „Kunden" als Informationsempfänger genannt werden, ist auch § 5 grundsätzlich im weiten Rahmen zu berücksichtigen. Geeignete Gegenparteien sind von den Vorgaben hingegen ausgenommen, da § 31b Abs. 1 WpHG ausdrücklich die Anwendbarkeit des § 31 Abs. 3 WpHG ausschließt. Nur im Fall einer (auch partiellen) Einstufung als professioneller Kunde, z.b. im Rahmen der Anlageberatung oder Portfolioverwaltung, wäre der Anwendungsbereich des § 5 eröffnet.

30 Die Informationen können grundsätzlich in Abhängigkeit von der Einstufung und der Kenntnis des Kunden gem. § 5 Abs. 1 Satz 1, 2 vom Umfang her variieren.[57] Eine Einschränkung der Informationspflichten ergibt sich deshalb im Hinblick auf die professionellen Kunden. Da professionelle Kunden per Legaldefinition über ausreichende Erfahrung, Kenntnisse und Sachverstand verfügen, um z.B. die Risiken der relevanten Finanzinstrumente angemessen beurteilen zu können,[58] ist eine Aushändigung der in § 5 Abs. 1 genannten Informationen auch an sie grundsätzlich nicht erforderlich. In der Praxis kommt es dennoch vor, dass den professionellen Kunden die Basisinformationen gem. § 5 Abs. 1 Satz 2 ausgehändigt werden, um im Falle etwaiger Streitfälle keine Beweisprobleme entstehen zu lassen.[59]

III. Anforderungen zur Beschreibung der Risiken von Finanzinstrumenten (Abs. 1 Satz 2)

31 § 5 Abs. 1 Satz 2 enthält Anforderungen an die Beschreibung der Risiken von Finanzinstrumenten. Demnach muss die Beschreibung der Risiken, soweit nach Art des Finanzinstruments, der Einstufung des Kunden und der Kenntnis des Kunden relevant, die in Nr. 1–5 aufgeführten Angaben enthalten. Fraglich ist, ob der Katalog der Risiken in Satz 2 abschließend ist. Dafür ließe sich anführen, dass dem Wortlaut nicht zu entneh-

---

55 Fuchs, in: Fuchs, § 31 Rn. 147; Buck-Heeb, ZHR 177 (2013), 310, 339.
56 Koller, in: Assmann/Schneider, § 31 Rn. 92.
57 S. A.III. „Umfang der Informationspflichten".
58 Vgl. Erwägungsgrund Nr. 44 MiFID-DRL, § 31a Abs. 2 Satz 1 WpHG.
59 Im Zuge der MiFID II-Umsetzung wird das Schutzniveau der professionellen Kunden voraussichtlich erhöht werden.

men ist, dass „mindestens" die genannten Risiken enthalten sein müssen. Allerdings ist in Nr. 1 geregelt, dass „… die mit Finanzinstrumenten der betreffenden Art einhergehenden Risiken, einschließlich einer Erläuterung der Hebelwirkung …" anzugeben sind. Aus der im ersten Satzteil enthaltenen Generalklausel zur Auflistung sämtlicher relevanter Risiken und der im zweiten Satzteil erwähnten beispielhaften Aufzählung, einleitend mit dem Wort „einschließlich", wird deutlich, dass es sich hierbei lediglich um eine Teilmenge sämtlicher in Bezug auf die Art der Finanzinstrumente bestehender Risiken handelt. Dies steht auch im Einklang mit der Regelungssystematik von § 5, wonach dieser zum Schutz der Kunden gerade nicht abschließend ist.[60] Daher sind über den Katalog hinaus weitere Risiken mitzuteilen, so es denn nach der Art des Finanzinstruments und dem mit der entsprechenden Kundenklassifizierung bzw. der Kenntnis des Kunden verbundenen Schutzbedürfnis erforderlich ist.

1. Relevanz der Art des Finanzinstruments, der Kundeneinstufung und der Kenntnis des Kunden

Entsprechend der Regelung des Schutzgedankens des § 5 Abs. 1 Satz 2 sind im Hinblick auf die Kundeneinstufung Kunden mit höchstem Schutzniveau, d.h. Privatkunden i.S.d. § 31a Abs. 3 WpHG, Informationen über sämtliche Risiken des Katalogs Nr. 1–5 mitzuteilen, soweit sie in Bezug auf die Art des Finanzinstruments relevant sind. Sollten der Art des Finanzinstruments weitere Risiken anhaften, die nicht in dem Katalog genannt sind, sollte das Wertpapierdienstleistungsunternehmen im Zweifel auch hierüber informieren, um aufsichtliche Risiken und Haftungsrisiken zu reduzieren.[61] 32

Da den professionellen Kunden Erfahrung, Kenntnisse und Sachverstand unterstellt werden dürfen, um die Risiken der relevanten Finanzinstrumente angemessen beurteilen zu können,[62] ist zwar eine Aushändigung der in § 5 Abs. 1 genannten Informationen grundsätzlich nicht erforderlich. Eine Grenze ist freilich dann zu ziehen, wenn offensichtliche Informationslücken transparent werden.[63] 33

Fraglich ist, wie neben der „Kundeneinstufung" dem Kriterium „Kenntnis des Kunden" Rechnung getragen werden kann. Da es sich um ein zusätzliches Tatbestandsmerkmal handelt, wird ausgehend von der „Kundeneinstufung" eine weitere Differenzierung ermöglicht. Um den Kunden eine standardisierte, aber trotzdem differenzierte Information anbieten zu können, besteht bei der Anlageberatung oder Vermögensverwaltung die Möglichkeit, die Kundengruppen innerhalb ihrer Kategorie in 34

---

60 S. A.II. "Standardisierbare Einheitsinformation".
61 S. A.II. „Standardisierbare Einheitsinformation".
62 S. B.II. Nr. 3 „Berücksichtigung der Kundeneinstufung".
63 *Koller*, in: Assmann/Schneider, § 31 Rn. 94; Art. 32 Abs. 1 Satz 1 MIFID-DRL fordert eine Beschreibung, die „der Einstufung des Kunden als … professioneller Kunde Rechnung trägt." *Weichert/Wenninger*, WM 2007, 627, 636; *Spindler/Kasten*, WM 2006, 1797, 1802.

Untergruppen einzuteilen. Als Grundlage hierfür können die Vorkenntnisse der Kunden dienen, die im Rahmen der Geeignetheits- und Angemessenheitsprüfung bereits ermittelt werden. Eine mögliche Unterscheidung könnten beispielsweise „typische Informationslücken" sein, die um weitere Untergruppierungen (z.b. Einstufung als „gehobener Privatkunde" etc.[64]) ergänzt werden könnten.[65] Dies bedeutet, dass die bloße Kundeneinstufung, beispielsweise als professioneller Kunde, in diesen Fällen nicht ausschließlich die Kenntnisse des Anlegers impliziert, sondern noch ein weiteres Unterscheidungskriterium hinzukommt.

35 Die Bezugnahme auf das Anlegerwissen scheint immer im Widerspruch mit einer möglichen Standardisierung zu stehen. § 4 Abs. 1 Satz 1 stellt darauf ab, dass die Informationen „für den angesprochenen Kundenkreis verständlich" sein müssen. Um die richtige Balance zwischen Standardisierungsmöglichkeit der Information einerseits und Kenntnissen der Kunden andererseits zu finden, hat sich deshalb die Figur des „Durchschnittsanlegers" herausgebildet. Ihm werden die Verständnismöglichkeiten und Kenntnisse seiner Vergleichsgruppe unterstellt.[66] Das Verständnis des „Durchschnittsanlegers" entspricht daher weder dem eines Privatkunden noch dem von professionellen Kunden. „Durchschnitt" bedeutet vielmehr insoweit, dass zum einen nicht vollkommen unerfahrene Anleger gemeint sind, zum anderen ein „finanzmathematisches Sonderwissen" nicht vorausgesetzt werden darf.[67] Eine weiter individualisierende Betrachtung ist grundsätzlich nicht erforderlich. Schutzdefizite bzw. ein „Zuviel" an Informationen im Einzelfall werden auf Basis der typisierenden Betrachtung hingenommen. Allerdings darf sich das Wertpapierdienstleistungsunternehmen nicht in jedem Fall auf die allgemeine Verständlichkeit der Informationen sowie die Obliegenheiten der Kunden, nicht flüchtig oder nachlässig über die Informationen hinwegzugehen, verlassen, wenn beim Kunden Anhaltspunkte von mangelndem Verständnis erkennbar sind.

36 Allerdings findet eine derart zielgruppengerechte Aufklärung[68] bei denjenigen Dienstleistungen ihre Grenze, bei denen eine Prüfung des Kenntnisstands des Kunden durch die Wertpapierdienstleistungsunternehmen nicht erforderlich ist.[69] Die Erkundigungspflicht über die Geschäftserfahrenheit des Kunden entfällt im sog. „reinen Ausführungsgeschäft (execution only)", wenn das Wertpapierdienstleistungsunternehmen auf Ver-

---

64 *Buck-Heeb*, ZHR 177 (2013), 310, 340, fragt aber zu Recht, ob daraus auch auf deren intellektuelle Verständnis- und Erkenntnismöglichkeiten geschlossen werden könnte.
65 *Koller*, in: Assmann/Schneider, § 31 Rn. 93b.
66 *Fuchs*, in: Fuchs, § 31 Rn. 126, mit Verweis auf BGHZ 124, 151, 155.
67 *Buck-Heeb*, ZHR 177 (2013), 310, 337.
68 In die Richtung einer künftig zielgruppenorientierten standardisierten Beschreibung geht (im Rahmen der anlegergerechten Beratung) Art. 24 Abs. 2 MiFID II, wonach die Anlageprodukte „den Bedürfnissen eines bestimmten Zielmarkts innerhalb der relevanten Kundenkategorie gerecht werden" sollen.
69 *Koller*, in: Assmann/Schneider, § 31 Rn. 93b.

anlassung des Kunden beispielsweise Finanzkommissionsgeschäfte, Abschluss- oder Anlagevermittlung sowie Geldmarktinstrumente und Schuldverschreibungen erbringt, § 31 Abs. 7 WpHG.

2. Katalog besonderer Risiken sowie Risikoerhöhungen bei Verknüpfung von Finanzinstrumenten (Abs. 1 Satz 2 Nr. 1–5)

Die Nummern 1–4 des Katalogs betreffen einzelne mit Finanzinstrumenten der betreffenden Art einhergehende Risiken, während Nr. 5 besondere Vorgaben im Falle einer Risikoerhöhung durch die Verknüpfung mehrerer Finanzinstrumente enthält.[70] Der Katalog der Risiken gem. § 5 Abs. 1 Satz 2 Nr. 1–4 ist nicht abschließend. Weitere Informationspflichten zu Risiken können sich aus Informationen zu einzelnen Besonderheiten von Finanzinstrumenten ergeben, wenn das Wertpapierdienstleistungsunternehmen den Kunden weitergehende Informationen von sich aus zur Verfügung stellt. Beispielhaft können hier die Fälle angeführt werden, in denen bei der besonderen Hervorhebung bestimmter Vorzüge eines Produkts spiegelbildlich über die spezifischen Risiken informiert werden muss.[71]

37

a) Hebelwirkung und Totalverlust (Abs. 1 Satz 2 Nr. 1)

Gem. § 5 Abs. 1 Satz 2 Nr. 1 sind die mit Finanzinstrumenten der betreffenden Art einhergehenden Risiken, einschließlich einer Erläuterung der Hebelwirkung und ihrer Effekte sowie des Risikos des Verlustes der gesamten Kapitalanlage, anzugeben.[72] Demnach muss bei Arten von Finanzinstrumenten mit Hebelwirkung (sog. Leverage-Effekt), wie z.b. bei Optionsscheinen oder Hebelzertifikaten, darauf hingewiesen werden, dass sie grundsätzlich überproportional auf Kursveränderungen des Basiswertes reagieren (Hebel) und dadurch höheren Verlustrisiken ausgesetzt sind. Die Verlustrisiken sind umso höher, je größer der Hebel ist. Zudem ist nicht nur der Hebeleffekt selbst, sondern insbesondere dessen Wirkungsweise zu beschreiben.[73] Es ist darzustellen, in welchem Verhältnis sich der Wert des Finanzinstruments erhöht bzw. reduziert, wenn sich der Kurs des Basiswerts um eine Einheit nach oben oder nach unten bewegt.

38

Die Angabe des Risikos eines Verlustes der gesamten Kapitalanlage (Totalverlust) ist verpflichtend, wenn ein „Durchschnittsanleger" diese Möglichkeit bei Betrachtung der Gattung (z.B. bei Aktien und Derivaten) vernünftigerweise in Betracht ziehen muss. Wie der BGH in seinen Lehman-Urteilen feststellt, führt die Information über die Möglichkeit eines

39

---

70 WpDVerOV-Begr. zu § 5 Abs. 1.
71 *Koller*, in: Assmann/Schneider, § 31 Rn. 109; gilt z.B. auch bei Informationen über besondere Vorzüge eines Finanzinstruments.
72 Auf den Umstand, dass es sich bei dieser Regelung im ersten Satzteil um eine generalklauselartige Regelung zur Einbeziehung von Risikoinformationen handelt, wurde bereits hingewiesen, s. A.II. „Standardisierbare Einheitsinformation".
73 *Koller*, in: Assmann/Schneider, § 31 Rn. 105.

Totalverlusts aber nicht gleichzeitig zu einer Verpflichtung zur Aufklärung über die Gewinnmarge oder zu einem Hinweis über das Fehlen von Einlagensicherungssystemen für die betreffende Gattung, da dies keine entscheidungsrelevante Information für den Anleger darstellt.[74]

b) Volatilität und etwaige Beschränkungen (Abs. 1 Satz 2 Nr. 2)

40 Des Weiteren müssen die Risikoinformationen Angaben über das Ausmaß der Schwankungen des Preises (Volatilität) der betreffenden Finanzinstrumente und etwaige Beschränkungen des für solche Instrumente verfügbaren Marktes enthalten. Bei Angaben über die Volatilität können in der Regel ex ante nicht alle Faktoren angegeben werden, die zu Preisschwankungen (§ 5 Abs. 1 Satz 2 Nr. 2) führen. In diesem Fall genügt die Angabe darüber, dass das Finanzinstrument Preisschwankungen unterliegt und welches die wesentlichen Einflussfaktoren sind.[75] Angaben über das Ausmaß der Schwankungen der Preise sind somit nur zu machen, soweit aussagekräftige Daten dazu vorliegen.

41 Als Risiko von Marktbeschränkungen kann z.b. das Risiko der „Marktenge" angeführt werden. So kann es vorkommen, dass bei der Wiederveräußerung Aufträge aufgrund zu geringer Umsätze nicht an einem einzigen Börsentag abgewickelt werden können. Daher sollte angegeben werden, ob und auf welchen Marktsegmenten die Art des Finanzinstruments gehandelt werden kann, damit der Kunde das Marktpotential und das Illiquiditätsrisiko einschätzen kann.[76] Dies kann insbesondere auch bei außerbörslich gehandelten Aktien relevant sein, die oft volatil sind und eine hohe Handelsspanne zwischen An- und Verkaufskurs aufweisen. Rechtliche oder regulatorische Beschränkungen sind ebenfalls aufzuführen, beispielsweise wenn der Kunde erkennbar an einer fremden Börse, wie der US-amerikanischen Nasdaq-Computerbörse, investieren will, die aber aufgrund ihrer Ausgestaltung das Risiko in sich trägt, dass kein Handel stattfindet, wenn Angebot und Nachfrage in einer bestimmten Aktie bei gleichzeitig sehr geringem Handelsvolumen zu weit auseinanderstehen.[77] Des Weiteren ist der Kunde über eventuell bestehende Kartelle, beispielsweise legale Einkaufs- oder Konditionenkartelle von Wertpapierdienstleistungsunternehmen mit ausgewählten Verwahrstellen, zu informieren. Darüber hinaus sind nach den MiFID II-Bestimmungen Informationen über Finanzinstrumente, die als sogenannte fixed term investments ohne vorzeitige Rückzahlungsmöglichkeit ausgestaltet sind, mitzuteilen[78].

---

74 *Grigoleit*, ZHR 177 (2013), 264, 283 m.w.N., z.B. BGH ZIP 2011, 2237; BGH ZIP 2011, 2247; BGH ZIP 2012, 1650; *Mülbert*, ZHR 177 (2013), 160, 186.
75 *Rothenhöfer*, in: Schwark/Zimmer, § 31 WpHG Rn. 219.
76 *Koller*, in: Assmann/Schneider, § 31 Rn. 104.
77 *Braun/Lang/Loy*, in: Ellenberger/Schäfer/Clouth/Lang, S. 177, mit Verweis auf BGH WM 2002, 913.
78 ESMA's Technical Advice to the Commission on MiFID II and MiFIR (ESMA/2014/1569), 19.12.2014, S. 110. Zukünftig soll in diesen Fällen ebenfalls über die Möglichkeiten und Konsequenzen eines vorzeitigen Ausstiegs informiert werden.

c) Finanzielle und sonstige Verpflichtungen (Abs. 1 Satz 2 Nr. 3)

§ 5 Abs. 1 Satz 2 Nr. 3 normiert die Pflicht, auf weitere Angaben zu finanziellen und sonstigen Verpflichtungen einschließlich Eventualverbindlichkeiten hinzuweisen, die neben den Erwerbskosten anfallen können. Hintergrund der Regelung ist, dass der Kunde das Risiko zusätzlicher Kosten und Verbindlichkeiten, die nicht im unmittelbaren Zusammenhang mit dem Erwerb der Art des Finanzinstruments stehen, erkennen können muss. Zu den weiteren finanziellen Verpflichtungen zählen damit insbesondere die Nebenkosten wie Mindestprovisionen, laufende Kosten, feste Aufschläge, Übernahmen von Haftsummen, Provisionen oder Kreditfinanzierungen durch Beleihung des Depots. Insbesondere bei der Kreditaufnahme zum Erwerb von Wertpapieren muss darauf hingewiesen werden, dass das aufgenommene Darlehen unabhängig von der Rendite der davon gekauften Wertpapiere bedient werden muss. Da das Wertpapierdepot auch als Sicherheit für einen Kredit dienen kann, ist der Kunde über das Risiko zu informieren, dass bei fallenden Kursen die Sicherheit nicht mehr ausreicht und der Kunde deshalb seine Papiere in die Baisse hinein verkaufen und damit seine Verluste realisieren muss. 42

Die finanziellen Verpflichtungen sind insbesondere bei Derivaten (z.B. bei Fälligkeit Zahlung eines finanziellen Ausgleichs) und bei der Finanzierung des Kaufs geschlossener Fondsanteile ausreichend detailliert zu erklären, da die Kunden bei diesen Geschäften oftmals wenig Erfahrung haben und ggf. später erforderliche Kreditaufnahmen meist auf Empfehlung des Kreditinstituts erfolgen. Eventualverbindlichkeiten sind Verbindlichkeiten, bei denen noch nicht klar ist, ob sie entstehen, so z.B. bei Credit Default Swaps.[79] Sonstige Verpflichtungen können beispielsweise Platzierungs- und Übernahmeverpflichtungen im Wertpapiergeschäft sein. 43

Die Pflicht aus § 5 Abs. 1 Satz 2 Nr. 3, über die mögliche Übernahme von „sonstigen Verpflichtungen einschließlich Eventualverbindlichkeiten" zu informieren, steht im Kontext mit § 8 Abs. 6. Ein Wertpapierdienstleistungsunternehmen muss, soweit es mit dem Kunden ein Geschäft mit Eventualverbindlichkeiten abgeschlossen hat, das ungedeckte Positionen enthält, dem Kunden unverzüglich auch diejenigen Verluste mitteilen, die einen zuvor zwischen ihm und dem Wertpapierdienstleistungsunternehmen vereinbarten Schwellenwert übersteigen. Diese Information muss spätestens am Ende des Geschäftstags, an dem der Schwellenwert überschritten wird, oder, falls der Schwellenwert an einem geschäftsfreien Tag überschritten wird, am Ende des folgenden Geschäftstags erfolgen. 44

---

[79] Bei einem Credit Default Swap bezahlt eine Vertragspartei, der sogenannte Sicherungsnehmer, eine laufend zu entrichtende sowie zusätzlich eine einmalig am Anfang zu zahlende Prämie. Dafür erhält er von seinem Vertragspartner, dem sogenannten Sicherungsgeber, eine Ausgleichszahlung (Eventualverbindlichkeit), sofern der in dem CDS-Vertrag bezeichnete Referenzschuldner ausfällt.

d) Einschusspflichten oder ähnliche Verpflichtungen (Abs. 1 Satz 2 Nr. 4)

45 § 5 Abs. 1 Satz 2 Nr. 4 regelt, dass auf Einschusspflichten oder ähnliche Verpflichtungen, die für Instrumente der betreffenden Art gelten, hingewiesen werden muss. Auf Einschusspflichten (sog. „margening") und ähnliche Verpflichtungen, wie z.b. die Einlage von Sicherheiten oder sonstige Nachschusszahlungen,[80] muss insbesondere im Bereich der Options- und bei sonstigen Termingeschäften grundsätzlich eingegangen werden.

46 Bei gehebelten Produkten (z.b. Verkauf von Optionen) und sonstigen Finanzterminkontrakten, die nicht zum Zweck der Absicherung, sondern zum Spekulieren eingesetzt werden, ist darzustellen, dass anfangs nur ein Bruchteil der jeweiligen Kontraktgröße sofort geleistet werden muss. Einzugehen ist deshalb auf die Einschusspflicht („Initial Margin") und die Nachschusspflicht („Margin-Call") als Vereinbarung und Verpflichtung aller Aktieninhaber, auch für die Verluste zu haften bzw. das Gesellschaftskapital aufgrund der Verluste zu erhöhen.[81]

e) Verknüpfung verschiedener Finanzinstrumente oder Wertpapierdienstleistungen (Abs. 1 Satz 2 Nr. 5)

47 § 5 Abs. 1 Satz 2 Nr. 5 erfordert weitere Informationspflichten über die Bestandteile des Finanzinstruments sowie die Art und Weise der gegenseitigen Einflussnahme bei zusammengesetzten Finanzinstrumenten, wenn sich deren Risiken aufgrund der Verknüpfung erhöhen können.

48 Zu den zusammengesetzten Finanzinstrumenten zählen komplexe bzw. strukturierte Derivate.[82] „Exotische" Derivate bedürfen z.B. als abgeleitete, bisweilen aus verschiedenen Elementen zusammengesetzte (hybride) Finanzinstrumente Informationen, wie beispielsweise über Verlustrisiken durch sich gegenseitig verstärkende oder aufhebende Wirkungsweisen der verschiedenen Komponenten. Im Rahmen der Umsetzung von MiFID II soll über die rechtlichen Charakteristika (Equit/Debt, Übertragbarkeit, Eigentumsstruktur etc.) der einzelnen Komponenten sowie die Auswirkung der Interaktion zwischen den Finanzinstrumenten auf das Risiko informiert werden.[83]

---

80 Vgl. *Blazek*, § 34f GewO und seine Folgen, 2013, III: Zum Beispiel kann die Einlageverpflichtung des Anlegers wieder aufleben, soweit er Ausschüttungen erhalten hat, die als Einlagerückerstattungen zu werten sind, http://www.diebewertung.de/wp-content/uploads/Phalanx-GmbH-Pflichten-der-neuen-FinVermV-bzw.-34f-GewO-Februar-2013.pdf (5.12.2014).
81 *Fuchs*, in: Fuchs, § 31 Rn. 175.
82 *Koller*, in: Assmann/Schneider, § 31 Rn. 106, Fn. 1.
83 ESMA's Technical Advice to the Commission on MiFID II and MiFIR (ESMA/2014/1569), 19.12.2014, S. 110.

f) „Finanzinstrumente der betreffenden Art" versus „betreffende Finanzinstrumente"?

Eine sprachliche Ungenauigkeit liegt in § 5 Abs. 1 Satz 2 Nr. 1, der wie Nr. 4 auf „Finanzinstrumente der betreffenden Art" verweist, wohingegen in § 5 Abs. 1 Satz 2 Nr. 2, 3 und 5 von „betreffenden Finanzinstrumenten" die Rede ist. Daraus könnte gefolgert werden, dass die Risikoinformationen sich nicht nur auf die Art der Finanzinstrumente, sondern auch auf das konkrete Finanzinstrument beziehen müssen. Dagegen sprechen aber eindeutig Wortlaut und Systematik des § 31 Abs. 3 WpHG, der abstrakte Informationen auch in standardisierter Form zulässt.[84] Allerdings ist im Hinblick auf § 5 Abs. 1 Satz 2 Nr. 5 zu beachten, dass in der Praxis eine angemessene Information des kumulierten Risikos aus der Verknüpfung verschiedener Finanzinstrumente oftmals sinnvollerweise nur dann gegeben werden kann, wenn die konkreten Finanzinstrumente auch benannt werden. Ähnlich verhält es sich mit § 5 Abs. 1 Satz 2 Nr. 2, da die typisierende Information über die Volatilität und die Marktenge noch ausreichend verständlich sein müssen.[85]

49

C. Information für Privatkunden hinsichtlich des Wertpapierdienstleistungsunternehmens und seiner Dienstleistungen, Vertragsbedingungen, Kosten und Nebenkosten (Abs. 2)

I. Regelungsbereich

§ 5 Abs. 2 bezieht sich ausweislich des Wortlauts nur auf Informationen an Privatkunden. Wertpapierdienstleistungsunternehmen sind zu Informationen über das Leistungsspektrum sowie zu näheren Angaben zum Unternehmen und dessen Integrität im Umgang mit Interessenkonflikten verpflichtet. Die Regelung ist nicht abschließend, da im Einzelfall auch weitere Informationen geboten sein können.[86] Hintergrund der Regelung ist es, Privatkunden vor allem eine Grundlage für die Beurteilung der Leistungen des Wertpapierdienstleistungsunternehmens, dessen Umgang mit Interessenkonflikten und sonstigen Risiken sowie die notwendigen Informationen zu Kosten und Nebenkosten zu geben. Der Kunde soll bewerten und vergleichen können.[87]

50

Der Informationspflicht des § 5 Abs. 2 kommen die Wertpapierdienstleistungsunternehmen in der Praxis durch die Aushändigung von Sonderbe-

51

---

84 Der Streit wird dargestellt z.B. bei *Rothenhöfer*, in: Schwark/Zimmer, § 31 WpHG Rn. 220; *Koller*, in: Assmann/Schneider, § 31 Rn. 107.
85 *Koller*, in: Assmann/Schneider, § 31 Rn. 107.
86 *Rothenhöfer*, in: Schwark/Zimmer, § 31 WpHG Rn. 197.
87 *Rothenhöfer*, in: Schwark/Zimmer, § 31 WpHG Rn. 195.

dingungen für Wertpapiergeschäfte, von Sonderbedingungen für Termingeschäfte, von Kundeninformationen und von AGB nach.[88]

II. Information über Vertragsbedingungen (§ 5 Abs. 2 Satz 1)

52 In § 5 Abs. 2 Satz 1 wird darauf hingewiesen, dass zu den angemessenen Informationen auch Informationen über die Vertragsbedingungen gehören. Dazu zählen insbesondere Informationen über den Vertragstypus (z.b. Kommission, Festpreisgeschäft, Kauf von Investmentfondsanteilen), die AGB und die Sonderbedingungen für Wertpapiergeschäfte und die Sonderbedingungen für Termingeschäfte. Darüber hinaus sind insbesondere die Existenz und der Inhalt von bestehenden Pfandrechten sowie das Recht zur Aufrechnung zu erwähnen.[89]

III. Katalog von Informationen über das Wertpapierdienstleistungsunternehmen und seine Dienstleistungen (§ 5 Abs. 2 Satz 2)

53 § 5 Abs. 2 Satz 2 bezieht sich auf den Katalog des § 31 Abs. 3 Satz 3 Nr. 1, 2 und 4 WpHG und konkretisiert den Inhalt der Informationen über das Wertpapierdienstleistungsunternehmen und dessen Dienstleistungen (§ 31 Abs. 3 Satz 3 Nr. 1 WpHG), vorgeschlagene Anlagestrategien und damit verbundene Risiken (§ 31 Abs. 3 Satz 3 Nr. 2 WpHG) sowie Kosten und Nebenkosten (§ 31 Abs. 3 Satz 3 Nr. 4 WpHG).[90]

54 Sämtliche Vorgaben zur Informationsbereitstellung gem. § 5 Abs. 2 Satz 2 gelten ausweislich des Wortlauts nur, soweit sie im Rahmen der Dienstleistungserbringung des Unternehmens relevant sind. Handelt ein Wertpapierdienstleistungsunternehmen beispielsweise nicht über vertraglich gebundene Vermittler (§ 5 Abs. 2 Satz 2 Nr. 1e), muss dessen Nichtexistenz nicht erwähnt werden, da diese Information für die Dienstleistungserbringung objektiv unerheblich und damit nicht relevant ist.

---

88 Diese allgemeinen Informationen können auch auf der Internetseite der Wertpapierdienstleistungsunternehmens bereitgestellt werden, wenn der Kunde dieser Form der Veröffentlichung ausdrücklich zugestimmt hat, vgl. § 5 Abs. 4, 5.
89 *Rothenhöfer*, in: Schwark/Zimmer, § 31 WpHG Rn. 201; *Fuchs*, in: Fuchs, § 31 Rn. 132.
90 Die Informationspflichten über Ausführungsplätze des fehlenden § 31 Abs. 3 Satz 3 Nr. 3 WpHG können vom Wertpapierdienstleistungsunternehmen mittels Weitergabe der Ausführungsgrundsätze gem. § 33a WpHG i.V.m. § 11 erfüllt werden. Außerdem sind sie Bestandteil der Allgemeinen Informationen, die in den Basisinformationen über Vermögensanlage in Wertpapieren des Bank-Verlags vorhanden sind; vgl. *Rothenhöfer*, in: Schwark/Zimmer, § 31 WpHG Rn. 223.

1. Das Wertpapierdienstleistungsunternehmen und seine Dienstleistungen (Abs. 2 Satz 2 Nr. 1)

§ 5 Abs. 2 Satz 2 Nr. 1 verpflichtet Wertpapierdienstleistungsunternehmen 55 zu Angaben über sich und seine Dienstleistungen (§ 2 Abs. 2, 3a WpHG). Wertpapierdienstleistungsunternehmen haben dabei ihre Kunden über die Grundstrukturen ihres Leistungsprogramms zu informieren. Es geht, soweit relevant, im Einzelnen um die Information über Kommunikationsmöglichkeiten mit dem Wertpapierdienstleistungsunternehmen (§ 5 Abs. 2 Satz 2 Nr. 1 lit. a–c), die beaufsichtigende Behörde (lit. d), das Handeln über einen vertraglich gebundenen Vermittler (lit. e), das Berichtswesen an den Kunden (lit. f), den Anlegerentschädigungs- und Einlagenschutz (lit. g), die Grundsätze zum Umgang mit Interessenkonflikten (lit. h).

a) Name, Anschrift des Wertpapierdienstleistungsunternehmens und weitere Angaben (Nr. 1a)

Gem. § 5 Abs. 2 Satz 2 Nr. 1 lit. a sind der Name und die Anschrift des 56 Wertpapierdienstleistungsunternehmens mitzuteilen sowie weitere Angaben zu machen, die dem Kunden eine effektive Kommunikation mit diesem ermöglichen. Aus der Regelung folgt, dass der Maßstab für weitere Angaben die Möglichkeit einer effektiven Kommunikation ist. Hintergrund ist, dass der Kunde mit seinem Anliegen vordringen können soll und nicht mit Kommunikationshindernissen konfrontiert wird, die er nicht zu vertreten hat. Kann das Wertpapierdienstleistungsunternehmen eine effektive Kommunikation nicht sicherstellen, müssen weitere Angaben zu anderen Kommunikationsmöglichkeiten als dem Postweg im Zweifel unterbleiben. Eröffnet ein Wertpapierdienstleistungsunternehmen beispielsweise die Möglichkeit, durch Telefon, Fax oder E-Mail zu kommunizieren, und teilt dies den Kunden mit, muss es sicherstellen, dass keine Kommunikationshindernisse entstehen, die einer effektiven Kommunikation entgegenstehen. So müssen beispielsweise organisatorische Maßnahmen getroffen werden, dass der angegebene Telefonanschluss vom Personal bedient wird. In Abhängigkeit von der Größe eines Instituts kann an eine zentrale Servicenummer als Anlaufstelle gedacht werden. Darüber hinaus sind Faxempfangsgeräte regelmäßig auf Eingänge zu kontrollieren, ebenso E-Mail-Postfächer. Letzteres wird in der Praxis über eine Sammel-E-Mail-Adresse gelöst.

b) Sprachen der Kommunikation (Nr. 1b)

§ 5 Abs. 2 Satz 2 Nr. 1 lit. b verlangt von einem Wertpapierdienstleis- 57 tungsunternehmen, dass es die Sprachen angibt, in denen der Kunde mit ihm kommunizieren und Dokumente sowie andere Informationen von ihm erhalten kann. Dabei kann es sein, dass Wertpapierdienstleistungsunternehmen auch nur bestimmte Geschäfte oder ausgewählte Geschäftsbereiche in einer anderen Sprache als Deutsch kommunizieren.[91] Ziel der Regelung ist, dem Kunden vor Inanspruchnahme einer Dienst-

---

91 *Rothenhöfer*, in: Schwark/Zimmer, § 31 WpHG Rn. 203.

leistung transparent zu machen, in welchen Sprachen er seine Anliegen vorbringen kann bzw. Informationen vom Unternehmen erhält, damit er grundsätzlich auf einer informierten Basis seine Entscheidungen treffen kann. Es soll verhindert werden, dass Kunden eine Geschäftsbeziehung mit einem Wertpapierdienstleistungsunternehmen eingehen, ohne zu wissen, in welcher Sprache sie mit ihm kommunizieren können. Insbesondere bei ausländischen Kunden besteht andernfalls das Risiko einer Übervorteilung, wenn sie im Rahmen der Dienstleistungserbringung Informationen allein deshalb nicht verstehen können, weil z.B. ein Wertpapierdienstleistungsunternehmen sie nicht in der Heimatsprache des Kunden vorhält bzw. erteilt. Ein etwaiges Risiko soll dem Kunden im Vorfeld der Inanspruchnahme einer Dienstleistung transparent sein.

58 Gleiche Erwägungen gelten, wenn ein Wertpapierdienstleistungsunternehmen seine Dienstleistungen im fremdsprachigen Ausland anbieten will. Es muss die dortigen Kunden vor Eingehen einer vertraglichen Bindung schützen, wenn die Gefahr besteht, dass sie die Sprachen des Sitzlandes des Wertpapierdienstleistungsunternehmens nicht verstehen. Zwar besteht wohl keine allgemeine Pflicht zur Kommunikation in der Landessprache des Gastlandes. Die unternehmerische Freiheit, die Dienstleistungsfreiheit und die Niederlassungsfreiheit stehen dem entgegen.[92] Allerdings gebietet der Schutzzweck der Norm, dass dem Kunden im fremdsprachigen Ausland vor Eingehen der Geschäftsbeziehung offengelegt wird, in welcher Sprache eine Kommunikation mit dem Wertpapierdienstleistungsunternehmen möglich ist. In der Praxis ist in Abhängigkeit von der Zielkundschaft zu beobachten, dass als Minimumstandard Englisch angeboten wird.

c) Auswahl der Kommunikationsmittel (Nr. 1c)

59 In § 5 Abs. 2 Satz 2 Nr. 1 lit. c ist geregelt, dass ein Wertpapierdienstleistungsunternehmen die Kommunikationsmittel, die verwendet werden, einschließlich der Kommunikationsmittel zur Übermittlung und zum Empfang von Aufträgen, angeben muss. Das Wertpapierdienstleistungsunternehmen ist in der Wahl seiner Kommunikationsmittel, die es dem Kunden zur Verfügung stellt und über die er Aufträge platzieren kann, frei, solange eine „effektive Kommunikation" ermöglicht wird.[93] In der Praxis ist zu beobachten, dass neben dem Postweg die Medien Telefon und Fax auch für die Auftragserteilung angeboten werden. Das Kommunikationsmittel E-Mail wird dagegen als Medium der Auftragserteilung seltener genutzt, beispielsweise nur für den Abschluss von Festpreisgeschäften, soweit dies vorher mit dem Kunden vereinbart wurde.[94]

---

92 Ungeachtet dessen verlangt die französische Aufsicht, dass die Unterlagen auf Französisch anzufertigen sind, wenn ein Finanzinstitut aus einem Mitgliedstaat in Frankreich Anlageberatung erbringen möchte.
93 S. C.III Nr. 1a „Name, Anschrift des Wertpapierdienstleistungsunternehmen und weitere Angaben (Nr. 1a)".
94 „Kundeninformation zum Wertpapiergeschäft" der Commerzbank für Privat-, Geschäfts- und Wealth Management-Kunden, 16. Aufl., Stand: 1.07.2013.

d) Namen und Anschrift der zuständigen Behörde (Nr. 1d)

§ 5 Abs. 2 Satz 2 Nr. 1 lit. d verpflichtet Wertpapierdienstleistungsunter- 60
nehmen, Namen und Anschrift der zuständigen Behörde, die die Zulassung erteilt hat, mitzuteilen. Durch den Hinweis wird den Kunden zum einen die Möglichkeit gegeben, Beschwerden zu adressieren oder Einsicht in öffentliche Register zu nehmen, um z.b. die zugelassenen Dienstleistungen des Wertpapierdienstleistungsunternehmens zu erfahren. Zugleich erfüllt das Wertpapierdienstleistungsunternehmen mit der Angabe seine Hinweispflicht auf seine Zulassung.[95]

e) Vertraglich gebundener Vermittler (Nr. 1e)

Für den Fall, dass ein Wertpapierdienstleistungsunternehmen über ei- 61
nen vertraglich gebundenen Vermittler handelt, ist gem. § 5 Abs. 2 Satz 2 Nr. 1 lit. e ein entsprechender Hinweis erforderlich, einschließlich der Angabe des Mitgliedstaats, in dem dieser Vermittler registriert ist. Vermittler führen in der Regel dem Wertpapierdienstleistungsunternehmen gegen Provision Kunden oder einzelne Geschäfte zu, die dann mit den Produkten und Dienstleistungen des Wertpapierdienstleistungsunternehmens bedient werden.[96] Dem Kunden sollen diese Verbindungen vor dem Hintergrund des Schutzzwecks der Regelung transparent gemacht werden, da gem. § 2a Abs. 2 WpHG der vertraglich gebundene Vermittler nicht als Wertpapierdienstleistungsunternehmen gilt und damit auch nicht den gesteigerten Anforderungen des WpHG im Rahmen der Vermittlung unterfällt. Die Haftung, insbesondere für die Einhaltung der Wohlverhaltenspflichten des WpHG, bleibt insoweit bei dem Unternehmen, für dessen Rechnung er tätig wird.

f) Art, Häufigkeit und Zeitpunkt der Berichte (Nr. 1f)

§ 5 Abs. 2 Satz 2 Nr. 1 lit. f verlangt von den Wertpapierdienstleistungsun- 62
ternehmen, die Kunden über Art, Häufigkeit und Zeitpunkt der Berichte über die erbrachten Dienstleistungen zu informieren, die das Wertpapierdienstleistungsunternehmen dem Kunden nach § 31 Abs. 8 WpHG i.V.m. §§ 8 und 9 zu übermitteln hat. Insoweit erweitert die Regelung die mit Erbringung der Dienstleistung entstehenden Berichtspflichten der §§ 8, 9 um eine Informations- und Transparenzpflicht vor Dienstleistungserbringung. Während § 8 die Details zum Inhalt und den Turnus der Be-

---

95 Leitfaden zur Umsetzung der MiFID, Bundesverband deutscher Banken, Version 2.0, Juni 2007, Kap. A II, Punkt 4. D.
96 § 2 Abs. 10 Satz 1 KWG definiert den vertraglich gebundenen Vermittler als: „Ein Unternehmen, das ... als Finanzdienstleistungen nur die Anlage- oder Abschlussvermittlung, das Platzierungsgeschäft oder die Anlageberatung ausschließlich für Rechnung und unter der Haftung eines Einlagenkreditinstituts oder eines Wertpapierhandelsunternehmens, das seinen Sitz im Inland hat oder nach § 53b Abs. 1 Satz 1 oder Abs. 7 im Inland tätig ist, erbringt (vertraglich gebundener Vermittler) ...".

WpDVerOV § 5 Kundeninformationen über Risiken

richtspflichten für die Auftragsausführung enthält, regelt § 9[97] dies für die Finanzportfolioverwaltung. Über die Regelung in § 5 werden die Wertpapierdienstleistungsunternehmen verpflichtet, diese Angaben vor Dienstleistungserbringung transparent zu machen bzw. zu konkretisieren.

63 In Bezug auf die Regelung des § 8 Abs. 2 Satz 1 1. Alt. heißt dies beispielsweise, dass einem Privatkunden mitzuteilen ist, dass über die Ausführung unverzüglich, spätestens am ersten Geschäftstag nach der Ausführung des Auftrags, berichtet wird. Überdies ist zur Erfüllung des Kriteriums „Art" des Berichts mitzuteilen, auf welchem dauerhaften Datenträger[98] das Wertpapierdienstleistungsunternehmen Bericht erstattet.

64 Vergleichbar hat das Wertpapierdienstleistungsunternehmen im Hinblick auf § 9 Abs. 1 z.B. neben der „Art" des Berichts die „Periodizität" des Berichts über die erbrachten Finanzportfoliodienstleistungen anzugeben, d.h. ob etwa monatlich oder vierteljährlich berichtet wird.[99]

g) Maßnahmen zum Anlegerschutz (Nr. 1g)

65 § 5 Abs. 2 Satz 2 Nr. 1 lit. g verlangt eine Beschreibung wesentlicher Maßnahmen, die das Wertpapierdienstleistungsunternehmen zum Schutz der bei ihm verwahrten Finanzinstrumente oder Gelder seiner Kunden trifft, einschließlich Angaben zu etwaigen Anlegerentschädigungs- oder Einlagensicherungssystemen, denen das Wertpapierdienstleistungsunternehmen aufgrund seiner Tätigkeit in einem Mitgliedstaat angeschlossen sein muss.[100] Der Kunde soll vor Eingehen einer Verpflichtung das Anlegerentschädigungs- und Einlagensicherungssystem im Falle eines Ausfalls bzw. einer Insolvenz des Wertpapierdienstleistungsunternehmens kennen, beispielsweise die getrennte Verwahrung von Kundengeldern für Wertpapierdienstleistungen von den übrigen Geldern eines Wertpapierdienstleistungsunternehmens, das keine Erlaubnis für das Einlagengeschäft hat, gem. § 34a WpHG.

66 Bei der Nennung von Anlegerentschädigungs- und Einlagensicherungssystem ist in Erfüllung der Anforderung der Beschreibung wesentlicher Maßnahmen neben der bloßen Angabe der Mitgliedschaft auch der Um-

---

97 S. C.III Nr. 2c „Art und Weise sowie Häufigkeit der Bewertung (Nr. 2c)".
98 Damit ist eine Urkunde oder eine andere lesbare (Text-)Form gemeint, die für einen angemessenen Zeitraum die inhaltlich unveränderte Wiedergabe der Information ermöglicht, § 3. Ein anderer dauerhafter Datenträger als Papier ist nur dann zulässig, wenn dies aufgrund der Rahmenbedingungen angemessen ist und der Kunde zugestimmt hat, § 3 Abs. 2.
99 Insofern stellt diese Informationspflicht, da in diesem Fall die Berichtspflichten schon zu Beginn der Vertragsbeziehungen genannt werden sollen, eine Erweiterung der zivilrechtlichen Rechenschaftspflichten dar, vgl. *Rothenhöfer*, in: Schwark/Zimmer, § 31 WpHG Rn. 207.
100 In diesem Zusammenhang ist für Banken und Finanzdienstleistungsinstitute auch § 23a KWG zu beachten, der schon vor Aufnahme der Geschäftsbeziehung weitergehende Anforderungen unter anderem an Form und Lesbarkeit der Informationen über die Sicherungseinrichtungen stellt.

fang des Schutzes im Schadensfall anzugeben. Insbesondere wenn die Sicherungssysteme nur bis zu einer bestimmten Betragshöhe entschädigen, muss dies dem Kunden mitgeteilt werden. Nicht erforderlich ist hingegen die betragsmäßige Angabe der Sicherungsgrenze des einzelnen Wertpapierdienstleistungsunternehmens, die der Kunde bei Interesse in Erfahrung bringen kann.[101]

h) Grundsätze zum Umgang mit Interessenkonflikten (Nr. 1h)

Gem. § 5 Abs. 2 Satz 2 Nr. 1 lit. h müssen Informationen an Privatkunden eine Beschreibung der Grundsätze des Wertpapierdienstleistungsunternehmens für den Umgang mit Interessenkonflikten nach § 33 Abs. 1 Satz 2 Nr. 3 WpHG und § 13 Abs. 2 enthalten. Hintergrund der Regelung ist, dass der Kunde einen Überblick über mögliche Interessenkonflikte des Wertpapierdienstleistungsunternehmens bei der Erbringung von Wertpapierdienstleistungen bekommen soll. Außerdem ist der Kunde über den Umgang mit möglichen Interessenkonflikten zu informieren. 67

Da es um eine Beschreibung der Grundsätze zum Umgang (beispielsweise der Offenlegung von Interessenkonflikten, wenn deren Vermeidung nicht gelingt) mit Interessenkonflikten geht, kann die Beschreibung in zusammengefasster Form erfolgen, etwa in einem Extrakt der sog., meist ausführlichen Policy zum Umgang mit Interessenkonflikten (Conflicts of interest policy). Die Zusammenfassung findet ihre Grenze in bloßen Schlagworten und Leerformeln.[102] Insbesondere muss für den Kunden im Überblick deutlich werden, in welchen Situationen Interessenkonflikte zwischen Wertpapierdienstleistungsunternehmen und Kunden auftreten können. Hier ist auf die verschiedenen Geschäftsaktivitäten einzugehen und aufzuzeigen, bei welcher Art von Aktivität spezifische Konflikte entstehen können. Daher empfiehlt sich, eine Untergliederung nach Geschäftsaktivität und insoweit relevanten potenziellen Interessenkonflikten und dem Umgang mit diesen vorzunehmen.[103] 68

i) Auf Kundenwunsch Einzelheiten zu angeführten Grundsätzen (Nr. 1i)

Gem. § 5 Abs. 2 Satz 2 Nr. 1 lit. i ist in den Informationen darauf hinzuweisen, dass der Kunde jederzeit weitere Einzelheiten zu diesen Grundsätzen erhalten kann. Der Regelung liegt der Gedanke zugrunde, dass 69

---

101 *Rothenhöfer*, in: Schwark/Zimmer, § 31 WpHG Rn. 208; es reicht die prozentuale Angabe des für die Einlagensicherung maßgeblichen haftenden Eigenkapitals der Bank.
102 *Fuchs*, in: Fuchs, § 31 Rn. 144; WpDVerOV-Begr. zu Abs. 2; *Koller*, in: Assmann/Schneider, § 31 Rn. 99.
103 *Rothenhöfer*, in: Schwark/Zimmer, § 31 WpHG Rn. 209. Gem. Art. 23 MiFID II hat die Offenlegung der Interessenkonflikte auf einem dauerhaften Datenträger zu erfolgen und muss ausreichend ausführlich sein, so dass der Kunde auf dieser Grundlage seine Entscheidung treffen kann.

der Kunde seine Entscheidung auf informierter Basis treffen soll. Hat der Kunde insoweit einen weiteren Informationsbedarf ausgemacht, ist das Wertpapierdienstleistungsunternehmen verpflichtet, dem nachzukommen. Fraglich ist in diesem Zusammenhang, worauf sich das Erfordernis „zu diesen Grundsätzen" bezieht. Im Hinblick auf die übrigen Tatbestände des § 5 Abs. 2 Satz 2 Nr. 1 ist lediglich in lit. h von „Grundsätzen" für den Umgang mit Interessenkonflikten die Rede. In keiner anderen Regelung ist von „Grundsätzen" die Rede. Dies spricht dafür, die Regelung in lit. i lediglich auf lit. h zu beziehen. Ferner wird dem Wortlaut nach über die Wendung „zu diesen Grundsätzen" und die systematische Reihung der Anforderung in unmittelbarer Folge zur Regelung in lit. i scheinbar eine Verbindung zur Regelung zur Information über den Umgang mit Interessenkonflikten hergestellt. In dieser Lesart müsste das Wertpapierdienstleistungsunternehmen „lediglich" darauf hinweisen, dass der Kunde im Hinblick auf die Grundsätze zum Umgang mit Interessenkonflikten auf Wunsch weitere Einzelheiten erfragen kann.[104] Allerdings steht dem die Systematik insoweit entgegen, als es eines gesonderten Buchstabens für die Regelung nicht bedurft hätte, wenn der Verordnungsgeber die Information lediglich auf die Grundsätze zum Umgang mit Interessenkonflikten beziehen wollte. Im Einklang mit den europäischen Vorgaben ist die Anforderung daher weiter zu verstehen und auf sämtliche Informationen des § 5 Abs. 2 Satz 2 zu erstrecken.[105] Einem etwaigen Kundenwunsch muss das Wertpapierdienstleistungsunternehmen grundsätzlich vor der Dienstleistungserbringung, ansonsten unverzüglich, d.h. ohne schuldhaftes Zögern (§ 121 Abs. 1 BGB), nachkommen.[106]

2. Finanzportfolioverwaltung (§ 5 Abs. 2 Satz 2 Nr. 2)

70 § 5 Abs. 2 Satz 2 Nr. 2 erfordert von dem Wertpapierdienstleistungsunternehmen spezielle Informationspflichten gegenüber Privatkunden bei der Erbringung von Finanzportfolioverwaltung (§ 2 Abs. 3 Satz 1 Nr. 7 WpHG). Der Privatkunde ist durch das Abgeben der Verwaltung seines Vermögens in die Hände des Wertpapierdienstleistungsunternehmens besonders schutzwürdig. Zur Verdeutlichung der Struktur der Vermögensverwaltung – und als Abgrenzung zur Anlageberatung – hat das Wertpapierdienstleistungsunternehmen die jeweiligen Rollen, die des Kunden, der die Anlagestrategie festlegt, sowie die des Vermögensverwalters, der im eigenen Ermessen Anlageentscheidungen trifft, zu beschreiben. Überdies muss über die vorgestellten Anlagestrategien und die damit verbundenen Risiken aufgeklärt werden.[107]

71 Im Gegensatz zu den eher allgemeinen Angaben der zur Verfügung zu stellenden Informationen gem. § 5 Abs. 2 Satz 2 Nr. 1 lit. a–i sind hier – als Korrektiv für die Delegation der Verwaltung, aus Gründen der Transpa-

---

104 *Koller*, in: Assmann/Schneider, § 31 Rn. 99.
105 Art. 30 Abs. 1h MiFID-DRL.
106 *Koller*, in: Assmann/Schneider, § 31 Rn. 99.
107 *Koller*, in: Assmann/Schneider, § 31 Rn. 101.

renz und einer möglichst umfassenden Information der Kunden – dienstleistungsspezifische Angaben zu machen, so z.B. zu „Einzelheiten" bei einer Delegation, lit. d, sowie den Arten der verwendeten Finanzinstrumente und deren etwaigen Einschränkungen, lit. e.[108]

a) Bewertungs- oder andere Vergleichsmethoden für Wertpapierdienstleistungsunternehmen (Nr. 2a)

Gem. § 5 Abs. 2 Satz 2 Nr. 2 lit. a muss eine Bewertungs- oder Vergleichsmethode mitgeteilt werden, die dem Privatkunden eine Bewertung der Leistung des Wertpapierdienstleistungsunternehmens ermöglicht. Wenn schon der Kunde anders als in der Anlageberatung keine eigenen Anlageentscheidungen trifft, so soll er bei der Finanzportfolioverwaltung wissen, wie sich die Verwaltungsleistung anhand von Vergleichsdaten messen lässt. Die Information zu der Bewertungs- oder Vergleichsmethode muss unter Angabe einer „aussagekräftigen" (Art. 30 Abs. 2 MiFID-DRL) Vergleichsgröße (Benchmark) erfolgen, „wenn eine solche zur Verfügung steht".[109] Im Gegensatz dazu wird, trotz teilweiser Zweifel am Zusatznutzen einer solchen Angabe, in der Literatur und Praxis davon ausgegangen, dass in jedem Fall für die Angabe einer geeigneten Benchmark gesorgt werden muss.[110] Die gewählten Benchmark-Kriterien müssen zu dem angegebenen Anlageziel passen. Dies können zur Verfolgung der Anlageziele geeignete Indizes, z.B. ein globaler Aktienindex, oder, z.B. bei Total Return-Ansätzen, auch einzelne Zinssätze sein.[111] Eine alternative Vergleichs- oder Bewertungsmethode kann sich auch aus der vereinbarten Anlagestrategie ergeben, beispielsweise wenn als Ertragsziel die Höhe eines bestimmten Prozentsatzes über einem Referenzinssatz (z.B. dem Libor) in einem gewissen Zeitraum erreicht werden soll.[112] Die informatorische Angabe der Vergleichsgröße enthält keine Garantie bezüglich der Wertentwicklung der verwalteten Vermögenswerte. 72

Allerdings darf eine Benchmark nicht so stark an die individuelle Anlagestrategie angelehnt werden, dass sie diese exakt widerspiegelt, da sonst ihre Funktion als Vergleichsmaßstab verfehlt würde.[113] In der Praxis können sich die Wertpapierdienstleistungsunternehmen vom Kunden berechtigen lassen, die Benchmark im Zeitverlauf zu wechseln, soweit eine andere Vergleichsgröße besser geeignet ist im Hinblick auf die gewählte Anlagestrategie. 73

Eine gesetzgeberische Inkonsistenz ergibt sich mit Blick auf § 9 Abs. 2 Nr. 5, in dem die Berichtspflichten im Hinblick auf eine Vergleichsgröße geregelt sind. Während § 5 Abs. 2 Satz 2 Nr. 2 lit. a die Angabe einer Ver- 74

---

108 *Fuchs*, in: Fuchs, § 31 Rn. 145.
109 WpDVerOV-Begr. zu Abs. 2.
110 *Koller*, in: Assmann/Schneider, § 31 Rn. 101; *Teuber/Müller*, in: Clouth/Lang, S. 266 Rn. 676.
111 *Teuber/Müller*, in: Ellenberger/Schäfer/Clouth/Lang, S. 267 Rn. 677.
112 WpDVerOV-Begr. zu Abs. 2.
113 *Teuber/Müller*, in: Ellenberger/Schäfer/Clouth/Lang, S. 267 Rn. 677.

gleichsgröße fordert, ist ausweislich des Wortlauts des § 9 Abs. 2 Nr. 5 die Angabe einer Benchmark im Reporting nur dann erforderlich, „falls eine solche zwischen dem Wertpapierdienstleistungsunternehmen und dem Kunden vereinbart wurde".[114]

b) Managementziele, Risikoniveau, etwaige spezielle Einschränkungen (Nr. 2b)

75 Das Wertpapierdienstleistungsunternehmen hat gem. § 5 Abs. 2 Satz 2 Nr. 2 lit. b über die Managementziele, das bei Ausübung des Ermessens durch den Vermögensverwalter zu beachtende Risikoniveau und etwaige spezifische Einschränkungen des Ermessens zu informieren. Die Festlegung des Vermögensverwalters auf diese Informationen ist von Bedeutung vor dem Hintergrund, dass der Kunde sein Geld und die Verantwortung für die Verwaltung in fremde Hände legt. Der Kunde soll im Vorfeld abschätzen können, welche Managementziele bei welchem Risikoniveau der Verwaltung zugrunde liegen, damit ihm ein Abgleich mit seinen Renditeerwartungen und seiner Risikoneigung möglich ist. Überdies ist – soweit relevant – über spezifische Einschränkungen des Ermessens zu informieren. Denkbar ist z.b., dass eine Reduzierung des Ermessens vorliegt, wenn im Rahmen der Anlagestrategien nur vorher definierte Quoten in bestimmten Arten von Finanzinstrumenten angelegt werden dürfen.

c) Art und Weise sowie Häufigkeit der Bewertung (Nr. 2c)

76 Des Weiteren ist über Art und Weise sowie Häufigkeit der Bewertung der Finanzinstrumente im Kundenportfolio zu informieren (§ 5 Abs. 2 Satz 2 Nr. 2 lit. c). In der Praxis soll damit der Kunde darüber informiert werden, wann und nach welchen Maßstäben er die jeweiligen Bewertungen seiner Portfoliozusammensetzung zu erwarten hat. Die Ausgestaltung hängt von der individuell zu treffenden Vereinbarung mit dem Kunden ab, so kann beispielsweise auch eine Berichterstattung durch Bereitstellung zum Abruf mittels Online-Banking vereinbart werden. Die „Reporting-

---

114 *Niermann*, in: von Böhlen/Kan, S. 43 f., führt aus, dass eine Verpflichtung des Wertpapierdienstleistungsunternehmens zur Aufnahme im Bericht an den Kunden immer dann gegeben sein soll, wenn eine Vergleichsgröße im Rahmen der Informationspflicht aus § 5 Abs. 2 Satz 2 Nr. 2 lit. a mitgeteilt wird, da andernfalls der Schutzzweck des § 9, dem Kunden eine Bewertungsgrundlage für die Leistung des Vermögensverwalters an die Hand zu geben, nicht erreicht wird; vgl. auch *Teuber/Müller*, in: Clouth/Lang, S. 136 Rn. 297, mit der Anregung einer Anpassung, damit stets eine Benchmark anzugeben ist; weitere individuelle Benchmarks sollten dann optional mit dem Kunden vereinbart werden können; im Übrigen s. bei § 9 Rn. 49, wonach eine Abrede über eine Vergleichsgröße, die über einen Vergleich des Anfangs- mit dem Endbestand hinausgeht, weder von § 5 Abs. 2 Nr. 2a noch von § 9 Abs. 2 Nr. 5 verlangt wird.

Rhythmen"[115] zur Wertentwicklung der Finanzinstrumente müssen mit dem Kunden ex ante vereinbart bzw. ihm mitgeteilt werden.[116]

d) Einzelheiten über eine Delegation (Nr. 2d)

§ 5 Abs. 2 Satz 2 Nr. 2 lit. d regelt, dass Einzelheiten über eine Delegation der Vermögensverwaltung mit Ermessensspielraum in Bezug auf alle oder einen Teil der Finanzinstrumente oder Gelder im Kundenportfolio anzugeben sind. In der Praxis kommt es vor, dass ein Wertpapierdienstleistungsunternehmen nicht selbst als Vermögensverwalter auftritt, sondern dies auf einen Dritten überträgt. Wird dieser als Substitut mit eigenem Ermessensspielraum und Verantwortung für das Portfolio (nicht als Erfüllungsgehilfe) tätig,[117] ist über die Person des Substituten und die Regeln über die Auslagerung zu informieren. Der Kunde soll im Vorfeld einer Verpflichtung wissen, in welchem Umfang Tätigkeiten delegiert werden und mit welchem Vermögensverwalter das Wertpapierdienstleistungsunternehmen zusammenarbeitet. Daneben ist bei Auslagerungen in einen Drittstaat § 33 Abs. 3 WpHG zu beachten.[118]

77

e) Art der Finanzinstrumente und Geschäfte sowie etwaige Einschränkungen (Nr. 2e)

Gem. § 5 Abs. 2 Satz 2 Nr. 2 lit. e ist über die Art der Finanzinstrumente, die in das Kundenportfolio aufgenommen werden können, und die Art der Geschäfte, die mit diesen Instrumenten ausgeführt werden können, einschließlich einer Angabe etwaiger Einschränkungen zu informieren. In Zusammenschau mit der Regelung in § 5 Abs. 2 Satz 2 Nr. 2 lit. b wird damit die Anlagestrategie definiert und dem Kunden gegenüber transparent. Der Kunde wird darüber informiert, mit welchen Geschäften und Finanzinstrumenten der Vermögensverwalter die Managementziele erreichen will. Dabei ist das Risikoniveau zu berücksichtigen. Damit werden in der Praxis die Anlagestrategien und Anlagerichtlinien regelmäßig Bestandteil des Vermögensverwaltungsvertrages und stellen die vertragliche Vorgabe für den Verwalter dar.[119] Der Vermögensverwalter muss beispielsweise gegenüber Privatkunden erklären, ob er zur Vornahme risikoreicher Geschäfte berechtigt ist.[120] Insbesondere, wenn andere Asset-Klassen als (Standard-)Renten und (Standard-)Aktien eingesetzt werden, sind im Rahmen der Vorstellung der Strategie die Benennung und eine

78

---

115 *Teuber/Müller*, in: Clouth/Lang, S. 136 Rn. 301.
116 *Rothenhöfer*, in: Schwark/Zimmer, § 31 WpHG Rn. 213.
117 Vgl. Art. 30 Abs. 3b MiFID-DRL.
118 *Koller*, in: Assmann/Schneider, § 31 Rn. 101.
119 *Koller*, in: Assmann/Schneider, § 31 Rn. 101, mit Verweis auf *Müller/Teuber*, in: Ellenberger/Schäfer/Clouth/Lang, S. 235.
120 *Koller*, in: Assmann/Schneider, § 31 Rn. 101, nennt hier Finanzinstrumente, die nicht an einem geregelten Markt zugelassen sind, z.B. Derivate, illiquide/besonders volatile Finanzinstrumente, Leerverkäufe, Käufe mit geliehenen Geldern, Wertpapierfinanzierungsgeschäfte o.Ä.

ausführliche Darstellung risikoreicherer Finanzinstrumente ratsam.[121] Über die Information der geforderten Angaben wird dem Kunden ermöglicht, Angebote bzw. Anlagestrategien zu vergleichen und somit auf informierter Basis eine seinen Anlagezielen und seiner Risikoneigung entsprechende Anlageentscheidung zu treffen.

3. Anlageberatung (§ 5 Abs. 2 Satz 2 Nr. 2a)

79 § 5 Abs. 2 Satz 2 Nr. 2a enthält spezielle Informationspflichten, die das Wertpapierdienstleistungsunternehmen bei der Erbringung der Anlageberatung zu beachten hat. Die Regelung ist nachträglich mit dem Anlegerschutzgesetz eingeführt worden, um insbesondere einer Beeinflussung der Beratungsleistung der Institute durch Vertriebsvorgaben und Provisionsinteressen entgegenzuwirken.[122] Auf der Grundlage der speziellen Informationen soll dem Kunden ein „informiertes Ja" zur Anlageempfehlung der Bank ermöglicht werden.[123] Im Rahmen der MiFID II sollen die Wertpapierdienstleistungsunternehmen zukünftig insbesondere über die Art der Beratung informieren und dem Kunden die sich daraus ergebenden Konsequenzen erklären.[124] Von der Unterscheidung, ob die Anlageberatung abhängig oder unabhängig geleistet wird, hängt die Palette an Produkten ab, die bei der Abgabe von persönlichen Empfehlungen für den Kunden in Betracht gezogen werden.[125]

a) Einschränkungen hinsichtlich Finanzinstrumenten oder Emittenten (Nr. 2a lit. a)

80 In § 5 Abs. 2 Satz 2 Nr. 2a lit. a ist geregelt, dass Informationen darüber zu erteilen sind, ob Einschränkungen hinsichtlich der Finanzinstrumente oder der Emittenten, die im Rahmen der Anlageberatung berücksichtigt werden können, bestehen. Der Kunde soll im Vorfeld der Inanspruchnahme einer Anlageberatung wissen, wie umfangreich das Angebot des Wertpapierdienstleistungsunternehmens ist. Nimmt das Wertpapierdienstleistungsunternehmen Einschränkungen hinsichtlich der in der Anlageberatung angebotenen Finanzinstrumente oder Emittenten vor, muss es die Kunden darüber informieren, z.B. wenn Einschränkungen des bei der Anlageberatung zu berücksichtigenden Marktes vorgenommen wer-

---

121 *Teuber/Müller*, in: Clouth/Lang, S. 135 Rn. 294.
122 Gesetz zur Stärkung des Anlegerschutzes und zur Verbesserung der Funktionsfähigkeit des Kapitalmarkts vom 5.4.2011, BGBl. I 2011, S. 538; *Mülbert*, ZHR 177 (2013), 160, 185.
123 *Mülbert*, ZHR 177 (2013), 160, 193.
124 ESMA's Technical Advice to the Commission on MiFID II and MiFIR (ESMA/2014/1569), 19.12.2014, S. 108: Investment firms should explain in a clear and concise way whether and why investment advice could qualify as independent and the type and nature of the restrictions that apply, including the prohibition to receive and retain inducements.
125 MiFID II-Richtlinie 2014/65/EU über Märkte für Finanzinstrumente, ABl. L 173, S. 349 Rn. 72 ff.

den.[126] Unter „Einschränkungen" ist nicht die Auswahl gemeint, die der Anlageberater aufgrund des Kundenprofils bei der Ermittlung einer geeigneten Empfehlung vornimmt („Geeignetheitsprüfung"), sondern eine Stufe vorher die Informationen, zu welcher Angebotspalette der Kunde grundsätzlich beraten wird.[127]

Der Information zum Umfang und der Vielfalt des Angebots für den Kunden lässt sich grundsätzlich indikativ entnehmen, wie wettbewerbsfähig die Produktangebote eines Wertpapierdienstleistungsunternehmens sind. Dies gilt sowohl für die Unternehmen, die nur eigene Produkte vertreiben, als auch für Unternehmen, die im Rahmen einer offenen Architektur („open architecture") auch Fremdprodukte vertreiben. Ein Wertpapierdienstleistungsunternehmen, das zwar sämtliche Arten von Finanzinstrumenten in der Anlageberatung vorhält, muss nicht notwendigerweise die im Risiko-Rendite-Verhältnis besten Produkte am Markt anbieten und umgekehrt. Grundsätzlich ändert sich an diesem Ansatz durch die MiFID II nichts, da dem Kunden bei jeder Art von Beratung die Auswahl der zur Verfügung stehenden Finanzinstrumente vorgestellt werden muss.[128] Von Wertpapierdienstleistungsunternehmen sollte im Rahmen einer unabhängigen Anlageberatung eine „ausreichend breite" Palette an Produkten unterschiedlicher Produktanbieter bewertet und der Kunde über den Auswahlprozess informiert werden, ohne verpflichtend alle Produktanbieter und Emittenten geprüft zu haben.[129] *81*

b) Bevorzugung von Wertpapierdienstleistungsunternehmen etc. (Nr. 2a lit. b)

Wertpapierdienstleistungsunternehmen müssen ihre Kunden auch über eine Bevorzugung bestimmter Arten von Finanzinstrumenten oder Emittenten informieren, § 5 Abs. 2 Satz 2 Nr. 2a lit. b. Die Information bezieht sich z.B. darauf, ob bevorzugt Produkte bestimmter Fondsgesellschaften und Wertpapieremissionshäuser empfohlen werden und ob diese Auswahl z.B. aus dem eigenen Haus, konzerngebunden, erfolgt.[130] *82*

Die Frage nach der bevorzugten Auswahl bestimmter Arten von Finanzinstrumenten oder Emittenten ist in der Praxis oftmals auch ein Thema im Rahmen der Interessenkonfliktpolicy, wenn es darum geht, darzulegen, inwiefern beim Vertrieb eigener Produkte des Wertpapierdienstleistungsunternehmens oder beim Vertrieb von Produkten eines kleinen Kreises *83*

---

126 Entwurf der Bundesregierung zum Anlegerschutz- und Funktionsverbesserungsgesetz, 8.11.2010, zu Art. 5 Nr. 1, BT-Drs. 17/3628.
127 Entwurf der Bundesregierung zum Anlegerschutz- und Funktionsverbesserungsgesetz, 8.11.2010, zu Art. 5 Nr. 1, BT-Drs. 17/3628.
128 ESMA's Technical Advice to the Commission on MiFID II and MiFIR (ESMA/2014/1569), 19.12.2014, S. 109.
129 MiFID II-Richtlinie 2014/65/EU über Märkte für Finanzinstrumente, ABl. L 173, S. 349 Rn. 73.
130 Vgl. *Sethe*, ZBB 2010, 265, 277.

von Drittanbietern mögliche Interessenkonflikte existieren und wie mit ihnen umgegangen wird.

84 Fraglich ist, wie die Meinung des BGH einzuordnen ist, nach der Wertpapierdienstleistungsunternehmen grundsätzlich nicht verpflichtet sind, hausfremde Anlageprodukte anzubieten, da der Kunde damit rechnen müsse, lediglich Produkte aus dem eigenen Haus angeboten zu bekommen, und damit keiner besonderen Aufklärung bedürfe.[131] Vor dem Hintergrund des skizzierten aufsichtlichen Schutzgedanken ist dies ein Wertungswiderspruch zwischen Aufsichtsrecht und Zivilrecht, da ein eingeschränktes Produkt- oder Anlagespektrum nach Sinn und Zweck des § 5 Abs. 2 Satz 2 Nr. 2a offenzulegen wäre.[132] Unabhängig davon, dass das Thema „Vertrieb eigener Produkte" in der Praxis oftmals Eingang in die Interessenkonfliktpolicy findet, empfiehlt es sich trotz des aufgezeigten Wertungswiderspruchs, eine Information aufzunehmen und nicht mit dem Argument abzulehnen, dass eine zivilrechtliche Haftung auf Grundlage der BGH-Rechtsprechung nicht drohe. Dementsprechend sieht aufsichtlich die MiFID II vor, dass der Kunde rechtzeitig vor der Beratung über Beschränkungen der Analyse und der Palette an Finanzinstrumenten informiert werden muss.[133]

4. Sonderfall Prospekt nach dem Wertpapierprospektgesetz (§ 5 Abs. 2 Satz 2 Nr. 3)

85 Ist ein Prospekt nach dem Wertpapierprospektgesetz veröffentlicht worden und wird das Finanzinstrument zu diesem Zeitpunkt öffentlich angeboten, ist die Angabe erforderlich, bei welcher Stelle dieser Prospekt erhältlich ist, § 5 Abs. 2 Satz 2 Nr. 3. Die Angabe, bei welcher Stelle[134] ein Prospekt erhältlich ist, hat nur dann Relevanz, wenn ein nach dem WpPG prospektpflichtiges Finanzinstrument,[135] dazu gehören beispielsweise Inhaberschuldverschreibungen, öffentlich (an das Publikum, § 2 Nr. 4 WpPG) angeboten oder nachgefragt wird. Weitergehende Informationen zu diesen Finanzinstrumenten, beispielsweise ausgewählte Inhalte oder weitere Adressen aus dem Prospekt, sind nicht verpflichtend.[136]

---

131 BGH v. 19.12.2006 – XI ZR 56/05, BGHZ 170, 226, 229, 233.
132 *Buck-Heeb*, ZHR 177 (2013), 310, 316 f.
133 Soll eine Anlageberatung nach den künftigen Regelungen unabhängig erbracht werden, ist eine Beschränkung auf Finanzinstrumente der Wertpapierfirma oder verbundener Unternehmen nicht möglich, Art. 24 Abs. 7a MiFID II.
134 Der Prospekt kann beim Emittenten angefordert werden und ist in der Regel auch auf den Internetseiten des Emittenten verfügbar; s. korrespondierend auch § 15 WpPG.
135 Wertpapiere im Sinne des WpPG sind alle übertragbaren Wertpapiere, die an einem Markt gehandelt werden können, mit Ausnahme von Geldmarktinstrumenten mit einer Laufzeit von weniger als zwölf Monaten.
136 *Koller*, in: Assmann/Schneider, § 31 Rn. 110.

5. Finanzinstrumente mit Garantie durch einen Dritten (§ 5 Abs. 2 Satz 2 Nr. 4)

Gem. § 5 Abs. 2 Satz 2 Nr. 4 sind den Privatkunden „alle wesentlichen 86 Angaben über eine Garantie" durch einen Dritten sowie deren Garantiegeber mitzuteilen, wenn ein Finanzinstrument mit einer solchen Garantie verbunden ist. Sinn und Zweck ist, dass Kleinanleger die Garantie angemessen bewerten können. Dies umfasst, neben Angaben über die Bonität des Garantiegebers,[137] auch Informationen über den einklagbaren Anspruch gegen den Garantiegeber, da ansonsten schon keine Garantie in diesem Sinne vorliegt.[138] Da eine allgemeine Information hierüber in der Praxis kaum möglich ist, sollte hier individualisierend über das Finanzinstrument informiert werden, damit der Kunde den wirtschaftlichen Wert der jeweiligen Garantie einschätzen kann.[139]

6. Kosten und Nebenkosten (§ 5 Abs. 2 Satz 2 Nr. 5)

§ 5 Abs. 2 Satz 2 Nr. 5 lit. a–c spezifiziert die notwendigen Angaben zu 87 Kosten und Nebenkosten für die verschiedenen Typen von Finanzinstrumenten und Wertpapierdienstleistungen, die bei unzureichender Beachtung zu aufsichtlichen Risiken und auch erheblichen Haftungsrisiken führen können.[140]

Fraglich ist, ob die Angaben über Kosten und Nebenkosten standardisiert 88 erfolgen können. Teilweise wird mit Bezug auf den Wortlaut des Art. 33 lit. a Alt. 1 MiFID-DRL („der Gesamtpreis, den der Kunde ... zu zahlen hat") vertreten, dass sich die Information über die Kosten auf das konkrete Angebot des Wertpapierdienstleistungsunternehmens an den Kunden beziehen muss und deshalb nicht standardisiert mitgeteilt werden kann.[141] Allerdings lässt der Wortlaut und die Systematik die Auslegung zu, wonach sich, auch wenn der Verordnungsgeber beispielsweise bei der Finanzportfolioverwaltung gem. § 5 Abs. 2 Satz 2 Nr. 2 die Nennung konkreterer Detailpflichten kennt, die Kosten und Nebenkosten auch typisiert angeben lassen.[142] Deshalb können die Angaben über Gesamtpreis,

---

137 WpDVerOV-Begr. zu Abs. 2.
138 Vgl. § 31 Abs. 2 Satz 1 WpHG: „redlich, eindeutig und nicht irreführend".
139 *Koller*, in: Assmann/Schneider, § 31 Rn. 110.
140 *Schäfer/Lang*, in: Clouth/Lang, S. 69 Rn. 127, mit Verweis auf das „Kickback-Urteil" des BGH v. 19.12.2006 – XI ZR 56/05, BGHZ 170, 226, 229, 233.
141 S. *Koller*, in: Assmann/Schneider, § 31 Rn. 111 m.w.N.
142 Art. 24 Abs. 4c MiFID II sieht vor, dass die Informationen zu sämtlichen Kosten und Nebenkosten „sowohl in Bezug auf Wertpapierdienstleistungen als auch auf Nebendienstleistungen, einschließlich gegebenenfalls der Beratungskosten, der Kosten des dem Kunden empfohlenen oder an ihn vermarkteten Finanzinstruments und der diesbezüglichen Zahlungsmöglichkeiten des Kunden sowie etwaiger Zahlungen durch Dritte" umfassen müssen. Diese Informationen können zwar zusammengefasst werden, die Wertpapierfirma hat aber den Kunden auf Verlangen eine „Aufstellung nach Posten" der Kosten und Nebenkosten der Wertpapierdienstleistungen zur Verfügung zu stellen.

Kosten und Nebenkosten in standardisierter Form gemacht werden.[143] Dies ist nun auch in Art. 24 Abs. 5 MiFID II ausdrücklich vorgesehen. Eine Berichtspflicht über die tatsächlich angefallenen Kosten und Nebenkosten besteht im Rahmen der Berichtspflichten über die Ausführung von Geschäften gem. § 9.

89 Als Medium einer standardisierten Information über Kosten und Nebenkosten bieten sich allgemeine Preisverzeichnisse an. Demnach kann die Informationserteilung über das jeweils aktuellste allgemeine Preisverzeichnis des Wertpapierdienstleistungsunternehmens erfolgen.[144] Die relevanten Angaben hat das Wertpapierdienstleistungsunternehmen an seine Wertpapierkunden auf einem dauerhaften Datenträger zu übermitteln. Der bloße Hinweis auf entsprechende Aushänge oder in der Bank ausgelegte Preisverzeichnisse genügt nicht.[145]

90 Überdies ist das Verhältnis zu den Regelungen der PAngV zu beachten. Der Umfang der Informationen über Kosten und Nebenkosten i.S.d. § 5 Abs. 2 Nr. 5 kann im Einzelfall über die nach § 5 PAngV bestehenden Pflicht hinausgehen, ein Preisverzeichnis mit den wesentlichen Leistungen aufzustellen. Dies ist dann der Fall, wenn die jeweilige Wertpapierdienstleistung keine wesentliche Leistung im Sinne der PAngV darstellt.[146] Dies können beispielsweise Leistungen sein, die nicht häufig in Anspruch genommen und deshalb nicht Inhalt der PAngV werden, oder Leistungen Dritter, die nicht Teil des Endpreises sind, wie beispielsweise Versandkosten. In der Praxis ist deshalb ein ausreichend deutlicher Hinweis darauf zu geben, dass, neben den im Preisverzeichnis aufgeführten Leistungen, zusätzliche Kosten anfallen können. Die ESMA hat die nach Art. 24 Abs. 4 MiFID II zur Verfügung zu stellenden Kosten und Nebenkosten im Zusammenhang mit der Wertpapierdienstleistung und dem Finanzinstrument im Rahmen der weiteren Umsetzung kategorisiert.[147] Neben den einmaligen und den laufenden Gebühren werden ausdrücklich transaktionsbegleitende Kosten, wie beispielsweise Transaktionssteuern oder Fremdwährungskosten, sowie Performance fees (erfolgsabhängige Prämien) genannt.

a) Gesamtpreis, Steuerabzug, Provision, Fremdwährung (Nr. 5a)

91 Dem Kunden ist der Gesamtpreis inklusive aller Gebühren, Provisionen, Entgelte und Auslagen sowie die über das Wertpapierdienstleistungsunternehmen zu entrichtenden Steuern mitzuteilen. Ist dies nicht möglich, muss das Wertpapierdienstleistungsunternehmen zumindest die Grundlage seiner Berechnungsfaktoren oder die mögliche Bandbreite ange-

---

143 So auch *Fuchs*, in: Fuchs, § 31 Rn. 151; *Rothenhöfer*, in: Schwark/Zimmer, § 31 WpHG Rn. 225.
144 *Rothenhöfer*, in: Schwark/Zimmer, § 31 WpHG Rn. 225; *Fuchs*, in: Fuchs, § 31 Rn. 151.
145 *Fuchs*, in: Fuchs, § 31 Rn. 151.
146 *Beule*, in: Assies/Beule/Heise/Strube, S. 1352.
147 ESMA's Technical Advice to the Commission on MiFID II and MiFIR (ESMA/2014/1569), 19.12.2014, S. 125, 126.

ben.[148] Provisionen sind in jedem Fall, also auch bei Angabe eines Gesamtpreises, separat aufzuführen.[149]

Fremdwährung ist jede Währung, die sich von der für das Kundenkonto 92
maßgeblichen Währung unterscheidet.[150] Für Zahlungen in Fremdwährungen sind deshalb der Wechselkurs sowie die Zusatzkosten anzugeben. Hintergrund dieser Regelung ist, dass der Kunde im Vorfeld der Inanspruchnahme einer Wertpapierdienstleistung abschätzen kann, welchen Gesamtpreis er zahlen muss, um ggf. vergleichen zu können.

b) Hinweis auf weitere mögliche Kosten und Steuern (Nr. 5b)

Dem Kunden muss gem. § 5 Abs. 2 Satz 2 Nr. 5 lit. b mitgeteilt werden, 93
dass aus seinen Geschäften weitere Kosten (z.B. Schuldzinsen, Anschaffungsnebenkosten, wie Provisionen, Bearbeitungsgebühren) und Steuern (z.B. bei Doppelbesteuerung, ggf. Kirchensteuer) entstehen können, die nicht vom oder über das Wertpapierdienstleistungsunternehmen abgewickelt werden.[151] Von wirtschaftlicher Bedeutung ist das Risiko der Änderung steuerlicher Rahmenbedingungen.[152]

c) Zahlung oder sonstige Gegenleistung (Nr. 5c)

Nach § 5 Abs. 2 Satz 2 Nr. 5 lit. c sind Angaben über Zahlungsmodalitä- 94
ten und Gegenleistungen zu machen. Dies ist insbesondere dann relevant, wenn ein Vertrag über ein Finanzinstrument durch Barabrechnung beendet wird. Der Kunde muss darüber informiert werden, dass die Abrechnung eines Kontraktes durch Zahlung oder Empfang eines Barbetrages anstelle der physischen Lieferung des Basiswertes erfolgen kann. Über Erfüllungsvereinbarungen muss informiert werden, wenn bei Beendigung des Kontrakts ein Finanzinstrument die Lieferung von Anteilen, Schuldverschreibungen, Optionsscheinen oder anderen Instrumenten oder Waren erfordert.[153]

D. Rechtzeitige Zurverfügungstellung der Information (Abs. 3)

I. Regelungsbereich

Damit die Kunden auf informierter Grundlage ihre Anlageentscheidun- 95
gen treffen können, müssen sie die Informationen in angemessener Zeit

---

148 *Rothenhöfer*, in: Schwark/Zimmer, § 31 WpHG Rn. 224; s. auch Art. 33 lit. a MiFID-DRL: Der Kunde muss die Berechnung des Gesamtpreises überprüfen können.
149 *Koller*, in: Assmann/Schneider, § 31 Rn. 111.
150 WpDVerOV-Begr. zu Abs. 2.
151 *Fuchs*, in: Fuchs, § 31 Rn. 150.
152 *Beule*, in: Assies/Beule/Heise/Strube, S. 1367.
153 Erwägungsgrund Nr. 53 MiFID-DRL.

vor ihrer endgültigen Anlageentscheidung erhalten haben, wobei der Gesetzgeber keine Angaben zum frühestmöglichen Zeitpunkt der Informationserteilung macht.[154] Die Kunden sollen ihre Anlageentscheidung ohne Zeitdruck aufgrund der zur Verfügung zu stellenden Informationen treffen. Die vorgeschriebenen Informationen müssen aber grundsätzlich nicht unverzüglich und gleichzeitig zur Verfügung gestellt werden, sondern jedenfalls vor Erbringung der Dienstleistung.[155]

II. Rechtzeitige Unterrichtung der Privatkunden (§ 5 Abs. 3 Satz 1)

96 Die MiFID-DRL verpflichtet die Wertpapierdienstleistungsunternehmen nicht dazu, alle nach § 5 vorgeschriebenen Angaben über das Institut, Finanzinstrumente, Kosten und Nebenkosten oder über den Schutz der Kundenfinanzinstrumente oder Kundengelder sofort und gleichzeitig zur Verfügung zu stellen, wenn sie der Pflicht gem. § 31 Abs. 3 Satz 1 WpHG wenigstens „rechtzeitig" nachkommen.[156] Der richtige Zeitpunkt ist abhängig vom Informationsgegenstand.

97 In Anlehnung an die „Rechtzeitigkeit" der Zurverfügungstellung von Informationsblättern gem. § 31 Abs. 3a WpHG kommt es bei der Rechtzeitigkeit darauf an, dass die Kenntnisnahme „in einem angemessenen Zeitraum" vor der Anlageentscheidung geschehen kann.[157] Der angemessene Zeitraum richtet sich nach den Umständen des Einzelfalls. Dieser Regelung liegt die Annahme zugrunde, dass in Abhängigkeit von der Komplexität und den Risiken der unterschiedlichen Produkte der Anleger regelmäßig mehr Zeit zum Verstehen eines komplexen Produktes braucht als für ein einfaches standardisiertes Produkt.[158] Dadurch wird aber noch keinesfalls eine Zeitspanne fingiert, die der Anleger mindestens zwischen Informationserteilung und Vertragsschluss bzw. Erbringung der Wertpapierdienstleistung Zeit haben muss, da nicht abstrakt festgelegt werden kann, wie viel Zeit ein Anleger zur Verarbeitung der Information benötigt.[159]

98 Erklärungsbedürftig erscheint insbesondere der eingeschränkte Katalog der rechtzeitig zur Verfügung zu stellenden Informationen des § 5 Abs. 3 Satz 1, der sich nur auf die Vertragsbedingungen und die Informationen nach Abs. 2 Satz 2 Nr. 1 lit. a–h und Nr. 2 bezieht. Während diese Informationen vor Erbringung der Wertpapierdienstleistung oder Vertragsschluss zur Verfügung gestellt werden können, brauchen die restlichen Informationen nur noch vor Erbringung der Wertpapierdienstleistung zur Ver-

---

154 *Koller*, in: Assmann/Schneider, § 31 Rn. 113.
155 Erwägungsgrund Nr. 49 MiFID-DRL.
156 Erwägungsgründe Nr. 48, 49 MiFID-DRL.
157 BaFin-Rundschreiben 4/2013 (WA) – Auslegung gesetzlicher Anforderungen an die Erstellung von Informationsblättern gem. § 31 Abs. 3a WpHG/§ 5a WpDVerOV, 26.09.2013, Punkt 2. „Rechtzeitigkeit".
158 *Rothenhöfer*, in: Schwark/Zimmer, § 31 WpHG Rn. 180.
159 *Rothenhöfer*, in: Schwark/Zimmer, § 31 WpHG Rn. 180.

fügung gestellt werden. Sie können demnach auch noch nach Vertragsschluss übermittelt werden.

Richtlinienkonform mit Art. 29 Abs. 1 MiFID-DRL müssen die Vertragsbedingungen und die Informationen über die Wertpapierfirma und ihre Dienstleistungen vor Vertragsschluss oder Dienstleistungserbringung – je nachdem, was früher eintritt – übermittelt werden.[160] Fraglich ist, ob die Konsequenz dieser Regelung, dass beispielsweise die Informationen zu den Risiken (Art. 31 MiFID-DRL) oder zu den Kosten (Art. 33 MiFID-DRL) gem. § 5 Abs. 1 auch nach Vertragsschluss „nachgereicht" werden können, vom Schutzgedanken erfasst ist, wofür der Wortlaut des Art. 29 MiFID-DRL und § 5 Abs. 3 Satz 1 spricht. Dagegen spricht aber, dass Art. 19 MiFID I grundsätzlich keine Verwässerung oder Aufteilung des Informationsgebotes vorsieht. Art. 29 Abs. 1 MiFID-DRL gilt speziell nur für Informationen auf einem dauerhaften Datenträger und lässt andere „formlose" Informationspflichten unberührt, so dass von einem eingeschränkten Pflichtenkanon des Art. 29 MiFID-DRL ausgegangen werden könnte, der nur die auf einem dauerhaften Datenträger zu übermittelnden Informationen regelt. Wird Art. 29 DRL auf diese Weise interpretiert, führt dies im Ergebnis zu einer umfassenden Informationspflicht von formgebundenen (um die geht es in Art. 29 MiFID-DRL) und formlosen Informationen (die anderen Informationen gem. Art. 19 MiFID I) vor Vertragsschluss.[161] Außerdem lässt sich dem Sinn und Zweck des § 5 gerade nicht entnehmen, dass die „Nachlieferung" der Informationen über schon bestimmbare Kosten und Risiken nach Eingehen eines bindenden Vertrags rechtzeitig wäre.[162] Dem ist im Sinne einer einfacheren Handhabung in der Praxis zuzustimmen. Eine Aushändigung von Informationen zu unterschiedlichen Zeitpunkten würde zu einer erhöhten Komplexität im Geschäftsabwicklungsprozess führen. Aus alldem folgt, dass der Informationspflicht aus § 5 regelmäßig am Anfang der Geschäftsbeziehung, also meist schon bei Kontoeröffnung, nachgekommen wird.[163]

Erhält ein Privatkunde im Rahmen einer Werbemaßnahme die Möglichkeit, unmittelbar ein konkretes Geschäft über ein Finanzinstrument mit dem Wertpapierdienstleistungsunternehmen abzuschließen, so sind nach § 4 Abs. 10 bereits in der Werbemitteilung die Informationen nach § 5 Abs. 1 und 2 anzugeben, soweit diese für den Vertragsschluss relevant sind.[164]

Verstößt das Wertpapierdienstleistungsunternehmen gegen diese Pflicht, kann trotzdem ein Vertrag mit dem Privatkunden unter Einbeziehung der Vertragsbedingungen geschlossen worden sein. In der Praxis wird es sich

---

160 Vgl. *Fuchs*, in: Fuchs, § 31 Rn. 122.
161 So z.B. *Koller*, in: Assmann/Schneider, § 31 Rn. 113–115; *Rothenhöfer*, in: Schwark/Zimmer, § 31 WpHG Rn. 180 f.; *Weichert/Wenninger*, WM 2007, 627, 637.
162 *Koller*, in: Assmann/Schneider, § 31 Rn. 113.
163 *Weichert/Wenninger*, WM 2007, 627, 637.
164 *Schäfer/Lang*, in: Clouth/Lang, S. 74.

WpDVerOV § 5 Kundeninformationen über Risiken

bei diesen allgemeinen Vertragsbedingungen um AGB handeln, die bei Einverständnis dann wirksam werden, wenn in zumutbarer Weise von ihrem Inhalt Kenntnis genommen werden kann (sog. AGB, § 305 Abs. 2 Satz 2 BGB). Da die öffentlich-rechtlichen Normen keinen Anspruch begründen, wird die zivilrechtliche Vereinbarung nicht durch die Regelungen der WpDVerOV überlagert. Die Informationen sind auf einem dauerhaften Datenträger (§ 3) zur Verfügung zu stellen.

102 Da sich § 5 Abs. 3 nur an Privatkunden richtet, bleibt es für professionelle Kunden bei dem allgemeinen Kriterium der „Rechtzeitigkeit", wonach neben der Einstufung des Kunden insbesondere Inhalt und Zweck der Information maßgebend sind.[165] Die Informationen müssen zu dem Zeitpunkt vorliegen, in dem sie benötigt werden.[166] Daher ist es grundsätzlich sinnvoll, die Informationen ebenfalls schon bei Depoteröffnung zu leisten.

III. Telefonischer Vertragsabschluss auf Verlangen des Privatkunden (§ 5 Abs. 3 Satz 2)

103 Wird der Vertrag mit Privatkunden per Telefon oder unter Verwendung eines anderen Fernkommunikationsmittels, das die vorherige Information auf einem dauerhaften Datenträger grundsätzlich unmöglich macht, abgeschlossen, ist es ausnahmsweise gem. § 5 Abs. 3 Satz 2 erlaubt, dem Kunden die Informationen über die Vertragsbedingungen unverzüglich, also ohne schuldhaftes Zögern (§ 121 Abs. 1 BGB), nach Vertragsabschluss und die restliche Aufklärung ebenfalls unverzüglich nach Beginn der Auftragsausführung auf einem dauerhaften Datenträger zur Verfügung zu stellen.[167] Diese Art von Vertragsschluss muss aber vom Privatkunden verlangt worden sein. Sie darf nicht auf die Initiative des Wertpapierdienstleistungsunternehmens zurückgehen.[168]

104 Ermöglicht das Fernkommunikationsmittel die Zurverfügungstellung eines dauerhaften Datenträgers (z.B. abrufbare Dateien bei Kommunikation per Internet), gelten die in oben (Rn. 96 ff.) entwickelten Grundsätze, da das Wertpapierdienstleistungsunternehmen dann verpflichtet ist, die wesentlichen Vertragsbedingungen und übrigen Informationen mitzuteilen. Anders verhält es sich bei einer Beauftragung des Wertpapierdienstleistungsunternehmens per Fax zur sofortigen Erledigung, da dann die Zurverfügungstellung der Informationen vor der Anlageentscheidung des Kunden praktisch kaum durchführbar ist.

---

165 WpDVerOV-Begr. zu § 5 Abs. 3.
166 *Beule,* in: Assies/Beule/Heise/Strube, S. 1358.
167 *Koller,* in: Assmann/Schneider, § 31 Rn. 117.
168 *Fuchs,* in: Fuchs, § 31 Rn. 123.

IV. Besondere Informationspflichten bei Fernabsatzverträgen (§ 5 Abs. 3 Satz 3)

Die Unterrichtung des Verbrauchers bei Fernabsatzverträgen gem. § 312c BGB ist auch in die Informationspflichten der WpDVerOV einbezogen. Wenn der Privatkunde ein Verbraucher (§ 13 BGB) ist und der Vertrag über Finanzdienstleistungen außerhalb der Geschäftsräume oder per Fernkommunikation zustande kommen soll, hat der Unternehmer gegenüber dem Verbraucher die Informationspflichten bei Fernabsatzverträgen gem. Art. 246b §§ 1 und 2 EGBGB zu befolgen, insbesondere Identität und geschäftlichen Zweck des Kontakts offenzulegen sowie seine AGB auf Verlangen zu übermitteln. Dies muss wieder rechtzeitig (siehe oben Rn. 97) vor Vertragsschluss erfolgen, Art. 246b § 2 Abs. 1 EGBGB. Wird der Vertrag telefonisch geschlossen, müssen die Daten unverzüglich nach Abschluss des Fernabsatzvertrags übermittelt werden. Während der Laufzeit des Vertrags kann der Verbraucher verlangen, dass ihm die Vertragsbedingungen und die AGB in Papierform zur Verfügung gestellt werden, Art. 246b § 2 Abs. 2 EGBGB.

105

Gem. Art. 246b § 1 Abs. 2 EGBGB kann der Unternehmer dem Verbraucher bei Telefongesprächen teilweise weniger Informationen zur Verfügung stellen, wenn der Verbraucher über das Vorhandensein weiterer Informationen informiert wurde und darauf verzichtet hat. Die in Erfüllung dieser Pflichten gemachten Angaben werden Bestandteil des geschlossenen Vertrags.

106

Ist der Privatkunde ein Unternehmer nach § 14 BGB, gelten für das Wertpapierdienstleistungsunternehmen die Pflichten zur Offenlegung gem. § 312d Abs. 2 BGB i.V.m. Art. 246b § 1 EGBGB entsprechend, wenn und soweit die Offenlegung der Identität (insbesondere Art. 246b § 1 Abs. 1 Nr. 1, 3 EGBGB), des geschäftlichen Zwecks und die Zurverfügungstellung von Informationen bei Telefongesprächen (Art. 246b § 1 Abs. 2 EGBGB) geregelt ist.

107

V. Besondere Informationspflichten bei Empfehlung von Finanzinstrumenten (§ 5 Abs. 3a)

Im Rahmen der zweiten Änderungsverordnung der WpDVerOV wurden durch Einführung von Abs. 3a die Informationspflichten aus dem Honoraranlageberatungsgesetz berücksichtigt.[169]

108

Dabei sind bei Empfehlungen von Finanzinstrumenten die Verbindungen zum Anbieter bzw. Emittenten sowie bestehende Gewinninteressen offenzulegen. Insbesondere ist offenzulegen, wenn der Anbieter oder Emittent das beratende Wertpapierdienstleistungsunternehmen selbst ist oder zu deren Anbieter oder Emittenten eine enge Verbindung oder sonstige

109

---

[169] Gesetz zur Förderung und Regulierung einer Honorarberatung über Finanzinstrumente (Honoraranlageberatungsgesetz) vom 15.7.2013, BGBl. I, S. 2390.

wirtschaftliche Verflechtungen bestehen. Der Kunde soll erkennen können, ob es in dem Verhältnis zwischen Emittent und Anbieter Abhängigkeiten gibt, die einem Handeln im Kundeninteresse potentiell entgegenstehen können.

110 Diese Informationen sind für jedes einzelne Finanzinstrument zu geben und müssen unmittelbar vor der eigentlichen Empfehlung erfolgen. Zudem sind sie in verständlicher Form darzureichen. Der Kunde soll in die Lage versetzt werden, diese Informationen bei der Prüfung der Empfehlung zu berücksichtigen.[170] Die Informationen sind jedem Kunden zur Verfügung zu stellen.

E. Mitteilung wesentlicher Änderungen (Abs. 4)

111 Gem. § 5 Abs. 4 sind Änderungen der Informationen nach § 31 Abs. 4b WpHG sowie die Informationen aus § 5 Abs. 1 und 2 den Kunden mitzuteilen, wenn sie für sich genommen wesentlich, beispielsweise bei der Änderung zentraler Rechte und Pflichten des Kunden, und für die jeweils erbrachte Dienstleistung relevant sind.[171]

112 Gem. § 31 Abs. 4b WpHG hat das Wertpapierdienstleistungsunternehmen Kunden bei der Erbringung der Anlageberatung darüber zu informieren, ob die Anlageberatung als Honoraranlageberatung erbracht wird oder nicht. Jeder Wechsel in die Honoraranlageberatung oder aus der Honoraranlageberatung in die provisionsbasierte Anlageberatung muss informatorisch begleitet werden. Der Kunde soll sich durch den Hinweis bewusst werden, sich bei einer provisionsbasierten Anlageberatung grundsätzlich einem höheren Konfliktpotential auszusetzen, als dies bei einer Honoraranlageberatung der Fall ist.

113 § 5 Abs. 4 ermöglicht es bei Stammkundenverhältnissen darauf zu verzichten, dem Kunden vor jeder einzelnen Beratung die ihm bereits hinreichend bekannten Informationen erneut auf dauerhaftem Datenträger zu übermitteln. Die Änderungen müssen rechtzeitig erfolgen und können sich ggf. auf die relevante Dienstleistung, die konkret angeboten oder nachgefragt wurde, beschränken.[172]

114 Es empfiehlt sich, grundsätzlich alle Informationen auf dem neuesten Stand zu halten. Änderungen von Informationen sind auf einem dauerhaften Datenträger zu übermitteln, wenn die ursprüngliche Information ebenfalls auf einem dauerhaften Datenträger übermittelt wurde.[173]

---

170 Referentenentwurf des Bundesministeriums für Finanzen zur Zweiten Verordnung zur Änderung der Wertpapierdienstleistungs-, Verhaltens- und Organisationsverordnung, S. 5. Link https://www.bafin.de/SharedDocs/Downloads/DE/Aufsichtsrecht/dl_2.wpdverov_erlaeuterungen.pdf?blob=publicationFile&v=4 (5.12.2014).
171 WpDVerOV-Begr. zu Abs. 4.
172 *Koller*, in: Assmann/Schneider, § 31 Rn. 121.
173 Art. 29 Abs. 6 MIFID-DRL.

F. Zurverfügungstellung der Information (Abs. 5)

§ 5 Abs. 5 regelt die Art der Informationsübermittlung. Aufsichtsrechtlich ist in den § 5 Abs. 5 genannten Fällen die spezielle Form der Informationserteilung vorgesehen, wonach die Informationen über die Erbringung der Anlageberatung als Honoraranlageberatung (§ 31 Abs. 4b WpHG), bei Empfehlung von Geschäftsabschlüssen (§ 31 Abs. 4d Satz 1 WpHG) sowie die Informationen gem. § 5 Abs. 1 und 2 in bewährter Weise rechtssicher auf einem dauerhaften Datenträger zur Verfügung zu stellen sind. In der Regel geschieht dies in Papierform. Eine Bereitstellung der Informationen aus § 31 Abs. 4b WpHG, § 5 Abs. 1, 2 und 3a auf elektronischem Wege (E-Mail etc.) ist möglich, wenn der Kunde nachweislich einen regelmäßigen Zugang zum Internet hat. Dies ist beispielsweise dann anzunehmen, wenn eine E-Mail-Adresse für die Ausführung der Wertpapierdienstleistung angegeben wurde. In der Praxis sollte der Kunde aus Haftungsgründen dem ausdrücklich zustimmen.[174]

115

Die Zurverfügungstellung erfordert vom Wertpapierdienstleistungsunternehmen ein aktives Handeln, das darauf gerichtet ist, dass der Kunde die Informationen gleich direkt oder zumindest ohne weiteres erhalten kann.[175] Darunter fällt auch die Aushändigung der Informationen per CD-ROM, DVD oder anderen Speichermedien, sofern der Kunde diesen Abweichungen von der Papierform zugestimmt hat.[176]

116

---

174 *Schäfer/Lang*, in: Clouth/Lang, S. 67 Rn. 118.
175 *Rothenhöfer*, in: Schwark/Zimmer, § 31 WpHG Rn. 188.
176 *Bürkin*, in: Becker/Förschler/Klein, S. 168 Rn. 494.

§ 5a Informationsblätter

(1) Das nach § 31 Absatz 3a Satz 1 des Wertpapierhandelsgesetzes zur Verfügung zu stellende Informationsblatt darf bei nicht komplexen Finanzinstrumenten im Sinne des § 7 nicht mehr als zwei DIN-A4-Seiten, bei allen übrigen Finanzinstrumenten nicht mehr als drei DIN-A4-Seiten, umfassen. Es muss die wesentlichen Informationen über das jeweilige Finanzinstrument in übersichtlicher und leicht verständlicher Weise so enthalten, dass der Kunde insbesondere

1. die Art des Finanzinstruments,

2. seine Funktionsweise,

3. die damit verbundenen Risiken,

3a. den nach § 33 Absatz 3b des Wertpapierhandelsgesetzes festgelegten Zielmarkt,[1]

4. die Aussichten für die Kapitalrückzahlung und Erträge unter verschiedenen Marktbedingungen und

5. die mit der Anlage verbundenen Kosten

einschätzen und mit den Merkmalen anderer Finanzinstrumente bestmöglich vergleichen kann. Das Informationsblatt darf sich jeweils nur auf ein Finanzinstrument beziehen und keine werbenden oder sonstigen, nicht dem vorgenannten Zweck dienenden Informationen enthalten.

(2) Das Informationsblatt kann auch als elektronisches Dokument zur Verfügung gestellt werden.

Inhalt

	Rn.			Rn.
A. Hintergrund	1	VI.	Festlegung des Zielmarktes (Abs. 1 Satz 2 Nr. 3a)	23
B. Länge von Informationsblättern (Abs. 1 Satz 1)	3	VII.	Szenariodarstellung (Abs. 1 Satz 2 Nr. 4)	26
C. Inhaltliche Vorgaben an Informationsblätter (Abs. 1 Satz 2)	7	VIII.	Kostenangaben (Abs. 1 Satz 2 Nr. 5)	30
I. Wesentlichkeitsgrundsatz	8	D.	Vergleichsmöglichkeit (Abs. 1 Satz 2 a.E.)	31
II. Verständlichkeitsgrundsatz	12	E.	Verbot werbender Angaben (Abs. 1 Satz 3)	33
III. Art des Finanzinstrumentes (Abs. 1 Satz 2 Nr. 1)	16	F.	Elektronische Informationsblätter (Abs. 2)	34
IV. Funktionsweise des Finanzinstrumentes (Abs. 1 Satz 2 Nr. 2)	18			
V. Risikoangaben (Abs. 1 Satz 2 Nr. 3)	20			

---

1 Einfügung mit Art. 7 Kleinanlegerschutzgesetz, Gesetzentwurf der Bundesregierung, BT-Drs. 18/3994.

A. Hintergrund

Die Verpflichtung zur Bereitstellung von Informationsblättern[2] ist zum 1. Juli 2011 mit dem Gesetz zur Stärkung des Anlegerschutzes und Verbesserung der Funktionsfähigkeit des Kapitalmarkts (Anlegerschutz- und Funktionsverbesserungsgesetz, AnsFuG)[3] als rein nationale Regelung[4] in § 31 Abs. 3a WpHG eingeführt worden. Hiernach ist ein Wertpapierdienstleistungsunternehmen verpflichtet, einem Kunden ein kurzes und leicht verständliches Informationsblatt über ein zum Kauf empfohlenes Finanzinstrument zur Verfügung zu stellen.

§ 5a konkretisiert die Vorschrift des § 31 Abs. 3a WpHG näher. Die BaFin hat ergänzend in zwei Rundschreiben ihre Auffassung zum Verständnis von einzelnen Aspekten der § 31 Abs. 3a WpHG und § 5a veröffentlicht.[5] Zudem hat sie als Ergebnis einer Prüfung von konkreten Informationsblättern auf ihre Gesetzeskonformität am 5. Dezember 2011 einen Prüfbericht veröffentlicht.[6]

B. Länge von Informationsblättern (Abs. 1 Satz 1)

Abs. 1 Satz 1 legt die maximale Länge der Informationsblätter für nicht komplexe Finanzinstrumente auf zwei DIN-A4-Seiten, für alle anderen Finanzinstrumente auf drei DIN-A4-Seiten fest.

Die Vorgabe ist zwingend; Informationsblätter, die die Längenvorgabe nicht einhalten, entsprechen nicht den aufsichtsrechtlichen Vorgaben. Aufgrund des Verbots der Irreführung dürfen diese Informationsblätter dann auch nicht als „Informationsblatt nach § 31 Abs. 3a" bezeichnet werden.[7] Gleichwohl bleiben im Rahmen der Anlageberatung auch längere Informationsmaterialien (Flyer, Broschüren etc.) zulässig, wenn sie den allgemeinen aufsichtsrechtlichen Anforderungen[8] entsprechen und eindeutig von den gesetzlich geregelten Informationsblättern zu unterscheiden sind.[9]

---

2   Auch Produktinformationsblatt oder PIB.
3   Gesetz zur Stärkung des Anlegerschutzes und Verbesserung der Funktionsfähigkeit des Kapitalmarkts vom 5. April 2011, BGBl. I, S. 538.
4   Vgl. auch die europäische Verordnung zu Packaged Retail and Insurance-Based Investment Products (PRIIP-VO), die die Informationspflichten von Emittenten zukünftig auf europäischer Ebene regelt. Der Anwendungsbereich der PRIIP-VO ist aber nicht deckungsgleich mit dem der § 31 Abs. 3a WpHG/§ 5a. Sie wird voraussichtlich ab 2017 anzuwenden sein.
5   BaFin-Rundschreiben 6/2011 (WA) vom 1. Juni 2011 und BaFin-Rundschreiben 4/2013 (WA) vom 26. September 2013.
6   BaFin-Verlautbarung vom 5. Dezember 2011 – Prüfungsergebnisse der BaFin zu den Informationsblättern nach § 31 Abs. 3a WpHG.
7   BaFin-Rundschreiben 4/2013 (WA) vom 26. September 2013, Ziff. 3.1.1; *Preuße/Seitz/Lesser*, BKR 2014, 70, 73.
8   Vgl. § 31 Abs. 2 WpHG, § 4, BaFin-Rundschreiben 4/2010 (WA) – BT 3 MaComp.
9   S. Fn. 7.

5 Die Abgrenzung zwischen nicht komplexen und komplexen Finanzinstrumenten verläuft nicht ganz zweifelsfrei.[10] Zu den nicht komplexen Finanzinstrumenten zählen insbesondere Aktien, die an einem organisierten Markt zugelassen sind, und Geldmarktinstrumente (§ 2 Abs. 1a WpHG).[11] Auch Schuldverschreibungen und verbriefte Schuldtitel (§ 2 Abs. 1 Nr. 3 WpHG), in die kein Derivat eingebettet ist, zählen hierzu.[12] Festverzinslich, variabel verzinslich und Null-Kupon-Anleihen fallen beispielsweise hierunter.[13] Wandel- und Optionsanleihen, Aktienanleihen, Credit-linked-Anleihen oder Anleihen mit Tilgungswahlrecht zählen dagegen zu den komplexen Finanzinstrumenten, da sie derivative Elemente enthalten.[14] Ebenso zählen die meisten Formen von Zertifikaten (wie beispielsweise Discount-, Bonus-, Expresszertifikate) zu den komplexen Finanzinstrumenten. Genussscheine sind in § 2 Abs. 1 Nr. 3 WpHG als Schuldtitel definiert und zählen damit eigentlich zu den nicht komplexen Finanzinstrumenten. Gleichwohl wird zu Recht vertreten, dass diese jedenfalls dann, wenn sie vergleichbar einem Derivat ein gesteigertes Risiko des Totalverlustes beinhalten, eher zu den komplexen Finanzinstrumenten zählen sollten.[15]

6 Treten bei der Zuordnung eines Finanzinstrumentes Zweifelsfälle auf, so sollte die Entscheidung im Hinblick auf die Länge des Informationsblattes jedenfalls begründet und dokumentiert werden. Da Sinn und Zweck der Informationsblätter die verbesserte Information des Anlegers ist, sollte es aufsichtsrechtlich vertretbar sein, in solchen Zweifelsfällen auch ein dreiseitiges Informationsblatt zu wählen.

C. Inhaltliche Vorgaben an Informationsblätter (Abs. 1 Satz 2)

7 Abs. 1 Satz 2 enthält neben dem Wesentlichkeitsgrundsatz und dem Verständlichkeitsgrundsatz Vorgaben an den Inhalt der Informationsblätter. Die Deutsche Kreditwirtschaft hat darüber hinaus einen einheitlichen Standard für Informationsblätter über Finanzinstrumente festgelegt.[16]

I. Wesentlichkeitsgrundsatz

8 Der Grundsatz schränkt den Umfang und die Detaillierung der im Informationsblatt darzustellenden Angaben über ein Finanzinstrument auf abstrakter Ebene ein. Genannt werden müssen die wesentlichen Informationen, nicht sämtliche Informationen über ein Finanzinstrument. Diese

---

10 Vgl. ausführlich: *Fuchs*, in: Fuchs, § 31 Rn. 306 ff.
11 *Fuchs*, in: Fuchs, § 31 Rn. 305 f.; *Koller*, in: Assmann/Schneider, § 31 Rn. 184 f.
12 *Fuchs*, in: Fuchs, § 31 Rn. 306; *Koller*, in: Assmann/Schneider, § 31 Rn. 186.
13 *Fuchs*, in: Fuchs, § 31 Rn. 306.
14 *Fuchs*, in: Fuchs, § 31 Rn. 306.
15 So *Fuchs*, in: Fuchs, § 31 Rn. 307; *Koller*, in: Assmann/Schneider, § 31 Rn. 186.
16 Vgl. Pressemitteilung der DK vom 14. März 2011; abrufbar unter http://www.die-deutsche-kreditwirtschaft.de/dk/pressemitteilungen/2011.

Einschränkung ist notwendig und dem beschränkten maximalen Umfang eines Informationsblattes von zwei bzw. drei Seiten geschuldet. Dies führt notwendigerweise zu einem Informationsgefälle zwischen dem Informationsblatt und anderen Dokumenten über Finanzinstrumente, wie beispielsweise dem Wertpapierprospekt.

Die in Abs. 1 Satz 2 Nr. 1–5 genannten Angaben sind als Regelbeispiele ausgeformt. Diese Angaben müssen in einem Informationsblatt grundsätzlich enthalten sein, sie sind dem Wesentlichkeitsgrundsatz damit entzogen. Hier ist unter Wesentlichkeit dann zu verstehen, mit welchem Detaillierungsgrad die Angaben erfolgen müssen. Die Aufzählung ist nicht abschließend, zu den wesentlichen Angaben können also auch in den Nr. 1–5 nicht genannte Angaben zählen. 9

Was eine wesentliche Information ist, muss jeweils vor dem Hintergrund der entsprechenden konkreten Angabe gemessen werden. Dabei sind Informationen, von denen maßgeblich die **Investitionsentscheidung des Anlegers** abhängen wird, eher als wesentlich einzustufen. So sind beispielsweise Informationen, die die Ausfallmöglichkeit eines Finanzinstrumentes beschreiben oder dessen Erträge signifikant beeinflussen können, aus Sicht des Anlegers wohl als tragend anzusehen. Dagegen sind Informationen, die beispielsweise bestimmte Abwicklungsmodalitäten des Finanzinstrumentes betreffen, eher als unwesentlich einzustufen. Für den Bereich der **Risikoangaben** verlangt die BaFin eine Gewichtung nach Verlusthöhe und Eintrittswahrscheinlichkeit.[17] Dies stellt gleichzeitig ein Indiz für die Beurteilung der Wesentlichkeit eines Risikos dar. Für **Credit-linked-Anleihen** hat der BGH, aus zivilrechtlicher Sicht, zudem entschieden, dass der Anleger im Rahmen der Anlageberatung über das hiermit verbundene Kreditderivat und seine Auswirkungen zu informieren ist, wobei der „abstrakt formulierte Hinweis auf ein Totalverlustrisiko" hierfür nicht genügen soll.[18] Auch aus aufsichtsrechtlicher Sicht dürfte dies eine wesentliche Information sein, da das Kreditderivat die Ausfallwahrscheinlichkeit gegenüber einer einfachen Anleihe erhöhen kann. In der Regel nicht wesentlich dürfte der Hinweis auf **gesetzliche Regelungen** sein, da sie keine spezielle Eigenschaft eines Finanzinstrumentes sind. **Kündigungsrechte**, die mit einem Finanzinstrument vereinbart werden, sind wesentlich, wenn deren Ausübung durch den Emittenten nicht unwahrscheinlich ist, insbesondere wenn ein Emittent sich ein ordentliches Kündigungsrecht einräumt.[19] Kündigungsrechte dagegen, die für eher unwahrscheinliche Sondersituationen vereinbart werden, wie die Änderung der steuerlichen Beurteilung eines Finanzinstrumentes oder der ersatzlose Wegfall eines Basiswertes, sollten das Wesentlichkeitskriterium nicht erfüllen, wobei im letzt- 10

---

17 BaFin-Rundschreiben 4/2013 (WA) vom 26. September 2013, Ziff. 3.2.3.1; *Preuße/Seitz/Lesser*, BKR 2014, 70, 75.
18 Vgl. BGH BKR 2014, 205, 207 ff.
19 Eine Erwähnung des Kündigungsrechts und der Folgen (Wiederanlagerisiko) im PIB ist in diesem Fall zwingend.

genannten Fall allerdings der konkrete Basiswert zu berücksichtigen ist.[20]

11 Gem. § 31 Abs. 3a Satz 2 2. Halbs. WpHG müssen Angaben im Informationsblatt mit den Angaben des Wertpapierprospekts vereinbar sein. Konkret bedeutet dies, dass sie den Angaben im Basisprospekt bzw. den endgültigen Bedingungen nicht widersprechen dürfen. Nicht gemeint ist jedoch, dass die Angaben in beiden Dokumenten mit denselben Worten oder Begriffen beschrieben werden müssen. Aus der Natur der Sache ergibt sich, dass die im Prospekt und den endgültigen Bedingungen verwendete Sprache technischer sein wird als im Informationsblatt. Die Angaben im Informationsblatt können wesentlich knapper gehalten und müssen entsprechend den gesetzlichen Anforderungen in einer einfacheren Sprache formuliert werden als in einer ggf. ausführlicheren Darstellung im Prospekt.[21]

II. Verständlichkeitsgrundsatz

12 Der Grundsatz der Verständlichkeit legt fest, in welcher Art und Weise Informationsblätter erstellt werden müssen. Dies ist vor dem Hintergrund des **angesprochenen Kundenkreises** zu beurteilen.[22] Bei einem breiten Vertrieb/breiten Zielmarkt eines Finanzinstrumentes ist der Maßstab der Verständlichkeitsprüfung der Empfängerhorizont eines durchschnittlich informierten Privatanlegers.[23] Hiervon zu unterscheiden ist der Empfängerhorizont eines sachkundigen Anlegers. Der Gesetzgeber hat diesen Begriff mit der Novellierung des Schuldverschreibungsgesetzes in § 3 SchVG neu eingeführt.[24] Bei einem sachkundigen Anleger geht der Gesetzgeber davon aus, dass dieser über „allgemein erwartbare Vorkenntnisse" auch in Bezug auf komplexe Zusammenhänge verfügt,[25] er also Fachkenntnisse[26] hat. Demgegenüber sind die Anforderungen an die Kenntnisse eines durchschnittlich informierten Anlegers deutlich niedriger anzusetzen. Im BaFin-Rundschreiben[27] heißt es folgerichtig, dass grundsätzlich keine besonderen sprachlichen oder fachlichen Vorkenntnisse seitens des Anlegers hinsichtlich des Verständnisses von Finanzin-

---

20 Vgl. *Preuße/Seitz/Lesser*, BKR 2014, 70, 75. Vgl. ergänzend aus zivilrechtlicher Sicht die Rechtsprechung des BGH zu Sonderkündigungsrechten bei kapitalgeschützten Inhaberschuldverschreibungen. Nach Auffassung des BGH ist über diese im Rahmen einer Anlageberatung grundsätzlich zu informieren, BGH XI ZR 169/13 und BGH ZR 480/13.
21 Vgl. *Preuße/Seitz/Lesser*, BKR 2014, 70, 74.
22 Vgl. *Preuße/Seitz/Lesser*, BKR 2014, 70, 73 f.
23 *Preuße/Schmidt*, BKR 2011, 265, 268.
24 Gesetz über Schuldverschreibungen aus Gesamtemission vom 31. Juli 2009 (BGBl. I, S. 2512), zuletzt geändert durch Art. 2 des Gesetzes vom 13. September 2012 (BGBl. I, S. 1914).
25 S. Gesetzentwurf der Bundesregierung vom 29. April 2009, BT-Drs. 16/12814, S. 17; vgl. näher zum Begriff *Dippel/Preuße*, in: Preuße, § 3 Rn. 9 ff.
26 Vgl. *Dippel/Preuße*, in: Preuße, § 3 Rn. 9.
27 BaFin-Rundschreiben 4/2013 (WA) vom 26. September 2013, Ziff. 3.1.1.

strumenten vorausgesetzt werden können. Aufgrund der systematischen Stellung des § 31 Abs. 3a WpHG darf aber das Informationsniveau in den „Basisinformationen über Wertpapiere und weitere Kapitalanlagen" entsprechend § 31 Abs. 3 WpHG vorausgesetzt werden.[28]

Nach Auffassung der BaFin[29] ist es zulässig, den Adressatenkreis des Informationsblattes einzuschränken. Hiernach kann das Informationsblatt als nur für bestimmte Empfängergruppen geeignet gekennzeichnet werden, die etwa besonders qualifiziert und/oder erfahren sind.[30] Dies muss deutlich hervorgehoben und an prominenter Stelle erfolgen. Das entsprechende Finanzinstrument kann anderen Anlegern außerhalb des genannten Adressatenkreises dann nicht mehr empfohlen werden. Erfolgt eine solche Einschränkung, wären grundsätzlich auch komplexere Beschreibungen in einem Informationsblatt gesetzeskonform, wenn sie für den bezeichneten Empfängerkreis verständlich sind.[31] Ob diese Möglichkeit in der Praxis breite Verwendung finden wird, bleibt abzuwarten, da das vertreibende Wertpapierdienstleistungsunternehmen im Rahmen der Anlageberatung prüfen muss, ob der Beratene dem bezeichneten Empfängerkreis auch angehört.[32]

13

Die BaFin hat zudem einige Grundsätze festgelegt,[33] die definieren, wann ein Informationsblatt in **leicht verständlicher Weise** verfasst ist. So sollen vor dem Hintergrund des maßgeblichen Empfängerhorizonts im Normalfall nicht bekannte Abkürzungen erläutert und komplexe Satzstrukturen vermieden werden. Auch kann die bloße Verbalisierung finanzmathematischer Formeln eine allgemeinverständliche Beschreibung der Funktionsweise eines Finanzinstrumentes nicht ersetzen. Unzulässig ist beispielsweise die Verwendung folgender Abkürzungen oder Begriffe ohne gleichzeitige Erläuterung: „Zinstagequotient: ACT/ACT", „Zinstyp: ratierlicher Zinssatz", „Abwicklungswährung: NOK" oder „Ausübungsart: Bermuda". In der Praxis empfiehlt es sich, die Informationsblätter möglichst einfach zu gestalten. Ein Ansatz ist es, kurze Hauptsätze ohne Verschachtelungen zu verwenden und Fachausdrücke, wenn möglich, zu vermeiden oder zumindest näher zu erläutern. Ebenso sollten Fremdwörter oder Anglizismen und Passivsätze, wenn möglich, vermieden werden.

14

Die Deutsche Kreditwirtschaft hat zusammen mit weiteren Verbänden und einem auf verständliche Sprache spezialisierten Fachinstitut ein Begriffsglossar entwickelt, in dem u.a. schwer verständliche Begriffe identifiziert und Vorschläge für deren einfachere Beschreibung gemacht werden.[34] Zudem wurde zur Vereinheitlichung der Darstellung in den Informations-

15

---

28 Vgl. *Preuße/Seitz/Lesser*, BKR 2014, 70, 73.
29 S. Fn. 27.
30 Vgl. *Preuße/Seitz/Lesser*, BKR 2014, 70, 73.
31 Vgl. *Preuße/Seitz/Lesser*, BKR 2014, 70, 73.
32 Vgl. *Preuße/Seitz/Lesser*, BKR 2014, 70, 73.
33 BaFin-Rundschreiben 4/2013 (WA) vom 26. September 2013, Ziff. 3.1.1.
34 S. Glossar zur Verbesserung der sprachlichen Verständlichkeit von Produktinformationsblättern nach Wertpapierhandelsgesetz, abrufbar unter: http://www.die-deutsche-kreditwirtschaft.de/uploads/media/Anlage_1_Glossar_01.pdf.

blättern eine Liste der regelmäßig nicht mehr zu verwendenden Begriffe, eine Liste mit Kurzerläuterungen zu häufig verwendeten Fachbegriffen und Textbausteine zum Thema Risiko entwickelt. Hingewiesen sei auch auf die Studien des Bundesministeriums für Ernährung, Landwirtschaft und Verbraucherschutz[35] und der Universität Hohenheim,[36] die sich ebenfalls mit Fragen der verständlichen Sprache in Bezug auf Finanzprodukte befassen.

III. Art des Finanzinstrumentes (Abs. 1 Satz 2 Nr. 1)

16 Bei der Beschreibung der **Art des Finanzinstrumentes** soll die übergeordnete Produktkategorie angegeben werden.[37] Da das Informationsblatt für einen durchschnittlich informierten Anleger verständlich sein muss, sind hiermit nicht die im Kapitalmarkt- oder Aktienrecht verwandten Wertpapiergattungsbegriffe[38] gemeint, da diese teilweise sehr feingliedrig und technisch aus Sicht der jeweiligen Regulierung oder Verwendungsart gefasst sind. Nicht zulässig dürften zudem werblich gemeinte Produktbezeichnungen sein, da diese dem Anleger in der Regel nicht die Zuordnung des Finanzinstrumentes zu einer übergeordneten Produktkategorie ermöglichen. Als Beispiele für mögliche Produktkategorien[39] nennt die BaFin[40] Aktie, Wandelanleihe oder Bonus-Zertifikat. Weitere Produktgattungen wären beispielsweise Anleihe/Schuldverschreibung, Pfandbrief oder Optionsschein.

17 Ferner sollen unter dieser Rubrik die Wertpapierkennnummer (WKN) und die International Securities Identification Number (ISIN) oder, wenn diese nicht vorhanden ist, eine andere eindeutige Identifizierungsmöglichkeit angegeben werden.[41] Da OTC-Derivate aufgrund ihrer vertraglichen Ausgestaltung in der Regel nicht über eine einheitliche Kennnummer o.Ä. verfügen, sollte es genügen, über weitere deskriptive Merkmale oder eine genaue Produktbezeichnung die Zuordnung zu einem konkreten Produkttyp zu ermöglichen. Der Emittent des Finanzinstrumentes soll

---

35 Studie „Evaluation von Produktinformationsblättern für Geldanlageprodukte", Studie im Auftrag der Bundesanstalt für Landwirtschaft und Ernährung für das Bundesministerium für Ernährung, Landwirtschaft und Verbraucherschutz (Az. 514-06.01-2810HS015, März 2012, S. 109).
36 Studie „An den Kunden vorbei. Die Sprache der Banken", Studie der Universität Hohenheim, der H&H Communications Lab GmbH und CLS Communication, 3. Quartal 2010.
37 BaFin-Rundschreiben 4/2013 (WA) vom 26. September 2013, Ziff. 3.2.1.
38 Vgl. *Heidelbach*, in: Schwark/Zimmer, § 32 BörsG Rn. 46 ff. und § 2 WpPG Rn. 30 ff.
39 Vgl. auch die Produktklassifikation des Deutschen Derivate Verbandes, der für den Bereich der strukturierten Finanzinstrumente 12 Kategorien entwickelt hat. Abrufbar unter: http://www.derivateverband.de/Wissen/Produktklassifizierung.
40 BaFin-Rundschreiben 4/2013 (WA) vom 26. September 2013, Ziff. 3.2.1.
41 BaFin-Rundschreiben 4/2013 (WA) vom 26. September 2013, Ziff. 3.2.1.

bezeichnet sowie seine Branche und Homepage benannt werden.[42] Zudem soll, wenn das Finanzinstrument zum Börsenhandel zugelassen ist, das Marktsegment benannt werden.[43] Für Aktien hat die BaFin gesondert festgelegt, dass auch ihre „Art" noch weiter erläutert werden soll.[44] Gemeint sein dürfte, ob es sich um eine Inhaber- oder Namensaktie handelt. Die Vinkulierung einer Namensaktie ist nicht zwingend eine wesentliche Information, wenn diese trotzdem fungibel ausgestaltet und damit kapitalmarktfähig ist.[45] Bei börsenzugelassenen vinkulierten Namensaktien ist hiervon regelmäßig auszugehen.[46]

IV. Funktionsweise des Finanzinstrumentes (Abs. 1 Satz 2 Nr. 2)

Das Informationsblatt muss eine für den angesprochenen Kundenkreis 18 verständliche **Funktionsbeschreibung** enthalten. Die Funktionsbeschreibung muss das konkrete Finanzinstrument abbilden, die Beschreibung nur der zugehörigen Produktgruppe ist nach Auffassung der BaFin nicht ausreichend.[47] Die Funktionsbeschreibung soll die wesentlichen Merkmale des Finanzinstrumentes darstellen. Aus Sicht des Anlegers dürften das die mit dem Finanzinstrument verbundenen wesentlichen Leistungsversprechen/Ansprüche gegen den Emittenten/Vertragspartner und deren grundsätzliche Ausgestaltung sein. Im Falle von **Schuldverschreibungen** wären dies vor allem die festen/variablen Erträge sowie die Vereinbarungen zur festen/variablen Kapitalrückzahlung. Eine Darstellung aller in den Anleihe-/Vertragsbedingungen getroffenen Vereinbarungen würde das Informationsblatt hingegen überfrachten. Bei **Aktien** wäre dies die Beschreibung der mitgliedschaftlichen Position des Anlegers. Aufgrund der gesetzlichen Regelung im Aktiengesetz wird diese Beschreibung aber notwendigerweise abstrakter bleiben müssen.

Teil der Funktionsbeschreibung ist die Angabe der wichtigsten **Pro-** 19 **duktdaten**. Bei einfachen Schuldverschreibungen wären dies beispielsweise Emissionstag, Rückzahlungstag, Zinszahlungstage, Nennbetrag, Zinssatz, Emissionskurs. Bei strukturierten Schuldverschreibungen kämen die strukturbedingten Produktdaten wie Bezugswert, Bezugsverhältnis, Basispreis etc. hinzu. Die Darstellung der spezifischen Produktdaten kann dann aus praktischen Gründen schwierig sein, wenn diese entweder noch nicht abschließend feststehen, etwa bei Zeichnungsphasen, oder wenn das Produkt, wie OTC-Derivate, einem stark volatilen Marktumfeld zuzurechnen ist. Für den ersten Fall gesteht die BaFin zu, dass dann eine Darstellung der Ermittlungsparameter der Angabe ausreichend ist.[48] Stark volatile Märkte wiederum führen dazu, dass die Produktdaten im

---

42 BaFin-Rundschreiben 4/2013 (WA) vom 26. September 2013, Ziff. 3.2.1.
43 BaFin-Rundschreiben 4/2013 (WA) vom 26. September 2013, Ziff. 3.2.1.
44 BaFin-Rundschreiben 4/2013 (WA) vom 26. September 2013, Ziff. 3.2.1.
45 Vgl. *Heidelbach*, in: Schwark/Zimmer, § 32 BörsG Rn. 27.
46 Vgl. *Heidelbach*, in: Schwark/Zimmer, § 5 BörsZulV Rn. 3.
47 BaFin-Rundschreiben 4/2013 (WA) vom 26. September 2013, Ziff. 3.2.2.
48 BaFin-Rundschreiben 4/2013 (WA) vom 26. September 2013, Ziff. 3.2.2.

Informationsblatt sehr wahrscheinlich nicht mit denen des konkret erworbenen Finanzinstrumentes übereinstimmen.[49] Dann ist die Angabe zwar grundsätzlich möglich, allerdings insbesondere auch aus Sicht des Anlegers wenig belastbar, da sie nur im Zeitpunkt der Erstellung des Informationsblattes zutrifft. Insbesondere ist ein Vergleich verschiedener Finanzinstrumente in solchen Fällen nur beschränkt möglich, da in der Praxis nicht alle Informationsblätter exakt zeitgleich erstellt sein werden. Die Darstellung der Ermittlungsparameter anstatt der konkreten Angabe ist für OTC-Derivate kein geeigneter Weg, da dann letztlich Marktentwicklungen beschrieben werden müssten.[50] Eine Lösung könnte es sein, in diesen Fällen auf konkrete Produktdaten zu verzichten[51] oder die Angabe marktnaher Produktdaten zuzulassen und hinsichtlich der konkreten Produktdaten auf die Geschäftsbestätigung zu verweisen.

V. Risikoangaben (Abs. 1 Satz 2 Nr. 3)

20 Im Informationsblatt sind die produktspezifischen Risiken des Finanzinstrumentes zu nennen und zu erläutern.[52] Das gilt, wie für alle Informationen im Informationsblatt, nicht einschränkungslos. Darzustellen sind die wesentlichen, typischen Risiken.[53] Die BaFin schreibt ergänzend vor, dass die im Informationsblatt genannten Risiken aus Sicht des Anlegers nach ihrer Bedeutung zu gewichten, d.h. in die entsprechende Reihenfolge zu bringen sind. Als Kriterien hierfür werden die mögliche Verlusthöhe und die Eintrittswahrscheinlichkeit des Risikos genannt.[54] Aus dieser Sicht dürfte für einfache Finanzinstrumente, die aufgrund ihrer Produktbeschreibung nur überschaubare produktspezifische Risiken aufweisen, das Emittenten-/Kontrahentenrisiko regelmäßig zuerst zu nennen sein. Anschließend würden, je nach Relevanz, produktspezifische Risiken wie beispielsweise das Kursänderungs- oder Liquiditätsrisiko beschrieben.[55] Bei strukturierten Finanzinstrumenten ist diese Priorisierung nicht so eindeutig. So kann produktspezifischen Risiken durchaus eine höhere Bedeutung zukommen als dem Emittenten-/Kontrahentenrisiko.[56] Weitgehend Einigkeit besteht darüber, dass insbesondere bei Produkten mit Kapitalschutz das Emittenten-/Kontrahentenrisiko an erster Stelle zu nennen ist.[57]

---

49 Richter, CRP 2014, 176, 177.
50 Ebenso Richter, CRP 2014, 176, 177.
51 Ebenso Richter, CRP 2014, 176, 177.
52 Vgl. § 5a Abs. 1 Nr. 3; Preuße/Seitz/Lesser, BKR 2014, 70, 75; Preuße/Schmidt, BKR 2011, 265, 267.
53 § 5a Abs. 1 Satz 2; vgl. näher Preuße/Seitz/Lesser, BKR 2014, 70, 75; Preuße/ Schmidt, BKR 2011, 265, 267.
54 BaFin-Rundschreiben 4/2013 (WA) vom 26. September 2013, Ziff. 3.2.3.1.
55 Preuße/Seitz/Lesser, BKR 2014, 70, 75.
56 Preuße/Seitz/Lesser, BKR 2014, 70, 75.
57 Preuße/Seitz/Lesser, BKR 2014, 70, 75.

Inhaltlich müssen die wesentlichen Risiken in einer für den Anleger verständlichen Weise beschrieben werden. Unzulässig ist die bloße Aufzählung, ohne weitere Erläuterung oder ohne Relevanz für das dem Informationsblatt zugrundeliegende Finanzinstrument.[58] Aufgrund der vorgeschriebenen Kürze des Informationsblattes kann allerdings nur eine prägnante Erläuterung des Risikos mit dessen Auswirkungen für den Anleger gemeint sein. Für weiterführende Risikohinweise muss daher auf den zugrundeliegenden Prospekt zurückgegriffen werden.[59]

21

Nicht mehr als Teil des Emittenten-/Kontrahentenrisikos soll zukünftig die Zugehörigkeit zu einer Sicherungseinrichtung beschrieben werden, da dieses nach Auffassung der BaFin als Relativierung der Risikobeschreibung verstanden werden kann.[60] Zulässig ist deren Nennung ohnehin nur, wenn das dem Informationsblatt zugrundeliegende Finanzinstrument vom Haftungsumfang der Sicherungseinrichtung auch erfasst ist. Da dies für den Anleger gleichwohl eine wesentliche Information ist, darf dieser Hinweis auch weiterhin erfolgen, allerdings nur in objektiver Darstellungsform an einer neutralen Stelle im Informationsblatt.[61] Sofern das Finanzinstrument keiner Einlagensicherung unterliegt, ist es in der Praxis jedoch weiterhin möglich und geboten, dies im Zusammenhang mit dem Emittenten-/Kontrahentenrisiko klarzustellen.[62]

22

VI. Festlegung des Zielmarktes (Abs. 1 Satz 2 Nr. 3a)

Nr. 3a legt fest, dass der Zielmarkt für ein Finanzinstrument im Informationsblatt genannt werden muss. Die materielle Grundlage hierfür findet sich in § 33 Abs. 3b WpHG,[63] der seinerseits Art. 16 Abs. 3 MiFID II[64] umsetzt. Es ist geplant, diese Angabepflicht zum 3. Januar 2017 in Kraft treten zu lassen.[65]

23

Zur inhaltlichen Definition des Zielmarktes sagen weder § 33 Abs. 3b WpHG noch Art. 16 Abs. 3 MiFID II Genaues. Genannt werden lediglich Kriterien, die eine Zielmarktdefinition berücksichtigen muss. So sollen beispielsweise der Anlagehorizont des Endkunden und seine Fähigkeit, Verluste aus der Anlage zu tragen, ebenso berücksichtigt werden wie die relevanten Risiken aus dem Finanzinstrument.

24

---

58 BaFin-Rundschreiben 4/2013 (WA) vom 26. September 2013, Ziff. 3.2.3.1.
59 *Preuße/Seitz/Lesser*, BKR 2014, 70, 75.
60 BaFin-Rundschreiben 4/2013 (WA) vom 26. September 2013, Ziff. 3.2.3.1.
61 *Preuße/Seitz/Lesser*, BKR 2014, 70, 75.
62 *Preuße/Seitz/Lesser*, BKR 2014, 70, 75.
63 Einfügung durch das Kleinanlegerschutzgesetz, vgl. Art. 3 Nr. 7 a, Gesetzentwurf der Bundesregierung, BT-Drs. 18/3994.
64 Richtlinie 2014/65/EU vom 15. Mai 2014 über Märkte für Finanzinstrumente, ABl. L 173 v. 12.6.2014, S. 349.
65 Vgl. Art. 13 Abs. 2 Kleinanlegerschutzgesetz, Gesetzentwurf der Bundesregierung, BT-Drs. 18/3994.

25 Die Festlegung des Zielmarktes ist regelmäßig zu überprüfen und ggf. anzupassen (§ 33 Abs. 3c WpHG n.F.).[66]

VII. Szenariodarstellung (Abs. 1 Satz 2 Nr. 4)

26 Mittels der Szenariodarstellung sollen die Aussichten der Rückzahlung des Kapitals und die erwarteten Erträge unter verschiedenen Marktbedingungen auf einer beispielhaften Basis dargestellt werden. Ziel ist es, dem Anleger ein besseres Bild von der Funktionsweise des Finanzinstrumentes und den Auswirkungen von Marktschwankungen hierauf zu verschaffen. Die Szenarien müssen realistisch sein, und es müssen die zugrundeliegenden Annahmen offengelegt werden.[67] Die Szenariodarstellung kann grundsätzlich sowohl in Textform als auch graphisch, z.B. in Tabellenform, erfolgen. In der Praxis empfiehlt es sich, die Szenarien in jedem Fall zumindest auch in Textform darzustellen. Rein textliche PIBs werden grundsätzlich besser verstanden als rein visuelle. In einzelnen Rubriken wirken visuelle Darstellungen jedoch verständnisfördernd. Wichtig ist in diesem Zusammenhang, dass Grafiken prägnant erläutert sein müssen.[68]

27 Die BaFin ist der Auffassung, dass ausschließliche Bruttobetrachtungen, die die Auswirkungen von bei dem Erwerb und dem Halten für den Anleger anfallenden Kosten nicht berücksichtigen, nicht zulässig sind.[69] Aufzunehmen sind in das Informationsblatt entweder eine Nettobetrachtung des Szenarios oder eine kombinierte Brutto-Netto-Betrachtung.[70] Aus Sicht des Anlegers erhöht diese Vorgabe nicht zwingend die Transparenz über das Finanzinstrument. Eine Schwäche dieser Vorgabe ist es sicherlich, dass der tatsächliche Zahlungsstrom aus dem Finanzinstrument bei einer reinen Nettodarstellung fast immer vom Szenario abweichen wird, da die in der Nettobetrachtung zu berücksichtigenden Kosten in der Praxis mit der Rückzahlung des Kapitals oder den Ertragniszahlungen nicht saldiert werden. So werden beispielsweise die Depotkosten dem Anleger regelmäßig einmal jährlich insgesamt berechnet. Dem Anleger wird das Nachvollziehen der tatsächlichen Zahlungen unter dem Finanzinstrument also eher erschwert.[71]

---

66 Vgl. Art. 3 Nr. 7a Kleinanlegerschutzgesetz, Gesetzentwurf der Bundesregierung, BR-Drs. 638/14.
67 *Preuße/Seitz/Lesser*, BKR 2014, 70, 75.
68 *Preuße/Seitz/Lesser*, BKR 2014, 70, 75; s. hierzu die Empfehlung in der Studie „Evaluation von Produktinformationsblättern für Geldanlageprodukte", Studie im Auftrag der Bundesanstalt für Landwirtschaft und Ernährung für das Bundesministerium für Ernährung, Landwirtschaft und Verbraucherschutz (Az. 514-06.01-2810HS015, März 2012), S. 109.
69 BaFin-Rundschreiben 4/2013 (WA) vom 26. September 2013, Ziff. 3.2.4.2.
70 BaFin-Rundschreiben 4/2013 (WA) vom 26. September 2013, Ziff. 3.2.4.2.
71 *Preuße/Seitz/Lesser*, BKR 2014, 70, 75.

Der Szenariodarstellung müssen realistische Kostensätze zu Grunde gelegt werden. Zulässig ist es aber, mit typisierten Kostensätzen zu arbeiten, wenn diese in der Praxis weitgehend Verwendung finden. In jedem Fall müssen die Annahmen, die den Szenarien zu Grunde liegen, offengelegt werden.[72] Hierzu zählen z.B. Angaben zum Anlagezeitraum, d.h. der angenommenen Haltedauer oder dem börslichen oder außerbörslichen Erwerb, da hiermit in der Regel unterschiedliche Erwerbsnebenkosten verbunden sind. 28

Für einfache Finanzinstrumente, wie Aktien oder festverzinsliche Anleihen, sind die im Rundschreiben genannten Beispielrechnungen nur wenig geeignet. Die hierfür notwendige Endfälligkeitsbetrachtung ist im Falle von Aktien begrifflich ausgeschlossen. Bei einer festverzinslichen Anleihe werden, unabhängig von Marktentwicklungen, am Laufzeitende die in den Anleihebedingungen festgelegten Zahlungen geleistet, so dass es keine Szenarien unter verschiedenen Marktbedingungen gibt.[73] Daher verbleibt für diese Finanzinstrumente nur die Beschreibung von allgemeinen Marktentwicklungen.[74] 29

VIII. Kostenangaben (Abs. 1 Satz 2 Nr. 5)

§ 5a legt fest, dass im Informationsblatt mit der Anlage verbundene Kosten genannt werden müssen, sofern diese anfallen.[75] Auch diese Informationspflicht ist aus Sicht des für die Informationsblätter grundsätzlich geltenden Wesentlichkeitsgrundsatzes[76] zu betrachten und daher Grenzen unterworfen. Nicht gemeint ist die Angabe der konkreten, bei dem einzelnen Anleger individuell anfallenden Kosten, da das Informationsblatt keinen Bezug zu einem konkreten Anleger oder einer konkreten Anlegergruppe herstellt. Diese Verknüpfung ist der individuellen Anlageberatung vorbehalten. Auch aus einem anderen Blickwinkel müssen die Kostenangaben im Informationsblatt notwendigerweise abstrakt bleiben. Die tatsächlich beim Anleger anfallenden Erwerbs- und Erwerbsnebenkosten hängen von vielen Komponenten, wie beispielsweise der Ordergröße und dem Handelsplatz, ab, die im Zeitpunkt der Zurverfügungstellung des Informationsblattes nicht feststehen. Die mit dem BaFin-Rundschreiben vorgeschriebene Angabe von institutsspezifischen Kosten ist da- 30

---

72 BaFin-Rundschreiben 4/2013 (WA) vom 26. September 2013, Ziff. 3.2.4.2.
73 *Preuße/Seitz/Lesser*, BKR 2014, 70, 75.
74 Z.B. des Marktzinsniveaus oder der Aktienmärkte; vgl. tabellarische Darstellung im BaFin-Rundschreiben 4/2013 (WA) vom 26. September 2013, Ziff. 3.2.4.1, die mit den marktpreisbestimmenden Faktoren gleichzeitig etwaige Szenarien beschreibt und daher auch als Szenariobeschreibung zulässig sein sollte.
75 Beim Festpreisgeschäft wird das Geschäft zwischen dem Anleger und der Bank/Sparkasse zu einem festen oder bestimmbaren Preis vereinbart. Dieser umfasst alle Erwerbskosten und einen Erlös für die Bank/Sparkasse. Kosten i.S.d. § 5 Abs. 1 Satz 2 Nr. 5 fallen daneben in der Regel nicht mehr an.
76 Vgl. *Koller*, in: Assmann/Schneider, § 31 Rn. 128.

her im Sinne einer Orientierungsgröße zu verstehen, aus der der Anleger die Kostenbelastung im Wesentlichen erkennen kann.[77] Die Angabe eines Erwerbshöchstbetrages[78] ist hierfür eine gute Möglichkeit. Die mit der Kostenangabepflicht verbundene Warnfunktion für den Anleger wird hiermit jedenfalls erfüllt.[79] Bezüglich der Erwerbsnebenkosten[80] genügt nach dem BaFin-Rundschreiben ein abstrakter Hinweis darauf, dass diese zusätzlich anfallen.[81] Vertriebsprovisionen/Zuwendungen i.S.d. § 31d WpHG zählen nicht zu den Kosten, da sie die Leistung eines Dritten an das beratende Wertpapierdienstleistungsunternehmen darstellen.[82] Eine freiwillige Aufnahme in das Informationsblatt ist aber zulässig.[83]

D. Vergleichsmöglichkeit (Abs. 1 Satz 2 a.E.)

31 Die Vorschrift bestimmt weiter, dass auf Basis des Informationsblattes ein bestmöglicher Vergleich mit den Merkmalen anderer Finanzinstrumente möglich sein soll. Die Formulierung „bestmöglich" ist einschränkend zu verstehen. Nicht gemeint ist eine absolute Vergleichbarkeit, dazu ist die Varianz der durch den Begriff Finanzinstrumente in den Anwendungsbereich des § 31 Abs. 3a WpHG einbezogenen Produkte wesentlich zu groß.

32 In der Praxis hat sich der von der Deutschen Kreditwirtschaft entwickelte Standard für Informationsblätter[84] etabliert, der auch von der BaFin bislang nicht bemängelt wurde.[85] Er gliedert die Informationen in acht Rubriken:

1. Produktbeschreibung/Funktionsweise

2. Produktdaten

3. Risiken

4. Verfügbarkeit

5. Chancen und beispielhafte Szenariobetrachtung

6. Kosten

7. Besteuerung

8. Sonstige Hinweise

---

77 BaFin-Rundschreiben 4/2013 (WA) vom 26. September 2013, Ziff. 3.2.5.
78 BaFin-Rundschreiben 4/2013 (WA) vom 26. September 2013, Ziff. 3.2.5.
79 BaFin-Rundschreiben 4/2013 (WA) vom 26. September 2013, Ziff. 3.2.5.
80 Börsengebühren, Depotgebühren.
81 BaFin-Rundschreiben 4/2013 (WA) vom 26. September 2013, Ziff. 3.2.5.
82 *Preuße/Schmidt*, BKR 2011, 265, 268.
83 *Preuße/Schmidt*, BKR 2011, 265, 268.
84 Vgl. Pressemitteilung der DK vom 14. März 2011; abrufbar unter http://www.die-deutsche-kreditwirtschaft.de/dk/pressemitteilungen/2011.
85 *Richter*, CRP 2014, 176 f.

Der einheitliche Aufbau gewährleistet es, dass der Anleger die wesentlichen Merkmale eines Finanzinstrumentes immer an gleicher Stelle finden kann. Er ermöglicht dem Anleger damit eine hinreichende Vergleichsmöglichkeit i.S.d. § 5a Abs. 1 Satz 2.

E. Verbot werbender Angaben (Abs. 1 Satz 3)

Satz 3 stellt klar, dass die Informationsblätter als sachliches Aufklärungsmaterial zu verstehen sind. Werbliche Aussagen dürfen in ihnen nicht enthalten sein. Sie sind damit abzugrenzen von ähnlichen produktbezogenen Werbemitteilungen wie Flyern, Term Sheets etc.[86] Letztere sind in den Grenzen der § 31 Abs. 2 WpHG/§ 4[87] weiter zulässig, jedoch müssen sie sich von den Informationsblättern deutlich unterscheiden lassen. Um eine Irreführung zu vermeiden, ist es daher ratsam, die Informationsblätter schon in der Überschrift eindeutig als gesetzlich geregeltes Aufklärungsmaterial zu kennzeichnen.[88]

33

F. Elektronische Informationsblätter (Abs. 2)

Abs. 2 stellt klar, dass die Informationsblätter dem Kunden auch in elektronischer Form zur Verfügung gestellt werden können. Diese Klarstellung ist erforderlich, da § 31 Abs. 3a WpHG vom Regelfall der Anlageberatung unter Anwesenden ausgeht, bei der die Zurverfügungstellung in gedruckter Form grundsätzlich möglich ist.[89] Bei anderen Beratungsarten, wie beispielsweise der telefonischen Anlageberatung, bedarf es weiterer Formen der Zurverfügungstellung.

34

Eine elektronische Zurverfügungstellung kann etwa durch Übersendung des Informationsblattes per E-Mail oder durch den Hinweis auf die exakte Fundstelle im Internet erfolgen.[90] Das Informationsblatt muss für den Kunden ausdruckbar und speicherbar sein, damit er vergleichbar einem Ausdruck die uneingeschränkte Verfügungsmacht hierüber erlangt.[91] Eine geeignete Dateiform kann das PDF-Format sein.[92]

35

Auch die elektronische Zurverfügungstellung muss das Kriterium der Rechtzeitigkeit des § 31 Abs. 3a WpHG erfüllen.[93] Dies bedeutet, dass

36

---

86 Vgl. zur Definition Werbemitteilung: *Rothenhöfer*, in: Schwark/Zimmer, § 31 WpHG Rn. 92 ff.
87 Vgl. auch BaFin-Rundschreiben 4/2010 (WA) – BT 3 MaComp.
88 Die BaFin schlägt etwa die Bezeichnung „Informationsblatt nach § 31 Abs. 3a Wertpapierhandelsgesetz" vor. Vgl. BaFin-Rundschreiben 4/2013 (WA) vom 26. September 2013, Ziff. 3.1.1.
89 Vgl. BaFin-Rundschreiben 4/2013 (WA) vom 26. September 2013, Ziff. 2.
90 Vgl. schon die Regierungsbegründung zu § 31 Abs. 3a WpHG, BT-Drs. 17/3628, S. 21; BaFin-Rundschreiben 4/2013 (WA) vom 26. September 2013, Ziff. 2.
91 BaFin-Rundschreiben 4/2013 (WA) vom 26. September 2013, Ziff. 2.
92 BaFin-Rundschreiben 4/2013 (WA) vom 26. September 2013, Ziff. 2.
93 Vgl. hierzu: BaFin-Rundschreiben 4/2013 (WA) vom 26. September 2013, Ziff. 2.

auch die Zurverfügungstellung des elektronischen Dokumentes rechtzeitig vor Geschäftsabschluss erfolgen muss, so dass der Kunde die im Informationsblatt enthaltenen Angaben in einem angemessenen Zeitrahmen zur Kenntnis nehmen kann.[94]

---

[94] BaFin-Rundschreiben 4/2013 (WA) vom 26. September 2013, Ziff. 2.2.

§ 5b Hinreichende Anzahl von auf dem Markt angebotenen Finanzinstrumenten

Die hinreichende Anzahl von auf dem Markt angebotenen Finanzinstrumenten im Sinne des § 31 Absatz 4c Satz 1 Nummer 1 des Wertpapierhandelsgesetzes bestimmt sich in Bezug auf die am Markt angebotenen Finanzinstrumente, die mit vertretbarem Aufwand verfügbar sind, und die Menge der Finanzinstrumente, die für den Kunden geeignet sind im Sinne des § 31 Absatz 4 Satz 2 des Wertpapierhandelsgesetzes. Ein Wertpapierdienstleistungsunternehmen muss sicherstellen, dass die seiner Empfehlung zugrunde liegende Auswahl eine angemessene Streuung aufweist hinsichtlich verschiedener Arten von Finanzinstrumenten und deren Anbieter oder Emittenten. Die Streuung hinsichtlich der Arten von Finanzinstrumenten kann beispielsweise darin bestehen, dass sich die Finanzinstrumente hinsichtlich

- **der Funktionsweise oder Ausstattung oder**
- **der Art oder dem Umfang der mit ihnen verbundenen Risiken oder**
- **den mit der Anlage verbundenen Kosten**

unterscheiden.

Inhalt

	Rn.		Rn.
A. Hintergrund	1	I. Mit vertretbarem Aufwand am Markt verfügbare Finanzinstrumente	3
B. Anforderungen an die hinreichende Anzahl von auf dem Markt angebotenen Finanzinstrumenten	3	II. Hinreichende Streuung nach Art und Herkunft	6

A. Hintergrund

§ 5b ist zu beachten, wenn ein Wertpapierdienstleistungsunternehmen 1 die Anlageberatung in der Form einer Honoraranlageberatung erbringt. Er gilt damit nicht für die provisionsgestützte Anlageberatung.[1] § 5b konkretisiert die nach § 31 Abs. 4c Nr. 1a und b WpHG geforderte hinreichende Anzahl von auf dem Markt angebotenen Finanzinstrumenten sowie deren hinreichende Streuung hinsichtlich ihrer Art[2] und Herkunft[3].

---

1 Vgl. dazu § 5 Abs. 2 Nr. 2a.
2 § 31 Abs. 4c Nr. 1a WpHG.
3 § 31 Abs. 4c Nr. 1b WpHG.

2 Nach § 31 Abs. 4b WpHG liegt eine Honoraranlageberatung vor, wenn der Kunde vor Beginn der Beratung und vor Abschluss des Beratungsvertrages darüber informiert wird, dass diese in Form der Honoraranlageberatung erbracht wird. Der Gesetzgeber knüpft bei der Eröffnung des Anwendungsbereichs mithin an die formelle Bezeichnung der Beratungsform an.[4]

B. Anforderungen an die hinreichende Anzahl von auf dem Markt angebotenen Finanzinstrumenten

I. Mit vertretbarem Aufwand am Markt verfügbare Finanzinstrumente

3 Zielrichtung der Vorschrift ist es, eine ausreichende Analyse des Marktes durch den Honoraranlageberater sicherzustellen. Der Honoraranlageberater soll über einen Marktüberblick verfügen und seiner Empfehlung einen hinreichenden Rahmen von Finanzinstrumenten zugrunde legen.[5] Dies ist erforderlich, um dem Kunden auch tatsächlich ein für ihn geeignetes Produkt empfehlen zu können. Nicht gemeint ist eine Betrachtung aller am Finanzmarkt verfügbaren Finanzinstrumente,[6] da dies vor dem Hintergrund einer unüberschaubaren Anzahl von Produkten von einer Vielzahl von Emittenten praktisch unmöglich wäre.

4 Der „vertretbare Aufwand" kann daher nicht quantitativ im Sinne einer Mindestanzahl von betrachteten Finanzinstrumenten verstanden werden.[7] Vielmehr ist eine qualitative Bewertung angezeigt. Die Marktanalyse sollte – abhängig von Inhalt und Ziel der Honoraranlageberatung – eine gewisse Spannweite erreichen, die die Breite der am Finanzmarkt angebotenen Finanzinstrumente, zu denen die Anlageberatung erfolgt, im Wesentlichen berücksichtigt, ohne dass von jedem Typ eines Finanzinstruments[8] jedes einzelne Finanzinstrument in die Analyse mit einbezogen wurde.[9] Findet die Honoraranlageberatung nur zu einem bestimmten Markt oder Marktsegment statt, müssen nur Finanzinstrumente aus diesem Markt oder Marktsegment berücksichtigt werden.[10]

5 Der Aufwand dürfte zudem dann nicht mehr vertretbar sein, wenn die Informationsbeschaffung über ein Finanzinstrument, beispielsweise über

---

4   Vgl. Reg.-Begr. zum Honoraranlageberatungsgesetz, BT-Drs. 17/12295, S. 14.
5   Vgl. Reg.-Begr. zum Honoraranlageberatungsgesetz, BT-Drs. 17/12295, S. 15.
6   Vgl. auch die Reg.-Begr. zum Honoraranlageberatungsgesetz, BT-Drs. 17/12295, S. 15.
7   Vgl. Begründung zur Zweiten Verordnung zur Änderung der Wertpapierdienstleistungs-, Verhaltens- und Organisationsverordnung, Art. 1 Nr. 3.
8   Vgl. z.B. die Derivateliga des Deutschen Derivate Verbandes e.V., abrufbar unter www.derivateverband.de/Wissen/Produktklassifizierung.
9   Vgl. Begründung zur Zweiten Verordnung zur Änderung der Wertpapierdienstleistungs-, Verhaltens- und Organisationsverordnung, Art. 1 Nr. 3.
10 Vgl. Begründung zur Zweiten Verordnung zur Änderung der Wertpapierdienstleistungs-, Verhaltens- und Organisationsverordnung, Art. 1 Nr. 3.

dessen Funktionsweise, aktuelle Konditionen und Ausstattung, nicht oder nicht mit überschaubarem Aufwand möglich ist. Insbesondere bei Finanzinstrumenten von ausländischen Emittenten kann dies der Fall sein, zudem wären hier ggf. Sprachbarrieren zu überwinden.

II. Hinreichende Streuung nach Art und Herkunft

Hinsichtlich der Streuung legt bereits § 31 Abs. 4c WpHG fest, dass nicht nur Finanzinstrumente eines Anbieters/Emittenten oder eines mit dem beratenden Wertpapierdienstleistungsunternehmen in enger Verbindung stehenden Anbieters/Emittenten der Empfehlung zugrunde liegen dürfen. § 5b wiederholt diese Anforderung. 6

Das Bestehen einer engen Verbindung wird weit verstanden.[11] Neben konzernrechtlichen Verflechtungen werden hierunter auch sonstige wirtschaftliche Verflechtungen verstanden.[12] Hierüber können Fälle erfasst sein, bei denen das beratende Wertpapierdienstleistungsunternehmen über einen Interessenverband, Finanzverband oder eine Finanzgruppe mit dem Anbieter/Emittenten in Verbindung steht.[13] Dabei soll aber die alleinige Mitgliedschaft hierin nicht genügen, es müssen weitere wirtschaftliche Aspekte hinzutreten, etwa weil der Anbieter/Emittent gemeinschaftlich von dem Interessenverband, Finanzverband oder der Finanzgruppe getragen oder betrieben wird und daher von einer Unternehmensgruppe auszugehen ist.[14] Eine so klare Abgrenzung, wie dies bei konzernrechtlichen Verflechtungen möglich ist, lässt sich auf dieser Basis allerdings kaum treffen. Zudem dürfte nicht jeder wirtschaftliche Aspekt im Hinblick auf den Zweck der Vorschrift, eine breit basierte Honoraranlageberatung sicherzustellen, auch bedenklich sein. 7

Als weitere Kriterien für eine hinreichende Streuung nennt die Vorschrift die folgenden Regelbeispiele: 8

– verschiedene Arten von Finanzinstrumenten,

– unterschiedliche Funktionsweise/Ausstattung des Finanzinstrumentes,

– verschiedenen Risiken oder

– unterschiedliche hiermit verbundene Kosten.

Die Regelbeispiele sind teilweise redundant und nicht ganz eindeutig. Ihr Mehrwert gegenüber der gesetzlichen Regelung in § 31 Abs. 4c Nr. 1a und b ist daher beschränkt. Unter „Art" eines Finanzinstrumentes könnten am ehesten die in § 2 WpHG genannten Wertpapierarten wie Aktien, Schuldtitel oder Derivate als grobe Kategorien verstanden werden. Eine so umfangreiche Streuung muss allerding nur berücksichtigt wer-

---

11 Vgl. Reg.-Begr. zum Honoraranlageberatungsgesetz, BT-Drs. 17/12295, S. 15.
12 Vgl. Reg.-Begr. zum Honoraranlageberatungsgesetz, BT-Drs. 17/12295, S. 15.
13 Vgl. Reg.-Begr. zum Honoraranlageberatungsgesetz, BT-Drs. 17/12295, S. 15.
14 Vgl. Reg.-Begr. zum Honoraranlageberatungsgesetz, BT-Drs. 17/12295, S. 15.

den, wenn die Anlageberatung inhaltlich auch so breit erfolgen soll, was in der Praxis nur selten der Fall sein dürfte. Die unterschiedliche Funktionsweise/Ausstattung dürfte bezogen auf eine Art von Finanzinstrumenten gemeint sein. Gleiches gilt für die verschiedenen Risiken und Kosten.

§ 6 Einholung von Kundenangaben

(1) Zu den nach § 31 Abs. 4 des Wertpapierhandelsgesetzes einzuholenden Informationen gehören, soweit erforderlich,

1. hinsichtlich der finanziellen Verhältnisse der Kunden Angaben über Grundlage und Höhe regelmäßiger Einkommen und regelmäßiger finanzieller Verpflichtungen sowie über vorhandene Vermögenswerte, insbesondere Barvermögen, Kapitalanlagen und Immobilienvermögen und

2. hinsichtlich der mit den Geschäften verfolgten Ziele Angaben über die Anlagedauer, die Risikobereitschaft des Kunden und den Zweck der Anlage.

(2) Zu den nach § 31 Abs. 4 und 5 des Wertpapierhandelsgesetzes einzuholenden Informationen über Kenntnisse und Erfahrungen der Kunden gehören, soweit in Abhängigkeit von der Einstufung des Kunden, der Art und des Umfanges der Wertpapierdienstleistung, der Art der Finanzinstrumente und der jeweils damit verbundenen Komplexität und Risiken erforderlich, Angaben zu

1. Arten von Wertpapierdienstleistungen oder Finanzinstrumenten, mit denen der Kunde vertraut ist,

2. Art, Umfang, Häufigkeit und Zeitraum zurückliegender Geschäfte des Kunden mit Finanzinstrumenten,

3. Ausbildung sowie der gegenwärtigen und relevanten früheren beruflichen Tätigkeiten des Kunden.

Wertpapierdienstleistungsunternehmen dürfen Kunden nicht dazu verleiten, Angaben nach § 31 Abs. 4 oder 5 des Wertpapierhandelsgesetzes zurückzuhalten.

Inhalt

	Rn.		Rn.
A. Hintergrund	1	IV. Mindestanforderungen an die Compliance-Funktion (MaComp)	10
I. Einführung	1		
II. Konkretisierung von § 31 Abs. 4 und 5 WpHG	2	V. Freiwillige Regelungen	11
1. Rechtssicherheit durch Konkretisierung	2	B. Sinn und Zweck der Regelung/ Verwendung der Kundenangaben	12
2. § 31 Abs. 4, 4a WpHG	3		
3. § 31 Abs. 5 WpHG	6	I. Sinn und Zweck	12
III. Europarechtliche Grundlage	9	II. Verwendung der Kundenangaben	16

- C. Besonderheiten bei professionellen Kunden (§ 31 Abs. 9 WpHG) 17
- D. § 6 Abs. 1: Kundenangaben nach § 31 Abs. 4 WpHG 23
  - I. Einführung 23
  - II. Finanzielle Verhältnisse (§ 6 Abs. 1 Nr. 1) 24
    1. Grundsatz 24
    2. Einkommen 27
    3. Finanzielle Verpflichtungen 30
    4. Vermögenswerte 32
    5. Besonderheit bei Oder-Depots (von Ehegatten) 35
  - III. Anlageziele (Abs. 1 Nr. 2) . 37
    1. Grundsatz 37
    2. Anlagedauer 38
    3. Risikobereitschaft 40
    4. Anlagezweck 43
    5. Erforderlichkeitsvorbehalt 44
- E. Kenntnisse und Erfahrungen (§ 6 Abs. 2) 45
  - I. Begriff der Kenntnisse und Erfahrungen 45
  - II. Einzuholende Informationen 48
    1. Wertpapierdienstleistungen und Finanzinstrumente (Nr. 1) 48
       - a) Wertpapierdienstleistungen 48
       - b) Finanzinstrumente .. 49
       - c) „vertraut" 50
    2. Art, Umfang, Häufigkeit und Zeitraum (Abs. 2 Satz 1 Nr. 2) 51
       - a) Grundsatz 51
       - b) Art der Geschäfte .. 53
       - c) Umfang der Geschäfte 54
       - d) Häufigkeit der Geschäfte 55
       - e) Zeitraum der Geschäfte 57
    3. Ausbildung und Beruf (Abs. 2 Satz 1 Nr. 3) ... 58
       - a) Grundsatz 58
       - b) Ausbildung 60
       - c) Berufliche Tätigkeit . 61
       - d) Beispiele 62
  - III. Erforderlichkeitsgrundsatz/ Verhältnismäßigkeitsgrundsatz 64
    1. Grundsatz 64
    2. Einzelne Kriterien 65
- F. Überprüfung der Kundenangaben 66
  - I. Regelung im WpHG 66
  - II. BT 7 MaComp: Zuverlässigkeit der Kundeninformationen 69
    1. Maßnahmen 70
    2. Vorschläge für Fragen bei Selbsteinschätzung des Kunden 74
    3. Kontrollen 75
    4. Verringerung von Risiken 77
    5. Gesamtheitliche Betrachtung der Informationen 78
- G. Erforderlichkeitsvorbehalt 79
  - I. Grundsatz des § 31 Abs. 4 WpHG/Sinn und Zweck ... 79
  - II. Konkretisierung in § 6 81
  - III. Konkretisierungen in den MaComp 83
  - IV. Beispiele fehlender Erforderlichkeit 93
  - V. Keine Bagatellgrenzen 95
  - VI. Kein genereller Verzicht wegen Aufklärung 96
- H. Bemühungen zur Erlangung der Angaben 97
- I. Verweigerung der Kundenangaben 99
  - I. Grundsatz 99
  - II. Dokumentation der Verweigerung 100
- J. Konsequenzen bei dem Fehlen erforderlicher Kundenangaben 101
- K. Aktualisierung 104
  - I. Pflicht des Wertpapierdienstleistungsunternehmens 104
  - II. Hinweis durch Kunden 110

L. Besondere Konstellationen/
   Vertretung des Kunden 111
   I. Vertretung bei natürlichen
      Personen 111
   II. Vertretung bei juristischen
       Personen 112
III. Testamentsvollstreckung .. 113
IV. „Oder-Depots" 114
M. Unterschrift 115
N. Dokumentation/Standardisierung 116

A. Hintergrund*

I. Einführung

Die Norm regelt die **Einholung der Kundenangaben** durch ein Wertpapierdienstleistungsunternehmen. § 6 gehört zu den **Ursprungsregelungen** der WpDVerOV. Die Vorschrift wurde seit deren Inkrafttreten nicht geändert. Ermächtigungsgrundlage von § 6 ist § 31 Abs. 11 Satz 1 Nr. 3 WpHG. *1*

II. Konkretisierung von § 31 Abs. 4 und 5 WpHG

1. Rechtssicherheit durch Konkretisierung

Die Regelung konkretisiert mit § 31 Abs. 4 und 5 WpHG zwei zentrale **Verhaltenspflichten** für Wertpapierdienstleistungsunternehmen. Zu Recht wird angemerkt, dass die ausführliche und detaillierte Regelung insbesondere auch durch § 6 Abs. 2 für „ein hohes Maß an Rechtssicherheit" für die Wertpapierdienstleistungsunternehmen sorgt.[1] *2*

2. § 31 Abs. 4, 4a WpHG

Nach § 31 Abs. 4 Satz 1 WpHG muss ein Wertpapierdienstleistungsunternehmen, das die Anlageberatung oder Finanzportfolioverwaltung erbringt, von den Kunden alle Informationen einholen über **Kenntnisse und Erfahrungen** der Kunden in Bezug auf Geschäfte mit bestimmten Arten von Finanzinstrumenten oder Wertpapierdienstleistungen, über die **Anlageziele** der Kunden und über ihre **finanziellen Verhältnisse**, die erforderlich sind, um den Kunden ein für sie geeignetes Finanzinstrument oder eine für sie geeignete Wertpapierdienstleistung empfehlen zu können. *3*

Die **Geeignetheit** beurteilt sich gem. Satz 2 danach, ob das konkrete Geschäft, das dem Kunden empfohlen wird, oder die konkrete Wertpapierdienstleistung im Rahmen der Finanzportfolioverwaltung den Anlagezielen des betreffenden Kunden entspricht, die hieraus erwachsenden Anlagerisiken für den Kunden seinen Anlagezielen entsprechend finanziell tragbar sind und der Kunde mit seinen Kenntnissen und Erfahrungen die hieraus erwachsenden Anlagerisiken verstehen kann. Erlangt *4*

---

* Der Verfasser ist Mitarbeiter der BaFin. Er gibt in diesem Beitrag nur seine persönliche Auffassung wieder.
1 Veil, WM 2007, 1821, 1823.

WpDVerOV § 6 Einholung von Kundenangaben

das Wertpapierdienstleistungsunternehmen die erforderlichen Informationen nicht, darf es nach Satz 3 im Zusammenhang mit einer Anlageberatung kein Finanzinstrument empfehlen oder im Zusammenhang mit einer Finanzportfolioverwaltung keine Empfehlung abgeben.

5 § 31 Abs. 4a WpHG statuiert ergänzend, dass ein Wertpapierdienstleistungsunternehmen, das die in Abs. 4 Satz 1 genannten Wertpapierdienstleistungen erbringt, seinen Kunden nur Finanzinstrumente empfehlen darf, die nach den eingeholten Informationen für den Kunden **geeignet** sind.[2] Die Geeignetheit beurteilt sich nach Abs. 4 Satz 2. Die aufsichtsrechtlich vorgeschriebene Geeignetheitsprüfung dürfte weitgehend deckungsgleich mit der zivilrechtlichen **anleger- und anlagegerechten Beratung** sein.[3]

3. § 31 Abs. 5 WpHG

6 Für andere als die in § 31 Abs. 4 WpHG genannten Wertpapierdienstleistungen zur Ausführung von Kundenaufträgen ergeben sich die Anforderungen aus Abs. 5. Wie bei Abs. 4 muss das Wertpapierdienstleistungsunternehmen – so Abs. 5 Satz 1 – zwar auch Angaben zu den **Kenntnissen und Erfahrungen** des Kunden einholen. Das gilt auch hier nur, wenn diese Informationen erforderlich sind, um die Angemessenheit der Finanzinstrumente oder Wertpapierdienstleistungen für die Kunden beurteilen zu können. Im Gegensatz zu Abs. 4 hat der Gesetzgeber aber auf Angaben zu den Anlagezielen und finanziellen Verhältnissen der Kunden verzichtet.

7 Die verminderten Anforderungen sind berechtigt, da Ziel hier nicht die Vornahme einer Geeignetheitsprüfung ist. Vielmehr hat das Wertpapierdienstleistungsunternehmen nur die **Angemessenheit** der Finanzinstrumente oder Wertpapierdienstleistungen für die Kunden zu prüfen. Die Angemessenheit beurteilt sich gem. § 31 Abs. 5 Satz 2 WpHG danach, ob der Kunde über die erforderlichen Kenntnisse und Erfahrungen verfügt, um die Risiken in Zusammenhang mit der Art der Finanzinstrumente, Wertpapierdienstleistungen angemessen beurteilen zu können. Die Angemessenheitsprüfung ist von daher eine Teilmenge der Geeignetheitsprüfung.

8 Gelangt ein Wertpapierdienstleistungsunternehmen – so Satz 3 – aufgrund der nach Satz 1 erhaltenen Informationen zu der Auffassung, dass das vom Kunden gewünschte Finanzinstrument oder die Wertpapierdienstleistung für den Kunden **nicht angemessen** ist, hat es den Kunden darauf hinzuweisen. Erlangt das Wertpapierdienstleistungsunternehmen nicht die erforderlichen Informationen, hat es nach Satz 4 den Kunden da-

---

2 Abs. 4a wurde im Rahmen des AnsFuG in § 31 eingefügt. Durch das Handlungsgebot des Satzes 1 soll die ordnungswidrigkeitsrechtliche Ahndung von Fehlverhalten ermöglicht werden.
3 *Lang/Kühne*, WM 2009, 1301, 1306.

rüber zu informieren, dass eine Beurteilung der Angemessenheit im Sinne von Satz 1 nicht möglich ist. Der Hinweis nach Satz 3 und die Information nach Satz 4 können – das legt Satz 5 fest – in standardisierter Form erfolgen.

III. Europarechtliche Grundlage

§ 31 Abs. 4 und 5 WpHG haben ihre europarechtliche Grundlage insbesondere in Art. 19 **MiFID**. *9*

IV. Mindestanforderungen an die Compliance-Funktion (MaComp)

Einzelne Aspekte der Einholung von Kundenangaben werden durch BT 7 MaComp konkretisiert.[4] *10*

V. Freiwillige Regelungen

Viele Wertpapierdienstleistungsunternehmen gehen sogar noch über die gesetzlichen Anforderungen hinaus. Vor dem Hintergrund eines vielfach praktizierten **„ganzheitlichen Beratungsansatzes"** besteht in diesen Instituten ein hohes Interesse, Potenziale zu erkennen und in einen Produktverkauf umzusetzen. *11*

B. Sinn und Zweck der Regelung/Verwendung der Kundenangaben

I. Sinn und Zweck

Hintergrund von § 31 Abs. 4, 4a und 5 WpHG ist die gesetzgeberische Wertung, dass sich die Verhaltenspflichten der §§ 31 ff. WpHG nicht in der Zurverfügungstellung angemessener Informationen und dem Verkauf von Finanzinstrumenten erschöpfen. Vielmehr muss das Wertpapierdienstleistungsunternehmen bestimmte Kenntnisse über seine Kunden besitzen, um diese sachgerecht aufklären und beraten zu können. Nur wenn das Kundenprofil bekannt ist, kann ein Handeln im **Interesse des Kunden** erfolgen.[5] *12*

---

4 Rundschreiben 4/2010 (WA) – Mindestanforderungen an die Compliance-Funktion und die weiteren Verhaltens-, Organisations- und Transparenzpflichten nach §§ 31 ff. WpHG für Wertpapierdienstleistungsunternehmen (**MaComp**) vom 07. Juni 2010, das mittlerweile in der Fassung vom 07.05.2014 vorliegt (Geschäftszeichen: WA 31-Wp 2002-2009/0010), abrufbar unter https://www.bafin.de/SharedDocs/Veroeffentlichungen/DE/Rundschreiben/rs_1004_wa_macomp.html?nn=2818068 (07.05.2014).

5 *Schäfer*, in: Heidel, § 32 WpHG Rn. 4; *Gaßner/Escher*, WM 1997, 93, 96.

13 Die Wertpapierdienstleistungsunternehmen sollen die Kunden darauf aufmerksam machen, dass **vollständige und korrekte Informationen** unerlässlich sind, damit die Unternehmen geeignete Produkte oder Dienstleistungen empfehlen können.[6] Anders gewendet muss das Wertpapierdienstleistungsunternehmen deshalb bei der Befragung deutlich machen, dass die Erteilung der Angaben im Kundeninteresse liegt.

14 Ein Ausfluss von im Kundeninteresse liegendem Handeln ist die Empfehlung geeigneter Produkte. Die Einholung von Kundenangaben ist deshalb immer in diesem Zusammenhang zu sehen. Unabhängig von der Unterschiedlichkeit des Umfangs der einzuholenden Informationen gilt stets als Grundregel, dass eine **Empfehlung** an den Kunden oder eine im Rahmen der Finanzportfolioverwaltung in seinem Namen getätigte Anlage für ihn geeignet sein muss.[7]

15 Letztendlich wird mit der Verpflichtung zur Einholung der Kundenangaben dem aus dem angloamerikanischen Rechtskreis bekannten **„know your customer-Prinzip"** Rechnung getragen.[8] Der Gesetzgeber (und die MiFID) weisen dabei der Anlageberatung und Finanzportfolioverwaltung das höchste Schutzniveau zu.[9]

II. Verwendung der Kundenangaben

16 Eine Verwendung der Angaben für andere Zwecke als der Aufklärung bzw. der Beratung darf nur mit **Zustimmung des Kunden** erfolgen.[10]

C. Besonderheiten bei professionellen Kunden (§ 31 Abs. 9 WpHG)

17 Hinsichtlich des Schutzniveaus stellt der Gesetzgeber nicht nur auf die jeweilig erbrachte Wertpapierdienstleistung ab. Eine zentrale Rolle spielt zudem die **Einstufung des Kunden**. Dem trägt § 31 Abs. 9 WpHG Rechnung. Danach hängt die Intensität der Verhaltenspflichten auch von der Kategorisierung als Privatkunde oder professioneller Kunde ab.[11] Damit wird der unterschiedlichen Schutzbedürftigkeit der einzelnen Kundengruppen Rechnung getragen.

18 Bei **professionellen Kunden** i.S.d. § 31a WpHG besteht deshalb nur eine stark reduzierte Erkundigungspflicht für das Wertpapierdienstleistungs-

---

6 BT 7.1 Tz. 3 Satz 2, 3 MaComp.
7 BT 7.4 Tz. 4 Satz 1 MaComp.
8 S. hierzu auch *Fuchs*, in: Fuchs, § 31 Rn. 188 f.
9 Begr. RegE FRUG, BT-Drs. 16/4028, S. 64.
10 So bereits explizit die (aufgehobene) Richtlinie zu §§ 31, 32 WpHG, Ziffer B 2.1 Abs. 3.
11 S. *Koller*, in: Assmann/Schneider, § 31 Rn. 136f., 141.

unternehmen.[12] Nicht geregelt ist, ob diese Pflicht nur Finanzinstrumente betrifft, für die der Kunde als professionell eingestuft ist.[13]

So kann das Wertpapierdienstleistungsunternehmen nach § 31 Abs. 9 Satz 1 WpHG, BT 7.4 Tz. 8 Satz 3 MaComp, wenn es die Anlageberatung oder die Finanzportfolioverwaltung für einen professionellen Kunden erbringt, von dem Vorliegen der erforderlichen **Kenntnisse und Erfahrungen** ausgehen. Zu diesen Punkten muss es dann keine Informationen einholen.[14] Der professionelle Kunde muss jedoch – das stellt BT 7.4 Tz. 8 Satz 3 MaComp klar – **korrekt** als solcher **eingestuft** worden sein.[15] *19*

Das Gleiche gilt nach § 31 Abs. 9 Satz 1 WpHG, BT 7.4 Tz. 8 Satz 3 MaComp hinsichtlich der **finanziellen Tragbarkeit** der Anlagerisiken des Kunden. Auch hier müssen grundsätzlich keine Informationen zu den finanziellen Verhältnissen des Kunden eingeholt werden.[16] *20*

Allerdings müssen nach BT 7.4 Tz. 9 Satz 2 MaComp dann entsprechende Informationen eingeholt werden, wenn die **Anlageziele** des Kunden dies erfordern. Möchte der Kunde beispielsweise ein Risiko absichern, benötigt das Unternehmen – so BT 7.4 Tz. 9 Satz 3 MaComp – detaillierte Informationen über dieses Risiko, um ein wirksames Sicherungsinstrument vorschlagen zu können.[17] *21*

Die Eignungsprüfung hat daher nur hinsichtlich der Frage zu erfolgen, ob ein Produkt oder ein im Rahmen der Portfolioverwaltung zu tätigendes Geschäft den **Anlagezielen** des Kunden entspricht.[18] Die **Angemessenheitsprüfung entfällt** bei einem professionellen Kunden hingegen völlig.[19] *22*

D. § 6 Abs. 1: Kundenangaben nach § 31 Abs. 4 WpHG

I. Einführung

Die in § 31 Abs. 4 WpHG enthaltenen Anforderungen werden weiter konkretisiert. Damit wird gleichzeitig der Bezug zu den hier zu Grunde liegenden Wertpapierdienstleistungen, nämlich der **Anlageberatung** i.S.d. § 2 Abs. 3 Satz 1 Nr. 9 WpHG sowie der **Finanzportfolioverwaltung**, die in § 2 Abs. 3 Satz 3 WpHG legal definiert wird, hergestellt. § 6 Abs. 1 verändert zwar die **Reihenfolge** der genannten einzelnen Kundenangaben *23*

---

12 S. Einzelheiten bei *Fuchs*, in: Fuchs, § 31 Rn. 200.
13 Das bejaht *Koller*, in: Assmann/Schneider, § 31 Rn. 143.
14 S. auch Begr. RegE FRUG, BT-Drs. 16/4028, S. 65; BT 7.4 Tz. 8 Satz 3 MaComp.
15 BT 7.4 Tz. 8 Satz 2 MaComp.
16 S. auch Begr. RegE FRUG, BT-Drs. 16/4028, S. 65.
17 BT 7.4 Tz. 9 Satz 2 MaComp.
18 Begr. RegE FRUG, BT-Drs. 16/4028, S. 65; s. auch BT 7.4 Tz. 9 Satz 1 MaComp, wo allerdings eine Einschränkung auf *geborene* professionelle Kunden vorgenommen wird.
19 Begr. RegE FRUG, BT-Drs. 16/4028, S. 65.

gegenüber § 31 Abs. 4 WpHG. Damit sind allerdings keine Konsequenzen inhaltlicher Art verbunden.

II. Finanzielle Verhältnisse (§ 6 Abs. 1 Nr. 1)

1. Grundsatz

24 Das Wertpapierdienstleistungsunternehmen muss den Kunden – wie bereits ausgeführt – gem. § 31 Abs. 4 Satz 1 WpHG zu seinen finanziellen Verhältnissen befragen.[20] In der Praxis ist dies für Kunden häufig der **sensibelste Bereich** der Befragung durch das Wertpapierdienstleistungsunternehmen.

25 Erfragt werden muss hier nicht bilanzmäßig jedes Detail des Einkommens sowie der Ausgaben des Kunden. Die Angaben müssen zudem nicht notwendigerweise „auf Heller und Pfennig" genau sein. Hier sind (aussagekräftige) **Circa-Angaben** ausreichend.[21] Werden die Daten, was grundsätzlich zulässig ist, in Größenklassen erhoben, müssen diese aussagekräftig sein.

26 Hinsichtlich des Umfangs der Fragen muss das Wertpapierdienstleistungsunternehmen berücksichtigen, ob die beabsichtigten Geschäfte aus **eigenen Mitteln oder durch Kredite** finanziert werden.[22]

2. Einkommen

27 Einzuholen sind hier nach § 6 Abs. 1 Nr. 1 Angaben über Grundlage und Höhe **regelmäßiger** Einkommen. Die **Einkommensgrundlage** betrifft die Herkunft des Geldes.[23] Dabei wird es sich i.d.R. um Einkommen aus unselbständiger oder selbständiger Tätigkeit handeln. Zu denken ist hierbei zudem an Renten- und Pensionseinkommen. Aber auch Mieteinnahmen, Erträge aus Kapitalanlagen, Einkommen aus beschränkt persönlichen Dienstbarkeiten u.a. fallen hierunter. Auch die **Höhe** der Einkommen ist anzugeben. Meist werden derartige Angaben auf monatlicher Basis erhoben, zwingend vorgegeben ist dies allerdings nicht.

28 Zu erfragen sind **regelmäßige** Einkommen. Für die Regelmäßigkeit gibt es keine konkreten Vorgaben. In der Praxis geht es hierbei meist um monatliche, aber auch um jährliche Zahlungen. Die Regelung umfasst dem Wortlaut nach nicht das Erfragen **unregelmäßiger** Einkünfte. Hierzu gehören etwa Geldgeschenke, Erbschaften oder Lottogewinne. Derartige finanzielle Zuflüsse werden häufig jedoch nicht unbedeutend sein. Von daher wird das Wertpapierdienstleistungsunternehmen an der Erhebung dieser Beträge i.d.R. ein eigenes Interesse haben.

---

20 S. hierzu auch BT 7.4 Tz. 5 Satz 4 MaComp mit einer Fokussierung auf „illiquide oder riskante Finanzinstrumente" und einer (leider) teilweise abweichenden Terminologie.
21 *Schrödermeier*, WM 1995, 2053, 2058.
22 *Fuchs*, in: Fuchs, § 31 Rn. 235.
23 BT 7.4 Satz 4 lit. c MaComp spricht hier von „Quelle".

Die MaComp weisen darauf hin, dass bei **illiquiden oder riskanten Finanzinstrumenten** weitere Angaben notwendig sein können, um beurteilen zu können, ob es die finanzielle Situation des Kunden gestattet, diese Instrumente zu erwerben. In diesem Zusammenhang werden weitere Parameter wie das „Gesamteinkommen des Kunden" oder „dauerhaftes" bzw. „zeitweiliges" Einkommen genannt.[24]   29

3. Finanzielle Verpflichtungen

Ebenso müssen die Wertpapierdienstleistungsunternehmen die Grundlage und Höhe regelmäßiger **finanzieller Verpflichtungen** eruieren. Diese können einerseits bereits bestehen. Aber auch „konkret in Aussicht genommene Verpflichtungen" gehören hierzu.[25]   30

Dabei geht es im Wesentlichen um Verpflichtungen aus Darlehen, Mieten, Nebenkosten, um Versicherungsbeiträge, Unterhaltszahlungen etc. Diese entstehen i.d.R. regelmäßig, auf monatlicher oder jährlicher Basis. Auch hier bleibt es den Instituten überlassen, ob sie die Beträge auf Monats- oder Jahresbasis erheben.   31

4. Vermögenswerte

Als dritter Parameter sind Angaben über die vorhandenen **Vermögenswerte** einzuholen. Die in diesem Zusammenhang genannten Beispiele sind nicht abschließend („insbesondere"). Die Vermögenswerte müssen zudem **bereits vorhanden** sein. Erwartungen sind angesichts des klaren Wortlauts deshalb nicht Gegenstand der Regelung. Zu diesen Vermögenswerten gehört zum einen vorhandenes Barvermögen. Damit sind einerseits die liquiden Vermögenswerte gemeint. Hierzu gehören aber auch z.B. Festgeldanlagen der Kunden.   32

Unter den Begriff der Kapitalanlagen fallen insbesondere Investitionen in Finanzinstrumente wie Aktien, Anleihen, Fonds. Auf die Laufzeit der Anlage kommt es hierbei nicht an.   33

Das **Immobilienvermögen** beinhaltet Wohnhäuser und Wohnungen, gewerbliche Objekte, aber auch unbebaute Flächen wie Grundstücke. Ob Immobilien selbst genutzt oder vermietet bzw. verpachtet sind, spielt für die Frage, inwieweit eine schnelle bzw. jederzeitige **Verfügbarkeit** bzw. Umwandlung in liquide Mittel möglich ist, eine Rolle. Sofern diesbezüglich irgendwelche **Beschränkungen** wie etwa Grundschulden bestehen, sind diese mit anzugeben.[26]   34

---

24 BT 7.4 Satz 4 lit. a MaComp im Zusammenhang mit Kundenangaben bei illiquiden oder riskanten Finanzinstrumenten.
25 Vgl. etwa BT 7.4 Satz 4 lit. c MaComp.
26 Vgl. hierzu auch BT 7.4 Satz 4 lit. b MaComp im Zusammenhang mit Kundenangaben bei illiquiden oder riskanten Finanzinstrumenten.

5. Besonderheit bei Oder-Depots (von Ehegatten)

35 Führen mehrere Personen ein gemeinsames Depot (sog. Oder-Depot), ist darauf zu achten, dass die Einkommens- und Vermögensverhältnisse der einzelnen Depotinhaber separat aufgeführt werden.

36 Insbesondere bei Oder-Depots von Ehegatten ist zu beachten, dass (auch im gesetzlichen Güterstand der Zugewinngemeinschaft) der Grundsatz der Gütertrennung gilt.[27] Mit anderen Worten führt die Eingehung der Ehe nicht automatisch dazu, dass hinsichtlich der Vermögensgegenstände der Ehegatten gemeinsames Eigentum entsteht.[28] Dem steht nicht entgegen, dass gemeinschaftliches Eigentum der Ehepartner durch Rechtsgeschäft erworben werden kann.

III. Anlageziele (Abs. 1 Nr. 2)

1. Grundsatz

37 Auch die mit den Geschäften verfolgten **Anlageziele** des Kunden muss das Wertpapierdienstleistungsunternehmen gem. § 6 Abs. 1 Nr. 2 erfragen. Diese Ziele werden weiter aufgefächert.

2. Anlagedauer

38 Hierzu gehören zum einen Angaben über die **Anlagedauer**, also den Zeitraum, für den eine Investition getätigt und Kapital gebunden werden soll.[29] Gemeinhin wird hier eine Unterteilung in kurz-, mittel- und langfristige Perspektiven vorgenommen. Derartige „Bandbreiten" sind zulässig.[30] Die Angabe, wie lange der Kunde die Anlage zu halten beabsichtigt, ist dabei **nicht** nur bei illiquiden Finanzinstrumenten notwendig.[31]

39 Zur Anlagedauer gehört auch die Frage der **Verfügbarkeit** der angelegten Mittel. Insbesondere wenn der Kunde eine jederzeitige Verfügbarkeit wünscht, ist eine Reihe von Finanzinstrumenten als Anlage nicht geeignet.

3. Risikobereitschaft

40 Auch die **Risikobereitschaft** des Kunden gehört zu den Anlagezielen. Die Wertpapierdienstleistungsunternehmen arbeiten hier i.d.R. mit standardisierten Risikokategorien. Eine ausdrückliche gesetzliche Vorgabe hierfür, etwa hinsichtlich der Anzahl der Klassifizierungen, gibt es zwar nicht. Allerdings ist es grundsätzlich unzulässig, nur Risikoklassen mittleren und hohen Risikos, nicht aber eine Risikoklasse geringer Risikobereitschaft vorzusehen.

---

27 Vgl. etwa *Brudermüller*, in: Palandt, § 1363 Rn. 3.
28 S. auch BT 7.2 Tz. 3 Satz 2 MaComp.
29 WpDVerOV-Begr., S. 10.
30 So auch *Auerbach/Adelt*, in: Krimphove/Kruse, BT 7 Rn. 60.
31 Missverständlich von daher BT 7.4 Tz. 5 Satz 3 MaComp.

In der Praxis findet sich häufig eine Aufteilung in meist **fünf Kategorien**. Eine noch vereinzelt anzutreffende Einteilung in drei Risikoklassen ist kritisch zu sehen, da sie eine nur sehr grobe Produktzuordnung ermöglicht und Grenzfälle meist nur unzureichend berücksichtigen kann.[32] Erfolgt aufgrund der Kundenangaben eine **Einstufung** des Kunden in Risikokategorien und wird diese Einstufung dem Kunden mitgeteilt, so muss sie bei der Ausführung von Kundenaufträgen beachtet werden. Dem Kunden sind die Kriterien der Einstufung offenzulegen.[33] Weicht ein Geschäft von der festgestellten Risikobereitschaft ab, ist dies von dem Wertpapierdienstleistungsunternehmen zu **dokumentieren**. 41

Kritisch wird die in der Praxis anzutreffende Vorgehensweise, die Risikobereitschaft im Wege der **Selbsteinschätzung** durch den Kunden vornehmen zu lassen, gesehen, weil dies nicht zu verlässlichen Ergebnissen führe.[34] 42

4. Anlagezweck

Drittens ist der Zweck der Anlage zu erfragen. Als **Anlagezwecke** finden sich häufig „Liquiditätsvorsorge", „Altersvorsorge", „Absicherung der Familie", „Vermögensaufbau", „Bildung von Rücklagen", „Vermögensoptimierung für das Alter" oder spezieller z.B. „Hausbau". Aber auch risikofreudigere Anlageziele wie „spekulative Anlage mit maximalen Chancen"[35] oder „kurzfristige Gewinnerzielung" werden geäußert. In diesem Zusammenhang spielen auch Angaben zur **persönlichen bzw. familiären Lebenssituation** des Kunden eine wichtige Rolle.[36] Hier ist insbesondere zu beachten, dass den einzelnen Zwecken **klare Inhalte zugeordnet** werden. So muss dem Anlageberater etwa klar sein, was der Unterschied zwischen z.B. dem „Vermögensaufbau" und der „Bildung von Rücklagen" ist. 43

5. Erforderlichkeitsvorbehalt

§ 6 Abs. 1 weist zudem darauf hin, dass die Einholung der vorstehend genannten Informationen unter einem Erforderlichkeitsvorbehalt („soweit erforderlich") steht (s. hierzu ausführlich unten G.). 44

---

32 *Koller*, in: Assmann/Schneider, § 31 Rn. 140.
33 So bereits explizit die (aufgehobene) Richtlinie zu §§ 31, 32 WpHG, Ziffer 2.2 Abs. 4.
34 *Koller*, in: Assmann/Schneider, § 31 Rn. 140.
35 WpDVerOV-Begr., S. 10.
36 S. auch *Auerbach/Adelt*, in: Krimphove/Kruse, BT 7 Rn. 63.

E. Kenntnisse und Erfahrungen
(§ 6 Abs. 2)

I. Begriff der Kenntnisse und Erfahrungen

45 § 6 Abs. 2 verweist zunächst auf die nach § 31 Abs. 4 und 5 WpHG durch die Wertpapierdienstleistungsunternehmen einzuholenden Informationen über **Kenntnisse und Erfahrungen** des Kunden. § 6 Abs. 2 übernimmt die Terminologie.

46 Die beiden Begriffe sind – entgegen einer immer wieder anzutreffenden synonymen Verwendung – **nicht identisch** und damit nicht austauschbar. Unter **Kenntnissen** ist das theoretische Wissen des Kunden im Hinblick auf Wertpapierdienstleistungen, Finanzinstrumente etc. zu verstehen, ohne dass entsprechende Geschäfte getätigt worden sein müssen. **Erfahrungen** bezeichnen hingegen die Tatsache, dass von dem Kunden bereits entsprechende Geschäfte durchgeführt worden sind.

47 Kritisiert wurde in der Vergangenheit die Verknüpfung der Begriffe Kenntnisse und Erfahrungen als Voraussetzung einer Empfehlung, da das Fehlen von Erfahrungen „zur unüberwindlichen Grenze für jede Anlageberatung" würde. Da dies weder vom europäischen Normgeber noch vom deutschen Gesetzgeber gewollt sei, müsse die Bestimmung dahin gehend teleologisch reduziert werden, dass Defizite in den **Erfahrungen durch entsprechende Kenntnisse kompensiert** werden können.[37] Erfahrungen sollten grundsätzlich mit Kenntnissen **einhergehen**. In der Praxis wird hiervon häufig ausgegangen.

II. Einzuholende Informationen

1. Wertpapierdienstleistungen und Finanzinstrumente (Nr. 1)

a) Wertpapierdienstleistungen

48 Die einzuholenden Informationen beziehen sich gem. § 6 Abs. 2 Satz 1 Nr. 1 Var. 1 auf Angaben zu den **Arten von Wertpapierdienstleistungen**, mit denen der Kunde vertraut ist.

b) Finanzinstrumente

49 Der Bezugspunkt der 2. Var. sind die dem Kunden vertrauten **Arten von Finanzinstrumenten**. Auch hier ist „Art" i.S.d. § 31 Abs. 3 WpHG zu verstehen.

c) „vertraut"

50 Die Anforderung des „Vertrautseins" erfordert **mehr** als nur ein „Gehört haben" von den Produkten oder aber eine sehr oberflächliche Kenntnis

---

37 Teuber, BKR 2006, 429, 433.

der Materie. Andererseits wird man wohl **kein Expertenwissen** verlangen können. Dem Kunden müssen die Finanzinstrumente geläufig sein.

2. Art, Umfang, Häufigkeit und Zeitraum (Abs. 2 Satz 1 Nr. 2)

a) Grundsatz

§ 6 Abs. 2 Satz 1 Nr. 2 verpflichtet die Wertpapierdienstleistungsunternehmen, auch Angaben zu **Art, Umfang, Häufigkeit und Zeitraum** zurückliegender Geschäfte des Kunden mit Finanzinstrumenten zu erfragen. Hier sind Klassifizierungen zulässig.[38]   51

Welcher Zeitraum mit „**zurückliegend**" gemeint ist, wird nicht erläutert. Sinnvoll sind hier Zeiträume, die im Hinblick auf die Geschäftsaktivitäten des jeweiligen Kunden Aussagekraft besitzen. Wichtig kann hier etwa auch sein, ob sich in diesem Zeitraum wirtschaftliche oder politische **Krisen** mit stark zurückgehenden Börsenkursen ereigneten.   52

b) Art der Geschäfte

Die in § 6 Abs. 2 Satz 1 Nr. 2 Var. 1 genannte **Art der Geschäfte** bezieht sich auf die von dem Kunden bisher **in Anspruch genommenen** Wertpapierdienstleistungen.   53

c) Umfang der Geschäfte

Zu den einzuholenden Kundenangaben gehört nach der 2. Var. auch der **Umfang der Geschäfte**, die der Kunde bisher getätigt hat. Gemeint ist hier das **Geschäftsvolumen.**   54

d) Häufigkeit der Geschäfte

Die als 3. Var. genannte **Häufigkeit der Geschäfte** bezieht sich auf die **Anzahl** der mit Finanzinstrumenten getätigten Geschäfte. Der Gesetz- und Verordnungsgeber hat allerdings – wie auch bei dem Umfang der Geschäfte – darauf verzichtet, den Instituten Vorgaben für die Häufigkeit und die korrespondierenden Zeitintervalle an die Hand zu geben. Erforderlich ist in jedem Fall eine **Einzelentscheidung.**   55

Die Regelung des § 31a Abs. 7 Satz 3 Nr. 1 WpHG, wonach durchschnittlich zehn Geschäfte von erheblichem Umfang pro Quartal für eine Einstufung als professioneller Kunde ausreichend sind, ist als taugliche Vorgabe nur bedingt geeignet. Für die Einholung der Kundenangaben nach § 31 Abs. 4 und 5 WpHG dürfte eine **geringere Zahl** von Geschäften ausreichen, um als erfahrener Kunde zu gelten.[39]   56

---

[38] So auch *Auerbach/Adelt*, in: Krimphove/Kruse, BT 7 Rn. 74.
[39] So auch *Auerbach/Adelt*, in: Krimphove/Kruse, BT 7 Rn. 74.

e) Zeitraum der Geschäfte

57 Die 4. Var. knüpft an den **Zeitraum der Geschäfte** mit Finanzinstrumenten an. Neben der Frage, wie lange die Geschäfte schon zurückliegen (s. hierzu bereits oben a)), sollen mit dieser Kundenangabe Erkenntnisse über die Intensität des Handelns mit Finanzinstrumenten gewonnen werden („Heavy Trader").

3. Ausbildung und Beruf (Abs. 2 Satz 1 Nr. 3)

a) Grundsatz

58 § 6 Abs. 2 Satz 1 Nr. 3 gibt die Einholung von Angaben zu dem schulischen und beruflichen **Werdegang** des Kunden vor. Die Information soll dem Wertpapierdienstleistungsunternehmen helfen, die Informationsverarbeitungsfähigkeit einschätzen zu können.[40]

59 So wird man etwa bei einer Ausbildung und/oder Tätigkeit im Finanzdienstleistungsbereich von gewissen **Vorkenntnissen** – z.B. im Hinblick auf die Risiken von komplexen Finanzinstrumenten – ausgehen können. Der Nutzen der Information wird allerdings häufig angezweifelt.[41]

b) Ausbildung

60 Zu den einzuholenden Informationen gehört die **Ausbildung** des Kunden. Der Begriff der Ausbildung betrifft zum einen die **Schulbildung**, d.h. etwa Hauptschulabschluss, Mittlere Reife oder Abitur. Mit zunehmendem Alter des Kunden dürfte die Ausbildung allerdings an Bedeutung verlieren und die berufliche Tätigkeit in den Vordergrund rücken. Zum anderen ist hier die **berufliche Ausbildung** von besonderem Interesse. Häufig kann von der beruflichen Ausbildung auf die Schulbildung geschlossen werden.

c) Berufliche Tätigkeit

61 Das Wertpapierdienstleistungsunternehmen muss außerdem Informationen zur **beruflichen Tätigkeit** des Kunden einholen. Hier geht es um die Beschäftigung des Kunden. Es kommt nicht darauf an, ob der Kunde hiermit (ganz oder zum Teil) seinen Lebensunterhalt verdient. Von besonderem Interesse und Informationswert ist hierbei die **gegenwärtige** Tätigkeit, die ein Kunde ausübt. Zwar sind auch **frühere berufliche Tätigkeiten** in die Befragung einzubeziehen; das allerdings nur, sofern sie Relevanz im Hinblick auf Geschäfte mit Finanzinstrumenten besitzen. Auch hier dürfte gelten, dass die Relevanz einer früheren Tätigkeit abnimmt, je länger sie zurückliegt. Die Berufsbezeichnungen müssen aus sich heraus **aussagekräftig** sein, um dem genannten Zweck dienen zu können.

---

40 *Koller*, in: Assmann/Schneider, § 31 Rn. 136.
41 Kritisch etwa *Röh*, BB 2008, 398, 399; ebenso *Teuber*, BKR 2006, 429, 433: „kein verlässliches Indiz".

d) Beispiele

Das ist bei Berufsbezeichnungen, die ohne Zusatz aus sich heraus **aussagekräftig** sind, der Fall. Genannt seien hier etwa klassische Handwerksberufe wie Installateur, Berufe aus dem Bereich der Dienstleistungen wie z.b. Krankenschwester oder akademische Professionen wie Arzt oder Steuerberater. Die Aussagekraft der Berufsbezeichnung **„Lehrer"** kann durch die Angabe der unterrichteten Fächer und der Schulart wesentlich erhöht werden. 62

Reine **Statusbezeichnungen** sind jedoch in der Regel nicht ausreichend. Hierzu zählt etwa der „Beruf" des **„Selbständigen"**. Ist dieser z.b. als Steuerberater tätig, dürfte mit einer gewissen Wahrscheinlichkeit von dem Vorliegen eines fachspezifischen (Grund-)Wissens ausgegangen werden können. Auch die Bezeichnung **„Student"** sagt wenig aus. Auch hier gilt, dass der Studiengang einen wesentlichen Erkenntnisgewinn beinhaltet. Ebenso sagen Bezeichnungen wie „Tätigkeit im öffentlichen Dienst" oder **„Beamter"**, „Sachbearbeiter" oder „Angestellter" wenig aus. Hier kann die Branche wichtige Hinweise geben. Zudem kann die hierarchische Stellung hier eine Rolle spielen. **„Hausfrau"** ist als Berufsbezeichnung anzuerkennen. Von zusätzlichem hohem Erkenntniswert dürften hier die berufliche Vortätigkeit bzw. die (Berufs-)Ausbildung sein. 63

III. Erforderlichkeitsgrundsatz/Verhältnismäßigkeitsgrundsatz

1. Grundsatz

§ 6 Abs. 2 Satz 1 weist – speziell auf die hier genannten Kundenangaben bezogen und wesentlich detaillierter als in Abs. 1 – darauf hin, dass die einzuholenden Informationen **erforderlich** sein müssen, und benennt in diesem Zusammenhang mehrere Kriterien als Anknüpfungspunkte für die Erforderlichkeitsprüfung. 64

2. Einzelne Kriterien

Ein Kriterium bildet die **Einstufung des Kunden**, etwa ob er als Privatkunde oder professioneller Kunde eingestuft worden ist (zu den Auswirkungen der Einstufung s. hierzu bereits oben C.). Auch unterhalb dieser Schwelle spielt die Einordnung des Kunden, etwa als **erfahrener Anleger** oder **Neuling** im Wertpapiergeschäft, eine wichtige Rolle.[42] Ebenso bilden die **Art und der Umfang** der Wertpapierdienstleistung einen wichtigen Prüfungsmaßstab. Das Gleiche gilt für die **Art der Finanzinstrumente**, wobei „Art" i.S.d. § 31 Abs. 3 WpHG zu verstehen ist. Maßgeblich sind hierbei die jeweils mit den Finanzinstrumenten verbundene Komplexität und ihre Risiken. 65

---

42 S. auch *Auerbach/Adelt*, in: Krimphove/Kruse, BT 7 Rn. 79 ff.

F. Überprüfung der Kundenangaben

I. Regelung im WpHG

66 Nach § 31 Abs. 6 Satz 1 WpHG muss ein Wertpapierdienstleistungsunternehmen die (in § 31 Abs. 5 und 6 WpHG sowie § 6) genannten Kundenangaben grundsätzlich **nicht** auf deren Fehlerhaftigkeit oder Unvollständigkeit überprüfen.

67 Das gilt gem. § 31 Abs. 6 Satz 2 WpHG allerdings nicht bei **positiver Kenntnis** der Unvollständigkeit oder Unrichtigkeit. Dem gleichgestellt ist die grob fahrlässige Unkenntnis des Wertpapierdienstleistungsunternehmens. Die Kundenangaben sind – um grob fahrlässige Unkenntnis auszuschließen – deshalb zumindest einer Plausibilitätsprüfung zu unterziehen.[43]

68 Geriert sich ein Kunde **glaubwürdig als erfahrener und kenntnisreicher, als er in Wirklichkeit ist**, und ist dies nicht ohne weiteres erkennbar, muss er das **gegen sich gelten lassen**. Eine Berufung auf die Verletzung von Aufklärungs- und Beratungspflichten ist dann nicht möglich.[44] Es besteht in diesen Fällen grundsätzlich **keine Nachforschungspflicht** des Wertpapierdienstleistungsunternehmens.[45]

II. BT 7 MaComp: Zuverlässigkeit der Kundeninformationen

69 Auch die MaComp äußern sich – und zwar in **BT 7** – ausführlich zur Zuverlässigkeit der Kundeninformationen.

1. Maßnahmen

70 So müssen Wertpapierdienstleistungsunternehmen **geeignete Maßnahmen** ergreifen, die darauf ausgerichtet sind, sicherzustellen, dass die eingeholten Kundeninformationen fehlerfrei und vollständig sind.[46] Insbesondere müssen sie sicherstellen, dass alle im Rahmen der Geeignetheitsprüfung verwendeten Instrumentarien dem Zweck **angemessen ausgestaltet** sind. Beispielsweise sollen Fragen nicht so formuliert werden, dass sie den Kunden auf eine spezifische Anlageart hinführen.[47]

71 Zudem sind durch entsprechende Maßnahmen die **Schlüssigkeit und Zuverlässigkeit** der Kundeninformationen zu gewährleisten. Es ist also zumindest zu prüfen, ob die Angaben des Kunden offensichtliche Unstimmigkeiten enthalten.[48] Darüber hinaus wird vor allem empfohlen, **nicht auf Selbsteinschätzungen** der Kunden in Bezug auf Kenntnisse, Erfah-

---

43 *Schrödermeier*, WM 1995, 2053, 2059.
44 *Fuchs*, in: Fuchs, § 31 Rn. 204; *Horn*, ZBB 1997, 139, 150.
45 *Fuchs*, in: Fuchs, § 31 Rn. 203.
46 BT 7.5 Tz. 1 Satz 1 MaComp.
47 BT 7.5 Tz. 1 Satz 2 lit. a MaComp.
48 BT 7.5 Tz. 1 Satz 2 lit. b MaComp.

rungen und finanzielle Verhältnisse zu vertrauen.[49] Diese Aussage steht **nicht in grundsätzlichem Widerspruch** zu der bereits oben (D.III.3.) festgestellten grundsätzlichen Zulässigkeit von Selbsteinschätzungen. Es ist nämlich sicherzustellen, dass alle wesentlichen Aspekte mit dem Kunden nach der Selbsteinschätzung besprochen werden.[50]

Von den **Kunden** wird erwartet, dass die dem Wertpapierdienstleistungs- 72 unternehmen für die Geeignetheitsprüfung gegebenen Informationen **korrekt, aktuell und vollständig** sind.[51] Die **Unternehmen** tragen jedoch die Verantwortung dafür, dass ihnen ausreichende und angemessene Informationen zur Durchführung der Geeignetheitsprüfung zur Verfügung stehen.[52]

Die Unternehmen müssen darüber hinaus sicherstellen, dass die **Fragen** 73 an den Kunden so gestellt werden, dass sie aller Wahrscheinlichkeit nach richtig verstanden werden, und dass jede andere Methode zur Einholung von Informationen in einer Weise ausgestaltet ist, dass die für die Geeignetheitsprüfung erforderlichen Informationen erlangt werden.[53]

2. Vorschläge für Fragen bei Selbsteinschätzung des Kunden

Den Wertpapierdienstleistungsunternehmen wird empfohlen, eine 74 Selbsteinschätzung der Kunden durch die Vorgabe **objektiver Kriterien** zu relativieren.[54] Beispielsweise kann ein Kunde, statt ihn zu fragen, ob er sich ausreichend erfahren fühlt, um ein bestimmtes Instrument zu erwerben, nach den **Arten von Instrumenten** gefragt werden, mit denen er sich auskennt.[55] Ebenso ist es möglich, anstelle einer Befragung der Kunden, ob sie der Meinung sind, über ausreichend Finanzmittel für die Anlage zu verfügen, **konkrete Informationen** zu ihren finanziellen Verhältnissen abzufragen.[56] Das Wertpapierdienstleistungsunternehmen kann auch, statt den Kunden zu fragen, ob er bereit ist, Risiken einzugehen, die Information einholen, welche **Höhe an Verlusten** er über einen bestimmten Zeitraum hinzunehmen bereit ist, und zwar entweder bei Einzelanlagen oder beim gesamten Portfolio.[57]

3. Kontrollen

Setzen Wertpapierdienstleistungsunternehmen für die Prüfung der Ge- 75 eignetheit Instrumente ein, die von Seiten des Kunden genutzt werden sollen (wie etwa Online-Fragebögen oder eine Software zur Erstellung

---

49 BT 7.5 Tz. 1 Satz 2 lit. c MaComp.
50 *Auerbach/Adelt*, in: Krimphove/Kruse, BT 7 Rn. 114.
51 BT 7.5 Tz. 2 Satz 1 MaComp.
52 BT 7.5 Tz. 2 Satz 2 MaComp.
53 BT 7.5 Tz. 2 Satz 3 MaComp.
54 BT 7.5 Tz. 3 Satz 1 MaComp.
55 BT 7.5 Tz. 3 Satz 1 MaComp.
56 BT 7.5 Tz. 3 Satz 2 MaComp.
57 BT 7.5 Tz. 3 Satz 3 MaComp.

von Risikoprofilen), ist mittels geeigneter Systeme und **Kontrollen** sicherzustellen, dass diese Instrumente tatsächlich zweckdienlich sind und zu zufriedenstellenden Ergebnissen führen.[58]

76 Beispielsweise kann eine **Software** zur Erstellung von Risikoprofilen Kontrollen beinhalten, mit denen die Kohärenz der Kundenantworten überprüft wird und Widersprüche zwischen einzelnen Informationen aufgedeckt werden.[59] In diesem Zusammenhang ist allerdings darauf hinzuweisen, dass technische Kontrollen eine zumindest teilweise **manuelle Überprüfung** kaum vollständig ersetzen werden können.[60]

4. Verringerung von Risiken

77 Die Unternehmen sind außerdem verpflichtet, geeignete Maßnahmen zu ergreifen, um potenzielle **Risiken** im Zusammenhang mit der Nutzung derartiger Instrumente zu **verringern**.[61] Risiken dieser Art können beispielsweise entstehen, wenn Kunden (von sich aus oder auf Anregung durch Kundenbetreuer) ihre **Antworten ändern**, um Zugang zu Finanzinstrumenten zu erlangen, die für sie ggf. nicht geeignet sind.[62]

5. Gesamtheitliche Betrachtung der Informationen

78 Zur Sicherung der Schlüssigkeit der Kundeninformationen sind die eingeholten Informationen in ihrer **Gesamtheit** zu betrachten.[63] Die Wertpapierdienstleistungsunternehmen müssen auf **Widersprüche** zwischen verschiedenen Informationsteilen achten und sich ggf. mit dem Kunden in Verbindung setzen, um mögliche sachliche Unstimmigkeiten oder Ungenauigkeiten zu klären.[64] Derartige Widersprüche liegen beispielsweise vor, wenn Kunden über nur **geringe** Kenntnisse oder Erfahrungen verfügen, ein konservatives Risikoprofil aufweisen und dennoch sehr ehrgeizige Anlageziele verfolgen.[65]

G. Erforderlichkeitsvorbehalt

I. Grundsatz des § 31 Abs. 4 WpHG/Sinn und Zweck

79 Die Pflicht zur Einholung der Kundenangaben besteht nach § 31 Abs. 4 Satz 1 WpHG allerdings nur, soweit diese **erforderlich** sind, um ein für den Kunden geeignetes Finanzinstrument oder eine für ihn geeignete Wertpapierdienstleistung empfehlen zu können.

---

58 BT 7.5 Tz. 4 Satz 1 MaComp.
59 BT 7.5 Tz. 4 Satz 2 MaComp.
60 Diesen Aspekt spricht BT 7.5 Tz. 4 Satz 2 MaComp allerdings nicht explizit an.
61 BT 7.5 Tz. 5 Satz 1 MaComp.
62 BT 7.5 Tz. 5 Satz 2 MaComp.
63 BT 7.5 Tz. 6 Satz 1 MaComp.
64 BT 7.5 Tz. 6 Satz 2 MaComp.
65 BT 7.5 Tz. 6 Satz 3 MaComp.

Damit werden den Wertpapierdienstleistungsunternehmen die notwendige **Flexibilität** gegeben, unter bestimmten Umständen auf die Einholung der Angaben beim Kunden zu verzichten, und auf den Anleger zugeschnittene Differenzierungen ermöglicht.[66] **Praktische Relevanz** dürfte der Verzicht auf die Einholung der Kundenangaben insbesondere bei den finanziellen Verhältnissen sowie den Kenntnissen und Erfahrungen besitzen. Auf die Anlageziele und die Risikobereitschaft des Kunden wird eine gute Anlageberatung nicht verzichten können.[67] 80

II. Konkretisierung in § 6

§ 6 Abs. 1 greift den Erforderlichkeitsvorbehalt – allerdings **ohne weitere Konkretisierung** („soweit erforderlich") – auf. 81

§ 6 Abs. 2 konkretisiert ihn hinsichtlich der Kenntnisse und Erfahrungen dahin gehend, dass die Frage der Erforderlichkeit der Einholung der Informationen in **Beziehung zu verschiedenen Kriterien** gesetzt wird. So kommt es zum einen auf die **Einstufung des Kunden** an. Hier geht es im Wesentlichen um die Einordnung des Kunden insbesondere als versierter oder weniger versierter Anleger. Zum anderen nennt die Verordnung die **Art und den Umfang** der Wertpapierdienstleistung. Auch die **Art der Finanzinstrumente** und die damit verbundene Komplexität und die Höhe des Risikos spielen eine zentrale Rolle bei der Frage der Erforderlichkeitsbeurteilung. 82

III. Konkretisierungen in den MaComp

Insbesondere die MaComp äußern sich unter dem Aspekt der **Verhältnismäßigkeit** grundsätzlich und umfassend zu dem Umfang der von den Kunden einzuholenden Informationen. So müssen Wertpapierdienstleistungsunternehmen bei der Festlegung des Umfangs der von den Kunden einzuholenden Informationen **alle Aspekte** der für die Kunden zu erbringenden Dienstleistungen der Anlageberatung oder Finanzportfolioverwaltung berücksichtigen.[68] 83

Außerdem wird festgehalten, dass der **Umfang** der einzuholenden Informationen **variiert**. Um festzulegen, welche Informationen „notwendig" und von Bedeutung sind, haben die Wertpapierdienstleistungsunternehmen von den Kenntnissen und Erfahrungen, den finanziellen Verhältnissen und den Anlagezielen des Kunden ausgehend verschiedene Aspekte zu berücksichtigen:[69] 84

---

66 WpDVerOV-Begr., S. 10; kritisch zu dieser Flexibilität *Weichert/Wenninger*, WM 2007, 627, 628.
67 *Koller*, in: Assmann/Schneider, § 31 Rn. 144.
68 BT 7.4 Tz. 1 MaComp.
69 BT 7.4 Tz. 3 Satz 1 MaComp.

WpDVerOV § 6 Einholung von Kundenangaben

85 Dazu gehört die **Art des Finanzinstruments bzw. des Finanzgeschäfts**, das für die Unternehmen als Empfehlung bzw. Abschluss in Betracht kommt (einschließlich der Komplexität und der Höhe des Risikos).[70] Auch die **Art und der Umfang der Dienstleistungen**, die das Unternehmen erbringt, fallen hierunter.[71] Weitere Aspekte stellen die **Kundenklassifizierung** sowie die Anliegen und persönlichen Verhältnisse des Kunden dar.[72]

86 Die MaComp führen zudem aus, dass der in der MiFID verankerte Grundsatz der Verhältnismäßigkeit es den Unternehmen gestattet, Informationen in einem Umfang einzuholen, der im **richtigen Verhältnis** zu den von ihnen angebotenen Produkten und Dienstleistungen bzw. zu den Produkten und Dienstleistungen steht, für die der Kunde eine spezifische Anlageberatung oder Finanzportfolioverwaltung wünscht.[73] Die Unternehmen dürfen von dieser Verpflichtung auch **nicht** zu Lasten des Kunden **abweichen**.[74]

87 Bieten Wertpapierdienstleistungsunternehmen beispielsweise **komplexe**[75] oder **riskante**[76] **Finanzinstrumente** an, müssen sie sorgfältig prüfen, ob sie ausführlichere Informationen über den Kunden einholen müssen als in anderen Fällen, in denen es um weniger komplexe oder riskante Finanzinstrumente geht.[77] Nur so können die Unternehmen die Fähigkeit des Kunden beurteilen, die mit diesen Finanzinstrumenten verbundenen **Risiken** zu **verstehen** und **finanziell zu tragen**.[78]

88 Bei der Festlegung der einzuholenden Informationen müssen die Wertpapierdienstleistungsunternehmen auch die **Art der zu erbringenden Dienstleistung** berücksichtigen. Praktisch bedeutet dies Folgendes:[79] Die Unternehmen haben, wenn sie Anlageberatung erbringen, ausreichende Informationen einzuholen, um beurteilen zu können, ob der Kunde in der Lage ist, die **Risiken und die Art der jeweiligen Finanzinstrumente** einschätzen zu können, die ihm das Unternehmen empfehlen möchte.[80] Bei der Erbringung der **Finanzportfolioverwaltung** müssen die Kenntnisse und Erfahrungen des Kunden in Bezug auf die einzelnen Finanzinstrumente, die in das Portfolio einfließen können, nicht so detailliert sein wie im Falle der Anlageberatung.[81]

89 Gleichwohl muss der Kunde zumindest die **allgemeinen Risiken des Portfolios** verstehen und eine grundlegende Vorstellung von den Risi-

---

70 BT 7.4 Tz. 3 lit. a MaComp.
71 BT 7.4 Tz. 3 lit. b MaComp.
72 BT 7.4 Tz. 3 lit. c MaComp.
73 BT 7.4 Tz. 4 Satz 4 MaComp.
74 BT 7.4 Tz. 4 Satz 3 MaComp.
75 *Auerbach/Adelt*, in: Krimphove/Kruse, BT 7 Rn. 97.
76 *Auerbach/Adelt*, in: Krimphove/Kruse, BT 7 Rn. 98.
77 BT 7.4 Tz. 5 Satz 2 MaComp.
78 BT 7.4 Tz. 5 Satz 3 MaComp.
79 BT 7.4 Tz. 6 Satz 1 MaComp.
80 BT 7.4 Tz. 6 Satz 1 lit. a MaComp.
81 BT 7.4 Tz. 6 Satz 1 lit. b MaComp.

ken haben, die mit den einzelnen Arten von Finanzinstrumenten verbunden sind, die in das Portfolio aufgenommen werden können.[82] Die Unternehmen müssen sich ein sehr klares Bild vom **Anlegerprofil** des Kunden verschaffen.[83] Ebenso kann der Umfang der vom Kunden erbetenen **Dienstleistung** maßgeblich dafür sein, wie detailliert die über ihn einzuholenden Informationen sein müssen.[84]

Über Kunden, die eine **Anlageberatung für ihr gesamtes Anlageportfolio** wünschen, müssen sich die Unternehmen umfassender informieren als über Kunden, die sich speziell bei der Anlage eines bestimmten Betrags beraten lassen wollen, der nur einen relativ kleinen Teil ihres Gesamtportfolios ausmacht.[85] 90

Ein Wertpapierdienstleistungsunternehmen muss bei der Bestimmung der einzuholenden Informationen auch das jeweilige **Profil des Kunden** berücksichtigen.[86] Ausführlichere Informationen sind grundsätzlich bei Kunden einzuholen, die **erstmals** Anlageberatungsdienste in Anspruch nehmen.[87] 91

Auch die **Anliegen und persönlichen Verhältnisse des Kunden** sind ausschlaggebend dafür, welche Informationen benötigt werden. So sind grundsätzlich – anders als bei einer kurzfristigen sicheren Anlage – ausführlichere Informationen über die finanziellen Verhältnisse des Kunden erforderlich, wenn dieser mehrere und/oder langfristige Anlageziele verfolgt.[88] 92

IV. Beispiele fehlender Erforderlichkeit

So ist es z.B. denkbar, dass die Kundenangaben **bereits bekannt** bzw. in dem Wertpapierdienstleistungsunternehmen aktuelle Angaben vorhanden sind.[89] Dies setzt allerdings ein funktionierendes **internes Informationsweiterleitungssystem** an den Wertpapierbereich oder entsprechende Zugriffsmöglichkeiten voraus. 93

Die Schulbildung eines Kunden im Rentenalter dürfte – wenn überhaupt – nur sehr **geringe Erkenntnisse** für das Wertpapierdienstleistungsunternehmen mit sich bringen. 94

---

82 BT 7.4 Tz. 6 Satz 2 MaComp.
83 BT 7.4 Tz. 6 Satz 3 MaComp.
84 BT 7.4 Tz. 7 Satz 1 MaComp.
85 BT 7.4 Tz. 7 Satz 4 MaComp.
86 BT 7.4 Tz. 8 Satz 1 MaComp.
87 BT 7.4 Tz. 8 Satz 2 MaComp.
88 BT 7.4 Tz. 10 Satz 3 MaComp.
89 WpDVerOV-Begr., S. 10; *Fuchs*, in Fuchs: § 31 Rn. 202; *Koller*, in: Assmann/Schneider, § 31 Rn. 142; *Auerbach/Adelt*, in: Krimphove/Kruse, BT 7 Rn. 35.

V. Keine Bagatellgrenzen

95 Kein taugliches Kriterium ist die Anknüpfung an sog. **„Bagatellgrenzen"**. Aus der Praxis wird zwar immer wieder die Forderung nach der Zulässigkeit von sog. Bagatellgrenzen im Hinblick auf einen Anlagebetrag erhoben. Eine solche pauschale Grenze ist aufsichtsrechtlich jedoch nicht zulässig. Sie ist zudem u.a. aus Praktikabilitätsgründen abzulehnen.

VI. Kein genereller Verzicht wegen Aufklärung

96 Der teilweise erhobenen Forderung, auf die Einholung der Kundenangaben zu **verzichten**, weil die Kunden ohnehin umfangreich nach § 31 Abs. 3 WpHG aufgeklärt würden, ist nicht zu folgen.

H. Bemühungen zur Erlangung der Angaben

97 Das Wertpapierdienstleistungsunternehmen hat sich **ernsthaft** um die Erlangung der erforderlichen Kundenangaben zu **bemühen**.[90] Gem. § 6 Abs. 2 Satz 2 dürfen Wertpapierdienstleistungsunternehmen deshalb Kunden **nicht** dazu **verleiten**, Angaben nach § 31 Abs. 4 oder 5 WpHG zurückzuhalten. Hiervon wird nicht nur ein explizites Abraten erfasst.

98 Auch ein entsprechendes **„konkludentes"** Handeln fällt hierunter. So dürfen Kunden etwa nicht ermutigt werden, keine Angaben zu machen. Ein solches rechtswidriges Verleiten zur Verweigerung von Angaben wäre z.B. dann gegeben, wenn die Möglichkeit, keine Angaben zu machen, in einem Fragebogen vorgesehen wird.[91]

I. Verweigerung der Kundenangaben

I. Grundsatz

99 Der Kunde ist allerdings **nicht** gesetzlich dazu **verpflichtet**, gegenüber dem Wertpapierdienstleistungsunternehmen Angaben zu machen.[92]

II. Dokumentation der Verweigerung

100 Macht ein Kunde keine Angaben, muss dies nach § 14 Abs. 4 von dem Wertpapierdienstleistungsunternehmen **dokumentiert** werden.

---

90 *Fuchs*, in: Fuchs, § 31 Rn. 205: „Wertpapierdienstleistungsunternehmen muss versuchen, etwaige Widerstände zu überwinden"; s. auch (zur alten Rechtslage) Cahn, ZHR 162 (1998), 1, 35.
91 WpDVerOV-Begr., S. 11; *Koller*, in: Assmann/Schneider, § 31 Rn. 147.
92 *Koller*, in: Assmann/Schneider, § 31 Rn. 51, 147; *Fuchs*, in: Fuchs, § 31 Rn. 191, 205.

J. Konsequenzen bei dem Fehlen erforderlicher Kundenangaben

Stehen dem Wertpapierdienstleistungsunternehmen bei der **Anlageberatung** die erforderlichen Informationen nicht zur Verfügung, darf es nach § 31 Abs. 4 Satz 5 WpHG **kein Finanzinstrument empfehlen**. 101

Entsprechendes gilt für Empfehlungen im Rahmen der **Finanzportfolioverwaltung**. Auch hier darf es **keine Empfehlung** abgeben. Als Empfehlung gelten auch Äußerungen, Wünsche und Ratschläge dahin gehend, der Kunde möge eine Weisung an den Finanzportfolioverwalter erteilen oder ändern, die den Ermessensspielraum des Finanzportfolioverwalters festlegt.[93] 102

Das gilt nicht nur, wenn der Kunde gegenüber dem Wertpapierdienstleistungsunternehmen die **Angaben verweigert**.[94] Gleichgestellt sind Fälle, in denen Kunden **unklare oder widersprüchliche** Angaben machen.[95] 103

K. Aktualisierung

I. Pflicht des Wertpapierdienstleistungsunternehmens

Der Kunde ist **erneut zu befragen**, sobald nicht gänzlich unbedeutende Änderungen seiner Angaben erkennbar sind.[96] Eine explizite Verpflichtung in WpHG oder WpDVerOV zur regelmäßigen Aktualisierung besteht zwar nicht. Allerdings enthalten die MaComp **umfangreiche Ausführungen** zur Aktualisierung der Kundeninformationen. Unabhängig davon ist die Aktualisierung vor dem Hintergrund einer **haftungsrechtlichen Absicherung** sehr sinnvoll.[97] 104

Im Falle einer dauerhaften Geschäftsbeziehung zu einem Kunden muss das Wertpapierdienstleistungsunternehmen **geeignete Verfahren** einrichten, um sicherzustellen, dass es jederzeit in ausreichendem Umfang über aktuelle Informationen zu diesem Kunden verfügt. Der Kunde hat hierbei von sich aus auf Änderungen seiner Umstände hinzuweisen.[98] 105

Erbringt das Wertpapierdienstleistungsunternehmen dauerhaft die Anlageberatung oder Finanzportfolioverwaltung, muss es in ausreichendem Maße über **aktuelle Informationen** zu dem Kunden verfügen, um die Geeignetheitsprüfung vornehmen zu können.[99] 106

Die Unternehmen müssen daher Verfahren zu verschiedenen Aspekten festlegen, so etwa zu der Frage, **welche Bestandteile** der eingeholten In- 107

---

93 BT 7.4 Tz. 11 MaComp.
94 *Koller*, in: Assmann/Schneider, § 31 Rn. 146; *Fuchs*, in: Fuchs, § 31 Rn 37.
95 *Koller*, in: Assmann/Schneider, § 31 Rn. 146; *Fuchs*, in: Fuchs, § 31 Rn 37.
96 So bereits die (aufgehobene) Richtlinie zu §§ 31, 32 WpHG, Ziffer B 2.1 Abs. 4.
97 Sehr zurückhaltend *Reinhart/Alfes*, BankPraktiker 2009, 64.
98 BT 7.6 Tz. 1 MaComp.
99 BT 7.6 Tz. 2 Satz 1 MaComp.

formationen aktualisiert werden müssen und **wie häufig** eine Aktualisierung erfolgen muss.[100] Außerdem betrifft dies die Frage, **wie** die Aktualisierung erfolgen soll und wie das Unternehmen vorgehen soll, wenn es zusätzliche oder aktualisierte Informationen erhält oder der Kunde die geforderten Informationen nicht bereitstellt.[101]

108 Die Häufigkeit kann beispielsweise in **Abhängigkeit vom Risikoprofil** der Kunden variieren: anhand der Informationen, die im Zusammenhang mit der Geeignetheitsprüfung eingeholt wurden, bestimmt das Unternehmen das Anlagerisikoprofil des Kunden, d.h. es entscheidet über die Art von Wertpapierdienstleistungen bzw. Finanzinstrumenten, die bei Zugrundelegung der Kenntnisse, Erfahrungen, finanziellen Verhältnisse und Anlageziele des Kunden für diesen generell geeignet sein können.[102] Hierbei erfordert ein höheres Risikoprofil grundsätzlich eine **häufigere Aktualisierung** als ein niedrigeres Risikoprofil.

109 Auch bestimmte Ereignisse können Anstoß für eine Aktualisierung sein, beispielsweise der Eintritt des Kunden in den Ruhestand.[103] Die Aktualisierung kann beispielsweise während **regelmäßig stattfindender Treffen** mit den Kunden oder durch **Zusendung von Fragebögen** zur Aktualisierung der Kundenangaben vorgenommen werden. Daraus resultierende Maßnahmen können u.a. in Veränderungen des Kundenprofils anhand der aktualisierten Informationen bestehen.[104]

II. Hinweis durch Kunden

110 Der Kunde sollte darauf **hingewiesen** werden, dass er das Wertpapierdienstleistungsunternehmen über wesentliche Änderungen seiner den Angaben zugrunde liegenden Verhältnisse informieren soll.

L. Besondere Konstellationen/Vertretung des Kunden

I. Vertretung bei natürlichen Personen

111 Wird ein Kunde – rechtsgeschäftlich oder gesetzlich – **vertreten**, ist hinsichtlich der Einholung von Angaben zu den Kenntnissen und Erfahrungen auf den Vertreter abzustellen.[105] Im Hinblick auf die finanziellen Verhältnisse und die Anlageziele kommt es hingegen auf den Vertretenen an.

---

100 BT 7.6 Tz. 2 Satz 1 lit. a MaComp.
101 BT 7.6 Tz. 2 Satz 1 lit. b MaComp.
102 BT 7.6 Tz. 3 Satz 1 MaComp.
103 BT 7.6 Tz. 3 Satz 2 MaComp.
104 BT 7.6 Tz. 3 Satz 3 MaComp.
105 Vgl. etwa *Fuchs*, in: Fuchs, § 31 Rn. 209.

II. Vertretung bei juristischen Personen

Die vorstehend dargelegten Grundsätze gelten entsprechend für die Vertretung von **juristischen Personen**.[106]

112

III. Testamentsvollstreckung

Liegt eine Testamentsvollstreckung vor, bestehen Aufklärungspflichten im Zusammenhang mit einer Wertpapierberatung gegenüber dem **Testamentsvollstrecker**. Die Erben sind zwar Konto- bzw. Depotinhaber, die Verfügungsbefugnis besitzt allerdings aber der Testamentsvollstrecker. Er ist Träger eines eigenen Amtes. Allerdings ist seine Rechtsstellung der eines gesetzlichen Vertreters „angenähert".[107]

113

IV. „Oder-Depots"

Eröffnen Kunden – meist Ehepartner – ein **„Oder-Depot"**, sind alle Kontoinhaber Kunde im Sinne des WpHG. Von einer Gesamthand kann bei diesen Gemeinschaftskonten nicht ausgegangen werden. Als Konsequenz muss das Wertpapierdienstleistungsunternehmen Kundenangaben von jedem Depotinhaber einholen. Die Mitteilung von Informationen sowie die Geeignetheits- bzw. Angemessenheitsprüfung ist im Hinblick auf jeden einzelnen Kunden vorzunehmen. Praktische Probleme entstehen, wenn *ein* Konto gewählt wird, die Inhaber aber unterschiedliche Anlageziele verfolgen. In solchen Fällen wird häufig die Einrichtung getrennter Depots empfohlen.[108]

114

M. Unterschrift

Eine aufsichtsrechtliche Pflicht der Kunden zum **Unterschreiben der Dokumentation** der Kundenangaben bzw. der WpHG-Kundenbögen besteht **nicht**.[109] Eine Kundenunterschrift kann allerdings **auf freiwilliger Basis** von den Wertpapierdienstleistungsunternehmen vorgesehen werden. Das ist dem Kunden allerdings vorher mitzuteilen.

115

N. Dokumentation/Standardisierung

In der Praxis werden die Kundenangaben i.d.R. auf Grundlage von standardisierten Fragebögen, den sog. **„WpHG-Bögen"**, erhoben.[110] Dieses

116

---

106 S. auch BT 7.7 Tz. 3 MaComp.
107 *Kemter*, BKR 2010, 23, 24.
108 Zur Thematik „Gemeinschaftsdepots" s. auch *Rothenhöfer*, in: Schwark/Zimmer, § 31 WpHG Rn. 241.
109 *Koller*, in: Assmann/Schneider, § 31 Rn. 50, 146; *Gaßner/Escher*, WM 1997, 93, 97; *Fuchs*, in: Fuchs, § 31 Rn. 215.
110 *Auerbach/Adelt*, in: Krimphove/Kruse, BT 7 Rn. 27, 29.

Verfahren ist grundsätzlich unbedenklich.[111] Allerdings müssen die dort i.d.r. vorgesehenen Kategorien ein aussagekräftiges Bild ermöglichen.[112] Zudem muss individuellen Gegebenheiten durch das Ausfüllen von Freifeldern Rechnung getragen werden.

117 Werden die (standardisierten) Erhebungsbögen durch die Kunden im Wege der Selbsteinschätzung ausgefüllt, müssen die Fragebögen aus sich heraus **verständlich** sein.[113] Die Selbsteinschätzung sollte zudem nicht das Gespräch zwischen Berater und Kunde ersetzen, sondern es lediglich **ergänzen**.[114]

---

111 WpDVerOV-Begr., S. 10; *Fuchs*, in: Fuchs, § 31 Rn 192.
112 *Koller*, in: Assmann/Schneider, § 31 Rn. 146; *Rothenhöfer*, in: Schwark/Zimmer, § 31 WpHG Rn. 235; einschränkend *Fuchs*, in: Fuchs, § 31 Rn. 192 f.
113 *Auerbach/Adelt*, in: Krimphove/Kruse, BT 7 Rn. 120.
114 *Auerbach/Adelt*, in: Krimphove/Kruse, BT 7 Rn. 118.

§ 7 Nicht komplexe Finanzinstrumente

Nicht komplex im Sinne von § 31 Abs. 7 Nr.1 des Wertpapierhandelsgesetzes sind neben den dort genannten Wertpapieren und Geldmarktinstrumenten solche Finanzinstrumente,

1. die nicht unter § 2 Abs. 1 Satz 1 Nr. 3 Buchstabe b oder Abs. 2 WpHG fallen,

2. für die regelmäßig Möglichkeiten zur Veräußerung, Einlösung oder anderweitigen Realisierung zu Marktpreisen oder emittentenunabhängig ermittelten oder bestätigten Preise bestehen, welche für Marktteilnehmer allgemein zugänglich sind,

3. die über die Zahlung von Anschaffungskosten hinaus für den Kunden mit keinen, auch nur bedingten Verpflichtungen verbunden sind und

4. über deren Merkmale im angemessenen Umfang öffentlich Informationen verfügbar sind, die für einen durchschnittlichen Privatkunden verständlich genug sind, um auf ihrer Grundlage eine sachkundige Anlageentscheidung treffen zu können.

Inhalt

	Rn.		Rn.
A. Hintergrund	1	II. Anforderungen § 7 Nr. 2	13
B. Anwendbarkeit des § 31 Abs. 7 WpHG	3	III. Anforderungen § 7 Nr. 3	17
C. Regelungsinhalt des § 7	7	IV. Anforderungen § 7 Nr. 4	20
I. Anforderungen § 7 Nr. 1	8	D. Weitere Anwendungsbereiche	28

A. Hintergrund

§ 7 dient der Konkretisierung des Begriffes der „nicht komplexen Finanzinstrumente" i.S.d. § 31 Abs. 7 Nr. 1 WpHG. § 31 Abs. 7 WpHG entbindet das Wertpapierdienstleistungsunternehmen von den Pflichten gem. § 31 Abs. 5 WpHG im beratungsfreien Geschäft auf der Basis eingeholter Kundeninformationen (Kenntnisse und Erfahrungen), die Angemessenheit der Finanzinstrumente oder Wertpapierdienstleistungen für den Kunden zu beurteilen sowie den Kunden bei einer negativen oder (mangels Informationen) nicht möglichen Beurteilung darauf hinzuweisen. Daher werden diese Geschäfte auch als reine Ausführungs- bzw. Execution Only-Geschäfte bezeichnet. 1

§ 31 Abs. 7 WpHG dient der Abwägung zwischen vermeidbaren Belastungen für die Wertpapierdienstleistungsunternehmen und dem Anle- 2 gerschutz.[1] Zugunsten des Anlegerschutzes sollte die Anwendbarkeit eng begrenzt werden.[2] § 31 Abs. 7 WpHG geht der Regelung des als Auffangtatbestand für komplexe Finanzinstrumente anzusehenden § 31 Abs. 5 WpHG grundsätzlich vor. Jedoch ist es den Wertpapierdienstleistungsunternehmen möglich, auf diese Erleichterungen zu verzichten.[3] Zum Zwecke einheitlicher Prozesse und zur Vermeidung fehlerhafter Gesetzesauslegungen verzichtet eine Vielzahl von Instituten auf die Inanspruchnahme des vereinfachten Verfahrens nach § 31 Abs. 7 WpHG.[4] Zumal eine fehlerhafte Anwendung zu erheblichen Folgen für das betroffene Institut, wie beispielsweise zivilrechtliche Schadensersatzforderungen sowie eine Geldbuße von 50.000 Euro aufgrund einer Ordnungswidrigkeit gem. § 39 Abs. 2 Nr. 17 i.V.m. Abs. 4 WpHG, führen kann.[5]

B. Anwendbarkeit des § 31 Abs. 7 WpHG

3 § 31 Abs. 7 WpHG sieht unter Nr. 1 und 2 folgende Voraussetzungen vor:

§ 31 Abs. 7 Nr. 1 WpHG:

Initiative des Kunden: Das Geschäft kommt auf Veranlassung des Kunden zustande. Dies ist dann der Fall, wenn das Wertpapierdienstleistungsunternehmen nicht in qualifizierter Weise auf den Geschäftsabschluss hingewirkt hat.[6]

4 Art des Geschäftes: Das Geschäft wird im Rahmen des Eigenhandels i.S.d. § 2 Abs. 3 Satz 1 Nr. 2d WpHG abgeschlossen, oder es stellt ein Finanzkommissionsgeschäft i.S.d. § 2 Abs. 3 Satz 1 Nr. 1 WpHG, eine Abschlussvermittlung i.S.d. § 2 Abs. 3 Satz 1 Nr. 3 WpHG oder eine Anlagevermittlung i.S.d. § 2 Abs. 3 Satz 1 Nr. 4 WpHG dar.

5 Art der Finanzinstrumente: Das Geschäft erfolgt in Bezug auf:

- Aktien i.S.d. § 2 Abs. 1 Nr. 1 WpHG, die zum Handel an einem organisierten Markt oder gleichwertigen Markt zugelassen sind,

- Geldmarktinstrumente i.S.d. § 2 Abs. 1a WpHG,

- Schuldverschreibungen und andere verbriefte Schuldtitel i.S.d. § 2 Abs. 1 Satz 1 Nr. 3 WpHG, in die kein Derivat eingebettet ist,

- den Anforderungen der Richtlinie 2009/65/EG entsprechende Anteile an Investmentvermögen oder

- in Bezug auf andere nicht komplexe Finanzinstrumente.

---

1 Begr. zum FRUG, BT-Drs. 16/4028, S. 65.
2 Begr. zum FRUG, BT-Drs. 16/4028, S. 65.
3 *Koller*, in: Assmann/Schneider, § 31 Rn 181.
4 Siehe auch *Koller*, in: Assmann/Schneider, § 31 Rn. 183; *Brinkmann*, in: Renz/Hense, S. 369 f.
5 So auch *Brinkmann*, in: Renz/Hense, S. 369.
6 *Koller*, in: Assmann/Schneider, § 31 Rn. 190.

Diese Aufzählung ist nicht abschließend.[7] Welche Kriterien für die Einstufung als nicht komplex maßgeblich sind, wurde in § 7 festgelegt.

§ 31 Abs. 7 Nr. 2 WpHG: 6

Information des Kunden: Die Kunden müssen explizit darüber informiert worden sein, dass eine Angemessenheitsprüfung nicht durchgeführt wird. Diese Information ist auch in standardisierter Form möglich.

C. Regelungsinhalt des § 7

Gem. § 7 sind neben den in § 31 Abs. 7 Nr. 1 WpHG aufgeführten Wert- 7 papieren und Geldmarktinstrumenten solche Finanzinstrumente als nicht komplex einzustufen, die die Anforderungen der Nr. 1–4 kumulativ erfüllen.[8] Die Anwendung und Auslegung der Kriterien sollte grundsätzlich restriktiv vorgenommen werden, da der Gebrauch im Interesse des Anlegerschutzes zu begrenzen ist.[9]

I. Anforderungen § 7 Nr. 1

Demnach können nur solche Finanzinstrumente als nicht komplex ein- 8 gestuft werden, die nicht unter § 2 Abs. 1 Satz 1 Nr. 3 lit. b oder Abs. 2 WpHG fallen. Diese Negativdefinition schließt somit Derivate sowie jegliche Wertpapiere aus, die zum Erwerb oder zur Veräußerung von Wertpapieren nach § 2 Abs. 1 Nr. 1 und 2 berechtigen oder zu einer Barzahlung führen, die in Abhängigkeit von Wertpapieren, von Währungen, Zinssätzen oder anderen Erträgen, von Waren, Indices oder Messgrößen bestimmt wird. Zwar verweist § 2 Abs. 1 Satz 1 Nr. 3 lit. b WpHG lediglich auf Wertpapiere „nach den Nummern 1 und 2", nicht aber auch auf Nr. 3 lit. a, jedoch handelt es sich hierbei wohl um ein Redaktionsversehen.[10] Da weder die Regierungsbegründung noch die MiFID hierfür eine Begründung liefern, ist die Vorschrift richtlinienkonform dahin gehend korrigierend auszulegen, dass auch Wertpapiere nach Nr. 3 lit. a Bezugsobjekte im Rahmen von Nr. 3 lit. b Fall 1 sein können.[11]

Auf Grundlage des § 2 Abs. 1 Satz 1 Nr. 3 lit. b WpHG fallen **Options-** 9 **scheine** unter den Wertpapierbegriff des § 2 Abs. 1 WpHG.[12] Optionsscheine berechtigen den Inhaber, einen bestimmten Basiswert[13] zu einem bestimmten Preis (*Basispreis*) innerhalb eines bestimmten Zeitraums[14] zu kaufen (*call warrant*) oder zu verkaufen (*put warrant*). Auch kann der

---

7 Begr. zum FRUG, BT-Drs. 16/4028, S. 65.
8 Vgl. *Fuchs*, in: Fuchs, § 31 Rn. 308.
9 Vgl. Begr. zum FRUG, BT-Drs. 16/4028, S. 65.
10 *Kumpan*, in: Schwark/Zimmer, § 2 WpHG Rn. 27.
11 *Kumpan*, in: Schwark/Zimmer, § 2 WpHG Rn. 27.
12 *Assmann*, in: Assmann/Schneider, § 2 Rn. 30.
13 Sog. Underlying; z.B. Währung, Zinssatz, Aktien, Rohstoff.
14 Z.B. am Laufzeitende (european style); während der Laufzeit (american style); zu einem von mehreren Zeitpunkten während der Laufzeit (bermudan style).

WpDVerOV § 7 Nicht komplexe Finanzinstrumente

Emittent von Optionsscheinen über eine ausreichende Deckung des Optionsrechtes verfügen (*covered warrant*) oder nicht (*naked warrant*). Optionsscheine können selbstständig oder in Verbindung mit anderen Papieren begeben werden (*issued linked warrant; z.B. Optionsanleihen*).[15] Die Regelung des § 2 Abs. 1 Satz 1 Nr. 3 lit. b WpHG berücksichtigt diese Vielfalt der Optionsscheine und unterwirft sie dem Anwendungsbereich des WpHG, sofern sie den Grundsätzen der Standardisierung und Handelbarkeit entsprechen.[16]

10 Der **Derivatebegriff** des § 2 Abs. 2 WpHG wurde im Laufe der Weiterentwicklung des Gesetzes aufgrund diverser Finanzinnovationen und des damit in Zusammenhang stehenden zunehmenden Regulierungsbedürfnisses immer weiter ausgedehnt.[17] Mangels einer Legaldefinition des Begriffs Derivat wird allgemein auf Grundlage der ursprünglichen Fassung des § 2 Abs. 2 WpHG folgendes Kriterium als maßgeblich angesehen: „Die Bewertung des Rechts, das in der Zukunft oder über einen zukünftigen Zeitraum geltend gemacht werden kann oder zu erfüllen ist, ist aufgrund seiner inhaltlichen Ausgestaltung unmittelbar oder mittelbar von einem Basiswert abhängig, der seinerseits Preis- und Bewertungsschwankungen unterliegt."[18] Hierbei kommt es auch nicht auf eine Verbriefung des Rechts, die Handelbarkeit oder Standardisierung des Produktes an. Mithin können auch individuell ausgestaltete Produkte Derivate im Sinne dieser Norm darstellen.[19]

11 § 2 Abs. 2 WpHG zählt in Nr. 1 und 2 die potentiellen Basiswerte auf, auf die sich das Termingeschäft (Legaldefinition in Nr. 1) beziehen kann. Die Ziff. 3 und 4 ergänzen den Derivatebegriff um finanzielle Differenzgeschäfte und Kreditderivate.[20] Unter Nr. 5 werden die zugrundeliegenden Basiswerte um die in der EG-Verordnung 1287/2006 genannten ergänzt.

12 Unter den Derivatebegriff fallen mithin:

- Festgeschäfte – wie Forwards (z.B. Forward Rate Agreement) und Futures (z.B. Aktienindex-Futures),

- Optionsgeschäfte (bedingte Termingeschäfte) – wie Zinsoptionen und Aktienoptionen, sowie

- Swaps – wie Währungsswaps und Zinsswaps sowie hiervon abgeleitete Geschäfte (z.B. Cap, Floor, Collar).[21]

Im Rückschluss sind zumindest alle Termingeschäfte und Geschäfte mit Derivaten als komplex einzustufen.[22]

---

15 *Assmann*, in: Assmann/Schneider, § 2 Rn. 31.
16 *Assmann*, in: Assmann/Schneider, § 2 Rn. 31.
17 *Assmann*, in: Assmann/Schneider, § 2 Rn. 38.
18 *Assmann*, in: Assmann/Schneider, § 2 Rn. 43; *Fuchs*, in: Fuchs, § 2 Rn. 39.
19 *Assmann*, in: Assmann/Schneider, § 2 Rn. 45.
20 Z.B. sog. Credit Default Swaps (CDS).
21 Vgl. *Assmann*, in: Assmann/Schneider, § 2 Rn. 44.
22 *Koller*, in: Assmann/Schneider, § 31 Rn. 188; *Jordans*, WM 2007, 1827, 1831.

II. Anforderungen § 7 Nr. 2

Gem. § 7 Nr. 2 müssen für die betreffenden Finanzinstrumente zur Einstufung als nicht komplex regelmäßig Möglichkeiten zur Veräußerung, Einlösung oder anderweitigen Realisierung zu Marktpreisen oder emittentenunabhängig ermittelten oder bestätigten Preise bestehen, welche für Marktteilnehmer allgemein zugänglich sind. 13

Dieses materielle Kriterium befasst sich mit der Handelbarkeit der Finanzinstrumente. Die geforderte regelmäßige Möglichkeit der Veräußerung oder anderweitigen Realisierung dient der Flexibilität der Kunden. Hierdurch wird im Interesse des Kunden eine Gewinnmitnahme, ein Verhindern weiterer Verluste sowie ein Aussteigen aus anderen Gründen ermöglicht. 14

Die geforderte Regelmäßigkeit der Realisierung ist im Rahmen einer Einzelfallbetrachtung vorzunehmen.[23] Hierbei kommt es maßgeblich auf die Ausgestaltung des betreffenden Produktes, die zur Verfügung stehenden Informationen sowie die übliche Marktpraxis an.[24] Daher können Frequenzen von täglich, wöchentlich oder unter besonderen Umständen auch längeren Zeiträumen als regelmäßig im Sinne dieser Regelung angesehen werden.[25] Beispielsweise dürfte für eine börsennotierte Aktie grundsätzlich von einer innerhalb der Börsenöffnungszeiten zeitnahen Realisierung auszugehen sein. Zwar reicht nicht automatisch die Zulassung des Finanzinstrumentes zu einem regulierten Markt aus, um von einer Regelmäßigkeit auszugehen, jedoch kann in der Zulassung ein erstes entsprechendes Indiz gesehen werden.[26] 15

Die geforderte Einzelfallbetrachtung des jeweiligen Produktes stellt jedoch mitunter das Wertpapierdienstleistungsunternehmen vor Auslegungsschwierigkeiten und führt zu einer gewissen Unsicherheit bei der Anwendung der reinen Ausführungsgeschäfte. Grundsätzlich ist beispielsweise bei börsennotierten Aktien in einem liquiden Wert von einer tagtäglichen Realisierung auszugehen. Hingegen ist bei einer börsennotierten Aktie in einem illiquiden Wert (enger Markt, z.B. wenige Aktien im Umlauf, fehlende Interessenten) nicht von einer täglichen Realisierung auszugehen. Mangels einer gesetzlichen Definition des Begriffs „illiquider Wert" ist es dem Wertpapierdienstleistungsunternehmen – gem. Fn. 23 der MaComp – selbst überlassen, vorab zu bestimmen, ob das Finanzinstrument als illiquide anzusehen ist.[27] 16

---

23 CESR, „MiFID complex and non-complex financial instruments for the purpose of the Directive's appropriateness requirements", CESR/09-559, S. 17.
24 CESR, „MiFID complex and non-complex financial instruments for the purpose of the Directive's appropriateness requirements", CESR/09-559, S. 17.
25 CESR, „MiFID complex and non-complex financial instruments for the purpose of the Directive's appropriateness requirements", CESR/09-559, S. 17.
26 Vgl. CESR, „MiFID complex and non-complex financial instruments for the purpose of the Directive's appropriateness requirements", CESR/09-559, S. 18.
27 *Auerbach/Adelt*, in: Krimphove/Kruse, BT 7 Rn 101.

III. Anforderungen § 7 Nr. 3

17 Gem. § 7 Nr. 3 dürfen nicht komplexe Finanzinstrumente über die Zahlung von Anschaffungskosten hinaus für den Kunden mit keinen auch nur bedingten Verpflichtungen verbunden sein.

18 Durch diese Anforderung wird ein erhöhtes Risiko für den Kunden verhindert. Eine über die Anschaffungskosten hinausgehende Verpflichtung, beispielsweise zum Nachschießen, wird ausgeschlossen. Unter Anschaffungskosten sind hierbei die Kosten für das Finanzinstrument selbst sowie die bei Anschaffung anfallenden Gebühren und Margen zu verstehen.[28]

19 Auch dieses Kriterium ist im Lichte des Anlegerschutzes zu sehen. Der möglicherweise nicht alle Einzelheiten eines Finanzinstruments überblickende Anleger soll aufgrund eines ohne Beratung abgeschlossenen Geschäfts nicht weiter für die Zukunft verpflichtet werden können. Auf dem deutschen Markt werden aus Gründen des Anlegerschutzes heute nahezu keine Finanzinstrumente vertrieben, welche eine Nachschusspflicht beinhalten.

IV. Anforderungen § 7 Nr. 4

20 Finanzinstrumente können als nicht komplex eingestuft werden, wenn über deren Merkmale im angemessenen Umfang öffentlich Informationen zur Verfügung stehen, die für einen durchschnittlichen Privatkunden verständlich genug sind, um auf ihrer Grundlage eine sachkundige Anlageentscheidung zu treffen.

21 Unter Informationen ist zunächst der Preis des Finanzinstrumentes zu verstehen, welcher öffentlich zugänglich sein muss. Hiervon ist bei einem Marktpreis oder einem Preis, der durch ein vom Emittenten unabhängiges Bewertungssystem[29] ermittelt wurde, auszugehen.[30] Des Weiteren inhaltet der Begriff „Informationen" insbesondere: die Struktur, die Berechnungsart der Verzinsung, die Performance, den Emittenten und den Markt des Finanzinstruments sowie etwaige Garantien, Risiken, Zeiträume und andere Aspekte, welche einen Einfluss auf den Wert, die Performance oder Liquidität des Finanzinstruments haben können.[31]

22 Es ist erforderlich, dass der Kunde zu den genannten Informationen leicht Zugang hat und dass diese Informationen in leicht verständlicher, deutlicher und nicht irreführender Form vorliegen.[32] Diese können einerseits di-

---

28 CESR, „MiFID complex and non-complex financial instruments for the purpose of the Directive's appropriateness requirements", CESR/09-559, S. 18.
29 Z.B. Bloomberg, Reuters.
30 CESR, „MiFID complex and non-complex financial instruments for the purpose of the Directive's appropriateness requirements", CESR/09-559, S. 17.
31 CESR, „MiFID complex and non-complex financial instruments for the purpose of the Directive's appropriateness requirements", CESR/ 09-559, S. 18.
32 CESR, „MiFID complex and non-complex financial instruments for the purpose of the Directive's appropriateness requirements", CESR/ 09-559, S. 18.

rekt vom Wertpapierdienstleistungsunternehmen zur Verfügung gestellt worden sein.[33] Andererseits können die Informationen auch öffentlich vorhanden sein.[34] Dem Kunden obliegt in jedem Fall die Verpflichtung, sich in angemessenem Umfang um die Informationen zu bemühen.[35]

Bei der Prüfung der Zugänglichkeit der Informationen kommt es auf verschiedene Aspekte an, wie beispielsweise: die Anzahl der Wege, über die eine Information zugänglich ist, die Art der Quellen und Wege sowie die Möglichkeit des Kunden, die erforderlichen Informationen zu reproduzieren, zu speichern oder auszudrucken.[36] Die Prüfung sollte als Einzelfallentscheidung mit Bezug zum jeweiligen Kunden erfolgen.[37] 23

Inwieweit ausreichend ist, dass die erforderliche Information im Internet zur Verfügung steht, ist nicht abschließend geklärt. Aufgrund der heute als üblich anzusehenden Informationsquelle Internet dürfte jedoch grundsätzlich auch von einem Privatkunden erwartet werden, dass er über dieses Medium Informationen abruft.[38] Dies gilt insbesondere, da Execution only-Geschäfte gem. § 31 Abs. 7 WpHG in der Praxis schwerpunktmäßig im Rahmen von Onlinebanking (Onlinebrokerage) zustande kommen. In diesem Zusammenhang wird von dem über das Internet handelnden Kunden auch erwartet werden können, dass er sich via Internet informiert. Auch für Kunden, die einer generellen Information via E-Mail durch das Wertpapierdienstleistungsunternehmen zugestimmt haben, dürfte in jedem Fall eine Information im Internet oder via E-Mail als ausreichend zugänglich angesehen werden. Es ist jedoch erforderlich, dass die Information über übliche, der Allgemeinheit bekannte Wege – beispielsweise die gängigen Suchmaschinen, Homepage des Emittenten oder Wertpapierdienstleistungsunternehmen – zur Verfügung steht. Eine erweiterte Recherche kann von einem Privatkunden nicht per se erwartet werden. 24

Liegen die erforderlichen Informationen nicht in deutscher Sprache vor, wirkt sich dies auf die geforderte leichte Verständlichkeit der Informationen aus, da nicht von einem durchschnittlichen Privatkunden erwartet werden kann, dass er die Einzelheiten eines Finanzinstruments in einer Fremdsprache ausreichend nachvollziehen kann.[39] Auch dieser Aspekt kann im Einzelfall – zum Beispiel bei Informationen in englischer Spra- 25

---

33 Jedoch nicht in einer auf den jeweiligen Kunden zugeschnittenen Form, da dann von einer Beratung i.S.d. § 31 Abs. 4 WpHG ausgegangen werden kann.
34 *Koller*, in: Assmann/Schneider, § 31 Rn. 188.
35 *Koller*, in: Assmann/Schneider, § 31 Rn. 188.
36 CESR, „MiFID complex and non-complex financial instruments for the purpose of the Directive's appropriateness requirements", CESR/09-559, S. 18.
37 Vgl. CESR, „MiFID complex and non-complex financial instruments for the purpose of the Directive's appropriateness requirements", CESR/09-559, S. 18: „for the relevant clients".
38 Anders *Fuchs*, in: Fuchs, § 31 Rn. 309.
39 CESR, „MiFID complex and non-complex financial instruments for the purpose of the Directive's appropriateness requirements", CESR/09-559, S. 19.

Dahm

che und einem Kunden, der fließend englisch spricht – anders zu betrachten sein.

26 Es empfiehlt sich, die von der grundsätzlichen Annahme abweichende Einzelfallentscheidung ausreichend zu begründen und – beispielsweise vor dem Hintergrund etwaiger Prüfungen – zu dokumentieren.

27 Vor diesem Hintergrund sollte das Wertpapierdienstleistungsunternehmen im Sinne der Rechtssicherheit und zum Schutze der Anleger das reine Ausführungsgeschäft nach § 31 Abs. 7 WpHG generell nur für Produkte anbieten, für die aussagekräftige Produktinformationen (z.B. öffentlich zugängliche oder zur Verfügung gestellte PIBs gem. § 31 Abs. 3a WpHG; Prospekte gem. WpPG) existieren und für die ein hinreichend liquider Markt besteht.[40] Die erforderlichen Informationen dürften grundsätzlich im Rahmen des Primärmarktes vorliegen, da der Emittent zur Erstellung von Prospekten nach WpPG verpflichtet ist. In Fällen des reinen Sekundärmarkthandels ist dies jedoch kritisch zu prüfen.

D. Weitere Anwendungsbereiche

28 Die Unterscheidung zwischen komplexen und nicht-komplexen Finanzinstrumenten spielt ebenfalls bei der Erstellung von PIBs gem. § 31 Abs. 3a WpHG i.V.m. § 5a eine Rolle. Demnach beträgt der Höchstumfang bei nicht-komplexen Finanzinstrumenten zwei DIN-A4-Seiten und bei komplexen Finanzinstrumenten drei DIN-A4-Seiten.[41]

---

40 Vgl. *Fuchs*, in: Fuchs, § 31 Rn. 310.
41 Siehe bei § 5a Rn. 3 ff.

§ 8 Berichtspflichten des Wertpapierdienstleistungsunternehmens nach § 31 Abs. 8 des Wertpapierhandelsgesetzes über die Ausführung von Aufträgen

(1) Ein Wertpapierdienstleistungsunternehmen hat dem Kunden unverzüglich nach Ausführung des Auftrags auf einem dauerhaften Datenträger die wesentlichen Informationen über die Ausführung des Auftrags zu übermitteln.

(2) Einem Privatkunden ist vorbehaltlich des Absatzes 3 unverzüglich, spätestens am ersten Geschäftstag nach der Ausführung des Auftrags oder, sofern das Wertpapierdienstleistungsunternehmen die Bestätigung der Ausführung von einem Dritten erhält, spätestens am ersten Geschäftstag nach Eingang dieser Bestätigung auf einem dauerhaften Datenträger eine Bestätigung der Auftragsausführung zu übermitteln. Die Bestätigung muss, soweit relevant, die folgenden Angaben enthalten:

1. Name des Unternehmens, welches die Auftragsausführung bestätigt,

2. Name oder sonstige Bezeichnung des Kunden,

3. Handelstag,

4. Handelszeitpunkt,

5. Art des Auftrags,

6. Ausführungsplatz,

7. Finanzinstrument,

8. Kauf-/Verkauf-Indikator,

9. Wesen des Auftrags, falls es sich nicht um einen Kauf- oder Verkaufsauftrag handelt,

10. Menge,

11. Stückpreis; bei tranchenweiser Ausführung des Auftrags darf das Wertpapierdienstleistungsunternehmen den Preis für die einzelnen Tranchen oder den Durchschnittspreis übermitteln; bei Angabe eines Durchschnittspreises hat es einem Privatkunden auf Wunsch den Preis der einzelnen Tranchen zu übermitteln,

12. Gesamtentgelt,

13. Summe der in Rechnung gestellten Provisionen und Auslagen sowie auf Wunsch des Privatkunden eine Aufschlüsselung nach Einzelposten,

14. Obliegenheiten des Kunden in Zusammenhang mit der Abwicklung des Geschäfts unter Angabe der Zahlungs- oder Einlieferungsfrist

sowie der jeweiligen Konten, sofern diese Angaben und Aufgaben dem Kunden nicht bereits früher mitgeteilt worden sind, und

15. einen Hinweis entsprechenden Inhalts für den Fall, dass die Gegenpartei des Kunden das Wertpapierdienstleistungsunternehmen selbst oder eine Person der Gruppe, der das Wertpapierdienstleistungsunternehmen angehört, oder ein anderer Kunde des Wertpapierdienstleistungsunternehmens war, es sei denn, der Auftrag wurde über ein Handelssystem ausgeführt, das den anonymen Handel erleichtert.

Die Bestätigung kann unter Verwendung von Standardcodes erfolgen, wenn eine Erläuterung der verwendeten Codes beigefügt wird. Satz 1 ist nicht anzuwenden, wenn die Bestätigung der Auftragsausführung die gleichen Informationen enthalten würde wie eine Bestätigung, die dem Privatkunden unverzüglich von einer anderen Person zuzusenden ist.

(3) Wenn sich die Aufträge auf Anleihen zur Finanzierung von Hypothekarkreditverträgen zwischen dem Wertpapierdienstleistungsunternehmen und einem Kunden beziehen, ist das Finanzierungsgeschäft dem Kunden spätestens einen Monat nach Auftragsausführung zusammen mit den Gesamtbedingungen des Hypothekendarlehens zu melden.

(4) Unbeschadet der Absätze 1 bis 3 ist das Wertpapierdienstleistungsunternehmen verpflichtet, den Kunden auf Wunsch über den Stand der Ausführung seines Auftrags zu informieren.

(5) Ein Wertpapierdienstleistungsunternehmen, welches regelmäßig Aufträge von Privatkunden über Investmentanteile ausführt, muss dem Privatkunden entweder eine Bestätigung nach Absatz 2 Satz 1 bis 3 übermitteln oder ihm mindestens alle sechs Monate die in Absatz 2 Satz 2 Nr. 1 bis 15 genannten Informationen über die betreffenden Geschäfte übermitteln.

(6) Hat die Führung von Privatkundenkonten ein Geschäft zum Gegenstand, das eine ungedeckte Position bei einem Geschäft mit Eventualverbindlichkeiten enthält, muss das Wertpapierdienstleistungsunternehmen dem Privatkunden auch diejenigen Verluste mitteilen, die einen etwaigen, zuvor zwischen ihm und dem Wertpapierdienstleistungsunternehmen vereinbarten Schwellenwert übersteigen, und zwar spätestens am Ende des Geschäftstags, an dem der Schwellenwert überschritten wird oder, falls der Schwellenwert an einem geschäftsfreien Tag überschritten wird, am Ende des folgenden Geschäftstags.

Inhalt

	Rn.		Rn.
A. Hintergrund	1	E. Weitergehende Informationen (Abs. 4)	6
B. Unverzügliche Übermittlung der wesentlichen Informationen (Abs. 1)	2	F. Informationen über regelmäßige Aufträge über Investmentanteile (Abs. 5)	7
C. Inhalt der Information (Abs. 2)	4		
D. Informationen über Anleihen zur Finanzierung von Hypothekarkrediten (Abs. 3)	5	G. Geschäften mit Eventualverbindlichkeiten (Abs. 6)	8

A. Hintergrund

§ 8 konkretisiert die Berichtspflicht über die Ausführung von Aufträgen nach § 31 Abs. 8 WpHG. Dabei handelt es sich ganz überwiegend um konkrete Vorgaben zum Inhalt der Kundenunterrichtung. Besondere Berichtspflichten bestehen gem. § 9 im Rahmen der Finanzportfolioverwaltung. *1*

B. Unverzügliche Übermittlung der wesentlichen Informationen (Abs. 1)

§ 8 Abs. 1 legt fest, **welche Informationen** ein Wertpapierdienstleistungsunternehmen **unverzüglich nach Ausführung** eines Kundenauftrages übermitteln muss. Zudem wird vorgegeben, dass diese Informationen auf einem **dauerhaften Datenträger** i.S.v. § 3 gegeben werden müssen. Der dauerhafte Datenträger muss alle wesentlichen Informationen über die Auftragsausführung enthalten. Diese Vorgabe wird durch § 8 Abs. 2 für einen Privatkunden weiter konkretisiert. *2*

Unverzüglich erfolgt eine Information, wenn der dauerhafte Datenträger ohne schuldhaftes Zögern übermittelt wird (vgl. auch § 121 Abs. 1 Satz 1 BGB).[1] Spätestens muss der Kunde am **ersten Geschäftstag nach der Auftragsausführung** informiert werden. Erhält das Wertpapierdienstleistungsunternehmen die Bestätigung der Ausführung von einem Dritten, so gilt nach § 8 Abs. 2 Satz 1, dass dem Kunden der Eingang der Bestätigung am ersten Geschäftstag nach Eingang dieser Bestätigung übermittelt werden muss. Für die Übermittlung genügt es, die Informationen ordentlich auf den Weg zu bringen, das Wertpapierdienstleistungsunternehmen braucht den Zugang nicht zu gewährleisten.[2] *3*

C. Inhalt der Information (Abs. 2)

Für **Privatkunden** wird in § 8 Abs. 2 Satz 2 näher festgelegt, welche Angaben der Bericht enthalten muss. Dies sind: *4*

(1) Name des Unternehmens, das die Auftragsausführung bestätigt,

(2) Name oder sonstige Bezeichnung des Kunden,

(3) Handelstag,

(4) Handelszeitpunkt,

(5) Art des Auftrages,

(6) Ausführungsplatz,

(7) Finanzinstrument,

---

1 Anders *Möllers*, in: Kölner Kommentar-WpHG, § 31 Rn. 419.
2 Vgl. *Koller*, in: Assmann/Schneider, § 31 Rn. 194.

Zingel

(8) Kauf-/Verkauf-Indikator,

(9) Wesen des Auftrags, falls es sich nicht um einen Kauf- oder Verkaufsauftrag handelt,

(10) Mängel,

(11) Stückpreis (bei Teilausführungen entweder Preis der einzelnen Ausführungen oder Angabe des Durchschnittspreises),

(12) Gesamtentgelt,

(13) Provision und Auslagen (auf Wunsch des Kunden nach Einzelposten aufgeschlüsselt),

(14) Obliegenheiten des Kunden im Zusammenhang mit der Abwicklung,

(15) Hinweis auf eine Möglichkeit, ein anonymes Handelssystem zu nutzen.

Standardcodes können gem. § 8 Abs. 2 Satz 3 verwandt werden, wenn diese erläutert werden. Die Verpflichtung zur Unterrichtung entfällt, wenn sie von dritter Seite vorgenommen wird (§ 8 Abs. 3 Satz 4).

D. Informationen über Anleihen zur Finanzierung von Hypothekarkrediten (Abs. 3)

5 § 8 Abs. 3 setzt Art. 40 Abs. 1 und Abs. 5 der MiFID-DRL um. Die Regelung dient der **Vermeidung einer doppelten Information**.[3] Daher gelten die Fristen zur Information nicht, wenn sich die Aufträge des Kunden auf Anleihen zur Finanzierung von Hypothekarkrediten beziehen, die ihm vom Wertpapierdienstleistungsunternehmen gewährt wurden. Werden die Ablösung und die Bedienung des Kredits über Anleihen zwischen dem Kunden und dem Wertpapierdienstleistungsunternehmen vereinbart, reicht es aus, wenn der Kunde binnen eines Monats nach der Auftragsausführung zusammen mit den Gesamtbedingungen des Hypothekardarlehens informiert wird.

E. Weitergehende Informationen (Abs. 4)

6 § 8 Abs. 4 setzt Art. 40 Abs. 2 der MiFID-DRL um und stellt klar, dass der Kunde jederzeit Informationen über den **Stand seines Auftrages** erfragen kann. Vertragliche oder zivilgesetzliche Informationspflichten (etwa aus § 384 HGB) stehen ohnehin selbständig neben der aufsichtsrechtlichen Informationspflicht, wie sie von § 31 Abs. 8 WpHG und § 8 bestimmt wird.[4]

---

3 WpDVerOV-Begr., S. 12.
4 Vgl. *Koller*, in: Assmann/Schneider, § 31 Rn. 194.

F. Informationen über regelmäßige Aufträge über Investmentanteile (Abs. 5)

§ 8 Abs. 5 setzt Art. 40 Abs. 3 der MiFID-DRL um. Er stellt eine Sonderregel für Aufträge von Privatkunden über den Kauf oder Verkauf von Investmentvermögen auf. Bei regelmäßig wiederkehrenden Aufträgen – etwa im Rahmen eines Sparplanes – hat das Wertpapierdienstleistungsunternehmen die Wahl, ob es eine Einzelmitteilung macht oder die Informationen gesammelt mindestens alle sechs Monate zur Verfügung stellt.

G. Geschäften mit Eventualverbindlichkeiten (Abs. 6)

§ 8 Abs. 6 setzt Art. 42 der MiFID-DRL um und regelt besondere Informationspflichten gegenüber Privatkunden bei Geschäften mit Eventualverbindlichkeiten, die dann gelten, wenn Verluste **vereinbarte Schwellenwerte** übersteigen. In Erwägungsgrund Nr. 63 MiFID wird der Begriff eines Geschäftes mit Eventualverbindlichkeiten definiert. Danach ist maßgeblich, ob das Geschäft für den Kunden mit einer tatsächlichen oder potentiellen Verbindlichkeit verbunden ist, die über den Kaufpreis hinausgeht (z.B. Nachschussverpflichtung). Eine ständige, sekundengenaue Beobachtung aller Geschäfte für den Kunden und eine entsprechende Information des Kunden ist nicht notwendig.[5] Ausreichend ist, wenn der Schwellenwert für jeden Geschäftstag geprüft wird und der Kunde am Ende des Geschäftstages über die Überschreitung informiert wird.

---

5 WpDVerOV-Begr., S. 13.

§ 9 Berichtspflichten des Wertpapierdienstleistungsunternehmens nach § 31 Abs. 8 des Wertpapierhandelsgesetzes bei Finanzportfolioverwaltung

(1) Erbringt ein Wertpapierdienstleistungsunternehmen Finanzportfolioverwaltung, hat es dem Kunden auf einem dauerhaften Datenträger periodisch eine Aufstellung der in seinem Namen erbrachten Finanzportfolioverwaltungsdienstleistungen zu übermitteln, es sei denn, eine derartige Aufstellung wird bereits von anderer Seite übermittelt.

(2) Handelt es sich bei dem Kunden um einen Privatkunden, muss die Aufstellung nach Absatz 1, soweit relevant, folgende Angaben enthalten:

1. Name des Wertpapierdienstleistungsunternehmens,

2. Name oder sonstige Bezeichnung des Kontos des Privatkunden,

3. Zusammensetzung und Bewertung des Finanzportfolios mit Einzelangaben zu jedem gehaltenen Finanzinstrument, seinem Marktwert oder, wenn dieser nicht verfügbar ist, dem beizulegenden Zeitwert, dem Kontostand zum Beginn und zum Ende des Berichtszeitraums sowie der Wertentwicklung des Finanzportfolios während des Berichtszeitraums,

4. Gesamtbetrag der in dem Berichtszeitraum angefallenen Gebühren und Entgelte, mindestens aufgeschlüsselt in Gesamtverwaltungsgebühren und Gesamtkosten im Zusammenhang mit der Leistungserbringung sowie einen Hinweis, dass eine detailliertere Aufschlüsselung auf Anfrage übermittelt wird,

5. Vergleich der Wertentwicklung während des Berichtszeitraums unter Angabe einer Vergleichsgröße, falls eine solche zwischen dem Wertpapierdienstleistungsunternehmen und dem Kunden vereinbart wurde,

6. Gesamtbetrag der Dividenden-, Zins- und sonstigen Zahlungen, die während des Berichtszeitraums im Zusammenhang mit dem Kundenportfolio eingegangen sind,

7. Informationen über sonstige Maßnahmen des Unternehmens, die Rechte in Bezug auf im Finanzportfolio gehaltene Finanzinstrumente verleihen, und

8. für jedes in dem Berichtszeitraum ausgeführte Geschäft die in § 8 Abs. 2 Satz 2 Nr. 3 bis 12 aufgeführten Angaben, es sei denn, der Kunde hat verlangt, die Informationen jeweils gesondert für jedes ausgeführte Geschäft zu erhalten.

(3) Bei Privatkunden beträgt der Zeitraum der periodischen Aufstellung grundsätzlich sechs Monate. Das Wertpapierdienstleistungsunterneh-

men hat den Privatkunden darauf hinzuweisen, dass der Zeitraum auf Antrag auf drei Monate verkürzt werden kann. Der Zeitraum beträgt höchstens einen Monat, wenn der Vertrag zwischen Wertpapierdienstleistungsunternehmen und einem Privatkunden über Finanzportfolioverwaltung ein kreditfinanziertes Finanzportfolio oder Finanzinstrumente mit Hebelwirkung zulässt.

(4) Verlangt ein Kunde Einzelmitteilungen über die jeweiligen Geschäfte, sind ihm die wesentlichen Informationen über das betreffende Geschäft unverzüglich nach dessen Ausführung durch den Finanzportfolioverwalter auf einem dauerhaften Datenträger zu übermitteln. Für Privatkunden gilt hinsichtlich der Bestätigung der Geschäftsausführung § 8 Abs. 2 entsprechend. Die periodische Aufstellung ist einem Privatkunden in diesem Fall abweichend von Absatz 3 Satz 1 mindestens einmal alle zwölf Monate zu übermitteln; betreffen einzelne Geschäfte Finanzinstrumente im Sinne des § 2 Abs. 1 Nr. 3 Buchstabe b oder Abs. 2 des Wertpapierhandelsgesetzes, ist die periodische Aufstellung alle sechs Monate zu übermitteln.

(5) Für Verluste, die bei der Finanzportfolioverwaltung für Privatkunden entstehen und vereinbarte Schwellenwerte überschreiten, gilt die Informationspflicht des § 8 Abs. 6 entsprechend.

Inhalt

	Rn.
A. Hintergrund	1
B. Adressaten der Berichtspflicht, Empfänger und Gegenstand des Berichts	4
C. Struktur, Regelmäßigkeit und Form des Berichts	14
D. Inhalt des Berichts (Abs. 2)	28
I. Relevanz des Inhalts	28
II. Name und Bezeichnung des Kontos (Abs. 2 Nr. 2)	30
III. Zusammensetzung und Bewertung des Finanzportfolios (Abs. 2 Nr. 3)	34
IV. Gebühren und Entgelte (Abs. 2 Nr. 4)	44
V. Vergleich der Wertentwicklung (Abs. 2 Nr. 5)	48
VI. Zahlungseingänge (Abs. 2 Nr. 6)	50
VII. Wahrnehmung von Rechten (Abs. 2 Nr. 7)	53
VIII. Angaben nach § 8 Abs. 2 Satz 2 Nr. 3–12 (Abs. 2 Nr. 8)	55
E. Berichtszeitraum	56
I. Berichtszeitraum im Regelfall (Abs. 3 Satz 1)	56
II. Verkürzter Berichtszeitraum auf Antrag (Abs. 3 Satz 2)	59
III. Zeitraum bei „gehebelten Portfolios" (Abs. 3 Satz 3)	61
F. Bericht bei Einzelmitteilungen (Abs. 4)	71
I. Verlangen nach Einzelmitteilungen (Abs. 4 Satz 1)	71
II. Wesentliche Informationen bei Einzelmitteilungen (Abs. 4 Satz 1, 2)	74
III. Berichtszeitraum bei Einzelmitteilungen (Abs. 4 Satz 3)	76
G. Information über Verluste (Abs. 5)	79
I. Schwellenwerte	79
II. Verluste	82
III. Frist der Information	88

A. Hintergrund*

1 § 9 regelt die **Berichtspflichten** der Wertpapierdienstleistungsunternehmen **bei der Finanzportfolioverwaltung**. Er verdeutlicht § 31 Abs. 8 WpHG. Ermächtigungsgrundlage für § 9 ist § 31 Abs. 11 Nr. 5 WpHG: Wie, was und wann Wertpapierdienstleistungsunternehmen ihren Kunden berichten müssen, kann das Bundesministerium der Finanzen in einer Rechtsverordnung bestimmen und hat es in § 9 bestimmt.

2 Beide Normen setzen **europäische Richtlinien** um: § 31 Abs. 8 WpHG den Art. 19 Abs. 8 MiFID, § 9 den Art. 41 der MiFID-DRL.

3 § 31 Abs. 8 WpHG und § 9 Abs. 1 sind zwingende **Normen des Aufsichtsrechts**.[1] Sie begründen aber keine zivilrechtlichen Pflichten.[2] Der Vermögensverwaltungsvertrag ist wirksam, auch wenn er gegen § 31 Abs. 8 WpHG und § 9 verstößt. Der Verstoß gegen diese Pflichten stützt keinen zivilrechtlichen Schadenersatzanspruch, kann aber zu Maßnahmen der BaFin führen.

B. Adressaten der Berichtspflicht, Empfänger und Gegenstand des Berichts

4 Die Berichtspflichten treffen **Wertpapierdienstleistungsunternehmen, die Finanzportfolioverwaltung erbringen**, § 9 Abs. 1 Satz 1. Wertpapierdienstleistungsunternehmen sind nach § 2 Abs. 4 WpHG Kreditinstitute (§ 1 Abs. 1 Satz 1 KWG), Finanzdienstleistungsinstitute (§ 1 Abs. 1a Satz 1 KWG) und Unternehmen, die nach § 53 Abs. 1 Satz 1 KWG tätig sind, wenn sie Wertpapierdienstleistungen erbringen als Gewerbe oder in einem Umfang, der einen kaufmännischen Betrieb verlangt.

5 An seine **Kunden** nach § 9 berichten muss ein Unternehmen also, wenn es für andere einzelne oder mehrere Vermögen, die in Finanzinstrumenten angelegt sind, verwaltet und dabei einen Entscheidungsspielraum hat – Finanzportfolioverwaltung nach § 2 Abs. 3 Satz 1 Nr. 7 WpHG. Die Finanzportfolioverwaltung ist auch eine Finanzdienstleistung nach § 1 Abs. 1a Satz 2 Nr. 3 KWG, so dass Unternehmen, die Finanzportfolioverwaltung betreiben, ohne Kreditinstitut zu sein, Finanzdienstleistungsinstitute sind. Deutsche Finanzportfolioverwalter brauchen eine **Erlaubnis nach § 32 Abs. 1 Satz 1 KWG**.

6 § 9 ist entsprechend anwendbar auf **Zweigniederlassungen nach § 53b KWG**, die Wertpapierdienstleistungen erbringen.[3] § 36a Abs. 1 Satz 1 WpHG erklärt zwar anwendbar für Zweigniederlassungen nach § 53b KWG nur „die in diesem Abschnitt geregelten Rechte und Pflichten",

---

* Der Verfasser ist Mitarbeiter der BaFin. Er gibt in diesem Beitrag nur seine persönliche Auffassung wieder.
1 *Ellenberger*, in: Schäfer/Sethe/Lang, § 13 Rn. 33; *Koller*, in: Assmann/Schneider, § 31 Rn. 64; BT-Drs. 16/4028, S. 65.
2 *Ellenberger*, in: Schäfer/Sethe/Lang, § 13 Rn. 2.
3 *Haußner*, in: KK-WpHG, § 36a Rn. 12.

nicht die Pflichten, die in einer Rechtsverordnung geregelt sind. § 9 hat aber seine Ermächtigungsgrundlage im sechsten Abschnitt des WpHG, wenn auch Art und Umfang der Berichtspflichten außerhalb des WpHG stehen. Außerdem fasst § 9 nur genauer, was in § 31 Abs. 8 WpHG, einer Norm des sechsten Abschnitts des WpHG, geregelt ist: Art, Inhalt, Zeitpunkt und Form, wie Wertpapierdienstleistungsunternehmen über die erbrachte Finanzportfolioverwaltung berichten.

§ 9 gilt nach § 36a Abs. 4 WpHG auch für **Unternehmen aus der EU oder** 7 **dem EWR**, die Finanzportfolioverwaltung grenzüberschreitend für deutsche Kunden erbringen – allerdings nur, wenn die Finanzportfolioverwaltung auch in Deutschland erbracht wird. Der Vermögensverwalter muss die Entscheidungen für das fremde Vermögen in Deutschland treffen, soll § 9 gelten und nicht die entsprechende Vorschrift des Auslandes, mit der Art. 42 MiFID-DRL umgesetzt wurde. Dieser Entscheidungsspielraum prägt die Finanzportfolioverwaltung und unterscheidet sie von anderen Wertpapierdienstleistungen und Wertpapiernebendienstleistungen wie der Abschlussvermittlung oder dem Finanzkommissionsgeschäft, die beide nur nach einem Auftrag des Kunden ausgeübt werden können, oder auch zur Depotverwaltung, bei der die Bank Wertpapiere des Kunden ohne Entscheidungsspielraum technisch abwickelt.[4] Deshalb bestimmt der Ort, wo der Vermögensverwalter entscheidet, welches öffentliche Recht gilt, und nicht der Ort, wo das Vermögen lagert, der Kunde wohnt oder das Unternehmen sitzt.

§ 31 Abs. 8 WpHG und § 9 lösen die Berichtspflichten aus, wenn das 8 Wertpapierdienstleistungsunternehmen Finanzportfolioverwaltung erbringt. Das Unternehmen erbringt sie nicht erst dann, wenn es Geschäfte abschließt für den Vermögensinhaber, sondern schon dann, wenn es einen **Vertrag über die Finanzportfolioverwaltung** abgeschlossen hat.[5]

Das Wertpapierdienstleistungsunternehmen muss dem **Kunden der Fi-** 9 **nanzportfolioverwaltung** nach § 9 berichten. § 9 Abs. 1 und Abs. 4 Satz 1 gelten für alle Kunden; § 9 Abs. 2, 3, 4 Satz 2, 3 und Abs. 5 nur für Privatkunden, also Kunden, die keine professionellen Kunden sind (§ 31a Abs. 3 WpHG).

Kunde nach § 9 ist, wer **Vertragspartner** des Wertpapierdienstleistungs- 10 unternehmens im Vertrag über die Finanzportfolioverwaltung ist.[6] Nicht berichten muss das Wertpapierdienstleistungsunternehmen an Kunden, für die es eine Finanzportfolioverwaltung anbahnt.[7] Möglichen Kunden erbringt das Wertpapierdienstleistungsunternehmen noch keine Finanzportfolioverwaltung, so dass es noch nichts berichten kann nach § 9.

---

4 Zur Abgrenzung der Finanzportfolioverwaltung zu anderen Wertpapierdienstleistungen und Wertpapiernebendienstleistungen *Mösler*, in: Langenbucher/Bliesener/Spindler, Kap. 34 Rn. 7; *Sethe*, in: Festschrift Schneider, S. 1239 ff.
5 *Fuchs*, in: Fuchs, § 31a Rn. 15.
6 *Fuchs*, in: Fuchs, § 31a Rn. 16; *Koch*, in: Schwark/Zimmer, § 31a WpHG Rn. 5.
7 Zum Kunden, mit dem das Wertpapierdienstleistungsunternehmen eine Wertpapierdienstleistung anbahnt, *Koller*, in: Assmann/Schneider, § 31a Rn. 3.

11 **Berichten** muss das Wertpapierdienstleistungsunternehmen **über Finanzportfolioverwaltungsdienstleistungen**, die es im Namen des Kunden erbringt. Auch die MiFID-DRL schreibt im deutschen Text den Bericht über „Finanzportfoliodienstleistungen" vor, die englische und französische Fassung über „activities" und „activitès" in der Vermögensverwaltung. Stattdessen befiehlt § 31 Abs. 8 WpHG und die Überschrift der deutschen Fassung des Art. 41 MiFID-DRL eine Berichtspflicht bei der „Portfolioverwaltung".

12 Finanzportfolioverwaltungsdienstleistungen sind aber nichts anderes als die Finanzportfolioverwaltung selbst. Nicht nur über Geschäfte, die für den Kunden geschlossen werden, muss das Wertpapierdienstleistungsunternehmen berichten, obwohl die Begriffe „Finanzportfoliodienstleistungen", „activities" oder „activitès" nur ein Tun, nur Handlungen und Maßnahmen, über die es berichten soll, beschreiben könnten. Aber auch die **Entscheidung, nichts zu tun**, kann bei der Verwaltung des Kundenvermögens getroffen werden und bewegt sich im Entscheidungsspielraum, den § 2 Abs. 3 Satz 1 Nr. 7 dem Finanzportfolioverwalter einräumt. Trotzdem muss es über die Finanzportfolioverwaltung berichten und dem Kunden die Informationen nach § 9 Abs. 2 Nr. 1–7 liefern. Nur die Angaben nach Nr. § 9 Abs. 2 Nr. 8 fehlen dann im Bericht.

13 Die Finanzportfolioverwaltungsdienstleistungen, über die das Wertpapierdienstleistungsunternehmen nach § 9 berichtet, muss es im Namen des Kunden erbringen. Nicht berichten muss das Wertpapierdienstleistungsunternehmen nach dieser Vorschrift, wenn es als **Treuhänder Finanzportfolioverwaltung** betreibt.[8] Wenn der Vermögensinhaber sein Vermögen auf einen Verwalter überträgt und ihn verpflichtet, sein Vermögen treuhänderisch zu verwalten, wird der Treuhänder zum treuhänderischen Eigentümer: Er verwaltet das Vermögen zwar wirtschaftlich für den Vermögensinhaber, handelt aber im eigenen Namen.[9]

C. Struktur, Regelmäßigkeit und Form des Berichts

14 Übermitteln muss das Wertpapierdienstleistungsunternehmen dem Kunden eine Aufstellung der in seinem Namen erbrachten Finanzportfolioverwaltungsdienstleistungen. § 9 Abs. 2 nennt den **Inhalt der Aufstellung**. Diesen Inhalt muss das Wertpapierdienstleistungsunternehmen geordnet zusammenfassen. Der Kunde muss eine Übersicht bekommen,

---

8 Zu den Arten der Vermögensverwaltung *Assmann*, in: Assmann/Schneider, § 2 Rn. 104; *Fuchs*, in: Fuchs, § 2 Rn. 100; *Mösler*, in: Langenbucher/Bliesener/Spindler, Kap. 34 Rn. 10: *Sethe*, in: Festschrift Schneider, S. 1239, 1239 f., unabhängig davon, ob die Vermögensverwaltung als Treuhand auch ein Bankgeschäft wie das Einlagengeschäft oder das Finanzkommissionsgeschäft ist.

9 *Sethe*, in: Festschrift Schneider, S. 1239, 1240; *Mösler*, in: Langenbucher/Bliesener/Spindler, Kap. 34 Rn. 7.

ein Dokument oder eine Datei, die ihm die Angaben offenlegt. Dem Kunden muss deutlich sein, dass über die Finanzportfolioverwaltung berichtet wird.

Keine Aufstellung übermittelt der Finanzportfolioverwalter, wenn er seinem Kunden zwar Angaben nach § 9 Abs. 2 übermittelt, sie aber in anderen Mitteilungen für den Kunden versteckt.[10] Der Kunde bekommt dann keine Aufstellung, weil sie für ihn nicht als Bericht über die Finanzportfolioverwaltung oder als Angabe nach § 9 Abs. 2 erkennbar ist.[11] Der Finanzportfolioverwalter schickt seinem Kunden keine Aufstellung, wenn er ihm zwar alle Angaben liefert, sie ihm aber unübersichtlich darlegt: zerstückelt, versteckt oder auf mehrere Dokumente verteilt. 15

Eine **Periode ist ein regelmäßig wiederkehrender Zeitabschnitt.** Der Kunde muss also in regelmäßigen Zeitabständen informiert werden. Mit Privatkunden kann das Wertpapierdienstleistungsunternehmen die Perioden nicht frei vereinbaren: Privatkunden erhalten die Aufstellung nach § 9 Abs. 3 Satz 1 alle sechs Monate, auf Antrag des Kunden auch alle drei Monate nach § 9 Abs. 3 Satz 2. Die Periode ist nach § 9 Abs. 3 Satz 3 höchstens ein Monat, wenn der Vertrag über die Finanzportfolioverwaltung zulässt, das Portfolio über Kredite zu finanzieren oder Finanzinstrumente mit Hebelwirkung zu erwerben. Erhält der Kunde eine Einzeldarstellung aller Geschäfte, muss ihm nach § 9 Abs. 4 Satz 3 mindestens einmal alle zwölf Monate eine periodische Aufstellung übermittelt werden, bei bestimmten Finanzinstrumenten auch sechs Monate. 16

Auf einem **dauerhaften Datenträger** muss das Wertpapierdienstleistungsunternehmen die Aufstellung dem Kunden übermitteln. § 3 regelt, was dauerhafte Datenträger sind und wie sie eingesetzt werden können. Ein dauerhafter Datenträger kann **Papier** sein, § 3 Abs. 2. Andere dauerhafte Datenträger sind **CD-ROM, DVD, E-Mails** oder **elektronische Postfächer.**[12] Das Wertpapierdienstleistungsunternehmen darf aber dauerhafte Datenträger, die kein Papier sind, nur einsetzen, wenn sie angemessen sind. Maßstab dafür sind nach § 3 Abs. 2 die Rahmenbedingungen, unter denen das Geschäft ausgeführt wird. Welcher Übermittlungsweg angemessen ist, richtet sich deshalb auch nach der Art der Information, die übermittelt wird oder übermittelt werden muss, weil das Gesetz, eine Rahmenbedingung des Geschäfts, es verlangt. Gibt der Kunde dem Wertpapierdienstleistungsunternehmen seine E-Mail-Adresse und stellt allgemeine Fragen per E-Mail, ist es angemessen, ihm auf diesem Weg auch mit allgemeinen Informationen zu antworten. Angaben nach § 9 Abs. 2 Nr. 2–7 sind aber nach § 3 Abs. 1 BDSG „Einzelangaben über persönli- 17

---

10 Zur Ordnungsaufgabe des geschuldeten Berichts *Koller,* in: Assmann/Schneider, § 31 Rn. 196.
11 *Koller,* in: Assmann/Schneider, § 31 Rn. 56, zu ähnlichen Problemen bei der Pflicht, den Kunden redlich, eindeutig und nicht irreführend zu informieren.
12 WpDVerOV-Begr. (Stand 01.10.2007) zu § 3 Abs. 2; *Ellenberger,* in: Schäfer/Sethe/Lang, § 13 Rn. 25.

che oder sachliche Verhältnisse einer bestimmten oder bestimmbaren natürlichen Person".[13] Diese Angaben im ungesicherten E-Mail-Verkehr zu übermitteln, wäre nicht angemessen: § 30a Abs. 1 Nr. 3 WpHG drückt die Wertung des Gesetzgebers aus, dass Unbefugte nicht wissen sollen, wer wie viele Wertpapiere hält.[14] Das Wertpapierdienstleistungsunternehmen kann diese Angaben nur dann per E-Mail übermitteln oder in einem elektronischen Postfach lagern, wenn E-Mail und Postfach besonders geschützt sind.

18 Will das Wertpapierdienstleistungsunternehmen andere dauerhafte Datenträger als Papier einsetzen, muss der Kunde sich ausdrücklich für **eine andere Form der Übermittlung als Papier** entschieden haben. Der Kunde kann sich also nicht stillschweigend damit einverstanden erklären, dass ihm der Bericht nach § 9 elektronisch übermittelt wird. Der Wertpapierdienstleistungsunternehmen darf seinem Kunden den Bericht nach § 9 nicht per E-Mail schicken, nur weil der Kunde selbst E-Mails an das Wertpapierdienstleistungsunternehmen schickt und seine E-Mail-Adresse bekannt ist. Auch wenn der Kunde einen Bericht nach § 9 per E-Mail erhält und nicht widerspricht, hat er sich nicht ausdrücklich für diese Form der Übermittlung entschieden.

19 Eine **Aufstellung** muss das Wertpapierdienstleistungsunternehmen nicht übermitteln, wenn der Kunde eine derartige Aufstellung **von anderer Seite** erhält. „Andere Seite" ist immer ein Dritter, im englischen Text „another person", im französischen „une autre personne". Der Finanzportfolioverwalter selbst ist nie die „andere Seite"; ansonsten bestünde die Gefahr, dass er seine Aufstellung zersplittert, die Angaben nicht zusammenfasst und stattdessen die Angaben auf mehrere Unterlagen verteilt.

20 Die andere Seite kann auch nur einen **Teil der Angaben** nach § 9 Abs. 2 liefern, so dass der Portfolioverwalter über diesen Teil nicht mehr berichten muss. Die Ausnahme liefe leer, müsste eine Aufstellung immer eine vollständige Aufstellung mit den relevanten Angaben nach § 9 Abs. 2 sein.

21 Für diesen Teil der Angaben nach § 9 Abs. 2 schickt sie dem Kunden dann eine „derartige Aufstellung". Die Angaben der „anderen Seite" müssen einer Aufstellung nach § 9 Abs. 1 entsprechen: Sie muss übersichtlich und geordnet sein.

22 Eine andere Seite kann die Bank sein, die für den Kunden die Aufträge in der Vermögensverwaltung ausführt. Diese Aufstellung muss dann aber auch Angaben nach § 9 Abs. 2 enthalten.

23 Sendet die Bank ihrem Depotkunden jedes Quartal einen Depotbericht mit den **Depotgebühren und Ausführungskosten** der letzten drei Mona-

---

13 *Schaffland/Wiltfang*, § 3 Rn. 12, zu den Angaben über Vermögen und Bankguthaben als Angaben „sachlicher Verhältnisse".
14 *Mülbert*, in: Assmann/Schneider, § 30a Rn. 18; *Heidelbroth*, in: Schwark/Zimmer, § 30a WpHG Rn. 27.

te, muss der Portfolioverwalter, der Vollmacht für die Konten des Kunden bei der Bank hat, nicht nochmals den Gesamtbetrag der im Berichtszeitraum angefallenen Gebühren und Entgelte zusammenfassen. Die Angaben nach § 9 Abs. 2 Nr. 5 bekommt der Kunde von der Bank, einer „anderen Seite" als dem Finanzportfolioverwalter.

Ist der Finanzportfolioverwalter nicht die Bank des Privatkunden, bei der 24 er seine Konten hat, erhält er durch die Abrechnungen der Bank zu den einzelnen Geschäften bereits die Angaben nach § 9 Abs. 2 Nr. 8. Überflüssig ist es dann, dass der Finanzportfolioverwalter diese Angaben in seinen periodischen Angaben wiederholt.

Schickt die Bank dem Kunden der Finanzportfolioverwaltung **Einzelab-** 25 **rechnungen** mit den Kosten des jeweiligen Geschäftes, liefert sie dem Kunden damit noch keinen Gesamtbetrag der Gebühren und Kosten, die im Berichtszeitraum angefallen sind, § 9 Abs. 2 Nr. 4. Der Kunde soll gerade sofort den Gesamtbetrag der Gebühren und Kosten sehen, ohne dass er sie selbst zusammenrechnen muss. Die „andere Seite" schickt dann keine „derartige Aufstellung".

Lagert das Wertpapierdienstleistungsunternehmen die Berichtspflicht des 26 § 9 aus und übermittelt das **Auslagerungsunternehmen** die periodische Aufstellung, erhält sie der Kunde nicht von anderer Seite. Das Auslagerungsunternehmen erfüllt dann die Pflicht des Wertpapierdienstleistungsunternehmens nach § 33 Abs. 2 Satz 2 WpHG, § 9.[15]

Das Wertpapierdienstleistungsunternehmen lagert aber nicht etwa die 27 Portfolioverwaltung oder Teile davon allein deswegen aus, weil ein anderes Unternehmen die Berichte nach § 9 verfasst und verschickt.[16] Geprägt wird die Portfolioverwaltung durch den Entscheidungsspielraum über fremdes Vermögen:[17] Dieser Entscheidungsspielraum bleibt beim Wertpapierdienstleistungsunternehmen.

D. Inhalt des Berichts (Abs. 2)

I. Relevanz des Inhalts

§ 9 Abs. 2 regelt, welche Angaben für einen Privatkunden die Aufstel- 28 lung haben muss. Mit **professionellen Kunden** kann der Vermögensverwalter vereinbaren, wie er seine Pflicht nach § 9 Abs. 1 erfüllen soll.[18]

Im Bericht für seine **Privatkunden** muss der Vermögensverwalter die An- 29 gaben nach § 9 Abs. 2 machen, soweit sie relevant sind. Eine Angabe ist

---

15 Zur bleibenden Verantwortung des Wertpapierdienstleistungsunternehmens *Fuchs*, in: Fuchs, § 33 Rn. 176.
16 Zur Auslagerung der Vermögensverwaltung, die stets eine Auslagerung der Anlageentscheidung ist, *Fuchs*, in: Fuchs, § 33 Rn. 178; *Koller*, in: Assmann/Schneider, § 33 Rn. 95.
17 *Fuchs*, in: Fuchs, § 2 Rn. 101; *Assmann*, in: Assmann/Schneider, § 2 Rn. 102b.
18 *Ellenberger*, in: Schäfer/Sethe/Lang, § 13 Rn. 23.

nicht nur relevant, wenn sie wichtig ist und ihre Mitteilung verhältnismäßig. Der Satzteil „soweit relevant" begrenzt das Hilfsverb „muss". Die Wertpapierdienstleistung muss etwas Berichtspflichtiges ausgelöst haben: Gibt es keine Gebühren und Entgelte, muss die Aufstellung keine Angaben nach § 9 Abs. 2 Nr. 4 haben. Wird im Berichtszeitraum kein Geschäft ausgeführt, sind Angaben nach §§ 8 Abs. 2 Satz 2 Nr. 3–12, 9 Abs. 2 Nr. 8 nicht möglich.

II. Name und Bezeichnung des Kontos (Abs. 2 Nr. 2)

30 Die Aufstellung muss den **Namen oder die sonstige Bezeichnung** des Kontos des Privatkunden enthalten. Der Kunde muss wissen, über welches Konto das Wertpapierdienstleistungsunternehmen berichtet.

31 Das Wertpapierdienstleistungsunternehmen muss dem Kunden Angaben liefern, die sein Konto von anderen eigenen Konten und fremden Konten unterscheiden. Angaben nach § 9 Abs. 2 Nr. 2 können deshalb sein: der Name des Kunden, seine Kontonummer oder auch ein vereinbartes Kennwort.

32 Die **Aufstellung kann auch mehrere Konten** nennen, obwohl § 9 Abs. 2 Nr. 2 nur von „Konto" spricht. Hat ein Kunde ein Depotkonto und ein Verrechnungskonto, muss der Finanzportfolioverwalter beide nennen. Fasst der Finanzportfolioverwalter beide Konten in einem Konto zusammen, muss er nach § 9 Abs. 2 Nr. 3 angeben, wie sich das Gesamtkonto zusammensetzt.

33 Hat der Finanzportfolioverwalter eine **Vollmacht** für Konten des Privatkunden, muss der Portfolioverwalter diese Konten nennen. Kein Konto des Privatkunden ist ein Konto, das der Portfolioverwalter nur in seiner Buchhaltung führt, um das Finanzportfolio des Kunden zu verwalten. Dieses Konto ist kein Konto des Privatkunden, sondern ein Konto des Portfolioverwalters, das ihm die Arbeit erleichtert.

III. Zusammensetzung und Bewertung des Finanzportfolios (Abs. 2 Nr. 3)

34 In der Aufstellung muss enthalten sein: die Zusammensetzung und Bewertung des Finanzportfolios mit **Einzelangaben zu jedem gehaltenen Finanzinstrument**, seinem Marktwert oder, wenn dieser nicht verfügbar ist, dem beizulegenden Zeitwert, dem Kontostand zum Beginn und zum Ende des Berichtszeitraums sowie der Wertentwicklung des Finanzportfolios während des Berichtszeitraums.

35 Der Finanzportfolioverwalter muss darlegen, welche Finanzinstrumente nach § 2 Abs. 2b WpHG im Finanzportfolio sind. Diese Finanzinstrumente muss er auch bewerten, indem er ihren Marktwert oder ihren beizulegenden Zeitwert angibt.

Den **Marktwert der Finanzinstrumente** im Finanzportfolio bestimmt der 36
Preis, der zu dem Zeitpunkt, auf den sich die Aufstellung bezieht, im gewöhnlichen Geschäftsverkehr zu erzielen wäre.[19] Der **Marktwert von Wertpapieren, die an der Börse gehandelt** werden, richtet sich nach dem Börsenkurs.[20] Gibt es mehrere Börsenkurse, gilt der Kurs an der Börse mit dem meisten Umsatz: Der „gewöhnliche Geschäftsverkehr" ist dort, wo der meiste Umsatz ist.[21]

Der **Marktwert für die Rücknahme von Anteilscheinen** an einer Kapital- 37
anlagegesellschaft richtet sich nach dem Rücknahmepreis, der dem Nettoinventarwert des Anteils oder der Aktie entspricht, § 71 Abs. 3 KAGB. Dieser errechnete Preis ist unabhängig von Angebot und Nachfrage, anders als der Börsenpreis, wenn der Anteilschein an der Börse gehandelt wird. Rückgabe der Anteilscheine ist aber nach dem KAGB der „gewöhnliche Geschäftsverkehr".

Gibt es keinen Marktwert, gilt der beizulegende **Zeitwert**. Keinen Markt- 38
wert haben oft Vermögensanlagen nach § 1 Abs. 2 VermAnlG, Finanzinstrumente nach § 2 Abs. 2b WpHG: Anteile, die eine Beteiligung am Ergebnis eines Unternehmens gewähren, Anteile an Treuhandvermögen, Anteile an geschlossenen Fonds, Genussrechte und Namensschuldverschreibungen.

Der beizulegende Zeitwert ist der „**Fair Value**"[22]. Er ist umschrieben in 39
internationalen Rechnungslegungsstandards. Der International Financial Reporting Standard 13 (IFRS 13) erklärt, wie der beizulegende Zeitwert zu berechnen ist. Der IFRS 13 ist eine Regel des International Accounting Standards Board (IASB).[23]

Der *Fair Value* ist danach der Betrag, zu dem sachverständige und ver- 40
tragswillige Parteien unter üblichen Marktbedingungen bereit wären, einen Vermögenswert zu tauschen.[24] Er entspricht dem Marktwert, sofern es einen Markt gibt. Er ergibt sich z.B. bei börsennotierten Wertpapieren aus ihrem Börsenkurs. Den Preis von Wertpapieren, die nicht an der Börse gehandelt werden, muss der Bewerter schätzen. Ein Wert nach dem *Fair Value* bedeutet, Vermögensgegenstände oder Schulden mit dem marktüblichen Wert in der Bilanz anzusetzen und nicht etwa mit einem anderen Wert wie dem Substanzwert oder dem Anschaffungswert.

„**Kontostand**" des Finanzportfolios ist der Stand aller Konten, die für den 41
Privatanleger geführt werden und für die der Portfolioverwalter Vollmacht hat. Kann der Portfolioverwalter auf das Depotkonto und das Verrechnungskonto zugreifen, muss er angeben, wie der Kontostand beider

---

19 *Wieland-Blöse/André*, in: Thiele/von Keitz/Brücks, IFRS 13 Rn. 216.
20 *Wieland-Blöse/André*, in: Thiele/von Keitz/Brücks, IFRS 13 Rn. 136.
21 Dazu auch *Wieland-Blöse/André*, in: Thiele/von Keitz/Brücks, IFRS 13 Rn. 317.
22 *Wieland-Blöse/André*, in: Thiele/von Keitz/Brücks, IFRS 13 Rn. 144.
23 Zur Entstehungsgeschichte des Standards *Wieland-Blöse/André*, in: Thiele/von Keitz/Brücks, IFRS 13 Rn. 102.
24 *Wieland-Blöse/André*, in: Thiele/von Keitz/Brücks, IFRS 13 Rn. 117, 144.

Konten am Anfang und am Ende des Berichtszeitraums ist, nicht nur den Stand des Depotkontos.

42 § 9 Abs. 2 Nr. 3 verlangt auch, dass die **Wertentwicklung** angegeben wird. Der Kunde muss sehen können, ob das Finanzportfolio im Buchwert gestiegen ist oder gefallen. Dafür reicht es nicht aus, dass der Finanzportfolioverwalter angibt, wie das Finanzportfolio zusammengesetzt ist, die Finanzinstrumente bewertet und den Kontostand zum Beginn und zum Ende des Berichtszeitraums nennt. § 9 Abs. 2 Nr. 3 erwartet, dass die Wertentwicklung „während des Berichtszeitraums" angegeben wird. Die Vorschrift verlangt damit eine dynamische Übersicht des Wertes im Berichtszeitraum, keine statische wie die Angabe des Anfangs- und des Endbestands wie bei den Konten. Der Portfolioverwalter muss die Informationen zusammenfassen, damit der Kunde seine Buchgewinne und -verluste im Berichtszeitraum erkennen kann.

43 **Berichtszeitraum** ist die Zeit zwischen dem letzten Tag, über den die vorherige Aufstellung noch berichtet hat, und dem Tag, den das Wertpapierdienstleistungsunternehmen als Ende des Berichtszeitraums festlegt. Gab es noch keine Aufstellung, beginnt der Berichtszeitraum mit dem Vertragsschluss. Einen abweichenden Beginn können die Vertragsparteien nicht vereinbaren: Die Pflichten des Finanzportfolioverwalters nach § 9 beginnen, wenn er einen Kunden hat. Einen Kunden hat er, wenn er mit einem Dritten einen Vertrag über die Finanzportfolioverwaltung abgeschlossen hat.[25] § 3 Abs. 2 Sätze 5–7 WpDPV können entsprechend angewandt werden, um Anfang und Ende des Berichtszeitraums festzulegen. § 9 Abs. 3 Satz 1 bestimmt, wie lange der Zeitraum sein muss.

IV. Gebühren und Entgelte (Abs. 2 Nr. 4)

44 § 9 Abs. 2 Nr. 4 verlangt die Angabe des Gesamtbetrages der im Berichtszeitraum angefallenen Gebühren und Entgelte. Dieser Gesamtbetrag muss zumindest aufgeschlüsselt sein in Gesamtverwaltungsgebühren und Gesamtkosten im Zusammenhang mit der Leistungserbringung.

45 Der Gesamtbetrag der Gebühren und Entgelte ist die **Summe aller Zahlungen**, die der Kunde für die Finanzportfolioverwaltung leisten muss. Er ist nicht nur der Preis für die Finanzportfolioverwaltung, die er an den Finanzportfolioverwalter entrichten muss. Er erfasst auch fremde Kosten: Preise für die Depotleistungen der Bank, die Finanzinstrumente des Kunden verwahrt und verwaltet, Preise für die Transaktionsleistungen der Bank, fremde Spesen und Auslagen wie z.B. Porti, Courtagen, Transaktions- und Handelsentgelte der Börsen, Steuern, Brokerprovisionen und Liefergebühren.

46 Auch sie fallen an „im Zusammenhang mit der Leistungserbringung". Die **Leitungserbringung** ist nicht nur unmittelbar die Finanzportfoliover-

---

25 Anders *Ellenberger*, in: Schäfer/Sethe/Lang, § 13 Rn. 27; *Koller*, in: Assmann/Schneider, § 31 Rn. 196; *Fuchs*, in: Fuchs, § 31 Rn. 266a.

waltung, sondern alles, was aus der Finanzportfolioverwaltung folgt. Zur Leistungserbringung gehört deshalb auch die Ausführung bei der depot- und kontoführenden Bank: Die englische Fassung spricht von „execution", was der deutsche Gesetzgeber mit „Leistungserbringung" übersetzt hat.

Oft fließen an den Finanzportfolioverwalter **Zuwendungen**, die Dritte 47 leisten, etwa Dienstleister, die Gewinne aus der Zahl der Transaktionen erzielen, die der Finanzdienstleister veranlasst hat. Diese Zuwendungen können sich aus den fremden Kosten des Privatkunden speisen. Trotzdem muss der Finanzportfolioverwalter solche Zuwendungen nicht im Gesamtbetrag aufschlüsseln. Der Gesamtbetrag der Gebühren und Entgelte ist die Summe aller Zahlungen. § 9 Abs. 2 Nr. 4 erfasst nur **Zahlungen des Kunden**, nicht Zahlungen von Dritten an den Finanzportfolioverwalter.[26] Als Zahlungen des Privatkunden an Dritte sind die späteren Zuwendungen als fremde Kosten aber schon Angaben nach § 9 Abs. 2 Nr. 4.[27] Art. 26 MiFID-DRL und § 31d WpHG regeln abschließend die Zuwendungen. Der Richtliniengeber und der Gesetzgeber hätten die Begriffe des Art. 26 MiFID-DRL und des § 31d WpHG gewählt, hätten sie gewollt, dass der Finanzportfolioverwalter darüber nach § 9 Abs. 2 berichtet.[28] Außerdem weiß der Privatkunde schon, was Dritte dem Finanzportfolioverwalter zuwenden: Es muss ihm nach § 31d WpHG offengelegt werden, entweder zusammengefasst oder auf Nachfrage auch die Einzelheiten, § 31d Abs. 3 WpHG. Das Gesetz muss den Kunden nicht noch mehr schützen, als er durch § 31d WpHG schon geschützt ist. Der Kunde soll zudem von Zuwendungen erfahren, bevor er eine Wertpapierdienstleistung empfängt. Informationen nach oder während der Wertpapierdienstleistung nützen ihm nichts. Bekommt er den Bericht nach § 9, ist zwar nicht die Wertpapierdienstleistung der Finanzportfolioverwaltung, die als Dauerschuldverhältnis weiterläuft, aber das einzelne Geschäft in der Finanzportfolioverwaltung, das Zuwendungen auslöst, für ihn schon erbracht.[29]

V. Vergleich der Wertentwicklung (Abs. 2 Nr. 5)

Nach § 9 Abs. 2 Nr. 5 muss das Wertpapierdienstleistungsunternehmen 48 in dem Bericht die Wertentwicklung des Portfolios im Berichtszeitraum vergleichen unter Abgabe einer **Vergleichsgröße**, falls es eine mit dem Kunden vereinbart hat. Hat es keine Vergleichsgröße vereinbart, sind die Angaben des § 9 Abs. 2 Nr. 5 nicht „relevant" nach § 9 Abs. 1. Eine Vergleichsgröße ist ein Maßstab, eine „Benchmark", an dem die Wertentwicklung des Portfolios gemessen werden kann. Sie darf von den Vertragsparteien nicht mehr beeinflussbar sein, wenn sie einmal vereinbart

---

26 Koller, in: Assmann/Schneider, § 31 Rn. 197; anders Ellenberger, in: Schäfer/Sethe/Lang, § 13 Rn. 22.
27 Anders Ellenberger, in: Schäfer/Sethe/Lang, § 13 Rn. 22, der die Zuwendung für eine Vergütung hält und damit zu den Gesamtverwaltungsgebühren zählt.
28 Niemann, in: von Böhlen/Kan, S. 47.
29 Dazu Niemann, in: von Böhlen/Kan, S. 47.

ist. Andernfalls könnte der Kunde die Leistung des Portfolioverwalters nicht messen. Eine Vergleichsgröße kann zum Beispiel ein **Index** sein oder eine **Mischung verschiedener Indices**.

49 Eine Vergleichsgröße müssen die Parteien nicht vereinbaren. Zwar muss nach § 5 Abs. 2 Nr. 2a der Kunde rechtzeitig über die Vertragsbedingungen informiert werden; dazu gehört bei der Finanzportfolioverwaltung auch eine Bewertungs- oder andere Vergleichsmethode, die dem Privatkunden eine Bewertung der Leistung des Wertpapierdienstleistungsunternehmens ermöglicht.[30] Eine Methode ist jedoch noch keine bestimmte Vergleichsgröße, sondern beschreibt nur ein Verfahren, wie der Privatkunde beurteilen kann, was der Finanzportfolioverwalter geleistet hat. Eine Methode kann auch beschreiben, ob der Finanzportfolioverwalter die Anlageziele des Kunden erreicht hat. Dazu muss er seine Leistung nicht unbedingt an einer Vergleichsgröße messen, sondern etwa mit den Anlagezielen des Kunden. Anlageziele sind aber keine Vergleichsgröße, weil sie der Kunde ändern kann. Eine Methode kann auch ein Vergleich des Anfangsbestands an eingesetztem Kapital mit dem Endbestand sein, ohne dass es einer besonderen Vergleichsgröße bedarf. Der Gesetzgeber kann auch nicht gewollt haben, dass das Wertpapierdienstleistungsunternehmen mit seinem Privatkunden eine Vergleichsgröße vereinbaren muss, weil er vor Vertragsschluss auf diese Vergleichsgröße hinweisen und nach § 31 Abs. 3 WpHG auch eine allgemeine Information möglich sein müsste. Fielen unter diese Informationen auch Vergleichsgrößen, müsste sich der Vermögensverwalter bereits vor Vertragsschluss auf eine Vergleichsgröße festlegen. Will der Kunde aber eine andere Vergleichsgröße und einigt er sich mit dem Vermögensverwalter, seine Leistung an ihr zu messen, hätte der Vermögensverwalter nicht zuvor auf diese Vergleichsgröße hingewiesen. Eine Abrede über eine Vergleichsgröße, die über einen Vergleich des Anfangs- mit dem Endbestand hinausgeht, verlangt weder § 5 Abs. 2 Nr. 2a noch § 9 Abs. 2 Nr. 5.

VI. Zahlungseingänge (Abs. 2 Nr. 6)

50 Nach § 9 Abs. 2 Nr. 6 muss die **periodische Aufstellung** angeben, **welche Zahlungen im Zusammenhang mit dem Kundenportfolio** eingegangen sind: Dividenden, Zinsen und sonstige Zahlungen. Ausschüttungen von Kapitalanlagegesellschaften, Gewinnausschüttungen von Kapital- und Personengesellschaften, Abfindungen nach § 39a WpÜG sind sonstige Zahlungen nach dieser Vorschrift. Schadenersatzzahlungen oder freiwillige Zahlungen des Emittenten an den Privatkunden als Anleger muss der Finanzportfolioverwalter auch angeben.

51 Zuwendungen sind keine „sonstige Zahlungen", die im Zusammenhang mit dem Kundenportfolio eingehen. „Sonstige Zahlungen" müssen **Dividenden und Zinsen vergleichbar** sein. Dividenden und Zinsen beruhen

---

30 Anders *Koller*, in: Assmann/Schneider, § 31 Rn. 197; *Teuber*, BKR 2006, 429, 436; *Niemann*, in: von Böhlen/Kan, S. 47.

auf Ansprüchen, die unmittelbar aus dem Finanzinstrument oder dem Kontovertrag folgen, dort verbrieft sind oder vereinbart. Der Anspruch auf Zuwendungen stützt sich nicht unmittelbar auf ein Finanzinstrument, sondern auf andere Verträge des Finanzportfolioverwalters mit Dritten. Außerdem muss die periodische Aufstellung angeben nach § 9 Abs. 2 Nr. 6, was auf den Konten des Privatkunden eingeht. Zuwendungen, die beim Finanzportfolioverwalter eingehen, müssen nicht angegeben werden. Auch wenn der Finanzportfolioverwalter die Zuwendungen weiterleitet an den Privatkunden, muss er sie nicht nach § 9 Abs. 2 Nr. 6 angeben, weil der Anspruch des Privatkunden nicht unmittelbar aus Finanzinstrumenten folgt. Der Privatkunde kann am Kontostand nach § 9 Abs. 2 Nr. 2 sehen, ob der Vermögensverwalter ihm etwas überwiesen hat.

Keine „sonstigen Zahlungen" sind auch weiteres Geld, das der Privatkunde der Portfolioverwaltung zuführt. Auch sie wurzeln nicht in Ansprüchen aus Wertpapieren oder Kontoverträgen. Widmet der Privatkunde weiteres Geld der Finanzportfolioverwaltung, ändert sich der Kontostand: In den Angaben nach § 9 Abs. 2 Nr. 4 zum Kontostand kann der Privatkunde sehen, welches Geld er in die Portfolioverwaltung eingebracht hat. 52

VII. Wahrnehmung von Rechten (Abs. 2 Nr. 7)

Das Wertpapierdienstleistungsunternehmen muss den Privatkunden Informationen geben über **sonstige Maßnahmen** des Unternehmens, die Rechte zu Finanzinstrumenten, die im Finanzportfolio sind, verleihen. Es muss also berichten, wenn er Wertpapiere zeichnet, Bezugsrechte nach § 186 Abs. 1 AktG ausübt oder ein Pflichtangebot nach § 35 WpÜG annimmt.[31] Wenn der Portfolioverwalter für den Privatkunden Abfindungen und Ausgleichsansprüche annimmt, Unternehmenskäufen und Umwandlungen zustimmt, muss er es auch nach § 9 Abs. 2 Nr. 7 angeben. Berichten muss er auch über Klagen, die er einreicht, um Ansprüche aus dem Finanzinstrument durchzusetzen. 53

Die Maßnahme des Unternehmens muss **unmittelbar Rechte verleihen**. Stimmt das Wertpapierdienstleistungsunternehmen für den Kunden ab in der Hauptversammlung einer Aktiengesellschaft, wirkt es zwar mit an Maßnahmen, die Rechte aus der Aktie verleihen können. Die Maßnahme des Unternehmens, die Abstimmung in der Hauptversammlung, verleiht aber nicht selbst diese Rechte. Greift der Finanzportfolioverwalter für seinen Privatkunden einen Beschluss der Hauptversammlung eines Emittenten an, wird ihm kein Recht aus der Aktie verliehen. 54

VIII. Angaben nach § 8 Abs. 2 Satz 2 Nr. 3–12 (Abs. 2 Nr. 8)

Für jedes Geschäft, das im Berichtszeitraum ausgeführt wurde, muss die Aufstellung die Informationen nach § 8 Abs. 2 Satz 2 Nr. 3–12 angeben, soweit sie relevant sind, wie es im Einleitungssatz des § 8 Abs. 2 Satz 2 55

---

31 *Fuchs*, in: Fuchs, § 31 Rn. 320.

heißt. Die Angaben sind überflüssig, wenn der Kunde nach § 9 Abs. 4 Satz 1 Einzelmitteilungen über alle Geschäfte verlangt. Der Finanzportfolioverwalter muss nichts nach § 9 Abs. 2 Nr. 8 angeben, wenn er Vollmacht für ein Depot des Kunden bei einer Bank hat und der Kunde von der Bank, von einer „anderen Seite" nach § 9 Abs. 1, die Angaben nach § 8 Abs. 2 Satz 2 Nr. 3–12 bekommen hat.

E. Berichtszeitraum

I. Berichtszeitraum im Regelfall (Abs. 3 Satz 1)

56 Für Privatkunden beträgt der **Zeitraum der periodischen Aufstellung** grundsätzlich **sechs Monate**.[32] Der Begriff „grundsätzlich" stellt die Länge des Zeitraums nicht in das Belieben der Vertragsparteien, des Privatkunden und des Wertpapierdienstleistungsunternehmens.

57 Der deutsche Text der MiFID-DRL spricht in Art. 41 Abs. 3 Satz 1 davon, dass eine periodische Aufstellung alle sechs Monate vorzulegen „ist", „außer" in den nachher genannten Fällen. Der englische Text drückt dieses Verhältnis von Regel und Ausnahme mit „shall" und „expect" aus.

58 „Grundsätzlich" in § 9 Abs. 3 Satz 3 heißt deshalb, dass der Zeitraum stets sechs Monate lang ist, es sei denn, der Privatkunde will den **Zeitraum auf drei Monate verkürzen** oder der Vertrag lässt zu, dass das Finanzportfolio mit Krediten finanziert wird oder Finanzinstrumente mit Hebelwirkung haben darf und deshalb der Zeitraum nur einen Monat lang sein darf. Außerdem erlaubt § 9 Abs. 4 Satz 3 eine **periodische Aufstellung alle zwölf Monate**, wenn der Privatkunde Einzelmitteilungen über die jeweiligen Geschäfte verlangt, sofern nicht Finanzinstrumente i.S.d. § 2 Abs. 1 Satz 1 Nr. 3 lit. b oder Abs. 2 WpHG angeschafft oder verkauft werden.

II. Verkürzter Berichtszeitraum auf Antrag (Abs. 3 Satz 2)

59 Die Parteien können also nach § 9 Abs. 3 Satz 1 **keinen längeren Zeitraum als sechs Monate** vereinbaren.[33] Allenfalls kann der Privatkunde nach § 9 Abs. 3 Satz 2 einen Antrag auf Verkürzung des Zeitraums auf drei Monate stellen, wie es auch Art. 41 Abs. 3 Satz 1a MiFID-DRL erwartet. Darauf muss das Wertpapierdienstleistungsunternehmen den Kunden hinweisen; § 9 Abs. 3 Satz 3 setzt damit Art. 41 Abs. 3 Satz 2 MiFID-DRL um. Nach § 5 Abs. 2 Nr. 1f gehören zu den Informationen nach § 31 Abs. 3 WpHG auch Informationen über Häufigkeit und Zeitpunkt der Berichte über die erbrachten Dienstleistungen nach § 31 Abs. 8 WpHG i.V.m. § 9. Dabei kann das Wertpapierdienstleistungsunternehmen den Privatkun-

---

32 Nach *Kindsmüller/Grosenick*, Finanzportfolioverwaltung, in: Renz/Hense, Rn. 52, sind drei Monate marktüblich.
33 *Ellenberger*, in: Schäfer/Sethe/Lang, § 13 Rn. 15; *Koller*, in: Assmann/Schneider, § 31 Rn. 65.

den darauf hinweisen, dass er den Bericht auch für einen kürzeren Zeitraum verlangen kann.

Das Wertpapierdienstleistungsunternehmen kann vom Privatkunden 60 eine höhere Gebühr verlangen, wenn er alle drei Monate einen Bericht haben will. Diese Gebühr muss angemessen sein und darf den Privatkunden nicht abschrecken, einen Antrag nach § 9 Abs. 3 Satz 2 zu stellen.

III. Zeitraum bei „gehebelten Portfolios"
(Abs. 3 Satz 3)

Der Zeitraum der periodischen Aufstellung beträgt **höchstens einen Mo-** 61 **nat**, wenn der Vertrag zwischen Wertpapierdienstleistungsunternehmen und einem Privatkunden über Finanzportfolioverwaltung ein **kreditfinanziertes Finanzportfolio** oder Finanzinstrumente mit **Hebelwirkung** zulässt. Der deutsche Text der MiFID-DRL sieht in Art. 41 Abs. 3 Satz 1c diesen kurzen Zeitraum nur vor, wenn der Vertrag ein kreditfinanziertes Finanzportfolio zulässt; der englische Text bei einem „leveraged portfolio". § 9 Abs. 3 Satz 3 entspricht trotzdem Art. 41 Abs. 3 Satz 1c MiFID-DRL: Eine Anlage hat einen „Hebel" oder einen „Leverage-Effekt", wenn den Anleger Veränderungen eines Basiswertes um ein Vielfaches stärker treffen, als es seinem Kapitaleinsatz entspricht. Dafür gibt es zwei Möglichkeiten: Er setzt Fremdkapital ein, für das er geringere Zinsen zahlt oder günstigeren Konditionen hat, als er mit seiner Anlage erzielen kann, oder die Anlage selbst lässt den Anleger mit einem geringen Kapitaleinsatz um ein Vielfaches mehr an der Wertentwicklung eines Basiswertes teilhaben als bei einer Anlage im Basiswert selbst.[34]

Auch diese Vorschrift können die Vertragsparteien nicht ändern. Sie ist 62 öffentlich-rechtlich und zwingend.[35] Wenn der Kunde ein höheres Risiko eingeht, muss er öfter und schneller den Wert seines Portfolios erfahren.[36]

Die kürzere Berichtspflicht trifft das Wertpapierdienstleistungsunterneh- 63 men nicht erst dann, wenn es tatsächlich Kredite für den Privatkunden eingeht und Hebelprodukte für ihn erwirbt. Der kurze Berichtszeitraum gilt schon dann, wenn der Vertrag dem Wertpapierdienstleistungsunternehmen erlaubt, das Finanzportfolio des Privatkunden mit Krediten zu finanzieren oder Finanzinstrumente mit Hebelwirkung anzuschaffen. Der Gesetzgeber wollte, dass der Privatkunde schon dann mit häufigeren Berichten besser informiert ist, wenn es dem Finanzportfolioverwalter nur möglich ist, höhere Risiken für das Finanzportfolio einzugehen.

Der **Vertrag muss ausdrücklich erlauben**, dass der Portfolioverwalter 64 für den Kunden Wertpapierkredite eingehen darf. Wenn der Vertrag ein Kontokorrentkonto als Verrechnungskonto nennt, erlaubt er noch kein

---

34 EU-Kommission, Your Questions on Regulation, MiFID, ID 286; *Koller*, in: Assmann/Schneider, § 31 Rn. 198.
35 WpDVerOV-Begr. zu § 9 Abs. 3.
36 WpDVerOV-Begr. zu § 9 Abs. 3.

kreditfinanziertes Portfolio. Der Privatkunde muss nicht wissen, dass er auf diesem Kontokorrentkonto auch Wertpapierkredite eingehen kann.

65 Kein kreditfinanziertes Portfolio erlaubt der Vertrag auch, wenn er vorsieht, dass der Buchwert des Verrechnungskontos kurzfristig ins Soll geraten kann, weil Buchungsfristen sich überschneiden. Es ist nämlich **noch kein kreditfinanziertes Wertpapiergeschäft**, wenn das Konto durch einen späteren Buchungstermin kurze Zeit ins Soll fällt: Dieser Kredit ist nicht ausdrücklich für Wertpapiergeschäfte vereinbart worden, sondern stützt sich auf die Abrede im Kontokorrentvertrag.

66 **Finanzinstrumente mit Hebelwirkung** sind zum Beispiel Optionen, Optionsscheine, Contracts for Differences, Forex-Kontrakte. Setzt der Finanzportfolioverwalter Finanzinstrumente mit Hebelwirkung nur deshalb ein, um das Finanzportfolio gegen Marktschwankungen abzusichern, muss er nicht jeden Monat berichten. Eine Aktie im Portfolio des Privatkunden kann durch den Kauf einer Put-Option mit der Aktie als Basiswert gegen Kursverfall gesichert werden. Dann mindert aber das Hebelprodukt „Put-Option" das Risiko und erhöht es nicht. Art. 9 Abs. 3 Satz 3 verlangt zwingend einen Bericht jeden Monat, weil der Kunde ein erhöhtes Risiko hat, wenn sein Finanzportfolio kreditfinanziert ist und für ihn Finanzinstrumente mit Hebelwirkung angeschafft werden.[37] Fehlt dieses Risiko, muss das Wertpapierdienstleistungsunternehmen auch nicht jeden Monat berichten.

67 Allerdings muss das abgesicherte Risiko auch genau dem **Risiko des abgesicherten Finanzinstruments entsprechen**. Lässt sich das Finanzinstrument mit Hebelwirkung nicht genau einem Finanzinstrument des Portfolios zuordnen, besteht die Gefahr einer „überschießenden" Absicherung, die selbst wieder Risiken birgt. Dann muss das Wertpapierdienstleistungsunternehmen jeden Monat berichten.

68 Die **kürzere Berichtspflicht gilt nicht**, wenn das Wertpapierdienstleistungsunternehmen für das Finanzportfolio Anteilscheine von Finanzinstrumenten erwirbt, die selbst in Finanzinstrumente mit Hebelwirkung anlegen oder Kredite einsetzen.

69 Kein Finanzinstrument mit Hebelwirkung ist auch das **Discountzertifikat**. Es hat einen geringeren Preis, einen Discount zum aktuellen Kurs des Basiswertes. Der mögliche Gewinn wird auf der anderen Seite durch eine Höchstgrenze, dem Cap, begrenzt. Liegt der Kurs zum Laufzeitende über dem maximalen Auszahlbetrag, wird der vereinbarte Höchstbetrag ausbezahlt. Der Discount wirkt wie ein Risikopuffer, da er solange wirkt, wie der Kurs des Basiswertes nicht unter den Ausgabepreis sinkt. Dann wird dem Anleger der Basiswert geliefert. Das Discountzertifikat verstärkt nicht die Bewegungen des Basiswertes zugunsten oder zulasten des Anlegers. Es mildert sie sogar: nach oben durch den Cap, nach unten durch den Discount.

---

37 WpDVerOV-Begr. zu § 9.

Die Aufstellung muss **alle Angaben** nach § 9 Abs. 2 haben, also auch Angaben zu den Finanzinstrumenten, die keine Hebelwirkung haben und nicht kreditfinanziert sind. Andernfalls hätte der Privatkunde nur einen beschränkten Blick auf sein Finanzportfolio, während ihm doch die Aufstellung einen umfassenden Blick verschaffen sollte. Er könnte nicht sehen, wie sich der Kredit oder die Hebelprodukte auf das Finanzportfolio auswirken oder ob das Finanzportfolio noch ausreichend Sicherheiten hat. Wenn der Privatkunde und das Wertpapierdienstleistungsunternehmen aber zwei Finanzportfolioverträge abgeschlossen haben und nur einer erlaubt kreditfinanzierte Portfolios und Finanzinstrumente mit Hebelwirkung, gilt die kürzere Berichtspflicht nur für diesen Vertrag. 70

F. Bericht bei Einzelmitteilungen (Abs. 4)

I. Verlangen nach Einzelmitteilungen (Abs. 4 Satz 1)

Abs. 4 regelt die Berichtspflichten, wenn ein Kunde, Privatkunde oder professioneller Kunde, **Einzelmitteilungen** über die jeweiligen Geschäfte verlangt. Abs. 4 setzt Art. 41 Abs. 4 MiFID-DRL um. 71

Der Kunde verlangt Einzelmitteilungen, wenn er vom Wertpapierdienstleistungsunternehmen, das sein Finanzportfolio verwaltet, ausdrücklich fordert, dass es ihm Informationen über jedes einzelne Geschäft liefert (§ 9 Abs. 2 Nr. 8). Ist ein Privatkunde auch **Kunde eines Kreditinstituts** und führt dort sein Depot, für das der Finanzportfolioverwalter eine Vollmacht hat, muss ihm das Kreditinstitut eine Auftragsbestätigung mit den Angaben nach § 8 Abs. 2 schicken. Das Kreditinstitut erfüllt damit seine eigenen Pflichten nach § 8 Abs. 2, ohne dass der Privatkunde die Informationen von seinem Finanzportfolioverwalter verlangt hätte. Der Gesetzgeber traut einem Privatkunden zu, dass er die Einzelmitteilungen versteht, nachvollziehen kann und selbst die Angaben nach Abs. 2 zusammenstellen kann, wenn er Einzelmitteilungen ausdrücklich verlangt: Dann kann er die periodische Aufstellung auch in längeren Zeitabständen bekommen. 72

Diese Annahme beruht aber darauf, dass der Privatkunde selbst handelt und Einzelmitteilungen verlangt. Bleibt er tatenlos und empfängt nur die Einzelmittelungen des Kreditinstituts, das seine Pflicht nach § 8 Abs. 2 erfüllt, ist von ihm nicht zu erwarten, dass er diese Einzelmitteilung selbst auswerten kann. Der Finanzportfolioverwalter muss ihm dann die Angaben nach § 9 Abs. 2 liefern. Der Privatkunde „verlangt" allerdings eine Einzelmitteilung, wenn er seinem Finanzportfolioverwalter eine Empfangsvollmacht für die Einzelmitteilungen des depotführenden Kreditinstituts erteilt hat, sie später aber widerruft. 73

II. Wesentliche Informationen bei Einzelmitteilungen (Abs. 4 Satz 1, 2)

74 Die **wesentlichen Informationen** muss der Finanzportfolioverwalter dem Kunden **unverzüglich** nach der Ausführung des Geschäfts mitteilen, wenn er Einzelmitteilungen aller Geschäfte verlangt, § 9 Abs. 4 Satz 1. Ausgeführt ist ein Geschäft, wenn für einen Kunden des Finanzportfolioverwalters auf einem Markt ein Finanzinstrument für das Finanzportfolio des Kunden erworben oder veräußert worden ist. Leitet der Finanzportfolioverwalter seinen Auftrag für den Kunden weiter, führt er nicht selbst aus, sondern derjenige, der auf dem Markt auftritt, § 33a Abs. 8 WpHG.

75 Die wesentlichen Informationen an den **Privatkunden** zählt § 8 Abs. 2 auf, § 9 Abs. 4 Satz 2. Wesentliche Informationen an **professionelle Kunden** sind entweder im Vertrag festgelegt oder Informationen, die marktüblich sind.

III. Berichtszeitraum bei Einzelmitteilungen (Abs. 4 Satz 3)

76 Verlangt der Privatkunde Einzelmitteilungen über die Geschäfte, muss ihm der Finanzportfolioverwalter die periodische Aufstellung mindestens einmal alle zwölf Monate übermitteln, § 9 Abs. 4 Satz 3.

77 Alle **sechs Monate** muss der Finanzportfolioverwalter berichten über Geschäfte mit Finanzinstrumenten nach § 2 Abs. 1 Satz 1 Nr. 3b oder Abs. 2 WpHG, es sei denn, der Vertrag zwischen Privatkunde und Wertpapierdienstleistungsunternehmen erlaubt Geschäfte über **Finanzinstrumente mit Hebelwirkung**. Der Berichtszeitraum ist dann höchstens **ein Monat**. § 9 Abs. 3 Satz 3 verdrängt als besondere Regelung § 9 Abs. 4 Satz 3 Halbs. 2, wenn der Vertrag ein „gehebeltes Portfolio" zulässt, also Geschäfte über Finanzinstrumente mit Hebelwirkung. Erlaubt der Vertrag kreditfinanzierte Portfolios, also auch gehebelte Portfolios nach Art. 41 Abs. 3 Satz 1 MiFID-DRL,[38] gilt ohnehin § 9 Abs. 3 Satz 3, weil kreditfinanzierte Portfolios in § 2 Abs. 1 Satz 1 Nr. 3b oder Abs. 2 WpHG nicht geregelt sind.

78 Diese **Auslegung entspricht auch der MiFID-DRL**. Art. 41 Abs. 3 Satz 1 MiFID-DRL zählt auf, wann die Regel der sechsmonatigen Berichtspflicht nicht gilt. Neben dem Kundenwunsch nach einem verkürzten Berichtszeitraum (Art. 41 Abs. 3 Satz 1a) gibt es noch zwei Ausnahmefälle: Alle zwölf Monate muss berichtet werden, wenn der Kunde Einzelmitteilungen verlangt (Art. 41 Abs. 3 Satz 1b), nicht aber bei Geschäften mit Finanzinstrumenten nach Art. 4 Abs. 1 Nr. 18 lit. c oder Anhang I Abschnitt C Nr. 4–10 der Richtlinie 2004/39/EG (Art. 41 Abs. 3 Satz 3).

---

38 EU-Kommission, Your Questions on Regulation, MiFID, ID 286.

G. Information über Verluste (Abs. 5)

I. Schwellenwerte

Besondere Informationspflichten an Privatkunden hat der Finanzportfolioverwalter, wenn **Verluste** entstehen und vereinbarte **Schwellenwerte überschritten** werden. Der Finanzportfolioverwalter muss über den Verlust berichten spätestens am Ende des Geschäftstages, an dem der Schwellenwert überschritten wird, oder am Ende des folgenden Geschäftstages, wenn der Schwellenwert an einem geschäftsfreien Tag überschritten wird, § 8 Abs. 6 entsprechend. § 9 Abs. 5 ist eine Umsetzung des Art. 42 MiFID-DRL, der auch Regeln für die Finanzportfolioverwaltung aufstellt. 79

Privatkunde und Finanzportfolioverwalter haben einen Schwellenwert vereinbart, wenn sie sich über eine Verlustgrenze, die Berichtspflichten auslöst, geeinigt haben. Diese Grenze kann eine Prozentgrenze sein. 80

Schwellenwerte müssen die Vertragsparteien **nicht vereinbaren**.[39] Das Aufsichtsrecht schreibt in § 9 Abs. 5 eine Informationspflicht über Verluste nur vor, wenn sie einen vereinbarten Schwellenwert überschreiten. Ob die Parteien einen Schwellenwert vereinbaren, steht ihnen frei. 81

II. Verluste

§ 666 BGB, eine zivilrechtliche Norm, verpflichtet einen Vermögensverwalter als Geschäftsbesorger, für den nach § 675 BGB Auftragsrecht gilt,[40] seinen Kunden die „erforderlichen Nachrichten" zu geben: „Erhebliche Verluste" muss er seinen Kunden mitteilen.[41] Die Rechtsprechung hält Verluste zwischen 5 % und 25 % für erheblich, je nachdem, welche Gefahren der Kunde eingehen wollte und wie seine wirtschaftlichen Verhältnisse sind.[42] Verluste, die vereinbarte Schwellenwerte überschreiten, lösen in jedem Fall Informationspflichten aus – zivilrechtliche nach § 666 BGB und aufsichtsrechtliche nach § 9 Abs. 5. 82

Ein Verlust ist entstanden, wenn der Wert des Finanzportfolios, einschließlich des Kontos des Verrechnungskontos, am Anfang eines bestimmten Zeitpunkts höher ist als zu einem späteren Zeitpunkt. Maßstab zur Berechnung des Verlustes ist die jeweilige letzte Berichterstattung, 83

---

39 *Koller*, in: Assmann/Schneider, § 31 Rn. 199; EU-Kommission, Your Questions on Regulation, MiFID, ID 382.
40 BGH WM 1994, 834, 836; *Ellenberger*, in: Schäfer/Sethe/Lang, § 13 Rn. 1; *Gaßner/Escher*, WM 1997, 93, 100; *Teuber*, BKR 2006, 429, 436; *Lang*, Informationspflichten bei Wertpapierdienstleistungen, § 24 Rn. 27; *Fuchs*, in: Fuchs, § 31 Rn. 266a.
41 *Lang*, Informationspflichten bei Wertpapierdienstleistungen, § 24 Rn. 27; *Fuchs*, in: Fuchs, § 31 Rn. 266a, 321.
42 Zum Beispiel BGH WM 1994, 834, 836; *Ellenberger*, in: Schäfer/Sethe/Lang, § 13 Rn. 5 f.; *Fuchs*, in: Fuchs, § 31 Rn. 266a, 321.

sei es der Bericht nach § 9 oder eine Information nach § 9 Abs. 5.[43] **Grundlage der Berechnung** des Verlustes kann nicht der Wert des Finanzportfolios sein, das der Privatkunde in die Finanzportfolioverwaltung eingebracht hat. Ist die Finanzportfolioverwaltung längere Zeit erfolgreich, ist ein Schwellenwert, der sich nach dem Anfangskapital berechnet, oft zu niedrig.[44] Verluste müssten erst die aufgelaufenen Gewinne aufzehren, bevor sie die Informationspflicht auslösen. Bringt der Kunde weiteres Geld ein in die Portfolioverwaltung, erhöht sich das Anfangskapital und erleichtert es dem Vermögensverwalter, auch bei schlechter Verwaltung die Verlustschwelle nicht zu überschreiten.

84 Maßstab des Verlustes kann auch nicht der jeweilige Höchstwert eines Finanzportfolios sein. Dann müsste der Finanzportfolioverwalter nämlich organisieren, dass er diese Höchstwerte erkennt und daran seine Berechnung knüpft. Außerdem könnte es den Kunden verwirren, wenn er neben den regelmäßigen Berichten nach § 9 auch noch plötzlich Informationen bekäme zu Verlusten, die nach Werten berechnet werden, die lange zurückliegen und mit den zuletzt mitgeteilten Gesamtwerten nichts zu tun haben.

85 Privatkunde und Portfolioverwalter können vereinbaren, dass Grundlage der Verlustrechnung andere Ereignisse sind, etwa der letzte Bericht nach § 9. Hat der Portfolioverwalter den Kunden darüber informiert, dass Verluste einen Schwellenwert überschritten haben, ist der Wert des Finanzportfolios zu diesem Zeitpunkt die Grundlage für die nächste Berechnung des Verlustes.

86 Verluste sind schon **Verluste des Buchwertes**.[45] Der Verlust muss nicht erst verwirklicht sein durch den Verkauf von Finanzinstrumenten. Zwar kann der Finanzportfolioverwalter Verluste im Buchwert wieder ausgleichen, wenn die Werte der Finanzinstrumente wieder steigen, solange er die Verluste nicht verwirklicht hat. Die Informationspflicht hilft dem Kunden aber, selbst zu entscheiden, ob er Maßnahmen ergreift: Soll er die Finanzportfolioverwaltung kündigen? Soll er den Finanzportfolioverwalter anweisen, Finanzinstrumente zu verkaufen? Soll er verlangen, die Anlagerichtlinien zu ändern? Vor diesen Entscheidungen steht der Kunde schon, wenn Verluste im Buchwert des Finanzportfolios entstanden sind. Außerdem wäre der Portfolioverwalter verführt, Verkäufe zu vermeiden, damit er keine Verluste mitteilen muss, träfe die Informationspflicht nur verwirklichte Verluste.[46]

---

43 *Ellenberger*, in: Schäfer/Sethe/Lang, § 13 Rn. 7; ähnlich *Schäfer*, WM 1995, 1009, 1012, der an die Rechnungslegung anknüpft; eine Berichtspflicht nach § 9 gab es 1995: dazu auch *Lang*, Informationspflichten bei Wertpapierdienstleistungen, § 24 Rn. 41.
44 *Ellenberger*, in: Schäfer/Sethe/Lang, § 13 Rn. 7; *Lang*, Informationspflichten bei Wertpapierdienstleistungen, § 24 Rn. 41; *Schäfer*, WM 1995, 1009, 1012.
45 *Ellenberger*, in: Schäfer/Sethe/Lang, § 13 Rn. 9; *Lang*, Informationspflichten bei Wertpapierdienstleistungen, § 24 Rn. 37; *Schäfer*, WM 1995, 1009, 1011.
46 *Ellenberger*, in: Schäfer/Sethe/Lang, § 13 Rn. 9.

Auslöser der Informationspflicht ist ein **Wertverlust des gesamten Finanzportfolios**, nicht schon der Verlust des Wertes einzelner Finanzinstrumente im Finanzportfolio.[47] Mag der Kunde auch daran interessiert sein, dass er Verluste des Wertes einzelner Finanzinstrumente erfährt, muss der Finanzportfolioverwalter diese Informationen nicht liefern, wenn er es nicht mit seinem Kunden vereinbart hat: Der Finanzportfolioverwalter schuldet die Verwaltung des gesamten Portfolios, das der Kunde ihm anvertraut hat. Er soll das Vermögen gerade streuen auf verschiedene Finanzinstrumente, damit Verluste des Wertes eines Finanzinstrumentes durch Gewinne des Wertes anderer Finanzinstrumente ausgeglichen werden können. 87

III. Frist der Information

Der Finanzportfolioverwalter muss seinen Privatkunden informieren spätestens am **Ende des Geschäftstages**, an dem der Schwellenwert überschritten wird, §§ 8 Abs. 6, 9 Abs. 5. Ist dieser Tag geschäftsfrei, reicht eine Information am Ende des folgenden Tages. Nicht vereinbaren können Finanzportfolioverwalter und Privatkunde einen späteren Benachrichtigungstermin, wenn sie sich über einen Schwellenwert geeinigt haben.[48] 88

Geschäftstag ist der Geschäftstag des Institutes, das mit dem Privatkunden den Schwellenwert vereinbart hat.[49] Bei einer Prüfung über Nacht ist der unmittelbar darauf folgende Geschäftstag maßgebend. Es genügt dabei, dass die entsprechende Information an den Kunden zu diesem Zeitpunkt den Einflussbereich des Wertpapierdienstleistungsunternehmens verlässt.[50] 89

Das Wertpapierdienstleistungsunternehmen hat die Überschreitung des Schwellenwertes mindestens für jeden Geschäftstag zu prüfen.[51] Es muss nicht ständig und sekundengenau beobachten, ob der Schwellenwert überschritten wird.[52] 90

---

[47] *Ellenberger*, in: Schäfer/Sethe/Lang, § 13 Rn. 11; *Fuchs*, in: Fuchs, § 31 Rn. 266b.
[48] *Ellenberger*, in: Schäfer/Sethe/Lang, § 13 Rn. 7.
[49] WpDVerOV-Begr. zu § 9 Abs. 5; *Ellenberger*, in: Schäfer/Sethe/Lang, § 13 Rn. 13.
[50] *Rothenhöfer*, in: Schwark/Zimmer, § 31 WpHG Rn. 343; *Koller*, in: Assmann/Schneider, § 31 Rn. 64.
[51] WpDVerOV-Begr. zu § 8 Abs. 6.
[52] *Koller*, in: Assmann/Schneider, § 31 Rn. 199.

§ 9a Berichtspflichten des Wertpapierdienstleistungsunternehmens bei Verwahrung von Kundenvermögen

(1) Ein Wertpapierdienstleistungsunternehmen, welches Finanzinstrumente oder Gelder eines Kunden nach § 34a Abs. 1 oder Abs. 2 des Wertpapierhandelsgesetzes hält, ist verpflichtet, dem Kunden mindestens einmal jährlich auf einem dauerhaften Datenträger eine Aufstellung der betreffenden Finanzinstrumente oder Gelder zu übermitteln. Die Aufstellung muss folgende Angaben enthalten:

1. Angaben zu allen Finanzinstrumenten und Geldern, die das Wertpapierdienstleistungsunternehmen am Ende des von der Aufstellung erfassten Zeitraums für den betreffenden Kunden hält; für den Fall, dass das Portfolio des Kunden Erlöse aus noch nicht abgerechneten Geschäften enthält, kann entweder das Abschluss- oder Abwicklungsdatum herangezogen werden, vorausgesetzt, dass für alle derartigen Informationen in der Aufstellung so verfahren wird,

2. Angaben darüber, inwieweit Finanzinstrumente oder Gelder der Kunden Gegenstand von Wertpapierfinanzierungsgeschäften zwischen dem Wertpapierdienstleistungsunternehmen und einem Dritten gewesen sind, und

3. die Höhe und Grundlage etwaiger Erträge, die dem Kunden aus der Beteiligung an Wertpapierfinanzierungsgeschäften zwischen dem Wertpapierdienstleistungsunternehmen und einem Dritten über Finanzinstrumente des Kunden zugeflossen sind.

Die Pflicht nach Satz 1 gilt nicht, wenn eine solche Aufstellung dem Kunden bereits in einer anderen periodischen Aufstellung übermittelt wurde.
(2) Wertpapierdienstleistungsunternehmen, die Finanzinstrumente oder Gelder halten und für einen Kunden Finanzportfolioverwaltung erbringen, können die Aufstellung der Vermögenswerte nach Absatz 1 in die periodische Aufstellung nach § 9 Abs. 1 einbeziehen.

1 § 9a konkretisiert die Berichtspflicht nach § 34a Abs. 3 WpHG, wonach ein Wertpapierdienstleistungsunternehmen jedem Kunden einmal jährlich auf einem dauerhaften Datenträger i.S.v. § 3 eine **Aufstellung der Gelder und Finanzinstrumente** übermitteln muss, die für ihn entsprechend der Vorgaben in § 34a Abs. 1 und 2 WpHG verwahrt werden. § 34a Abs. 1 und 2 WpHG enthalten spezielle Verpflichtungen für solche Wertpapierdienstleistungsunternehmen, die über keine Erlaubnis für das Ein-

Berichtspflichten bei Verwahrung v. Kundenvermögen § 9a WpDVerOV

lagengeschäft und/oder das Depotgeschäft verfügen.[1] § 9a wurde mit der „Ersten Verordnung zur Änderung der Wertpapierdienstleistungs-Verhaltens- und Organisationsverordnung" vom 21. November 2007 in die WpDVerOV eingefügt.[2]

Nach § 9a Abs. 1 Satz 2 muss die Aufstellung folgende Informationen enthalten: 2

- **Angaben zu allen Finanzinstrumenten und Geldern**, die für den Kunden gehalten werden. Erlöse aus noch nicht abgerechneten Geschäften können entweder zum Abschluss- oder zum Abwicklungsdatum berücksichtigt werden, solange für alle Geschäfte einheitlich verfahren wird (Nr. 1),

- Angaben darüber, inwieweit Kundenfinanzinstrumente oder Kundengelder **Gegenstand von Wertpapierdarlehen** waren, die das Wertpapierdienstleistungsunternehmen mit Dritten abgeschlossen hat (Nr. 2), und

- die **Höhe und Grundlage von Erträgen**, die dem Kunden aus der Beteiligung aus derartigen Darlehen unter Verwendung seiner Finanzinstrumente zugeflossen sind (Nr. 3).

§ 9a Abs. 1 Satz 3 schränkt die Berichtspflichten ein. Das Wertpapierdienstleistungsunternehmen muss sie nicht erfüllen, wenn der Kunde die entsprechenden **Informationen bereits in einer anderen periodischen Aufstellung** erhalten hat. Das Unternehmen muss die andere Aufstellung nicht selbst erstellt haben, sie kann dem Kunden insbesondere auch von der Verwahrstelle i.S.d. § 34a Abs. 2 WpHG zur Verfügung gestellt worden sein. Die Befreiung von der Berichtspflicht setzt allerdings voraus, dass die andere Aufstellung innerhalb der Jahresfrist des § 34a Abs. 3 WpHG erstellt wurde. 3

§ 9a Abs. 2 enthält eine spezielle Regelung über die Berichtspflicht, wenn das Wertpapierdienstleistungsunternehmen die Kundenfinanzinstrumente und/oder Kundengelder im **Rahmen der Vermögensverwaltung** hält. Das Unternehmen kann seine Berichtspflicht dann im Rahmen der nach § 9 Abs. 1 notwendigen Aufstellung über die erbrachten Dienstleistungen erfüllen.[3] 4

---

1 Die Pflichten nach § 34a Abs. 1 und 2 WpHG werden in § 14a näher konkretisiert, vgl. hierzu die Kommentierung dort.
2 Erste Verordnung zur Änderung der Wertpapierdienstleistungs-Verhaltens- und Organisationsverordnung vom 21. November 2007, BGBl. I, S. 2602.
3 S. hierzu die § 9 Rn. 14 ff.

§ 10 Zusammenlegung von Kundenaufträgen; Aufhebung der Bekanntmachungspflicht nach § 31c Abs. 2 des Wertpapierhandelsgesetzes

(1) Die Wahrung von Kundeninteressen nach § 31c Abs. 1 Nr. 4 des Wertpapierhandelsgesetzes bei der Zusammenlegung von Kundenaufträgen mit Aufträgen anderer Kunden oder Eigengeschäften (Sammelauftrag) setzt zumindest voraus, dass

1. eine Benachteiligung der betroffenen Kunden durch die Zusammenlegung unwahrscheinlich ist,

2. jeder betroffene Kunde rechtzeitig darüber informiert wird, dass eine Zusammenlegung für einen einzelnen Auftrag nachteilig sein kann,

3. das Wertpapierdienstleistungsunternehmen Grundsätze der Auftragszuteilung niederlegt und umsetzt, in denen die ordnungsgemäße Zuteilung zusammengelegter Aufträge und Geschäfte, unter Berücksichtigung des Einflusses von Volumen und Preis auf die Zuteilung und Teilausführung von Aufträgen, geregelt wird, und

4. jede Teilausführung eines aus zusammengelegten Aufträgen bestehenden Sammelauftrags im Einklang mit den Grundsätzen nach Nummer 3 zugeteilt wird.

(2) Soweit Kundenaufträge mit Eigengeschäften zusammengelegt werden, ist zur Wahrung der Kundeninteressen nach § 31c Abs. 1 Nr. 4 des Wertpapierhandelsgesetzes über die Erfüllung der Anforderungen nach Absatz 2 hinaus zu gewährleisten, dass

1. die Sammelaufträge nicht in einer für den Kunden nachteiligen Weise zugeteilt werden,

2. bei der Teilausführung eines Sammelauftrags die Kundenaufträge gegenüber den Eigengeschäften bevorzugt werden,

3. in den Grundsätzen der Auftragszuteilung nach Absatz 1 Nr. 3 Verfahren vorgesehen sind, die eine Änderung der Zuteilung von Eigengeschäftsaufträgen zum Nachteil von Kunden verhindert, deren Aufträge damit zusammengelegt ausgeführt werden.

Soweit Kundenaufträge erst durch die Zusammenlegung überhaupt oder für den Kunden wesentlich vorteilhafter ausführbar sind, können die Eigengeschäftsaufträge in Abweichung von Satz 1 Nr. 2 nach Maßgabe der Grundsätze der Auftragszuteilung nach Absatz 1 Nr. 3 anteilig zugeteilt werden.

(3) Eine Aufhebung der Bekanntmachungspflicht nach § 31c Abs. 2 Satz 3 des Wertpapierhandelsgesetzes setzt voraus, dass die in An-

hang II Tabelle 2 der Verordnung (EG) Nr. 1287/2006 der Kommission vom 10. August 2006 zur Durchführung der Richtlinie 2004/39/EG des Europäischen Parlaments und des Rates betreffend die Aufzeichnungspflichten für Wertpapierfirmen, die Meldung von Geschäften, die Markttransparenz, die Zulassung von Finanzinstrumenten zum Handel und bestimmte Begriffe im Sinne dieser Richtlinie (ABl. EU Nr. L 241 S. 1) genannten Mindestvolumina erreicht sind.

Inhalt

	Rn.		Rn.
A. Hintergrund	1	C. Zusammenlegung mit Eigengeschäften	23
B. Zusammenlegung von Kundenaufträgen	9	I. § 10 Abs. 2 Satz 1 Nr. 1	24
I. § 10 Abs. 1 Nr. 1	10	II. § 10 Abs. 2 Satz 1 Nr. 2	25
II. § 10 Abs. 1 Nr. 2	13	III. § 10 Abs. 2 Satz 1 Nr. 3	27
III. § 10 Abs. 1 Nr. 3	18	D. § 10 Abs. 3	28
IV. § 10 Abs. 1 Nr. 4	21		

A. Hintergrund

§ 10 dient der Konkretisierung der Verpflichtung des Wertpapierdienstleistungsunternehmens bei der Zusammenlegung von Kundenaufträgen (**Aggregation**) nach § 31c Abs. 1 Nr. 4 WpHG sowie der Aufhebung der Bekanntmachungspflicht nach § 31c Abs. 2 WpHG. Er setzt die Art. 48 und 49 der MiFID-DRL[1] um. 1

Durch Einführung des § 10 hat das Bundesministerium der Finanzen von der Ermächtigung nach § 31c Abs. 3 WpHG Gebrauch gemacht und nähere Bestimmungen zu den Verpflichtungen nach Abs. 1 und 2 Satz 1 sowie zu den Voraussetzungen der Befreiungsmöglichkeit nach Abs. 2 Satz 3 erlassen. 2

Die Regelungen des § 10 sind bei jeglicher Erfassung von Kundenaufträgen zu berücksichtigen. An Relevanz gewinnen sie insbesondere in den folgenden Fällen: 3

– Erfassung von Zeichnungsaufträgen bei Neuemissionen vor dem Hintergrund einer möglichen Überzeichnung, wenn die Zuteilung der Reihenfolge nach geschieht,

– Erfassung von Börsenorders, da mögliche zeitliche Verzögerungen in volatilen Werten zu Verlusten führen können,

– Erfassung von Geschäften im Rahmen der Finanzportfolioverwaltung.

---

1 Richtlinie 2006/73/EG der Kommission vom 10. August 2006 zur Durchführung der Richtlinie 2004/39/EG des Europäischen Parlaments und des Rates in Bezug auf die organisatorischen Anforderungen an Wertpapierfirmen und die Bedingungen für die Ausübung ihrer Tätigkeit sowie in Bezug auf die Definition bestimmter Begriffe für die Zwecke der genannten Richtlinie.

WpDVerOV § 10 Zusammenlegung von Kundenaufträgen

4 Gem. § 31c Abs. 1 WpHG sind Wertpapierdienstleistungsunternehmen verpflichtet, geeignete Vorkehrungen zu treffen, um eine **ordnungsgemäße Bearbeitung von Kundenaufträgen** sicherzustellen. § 31c Abs. 1 WpHG konkretisiert die bereits in § 31 Abs. 1 Nr. 1 WpHG allgemein enthaltene **Interessenwahrungspflicht** im Hinblick auf die Ausführung von Wertpapieraufträgen und setzt die Anforderungen des Art. 22 Abs. 1 MiFID[2] i.V.m. Art. 47–49 der MiFID-DRL[3] um.[4] Hierbei werden in § 31c Abs. 1 Nr. 1–6 WpHG sechs Einzelpflichten festgelegt, die bei Orderausführung für Privatkunden und professionelle Kunden zu beachten sind.[5] Aufgrund der Ausnahmeregelung des § 31b Abs. 1 WpHG finden die Verpflichtungen des § 31c WpHG bei geeigneten Gegenparteien keine Anwendung.

5 § 31c WpHG ist als Organisationspflicht ausgestaltet und begründet an sich keine individualrechtlichen Ansprüche.[6] Die einzelnen Pflichten des § 31c WpHG, die der Konkretisierung der Interessenwahrungspflicht dienen, wirken sich jedoch auf den Pflichtenkatalog nach § 31 WpHG aus.[7] Mit der herrschenden Meinung ist davon auszugehen, dass diese aufsichtsrechtlichen Verpflichtungen auf die zivilrechtlichen Verhaltenspflichten ausstrahlen und somit vertragliche Schadensersatzansprüche begründen können.[8] Auch stellt § 31 Abs. 1 Nr. 1 WpHG ein Schutzgesetz i.S.d. § 823 Abs. 2 BGB dar, wodurch weitere deliktische Ansprüche in Frage kommen.[9]

6 § 10 Abs. 1 und Abs. 2 konkretisieren die Interessenwahrungspflicht des Wertpapierdienstleistungsunternehmen im Rahmen der Zusammenlegung von Wertpapieraufträgen nach § 31c Abs. 1 Nr. 4 WpHG.

7 Nach § 31c Abs. 1 Nr. 4 WpHG muss ein Wertpapierdienstleistungsunternehmen geeignete Vorkehrungen treffen, um bei der Zusammenlegung von Kundenaufträgen oder mit Aufträgen für eigene Rechnung des Wertpapierdienstleistungsunternehmens (sog. **Sammelaufträge**) die Interessen aller beteiligten Kunden zu wahren.

8 Zwar widerspricht die Zusammenlegung von Aufträgen grundsätzlich dem Prioritätsprinzip nach § 31c Abs. 1 Nr. 2 WpHG sowie dem Grund-

---

2 Richtlinie 2004/39/EG des Europäischen Parlaments und des Rates vom 21. April 2004 über Märkte für Finanzinstrumente, zur Änderung der Richtlinien 85/611/EWG und 93/6/EWG des Rates und der Richtlinie 2000/12/EG des Europäischen Parlaments und des Rates und zur Aufhebung der Richtlinie 93/22/EWG des Rates.
3 Vgl. Fn. 1.
4 *Fuchs*, in: Fuchs, § 31c Rn. 1; Begr. zum FRUG, BT-Drs. 16/4028, S. 67; so auch *Grundmann*, in: Ebenroth/Boujong/Joost/Strohn, Handelsgesetzbuch, Rn. VI 281.
5 Vgl. *Fuchs*, in: Fuchs, § 31c Rn. 2.
6 *Koller*, in: Assmann/Schneider, § 31c Rn. 1; *Koch*, in: Schwark/Zimmer, § 31c WpHG Rn. 4; a.A. *Fuchs*, in: Fuchs, § 31 c Rn. 3: Dieser versteht die Norm als individualschützende Regelung.
7 *Koch*, in: Schwark/Zimmer, § 31c WpHG Rn. 4.
8 *Koch*, in: Schwark/Zimmer, § 31c WpHG Rn. 4.
9 *Koller*, in: Assmann/Schneider, Vor § 31 Rn. 7.

satz der schnellstmöglichen Orderausführung nach § 31c Abs. 1 Nr. 1 WpHG, jedoch ist sie aufgrund der Generierung rationalisierungsbedingter Vorteile grundsätzlich erlaubt.[10]

B. Zusammenlegung von Kundenaufträgen

Zur Wahrung der Kundeninteressen nach § 31c Abs. 1 Nr. 4 WpHG bei entsprechenden Sammelaufträgen setzt § 10 Abs. 1 zumindest voraus, dass: 9

- eine Benachteiligung der betroffenen Kunden unwahrscheinlich ist (Nr. 1),
- jeder betroffene Kunde rechtzeitig über potentielle negative Folgen informiert wird (Nr. 2),
- Grundsätze der Auftragszuteilung bestehen, in denen die ordnungsgemäße Zuteilung zusammengelegter Aufträge, unter Berücksichtigung des Einflusses von Volumen und Preis auf die Zuteilung und Teilausführung von Aufträgen, geregelt wird (Nr. 3), und
- jede Teilausführung eines aus zusammengelegten Aufträgen bestehenden Sammelauftrags im Einklang mit diesen Grundsätzen zugeteilt wird (Nr. 4).

Diese Anforderungen müssen *kumulativ* erfüllt werden und stellen einen Mindeststandard dar. Bei der Aggregation mit Eigengeschäften sind zusätzlich die Anforderungen des § 10 Abs. 2 zu erfüllen.[11]

I. § 10 Abs. 1 Nr. 1

Dieses Kriterium verdeutlicht, dass die Durchbrechung des in § 31c WpHG verankerten Prioritätsprinzips nicht zu Lasten eines Kunden gehen darf.[12] Eine Benachteiligung des Kunden muss demnach als unwahrscheinlich angesehen werden. Wie der Wortlaut bereits vermittelt, kommt es nicht darauf an, dass der Kunde besser gestellt wird.[13] Die Ausführung muss lediglich gleich günstig für den Kunden sein.[14] Daher ist auch eine Zusammenlegung möglich, welche für das Wertpapierdienstleistungsunternehmen Vorteile bringt, für die Kunden jedoch gleich günstig ist.[15] 10

---

10 *Koch*, in: Schwark/Zimmer, § 31c WpHG Rn. 19.
11 Vgl. Rn. 23 ff.
12 So auch *Koller*, in: Assmann/Schneider, § 31c Rn. 6.
13 *Koller*, in: Assmann/Schneider, § 31c Rn. 7; *Koch*, in: Schwark/Zimmer, § 31c WpHG Rn. 21; so auch *Grundmann*, in: Ebenroth/Boujong/Joost/Strohn, Handelsgesetzbuch, Rn. VI 284.
14 WpDVerOV-Begr. v. 1. Oktober 2007, S. 15; abrufbar unter: http://www.kapitalmarktrecht-im-internet.eu/file_download.php?l=en&sect=ov&mod=Kartellrecht&type=verordnungen&c=48&q=wpdverov&d=WpDVerOV-Begruendung-1-10-07.pdf (zuletzt abgerufen 17.04.2015).
15 *Koch*, in: Schwark/Zimmer, § 31c WpHG Rn. 21 m.w.N.

11 Eine aufgrund der Zusammenlegung für den Kunden nachteilige Ausführung kommt insbesondere bei marktengen Werten in Betracht, da möglicherweise die Kurse zum Zeitpunkt der Ausführung ungünstiger sind oder der Auftrag nicht mehr vollständig bedient werden kann.[16] Grundsätzlich dürfte die Maßgabe des § 10 Abs. 1 Nr. 1 bereits durch die bei Zusammenlegung generierten Preisvorteile erfüllt sein, es sei denn, diese würden nicht an die Kunden weitergegeben.[17]

12 Im Rahmen der Bewertung der Auftragsausführung kommt es auf den konkreten Kunden bzw. Einzelfall an. Eine Prüfung auf Basis der Gesamtheit der Kunden oder eine Betrachtung mehrerer Geschäfte des Kunden in einem bestimmten Zeitraum sind hierbei ausgeschlossen.[18]

II. § 10 Abs. 1 Nr. 2

13 § 10 Abs. 1 Nr. 2 konkretisiert die bereits in § 31c Abs. 1 Nr. 6 1. Alt. WpHG manifestierte **Informationspflicht der Wertpapierdienstleistungsunternehmen**, den Kunden bei der Zusammenlegung von Aufträgen über mögliche Risiken und Nachteile zu informieren.[19] Die Information des Kunden ist „*rechtzeitig*" vorzunehmen. Die Information muss mithin dem Kunden zu einem Zeitpunkt zugehen, dass diesem ausreichend Gelegenheit zur Kenntnisnahme verbleibt. Dies ist spätestens bei Entgegennahme der Kundenorder anzunehmen.[20]

14 Fraglich ist, ob der Hinweis auf die potenziellen Nachteile einer Aggregation bereits **bei dem Abschluss des Rahmenvertrages** in genereller Form erfolgen kann. Während *Koller* unter Bezugnahme auf die dem Hinweis innewohnende Warnfunktion eine Pauschalierung im Regelfall nicht als ausreichend ansieht,[21] verweist *Koch* darauf, dass sich eine derartige Auslegung aus dem Wortlaut nicht ergibt.[22] Ein pauschaler Hinweis verringert unstrittig die Warnfunktion, da er möglicherweise in großem zeitlichem Abstand zum relevanten Geschäft erfolgt. Des Weiteren besteht die Gefahr, dass die Warnung im Vertragstext aufgrund ihrer Unbestimmtheit nicht ausreichend wahrgenommen wird.[23]

15 Nichtsdestotrotz lässt der Gesetzgeber auch in anderen Fällen einen generellen Hinweis als Warnung ausreichen. So wird beispielsweise im Rahmen der Kundenklassifizierung bei der Einstufung als professioneller Kunde nach § 31a Abs. 7 WpHG ein einmaliger Hinweis auf den Verlust der Schutzrechte als ausreichend erachtet, obwohl dies für die künf-

---

16 *Koch*, in: Schwark/Zimmer, § 31c WpHG Rn. 21.
17 *Koller*, in: Assmann/Schneider, § 31c Rn. 7; *Koch*, in: Schwark/Zimmer, § 31c WpHG Rn. 21.
18 *Koch*, in: Schwark/Zimmer, § 31c WpHG Rn. 21; *Koller*, in: Assmann/Schneider, § 31c Rn. 7 Fn. 5.
19 *Koch*, in: Schwark/Zimmer, § 31c WpHG Rn. 40.
20 *Koch*, in: Schwark/Zimmer, § 31c WpHG Rn. 40.
21 *Koller*, in: Assmann/Schneider, § 31c Rn. 12.
22 *Koch*, in: Schwark/Zimmer, § 31c WpHG Rn. 40.
23 *Koller*, in: Assmann/Schneider, § 31c Rn. 12.

tige Behandlung des Kunden von maßgeblicher Bedeutung ist.[24] Auch ist dem Wortlaut des § 10 Abs. 1 Nr. 2 nicht zu entnehmen, dass ein einmaliger, pauschaler Hinweis nicht ausreichend ist.

Zudem ist unstrittig, dass bei Geschäftsbeziehungen, in denen Sammelaufträge regelmäßig vorkommen (z.b. externe Vermögensverwaltung), eine Aufnahme des Hinweises in den Rahmenvertrag ausreichend ist.[25] Dies würde jedoch zu einer – nicht dem Sinn und Zweck des Gesetzes entsprechenden – Ungleichbehandlung der verschiedenen Kundenbeziehungen führen.[26] Überdies würde diese Vorgehensweise das Wertpapierdienstleistungsunternehmen vor erhöhte Verfahrensaufwendungen stellen, da verschiedene Rahmenverträge erstellt und die Mitarbeiter entsprechend angewiesen werden müssten.

16

Vor diesem Hintergrund ist mit *Koch*[27] davon auszugehen, dass ein Hinweis auf Sammelaufträge bereits im Rahmenvertrag erfolgen kann. Ein (zusätzlicher) Hinweis zu einem späteren Zeitpunkt ist selbstverständlich ebenfalls möglich.

17

III. § 10 Abs. 1 Nr. 3

Gem. § 10 Abs. 1 Nr. 3 obliegt dem Wertpapierdienstleistungsunternehmen die organisatorische Verpflichtung, Grundsätze aufzustellen, die die Voraussetzungen und Verfahren bei Sammelaufträgen regeln.[28] Hierbei hat das Wertpapierdienstleistungsunternehmen zu berücksichtigen, dass die Vorteile des Sammelauftrages allen Kunden gleichermaßen zugutekommen.[29] Dies ist insbesondere von Relevanz, wenn nicht der gesamte Umfang der Sammelorder bedient wird (z.B. Überzeichnung bei Neuemissionen) und lediglich eine teilweise Befriedigung der Kunden erfolgen kann.[30]

18

Die aufgrund dieser Verpflichtung festgelegten Grundsätze und Vorkehrungen sind gemäß der Aufzeichnungspflicht Nr. 19 des „Verzeichnisses der Mindestaufzeichnungspflichten gemäß § 34 Abs. 5 WpHG"[31] in Verbindung mit den „Mindestanforderungen an die Compliance-Funkti-

19

---

24 So auch *Koch*, in: Schwark/Zimmer, § 31c WpHG Rn. 40.
25 *Koch*, in: Schwark/Zimmer, § 31c WpHG Rn. 40; *Koller*, in: Assmann/Schneider, § 31c Rn. 13.
26 *Koch*, in: Schwark/Zimmer, § 31c WpHG Rn. 40.
27 *Koch*, in: Schwark/Zimmer, § 31c WpHG Rn. 40.
28 WpDVerOV-Begr. v. 1. Oktober 2007, S. 15; abrufbar unter: http://www.kapitalmarktrecht-im-internet.eu/file_download.php?l=en&sect=ov&mod=Kartellrecht&type=verordnungen&c=48&q=wpdverov&d=WpDVerOV-Begruendung-1-10-07.pdf (zuletzt abgerufen 17.04.2015).
29 *Koller*, in: Assmann/Schneider, § 31c Rn. 7.
30 *Koch*, in: Schwark/Zimmer, § 31c WpHG Rn. 22.
31 Verzeichnis der Mindestaufzeichnungspflichten gem. § 34 Abs. 5 WpHG in der ab dem 01.07.2011 gültigen Fassung, abrufbar unter: http://www.bafin.de/SharedDocs/Downloads/DE/Auslegungsentscheidung/dl_verzeich-
(Fortsetzung der Fußnote auf Seite 214)

on und die weiteren Verhaltens-, Organisations- und Transparenzpflichten nach §§ 31 ff. WpHG für Wertpapierdienstleistungsunternehmen" (MaComp)[32] der BaFin zu dokumentieren. Demnach sind Aufzeichnungen über die getroffenen Vorkehrungen nach § 31c Abs. 1 Nr. 4 und Abs. 3 WpHG i.V.m. § 10 Abs. 1 und 2 anzufertigen. Aufgrund des Verweises auf § 14 Abs. 3 sind diese Aufzeichnungen grundsätzlich in das interne Anweisungswesen des Wertpapierdienstleistungsunternehmens aufzunehmen.[33]

20 Im Falle der *Finanzportfolioverwaltung* nach § 2 Abs. 3 Satz 1 Nr. 7 WpHG, in der regelmäßig Aggregationen vorkommen, ist zudem der Umfang der als Sammelorder erfolgten Aufträge aufzuzeichnen.[34]

IV. § 10 Abs. 1 Nr. 4

21 § 10 Abs. 1 Nr. 4 ergänzt die in § 10 Abs. 1 Nr. 3 niedergelegte Organisationspflicht um die Verpflichtung, die entsprechenden Grundsätze bei der Auftragsausführung zu berücksichtigen.

22 Gem. Nr. 20 des „Verzeichnisses der Mindestaufzeichnungspflichten gemäß § 34 Abs. 5 WpHG" ist die Einhaltung der internen Vorgaben nach Nr. 19 zu dokumentieren.[35] Hierbei sind das Datum und der Zeitpunkt der Zuteilung, das betroffene Finanzinstrument, die Kundenidentität und ggf. der zugeteilte Anteil aufzuzeichnen. Auch die Grundlage und die Begründung jeder Neuzuteilung sind zu dokumentieren. Die Aufzeichnung hat einen Verweis auf die internen Grundsätze der Zuteilung zu enthalten.[36]

C. Zusammenlegung mit Eigengeschäften

23 § 10 Abs. 2 Satz 1 enthält ergänzende Voraussetzungen für die Konstellation, dass Kundenaufträge mit dem Eigengeschäft des Wertpapierdienstleistungsunternehmens zusammengelegt werden. Diese Voraussetzungen sind ebenfalls *kumulativ* zu erfüllen.

Zur Wahrung der Kundeninteressen ist zu gewährleisten, dass

– die Sammelaufträge nicht in einer für den Kunden nachteiligen Weise zugeteilt werden (Nr. 1),

---

nis_mindestaufzeichnungspflichten_2011.html?nn=2818068 (zuletzt abgerufen am 17.04.2015).
32 Abrufbar unter: http://www.bafin.de/SharedDocs/Veroeffentlichungen/DE/Rundschreiben/rs_1004_wa_macomp.html?nn=2818068#doc2676654bodyText15 (zuletzt abgerufen am 17.04.2015).
33 *Richter*, in: Krimphove/Kruse, AT 8 Rn. 41.
34 *Richter*, in: Krimphove/Kruse, AT 8 Rn. 41.
35 *Richter*, in: Krimphove/Kruse, AT 8 Rn. 41.
36 *Richter*, in: Krimphove/Kruse, AT 8 Rn. 41.

– bei der Teilausführung eines Sammelauftrags die Kundenaufträge gegenüber den Eigengeschäften bevorzugt werden (Nr. 2),
– in den Grundsätzen der Auftragszuteilung nach § 10 Abs. 1 Nr. 3 Verfahren vorgesehen sind, die eine Änderung der Zuteilung von Eigengeschäftsaufträgen zum Nachteil von Kunden verhindert, deren Aufträge damit zusammengelegt ausgeführt werden (Nr. 3).

I. § 10 Abs. 2 Satz 1 Nr. 1

Die Regelung des § 10 Abs. 2 Satz 1 Nr. 1, welche eine Benachteiligung 24 des Kunden ausschließt, korrespondiert mit der Regelung des § 10 Abs. 1 Nr. 1.[37]

II. § 10 Abs. 2 Satz 1 Nr. 2

Unter Berücksichtigung des § 10 Abs. 2 Satz 1 Nr. 1 sind Kundenaufträ- 25 ge grundsätzlich gegenüber dem Eigengeschäft i.S.d. § 2 Abs. 3 Satz 2 WpHG zu bevorzugen.[38] Dies gilt insbesondere in Fällen, in denen lediglich eine Teilausführung möglich ist.[39]

Eine Ausnahme ist jedoch auf der Grundlage des § 10 Abs. 2 Satz 2 mög- 26 lich, wenn die Zusammenlegung eine Ausführung erst ermöglicht bzw. für den Kunden wesentlich von Vorteil ist. Eine Ausführung kann beispielsweise von der Erreichung eines Mindestabnahmevolumens/einer Stückelung abhängig sein, so dass eine Ausführung in geringerem Umfang nicht möglich ist. Ein für den Kunden wesentlicher Vorteil ist beispielsweise in geringeren Transaktionskosten zu sehen. Unter diesen Voraussetzungen ist es dem Wertpapierdienstleistungsunternehmen möglich, den Vorteil proportional zwischen dem Kunden und sich selbst unter Berücksichtigung der internen Grundsätze nach § 10 Abs. 1 Nr. 3 aufzuteilen.[40]

III. § 10 Abs. 2 Satz 1 Nr. 3

In den internen Grundsätzen gem. § 10 Abs. 1 Nr. 3 müssen Vorkehrun- 27 gen enthalten sein, die eine Benachteiligung des Kunden bei der Umdis-

---

37 S.o.
38 WpDVerOV-Begr. v. 1. Oktober 2007, S. 15; abrufbar unter: http://www.kapitalmarktrecht-im-internet.eu/file_download.php?l=en&sect=ov&mod=Kartellrecht&type=verordnungen&c=48&q=wpdverov&d=WpDVerOV-Begruendung-1-10-07.pdf (zuletzt abgerufen 17.04.2015).
39 *Koller*, in: Assmann/Schneider, § 31c Rn. 8.
40 WpDVerOV-Begr. v. 1. Oktober 2007, S. 15; abrufbar unter: http://www.kapitalmarktrecht-im-internet.eu/file_download.php?l=en&sect=ov&mod=Kartellrecht&type=verordnungen&c=48&q=wpdverov&d=WpDVerOV-Begruendung-1-10-07.pdf (zuletzt abgerufen 17.04.2015).; *Koller*, in: Assmann/Schneider, § 31c Rn. 8.

ponierung von Eigengeschäften, die mit Kundenaufträgen zusammengelegt wurden, zu verhindern.[41]

D. § 10 Abs. 3

28 § 10 Abs. 3 konkretisiert die Entscheidung der Bundesanstalt gem. § 31c Abs. 2 Satz 3 WpHG, die Pflicht zur Bekanntmachung nicht ausgeführter, besonders großer Kundenaufträge aufzuheben.[42]

29 § 31c Abs. 2 Satz 1 WpHG verpflichtet das Wertpapierdienstleistungsunternehmen, limitierte Kundenaufträge in Bezug auf Aktien, die zum Handel an einem organisierten Markt zugelassen sind, die aufgrund von Marktbedingungen nicht unverzüglich ausgeführt werden können, unverzüglich so bekannt zu machen, dass sie anderen Marktteilnehmern leicht zugänglich sind; es sei denn, der Kunde hat eine anderweitige Weisung erteilt.

30 Die Bekanntmachungspflicht gilt als erfüllt, wenn die Aufträge an einen organisierten Markt oder ein multilaterales Handelssystem weitergeleitet worden sind oder werden (§ 31c Abs. 2 Satz 2 WpHG). Diese Regelung setzt Art. 22 Abs. 2 MiFID um und dient der Steigerung der Markttransparenz.[43] Des Weiteren soll verhindert werden, dass Kundenorders über einen längeren Zeitraum gesammelt werden, bevor sie ausgeführt werden, und dadurch die Wahrscheinlichkeit einer Orderausführung gesteigert wird.[44]

31 Die Befreiung von der Bekanntmachungspflicht setzt gem. § 31c Abs. 2 Satz 3 WpHG voraus, dass der Auftrag den marktüblichen Geschäftsumfang erheblich überschreitet. Nach § 10 Abs. 3 ist diese Überschreitung gegeben, wenn die in Anhang II Tabelle 2 der Verordnung (EG) Nr. 1287/2006 der Kommission vom 10. August 2006 zur Durchführung der Richtlinie 2004/39/EG des Europäischen Parlaments und des Rates betreffend die Aufzeichnungspflichten für Wertpapierfirmen, die Meldung von Geschäften, die Markttransparenz, die Zulassung von Finanzinstrumenten zum Handel und bestimmte Begriffe im Sinne dieser Richtlinie (ABl. L 241, S. 1) genannten Mindestvolumina erreicht sind.

---

41 WpDVerOV-Begr. v. 1. Oktober 2007, S. 15; abrufbar unter: http://www.kapitalmarktrecht-im-internet.eu/file_download.php?l=en&sect=ov&mod=Kartellrecht&type=verordnungen&c=48&q=wpdverov&d=WpDVerOV-Begruendung-1-10-07.pdf (zuletzt abgerufen 17.04.2015).

42 WpDVerOV-Begr. v. 1. Oktober 2007, S. 15; abrufbar unter: http://www.kapitalmarktrecht-im-internet.eu/file_download.php?l=en&sect=ov&mod=Kartellrecht&type=verordnungen&c=48&q=wpdverov&d=WpDVerOV-Begruendung-1-10-07.pdf (zuletzt abgerufen 17.04.2015).

43 *Koller*, in: Assmann/Schneider, § 31c Rn. 14; Begr. zum FRUG, BT-Drs. 16/4028, S. 67.

44 Begr. zum FRUG, BT-Drs. 16/4028, S. 67; *Koch*, in: Schwark/Zimmer, § 31c WpHG Rn. 43; *Koller*, in: Assmann/Schneider, § 31c Rn. 14.

Aufträge mit großem Volumen im Vergleich zum marktüblichen Geschäftsumfang (in Euro)					32
Kategorie im Sinne des durchschnittlichen Tagesumsatzes (DTU)	DTU < 500 000	500 000 ≤ DTU < 1 000 000	1 000 000 ≤ DTU < 25 000 000	25 000 000 ≤ DTU < 50 000 000	DTU ≥ 50 000 000
Mindestvolumen der Aufträge, die als Aufträge mit großem Volumen im Vergleich zum marktüblichen Geschäftsumfang gelten	50 000	100 000	250 000	400 000	500 000

Quelle: Verordnung EG Nr. 1287/2006

§ 11 Bestmögliche Ausführung von Kundenaufträgen

(1) Ausführungsplätze im Sinne von § 33a Abs. 5 des Wertpapierhandelsgesetzes sind

1. organisierte Märkte, multilaterale Handelssysteme, systematische Internalisierer, Market-Maker und sonstige Liquiditätsgeber sowie

2. vergleichbare Unternehmen und Einrichtungen in Drittstaaten.

(2) Zu den nach § 33a Abs. 3 des Wertpapierhandelsgesetzes bei der Berechnung des Gesamtentgelts zu berücksichtigenden Kosten zählen Gebühren und Entgelte des Ausführungsplatzes, an dem das Geschäft ausgeführt wird, Kosten für Clearing und Abwicklung und alle sonstigen Entgelte, die an Dritte gezahlt werden, die an der Auftragsausführung beteiligt sind.

(3) Eine Überprüfung der Ausführungsgrundsätze nach § 33a Abs. 1 Nr. 1 des Wertpapierhandelsgesetzes ist außerhalb des Jahresrhythmus dann vorzunehmen, wenn das Wertpapierdienstleistungsunternehmen von einer wesentlichen Veränderung Kenntnis erhält, die dazu führt, dass an den von den Ausführungsgrundsätzen umfassten Ausführungsplätzen eine Ausführung von Aufträgen nicht mehr gleichbleibend im bestmöglichen Interesse des Kunden gewährleistet ist. Eine Überprüfung der Grundsätze nach § 33a Abs. 8 Nr. 1 und 2 des Wertpapierhandelsgesetzes ist außerhalb des Jahresrhythmus nach § 33a Abs. 8 Nr. 3 des Wertpapierhandelsgesetzes dann vorzunehmen, wenn eine wesentliche Veränderung eintritt, die das Wertpapierdienstleistungsunternehmen in der Erfüllung seiner Pflichten nach § 33a Abs. 8 des Wertpapierhandelsgesetzes beeinträchtigt.

(4) Die Information nach § 33a Abs. 6 Nr. 1 des Wertpapierhandelsgesetzes muss folgende Angaben enthalten:

1. Beschreibung der vorgenommenen Gewichtung der relevanten Kriterien zur Erzielung des bestmöglichen Ergebnisses nach § 33a Abs. 2 des Wertpapierhandelsgesetzes oder eine Beschreibung der Methode, die für diese Gewichtung jeweils angewandt wird,

2. Verzeichnis der wesentlichen Ausführungsplätze nach § 33a Abs. 5 Satz 1 Nr. 2 des Wertpapierhandelsgesetzes, an denen das Wertpapierdienstleistungsunternehmen gleichbleibend die bestmöglichen Ergebnisse bei der Ausführung von Kundenaufträgen erzielen kann,

3. einen ausdrücklichen Hinweis nach § 33a Abs. 6 Nr. 2 des Wertpapierhandelsgesetzes.

Diese Informationen sind auf einem dauerhaften Datenträger zur Verfügung zu stellen. Die Veröffentlichung auf einer Internetseite genügt unter den Voraussetzungen nach § 3 Abs. 3.

Inhalt

	Rn.
A. Hintergrund	1
B. Ausführungsplätze (§ 11 Abs. 1)	13
I. Organisierter Markt	14
II. Multilaterales Handelssystem	15
III. Systematischer Internalisierer	16
IV. Market Maker	17
V. Sonstige Ausführungsplätze	18
C. Kosten der Auftragsausführung (§ 11 Abs. 2)	19
I. Kriterien zur Erstellung der Ausführungsgrundsätze	19
II. Kriterium Gesamtentgelt	21
D. Unterjährige Überprüfungspflicht der Ausführungs-/Auswahlgrundsätze (§ 11 Abs. 3)	27
I. Bewertungs- und Überprüfungspflicht der Ausführungsgrundsätze	27
1. Jährliche Überprüfungspflicht	28
2. Unterjährige Überprüfungspflicht	30
II. Bewertungs- und Überprüfungspflicht der Auswahlgrundsätze	34
1. Jährliche Überprüfungspflicht und regelmäßige Überwachung	36
2. Unterjährige Überprüfungspflicht	37
E. Informationspflicht gegenüber dem Kunden (§ 11 Abs. 4)	38
I. Umfang der Kundeninformation	39
II. Zustimmungserfordernis des Kunden	40
III. Inhalt der Informationspflicht	41
1. Kriteriengewichtung	42
2. Verzeichnis der Ausführungsplätze	43
3. Warnhinweis bei Kundenweisung	44
4. Art der Zurverfügungstellung	45

A. Hintergrund

Die Regelungen zur bestmöglichen Ausführung von Kundenaufträgen (Best Execution) waren einer der Eckpfeiler der MiFID-Umsetzung.[1] Der europäische Gesetzgeber verfolgte mit ihnen das Ziel, sowohl die Kapitalmarkteffizienz als auch vor allem den Anlegerschutz zu erhöhen.[2] Im Zentrum der deutschen Vorgaben steht § 33a WpHG, der die Art. 19 und 21 der MiFID sowie die Art. 44–46 der MiFID-DRL zum 1. November 2007 in deutsches Recht umsetzte.

Der Grundgedanke von § 33a WpHG – bestmögliche Wahrung der Kundeninteressen bei der Auftragsausführung – war nicht neu. Auch § 31

---

1 *Bauer*, in: Ellenberger/Schäfer/Clouth/Lang, Rn. 1533.
2 S. Best Execution under MiFID, Questions and Answers, May 2007, Ref.: CESR/07-320, Section 1, Introduction – abrufbar unter http://www.esma.europa.eu/system/files/07_320.pdf (16.04.2015); ausführlich zur Zielsetzung *von Hein*, in: Schwark/Zimmer, § 33a WpHG Rn. 2 ff.

WpDVerOV § 11 Bestmögliche Ausführung von Kundenaufträgen

Abs. 1 Nr. 1 WpHG verfolgte bereits diese Zielrichtung. Neu war jedoch die Detailtiefe der Maßnahmen in § 33a WpHG, mit der die Wertpapierdienstleistungsunternehmen dieser Verpflichtung nachkommen sollten.[3]

3 § 33a Abs. 1 Satz 1 WpHG verpflichtet die Wertpapierdienstleistungsunternehmen[4], alle angemessenen Vorkehrungen zu treffen, um das bestmögliche Ergebnis bei der Ausführung von Kundenaufträgen[5] zu erreichen. Dies beinhaltet vor allem die Aufstellung von Grundsätzen zur Auftragsausführung. Inhaltliche Anforderungen an die Ausführungsgrundsätze finden sich insbesondere in den Absätzen 2, 3 und 5.

4 § 33a Abs. 2 WpHG enthält eine exemplarische, nicht abschließende Aufzählung der zur Erzielung des bestmöglichen Ergebnisses relevanten und damit bei der Aufstellung der Ausführungsgrundsätze zu berücksichtigenden Kriterien. Hierzu zählen die Preise der Finanzinstrumente, die mit der Auftragsausführung verbundenen Kosten, die Geschwindigkeit, die Wahrscheinlichkeit der Ausführung und die Abwicklung des Auftrags sowie der Umfang und die Art des Auftrags. Diese Kriterien sind unter Berücksichtigung der Merkmale des Kunden, des Kundenauftrags, des Finanzinstruments und des Ausführungsplatzes zu gewichten.

5 Betrifft die Ausführung den Auftrag eines Privatkunden[6], so muss das Wertpapierdienstleistungsunternehmen zusätzliche Anforderungen berücksichtigen. § 33a Abs. 3 WpHG reduziert das Ermessen für das Wertpapierdienstleistungsunternehmen dahin gehend, dass bei Privatkunden die Ausführungsgrundsätze Vorkehrungen enthalten müssen, dass sich das bestmögliche Ergebnis am Gesamtentgelt orientiert. Dieses ergibt sich aus dem Preis für das Finanzinstrument und sämtlichen mit der Auftragsausführung verbundenen Kosten.

6 § 33a Abs. 5 WpHG enthält Vorgaben hinsichtlich der Ausführungsplätze. Hierzu gehört, dass sich in den Ausführungsgrundsätzen Angaben zu den verschiedenen Ausführungsplätzen in Bezug auf jede Gattung von Finanzinstrumenten und die ausschlaggebenden Faktoren für die Auswahl eines Ausführungsplatzes finden (§ 33a Abs. 5 Satz 1 Nr. 1 WpHG). Darüber hinaus wird verlangt, dass sie mindestens diejenigen Ausfüh-

---

3 S. auch *Zingel*, BKR 2007, 173, 174; *Hense/Petruzzelli*, in: Renz/Hense, S. 377 (Rn. 1); *Irmen*, in: Clouth/Lang, Rn. 768, 769.
4 Legaldefinition in § 2 Abs. 4 WpHG.
5 „Kauf oder Verkauf von Finanzinstrumenten im Sinne des § 2 Abs. 3 Satz 1 Nr. 1 bis 3": Nach der Regierungsbegründung sowie Art. 45 Abs. 7 MiFID-DRL ist – neben dem Finanzkommissionsgeschäft (§ 2 Abs. 3 Satz 1 Nr. 1 WpHG), dem Eigenhandel (§ 2 Abs. 3 Satz 1 Nr. 2 WpHG) und der Abschlussvermittlung (§ 2 Abs. 3 Satz 1 Nr. 3 WpHG) – auch die Vermögensverwaltung erfasst, sofern der Vermögensverwalter die Orderausführung selbst vornimmt. Explizit ausgenommen ist hingegen die Rücknahme und Ausgabe von Investmentfonds – Begr. RegE FRUG, BT-Drs. 16/4028, S. 72; ausführlich zum Anwendungsbereich *Zimmermann*, in: Fuchs, § 33a Rn. 4 ff.; *von Hein*, in: Schwark/Zimmer, § 33a WpHG Rn. 15 ff.
6 Zur Kategorie des Privatkunden s. § 31a Abs. 3 WpHG.

rungsplätze aufführen, an denen das Wertpapierdienstleistungsunternehmen gleichbleibend die bestmöglichen Ergebnisse bei der Ausführung von Kundenaufträgen erzielen kann (§ 33a Abs. 5 Satz 1 Nr. 2 WpHG).

Neben der Pflicht, Ausführungsgrundätze zu erstellen, sieht § 33a Abs. 1 Nr. 1 WpHG auch die Verpflichtung vor, diese mindestens jährlich zu überprüfen. Zudem ist sicherzustellen, dass die Aufträge entsprechend den Grundsätzen ausgeführt werden (§ 33a Abs. 1 Nr. 2 WpHG). Ausgenommen von der Verpflichtung zur bestmöglichen Ausführung sind gem. § 33a Abs. 4 WpHG solche Aufträge, für die der Kunde eine ausdrückliche Weisung erteilt. 7

§ 33a Abs. 5 Satz 2, Abs. 6 und Abs. 7 WpHG enthalten weitergehende Informationspflichten gegenüber dem Kunden. Hierzu gehört unter anderem, dass der Kunde vor der erstmaligen Erbringung von Wertpapierdienstleistungen über die Ausführungsgrundsätze informiert und seine Zustimmung zu diesen eingeholt wird (§ 33a Abs. 6 Nr. 1 WpHG). 8

Erfolgt die Auftragsausführung durch Dritte oder betreibt das Wertpapierdienstleistungsunternehmen Finanzportfolioverwaltung, so gelten gem. § 33a Abs. 8 WpHG die Vorgaben der Absätze 1–7 für diese Fälle entsprechend. 9

Den Abschluss von § 33a WpHG bildet die in § 33a Abs. 9 WpHG enthaltene Ermächtigung des Bundesfinanzministeriums, durch Rechtsverordnung weitergehende Konkretisierungen zu schaffen. Hiervon wurde mit § 11 Gebrauch gemacht. 10

Für Auslegungs- und Anwendungsfragen kann überdies ein Fragen- und Antwortenkatalog des Ausschusses der EU-Wertpapierregulierungsbehörden (Committee of European Securities Regulators – CESR) aus dem Jahre 2007 herangezogen werden.[7] Dieser Katalog dient – nach Aussage von CESR – dem Zweck, die Marktteilnehmer bei der Umsetzung des Best-Execution-Regimes zu unterstützen. 11

Auch die MaComp[8] enthalten weitergehende Konkretisierungen zur bestmöglichen Ausführung von Kundenaufträgen. Diese Konkretisierungen finden sich in Kapitel BT 4 MaComp[9], welches sich in vier Abschnitte untergliedert. Der erste Abschnitt befasst sich mit dem Ermessen des Wertpapierdienstleistungsunternehmen bei der Auswahl der Ausführungsplätze sowie der Ausarbeitung der Ausführungsgrundsätze (BT 4.1 MaComp). Der zweite Abschnitt gibt Hinweise zur inhaltlichen Ausge- 12

---

[7] Best Execution under MiFID, Questions and Answers, May 2007, Ref.: CESR/07-320 – abrufbar unter http://www.esma.europa.eu/system/files/07_320.pdf (16.04.2015).
[8] Rundschreiben 4/2010, zuletzt geändert am 7. Januar 2014: Mindestanforderungen an die Compliance-Funktion und die weiteren Verhaltens-, Organisations- und Transparenzpflichten nach §§ 31 ff. WpHG für Wertpapierdienstleistungsunternehmen (MaComp).
[9] BT 4 – „Bestmögliche Ausführung von Kundenaufträgen nach § 33a WpHG".

staltung der Ausführungsgrundsätze sowie der Übernahme und Verwendung von Ausführungsgrundsätzen eines Dritten (BT 4.2 MaComp). Abschnitt drei und vier konkretisieren die Anforderungen an die Bewertungsverfahren und die Überprüfung der Ausführungsgrundsätze (BT 4.3 MaComp) sowie die Weiterleitung von Aufträgen zur Ausführung an einen Dritten (BT 4.4 MaComp). Wenngleich es sich bei den MaComp nicht um Rechtsnormen im eigentlichen Sinne handelt, so kommt diesen norminterpretierenden Verwaltungsvorschriften für die Praxis eine nicht zu unterschätzende Rolle zu.[10]

B. Ausführungsplätze (§ 11 Abs. 1)

13 Die Grundsätze zur Auftragsausführung müssen gem. § 33a Abs. 5 WpHG auch Angaben zu den Ausführungsplätzen enthalten. Welche Einrichtungen als **Ausführungsplätze** zu qualifizieren sind, wird in § 11 Abs. 1[11] konkretisiert. Neben organisierten Märkten, multilateralen Handelssystemen, systematischen Internalisierern, Market-Makern und sonstigen Liquiditätsgebern gehören hierzu auch vergleichbare Unternehmen und Einrichtungen in Drittstaaten.

I. Organisierter Markt

14 Bei einem **organisierten Markt** handelt es sich gemäß der Legaldefinition in § 2 Abs. 5 WpHG um ein im Inland, in einem anderen Mitgliedstaat der Europäischen Union oder einem anderen Vertragsstaat des Abkommens über den Europäischen Wirtschaftsraum betriebenes oder verwaltetes, durch staatliche Stellen genehmigtes, geregeltes und überwachtes multilaterales System, das die Interessen einer Vielzahl von Personen am Kauf und Verkauf von dort zum Handel zugelassenen Finanzinstrumenten innerhalb des Systems und nach festgelegten Bestimmungen in einer Weise zusammenbringt oder das Zusammenbringen fördert, die zu einem Vertrag über den Kauf dieser Finanzinstrumente führt.[12] Hierunter fallen z.B. XETRA oder die Eurex. Eine Übersicht der organisierten Märkte findet sich auf der Homepage von ESMA.[13]

II. Multilaterales Handelssystem

15 Ein **multilaterales Handelssystem** zeichnet sich dadurch aus, dass es die Interessen einer Vielzahl von Personen am Kauf und Verkauf von Finanzinstrumenten innerhalb des Systems und nach festgelegten Bestimmun-

---

10 Ausführlich zur Rechtsnatur sowie zur Bedeutung der MaComp s. *Krimphove*, in: Krimphove/Kruse, AT 2.
11 § 11 Abs. 1 setzt Art. 44 Abs. 1 Unterabs. 2 MiFID-DRL um.
12 Für Einzelheiten zur Definition des organisierten Marktes s. u.a. *Fuchs*, in: Fuchs, § 2 Rn. 141 ff.; *Assmann*, in: Assmann/Schneider, § 2 Rn. 158 ff.
13 http://mifiddatabase.esma.europa.eu – Rubrik „Regulated Markets" (16.04. 2015).

gen in einer Weise zusammenbringt, die zu einem Vertrag über den Kauf dieser Finanzinstrumente führt (§ 2 Abs. 3 Nr. 8 WpHG).[14] Beispielhaft sei auf den Freiverkehr der Börse Berlin oder der Börse Düsseldorf verwiesen. Eine Übersicht über die von den nationalen Aufsichtsbehörden registrierten multilateralen Handelssysteme findet sich auf der Homepage von ESMA.[15]

III. Systematischer Internalisierer

Ein **systematischer Internalisierer** wird als Unternehmen definiert, das 16 nach Maßgabe des Art. 21 der MiFID-DVO häufig regelmäßig und auf organisierte und systematische Weise Eigenhandel außerhalb organisierter Märkte und multilateraler Handelssysteme betreibt (§ 2 Abs. 10 WpHG). Es handelt sich mithin um ein bilaterales Handelssystem, wobei der systematische Internalisierer immer selbst eine der Vertragsparteien ist.[16] Weiterführende Hinweise, insbesondere zu den Merkmalen „organisiert, häufig und systematisch", finden sich in Art. 21 Abs. 1 der MiFID-DVO.[17] Eine Übersicht der systematischen Internalisierer findet sich auf der Homepage von ESMA.[18]

IV. Market Maker

Als **Market Maker** werden Personen bezeichnet, die an einem Markt dau- 17 erhaft anbieten, Finanzinstrumente im Wege des Eigenhandels zu selbst gestellten Preisen zu kaufen oder zu verkaufen (§ 23 Abs. 4 WpHG). Market Maker sind demnach Liquiditätsanbieter. Durch ihre dauernde Bereitschaft, als Gegenpartei zu fungieren, sichern sie zum einen die fortwährende Handelbarkeit von Finanzinstrumenten. Zum anderen gleichen sie kurzfristige Marktungleichgewichte aus.[19]

V. Sonstige Ausführungsplätze

Den übrigen in § 11 Abs. 1 aufgeführten Ausführungsplätzen – „sonsti- 18 ge Liquiditätsgeber", „vergleichbare Unternehmen und Einrichtungen in Drittstaaten" – kommt im Wesentlichen eine Auffangfunktion zu.

---

14 Für Einzelheiten zur Definition des multilateralen Handelssystems s. u.a. *Fuchs*, in: Fuchs, § 2 Rn. 104 ff.; *Assmann*, in: Assmann/Schneider, § 2 Rn. 184 ff.
15 http://mifiddatabase.esma.europa.eu – Rubrik „Multilateral Trading Facilities" (16.04.2015).
16 *Starke*, in: Kümpel/Wittig, Rn. 17.109, Fn. 2.
17 Für Einzelheiten zur Definition des systematischen Internalisierers s. auch *Fuchs*, in: Fuchs, § 2 Rn. 166 ff.; *Assmann*, in: Assmann/Schneider, § 2 Rn. 184 ff.
18 http://mifiddatabase.esma.europa.eu – Rubrik „Systematic Internalisers" (16.04.2015).
19 Für Einzelheiten zur Definition des Market Maker s. u.a. *Dehlinger/Zimmermann*, in: Fuchs, § 23 Rn. 18 ff.; *Schneider*, in: Assmann/Schneider, § 23 Rn. 56 ff.

C. Kosten der Auftragsausführung (§ 11 Abs. 2)

I. Kriterien zur Erstellung der Ausführungsgrundsätze

19 Den Wertpapierdienstleistungsunternehmen obliegt bei der Erstellung der Ausführungsgrundsätze ein Ermessen. Bei dieser Ermessensausübung sind alle Kriterien zu berücksichtigen, die zur Bestimmung des bestmöglichen Ergebnisses von Bedeutung sind. Hierzu gehören gem. § 33 Abs. 2 Satz 2 WpHG insbesondere die Preise der Finanzinstrumente, die mit der Auftragsausführung verbundenen Kosten, die Geschwindigkeit, die Wahrscheinlichkeit der Ausführung und die Abwicklung des Auftrags sowie der Umfang und die Art des Auftrags. Diese Kriterien sind unter Berücksichtigung der Merkmale des Kunden, des Kundenauftrags, des Finanzinstrumentes und des Ausführungsplatzes zu gewichten, wobei die Aufzählung nicht abschließend ist.[20]

20 Laut MaComp können auch qualitative Faktoren der Ausführungsplätze berücksichtigt werden.[21] In BT 4.1 Nr. 1 Satz 2 MaComp werden als Beispiele „die Überwachung des Handels durch eine Handelsüberwachungsstelle (HüSt), das Beschwerdemanagement und die Beschwerdebearbeitung, die Handelszeiten der einzelnen Ausführungsplätze, die Belastbarkeit von Leistungsversprechen, die Verbindlichkeit von Quotes und sonstigen Preisinformationen, die Auswahl an Orderzusätzen und Ausführungsarten, das Service- und Informationsangebot für Anleger, die Form des Orderbuchs, das Counterparty Risk der Handelspartner und die Abwicklungssicherheit" benannt. § 33a WpHG belässt den Wertpapierdienstleistungsunternehmen somit einen breiten Ermessensspielraum.

II. Kriterium Gesamtentgelt

21 Im Privatkundenbereich ist dieser Ermessensspielraum allerdings eingeschränkt. § 33a Abs. 3 WpHG enthält die Vorgabe, dass sich bei der Ausführung von Privatkundenaufträgen das bestmögliche Ergebnis am **Gesamtentgelt** zu orientieren hat.[22] Hintergrund dieser gesetzlichen Ermessensreduzierung ist die Annahme, dass für Privatkunden das Gesamtentgelt typischerweise der maßgebende Faktor ist.[23] Geringfügige Unterschiede im Gesamtentgelt können laut MaComp jedoch unberücksichtigt bleiben, sofern sie nachvollziehbar begründet werden.[24]

22 Gem. § 33a Abs. 3 Satz 2 WpHG setzt sich das Gesamtentgelt aus dem Preis für das Finanzinstrument und sämtlichen mit der Auftragsausführung verbundenen **Kosten** zusammen.

---

20 Dies ergibt sich bereits aus der Wortwahl in § 33a Abs. 2 Satz 1 WpHG: „... ins**besondere** die Preise der Finanzinstrumente ...".
21 BT 4.1 Nr. 2 Satz 1, 2 MaComp.
22 So auch BT 4.1 Nr. 3 Satz 1 MaComp.
23 *Dierkes*, ZBB 2008, 11, 15; ausführlich hierzu auch *von Hein*, in: Schwark/Zimmer, § 33a WpHG Rn. 45.
24 BT 4.1 Nr. 3 Satz 3 MaComp.

Bestmögliche Ausführung von Kundenaufträgen § 11 WpDVerOV

Was unter die zu berücksichtigenden Kosten fällt, wird in § 11 Abs. 2[25] 23
konkretisiert. Neben Gebühren und Entgelten des Ausführungsplatzes
gehören hierzu Kosten für Clearing und Abwicklung und alle sonstigen
an Dritte gezahlte Entgelte, die an der Auftragsausführung beteiligt sind;
vorausgesetzt, sie werden an den Kunden weitergegeben.[26]

Die **Gebühren und Entgelte des Ausführungsplatzes** ergeben sich aus 24
deren jeweiligen Gebühren- und Kostenverzeichnissen (z.B. Courtagen
sowie Transaktions- und Handelsentgelte). Die Kosten für das **Clearing**
umfassen die aufgrund der Be- oder Verrechnung der gegenseitigen
Verpflichtungen aus dem Auftrag entstehenden finanziellen Belastungen.[27] Bei den Kosten der **Abwicklung** handelt es sich um solche, die
aus dem Vollzug einer Transaktion durch die Übertragung der Wertpapiere und die Erbringung der Gegenleistung resultieren.[28] Um sicherzustellen, dass auch die weiteren möglichen Fremdkosten erfasst werden,
sind auch **alle sonstigen an Dritte gezahlten Entgelte** (z.B. Steuern) zu
berücksichtigen. Letztlich geht es darum, was der Kunde zu bezahlen
bzw. als Zahlung zu erwarten hat, wenn man die Vergütung, die an das
Wertpapierdienstleistungsunternehmen selbst zu erbringen ist, abzieht.[29]
Dies kann je nach Marktsegment und Ausführungsplatz unterschiedlich
ausfallen, wobei gem. BT 4.1 Nr. 3 Satz 4 MaComp auch implizite Handelskosten (z.B. der Kursverfall eines Finanzinstruments infolge der Ausführung eines Großauftrags in einem engen Markt)[30] bei der Berechnung
des Gesamtentgelts berücksichtigt werden sollen.[31] Selbiges gilt für Teilausführungen, da auch diese Einfluss auf die entstehenden Fremdkosten haben.[32]

---

25 § 11 Abs. 2 setzt Art. 44 Abs. 3 Unterabs. 1 MiFID-DRL um.
26 BT 4.1 Nr. 3 Satz 5 MaComp.
27 Ausführlich zur Definition des Clearing „CESR/ECB Standards for Securities Clearing and Settlement Systems in the European Union" – abrufbar unter https://www.ecb.europa.eu/pub/pdf/other/escb-cesr-standardssecurities2004en.pdf (16.04.2015).
28 Ausführlich zur Definition der Abwicklung „CESR/ECB Standards for Securities Clearing and Settlement Systems in the European Union" – abrufbar unter https://www.ecb.europa.eu/pub/pdf/other/escb-cesr-standardssecurities2004en.pdf (16.04.2015).
29 *Koller*, in: Assmann/Schneider, § 33a Rn. 22.
30 S. hierzu Best Execution under MiFID, Questions and Answers, May 2007, Ref.: CESR/07-320, Answer 11.2 – abrufbar unter http://www.esma.europa.eu/system/files/07_320.pdf (16.04.2015); *von Hein*, in: Schwark/Zimmer, § 33a WpHG Rn. 48.
31 Dies entspricht der Vorgabe aus Erwägungsgrund 67 der MiFID-DRL sowie den Ausführungen in Best Execution under MiFID, Questions and Answers, May 2007, Ref.: CESR/07-320, Answer 11.2 – abrufbar unter http://www.esma.europa.eu/system/files/07_320.pdf (16.04.2015).
32 *von Hein*, in: Schwark/Zimmer, § 33a WpHG Rn. 48; a.A. wohl *Koller*, in: Assmann/Schneider, § 33a Rn. 26 ff.

25 Eigene Provisionen und Gebühren des Wertpapierdienstleistungsunternehmens sind bei der Aufstellung der Ausführungsgrundsätze grundsätzlich nicht zu berücksichtigen.[33] Sie zählen nur dann zu den Kosten, wenn nach den Ausführungsgrundsätzen an mehreren Ausführungsplätzen gleichbleibend bestmögliche Ergebnisse erzielt werden können (§ 33a Abs. 3 Satz 3 WpHG).[34] In diesem Zusammenhang ist allerdings zu beachten, dass das Wertpapierdienstleistungsunternehmen seine Vergütungs- und Aufwendungsersatzstrukturen gem. § 33a Abs. 3 Satz 4 WpHG so zu gestalten hat, dass es nicht zu einer sachlich nicht gerechtfertigten Ungleichbehandlung von Ausführungsplätzen kommt (Diskriminierungsverbot).[35]

26 Für Privatkunden hat der Gesetzgeber somit klargestellt, dass das Gesamtentgelt der maßgebende Faktor ist. Ob bzw. unter welchen Umständen die anderen in § 33a Abs. 2 WpHG enthaltenen Faktoren zu berücksichtigen sind, ist umstritten. Unter Verweis auf Systematik und Wortlaut von Art. 44 Abs. 3 Satz 1 der MiFID-DRL[36] sowie auf die Regierungsbegründung zum Entwurf des Finanzmarkt-Richtlinie-Umsetzungsgesetzes[37] wird z.T. geschlossen, dass die Kriterien Ausführungsgeschwindigkeit, -wahrscheinlichkeit, die Abwicklung sowie der Umfang und die Art des Auftrags bei Privatkunden keine Relevanz haben. Es sei denn, sie beeinflussen den optimalen Preis.[38] Dies gelte auch dann, wenn sich die Qualität der Ausführungsplätze mithilfe des Kriteriums Gesamtentgelt nicht eindeutig ermitteln lasse.[39] Diese Begrenzung des Ermessensspielraums sei insbesondere aus Gründen der Rechtssicherheit sowie der Nachvollziehbarkeit der Ausführungsgrundsätze für den Privatkunden erforderlich.[40] Andere wiederum verweisen auf den

---

33 Ausführlich zu den Gründen *Spindler/Kasten*, WM 2006, 1797, 1802.
34 Dies ist konsequent, da es andernfalls zu widersinnigen Ergebnissen kommen könnte – s. hierzu *Zingel*, BKR 2007, 173, 175.
35 Erwägungsgründe 71–73 der MiFID-DRL; s. auch *Zingel*, BKR 2007, 173, 175; *Koller*, in: Assmann/Schneider, § 33a Rn. 28 ff.
36 „Führt eine Wertpapierfirma einen Auftrag für einen Kleinanleger aus, wird das bestmögliche Ergebnis hinsichtlich des Gesamtentgelts, d.h. des Preises für das Finanzinstrument, und der mit der Auftragsausführung verbundenen Kosten bestimmt, wobei die letztgenannten Kosten alle dem Kunden entstehenden Auslagen umfassen, die unmittelbar mit der Ausführung des Auftrags zusammenhängen, einschließlich Ausführungsplatzgebühren, Clearing- und Abwicklungsgebühren sowie aller sonstigen Gebühren, die an Dritte gezahlt werden, die an der Ausführung des Auftrags beteiligt sind." – Art. 44 Abs. 3 Satz 1 MiFID-DRL.
37 „Anderen Faktoren, wie zum Beispiel Schnelligkeit und Wahrscheinlichkeit der Auftragsausführung, darf bei der Bewertung nur dann Vorrang vor den unmittelbaren Preis- und Kostenerwägungen eingeräumt werden, wenn sie dazu beitragen, das bestmögliche Gesamtentgelt zu erreichen." – Begr. RegE FRUG, BT-Drs. 16/4028, S. 72.
38 *Koller*, in: Assmann/Schneider, § 33a Rn. 25.
39 *Koller*, in: Assmann/Schneider, § 33a Rn. 26.
40 *Koller*, in: Assmann/Schneider, § 33a Rn. 27.

Wortlaut und den Sinn und Zweck von § 33a Abs. 3 WpHG. Bereits die Wortwahl, dass sich das dauerhaft bestmögliche Ergebnis am Gesamtergebnis lediglich zu orientieren habe, spreche gegen eine derart fokussierte Betrachtungsweise. Auch das besondere finanzielle Interesse der Privatkunden und der Sinn und Zweck der MiFID (Schutz des Kunden) rechtfertigten gewisse Einbußen an Rechtssicherheit, so dass eine ausschließliche Orientierung am Gesamtentgelt abzulehnen sei.[41] Diese Auffassung scheint auch die BaFin zu vertreten, die in BT 4.1 Nr. 3 Satz 2, 3 MaComp dem Kriterium des Gesamtentgelts lediglich eine „wesentliche Bedeutung" zuspricht und darauf hinweist, dass geringfügige Unterschiede im Gesamtentgelt unberücksichtigt bleiben können.[42] Insbesondere aus Sicht der Kunden erscheint diese Auffassung vorzugswürdig.

D. Unterjährige Überprüfungspflicht der Ausführungs-/ Auswahlgrundsätze (§ 11 Abs. 3)

I. Bewertungs- und Überprüfungspflicht der Ausführungsgrundsätze

§ 33a Abs. 1 Nr. 1 WpHG schreibt vor, dass die Grundsätze zur Auftragsausführung mindestens jährlich zu überprüfen sind. Alle Schritte, die für die Aufstellung der Ausführungsgrundsätze wesentlich sind, müssen inhaltlich nachvollzogen werden. Die zugrunde gelegten Daten, Annahmen und Kriterien müssen überprüft werden. In diesem Zusammenhang sollte auch die Frage gestellt werden, ob zur Erzielung eines besseren Ergebnisses für die Kunden die Ausführungsgrundsätze im Lichte der Marktentwicklungen ggf. angepasst werden müssen;[43] z.B. durch die Aufnahme zusätzlicher oder anderer Handelsplätze oder aber eine erneute Gewichtung der relevanten Kriterien.[44] Im Ergebnis muss der gem.

27

---

41 *Renz/Frankenberger*, in: Krimphove/Kruse, BT 4 Rn. 42; *von Hein*, in: Schwark/Zimmer, § 33a WpHG Rn. 48; *Irmen*, in: Clouth/Lang, Rn. 788 ff.
42 So auch *Hense/Petruzzelli*, in: Renz/Hense, S. 377 (Rn. 29). Zur Kritik des rein mathematischen Ansatzes, der centgenauen Betrachtung, s. *Dierkes*, in: Ellenberger/Schäfer/Clouth/Lang, Rn. 1730 ff. Die Wortwahl in BT 4.1 Nr. 3 Satz 3 MaComp („können") weist allerdings darauf hin, dass ein Unternehmen von seinem Ermessen auch dahin gehend Gebrauch machen kann, dass es die übrigen Kriterien erst dann berücksichtigt, wenn das Gesamtentgelt nicht zu einem eindeutigen Ergebnis führt.
43 *von Hein*, in: Schwark/Zimmer, § 33a WpHG Rn. 49.
44 S. hierzu Best Execution under MiFID, Questions and Answers, May 2007, Ref.: CESR/07-320, Answer 23.1 – abrufbar unter http://www.esma.europa.eu/system/files/07_320.pdf (16.04.2015); s. auch *Koller*, in: Assmann/Schneider, § 33a Rn. 51 m.w.N.

WpDVerOV § 11 Bestmögliche Ausführung von Kundenaufträgen

§ 33a Abs. 2 WpHG vorgegebene Auswahlprozess (mindestens einmal jährlich) wiederholt werden.[45]

1. Jährliche Überprüfungspflicht

28 Welche Anforderungen die BaFin an die **jährliche Überprüfungspflicht** stellt, wird in BT 4.3 Nr. 2 MaComp konkretisiert. Sie „empfiehlt", die jährliche Überprüfung der Ausführungsgrundsätze anhand von „aktuellen aussagefähigen Marktdaten" vorzunehmen.[46] Darüber hinaus soll anhand „aussagefähiger Stichproben" ermittelt werden, ob die Ausführung von Wertpapieraufträgen an einem anderen Handelsplatz zu einer besseren Ausführung geführt hätte („**Back Testing**").[47] Dies kann beispielsweise anhand von Referenzgeschäften innerhalb eines gewissen Untersuchungszeitraums erfolgen.

29 Die Anforderungen des Back Testing sind mit einem erheblichen Praxisaufwand verbunden. In der Literatur wird das Back Testing mitunter als eine über die gesetzlichen Anforderungen des § 33a WpHG hinausgehende Pflicht kritisiert.[48] In der Praxis dürfte es sich angesichts der Vorgaben der BaFin allerdings mittlerweile etabliert haben.[49] Eine Erleichterung für das Back Testing lässt sich einem Umkehrschluss aus BT 4.3 Nr. 2 Satz 4 MaComp entnehmen. Gem. BT 4.3 Nr. 2 Satz 4 MaComp muss das Wertpapierdienstleistungsunternehmen, sollte für das Bewertungsverfahren oder die Stichprobenprüfung die Verwendung „unverbindlicher" Preisinformationen vorgesehen sein, prüfen, ob die Orders regelmäßig entsprechend den zum Zeitpunkt der Ordererteilung aktuellen Geld- bzw. Briefpreisen ausgeführt werden. Dieser Zusatz stellt im Umkehrschluss klar, dass es einer Auswertung von Marktdaten jedenfalls in den Fällen nicht bedarf, in denen das Leistungsversprechen des Ausführungsplatzes hinreichend verbindlich und verlässlich ist.[50] Dies kann zumindest bei Leistungsversprechen, die öffentlich-rechtlichen Regelwerken der Börsen entstammen und dessen Einhaltung durch die Handelsüberwachungsstelle überwacht werden, angenommen werden.[51]

---

45 *Zimmermann*, in: Fuchs, § 33a Rn. 36; *Bauer*, in: Ellenberger/Schäfer/Clouth/Lang, Rn. 1601.
46 BT 4.3 Nr. 2 Satz 1, 2 MaComp.
47 BT 4.3 Nr. 2 Satz 3 MaComp.
48 S. z.B. *Bauer*, in: Ellenberger/Schäfer/Clouth/Lang, Rn. 1606, oder *Renz/Frankenberger*, in: Krimphove/Kruse, BT 4 Rn. 63.
49 Das Back Testing wird in BT 4.3 MaComp zwar lediglich „empfohlen", doch dürfte den Instituten eine Begründung, warum von dieser Empfehlung abgewichen wird, kaum gelingen bzw. von der BaFin akzeptiert werden.
50 *Bauer*, in: Ellenberger/Schäfer/Clouth/Lang, Rn. 1606; s. auch Begr. RegE FRUG, BT-Drs. 16/4028, S. 72, wonach Wertpapierdienstleistungsunternehmen auf verbindliche Leistungsversprechen von Marktbetreibern zurückgreifen können.
51 *Zimmermann*, in: Fuchs, § 33a Rn. 37; *von Hein*, in: Schwark/Zimmer, § 33a WpHG Rn. 49; ausführlich hierzu *Dierkes*, in: Ellenberger/Schäfer/Clouth/Lang, Rn. 1720 f.

2. Unterjährige Überprüfungspflicht

Liegen dem Wertpapierdienstleistungsunternehmen Anhaltspunkte vor, 30
dass seine Ausführungsgrundsätze aufgrund **wesentlicher Veränderungen** nicht mehr den gesetzlichen Anforderungen entsprechen, ist es verpflichtet, ggf. auch **unterjährig** eine **Überprüfung und Anpassung seiner Ausführungsgrundsätze** vorzunehmen.[52] Dies ist gem. § 11 Abs. 3 Satz 1[53] insbesondere dann der Fall, wenn aufgrund wesentlicher Veränderungen eine Ausführung von Aufträgen an den von den Ausführungsgrundsätzen umfassten Ausführungsplätzen nicht mehr gleichbleibend im bestmöglichen Interesse des Kunden gewährleistet ist. **Bestmögliches Interesse des Kunden** bedeutet in diesem Fall nicht, dass in jedem Einzelfall tatsächlich das beste Ergebnis erreicht werden muss.[54] Entscheidend ist, dass das angewandte Verfahren „typischerweise" zum bestmöglichen Ergebnis für den Kunden führt. Es handelt sich mithin „lediglich" um eine Organisationspflicht – eine Pflicht zur Sicherstellung, dass jeder einzelne Auftrag nach Maßgabe der Ausführungsgrundsätze ausgeführt wird.[55] Im Einzelfall kann allerdings von den Ausführungsgrundsätzen abgewichen werden; z.B., wenn ein ungewöhnliches Finanzinstrument an einem nicht in die Ausführungsgrundsätze aufgenommenen Ausführungsplatz gehandelt wird und dort ein besseres Ergebnis erzielt werden kann.[56]

Wesentlich ist eine **Änderung** immer dann, wenn der Kunde diese für eine 31
informierte Entscheidung, ob er die Dienste des Wertpapierdienstleistungsunternehmens weiterhin in Anspruch nehmen möchte, benötigt.[57]
Letztlich bedarf es mithin einer Prüfung im Einzelfall. Eine wesentliche Veränderung ist beispielsweise anzunehmen, wenn relevante Ausführungsplätze ihre Preis- und Kostenmodelle ändern, ihre Handelszeiten signifikant ausweiten bzw. reduzieren, eine deutliche Verschlechterung der Preisqualität aufweisen oder aber das Wertpapierdienstleistungsunternehmen einen Zugang zu neuen relevanten Ausführungsplätzen

---

52 S. Wortlaut von § 33a Abs. 1 Nr. 1 WpHG: „mindestens" jährlich überprüfen.
53 § 11 Abs. 3 setzt Art. 46 Abs. 1 Unterabs. 2 MiFID-DRL um.
54 Begr. RegE FRUG, BT-Drs. 16/4028, S. 72; Best Execution under MiFID, Questions and Answers, May 2007, Ref.: CESR/07-320, Answer 3.3 – abrufbar unter http://www.esma.europa.eu/system/files/07_320.pdf (16.04.2015); *Starke*, in: Kümpel/Wittig, Rn. 17.104.
55 *Bauer*, in: Ellenberger/Schäfer/Clouth/Lang, Rn. 1606; *von Hein*, in: Schwark/Zimmer, § 33a WpHG Rn. 51.
56 Best Execution under MiFID, Questions and Answers, May 2007, Ref.: CESR/07-320, Answer 4.3 – abrufbar unter http://www.esma.europa.eu/system/files/07_320.pdf (16.04.2015); s. auch *von Hein*, in: Schwark/Zimmer, § 33a WpHG Rn. 51; *Renz/Frankenberger*, in: Krimphove/Kruse, BT 4 Rn. 62.
57 Best Execution under MiFID, Questions and Answers, May 2007, Ref.: CESR/07-320, Answer 18.1 – abrufbar unter http://www.esma.europa.eu/system/files/07_320.pdf (16.04.2015); CESR/07-320; s. auch *Renz/Frankenberger*, in: Krimphove/Kruse, BT 4 Rn. 65.

schafft.[58] In diesen Fällen bedarf es einer anlassbezogenen Überprüfung und ggf. einer Anpassung der Ausführungsgrundsätze.

32 In den MaComp wird die Überprüfung und ggf. Anpassung der Ausführungsgrundsätze immer dann für erforderlich gehalten, wenn unterjährig wesentliche Veränderungen des eigenen Geschäftsmodells oder des Marktumfeldes zu verzeichnen sind. Diese Beschränkung wird zum Teil als nicht vereinbar mit § 11 Abs. 3 Satz 1 gesehen. Eine Veränderung sei nicht nur bei den vorgenannten Kriterien, sondern immer dann anzunehmen, wenn an den in den Ausführungsgrundsätzen berücksichtigten Ausführungsplätzen nicht mehr gleich bleibend eine Ausführung im bestmöglichen Interesse des Kunden gewährleistet ist.[59] Für die Praxis dürfte diese Differenzierung nicht relevant sein, zumal der Begriff Veränderung des Marktumfeldes sehr viel Interpretationsspielraum zulässt.

33 Die Pflicht, die Ausführungsgrundsätze auch unterjährig zu überprüfen, besteht erst mit Erhalt der **Kenntnis über wesentliche Veränderungen**. Eine fortlaufende, umfassende Überwachungspflicht für das Wertpapierdienstleistungsunternehmen lässt sich dem Wortlaut von § 11 Abs. 3 Satz 1 nicht entnehmen.[60] Allerdings darf sich das Unternehmen auch nicht verlassen, dass es von wesentlichen Veränderungen zufällig Kenntnis erlangt. Das Marktgeschehen an den maßgebenden Ausführungsplätzen (z.B. erhebliche Änderung der Preisgestaltung) sollte in angemessener Weise beobachtet werden.[61]

II. Bewertungs- und Überprüfungspflicht der Auswahlgrundsätze

34 Ein Wertpapierdienstleistungsunternehmen ist nicht verpflichtet, Aufträge seiner Kunden selbst auszuführen. Es kann diese auch an Dritte weiterleiten. In diesem Fall liegt kein Kauf oder Verkauf von Finanzinstrumenten i.S.v. § 33a Abs. 1 Nr. 1 WpHG vor. Die Vorgaben von § 33a WpHG wären damit nicht anwendbar. Um den Interessen des Kunden an einer bestmöglichen Ausführung allerdings auch in diesen Konstellationen Rechnung zu tragen, sieht § 33a Abs. 8 WpHG eine – mit Modifikationen – entsprechende Anwendung der Absätze 1–7 vor. Hiervon erfasst ist auch der Fall, dass das Wertpapierdienstleistungsunternehmen Finanzportfolioverwaltung betreibt, ohne die Aufträge oder Entscheidungen selbst auszuführen.[62] Die Pflicht zur bestmöglichen Ausführung wan-

---

58 *Zimmermann*, in: Fuchs, § 33a Rn. 37; *Renz/Frankenberger*, in: Krimphove/Kruse, BT 4 Rn. 66; *Dierkes*, in: Ellenberger/Schäfer/Clouth/Lang, Rn. 1722.
59 *Bauer*, in: Ellenberger/Schäfer/Clouth/Lang, Rn. 1604; *Renz/Frankenberger*, in: Krimphove/Kruse, BT 4 Rn. 67, unter Verweis auf Art. 46 Abs. 2 MiFID-DRL.
60 So auch *Koller*, in: Assmann/Schneider, § 33a Rn. 53.
61 *von Hein*, in: Schwark/Zimmer, § 33a WpHG Rn. 50.
62 S. hierzu *von Hein*, in: Schwark/Zimmer, § 33a WpHG Rn. 68; *Koller*, in: Assmann/Schneider, § 33a Rn. 54 ff.

delt sich in diesen Konstellationen in eine Pflicht zur sorgfältigen Auswahl und Überwachung des Dritten.[63]

Entscheidet sich ein Wertpapierdienstleistungsunternehmen für die Auftragsausführung durch einen Dritten, so hat es sog. **Auswahlgrundsätze** zu erstellen. In diesen sind gem. § 33a Abs. 8 Nr. 2 Halbs. 1 WpHG die wesentlichen Wertpapierdienstleistungsunternehmen zu benennen, die mit der Auftragsausführung beauftragt werden.[64] Bei der Auswahl der zu betrauenden Wertpapierdienstleistungsunternehmen gilt es insbesondere zu prüfen, ob die Ausführungsgrundsätze des beauftragten Wertpapierdienstleistungsunternehmens eine bestmögliche Ausführung der Wertpapieraufträge gewährleisten und die Interessen der Kunden in ausreichendem Maße berücksichtigen.[65]

35

1. Jährliche Überprüfungspflicht und regelmäßige Überwachung

§ 33a Abs. 8 Nr. 3 WpHG verlangt, dass die Ausführungsgrundsätze des beauftragten Dritten mindestens einmal jährlich überprüft werden. Außerdem ist regelmäßig zu überwachen, ob die Aufträge in Einklang mit den getroffenen Vorkehrungen ausgeführt werden. Im Rahmen dieser Überwachungshandlung soll nach BT 4.4 Nr. 3 Satz 2 MaComp auch ein stichprobenartiger Abgleich der tatsächlich ausgeführten Aufträge mit den Ausführungsgrundsätzen des beauftragten Wertpapierdienstleistungsunternehmens erfolgen. Dieser Prüfungsaufwand ist im Vergleich zu jenem bei eigenen Ausführungsgrundsätzen jedoch deutlich reduziert. Das beauftragende Wertpapierdienstleistungsunternehmen kann sich zu einem erheblichen Maß auf das beauftragte Unternehmen verlassen. Andernfalls würde der betriebswirtschaftliche Nutzen der Beauftragung eines Dritten letztlich ins Leere laufen.[66]

36

2. Unterjährige Überprüfungspflicht

Tritt eine wesentliche Veränderung ein, die das Wertpapierdienstleistungsunternehmen in der Erfüllung seiner Pflichten nach § 33a Abs. 8 WpHG beeinträchtigt, so ist es gem. § 11 Abs. 3 Satz 2 verpflichtet, die Grundsätze auch außerhalb des Jahresrhythmus zu überprüfen. Dies entspricht im Wesentlichen der bereits aus § 11 Abs. 3 Satz 1 bekannten unterjährigen Überprüfungspflicht.

37

---

63 *Zimmermann*, in: Fuchs, § 33a Rn. 44; *von Hein*, in: Schwark/Zimmer, § 33a WpHG Rn. 68 ff.; *Zingel*, BKR 2007, 173, 177.
64 S. auch BT 4.4 Nr. 1 MaComp.
65 S. BT 4.4 Nr. 2 MaComp.
66 *Zingel*, BKR 2007, 173, 177; so auch *Renz/Frankenberger*, in: Krimphove/Kruse, BT 4 Rn. 70, 71.

E. Informationspflicht gegenüber dem Kunden (§ 11 Abs. 4)

38 § 33a Abs. 6 Nr. 1 WpHG sieht vor, dass der Kunde vor der erstmaligen Erbringung von Wertpapierdienstleistungen über die Ausführungsgrundsätze informiert und seine Zustimmung zu diesen eingeholt werden muss.

I. Umfang der Kundeninformation

39 Die **Pflicht, den Kunden zu informieren**, bedeutet nicht, ihm alle technischen Details der Ausführungsgrundsätze zu übermitteln. Ausreichend ist es, ihm diese in verständlicher Form zu unterbreiten, so dass er selbst angemessen entscheiden kann, ob er die Dienste des Wertpapierdienstleistungsunternehmens in Anspruch nehmen will.[67] Hierdurch soll – zumindest ansatzweise – das Problem des „information overload" beim Kunden abgemildert werden.[68] Ob dies angesichts des Umfangs und der Komplexität der gesetzlich vorgeschriebenen Kundeninformationen überhaupt noch gelingen kann, darf bezweifelt werden.[69]

II. Zustimmungserfordernis des Kunden

40 Einer ausdrücklichen **Zustimmung** des Kunden zu den Ausführungsgrundsätzen bedarf es – außer im Fall der Ausführung außerhalb von organisierten Märkten und multilateralen Handelssystemen (§ 33a Abs. 5 Satz 2 WpHG) – nicht. Ausreichend ist eine formularmäßige Einholung.[70] Da sowohl die Information als auch die Einholung der Zustimmung vor der erstmaligen Erbringung der Wertpapierdienstleistung zu erfolgen haben, bietet sich bei Banken und Sparkassen die Zurverfügungstellung der Ausführungsgrundsätze zusammen mit den Sonderbedingungen für Wertpapiergeschäfte an, die die Ausführungsgrundsätze über Nr. 2 der Sonderbedingungen einbeziehen.[71]

---

67 *Zingel*, BKR 2007, 173, 176; *Bauer*, in: Ellenberger/Schäfer/Clouth/Lang, Rn. 1596, unter Verweis auf Best Execution under MiFID, Questions and Answers, May 2007, Ref.: CESR/07-320, Answer 14.2 – abrufbar unter http://www.esma.europa.eu/system/files/07_320.pdf (16.04.2015).
68 *von Hein*, in: Schwark/Zimmer, § 33a WpHG Rn. 59.
69 Kritisch *Bauer*, der zutreffend darauf hinweist, dass es einem unerfahrenen Privatkunden schwerfallen dürfte, „im Heuhaufen dokumentarischer Anforderungen die Nadel von besonderer Qualität bei der Best-Execution-Infrastruktur" zu entdecken. – *Bauer*, in: Ellenberger/Schäfer/Clouth/Lang, Rn. 1638.
70 *Irmen*, in: Clouth/Lang, Rn. 781; *Dierkes*, ZBB 2008, 11, 12.
71 *Bauer*, in: Ellenberger/Schäfer/Clouth/Lang, Rn. 1600; *Zimmermann*, in: Fuchs, § 33a Rn. 13, 40.

III. Inhalt der Informationspflicht

Welche Informationen dem Kunden gem. § 33a Abs. 6 Nr. 1 WpHG konkret zu übermitteln sind, ergibt sich aus § 11 Abs. 4: 41

1. Kriteriengewichtung

Gem. § 11 Abs. 4 Nr. 1 bedarf es einer **Beschreibung der vorgenommenen Gewichtung der relevanten Kriterien** zur Erzielung des bestmöglichen Ergebnisses nach § 33a Abs. 2 WpHG oder einer Beschreibung der Methode, die für diese Gewichtung jeweils angewandt wird. Der Kunde soll dadurch nachvollziehen können, wie das Wertpapierdienstleistungsunternehmen das bestmögliche Ergebnis zu erreichen gedenkt bzw. wie es letztlich zur Auswahl der Ausführungsplätze kam. 42

2. Verzeichnis der Ausführungsplätze

§ 11 Abs. 4 Nr. 2 verlangt ein **Verzeichnis der wesentlichen Ausführungsplätze** nach § 33a Abs. 5 Satz 1 Nr. 2 WpHG, an denen das Wertpapierdienstleistungsunternehmen gleichbleibend die bestmöglichen Ergebnisse bei der Ausführung von Kundenaufträgen erzielen kann. Hierzu gehören Name und Bezeichnung all derjenigen Ausführungsplätze, die das Wertpapierdienstleistungsunternehmen für das bestmögliche Kundenergebnis als relevant erachtet.[72] Auch diese Anforderung dient der Transparenz gegenüber dem Kunden. 43

3. Warnhinweis bei Kundenweisung

§ 11 Abs. 4 Nr. 3 sieht einen ausdrücklichen Hinweis nach § 33a Abs. 6 Nr. 2 WpHG an den Kunden vor, dass im Falle einer **Kundenweisung** das Institut nicht verpflichtet ist, den Auftrag entsprechend den Ausführungsgrundsätzen zum bestmöglichen Ergebnis auszuführen. Diese Anforderung dient dem Schutz des Kunden. Ihm soll verdeutlicht werden, dass er mit der Weisung auf ein erhöhtes Schutzniveau verzichtet.[73] Der Warnhinweis muss nicht für jeden einzelnen Auftrag gesondert erteilt werden. Er kann auch in allgemeiner Form, z.B. in den Ausführungsgrundsätzen, gegeben werden.[74] Um dem Ausdrücklichkeitserfordernis des § 33a Abs. 6 Nr. 2 WpHG und § 11 Abs. 4 Nr. 3 Rechnung zu tragen, dürfte es sich anbieten, den Warnhinweis drucktechnisch hervorzuheben. Damit wäre zugleich § 4 Abs. 2 Satz 2 Genüge getan, wonach wichtige Aussagen oder 44

---

[72] *Koller*, in: Assmann/Schneider, § 33a Rn. 40 Fn. 9.
[73] *Renz/Frankenberger*, in: Krimphove/Kruse, BT 4 Rn. 12. Nach Ansicht von *Bauer* ist der Warnhinweis ein Beispiel für falsch verstandenen europäischen Verbraucherschutz. Angesichts der bereits bestehenden Informationspflicht über den Vorrang einer Weisung sei der Warnhinweis nicht nur überflüssig, sondern im Zweifel sogar verwirrend für den Kunden. – *Bauer*, in: Ellenberger/Schäfer/Clouth/Lang, Rn. 1598.
[74] *Renz/Frankenberger*, in: Krimphove/Kruse, BT 4 Rn. 12; *Zimmermann*, in: Fuchs, § 33a Rn. 42.

Warnungen nicht unverständlich oder abgeschwächt dargestellt werden dürfen.

4. Art der Zurverfügungstellung

45 § 11 Abs. 4 Satz 2 und 3 sehen abschließend vor, dass die Informationen dem Kunden auf einem dauerhaften Datenträger[75] oder aber mittels einer Internetseite – unter den Voraussetzungen des § 3 Abs. 3 – zur Verfügung zu stellen sind.

---

75 S. hierzu bei § 3.

§ 12 Organisationspflichten

(1) Die nach § 33 Abs. 1 Satz 2 Nr. 1 in Verbindung mit Satz 3 des Wertpapierhandelsgesetzes niederzulegenden Grundsätze und einzurichtenden Verfahren müssen darauf ausgerichtet sein, die Gefahr einer Verletzung des Wertpapierhandelsgesetzes und der in entsprechenden Verordnungen geregelten Verpflichtungen durch das Wertpapierdienstleistungsunternehmen oder seine Mitarbeiter sowie die mit einer solchen Verletzung verbundenen Risiken aufzudecken. Das Wertpapierdienstleistungsunternehmen hat hierfür angemessene Kontroll- und Überwachungsmaßnahmen durchzuführen und in den nach Satz 1 niederzulegenden Grundsätzen festzulegen, welche Personen mit den Kontroll- und Überwachungshandlungen im Sinne des § 33 Absatz 1 Satz 2 Nummer 1 des Wertpapierhandelsgesetzes betraut sind.

(2) Wertpapierdienstleistungsunternehmen haben angemessene Maßnahmen zu ergreifen und Verfahren einzurichten, um die Gefahren und Risiken nach Absatz 1 so weit wie möglich zu beschränken und der Bundesanstalt eine effektive Ausübung ihrer Aufsicht zu ermöglichen.

(2a) Defizite, die hinsichtlich der Angemessenheit und Wirksamkeit der Grundsätze und Vorkehrungen im Sinne der Absätze 1 und 2 festgestellt worden sind, hat das Wertpapierdienstleistungsunternehmen innerhalb angemessener Zeit zu beheben und Mitarbeiter zu benennen, die für die Behebung der festgestellten Defizite verantwortlich sind.

(3) Die nach § 33 Abs. 1 Satz 2 Nr. 1 in Verbindung mit Satz 3 des Wertpapierhandelsgesetzes einzurichtende Compliance-Funktion muss

1. die Angemessenheit und Wirksamkeit der Grundsätze und Vorkehrungen im Sinne der Absätze 1 und 2 sowie die zur Behebung von Defiziten getroffenen Maßnahmen überwachen und regelmäßig bewerten und

2. die Mitarbeiter im Hinblick auf die Einhaltung der in Absatz 1 genannten Bestimmungen beraten und unterstützen.

Der Compliance-Beauftragte im Sinne des Absatzes 4 Satz 1 muss berechtigt sein, geeignete und erforderliche vorläufige Maßnahmen zu treffen, um eine konkrete Gefahr der Beeinträchtigung von Kundeninteressen bei der Erbringung von Wertpapierdienstleistungen oder Wertpapiernebendienst-leistungen abzuwenden.

(4) Das Wertpapierdienstleistungsunternehmen muss einen Compliance-Beauftragten benennen, der für die Compliance-Funktion sowie die Berichte an die Geschäftsleitung und das Aufsichtsorgan nach § 33 Abs. 1 Satz 2 Nr. 5 des Wertpapierhandelsgesetzes verantwortlich ist. Sollten die zur Behebung von Defiziten erforderlichen Maßnahmen

nach Absatz 2a nicht innerhalb angemessener Zeit ergriffen und umgesetzt werden, hat der Compliance-Beauftragte die Geschäftsleitung hierüber in Kenntnis zu setzen. Die mit der Compliance-Funktion betrauten Personen müssen über die für eine ordnungsgemäße und unabhängige Erfüllung ihrer Aufgaben nach Maßgabe des Absatzes 3 erforderlichen Fachkenntnisse, Mittel und Kompetenzen sowie über Zugang zu allen für ihre Tätigkeit relevanten Informationen verfügen. Vorbehaltlich des Absatzes 5 dürfen sie weder an den Wertpapierdienst-leistungen beteiligt sein, die sie überwachen, noch darf die Art und Weise ihrer Vergütung eine Beeinträchtigung ihrer Unvoreingenommenheit bewirken oder wahrscheinlich erscheinen lassen.

(5) Soweit das Wertpapierdienstleistungsunternehmen darlegen kann, dass die Anforderungen nach Absatz 4 Satz 3 aufgrund Art, Umfang und Komplexität seiner Geschäftstätigkeit oder der Art und des Spektrums seiner Wertpapierdienstleistungen unverhältnismäßig sind und die ordnungsgemäße Erfüllung der Compliance-Funktion nicht gefährdet ist, entfallen diese Anforderungen.

(6) Um die Honorar-Anlageberatung von der übrigen Anlageberatung nach § 33 Absatz 3a des Wertpapierhandelsgesetzes zu trennen, müssen Wertpapierdienstleistungsunternehmen entsprechend ihrer Größe und Organisation sowie der Art, des Umfangs und der Komplexität ihrer Geschäftstätigkeit sicherstellen, dass seitens der übrigen Anlageberatung kein Einfluss auf die Honorar-Anlageberatung ausgeübt werden kann. Dies erfordert insbesondere sicherzustellen, dass:

1. die Vertriebsvorgaben für die Honorar-Anlageberatung unabhängig von den Vertriebsvorgaben für die übrige Anlageberatung ausgestaltet, umgesetzt und überwacht werden und

2. die mit der Erbringung der Honorar-Anlageberatung betrauten Mitarbeiter nicht auch mit der Erbringung der übrigen Anlageberatung betraut sind.

Inhalt

	Rn.		Rn.
A. Einleitung	1	III. Nichtbeachtung des § 12 als Ordnungswidrigkeit	28
I. Einordnung in den Regelungskontext	3	B. Verpflichtung zur Errichtung eines Compliance-Systems nach § 12	32
1. Rahmengebung durch § 33 WpHG i.V.m. § 25a Abs. 1 und 4 KWG	5	I. Die Elemente des Compliance-Systems nach § 12 im Überblick	35
2. Bedeutung der MiFID-DRL und weiterer europäischer Rechtsquellen	6	1. Ziele des Compliance-Systems gem. § 12 Abs. 1, 2	36
II. Verhältnis zu MaComp und MaRisk	11	2. Adressaten des Pflichtenkataloges aus § 12:	
1. § 12 und MaComp	14		
2. § 12 und MaRisk	18		

das Wertpapierdienstleistungsunternehmen (Abs. 1–2a), die Compliance-Funktion (Abs. 3) und der Compliance-Beauftragte (Abs. 4) 38

3. Mittel und Instrumente des Compliance-Systems nach § 12 39

4. Das Zusammenspiel von Wertpapierdienstleistungsunternehmen und Compliance-Funktionen im Compliance-System nach § 12 42

II. Die Struktur des Compliance-Systems nach § 12 und das „Three lines of defence"-Modell 47

1. Darstellung des Three lines of defence-Modells 51

2. Übersetzung des Three lines of defence-Modells auf das Compliance-System nach § 12 55

C. Maßnahmen im Geschäftsbetrieb des Wertpapierdienstleistungsunternehmens gem. § 12 Abs. 1 62

I. Adressat der Pflichten aus § 12 Abs. 1–2a: das Wertpapierdienstleistungsunternehmen selbst 63

II. Maßnahmen zur Aufdeckung von Risiken gem. § 12 Abs. 1 73

1. Gefahr der Verletzung des WpHG und der Ausführungsverordnungen sowie Risiken hieraus i.S.d. § 12 Abs. 1 Satz 1 . 74

2. Verletzung durch Mitarbeiter des Wertpapierdienstleistungsunternehmens oder das Wertpapierdienstleistungsunternehmen selbst gem. § 33 Abs. 1 Satz 1 WpHG 80

3. Ausrichtung von Grundsätzen und Verfahren und sonstigen organisatorischen Maßnahmen i.S.d. § 12 Abs. 1 Satz 1 . 86

4. Erfordernis einer Risikoanalyse gem. § 12 Abs. 1 100

5. Kontroll- und Überwachungshandlungen als obligatorische Verfahren gem. § 12 Abs. 1 Satz 2 . 106

6. Festlegung der Verantwortlichen i.S.d. § 12 Abs. 1 Satz 2 110

III. Maßnahmen zur Risikobeschränkung gem. § 12 Abs. 2 und Abs. 2a 112

1. Prävention und Konsequenzenmanagement gem. § 12 Abs. 2 113

2. Behebung von Defiziten gem. § 12 Abs. 2a 116

IV. Die Compliance-Funktion gem. § 12 Abs. 3, 4 118

D. Zusammenspiel von Compliance-Funktion und Compliance-Beauftragtem gem. § 12 Abs. 4 Satz 1 119

I. Aufgaben der Compliance-Funktion gem. § 12 Abs. 3 . 120

1. Eine Compliance-Funktion für zivil- und aufsichtsrechtliche Risiken 121

2. Überwachung und Bewertung gem. § 12 Abs. 3 Satz 1 Ziff. 1 126

3. Beurteilung der Angemessenheit gem. Abs. 3 Satz 1 Nr. 1 129

4. Gestaltung von Überwachungshandlungen i.S.d. § 12 Abs. 3 Satz 1 Nr. 1 . 131

5. Beratung und Unterstützung der Mitarbeiter gem. Abs. 3 Satz 1 Nr. 2 138

6. Geschäftsleitende Maßnahmen zur Abwehr konkreter Gefahren gem. § 12 Abs. 3 Satz 2 . 144

II. Der Compliance-Beauftragte gem. § 12 Abs. 4 152

1. Verantwortlichkeit des Compliance-Beauftrag-

ten für die Compliance-Funktion i.S.d. § 12 Abs. 4 Satz 1 155
2. Regelmäßige Berichtslegung an Geschäftsleitung und Aufsichtsorgan gem. § 12 Abs. 4 Satz 1 . 157
3. Anlassbezogene Berichtslegung gem. § 12 Abs. 4 Satz 2 159
4. Anforderungen an die Mitarbeiter der Compliance-Funktion gem. § 12 Abs. 4 Satz 3 161
   a) Fachkenntnisse gem. § 12 Abs. 4 Satz 3 . . 162
   b) Mittel gem. § 12 Abs. 4 Satz 3 163
   c) Kompetenzen gem. § 12 Abs. 4 Satz 3 . . 168
   d) Zugang zu allen für ihre Tätigkeit relevanten Informationen gem. § 12 Abs. 4 Satz 3 169
5. Unabhängigkeit vom Wertpapierdienstleistungsgeschäft gem. § 12 Abs. 4 Satz 3 170
III. Unabhängigkeit der Vergütung der Mitarbeiter der Compliance-Funktion gem. § 12 Abs. 4 180
E. Proportionalitätsgrundsatz i.S.d. § 12 Abs. 5 182
F. Organisatorische Trennung der Honoraranlagenberatung gem. § 12 Abs. 6 183

A. Einleitung

1 Die Vorschrift des § 12 führt die Anforderung an die Organisation eines Wertpapierdienstleistungsunternehmens aus § 33 Abs. 1 Satz 2 Nr. 1 WpHG weiter aus. Den konkreten Regelungen in § 12 wird bisher weder im Rahmen der Verwaltungspraxis der BaFin noch in der Praxis der Wertpapierdienstleistungsunternehmen eine große Bedeutung zugemessen. Im Gegenteil scheint es vielmehr so zu sein, dass im Hinblick auf die Organisationsanforderungen aus § 33 Abs. 1 Satz 2 Nr. 1 WpHG die MaComp zu einer Art zentralem Regelwerk avanciert sind. Die Regelung in § 12 tritt in der Praxis demgegenüber fast vollständig zurück.

2 Dieser offenbar verbreitete Blick wird weder den gesetzlichen Anforderungen aus § 33 WpHG i.V.m. § 12 gerecht, noch ist er sinnvoll oder notwendig. § 12 liefert vielmehr die Basiselemente eines **Compliance-Systems**, das nach § 33 WpHG einzurichten ist. Auf dieser Basis lassen sich dann in der Folge auch die Anforderungen der MaComp sowie weiterer relevanter Regelungen, etwa der MaRisk, nicht nur umsetzen, sondern vor allem auch sinnvoll in einen größeren systemischen Kontext – den aus § 12 – einordnen. Aus diesem Grund sollte die Regelung in § 12 bei der Etablierung von Compliance-Systemen in Wertpapierdienstleistungsunternehmen stärkere Beachtung erfahren. Es lohnt sich, bei der Umsetzung der Anforderungen aus § 33 WpHG von ihr auszugehen.

I. Einordnung in den Regelungskontext

3 Die Regelung in § 12 führt auf Basis der entsprechenden **Verordnungsermächtigung** in § 33 Abs. 4 WpHG durch Verordnung des Bundesfinanzministers vom 20.07.2007 die Anforderungen aus § 33 WpHG an

die Organisation eines Wertpapierdienstleistungsunternehmens näher aus.

Der Normcharakter der WpDVerOV ist der einer **Verordnung mit bindender Außenwirkung**. Das bedeutet, dass alle Regelungen der WpDVerOV, also auch die des § 12, für ein Wertpapierdienstleistungsunternehmen verpflichtenden Charakter haben. Da durch den § 12 die Vorschrift des § 33 WpHG konkretisiert wird, führt die Nichtbeachtung dementsprechend zu den in §§ 38, 39 WpHG aufgeführten Folgen. Insbesondere die Nicht-Einrichtung einer Compliance-Funktion ist gem. § 39 Abs. 2, Nr. 17b, 17c WpHG als **Ordnungswidrigkeit** zu bewerten, so wie auch das Nicht-Vorhalten der in § 12 verlangten Verfahren und Grundsätze. Weitere unmittelbare Folgen bei einem Verstoß sind nicht vorgesehen. Auch die grundsätzlich mögliche Haftung für ein **Organisationsverschulden** führt in der Regel nicht zu weitergehenden Konsequenzen.[1] Ein Verstoß gegen die inhaltliche Ausgestaltung der Compliance-Funktkion bleibt daher praktisch weitgehend sanktionslos.

4

1. Rahmengebung durch § 33 WpHG i.V.m. § 25a Abs. 1 und 4 KWG

Wie bei allen Verordnungen dürfen die Regelungen in § 12 in ihrer inhaltlichen Reichweite nicht weiter gehen als die Vorschriften aus der zugrunde liegenden parlamentsgesetzlichen Regelung in § 33 WpHG, da anderenfalls die Gefahr bestünde, dass der grundgesetzliche Gesetzesvorbehalt ausgehebelt oder umgangen würde.[2] In der Folge bedeutet das, dass umgekehrt die Regelungen der WpDVerOV auch immer mit Blick auf die **Rahmenvorgaben in § 33 WpHG** ausgelegt und interpretiert werden müssen. Da die aktuelle Fassung des § 33 WpHG durch das **FRUG**[3] eingeführt wurde, lohnt es sich, die Begründung[4] zum FRUG heranzuziehen, um den § 12 richtig einzuordnen.

5

---

1 S. dazu später ausführlich Rn 30.
2 Unter diesem Gesichtspunkt wurde in der Konsultationsphase zu § 12 diskutiert, ob die Pflicht zur Ernennung eines Compliance-Beauftragten in § 12 Abs. 4 ggf. nicht von der Verordnungsermächtigung in § 33 WpHG umfasst sein könnte, da eine solche Forderung dort nicht geregelt ist. Die Diskussion hat sich zwischenzeitlich in der Praxis erledigt. Versuche, die Regelung des § 12 z.B. mit einer Normenkontrollklage an diesem Punkt anzugreifen, sind nicht bekannt. Zudem ist die Diskussion heute wohl zudem durch verbindliche europäische Rahmenvorgaben überholt, die einen Compliance-Beauftragten verlangen. Zu den Rahmenvorgaben s. unter A.II.2.
3 Gesetz zur Umsetzung der Richtlinie über Märkte für Finanzinstrumente und der Durchführungsrichtlinie der Kommission vom 16.07.2007, BGBl. I, S. 1330 (Nr. 31) und BGBl. I, S. 3089.
4 Begr. zum FRUG, http://www.gesmat.bundesgerichtshof.de/gesetzesmaterialien/16_wp/frug/refe_begr.pdf (28.01.2014).

2. Bedeutung der MiFID-DRL und weiterer europäischer Rechtsquellen

6 Die WpDVerOV dient zudem der Umsetzung der Richtlinie 2006/31/EG[5] (MiFID-DRL) zur Durchführung der Richtlinie über Märkte für Finanzinstrumente (MiFID) – Richtlinie 2004/39/EG[6] in Bezug auf organisatorische Anforderungen an Wertpapierfirmen.[7] Die entsprechende Darstellung des Bundesfinanzministers am Tag der Veröffentlichung der WpDVerOV lautete wie folgt: „Die neue Verordnung zur Konkretisierung der Verhaltensregeln und Organisationsanforderungen für Wertpapierdienstleistungsunternehmen (WpDVerOV) vom 20. Juli 2007, verkündet am 23. Juli 2007 im Bundesgesetzblatt Teil I, Seite 1432, setzt im Wesentlichen die Detailvorschriften der Richtlinie 2006/73/EG der Kommission vom 10. August 2006 um. Die WpDVerOV konkretisiert die neuen rechtlichen Vorgaben für Wertpapiergeschäfte. Hierbei handelt es sich um folgende Themen: (...) Ausgestaltung der Compliance-Funktion."[8]

7 Da EU-Richtlinien nicht unmittelbar zur Anwendung kommen, bedarf es eines deutschen Parlamentsgesetzes, mit dem die Inhalte der EU-Richtlinie verbindlich gemacht werden.[9] Die Verpflichtung zur Umsetzung der EU-Richtlinien ergibt sich für den deutschen Gesetzgeber aus Art. 288 Abs. 2 des Vertrages über die Arbeitsweise der Europäischen Union (AEUV).[10] Durch die Neufassung des § 33 WpHG durch das FRUG[11] wurden **die MiFID-DRL und die MiFID-Richtlinie** im deutschen Rechtsraum verbindlich umgesetzt. Die auf der Verordnungsermächtigung aus § 33 WpHG beruhende WpDVerOV setzt damit dementsprechend auch die Vorgaben aus den genannten Richtlinien mit um. Obwohl also die EU-Richtlinien nicht unmittelbar gelten, sondern im vorliegenden Fall durch § 33 WpHG im deutschen Rechtsraum verbindlich umgesetzt wurden, müssen sie bei Interpretationsfragen ergänzend zur Auslegung des § 33 WpHG und demzufolge auch des § 12 herangezogen werden, um eine richtlinienkonforme Auslegung sicherzustellen.[12]

---

5 Richtlinie 2006/31/EG des Europäischen Parlaments und des Rates vom 5. April 2006.
6 Richtlinie 2004/39/EG des Europäischen Parlamentes und des Rates vom 21. April 2004 über Märkte für Finanzinstrumente, zuletzt geändert durch Richtlinie 2010/78/EU des Europäischen Parlaments und des Rates vom 24. November 2010 und ergänzt durch MiFID-Durchführungsrichtlinie 2006/73/EG vom 10. August 2006.
7 Begr. des Bundesfinanzministeriums zur WpDVerOV vom 1. Oktober 2007.
8 Veröffentlichung des Bundesministeriums der Finanzen vom 29.11.2007, http://www.bundesfinanzministerium.de/Content/DE/Gesetzestexte/Gesetzentwuerfe_Arbeitsfassungen/Verordnungen-zum-FRUG.html (18.01.2014).
9 Nach Art. 288 AEUV sind EU-Richtlinien durch nationale Gesetzgebung umzusetzen, während EU-Verordnungen unmittelbar mit ihrem Erlass für und gegen europäische Bürger wirken.
10 S. auch *Krimphove*, in: Krimphove/Kruse, AT 2 Rn. 16 Fn. 11.
11 S.o. unter A.I.
12 S. auch *Krimphove*, in: Krimphove/Kruse, AT 2 Rn. 19.

Daneben gibt es internationale Gremien, die der Regelung in § 12 einen Rahmen geben. Hierzu zählt insbesondere die Empfehlung des 1947 gegründeten **„Baseler Ausschusses"**, der, bestehend aus 27 Zentralbanken bzw. Aufsichtsbehörden der G10-Staaten,[13] in 2005 eine Best-Practice-Empfehlung zu „Compliance and the Compliance-Function in Banks"[14] herausgegeben hat.

8

Erst nach Erlass der WpDVerOV am 25. Juni 2012 wurden zudem von der **ESMA**, einer unabhängigen europäischen Behörde, deren Aufgabe die Stabilisierung des Finanzsystems durch insbesondere Vereinheitlichung der Rahmenbedingungen für die Kapitalmärkte und den Anlegerschutz in Europa ist,[15] **„Leitlinien** zu einigen Aspekten der MiFID-Anforderungen an die Compliance-Funktion"[16] herausgegeben. Auch diese Leitlinien müssen als **Auslegungshilfe** für die Regelungen in § 12 herangezogen werden.[17]

9

Die genannten Empfehlungen des Baseler Ausschusses oder der ESMA, wie auch weitere europäische Veröffentlichungen, z.B. des Committee of European Securities Regulators **CESR**,[18] der Vorgängerorganisation von ESMA, sind im deutschen Rechtsraum nicht als verbindliche Rahmenvorgabe zu werten. Es ist jedoch ratsam, dass ein Wertpapierdienstleistungsunternehmen bei der Umsetzung der Anforderungen aus § 12 diese Veröffentlichungen auf europäischer Ebene mit heranzieht und zumindest versucht, sie auch zu befolgen; dies deshalb, weil sich in der Regel die Praxis der nationalen Aufsichtsbehörden hieran orientieren wird. Dementsprechend finden sich in den **MaComp**, durch die die aufsichtliche Praxis der BaFin für deutsche Wertpapierdienstleistungsunternehmen verbindlich festgelegt wird,[19] in AT 2.1. auch ausdrückliche Verweise auf das o.g. Papier des Basel Committee. Auch die Inhalte der ESMA-Leitlinie wurden bei der Aktualisierung der MaComp durch Neufassung vom 30.11.2012 berücksichtigt, ohne ausdrücklich in AT 2.1 MaComp genannt zu werden.[20]

10

II. Verhältnis zu MaComp und MaRisk

Die Regelung in § 12 adressiert sog. **„Organisationspflichten"** an ein Wertpapierdienstleistungsunternehmen und im Weiteren auch besondere

11

---

13 Bank of International Settlements (BIS) (2012): History of the Basel Committee and its Membership, http://www.bis.org/bcbs/history.htm.
14 Basel Comittee on Banking Supervision, compliance and the compliance function in banks, April 2005, http://www.bis.org/publ/bcbs113.pdf (18.01.2014).
15 ESMA in short, Esma: http://www.esma.europa.eu/page/esma-short (18.01.2014).
16 http://www.esma.europa.eu/system/files/2012-388_de.pdf.
17 Art. 16 Abs. 3 ESMA-VO enthält eine comply-Erklärung der BaFin.
18 Vgl. etwa weitere Nennungen in AT 2.1 MaComp.
19 *Krimphove*, in: Krimphove/Kruse, AT 2 Rn. 2 und Rn. 12 ff.
20 *Krimphove*, in: Krimphove/Kruse, AT 2 Rn. 47.

Pflichten an eine Compliance-Funktion und einen vom Wertpapierdienstleistungsunternehmen zu ernennenden Compliance-Beauftragten. Nach dem Wortlaut des § 12 ist es Ziel der dort enthaltenen Regelung, die Gefahr von Verletzungen des WpHG und der in den entsprechenden Verordnungen geregelten Pflichten sowie Risiken hieraus aufzudecken und zu beschränken.[21]

12 Ähnliche Regelungen sind in den **MaComp** sowie den **MaRisk**[22] zu finden. Alle drei Regularien, WpDVerOV, MaComp und MaRisk, kommen über den § 33 WpHG zur Anwendung. So findet sich etwa die Verordnungsermächtigung für die WpDVerOV in § 33 Abs. 4 WpHG. Gleichzeitig mit dieser Verordnungsermächtigung an das Bundesministerium für Finanzen, auf deren Basis die WpDVerOV erlassen wurde, ist in § 33 Abs. 4 WpHG daneben auch eine sog. Richtlinienkompetenz an die BaFin erteilt worden. Auf dieser Grundlage hat die BaFin die Mindestanforderungen an Compliance herausgegeben und nach einer grundlegenden Überarbeitung in 2012 zuletzt noch einmal in 2014 teilweise neu gefasst. Über einen entsprechenden Verweis in § 33 Abs. 1 Satz 1 WpHG sind zudem die Anforderungen aus § 25a Abs. 1 KWG für ein Wertpapierdienstleistungsunternehmen verbindlich und damit auch die Konkretisierung der Anforderungen an das Risikomanagement aus § 25a Abs. 1 Satz 3 KWG durch die MaRisk. Aus den MaRisk sind im Hinblick auf die Regelung in § 12 insbesondere die Organisationsanforderungen an die „Compliance-Funktion" (AT 4.4.2 MaRisk) relevant.

13 Dieses Nebeneinander verschiedener Regelungen, die alle um die Organisationsanforderungen für ein wirksames Risikomanagement und in dem Zusammenhang insbesondere die Einrichtung einer Compliance-Funktion kreisen, wirft die Frage auf, in welchem Verhältnis die Vorschriften zueinander stehen, welche **Normenhierarchie** es gibt. In der praktischen Anwendung bedeutet das insbesondere für die Compliance-Beauftragten, dass sie immer wieder mit der Frage konfrontiert sind, wann sie bzw. wann das Unternehmen welche der Regelungen zu beachten hat bzw. auf welchen Sachverhalt welche der Vorschriften anzuwenden ist.

1. § 12 und MaComp

14 Auf der Suche nach einer Antwort führt der Weg zunächst über die unterschiedlichen Normcharaktere der genannten Vorschriften. Die Regelung in § 12 ist für ein Wertpapierdienstleistungsunternehmen verpflichtend, die Nichtbefolgung über § 33 WpHG sanktioniert.[23] Anders verhält es sich grundsätzlich bei den MaComp. Die MaComp sind vom Normcha-

---

21 Nach der hier vertretenen Auffassung sind auch weitere, nicht aufsichtsrechtliche Regelungen im Fokus des § 12; dazu nachfolgend unter Rn. 18 ff. (A.II.2).
22 Rundschreiben der BaFin 10/2012 (BA) „Mindestanforderungen an die Risikomanagement – MaRisk", Geschäftszeichen BA 54-FR 2210-2012/0002, vom 14. Dezember 2012, https://www.bafin.de/SharedDocs/Veroeffentlichungen/DE/Rundschreiben/rs_1210_marisk_ba.html (18.01.2014).
23 S. dazu bereits oben Rn. 4.

rakter her eine sog. **normenkonkretisierende Verwaltungsvorschrift**.[24] Als solche haben die in den MaComp geregelten Vorschriften rechtstechnisch betrachtet keinerlei unmittelbare Außenwirkung. Sie legen vielmehr nur den verbindlichen Maßstab für die Verwaltungspraxis der BaFin fest. Zu keinem anderen Ergebnis kommt die BaFin selbst, wie sich zeigt, wenn aus ihrem Kreis festgestellt wird, die MaComp hätten faktische Außenwirkung.[25] Dieser Ausdruck „faktische Außenwirkung" beschreibt dabei die gesamte Problematik der MaComp: Als normenkonkretisierende Verwaltungsvorschrift kann sie zwar keine Außenwirkung wie eine Verordnung entfalten. In der Praxis weiß aber jedes Wertpapierdienstleistungsunternehmen und jede Compliance-Funktion inklusive der Compliance-Beauftragten, dass bei der aufsichtlichen Prüfpraxis der BaFin, z.B. in den jährlichen Regelprüfungen nach § 36 WpHG, in denen insbesondere auch die Einhaltung der Organisationspflichten aus § 33 WpHG Gegenstand ist, als Maßstab die MaComp zugrunde gelegt werden müssen, da die Regelungen in den MaComp die Verwaltungspraxis binden – mit der Folge, dass insbesondere auch die Wertpapierdienstleistungsunternehmen-interne Umsetzung des § 33 WpHG in der Regel eher an die MaComp als an die WpDVerOV angelehnt wird.

Dabei funktionieren die Vorschriften nach der hier vertretenen Auffassung vor allem im Zusammenspiel. So liefert die **WpDVerOV** wichtige Hinweise und Rahmenvorgaben für ein **Compliance-System**,[26] auch häufig bezeichnet als Compliance-Management-System, wobei diese letzte Bezeichnung so uneinheitlich und teilweise widersprüchlich verwendet wird, dass hier und nachfolgend durchgehend vom Compliance-System[27] gesprochen werden wird. Alle Bestandteile des Compliance-Systems finden sich in § 12. Die **MaComp** dagegen füllen **einzelne Aspekte des Systems** weiter aus.[28] 15

Das Zusammenspiel zwischen WpDVerOV und MaComp lässt sich damit also am ehesten wie folgt beschreiben: Die WpDVerOV liefern die erforderlichen Elemente eines Compliance-Systems. Die Errichtung des Systems mit diesen Elementen ist für das Wertpapierdienstleistungsunternehmen verpflichtend, eine Nichtbefolgung mit Sanktionen versehen.[29] Demgegenüber lassen die MaComp erkennen, anhand welcher Details die BaFin und die Aufsichtsbehörden das Funktionieren des Systems überprüfen werden. Diese Vorgaben sollten aus Sicht der Wertpapierdienstleistungsunternehmen befolgt werden, weil die BaFin ihre Verwaltungspraxis hieran ausrichten muss.[30] 16

---

24 *Krimphove*, in: Krimphove/Kruse, AT 2 Rn. 1.
25 *Russo*, in: Krimphove/Kruse, AT 1 Rn. 1.
26 Dazu ausführlich nachfolgend unter Rn. 32 ff.
27 Den Begriff verwendet auch *Krimphove*, in: Krimphove/Kruse, AT 7 Rn. 17 ff.
28 Dazu ausführlich nachfolgend unter Rn. 17 und 34.
29 S. dazu bereits Rn. 4.
30 S. dazu bereits Rn. 14.

17 Das Zusammenspiel von WpDVerOV und MaComp ist in nachfolgendem Bild 1 noch einmal verdeutlicht. Das Bild zeigt auch, dass sich die Anforderungen aus den MaComp mühelos in das Compliance-System aus der WpDVerOV einfügen lassen.

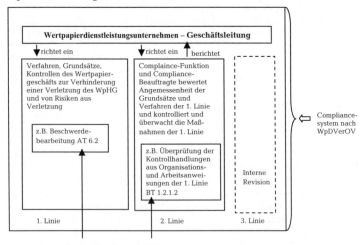

Bild 1: Compliance-System im Wertpapierdienstleistungsunternehmen

2. § 12 und MaRisk

18 Neben den nunmehr im Zusammenspiel mit der WpDVerOV eingeordneten MaComp ist über die Verweiskette des § 33 WpHG i.V.m. **§ 25a KWG** i.V.m. AT 1 MaRisk auch der **Anwendungsbereich der MaRisk eröffnet**.

19 Die MaRisk sind wie die MaComp normenkonkretisierende Verwaltungsvorschriften.[31] Gem. AT 1 Tz. 3 MaRisk wird zudem über die genannte Verweisung in § 33 WpHG i.V.m. § 25a KWG ebenfalls, wie durch die WpDVerOV, die als „MiFID-Richtlinie" bezeichnete Finanzmarktrichtlinie 2004/39/EG umgesetzt, „soweit diese auf Kreditinstitute und Finanzdienstleistungsinstitute gleichermaßen Anwendung findet".

20 Damit liegt zunächst nahe, dass die MaRisk wie die MaComp das Compliance-System aus § 12 komplettieren. Demgegenüber ist aber ein solches Verständnis aber in weiten Teilen der Literatur nicht zu finden. Vielmehr wird immer noch vertreten, dass die Regelungen in § 12 ebenso wie die Regelungen in § 33 WpHG ausschließlich dazu dienen, der Gefahr von kapitalmarktbezogenen Interessenkonflikten oder Missbräuchen entgegenzuwirken, und in dieser Hinsicht die allgemeinen Regelungen aus

---

31 *Braun/Wolfgarten*, in: Boos/Fischer/Schulte-Mattler, § 25a Rn. 47; *Fuchs*, in: Fuchs, § 33 Rn. 12.

§ 25a KWG i.V.m. MaRisk als speziellere Norm verdrängen würden.[32] *Krimphove*[33] stellt dar, dass nach dieser Auffassung eine **Anwendungskonkurrenz zwischen den Normen** oder ein Über-/ Unterordnungsverhältnis bestehe, wobei § 33 WpHG die speziellere Norm ausschließlich allerdings für das Wertpapiergeschäft sei. Im Ergebnis kommt *Krimphove* selbst aber zu einer anderen Betrachtung. Er ist der Ansicht, dass dieser Ansatz weder der gesetzgeberischen Intention noch den Anforderungen der Praxis gerecht werde.[34] Die Regelungen der MaRisk seien über die Verweisung in § 33 WpHG i.V.m. § 25a KWG unmittelbar auch auf Wertpapierdienstleistungsunternehmen anzuwenden.[35]

Daneben wird eine Paralleldiskussion zu den **Normzwecken**, einerseits dem des **§ 25a KWG** und andererseits dem des **§ 33 WpHG**, geführt. Die jeweiligen Zweckrichtungen dieser beiden Normen – und damit natürlich auch die Zweckrichtungen ihrer Ausführungsvorschriften – werden für unvereinbar unterschiedlich gehalten. So diene das WpHG dem Kundenschutz und der Sicherstellung der Integrität der Kapitalmärkte.[36] Demgegenüber sei die Zielrichtung des § 25a KWG eher institutsbezogen. So solle die Solvenz bzw. der Bestand des Institutes geschützt und in der Folge die Entscheidungsfähigkeit der Geschäftsleitung sichergestellt werden.[37] 21

Nach der hier vertretenen Auffassung ist die dargestellte Diskussion aus den nachfolgenden Gründen weder zielführend noch praxisgerecht. Zudem verkennt sie, dass durch die Umsetzung der MiFiD-DRL, die über das FRUG zu einer Neufassung des § 33 WpHG geführt hat, im Grundsatz ein **Gleichklang in den Organisationsanforderungen** hergestellt werden sollte. Doppelte Anforderungen an die Geschäftsorganisation eines Betriebes, der nicht ausschließlich Wertpapiergeschäft betreibt, sollten vermieden werden.[38] Dazu passt die in der Begründung zum FRUG zu findende Darstellung, dass in § 33 Abs. 1 Satz 2 WpHG weitergehende Regelungen speziell für Wertpapierdienstleistungsunternehmen eingeführt werden sollten, die zusätzlich zu denen aus § 25a KWG zu beachten seien,[39] nicht dagegen Regelungen, die an die Stelle der Regelungen aus § 25a KWG treten sollten. Bereits dies zeigt, dass mit den Veränderungen zu den Organisationsanforderungen in § 33 WpHG durch das FRUG eine neue Ära des Risikomanagement eingeläutet oder doch zumindest transparent wurde,[40] in der die Anforderungen aus § 25a 22

---

32 *Fuchs*, in: Fuchs, § 33 Rn. 11 m.w.N.; *Krimphove*, in: Krimphove/Kruse, AT 7 Rn. 14 ff.
33 *Krimphove*, in: Krimphove/Kruse, AT 7 Rn. 14 ff.
34 *Krimphove*, in: Krimphove/Kruse, AT 7 Rn. 17 ff.
35 *Krimphove*, in: Krimphove/Kruse, AT 7 Rn. 23.
36 *Fuchs*, in: Fuchs, § 33 Rn. 11 m.w.N.
37 *Fuchs*, in: Fuchs, § 33 Rn. 11 m.w.N.
38 Begr. zum FRUG, S. 43 (s. Fn. 4).
39 Begr. zum FRUG, S. 43 (s. Fn. 4).
40 Der Gesetzgeber ging in seiner Begründung zum FRUG davon aus, dass die meisten neu gefassten Organisationsanforderungen bereits nach geltendem Recht zu beachten seien, Begr. zum FRUG, S. 44 (s. Fn. 4).

KWG und MaRisk für Wertpapierdienstleistungsunternehmen gleichrangig gelten.

23 Unterschiede in den Normzwecken des § 33 WpHG einerseits und des § 25a KWG andererseits sind darüber hinaus nicht zu erkennen. Beide Normen dienen dem **Schutz der Kundeninteressen** und dem **Funktionieren der jeweiligen Märkte**. Schutz des Institutes als reiner Selbstzweck, wie der institutsbezogene Ansatz nahelegt, ist dagegen nicht überzeugend. Soweit der institutsbezogene Ansatz den Schutz der Gläubiger im Rahmen des KWG im Vordergrund sieht, besteht kein Unterschied zum Schutz von Kundeninteressen – die Gläubiger eines Kreditinstitutes, jedenfalls die, die durch § 25a KWG erfasst werden sollten, sind die Einleger, also Kunden des Institutes. Andere Gläubiger, z.B. Dienstleister oder Arbeitnehmer, dürften vom Normzweck des § 25a KWG bereits gar nicht erfasst sein. Die vermeintliche Unterschiedlichkeit der Normzwecke resultiert daher ausschließlich aus den unterschiedlichen Geschäftsmodellen – dem eines Kreditinstitutes einerseits und dem eines Wertpapierdienstleistungsunternehmens andererseits. Letzeres ist eher ein Mittler und verschafft Zugang zu den Kapitalmärkten oder steht als Teilnehmer am Kapitalmarkt möglicherweise in Konkurrenz zu seinen eigenen Kunden – das Funktionieren der Kapitalmärkte und die gleichberechtigte Teilnahme an ihnen durch die Kunden ist damit der entscheidende Aspekt des Kundenschutzes. Demgegenüber ist das Einlagenkreditinstitut selbst Partner der Dienstleistung; Einlagengeschäft und Kreditvergabe sind in der Bilanz des Einlagenkreditinstitutes als solches abgebildet. Damit ist bei diesem Geschäftsmodell der Bestand des Institutes unter dem Gesichtspunkt des Kundenschutzes der entscheidende Aspekt; die Kunden sind gleichzeitig die zu schützenden Gläubiger des Einlagenkreditinstitutes.

24 Richtig ist daher die Ansicht von *Krimphove*[41], der zufolge die **MaRisk auch im Anwendungsbereich des § 33 WpHG** über die Verweisung in § 25a KWG unmittelbar und uneingeschränkt gelten. Die MaRisk liefern damit, wie die WpDVerOV, Bestandteile eines Compliance-Systems, die die Regelungen in den WpDVerOV bzw. die davor liegende Regelung in § 33 WpHG weder verdrängen noch verändern. Ebenso wenig verhält es sich umgekehrt. Vielmehr ergänzen die MaRisk die systemischen Bestandteile aus der WpDVerOV um weitere Aspekte:

25 Sie ordnen z.B. die Compliance-Funktion aus § 12 Abs. 3 eindeutig dem Risikomanagement des Wertpapierdienstleistungsunternehmens zu[42] und beschreiben die Möglichkeit einer organisatorischen Anbindung: grundsätzlich der Geschäftsleitung direkt unterstellt. Möglich ist auch eine Anbindung an andere Kontrolleinheiten, nicht aber die Interne Revision.[43] Damit konkretisieren diese Vorgaben in den MaRisk das Erfordernis der

---

41 *Krimphove*, in: Krimphove/Kruse, AT 7 Rn. 17 ff.
42 Die Compliance-Funktion ist in AT 4.4.2 MaRisk geregelt und damit eine der Ausprägungen des in AT 4 insgesamt geregelten Risikomanagements.
43 AT 4.4.2 Tz. 3 MaRisk.

Unabhängigkeit der Compliance-Funktion aus § 33 WpHG, das dagegen in § 12 etwa gar keine weitere Erwähnung findet.

Darüber hinaus erweitern die MaRisk auch den Katalog der nach § 12 zu 26 betrachtenden Gefahren und Risiken auf alle Aspekte des Wertpapiergeschäftes, so dass nicht nur die Verletzungen des WpHG und seiner Ausführungsvorschriften relevant sind, wie es bei strenger Betrachtung des Wortlauts des § 33 WpHG und des § 12 verstanden werden könnte. Die Compliance-Funktion nach MaRisk muss uneingeschränkt Risiken entgegenwirken, die sich aus der Nichteinhaltung von rechtlichen Regelungen und Vorgaben ergeben können. Nach MaRisk relevant sind also sowohl **Risiken aus Verletzung des Aufsichtsrechts als auch allen anderen Rechtsgebieten** – etwa auch zivilrechtliche (Haftungs-)Risiken.[44] Bei diesem Verständnis, wonach die MaRisk auch das **Compliance-System nach § 12** ergänzen, sind im Ergebnis also auch Risiken und Folgen aus z.B. der Verletzung der zivilrechtlichen Wertpapierberatungsverträgen zu betrachten – so z.B. Schadensersatzforderungen wegen Fehlberatung.[45] Dieses Ergebnis steht auch, trotz des Wortlautes des § 12, im Einklang mit dem Willen des Gesetzgebers, der bei Umsetzung des FRUG zum Ausdruck gekommen ist – auch wenn nach seiner Vorstellung mit § 12 eigentlich nur die Teile des Compliance-Systems ausgeformt wurden, die gem. § 33 WpHG die Spezifika für Wertpapierdienstleistungsunternehmen festlegen.[46] Der Gesetzgeber wollte aber gerade nicht, dass es in den Wertpapierdienstleistungsunternehmen zu einer isolierten Betrachtung ausschließlich der Regelungen des § 12 kommt, die dann, bei einem solchen Verständnis, streng genommen vor den Inhalten aus den Regelungen in § 25a KWG und MaRisk Halt machen müsste. Dies zeigt zum einen schon der mit dem FRUG eingeführte ausdrückliche Verweis in § 33 WpHG auf die Vorschrift des § 25a KWG. Eine solche Trennung der Anforderungen aus § 12 und der Anforderungen aus den MaRisk ist zudem, wie dargestellt, nicht sinnvoll, da alle Regelungen Teile eines vom Wertpapierdienstleistungsunternehmen insgesamt zu etablierenden Compliance-Systems liefern. In der Regelung in § 12 findet sich dabei die Vorgabe für ein grundlegendes Gerüst.[47] Schon aus diesem Grund sollten die Vorschriften aus § 12 und die weiteren Organisationsanforderungen in MaRisk und auch MaComp immer gemeinsam betrachtet werden. Auch diese Betrachtung steht im Einklang mit dem Willen des Gesetzgebers, der ausdrücklich mit der Neufassung des § 33 WpHG durch das FRUG sicherstellen wollte, dass an die Wertpapierdienstleistungsunternehmen nicht unterschiedliche Organisationsanforderungen gestellt werden.

---

44 AT 4.4.2 Tz. 1 MaRisk.
45 S. dazu auch nachfolgend unter B.II.1. und C. zum Aufbau einer einheitlichen Compliance-Funktion im Wertpapiergeschäft, insbes. Rn. 75 ff., 90 ff.
46 BT-Drs. 16/4028, S. 43 f.
47 S. dazu nachfolgend unter B.

27 Zusammenfassend lässt sich festhalten, dass auch die MaRisk wie die MaComp als normenkonkretisierende Verwaltungsvorschriften weitere Hinweise zur Ausgestaltung eines Compliance-Systems liefern, die bei der Errichtung des Compliance-Systems nach § 33 WpHG i.V.m. § 12 uneingeschränkt beachtet und umgesetzt werden sollten.

III. Nichtbeachtung des § 12 als Ordnungswidrigkeit

28 Die Regelung in § 12 ist für Wertpapierdienstleistungsunternehmen verbindlich.[48] Wird die dort geforderte Compliance-Funktion nicht eingerichtet oder ein dort genanntes Verfahren nicht vorgehalten oder eine dort genannte Dokumentation nicht vorgenommen, ist dieses Unterlassen gem. § 12 i.V.m. §§ 33, 39 Abs. 2 Nr. 17b und 17c WpHG[49] als Ordnungswidrigkeit zu werten.

29 Darüber hinaus ist die Nichterfüllung weiterer Vorgaben nicht als Ordnungswidrigkeit zu werten; dies deshalb, weil in § 12 sog. Organisationspflichten geregelt sind. Die Nichterfüllung dieser Pflichten würde immer durch ein Unterlassen z.b. dadurch, dass die Compliance-Funktion nicht mit den in § 12 Abs. 4 geforderten Kompetenzen und Mitteln ausgestattet wird, erfolgen. Für eine ordnungswidrigkeitsrechtliche Haftung wegen Unterlassens bedarf es ohne ausdrückliche Sanktionierung, wie in § 39 Abs. 2 Nr. 17b und 17c WpHG gegeben, grundsätzlich einer Garantenstellung des Wertpapierdienstleistungsunternehmen, und darüber hinaus wäre Vorsatz erforderlich. Mindestens dürfte es bei Nichterfüllung der in § 12 geregelten Pflichten schwer sein, den erforderlichen Vorsatz nachzuweisen – nachgewiesen werden müsste ja, dass das Wertpapierdienstleistungsunternehmen durch das Nicht-Erfüllen der Organisationspflicht, hier die fehlende Ausstattung der Compliance-Funktion mit Mitteln und Kompetenzen, einen Rechtsverstoß billigend in Kauf genommen hätte. Dass dieser Nachweis in der Praxis tatsächlich geführt werden kann, ist schwer vorstellbar.

30 Es käme dann allenfalls noch eine Haftung für Organisationsverschulden nach § 130 OWiG und Bewertung als Ordnungswidrigkeit in Betracht. Die Vorschrift des § 130 OWiG wird als Auffangtatbestand bei Organisationspflichtverletzungen durch das Unterlassen von Aufsichtspflichten des Unternehmers verstanden.[50] Voraussetzung für eine Erfüllung des Tatbestandes aus § 130 OWiG ist aber, dass die (unterlassene) Aufsichtsmaßnahme die Zuwiderhandlung wesentlich erschwert hätte.[51] Das ist nach einhelliger Meinung der Fall, wenn die gehörige Aufsicht zur Beseitigung der betriebstypischen Zuwiderhandlung geeignet wäre.[52] Ob das der Fall

---

48 S. dazu bereits unter A.I.
49 Neu eingeführt durch das Anlegerschutz- und Funktionsverbesserungsgesetz v. 05.04.2011, BGBl. I, S. 538.
50 *Bock*, ZIS 2009, 68, 73.
51 S. Fn. 50.
52 S. Fn. 50.

ist, ob also im oben geschilderten Beispiel eine bessere Ausstattung der Compliance-Funktion in diesem Sinne geeignet gewesen wäre, Verstöße von Mitarbeitern des Wertpapierdienstleistungsunternehmens gegen z.B. das WpHG zu verhindern, müsste im Einzelfall auf Basis der konkreten Verhältnisse im Unternehmen geprüft werden. Die Vorstellung, dass dieser Zusammenhang bestehen könnte, fällt aber schwer. Vielmehr ist anzunehmen, dass neben den konkreten Ordnungswidrigkeitstatbeständen aus § 39 WpHG kein Anwendungsbereich mehr für § 130 OWiG bleibt, da mit Errichtung der dort genannten Verfahren und Grundsätze sowie der Einrichtung der Compliance-Funktion die erforderlichen und zumutbaren Aufsichtsmaßnahmen in der Regel vorliegen dürften.[53] Etwas anderes wäre nur vorstellbar, wenn etwa Verfahren und Grundsätze offensichtlich ungeeignet wären, das in § 12 beschriebene Ziel zu erreichen. Dieses angenommene Ergebnis wäre allerdings im Einzelfall erst auf der Grundlage einer sorgfältigen Prüfung des § 130 OWiG zu ermitteln.

Im Zusammenhang mit § 12 i.V.m. §§ 33, 39 WpHG ist damit eine Ordnungswidrigkeit nur anzunehmen, wenn eine Compliance-Funktion überhaupt nicht eingerichtet wurde (§ 39 Abs. 2 Ziff. 17b WpHG) oder ein ausdrücklich in § 33 Abs. 4 WpHG oder der WpDVerOV genanntes Verfahren oder eine Dokumentation nicht vorgehalten bzw. vorgenommen wird (§ 39 Abs. 2 Ziff. 17c WpHG), d.h. ausdrücklich vorgesehene Bestandteile des Compliance-Systems aus § 33 WpHG i.V.m. § 12 fehlen. Sind dagegen die Bestandteile da, also etwa Mitarbeiter einer Compliance-Funktion benannt und Verfahren eingerichtet, wird ein Versagen der Compliance-Funktion oder des Verfahrens, das zu einem Verstoß gegen gesetzliche Vorgaben durch einen oder mehrere Mitarbeiter des Wertpapierdienstleistungsunternehmens führt, in der Regel nicht als Ordnungswidrigkeit i.S.d. § 39 Abs. 2 WpHG zu werten sein. 31

B. Verpflichtung zur Errichtung eines Compliance-Systems nach § 12

Durch die Regelung in § 12 wird ein Wertpapierdienstleistungsunternehmen verpflichtet,[54] ein **Compliance-System** zu errichten. Ein System ist eine Gesamtheit von Elementen, die so aufeinander bezogen bzw. miteinander verbunden sind und in einer Weise im Verhältnis zueinander wirken, dass sie als eine aufgaben-, sinn- oder zweckgebundene Einheit angesehen werden können.[55] In dieser Weise nimmt auch § 12 die bereits in 32

---

53 Vgl. etwa die Anforderungen an ein die Anwendung des § 130 OWiG ausschließendes Risikomanagement-System in *Bock*, ZIS 2009, 68 ff., die durch das Compliance-System aus § 12 erfüllt werden.
54 S. zum verpflichtenden Charakter der Regelung bereits oben Rn. 28.
55 Ähnlich *Hügli/Lübcke*, Philosophielexikon, 1991, s.v. *System*: „Komplex von Elementen, die miteinander verbunden und voneinander abhängig sind und insofern eine strukturierte Ganzheit bilden [...]; ein geordnetes Ganzes, dessen Teile nach bestimmten Regeln, Gesetzen oder Prinzipien ineinandergreifen. In
(Fortsetzung der Fußnote auf Seite 250)

§ 33 WpHG enthaltenen Elemente eines Compliance-Systems, z.B. „Einrichtung von Verfahren und Grundsätzen" und „Einrichtung einer Compliance-Funktion", auf, konkretisiert bzw. ergänzt sie um z.B. den Compliance-Beauftragten und beschreibt insbesondere **die Rollen und das Zusammenspiel der Systemteile**, etwa indem durch § 12 z.B. festgelegt wird, dass die Compliance-Funktion die Angemessenheit der Grundsätze und Verfahren des Wertpapierdienstleistungsunternehmens überprüfen soll.[56]

33 Die vorliegend vertretene Ansicht, dass ein Wertpapierdienstleistungsunternehmen verpflichtet sei, ein Compliance-System zu errichten, wird von der Literatur und in der Praxis geteilt. Dabei wird jedoch nicht immer ein Bezug zu § 12 hergestellt. So beschreibt etwa *Krimphove* die Bedeutung der WpDVerOV wie folgt:

„Die WpDVerOV garantiert die Umsetzung der MiFID-Richtlinie (Richtlinie 2004/39) und ihrer Durchführungs-Richtlinie (Richtlinie 2006/73). Die Konkretisierungen bzw. Präzisierungen der WpDVerOV betreffen insbesondere (...) Wohlverhaltens-Verpflichtungen (...) (§§ 4 ff.) (...); die bestmögliche Ausführung von Kundenaufträgen (§ 11); das Management von Interessenkonflikten (§ 13)." Von großer praktischer Relevanz seien zudem die Anforderungen an Umfang und Qualität der Dokumentationspflicht der Institute nach § 34 WpHG.[57]

34 Die Bedeutung, die der WpDVerOV in Literatur und Praxis damit hinsichtlich anderer Regelungsbereiche als dem § 12 zugewiesen wird, soll vorliegend gar nicht in Abrede gestellt werden. Allerdings ist es nach der hier vertretenen Auffassung geradezu fatal, wenn die Bedeutung des **§ 12** als der verbindlichen Regelung, in der die **Elemente** des von einem Wertpapierdienstleistungsunternehmen zu errichtenden **Compliance-Systems vollständig** beschrieben sind, ausgeblendet wird. Wird diese Rolle des § 12 und etwa das daran anschließende Zusammenspiel von WpDVerOV und MaComp sowie auch MaRisk[58] nicht erkannt, kommt es in der Regel zu Umsetzungsschwierigkeiten, etwa wenn ein Wertpapierdienstleistungsunternehmen versucht, die Compliance-Anforderungen aus § 33 WpHG allein über die Erfüllung der Vorgaben aus den MaComp umzusetzen. Die einzelnen Regelungen in den MaComp können ohne Bezugnahme auf das System in § 12 nicht ohne Weiteres in ein sinnvolles Verhältnis zueinander gesetzt oder zu einem geschlossenen Ganzen zusammengefügt werden. Es fehlt ohne den § 12 an einem Gerüst, in das die eher inhaltlich ausgestalteten Regelungen der MaComp eingefügt werden können. Erst das **Zusammenspiel von Systemelemen-**

---

dieser allgemeinen Bedeutung steht S[ystem] in den Einzelwissenschaften für eine Vielzahl unterschiedlichster Zusammenhänge."
56 Zu den einzelnen Elementen des Compliance-Systems und ihren Rollen bzw. ihrem Zusammenwirken ausführlich nachfolgend unter B. und C.
57 *Krimphove*, in: Krimphove/Kruse, AT 2 Rn. 61.
58 Zum Zusammenspiel von WpDVerOV und MaComp sowie MaRisk s. bereits oben Rn. 14 ff. und 18 ff.

ten aus § 12 und **inhaltlichen Regelungen aus den MaComp** führt zu einem sinnvollen Ganzen. Ausdruck derartiger Umsetzungsschwierigkeiten ist z.b. unter anderem die zeitweilig in der Konsultationsphase der MaComp geführte Diskussion zu der Frage, ob die MaComp nur Pflichten für den Compliance-Beauftragten manifestieren würden.[59] Abgesehen von dem Umstand, dass der Diskussion im Ergebnis schon durch die Überschrift der MaComp die Grundlage entzogen wurde, wäre sie bei einem systemischen Blick und bei Betrachtung des Zusammenspiels von WpDVerOV und MaComp möglicherweise aus folgendem Grund gar nicht erst aufgekommen: Der Compliance-Beauftragte ist Teil des vom Wertpapierdienstleistungsunternehmen nach § 12 zu errichtenden Compliance-Systems. Es gibt daher gar keine Pflichten, die ausschließlich ihn treffen können, ohne dass gleichzeitig eine entsprechende Verpflichtung des Unternehmens respektive der Geschäftsleitung aus § 33 WpHG i.V.m. § 12 abzulesen wäre, dafür zu sorgen, dass der Compliance-Beauftragte seine Aufgaben erfüllen kann und ihnen auch tatsächlich nachkommt.[60]

I. Die Elemente des Compliance-Systems nach § 12 im Überblick

Die in **§ 12** niedergelegten **Bestandteile des Compliance-Systems** sind im 35 Überblick wie folgt:

1. Abs. 1, 2: **Verfahren und Grundsätze** des Wertpapierdienstleistungsunternehmens zur Aufdeckung und Verhinderung der Gefahr von Verletzungen des WpHG und Aufdeckung und Beschränkung der daraus entstehenden Risiken;

2. Abs. 1, 2a: **Kontrollhandlungen** des Wertpapierdienstleistungsunternehmens und **Maßnahmen zur Beseitigung von Defiziten**. Diese Kontrollhandlungen sind unabhängig von denen der Compliance-Funktion durchzuführen;[61]

3. Abs. 3: Errichtung einer **Compliance-Funktion zur Überwachung und Bewertung** der Grundsätze und Verfahren unter 1 und Beratung der Mitarbeiter des Wertpapierdienstleistungsunternehmens;

4. Abs. 3, 4: Ernennung eines **Compliance-Beauftragten** als Verantwortlichen für die Compliance-Funktion und die Berichtslegung an die Geschäftsleitung des Wertpapierdienstleistungsunternehmens, der zudem in besonderen Gefahrensituationen mit der Kompetenz zu geschäftsleitenden Maßnahmen ausgestattet ist.

---

59 *Birnbaum*, in: Krimphove/Kruse, Einleitung, S. XII.
60 Dem steht auch die Rechtsprechung des BGH, durch die dem Compliance-Beauftragten eine eigene Garantenstellung zugewiesen wird, nicht entgegen. Dazu unten Rn. 67 ff.
61 Hierzu ausführlich Rn. 106.

1. Ziele des Compliance-Systems gem. § 12 Abs. 1, 2

36 Das mit dem **Compliance-System** zu verfolgende **Ziel** ist gemäß dem Wortlaut des § 12 wie folgt festgelegt: die Gefahr einer Verletzung des WpHG und der in entsprechenden Verordnungen geregelten Verpflichtungen sowie die mit einer solchen Verletzung verbundenen Risiken aufzudecken (§ 12 Abs. 1 Satz 1) und diese Gefahren und Risiken so weit wie möglich zu beschränken (§ 12 Abs. 2) sowie der BaFin eine effektive Aufsicht zu ermöglichen (§ 12 Abs. 2 a.E.). Zentrale Zielrichtungen nach dem Wortlaut des § 12 sind also der **Schutz der Einhaltung** des WpHG und seiner Ausführungsvorschriften sowie eine **effektive Aufsicht durch die BaFin**. Die nachfolgende Darstellung wird zeigen, dass – über den Wortlaut hinaus – der **Schutz auf die gesamte Rechtsordnung**, soweit sie im Geschäftsbetrieb des Wertpapierdienstleistungsunternehmens anzuwenden ist, ausgedehnt werden sollte.[62]

37 Die Mittel und Instrumente, die nachfolgend unter B.I.3. beschrieben werden, um dieses Ziel zu erreichen, sind zudem so einzusetzen, dass sie **Transparenz über die o.g. Gefahren und Risiken** herstellen können (§ 12 Abs. 1 Satz 1 a.E.). Dem insoweit also ausdrücklich geregelten Transparenzerfordernis kommt damit eine eigene Bedeutung zu.

2. Adressaten des Pflichtenkataloges aus § 12: das Wertpapierdienstleistungsunternehmen (Abs. 1–2a), die Compliance-Funktion (Abs. 3) und der Compliance-Beauftragte (Abs. 4)

38 Aus der Aufbaustruktur des § 12, insbesondere den entsprechenden Absatzbildungen, werden die **drei Adressaten des Pflichtenkatalogs** deutlich:

1. das **Wertpapierdienstleistungsunternehmen** selbst (§ 12 Abs. 1–2a),

2. die **Compliance-Funktion** (Abs. 3),

3. der **Compliance-Beauftragte** (Abs. 4), wobei die Compliance-Funktion und der Compliance-Beauftragte im Ergebnis als eine Einheit zu betrachten sind.[63]

Die Rollen des Compliance-Systems sind damit an diese drei Handelnden verteilt. Darüber hinaus ist das Wertpapierdienstleistungsunternehmen gem. § 12 Abs. 1 Satz 2 verpflichtet, Verantwortliche für die Kontroll- und Überwachungshandlungen nach § 33 Abs. 1 Satz 2 Nr. 1 WpHG zu benennen. Diese Regelung beinhaltet jedoch nicht eine weitere systemische Rolle im Rahmen des Compliance-Systems. Vielmehr sind diese **Verantwortlichen** solche, **auf die das Wertpapierdienstleistungsunternehmen** die in § 12 an sich selbst adressierten Pflichten zur Erfüllung **delegieren kann**. Ebenso wenig kommt den weiteren Mitarbeitern des Unternehmens eine eigene systemische Rolle im Compli-

---

62 S. dazu nachfolgend Rn. 74 ff.
63 S. dazu nachfolgend unter D.

ance-System zu. Sie werden dementsprechend in § 12 nicht direkt angesprochen, sondern nur mittelbar in Abs. 1 genannt. Ihre originären Pflichten sind an anderer Stelle in der WpDVerOV geregelt.

3. Mittel und Instrumente des Compliance-Systems nach § 12

In § 12 sind an verschiedenen Stellen bestimmte **Mittel und Instrumente** 39 festgelegt, die das Wertpapierdienstleistungsunternehmen respektive die Compliance-Funktion bzw. der Compliance-Beauftragte einzusetzen haben, um das unter B.I.1. beschriebene Ziel zu erreichen.

Instrumente des Wertpapierdienstleistungsunternehmens sind:
1. **Verfahren, Grundsätze und Maßnahmen** (§ 12 Abs. 1 Satz 1 und Abs. 2),

2. **Kontroll- und Überwachungshandlungen** (§ 12 Abs. 1 Satz 2),

3. **Verantwortungszuordnung** (§ 12 Abs. 1 Satz 2 und Abs. 2a),

4. Errichtung einer **Compliance-Funktion** (§ 12 Abs. 3),

5. Ernennung eines **Compliance-Beauftragten** (§ 12 Abs. 4).

In § 12 Abs. 4 finden sich darüber hinaus besondere Regelungen zu Aus- 40 bildung, Ausstattung und den Kompetenzen der Compliance-Funktion, um die **Qualität des Instrumentes „Compliance-Funktion"** sicherzustellen.

Von § 12 vorgegebene **Instrumente der Compliance-Funktion** sind:

1. **Überwachung und Bewertung** (§ 12 Abs. 3 Satz 1 Ziff. 1),

2. **Beratung** (§ 12 Abs. 3 Satz 1 Ziff. 2).

Vorgegebene **Instrumente des** vom Wertpapierdienstleistungsunterneh- 41 men zu benennenden **Compliance-Beauftragten** sind:

1. **Berichtslegung** (§ 12 Abs. 4 Satz 1 und 2),

2. **Geschäftsleitende Maßnahmen im Notfall** (§ 12 Abs. 3 Satz 2).

4. Das Zusammenspiel von Wertpapierdienstleistungsunternehmen und Compliance-Funktionen im Compliance-System nach § 12

Für ein System ist charakteristisch, dass Rollen und Instrumente sowie 42 weitere nicht nur nebeneinander stehen, sondern dass das Zusammenspiel so geregelt ist, dass erst aus diesem Zusammenwirken ein funktionierendes Ganzes entsteht.[64] In den Regelungen in § 12 sind folgende wesentlichen Festlegungen zum Zusammenwirkungen der definierten Rollen und Instrumente zu finden:

Das **Compliance-System** ist darauf auszurichten, **laufend Defizite**, die 43 im Rahmen der Kontrollen, Überwachungshandlungen und Bewertun-

---

[64] S. dazu bereits Rn. 32.

gen sowohl durch das Wertpapierdienstleistungsunternehmen selbst als auch die Compliance-Funktion festgestellt werden, abzustellen. Das heißt, dem System muss ein **kontinuierlicher Verbesserungsprozess** immanent sein.

44 Die darüber hinaus wichtigere Festlegung zum Zusammenwirken der Rollen und Instrumente ist demgegenüber aber die, dass die Compliance-Funktion die **Angemessenheit und Wirksamkeit** der Grundsätze und Vorkehrungen, die das Wertpapierdienstleistungsunternehmen einsetzen muss, lediglich **bewertet** und überwacht, nicht jedoch z.B. die Verfahren und Grundsätze selbst festlegt. Diese Festlegung bleibt in der Verantwortung des Unternehmens. Die Compliance-Funktion darf im Hinblick auf Grundsätze und Verfahren aus § 12 Abs. 1–2a gem. § 12 Abs. 3 allenfalls beratend tätig sein. Diese Regelung hat insofern entscheidende Bedeutung, als die **Beratung durch die Compliance-Funktion** eben nicht die verantwortliche Festlegung der in § 12 Abs. 1 geregelten Grundsätze und Verfahren beinhaltet. Die **Entscheidungshoheit**, aber auch die **Verantwortung für die zielführende Ausrichtung** der Grundsätze und Verfahren, Maßnahmen und Kontrollhandlungen aus § 12 Abs. 1–2a **verbleibt bei dem Wertpapierdienstleistungsunternehmen**, sprich der Geschäftsführung/dem Vorstand.[65] Das Wertpapierdienstleistungsunternehmen ist in der in diesen Absätzen des § 12 geregelten Rolle und bezogen auf die dort festgelegten Instrumente damit also abzugrenzen von der Compliance-Funktion oder dem Compliance-Beauftragten mit ihren eigenen Instrumenten.

45 Dem **Compliance-Beauftragten** steht – auch hier kommt das systemische Zusammenwirken der einzelnen Rollen zum Ausdruck – bei fehlender Angemessenheit der vom Wertpapierdienstleistungsunternehmen gewählten Instrumente grundsätzlich keine eigene Handhabe, sondern zunächst nur das **Instrument der Berichtslegung zur Verfügung** (§ 12 Abs. 4 Satz 1 und Satz 2 i.V.m. § 33 Abs. 1 Nr. 4 WpHG). Er kann die Defizite also nicht selbst bereinigen, sondern erfüllt seine Pflichten grundsätzlich, indem er die Geschäftsleitung in Kenntnis setzt (§ 12 Abs. 4 Satz 2). Nur in dem **Sonderfall einer konkreten Gefahr einer Beeinträchtigung von Kundeninteressen** ist der Compliance-Beauftragte befugt, selbst mit Maßnahmen zur Beseitigung der Gefahrensituation einzugreifen (§ 12 Abs. 3 Satz 2).

46 Dieses Zusammenwirken der Rollen und Instrumente, wie es die WpDVerOV in § 12 für das dort geregelte Compliance-System vorsieht, lässt sich am besten in nachfolgendem Bild 2 verdeutlichen:

---

65 S. dazu weitergehend Rn. 63; vgl. auch *Illing/Umnuß*, CCZ 2009, 1, 2.

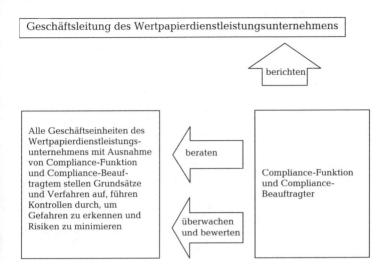

Bild 2: Rollen und Instrumente im Compliance-System des Wertpapierdienstleistungsunternehmens

II. Die Struktur des Compliance-Systems nach § 12 und das „Three lines of defence"-Modell

Die unter B.I., insbesondere B.I.3. dargestellte Struktur des in § 12 geregelten Compliance-Systems lässt sich sehr gut auf das sog. „Three lines of defence"-Modell übertragen. Das **„Three lines of defence-Modell for internal governance"** wurde vom Dachverband der europäischen Revisionsinstitute (ECIIA) herausgegeben. Es ist ein Modell, das einen Organisationsansatz zur Umsetzung einer Corporate Governance bietet, und als solches wird es inzwischen als geeignetes Mittel anerkannt, etwa auch vom Basel Comittee on Banking Supervision,[66] um die unterschiedlichen Rollen zur internen Steuerung der Corporate Governance und deren Zusammenspiel zu erklären.[67]

47

Eine Darstellung des von der ECIIA herausgegebenen Modells findet sich in nachfolgendem Bild 3.[68]

48

---

66 Basel Committee on Banking Supervision, „The internal audit function in banks", Juni 2012, Principle 13.
67 The audit factory, http://www.forum-executives.de/beitrag-detail/article/three-lines-of-defence-und-interne-revision-teil-1-grundlagen.html (18.01.2014).
68 Quelle: The audit factory, http://www.forum-executives.de/beitrag-detail/article/three-lines-of-defence-und-interne-revision-teil-1-grundlagen.html (18.01.2014).

WpDVerOV § 12 Organisationspflichten

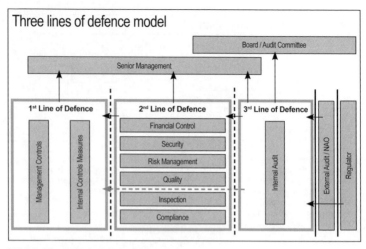

Bild 3: Three line of defence model

49 Das Modell wird bisher allerdings insbesondere im Zusammenhang mit und zur Erläuterung der Rolle und Anordnung der Internen Revision verwendet.[69] So gut wie nie wird ein Bezug zu § 12 hergestellt, auch wenn zwischenzeitlich in der Literatur vereinzelt Bezüge zwischen dem Three lines of defence-Modell und der Compliance-Funktion – in der Regel der Compliance-Funktion nach MaRisk – zu finden sind.[70] Nach der hier vertretenen Auffassung lässt sich die Struktur des in § 12 zu erkennenden Compliance-Systems, wie nachfolgend deutlich werden wird, gut in das Three lines of defence-Modell einordnen. Bei einer solchen Einordnung kann das System aus **§ 12** sogar, wie sich nachfolgend ebenfalls zeigen wird, noch herangezogen werden, um die **Verteilung der Aufgaben und Verantwortlichkeiten** zwischen der ersten und der zweiten sog. „Verteidigungslinie" für diesen konkreten Fall eines Compliance-Systems aus § 12 gegenüber der im **Three lines of defence-Modell** sonst üblichen Verteilung zu **schärfen.**

50 Inzwischen ist das Three lines of defence-Modell mit der Umsetzung der MaRisk als wesentlicher Bestandteil des dort geregelten Risikomanagements im deutschen Rechtsraum verbindlich geworden. Die **MaRisk** sprechen zwar selbst nicht von diesem Modell. Die dort enthaltene Auf-

---

69 Exemplarisch *Eulerich*, ZIR 2012, 192 ff., „Die regulatorischen Grundlagen des Three-Lines-of-Defence-Modells"; Basel Committee on Banking Supervision, „The internal audit function in banks", Juni 2012, Principle 13.
70 S. z.B. *Eulerich*, ZIR 2012, 192.

teilung nach Geschäft einerseits, Risikomanagement, insbesondere Compliance und CRO-Funktion andererseits und schließlich Interner Revision wird aber dem Three lines of defence-System gerecht und dementsprechend auch genau in diesem Sinne interpretiert.[71] Die MaRisk gelten, wie oben gezeigt,[72] auch für die in der WpDVerOV angesprochenen Wertpapierdienstleistungsunternehmen. Insofern lohnt sich ein genauerer Blick auf die mögliche **Einordnung des Compliance-Systems nach § 12 in das Three lines of defence-Modell.**

1. Darstellung des Three lines of defence-Modells

Das **Three lines of defence**-Modell hat zum **Ziel**, Risiken aus der Verletzung von rechtlichen Rahmenvorgaben zu vermeiden oder zumindest zu minimieren. Es baut auf **drei sog. Verteidigungslinien**, die etwa im BCBS-Papier „The internal audit funktion in banks" aus z.B. Juni 2012[73] wie folgt dargestellt werden: 51

1st line: business units,

2nd line: risk management function, compliance function and other support functions as legal, human resources etc.,

3rd line: internal audit function.

In ihrer Zielrichtung unterscheiden sich die drei Linien nach der Darstellung des Modells durch den Baseler Ausschuss wie folgt:

1st line: transaction-based,

2nd line: risk-based,

3rd line: risk-based.

Die zeitliche Taktung der drei Linien ist wie folgt festgelegt:

1st line: ongoing,

2nd line: ongoing or periodic,

3rd line: periodic.

Die **erste Verteidigungslinie** ist danach gemäß der Darstellung des Modells durch den Baseler Ausschuss im **Geschäftsbetrieb** im engeren Sinne zu finden. Sie wird grundsätzlich von sämtlichen vertrieblichen und betrieblichen Funktionen abgebildet, deren Tätigkeit hauptsächlich auf das Erzielen von Geschäftsabschlüssen ausgerichtet ist.[74] 52

---

71 S. z.B. *Eulerich*, ZIR 2012, 192.
72 S. oben Rn. 18 ff.
73 „Die regulatorischen Grundlagen des Three-Lines-of-Defence-Modells"; Basel Committee on Banking Supervision, „The internal audit function in banks", Juni 2012, Principle 13.
74 „Die regulatorischen Grundlagen des Three-Lines-of-Defence-Modells"; Basel Committee on Banking Supervision, „The internal audit function in banks", Juni 2012, Principle 13.

53 Die **zweite Verteidigungslinie** wird in diesem Modell von den **Funktionen** abgebildet, **die vor allem Transparenz über Gefahren und Risiken herstellen** sowie **Risiken angemessen minimieren** sollen. Hierzu gehören nach der Darstellung des Baseler Ausschusses unter anderem auch solche Funktionen, die nicht unmittelbar Geschäftsabschlussorientierung erkennen lassen, sondern das Geschäft in einem weiteren Sinne unterstützen, wie z.B. Recht und Personal etc. Sie werden nach Darstellung des Baseler Ausschusses mit Compliance und den weiteren ausschließlich risikoorientiert arbeitenden Funktionen, wie etwa dem Chief Risk Officer nach MaRisk, auf derselben, nämlich der zweiten Linie versammelt. In der bildlichen Darstellung dieser so besetzten zweiten Verteidigungslinie wird im Modell der ECIIA dann innerhalb der zweiten Verteidigungslinie noch eine weitere Differenzierung vorgenommen und die Compliance-Funktion durch gestrichelte Linien auf dieser Linie von den anderen Unterstützungsfunktionen abgegrenzt.[75]

54 Auf der **dritten Verteidigungslinie** findet sich dann im Three lines of defence-Modell **ausschließlich die Funktion der Internen Revision**, die risikoorientiert und prozessunabhängig die Wirksamkeit des Risikomanagements und die Ordnungsgemäßheit aller Geschäftsaktivitäten und Prozesse prüft.[76]

2. Übersetzung des Three lines of defence-Modells auf das Compliance-System nach § 12

55 Es bietet sich auf der Basis der Regelungen in § 12 eine **Schärfung der zweiten Verteidigungslinie** aus dem Baseler Modell bzw. dem Modell des ECIIA an – zumindest **für das Compliance-System in Wertpapierdienstleistungsunternehmen**. Die Schärfung scheint auch möglich, da das Three lines of defence-Modell bisher vor allem zur Abgrenzung der Rolle der Internen Revision entwickelt wurde. Das lässt darauf schließen, dass die Auseinandersetzung mit den Funktionen auf der zweiten Verteidigungslinie in den bisherigen Quellen möglicherweise noch nicht abschließend war, so dass auch die Besetzung auf der zweiten Linie noch nicht endgültig festgelegt wurde. Für Letzteres spricht auch, dass bei der Darstellung der zweiten Verteidigungslinie die dort angesiedelten Funktionen in der Literatur immer mal wieder variieren.[77]

56 Legt man die Festlegungen des Baseler Ausschusses für die zweite Verteidigungslinie zugrunde, wonach diese **„risk based"** arbeitet und **„ongoing or periodic"** in Wirkung kommt, und gleicht diese Vorgaben mit § 12 ab, ist nach dem hier vertretenen Verständnis **nur die Compliance-Funktion** und der Compliance-Beauftragte auf der zweiten Verteidigungslinie anzusiedeln. Soweit der Geltungsbereich der MaRisk eröffnet ist,[78] käme noch der **Chief Risk Officer** sowie ggf. weitere Funktionen des

---

75 S. dazu bereits die bildhafte Modelldarstellung in Bild 3, Rn. 48.
76 *Fuchs*, in: Fuchs, § 33 Rn. 37.
77 Exemplarisch *Eulerich*, ZIR 2012, 192.
78 S. dazu oben unter A.II.2.

Risikomanagements aus MaRisk dazu. Dagegen wären weitere vom Baseler Ausschuss genannte Funktionen, wie etwa Personal und Recht, aus den nachfolgenden zwei Gründen nicht vertreten: Zum einen stellen diese Funktionen in der Praxis häufiger Mischformen zwischen der ersten und der zweiten Verteidigungslinie dar. Sie arbeiten mit den geschäftsabschlussorientiert arbeitenden Einheiten in der Regel in der Rolle eines „Möglichmachers" zusammen, teilweise z.B. mit eigenen Zielvorgaben für eine Unterstützung der Geschäftsbereiche unterlegt. In solchen Fällen wären diese Einheiten wohl selbst nach Ansicht des Baseler Ausschusses dann doch der ersten Linie zuzuordnen. Schon, um diese Unklarheit in der Zuordnung der Funktionen zu beseitigen, könnte es sich lohnen, derartige Unterstützungsfunktionen konsequent ausschließlich auf der ersten Verteidigungslinie anzusiedeln.

Viel entscheidender aus Sicht des Compliance-Systems nach § 12 ist aber wohl der folgende Aspekt: Die oben und im Papier des Baseler Ausschusses genannten sowie weitere **Unterstützungsfunktionen, wie etwa Personal und Recht**, die insbesondere auch die Rolle übernehmen, die Geschäftsbereiche des Wertpapierdienstleistungsunternehmens darin zu unterstützen, die Vorgaben des WpHG und der weiteren Ausführungsverordnungen einzuhalten, **werden von der Compliance-Funktion nach § 12 überwacht**. Die Compliance-Funktion überprüft die Angemessenheit der Arbeit dieser Funktionen mit Blick auf die Einhaltung der Vorgaben aus dem WpHG. Diese **Bewertungsaufgabe ist nach § 12 ausschließlich der Comliance-Funktion überantwortet**. Das heißt nicht, dass nicht auch an anderer Stelle im Wertpapierdienstleistungsunternehmen eine solche Bewertung durch andere Funktionen außerdem vorgenommen werden kann. Nach dem hier vertretenen Verständnis des § 12 wäre eine solche Bewertung an anderer Stelle als innerhalb der Compliance-Funktion aber in die Verfahren, Grundsätze und Maßnahmen aus § 12 Abs. 1–2a einzuordnen und daher auch wiederum von der Compliance-Funktion nach § 12 Abs. 3 Nr. 1 zu bewerten. Aus diesem Grund lohnt es sich, dieses hier dargestellte Zusammenspiel im Compliance-System nach § 12 durch eine entsprechende Anordnung der Funktionen auf den Verteidigungslinien abzubilden. Es ist daher vorzugswürdig, jedenfalls für die Zwecke des **Compliance-Systems nach § 12, alle Organisationseinheiten** des Wertpapierdienstleistungsunternehmens, **die nicht die Compliance-Funktion**[79] **und die Interne Revision sind, vollständig auf der ersten Linie anzusiedeln**, da diese Unterscheidung keine Missverständnisse aufkommen lässt und zudem auch die Anwendung des § 12 erleichtert.

Die Übersetzung des Three lines of defence-Modells auf das Compliance-System nach **§ 12** führt danach zu folgendem Ergebnis:

Auf der ersten Verteidigungslinie sind alle Funktionen des Wertpapierdienstleistungsunternehmens anzusiedeln, die nicht die Compliance-Funktion i.S.d. § 12 darstellen oder die Interne Revision sind. Inner-

---

79 Im Geltungsbereich der MaRisk sind es Compliance-Funktion und Chief Risk Officer, die gemeinsam die zweite Verteidigungslinie abbilden.

WpDVerOV § 12 Organisationspflichten

halb dieser **ersten Verteidigungslinie**, deren Beschreibung sich in § 12 Abs. 1–2a findet, ist die Zielsetzung des § 12 WpHG, **Transparenz über Gefahren und Risiken** aus der Verletzung des WpHG und weiterer Vorschriften herzustellen sowie **Gefahren und Risiken** mit Hilfe der bereits in B.I.3. genannten Instrumente, insbesondere einzurichtenden Grundsätze und Verfahren, durchzuführenden Kontroll- und Überwachungshandlungen **zu vermeiden** und die Behebung von festgestellten Defiziten zu verfolgen.

59 Auf der **zweiten Verteidigungslinie** ist dann i.S.d. § 12 Abs. 3 eine – von der ersten Verteidigungslinie unabhängige – **Compliance-Funktion** zu errichten, die im Wege des Vierklangs von Beratung, Kontrolle/Überwachung, Bewertung und Berichtslegung dafür verantwortlich ist, **das Funktionieren der ersten Verteidigungslinie zu bewerten** und ggf. erforderliche Verbesserungen anzustoßen. Die Compliance-Funktion ist dabei sowohl über ihre Beratungs- als auch die Überwachungs- und Kontrolltätigkeit in der Regel in die Geschäftsprozesse mit eingebunden bzw. setzt die eigene Tätigkeit unmittelbar auf ihnen auf. Im Gegensatz zur Compliance-Funktion, die auf der zweiten Verteidigungslinie also prozesseingebunden agiert, verhält sich die sog. **dritte Verteidigungslinie** im Rahmen des Three lines of defence-Modells, die **Interne Revision**, per definitionem von konkreten Geschäftsvorfällen völlig unabhängig und vollzieht ihre Prüfungen nach einem statischen Plan.

60 Führt man das Compliance-System, wie es in § 12 zum Ausdruck kommt, und das Three lines of defence-Modell zusammen, ergibt sich nachfolgende bildhafte Darstellung (Bild 4):

management board / Geschäftsleitung des Wertpapierdienstleistungsunternehmens		
Alle Geschäftseinheiten des Wertpapierdienstleistungsunternehmens außer denen der zweiten Linie, ggf. aufgeteilt nach Markt — Marktfolge Handel — Handelsabwicklung — Unterstützungsfunktion, z.B. Personal Vertrieb	Compliance Chief Risk Officer ggf. Geldwäschebeauftragter	Interne Revision
Stellt Grundsätze und Verfahren auf, die Gefahren erkennen lassen und Risiken minimieren	Bewertet die Angemessenheit der Grundsätze und Verfahren	Prüft die Einhaltung
1. Linie	2. Linie	3. Linie

Bild 4: Das Compliance-System des § 12 im Licht des Three lines of defence-Modells

Im Idealfall bilden **alle drei Verteidigungslinien** ein **engmaschiges Netz** 61
von Präventionsmaßnahmen und Kontrollmechanismen und sorgen über die Berichtslegung, die in der zweiten und dritten Verteidigungslinie obligatorisch ist, üblicherweise aber auch in der ersten Verteidigungslinie erfolgen wird, für eine **stetige Verbesserung** der Arbeit aller Verteidigungslinien (kontinuierlicher Verbesserungsprozess), so dass nur noch der Eintritt kalkulierter Risiken oder einzelner Verstöße als Ausnahmeerscheinung zu erwarten sind.

C. Maßnahmen im Geschäftsbetrieb des Wertpapierdienstleistungsunternehmens gem. § 12 Abs. 1

Nach der bisher unter Ziff. 2 erfolgten Betrachtung des durch die ein- 62
zelnen Regelungen und ihr Zusammenspiel zum Ausdruck kommenden Compliance-Systems werden nachfolgend die **Details der Regelung in § 12** betrachtet. Die Regelungen in § 12 Abs. 1–2a beschreiben zunächst einen **Pflichtenkreis und Handlungserfordernisse**, die **durch das Wertpapierdienstleistungsunternehmen selbst abzubilden** sind – nicht dagegen durch die Compliance-Funktion oder den Compliance-Beauftragten, die gerade nicht Adressaten der in diesen Absätzen aufgeführten Pflichten sind. Ihre Pflichten sind in den Abs. 3 und 4 geregelt und – da der Pflichtenkatalog für Compliance-Funktion und -Beauftragten auch eine Bewertung der Frage beinhaltet, ob die Pflichten aus Abs. 1–2a durch das Wertpapierdienstleistungsunternehmen angemessen erfüllt worden sind – gerade von den an das Wertpapierdienstleistungsunternehmen gerichteten Anforderungen aus Abs. 1–2a zu unterscheiden.[80]

I. Adressat der Pflichten aus § 12 Abs. 1–2a: das Wertpapierdienstleistungsunternehmen selbst

Soweit in Abs. 1–2a ausdrücklich Pflichten an das Wertpapierdienstleis- 63
tungsunternehmen adressiert sind, sind **in personam** zunächst die verantwortlichen **Vertretungsorgane** des Unternehmens gemeint – je nach Organisationsform also in der Regel der Vorstand einer Aktiengesellschaft oder die Geschäftsleitung einer GmbH. Weil es sich bei den Pflichten aus § 33 WpHG i.V.m. § 12 um Organisationspflichten handelt, treffen diese grundsätzlich entsprechend der in § 33 Abs. 1 Satz 1 WpHG i.V.m. § 25a Abs. 1 Satz 2 KWG geregelten **Gesamtverantwortung**[81] **der Vorstandsmitglieder** bzw. **der Geschäftsleitung** jedes einzelne Organmitglied vollumfänglich – selbst, wenn der Geschäftsverteilungsplan und sonstige interne Zuständigkeitsregelungen die Verantwortung für Compliance i.S.d.

---

80 S. dazu und zur entsprechenden Einordnung dieser Regelungen bereits oben unter B.I.3.
81 S. dazu auch die entsprechende Regelung in AT 4 MaComp und die Ausführungen dazu bei *Kruse*, in: Krimphove/Kruse, AT 4 Rn. 1.

§ 33 WpHG einem Mitglied des Vorstandes bzw. der Geschäftsleitung allein zuweisen.[82]

64 Selbstverständlich ist die Geschäftsleitung bzw. der Vorstand – wie in jeder Unternehmensorganisation – frei, die Erfüllung der in Abs. 1–2a an das Wertpapierdienstleistungsunternehmen adressierten Pflichten auf die Organisation, also verantwortliche Organisationseinheiten und Mitarbeiter des Unternehmens, zu **delegieren**.[83] Die Gesamtverantwortung der Geschäftsleitung bzw. des Vorstandes bleibt aber auch bei Delegation erhalten.[84]

65 Als möglicher **Delegationsempfänger** kommen diverse Einheiten in Betracht. Ausgenommen sind dabei allerdings der Compliance-Beauftragte und die Compliance-Funktion – jedenfalls soweit die Pflichten aus § 12 Abs. 1–2a delegiert werden;[85] dies deshalb, weil die Compliance-Funktion bzw. der Compliance-Beauftragte gem. § 12 Abs. 3 Satz 1 Ziff. 1 auch die Frage zu beurteilen hat, ob die in den Abs. 1–2a an das Wertpapierdienstleistungsunternehmen adressierten Pflichten von diesem angemessen erfüllt worden sind. Wären dabei Compliance-Funktion und -Beauftragter zuvor an der Erfüllung der Pflichten aus den Abs. 1–2a selbst beteiligt gewesen, müssten sie dann in der Folge also bei ihren originären, gem. Abs. 3 und 4 auf sie übertragenen Aufgaben ihre eigenen, zuvor – regelwidrig – in Erfüllung der Pflichten aus Abs. 1–2a erarbeiteten Ergebnisse beurteilen. Um das zu verhindern, **verbietet** sich eine **verantwortliche Mitarbeit von Seiten des Compliance-Beauftragten und der Compliance-Funktion** bei der Erfüllung der Anforderungen aus Abs. 1–2a durch das Wertpapierdienstleistungsunternehmen.[86]

66 Etwas anderes dürfte es dagegen sein, wenn die von der Unternehmensleitung benannten verantwortlichen Delegationsempfänger bei ihrer Erfüllung der Pflichten aus den Abs. 1–2a Rücksprache mit dem Compliance-Beauftragten und der Compliance-Funktion halten, um sicherzustellen, dass sie den Maßstäben der Compliance-Funktion, die die ordnungsgemäße Erfüllung dieser Pflichten ja später bewerten wird, gerecht

---

82 Vgl. dazu auch *Braun/Wolfgarten*, in: Boos/Fischer/Schulte-Mattler, § 25a Rn. 67.
83 S. dazu auch *Kruse*, in: Krimphove/Kruse, AT 4 Rn. 6.
84 Vgl. dazu die klarstellende Regelung in AT 4 Satz 3 MaComp; *Fuchs*, in: Fuchs, § 33 Rn. 16.
85 Anders möglicherweise *Rönnau/Schneider*, ZIP 2010, 53, 54 ff., die annehmen, dass – allerdings in Systemen außerhalb des § 12 – die sog. Geschäftsherrenhaftung, also die originäre Pflicht des Vorstandes, sein von ihm verantwortetes Unternehmen so zu organisieren, dass Straftaten unterbleiben, auf den Chief Compliance-Officer delegiert würde. Dem kann für das System in § 12 gerade nicht gefolgt werden. Die Geschäftsherrenhaftung könnte im Rahmen des § 12 allenfalls in Umsetzung der Anforderungen aus § 12 Abs. 1–2a auf die Verantwortlichen der ersten Linie delegiert werden.
86 S. dazu auch bereits oben unter Rn. 44; *Wunderberg*, in: Veil, Europäisches Kapitalmarktrecht, § 28.

werden. Diese Art der Zusammenarbeit dürfte mit Blick auf die auch vom Wertpapierdienstleistungsunternehmen zu fördernde Compliance-Kultur[87] nicht nur möglich, sondern wünschenswert und geboten sein.[88]

Dem hier vertretenen Ergebnis, wonach die Pflichten aus § 12 Abs. 1–2a bei ordnungsgemäßer Umsetzung der Vorgaben aus § 12 nicht auf den **Compliance-Beauftragten** delegiert werden können, steht die **Rechtsprechung des BGH**, der in einem obiter dictum bei Compliance-Beauftragten eine **strafrechtliche Garantenstellung** erkennt,[89] nicht entgegen. Der BGH führt die von ihm erkannte Garantenstellung der Compliance-Beauftragten darauf zurück, dass Compliance-Beauftragte gegenüber ihrer Unternehmensleitung die Pflicht übernommen hätten, Rechtsverstöße insbesondere durch andere Unternehmensangehörige zu unterbinden.[90] Die Garantenstellung des Compliance-Beauftragten sei notwendige Kehrseite dieser Pflicht.[91] Der BGH setzt also eine derartige, vom Compliance-Beauftragten übernommene Pflicht voraus, er adressiert sie nicht. Das heißt, die Pflicht muss im Einzelfall nach Ansicht des BGH aus dem Verhältnis zwischen Unternehmensleitung und Compliance-Beauftragtem abzulesen sein. 67

Wie bereits oben gezeigt, ist eine **solche Pflichtzuweisung** an den Compliance-Beauftragten **im System des § 12 aber gerade nicht vorgesehen**. Die **Verantwortlichkeit** für die Verhinderung der Gefahr einer Rechtsverletzung **bleibt** vielmehr im Gegenteil nach dem System des § 12 gerade **beim Wertpapierdienstleistungsunternehmen** – in diesem Sinne abzugrenzen von der Compliance-Funktion und dem Compliance-Beauftragten, die die Angemessenheit der Maßnahmen des Unternehmens zur Verhinderung von Rechtsverletzungen beurteilen müssen und die Maßnahmen daher nicht selbst verantworten können.[92] Der Umstand, dass der Compliance-Beauftragte die Angemessenheit und Wirksamkeit der vom Wertpapierdienstleistungsunternehmen zur Verhinderung von Rechtsverletzungen ergriffenen Verfahren und Grundsätze bewertet und eine Überwachungsrolle einnimmt, führt nicht zu einem anderen Ergebnis. Sie macht den Compliance-Beauftragten gerade nicht zum Verpflichteten mit Blick auf die Verhinderung der Rechtsverletzung selbst; dies insbesondere auch schon deshalb nicht, weil **ihm** grundsätzlich **kein echtes Mittel zur Verhinderung der Rechtsverletzung zur Verfügung steht**. Sein Instrument ist, neben der Beurteilung der Angemessenheit der Maßnahmen, die Berichtslegung an das Wertpapierdienstleistungsunternehmen. Die Handlungsverpflichtung liegt dann wieder bei dem Wertpapierdienstleistungsunternehmen selbst – nicht dem Compliance-Beauftragten. Damit ist also im System des § 12 die vom BGH als Grundlage für die Ga- 68

---

87 Vgl. zur Compliance-Kultur insbesondere BT 1.1 Ziff. 5 MaComp.
88 S. dazu auch *Wunderberg*, in: Veil, Europäisches Kapitalmarktrecht, § 28 Rn. 34.
89 BGH v. 17.07.2009 – 5 StR 394/08.
90 BGH v. 17.07.2009 – 5 StR 394/08, S. 13.
91 BGH v. 17.07.2009 – 5 StR 394/08, S. 12.
92 S. dazu ausführlich oben Rn. 65.

rantenstellung erforderliche Verpflichtung des Compliance-Beauftragten, Rechtsverstöße zu verhindern, nicht vorgesehen.

69 In der Literatur finden sich Stimmen, die zu einem anderen Ergebnis kommen. So wird zwar anerkannt, dass der Compliance-Beauftragte keine Macht habe, bei Regelverstößen einzuschreiten. Er sei aber dennoch in einer Machtposition, und zwar aufgrund der ihm zur Verfügung stehenden Informationen.[93] An dieser Betrachtung trifft zu, dass der Compliance-Beauftragte über Informationen verfügt. Allerdings sind dies in einem funktionierenden System gem. § 12 keine anderen Informationen als die, über die das Wertpapierdienstleistungsunternehmen bereits selbst auf der Basis seiner Verfahren, Grundsätze und Maßnahmen i.S.d. § 12 Abs. 1–2a verfügt. Der Compliance-Beauftragte sollte also in einem funktionierenden System nach § 12 Abs. 1–2a gerade nicht in einer **auf Informationen begründeten Machtstellung** sein. Der Wert seiner Aufgabe liegt nicht in einem Mehr an Informationen, sondern gem. § 12 Abs. 3, 4 darin, dass er unabhängig, also nicht geleitet von insbesondere Vertriebsinteresse des Wertpapierdienstleistungsunternehmens, sondern ausschließlich mit Blick auf drohende Gefahren und Risiken, die Angemessenheit der Systeme der ersten Linie zur Verhinderung von Rechtsverstößen beurteilt. **Seine Aufgabe liegt also nicht originär im Sammeln von Informationen, sondern im Bewerten derselben.**

70 Auch aus seiner Überwachungsfunktion kann nichts anderes abgeleitet werden. Dem Wortlaut des § 12 Abs. 3 Satz 1 Nr. 1 nach überwacht der Compliance-Beauftragte die Angemessenheit und die Umsetzung von Maßnahmen zur Defizitbehebung. Auch hier ist der Kern der Aufgabe des Compliance-Beauftragten also wieder die Bewertung und nicht zwangsläufig ein Mehr an Informationen.[94] Eine originäre Pflicht, Straftaten zu verhindern, trifft den Compliance-Beauftragten also auch aus dieser Rolle heraus nicht; dies schon deshalb, weil ihm auch im Rahmen seiner Überwachungsrolle keine anderen Instrumente als die oben beschriebenen, nämlich grundsätzlich nur der Bericht an die Geschäftsleitung, zur Verfügung stehen. Dass dieser Umstand eine Pflicht zur Verhinderung von Straftaten gerade nicht begründen kann, liegt auf der Hand. Jede andere Betrachtung würde zu dem – in der Praxis durchaus gelegentlich zu beobachtenden – Phänomen führen, dass **Compliance-Beauftragte und die Compliance-Funktion als diejenigen angesehen** werden, **die für das Einhalten von Recht und Gesetz in einem Wertpapierdienstleistungsunternehmen verantwortlich** zeichnen. Im Gegenzug wird die eigene Verantwortung der Vertreter der ersten Linie von ihnen dann gar nicht mehr gesehen. Dass **dieses Ergebnis das System des § 12 ad absurdum führt**, liegt auf der Hand. Eine originäre Pflicht des Compliance-Beauftragten, allein aufgrund seiner Rolle stellvertretend für die Geschäftsleitung des Wertpapierdienstleistungsunternehmens für

---

93 *Rönnau/Schneider*, ZIP 2010, 53, 58.
94 So auch i.E. *Illing/Umnuß*, CCZ 2009, 1, 5.

die Einhaltung von Recht und Gesetz zu sorgen, besteht also im Rahmen des § 12 nicht.[95]

Es besteht für den Compliance-Beauftragten auch nicht bereits allein aufgrund seiner Rolle eine Pflicht, bei einem Verdacht auf einen Regelverstoß diesen aufzuklären. Anders lautende Stimmen in der Literatur[96] gehen fehl. Die Aufklärung obliegt in der Regel der Internen Revision, jedenfalls nicht automatisch dem Compliance-Beauftragten. Er hat auch in diesen Fällen eine Berichtspflicht i.S.d. § 12 Abs. 4. Mit der Erfüllung derselben legt er die Verantwortung zur Lösung der Situation aber gerade in die Hände der Geschäftsleitung des Wertpapierdienstleistungsunternehmens.[97] Auch hier trifft den Compliance-Beauftragten also nicht allein wegen seiner Rolle eine Garantenpflicht. 71

Bereits allein aus der Berichtspflicht des Compliance-Beauftragten, die auch nach hier vertretener Ansicht zweifelsohne besteht, wird dann von Vertretern in der Literatur eine Garantenstellung, also eine Strafverhinderungspflicht, abgelesen.[98] Dass das eine unzulässige Ausdehnung der gesetzlichen Regelung ist, liegt auf der Hand. Die Pflicht zu berichten ist eben gerade nicht die Pflicht, selbst zu handeln.[99] Diese Pflicht liegt im Rahmen des in § 12 geregelten Systems bei der Geschäftsleitung des Wertpapierdienstleistungsunternehmens. Ein Recht einzuschreiten – und damit dann auch eine korrespondierende Pflicht – hat der Compliance-Beauftragte gem. § 12 Abs. 3 ausschließlich **im Fall einer konkreten Gefahr der Beeinträchtigung von Kundeninteressen**. Schon aus dieser ausdrücklichen Regelung lässt sich im Umkehrschluss gerade ablesen, dass ein Recht und damit auch eine Pflicht, einzuschreiten, allein aus seiner Rolle gerade nicht resultiert.[100] Das steht auch im Einklang mit dem BGH, der in seinem obiter dictum diese Pflicht zur Voraussetzung macht, nicht dagegen adressiert. Das Ergebnis bedeutet natürlich nicht, dass die Garantenstellung des Compliance-Beauftragten nicht aus anderen Gründen, z.B. einer entsprechenden arbeitsvertraglichen Regelung oder etwa in einer explizit geregelten Verpflichtung, die mit seiner Berechtigung nach § 12 Abs. 3 Satz 2 verknüpft wird,[101] entstehen kann. Im System des § 12 ist sie aber gerade im Grundsatz nicht angelegt und wäre daher im Einzelfall zu prüfen.[102] 72

---

95 So wohl auch *Früh*, CCZ 2010, 121, 124; *Rönnau/Schneider*, ZIP 2010, 53, 55, erkennen als Primär-Garanten die Geschäftsleitung.
96 *Rönnau/Schneider*, ZIP 2010, 53, 59; *Illing/Umnuß*, CCZ 2009, 1, 5.
97 Vgl. BGHSt 52, 159, 164 f.
98 *Rönnau/Schneider*, ZIP 2010, 53, 59 f.
99 So auch i.E. *Illing/Umnuß*, CCZ 2009, 1, 5.
100 So wohl auch *Früh*, CCZ 2010, 121, 124.
101 S. dazu nachfolgend unter D.6.
102 Auch *Rönnau/Schneider*, ZIP 2010, 53, 59, gestehen im Ergebnis wohl zu, dass es auf den Compliance-Beauftragten übertragener Rechte bedarf, bevor diesen Pflichten und insbesondere auch eine Garantenpflicht treffen. Allerdings knüpfen sie auch an lediglich faktisch vom Compliance-Beauftragten übernommenen Aufgaben an und begründen eine Garantenpflicht damit, dass keine straf-
(Fortsetzung der Fußnote auf Seite 266)

II. Maßnahmen zur Aufdeckung von Risiken gem. § 12 Abs. 1

73 Die erste in § 12 Abs. 1 an das Wertpapierdienstleistungsunternehmen adressierte Pflicht ist gem. § 12 Abs. 1 Satz 1 die, die nach § 33 WpHG einzurichtenden **Verfahren und Grundsätze darauf auszurichten, dass die Gefahr einer Verletzung** des WpHG und der in den entsprechenden Verordnungen geregelten Verpflichtungen durch das Wertpapierdienstleistungsunternehmen oder seine Mitarbeiter sowie die mit einer solchen Verletzung verbundenen Risiken **aufgedeckt** werden. Erst mit der Regelung in § 12 Abs. 2 wird das Wertpapierdienstleistungsunternehmen auch verpflichtet, die Gefahren und Risiken **so weit wie möglich zu beschränken**. Durch diese ausdrückliche Regelung, dass die Gefahren und Risiken aufzudecken sind, kommt der Anforderung, **Transparenz über relevante Gefahren und Risiken** herzustellen, eine eigene Bedeutung zu. In diesem Punkt werden damit auch die Anforderungen aus § 33 Abs. 1 Nr. 1 WpHG weitergehend konkretisiert: Die Vorschrift des § 33 Abs. 1 Nr. 1 WpHG spricht nur davon, „sicherzustellen", dass den Verpflichtungen aus dem WpHG nachgekommen wird. Die Regelung in § 12 Abs. 1 stellt in diesem Rahmen klar, dass das Herstellen von Transparenz über die Gefahr von Verletzungen und hieraus resultierende Risiken dabei **der erste notwendige Schritt** ist.

1. Gefahr der Verletzung des WpHG und der Ausführungsverordnungen sowie Risiken hieraus i.S.d. § 12 Abs. 1 Satz 1

74 Relevant aus der Sicht des § 12 sind dem Wortlaut nach zunächst ausschließlich die Gefahren einer Verletzung des WpHG und der Ausführungsverordnungen des WpHG. Der **Wortlaut** des § 12 bezieht sich demnach ausschließlich auf **aufsichtsrechtliche Regelungen**. Dagegen sind Verletzungen anderer Vorschriften, etwa zivilrechtlicher wie z.B. des BGB, vom Regelungsbereich des § 12 dem Wortlaut nach nicht erfasst.

75 Wie jedoch bereits oben dargestellt,[103] ist der Kreis der durch das Wertpapierdienstleistungsunternehmen zu beachtenden Organisationspflichten mit Blick auf die **Verweiskette des § 33 Abs. 1 Satz 1 WpHG i.V.m. § 25a KWG in Verbindung mit den MaRisk** deutlich weiter zu ziehen und geht über das WpHG und seine Ausführungsverordnungen hinaus. Das bedeutet im Ergebnis, dass über die Verweisungskette in die MaRisk hinein die **Gefahr von Verletzungen jedweder rechtlicher Rahmenvorgabe**[104] durch Mitarbeiter des Wertpapierdienstleistungsunternehmens im Rahmen des Risikomanagements relevant ist. Es bietet sich daher an, den Rahmen der unter § 12 zu betrachtenden Rahmenvorgaben auf die

---

rechtlichen Schutzlücken entstehen dürfen. Nach hier vertretener Ansicht ist demgegenüber für den vollständigen Schutz vor strafbarem Verhalten bereits durch Verfahren und Maßnahmen innerhalb der ersten Linie zu sorgen. Es kann bei den auf den Compliance-Beauftragten übertragenen Rechten und Pflichten also allenfalls um besondere Eingriffsrechte gehen.

103 S. bereits oben unter A.II.2.
104 S. dazu bereits oben Rn. 26 und nachfolgend Rn. 90 ff.

in § 25a KWG und MaRisk erfassten zu erweitern und über das System nach § 12 Transparenz über jede Gefahr einer Rechtsverletzung durch das Wertpapierdienstleistungsunternehmen herzustellen.[105] Das lässt sich sehr gut am Beispiel der zivilrechtlichen Beratungshaftung verdeutlichen.

Ein Wertpapierdienstleistungsunternehmen jedenfalls ist nach MaRisk verpflichtet, die Gefahren aus der Verletzung von z.B. zivilrechtlichen Vorschriften zu betrachten[106] – und damit auch die Risiken aus einem Verstoß gegen die Anforderungen an die zivilrechtliche Beratungshaftung. Der Lebenssachverhalt „Wertpapierberatung" hat sowohl zivilrechtliche Relevanz als auch Relevanz im Sinne der WpDVerOV. Das als Schutz für die Kunden in der WpDVerOV eingeführte Beratungsprotokoll hat im zivilrechtlichen Beratungshaftungsprozess auch eine Beweiswirkung als Urkunde – im Zweifel auch gegen den Kunden. Im Ergebnis bedeutet das, dass es in der Praxis in der Regel einheitliche Lebenssachverhalte sind, die vom Wertpapierdienstleistungsunternehmen zum einen unter MaRisk und zum anderen unter WpDVerOV zu managen sind. Aus diesem Grund ist es sinnvoll, alle nach § 12 zu betrachtenden Lebenssachverhalte rund um das Geschäft mit Finanzinstrumenten vollständig und umfassend unter allen Gesichtspunkten einer möglichen Gefahr, einer Rechtsverletzung sowie daraus resultierender Risiken in einem einzigen Risikomanagement zu betrachten. Alles andere führt entweder unter dem Strich insgesamt zu einer unvollständigen Betrachtung der Risikolage durch das Wertpapierdienstleistungsunternehmen oder zu mehr Aufwand, da dieselbe Lebenssachverhalt an mehreren Stellen unter dem Gesichtspunkt der Gefahr einer Rechtsverletzung und hieraus resultierender Risiken analysiert wird. Eine einheitliche Ausrichtung der Grundsätze und Verfahren des Wertpapierdienstleistungsunternehmens auf sowohl die Gefahr von Verletzungen des WpHG und der Ausführungsvorschriften als auch sonstige Gefahren aus Verletzungen von Rechtsvorschriften und Risiken daraus innerhalb der ersten Verteidigungslinie ergibt daher in jedem Fall Sinn und lässt sich auch auf die Compliance-Funktion (zweite Verteidigungslinie) ausdehnen. 76

Diesem Ergebnis steht auch nicht entgegen, dass mit § 12 nur die spezifischen Anforderungen aus § 33 Abs. 1 Satz 2 WpHG an Wertpapierdienstleistungsunternehmen ausgeführt werden sollten; dies schon deshalb nicht, weil es Sinn und Zweck der Regelung in § 33 WpHG insgesamt war, unterschiedliche Organisationsanforderungen an ein Wertpapierdienstleistungsunternehmen zu vermeiden.[107] Darüber hinaus sollte der 77

---

105 Anders wohl *Fuchs*, in: Fuchs, § 33 Rn. 69, der nur solche Gefahren für relevant hält, die kapitalmarktbezogene Interessenkonflikte oder Missbräuche beinhalten, mit weiteren Verweisen dort. Die Kommentierung sowie die Verweise beziehen sich aber wohl noch auf § 33 WpHG a.F., so dass darauf hier nicht weiter eingegangen wird.
106 Es handelt sich zum einen um operationelle Risiken, zum anderen ist die Compliance-Funktion zuständig.
107 Begr. zum FRUG, S. 43 (s. Fn. 4).

WpDVerOV § 12 Organisationspflichten

Pflichtenkanon für Wertpapierdienstleistungsunternehmen mit dem FRUG erweitert werden.[108] Vor diesem Hintergrund ist es nicht nur nicht schädlich, in § 12 die Regelung für ein umfassendes Compliance-System zu erkennen, sondern entspricht im Gegenteil geradezu dem Sinn und Zweck der Norm.

78 In der Praxis bedeutet das, dass das Compliance-System nach § 12 damit grundsätzlich auf die Gefahr jedweder Verletzung von Vorschriften und daraus resultierender Risiken auszurichten ist, so z.B. auch auf mögliche Schadensersatzansprüche der Kunden gegen das Wertpapierdienstleistungsunternehmen aus zivilrechtlicher Beratungshaftung; das, obwohl die Anspruchsgrundlage auf den §§ 285, 675 BGB ruht. Zwar ist eine falsche Wertpapierberatung auch schon nach dem Wortlaut des § 12 eine relevante Gefahr – das allerdings zunächst eben nur, soweit Anforderungen an die ordnungsgemäße Wertpapierberatung in den weiteren Vorschriften des WpHG und insbesondere der WpDVerOV geregelt und bei der fehlerhaften Beratung verletzt worden sind. Mit dem hier vertretenen weitergehenden Verständnis eines Compliance-Systems können dann die Anforderungen an die Compliance-Funktion nach MaRisk gleich mit abgedeckt werden.

79 Nach den hier gemachten Beobachtungen in der Praxis dürften die zivilrechtlichen Risiken für das Wertpapierdienstleistungsunternehmen im Vergleich zu den aufsichtsrechtlichen Folgen aus Verletzungen der Aufsichtsgesetze im Rahmen des § 12 sogar wohl die größere Gefahr darstellen. Am Beispiel der fehlerhaften Wertpapierberatung etwa lässt sich feststellen, dass wohl nur gegen sehr wenige Wertpapierdienstleistungsunternehmen überhaupt anlässlich dieser Sachverhalte von der BaFin aufsichtsrechtliche Maßnahmen ergriffen wurden – jedenfalls im Ergebnis keine mit nennenswerten wirtschaftlichen Auswirkungen für ein Unternehmen. Strafrechtliche Ermittlungen sind in diesem Zusammenhang überhaupt nicht bekannt und hätten nach dem oben Gesagten ja auch keine Grundlage.[109] Gegenüber den Risiken aus der Verletzung des WpHG und der WpDVerOV dürften die Schadensersatzansprüche der Kunden aus der zivilrechtlichen Haftung kumuliert in der Praxis daher erheblich bedeutender für ein Wertpapierdienstleistungsunternehmen sein.

2. Verletzung durch Mitarbeiter des Wertpapierdienstleistungsunternehmens oder das Wertpapierdienstleistungsunternehmen selbst gem. § 33 Abs. 1 Satz 1 WpHG

80 Nach § 12 Abs. 1 ist die Gefahr einer Verletzung des WpHG und der Ausführungsvorschriften nur dann relevant, wenn die Verletzung durch einen oder mehrere Mitarbeiter oder das Wertpapierdienstleistungsunternehmen selbst droht.

---

108 Begr. zum FRUG, S. 43 (s. Fn. 4).
109 S. dazu bereits oben unter A.III.

Als **Mitarbeiter** des Wertpapierdienstleistungsunternehmens sind natürlich sämtliche unbefristet oder befristet bei dem Unternehmen per Arbeits- oder Angestelltenvertrag arbeitenden Mitarbeiter, unabhängig vom Umfang ihrer Arbeitszeit, zu verstehen. 81

Als Mitarbeiter in diesem Sinne gelten auch von einer Personalvermittlung oder sonstigen Dritten in das Wertpapierdienstleistungsunternehmen entsandte Mitarbeiter, unabhängig von der Frage, ob sie auch arbeitsrechtlich den Mitarbeitern des Wertpapierdienstleistungsunternehmens gleichgestellt sind. Etwas anderes würde dem Sinn und Zweck des § 12 widersprechen, der eine Ausführungsvorschrift zu den Organisationsanforderungen des § 33 WpHG darstellt. Wenn aber die Organisation des Wertpapierdienstleistungsunternehmens sich der Möglichkeit bedient, seine geschäftlichen Aktivitäten statt mit eigenen Angestellten mit **Zeitarbeitern** oder **Leiharbeitern** durchzuführen, muss es seine Organisationspflichten aus § 33 WpHG auch auf diese Kräfte ausdehnen. 82

Nichts anderes gilt im Falle einer **Auslagerung von Funktionen** gem. § 33 Abs. 2 Satz 1 WpHG i.V.m. § 25b KWG.[110] Soweit Teile des Wertpapiergeschäftes zulässig nach § 25b KWG ausgelagert sind, ist auch eine mögliche Gefahr einer Verletzung von Vorschriften durch die Mitarbeiter des Auslagerungsunternehmens eine relevante Gefahr i.S.d. § 12. Damit wird deutlich, dass nicht nur Verletzungen durch Mitarbeiter im arbeitsrechtlichen Sinne der Regelung nach § 12 in den Betrachtungsraum fallen, sondern auch alle Personen und Organisationen, deren sich das Wertpapierdienstleistungsunternehmen bei der Erbringung seiner Wertpapierdienstleistungen und -nebendienstleistungen bedient. 83

Die Unterscheidung, ob Verletzungen durch Mitarbeiter des Wertpapierdienstleistungsunternehmens oder z.B. Mitarbeiter des Auslagerungsunternehmens drohen, wird dann allerdings bei den einzurichtenden Verfahren und Grundsätzen relevant werden:[111] Die Verfahren und Grundsätze bei einer Auslagerung bestehen in der Gestaltung des Auslagerungsvertrages, den dort enthaltenen Vorgaben an das Auslagerungsunternehmen, insbesondere seinen Berichtspflichten, und den Kontroll- und Prüfungshandlungen, die das Wertpapierdienstleistungsunternehmen beim Auslagerungsunternehmen vornimmt. 84

Für den Sonderfall der sog. **vertraglich gebundenen Vermittler i.S.d. § 2 Abs. 10 Satz 1 KWG** gibt es darüber hinaus die Verpflichtung der Wertpapierdienstleistungsunternehmen, deren fachliche Eignung und Zuverlässigkeit sicherzustellen sowie dafür zu sorgen, dass gesetzliche Vorgaben von den Vermittlern eingehalten werden sowie die Kunden über deren Status informiert werden.[112] 85

---

110 S. entsprechende Regelung in AT 4 Satz 2 MaComp sowie dazu *Kruse*, in: Krimphove/Kruse, AT 4 Rn. 5.
111 *Kruse*, in: Krimphove/Kruse, AT 4 Rn. 5, verweist in diesem Zusammenhang darauf, dass die Tiefe der Regelungen offenbleiben müsse.
112 *Fuchs*, in: Fuchs, § 33 Rn. 43 ff.

3. Ausrichtung von Grundsätzen und Verfahren und sonstigen organisatorischen Maßnahmen i.S.d. § 12 Abs. 1 Satz 1

86 Das Wertpapierdienstleistungsunternehmen muss nach dem Wortlaut des § 12 Abs. 1 Grundsätze und Verfahren vorhalten, die zunächst darauf ausgerichtet sind, die **Gefahr** einer Verletzung des WpHG und der Ausführungsvorschriften aufzudecken, im weiteren Schritt, auch sie **zu beschränken** (§ 12 Abs. 2 und 2a). Durch diese Regelung wird in § 12 die entsprechende Regelung in § 33 WpHG aufgenommen und damit auch gleichzeitig Art. 6 MiFID-DRL umgesetzt.[113]

87 Im Hinblick auf die Frage, was unter Grundsätzen und Verfahren in diesem Sinne zu verstehen ist, findet sich in der Literatur dieselbe bzw. eine vergleichbare Diskussion wie zu der Frage, welche Risiken in § 12 gemeint seien – nur solche aus dem WpHG oder auch andere. Nach Art. 6 MiFID-DRL sollten die Wertpapierdienstleistungsunternehmen verpflichtet werden, angemessene Grundsätze und Verfahren einzurichten, die darauf ausgelegt sind, „jedes Risiko einer etwaigen Missachtung der in der Richtlinie 2004/39/EG festgelegten Pflichten (…) aufzudecken und (…) zu beschränken." Diese Bezugnahme hat in der Literatur dazu geführt, dass unter den in § 33 WpHG und § 12 geregelten Verfahren und Grundsätzen nur solche verstanden werden, durch die insbesondere die Einhaltung der **wertpapierrechtlichen Wohlverhaltensregeln** erreicht werden soll.[114]

88 Daneben herrscht in der Literatur gleichzeitig Einigkeit, dass über die Verweisung in § 33 WpHG die allgemeinen Organisationsanforderungen aus § 25a KWG zu beachten sind, auch, soweit sie in den MaRisk weiter ausgeführt werden.[115] Diese Verweiskette führt in der Praxis allerdings bisher zu keinen erkennbaren Ergebnissen. Vielmehr drängt sich der Eindruck auf, dass nach Ansicht der Normanwender – Kreditinstitute, Finanzdienstleistungsinstitute und Wertpapierdienstleistungsunternehmen – die Compliance-Funktion nach MaRisk von der Compliance-Funktion nach WpHG unabhängig zu betrachten sei, weswegen sie häufig auch innerhalb eines Wertpapierdienstleistungsunternehmens, das gleichzeitig Kreditinstitut nach KWG ist, organisatorisch getrennt aufgebaut sind.[116]

89 Das heißt, im Ergebnis wird die Regelung in § 12 überwiegend so interpretiert, dass dort ausschließlich Verfahren und Grundsätze gemeint seien, die – gegenüber den allgemeinen Organisationsanforderungen aus § 33 WpHG i.V.m. § 25a KWG – spezifische Organisationsanforderungen

---

113 Bundesministerium der Finanzen zur Umsetzung der WpDVerOV in http://www.bundesfinanzministerium.de/content/DE/Gesetzestexte/Gesetzentwuerfe_Arbeitsfassungen/Verordnungen-zum-FRUG.html?view=renderPrint (18.01.2014).
114 *Fuchs*, in: Fuchs, § 33 Rn. 46 ff.
115 *Fuchs*, in: Fuchs, § 33 Rn. 15 ff. m.w.N.
116 Anders offenbar die Beobachtungen von *Krimphove*, in: Krimphove/Kruse, AT 7 Rn. 19.

für Wertpapierdienstleistungsunternehmen adressieren.[117] Die allgemeinen Organisationsanforderungen seien dann direkt aus § 25a KWG abzulesen.[118]

Diese Ansicht wird vorliegend unter dem Gesichtspunkt geteilt, dass die Organisationsanforderungen aus § 25a KWG gleichrangig neben denen aus § 33 WpHG i.V.m. § 12 anzuwenden sind. Soweit die geschilderte Auslegung aber dann – aus Sicht der Vertreter dieser Ansicht folgerichtig – dazu kommt, dass in § 12 WpDVerOV tatsächlich nur Verfahren und Grundsätze geregelt seien, die die Gefahr von Verletzungen des WpHG und der Ausführungsvorschriften verhindern,[119] wird vorliegend im Gegensatz dazu vertreten, dass das in § 12 geregelte Compliance-System nur im Kontext der Verweisung auf § 25a KWG zu sehen ist und damit **alle Gefahren einer Rechtsverletzung aus dem Wertpapierdienstleistungsgeschäft** umspannen muss.[120] Die Differenzierung nach Organisationsanforderungen aus § 25a KWG einerseits und § 33 WpHG andererseits, wovon nur Letztere ausdrücklich in § 12 ausgeführt seien, ist nach hier vertretener Ansicht nicht mit dem Sinn und Zweck des § 12 zu vereinbaren. 90

Stattdessen macht es Sinn, unter „Verfahren und Grundsätze" gem. § 12 die gesamte Organisation des Wertpapierdienstleistungsunternehmens zu fassen; dies aus den nachfolgenden Gründen: Zum einen wird selbst von den Vertretern der anderen Ansicht zugestanden, dass sich die Organisationsanforderungen aus § 33 Abs. 1 Satz 2 Nr. 1 WpHG überwiegend mit denen aus § 25a KWG überschneiden.[121] Zum anderen ergibt es in der Praxis keinen Sinn, das Compliance-System aus § 12 ausschließlich oder primär auf die Wohlverhaltenspflichten zu fokussieren und daneben über die Verweisung auf § 25a KWG ein Compliance-System nach MaRisk aufzubauen – beide zur Verhinderung der Gefahren von Verstößen gegen rechtliche Rahmenvorgaben für das Wertpapierdienstleistungsgeschäft, nur einmal bezogen auf den Katalog der Rahmenvorgaben aus dem WpHG und einmal für den Katalog der Rahmenvorgaben aus allen anderen Rechtsvorschriften, insbesondere auch den zivilrechtlichen.[122] Nicht zuletzt dürfte das hier vorliegende Verständnis auch mit dem Sinn und Zweck der hinter § 12 liegenden Regelungen, insbesondere des Art. 6 MiFID-DRL, zu vereinbaren sein: Die MiFID-Richtlinie und MiFID-DRL wollten den Kreis der Pflichten des Wertpapierdienstleistungsunternehmens ausweiten, nicht enger fassen – zudem sollte über die Regelung in § 33 Abs. 1 WpHG vermieden werden, dass doppelte Anforderungen an die betriebliche Organisation des Wertpapierdienstleistungsunternehmens gestellt werden. 91

---

117 *Fuchs*, in: Fuchs, § 33 Rn. 47.
118 Vgl. Aufbau der Darstellung bei *Fuchs*, in: Fuchs, § 33 Rn. 15 ff., 46 ff.
119 So *Fuchs*, in: Fuchs, § 33 Rn. 46 ff.
120 S. dazu bereits oben Rn. 24, 26, 75 ff.
121 *Fuchs*, in: Fuchs, § 33 Rn. 47.
122 S. dazu bereits oben unter Rn. 75 ff.

92 Mit Blick auf das hier insgesamt vertretene Verständnis, wonach vom Wertpapierdienstleistungsunternehmen ein umfassendes Compliance-System zu errichten ist und die Regelungen des § 12 hierzu die Elemente liefern, wird demzufolge nachfolgend ein Überblick über Organisationsanforderungen gegeben, die nach hier vertretener Ansicht unter „Verfahren und Grundsätze aus § 12" zu subsumieren wären, in jedem Fall aber über die Verweisung in § 33 WpHG i.V.m. § 25a KWG vorzuhalten wären.[123]

93 **Quellen mit Beispielen für Verfahren und Grundsätze** i.S.d. § 12 sind nach der hier vertretenen Auffassung alle rund um die Organisationspflichten für das Wertpapierdienstleistungsunternehmen kreisenden Regelungen, die in A.I und A.II.2. betrachtet wurden, also: auf parlamentsgesetzlicher Ebene die Regelungen in **§ 33 WpHG** und **§ 25a KWG**, auf Verordnungsebene die WpDVerOV und ggf. weitere Verordnungen, wie z.b. die FinAnV;[124] auf Ebene der normenkonkretisierenden Verwaltungsvorschriften die **MaComp** und die **MaRisk**. Zusätzlich können sämtliche der hinter diesen Regelungen stehenden Richtlinien und weitere **europäische Veröffentlichungen** (s. dazu oben A.I.2.) als Auslegungshilfen herangezogen werden.

94 Legt man alle diese Regelungen nebeneinander, ergibt sich nur ein sehr **vages Bild** von den einzurichtenden Grundsätzen und Verfahren. Dies liegt zum einen daran, dass die angemessene Ausgestaltung **von Grundsätzen und Verfahren nicht abstrakt festgelegt** werden kann. Sie hängt vielmehr von der **konkreten betrieblichen Organisation** des Wertpapierdienstleistungsunternehmens ab.

95 Die Organisationslehre unterscheidet bei der betrieblichen Organisation zunächst zwischen den beiden grundlegenden Parametern – der **Aufbauorganisation** einerseits und der **Ablauforganisation** andererseits.[125] Die Aufbauorganisation ist dabei das System im Unternehmen, das für klare Verteilung und Abgrenzung der betrieblichen Aufgaben sorgt und eine bestimmte Ordnung der Zuständigkeiten und Verantwortungen schafft. Im Rahmen dieses Systems werden organisatorische Einheiten zugeschnitten und eine Hierarchie bzw. ein Leitungssystem festgelegt. Die Ablauforganisation stellt sicher, dass die betrieblichen Faktoren, die den zeitlichen und räumlichen Arbeitsablauf festlegen, so gestaltet sind, dass ein zusammenhängender und vollständiger Prozessverlauf gewährleistet ist. Da Aufbau- und Ablauforganisation in einer Unzahl von Varianten in Erscheinung treten können, ist es eben nahezu unmöglich, die passenden Grundsätze und Verfahren für die jeweils vorliegende Variante durch eine entsprechende Regelung, etwa in § 12, festzulegen. Stattdessen finden sich eine Vielzahl von Regelungen in den genannten Quellen, die sowohl die Dimension der Aufbau- als auch die der Ablauforganisation be-

---

123 Exemplarisch *Fuchs*, in: Fuchs, § 33 Rn. 47.
124 Verordnung über die Analyse von Finanzinstrumenten (Finanzanalyseverordnung – FinAnV) vom 17.12.2004, zuletzt geändert am 20.07.2007 (BGBl. I, S. 1430).
125 *Bühner*, Betriebswirtschaftliche Organisationslehre, S. 11.

treffen, etwa die folgenden Ge- und Verbote für die Ausgestaltung der Aufbauorganisation des Wertpapierdienstleistungsunternehmens:

A. Aufbauorganisation	
1. Aufbauorganisatorische Regelungen mit klarer Abgrenzung der Verantwortungsbereiche	1. § 25a Abs. 1 Ziff. 3a KWG
2. Funktionstrennung zwischen Handel einerseits und Handelsabwicklung sowie Risikocontrolling andererseits bis Ebene Geschäftsleitung	2. MaRisk BTO T7 1, BTO 2.1., T7 1
3. Interessenkonfliktfreiheit und Verhinderung unsachgemäßer Einflussnahme	3. § 13 WpDVerOV
4. Unabhängigkeit der Finanzanalyse	4. § 5a Abs. 1 FinAnV
5. Einrichtung eines Risiko-Controlling und einer Compliance-Funktion	5. § 33 WpHG, § 12 WpDVerOV, AT 4.4.2. MaRisk
6. Einrichtung einer Internen Revision	
7. ….	

Entgegen der offenbar von der BaFin vertretenen Ansicht, der zufolge in § 12 und der dort enthaltenen Beschreibung der „Verfahren und Grundsätze" nur Bestandteile der Ablauforganisation gemeint seien, wird vorliegend vertreten, dass die Aufbauorganisation mit betrachtet werden muss, da sie die Ablauforganisation determiniert.[126] Hinzu kommt, dass auch z.B. die von der Aufsicht als Lösung für eines der zentralen Themen im WpHG „Interessenkonflikte" anerkannten Chinese Walls nur im Zusammenhang mit einer entsprechenden Gestaltung der Aufbauorganisation funktionieren. So werden Chinese Walls z.B. schwerlich innerhalb einer Abteilung wirksam errichtet werden können. Im Ergebnis sind unter „Grundsätze und Verfahren" des § 12 damit also auch die betrieblichen Regelungen des Wertpapierdienstleistungsunternehmens zur Aufbauorganisation zu fassen. 96

---

126 Vgl. auch *Bühner*, Betriebswirtschaftliche Organisationslehre, S. 11.

97 Die Anzahl der Vorgaben, betreffend die Ablauforganisation, ist gegenüber denen zur Aufbauorganisation um ein Vielfaches größer und bewegt sich auf völlig unterschiedlichen Anforderungsebenen. So werden etwa Anforderungen an Systeme (Handelssystem,[127] Notfallkonzept,[128] IT-System[129]) gleichermaßen geregelt, wie z.b. das Führen einer Beobachtungs- oder Sperrliste.[130] Die zumindest aus Sicht der BaFin relevanten Mittel und Verfahren, die sich in der Ablauforganisation des Wertpapierdienstleistungsunternehmens wiederfinden sollten, sind in AT 6 MaComp niedergelegt. Sie regeln aber in der Sache im Wesentlichen nur den Umgang mit Insider- und Compliance-relevanten Informationen. Nach der vorliegend vertretenen Ansicht ist die Summe dieser Vorgaben zur Ablauforganisation, obwohl sehr groß, dennoch im Kern nur geeignet, punktuelle Vorgaben, Gebote und Hinweise zu geben.

98 Letztlich bleibt es daher in der Verantwortung jedes Wertpapierdienstleistungsunternehmens, die für die eigene betriebliche Organisation passenden Grundsätze und Verfahren i.S.d. § 12 zu entwickeln und für alle Mitarbeiter verbindlich in der sog. schriftlich fixierten Ordnung[131] festzulegen. Natürlich ist es dabei aber sinnvoll, sich im Rahmen der Gestaltung der Ablauforganisation vor allem auch an den MaComp zu orientieren.[132]

99 Klar ist dann aber auch, dass sich hinter Grundsätzen und Verfahren in diesem Sinne alles verbergen kann, von der Festlegung der Strategien des Wertpapierdienstleistungsunternehmens über aufbauorganisatorische Regelungen, insbesondere den Zuschnitt der Organisationseinheiten, über Prozesse, IT-Systeme bis hin zu personeller Ausstattung und Mitarbeiterqualifikationen sowie alle weiteren Elemente des Wertpapiergeschäftes. Das bedeutet letztlich, dass **jede Ausprägung in der Ausgestaltung des organisatorischen Aufbaus des Wertpapierdienstleistungsunternehmens und** des von ihm durchgeführten Geschäfts den Tranzparenzgedanken aus § 12 WpDVerOV mit erfüllen muss, das Unternehmen also grundsätzlich bei jeglicher Gestaltung der betrieblichen Organisation und der Abläufe im Wertpapier- und Dienstleistungsgeschäft **auch immer die Zielrichtung „Transparenz über Gefahr einer Verletzung von Rechtsvorschriften und Risiken hieraus"** mitverfolgen muss.

4. Erfordernis einer Risikoanalyse gem. § 12 Abs. 1

100 Es hat sich gezeigt, dass konkrete Vorgaben für die Ausrichtung von Verfahren und Grundsätzen in § 12 nicht zu finden sind. Dafür ist die Zahl der Möglichkeiten und die Unterschiedlichkeit bei der Wahl der möglichen Grundsätze und Verfahren zu vielfältig und groß. Diese **Unbe-**

---

127 §§ 31f, 31g WpHG.
128 AT 7.3 MaRisk.
129 AT 7.2 MaRisk.
130 AT 6.2 Ziff. 3c MaComp.
131 AT 6 MaRisk.
132 S. dazu bereits oben unter A.II.1.

Organisationspflichten § 12 WpDVerOV

stimmtheit in dem Begriffspaar „Grundsätze und Verfahren" sowie das oben bereits dargestellte ausdrückliche Verlangen des § 12 nach Transparenz im Hinblick auf Gefahren und Risiken machen aber gleichwohl deutlich, dass Grundsätze und Verfahren i.S.d. § 12 Abs. 1 Satz 1 nur auf der Basis einer **laufenden und vollständigen Analyse der Gefahren einer Verletzung** des WpHG und der Ausführungsverordnungen *und* der **Risiken** hieraus im Sinne einer in das Wertpapiergeschäft selbst integrierten Aufgabe des Wertpapierdienstleistungsunternehmens festgelegt und später immer wieder justiert werden sollen. Nach dem oben Gesagten ist es mindestens sinnvoll, diese Analyse nicht nur auf die Gefahren einer Verletzung des WpHG, sondern alle im Rahmen des Wertpapiergeschäftes des Wertpapierdienstleistungsunternehmens relevanten Rechtsvorschriften auszudehnen.[133]

Diese Analyse ist total. Sie lässt keine Inhalte und Ausprägungen der geschäftlichen Aktivitäten des Wertpapierdienstleistungsunternehmens aus, und sie muss vom Unternehmen selbst durchgeführt werden – in diesem Verständnis ist damit insbesondere die Compliance-Funktion als verantwortliche Einheit für diese Aufgabe ausgeschlossen.[134] Diesem Ergebnis steht auch nicht entgegen, dass die BT 1.2.1.1 MaComp ausdrücklich eine Risikoanalyse von Seiten der Compliance-Funktion verlangt. Diese Risikoanalyse ist nicht dieselbe wie die aus § 12 Abs. 1 Satz 1 – Letztere ist die, durch die das Wertpapierdienstleistungsunternehmen Transparenz über Gefahren und Risiken herstellt. Im Gegensatz dazu ist die Risikoanalyse in BT 1.2.1.1 MaComp vielmehr die, durch die die Compliance-Funktion gem. § 12 Abs. 3 die Angemessenheit der Grundsätze und Verfahren des Wertpapierdienstleistungsunternehmens gem. § 12 Abs. 1 bewertet. Die Risikoanalyse des Wertpapierdienstleistungsunternehmens selbst, wie sie § 12 Abs. 1 regelt, ist dagegen vielmehr Teil des vom Wertpapierdienstleistungsunternehmen zu errichtenden Überwachungs- und Kontrollsystems,[135] bestehend aus den genannten Verfahren und Grundsätzen. Die Risikoanalyse der Compliance-Funktion nach BT 1.2.1.1 MaComp kann daher gemäß dem hier vorliegend vertretenen Verständnis auf der Risikoanalyse des Wertpapierdienstleistungsunternehmens aus § 12 Abs. 1 aufsetzen. *101*

Die Risikoanalyse des Wertpapierdienstleistungsunternehmens i.S.d. § 12 Abs. 1 wird immer die folgenden Fragen beinhalten müssen: *102*

- Welche Arten von Wertpapierdienstleistungsgeschäft betreibt das Wertpapierdienstleistungsunternehmen; in welchem Volumen und in welcher Anzahl?

- Welche Rechtsvorschriften kommen dabei zur Anwendung (uneingeschränkte Aufstellung aller Vorschriften)?

---
133 S. dazu oben Ziff. A.II.2., C.II.1., C.II.3.
134 S. dazu C.I.
135 IKS gem. § 25a KWG, s. ausführliche Darstellung bei *Fuchs*, in: Fuchs, § 33 Rn. 33 ff.

Scholz-Fröhling 275

- Wer sind die beteiligten Mitarbeiter (Mitarbeiter im Sinne der Darstellung oben unter B.II.2.) ?

- Welche identifizierten Vorschriften sind von welchen der identifizierten Mitarbeiter zu beachten?

- Wie ist dafür gesorgt, dass die Mitarbeiter die für sie relevanten Vorschriften beachten?

- Reicht die Sorge gemessen am drohenden Risiko aus?

- Wie ist sichergestellt, dass konkrete Verletzungen im Wertpapierdienstleistungsunternehmen an dafür geeigneter Stelle zur Kenntnis gelangen?

103 Soweit als passend empfunden, können die in der Risikoanalyse ermittelten Risiken in die folgenden Kategorien aus § 25a KWG einsortiert werden:

- Adressenausfallrisiko,

- Marktpreisrisiko,

- Liquiditätsrisiko,

- operationelles Risiko.[136]

104 Das Schema scheint sehr einfach. In der Praxis zeigt sich jedoch, dass bereits die Beantwortung der ersten Frage nach Art, Menge und Umfang des Wertpapiergeschäftes in einem Wertpapierdienstleistungsunternehmen mittlerer Größe nur mit beachtlichem Aufwand zu bewältigen ist; in der Regel nicht deshalb, weil die Informationen nicht alle im Wertpapierdienstleistungsunternehmen vorhanden sind, sondern weil sie ggf. nicht an einer Stelle im Überblick verfügbar sind. Das bedeutet regelmäßig, dass für die Beantwortung der ersten drei oben genannten Fragen die unterschiedlichsten Funktionen innerhalb des Unternehmens im Austausch stehen müssten – wenn nicht gar alle Einheiten des Wertpapierdienstleistungsunternehmens. Hierin liegt in der Regel eine große mindestens logistische Herausforderung im Hinblick auf Koordination und daneben oft auch eine Herausforderung mit Blick auf nötige Kommunikation. Insbesondere bezogen auf die Kommunikation zeigt sich der Reifegrad der Compliance-Kultur.

105 Bei der Beantwortung der Fragen aus der Risikoanalyse darf der Proportionalitätsgrundsatz zum Tragen kommen, sprich wegen Art, Menge und Umfang des Wertpapiergeschäfts als gering zu bewertende Risiken müssen nicht in extenso analysiert werden.

---

136 *Fuchs*, in: Fuchs, § 33 Rn. 30.

5. Kontroll- und Überwachungshandlungen als obligatorische Verfahren gem. § 12 Abs. 1 Satz 2

Auf Basis der Risikoanalyse sind dann geeignete **Kontrollmaßnahmen** zu etablieren – und zwar gem. § 12 Abs. 1 Satz 2 **innerhalb der ersten Verteidigungslinie**[137] selbst. Das bedeutet, dass insbesondere in den Prozessbeschreibungen, die Bestandteile der im Wertpapierdienstleistungs-unternehmen festzulegenden Ablauforganisation[138] sind, **prozessabhängige Maßnahmen** festzulegen sind, durch die die relevanten Risiken[139] aufgedeckt werden. Letztlich heißt das, dass in den Prozessbeschreibungen für sämtliche Prozesse des Wertpapiergeschäftes Kontrollhandlungen, sprich **prozessabhängige Kontrollen**[140] als integrierte Bausteine aufzunehmen sind. Diese integrierten Kontrollhandlungen sind **von Mitarbeitern der ersten Verteidigungslinie auszuführen**. Sie können EDV-gestützt erfolgen, als Selbstkontrolle, die zu dokumentieren ist, in Form einer Kontrolle durch die Führungskraft, in Form des Vier-Augen-Prinzips oder als Stichprobenkontrolle von Seiten einer Fachfunktion. Der Katalog der Kontrollmöglichkeiten ist nicht begrenzt. Wichtig ist nur, dass die Kontrolle geeignet ist, ein relevantes Risiko transparent werden zu lassen (Fehleraufdeckungseigenschaft).[141] Nachfolgende bildhafte Darstellung beschreibt das Prinzip am Beispiel des Wertpapierberatungsprozesses, wobei „■" Kontrollpunkte im Rahmen der Wertpapierberatung darstellen: *(siehe Bild 5 auf der folgenden Seite)*

106

Zusätzlich zu den Kontrollen, die prozessintegriert erfolgen, sind gem. § 12 Abs. 1 Satz 2 auch **Überwachungsmaßnahmen** durchzuführen und festzulegen. Im Gegensatz zu den Kontrollen sind **Überwachungsmaßnahmen nicht prozessintegriert** im Sinne eines Bestandteiles der einzelnen Wertpapiergeschäftsprozesse. Sie stehen vielmehr daneben und folgen einer eigenen Regel- und Gesetzmäßigkeit. Sie haben damit selbst Prozessqualität im Sinne eines Überwachungsprozesses. Das typische Merkmal einer Überwachungsmaßnahme ist, dass sie regelmäßig von einem anderen als dem Geschäfts-(Kontroll-)Prozessverantwortlichen durchgeführt wird – üblicherweise von einem hierachisch übergeordneten Verantwortlichen, einer fachlich stärker spezialisierten Person oder sonst jemandem in einer verantwortlicheren Position. Das Zusammenspiel von Kontroll- und Überwachungsmaßnahmen wird in nachfolgendem Bild 6 verdeutlicht: *(siehe Bild 6 auf Seite 279)*

107

---

137 Zum hier vertretenen Verständnis, welche Funktionen auf der ersten Linie zu finden sind, s.o. unter B.II.2.
138 Zur Definition der Ablauforganisation s.o. Rn. 95.
139 S. dazu oben Rn. 100 ff.
140 Zur Definition von Kontrollen vgl. *Braun/Wolfgarten*, in: Boos/Fischer/Schulte-Mattler, § 25a Rn. 417.
141 S. dazu *Braun/Wolfgarten*, in: Boos/Fischer/Schulte-Mattler, § 25a Rn. 419.

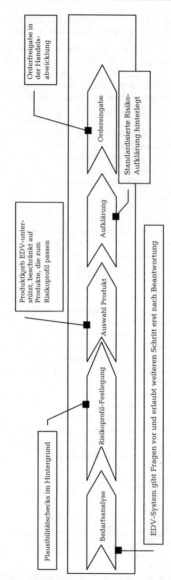

Bild 5: EDV-gestütztes Wertpapierberatungsgespräch mit integrierten Kontrollpunkten

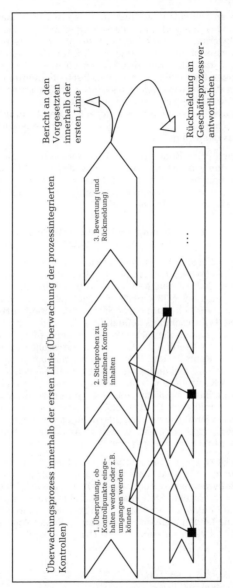

Bild 6: Überprüfungsprozess innerhalb der ersten Verteidigungslinie

108 Das Typische an einem Überwachungsprozess ist zudem, dass er turnusgemäß (z.b. jedes Quartal) und anlassbezogen (z.b. bei Häufungen von Kundenbeschwerden) angestoßen wird sowie einerseits regelmäßig in eine Managementinformation münden wird, um dem Management die Steuerung und das Managen der Risiken zu ermöglichen, und andererseits zu einer Rückmeldung an den Geschäfts-(Kontroll-)Prozessverantwortlichen führen wird, um ihm ggf. die Verbesserung seiner Kontrollpunkte bzw. seines Prozesses aufzugeben. Auf diese Weise wird **Risikotransparenz** hergestellt und gleichzeitig eine **kontinuierliche Verbesserung** der gesamten Risikosituation des Wertpapierdienstleistungsunternehmens möglich gemacht.

109 Die Gesamtheit aller Kontroll- und Überwachungsmaßnahmen in der ersten Linie sind wesentliche Bestandteile des vom Wertpapierdienstleistungsunternehmen nach § 25a KWG zu errichtenden Internen Kontrollsystems. Zu allen wesentlichen Bestandteilen des **Internen Kontrollsystems** s. die Darstellung bei *Fuchs*.[142]

6. Festlegung der Verantwortlichen i.S.d. § 12 Abs. 1 Satz 2

110 Das Wertpapierdienstleistungsunternehmen hat gem. § 12 Abs. 1 Satz 1 festzulegen, welche Personen mit den Kontroll- und Überwachungshandlungen betraut sind. Hierbei handelt es sich um eine echte Konkretisierung der Vorgaben aus § 33 WpHG, in dem eine solche Forderung nicht existiert. Verantwortliche in diesem Sinne sind **Verantwortliche für die Kontroll- und Überwachungsmaßnahmen**. Es bleibt etwas undeutlich, ob damit nur diejenigen Verantwortlichen gemeint sind, die die Kontroll- und Überwachungshandlungen tatsächlich durchführen, oder auch diejenigen, die die Kontroll- und Überwachungsmaßnahmen gestalten und dabei ihre Fehleraufdeckungseigenschaft[143] sicherstellen sowie ggf. Erkenntnisse aus Kontroll- und Überwachungsmaßnahmen auswerten und eine auf dieser Basis mögliche und auch erforderliche kontinuierliche Verbesserung[144] initiieren. Letztlich müssen aber alle diese Verantwortlichen im Wertpapierdienstleistungsunternehmen abgebildet sein, so dass alle Verantwortlichkeiten, nicht nur die zur Ausübung der Kontrolle, eindeutig und schriftlich festzulegen sind.

111 In der Praxis ist zu beobachten, dass diese Anforderung gelegentlich tatsächlich so umgesetzt wird, dass nur Namen einzelner Mitarbeiter als **„Betraute" dokumentiert** werden. Das ist nicht sinnvoll. Vielmehr sollten Funktionen bzw. einzelne Stellen als Betraute festgelegt und die Namen der jeweiligen Funktions- bzw. Stelleninhaber mit notiert werden. Damit liegen auch die beiden **Anlässe** auf der Hand, die **zur Auswahl** von neuen „Betrauten" führen müssen: ein Wechsel des konkreten Funktions-

---

142 *Fuchs*, in: Fuchs, § 33 Rn. 33 ff.
143 S. dazu bereits oben C.II.5.
144 S. dazu bereits oben B.I.4.

bzw. Stelleninhabers und/oder eine inhaltliche Veränderung der Funktion/Stelle.

III. Maßnahmen zur Risikobeschränkung gem. § 12 Abs. 2 und Abs. 2a

Die Wertpapierdienstleistungsunternehmen sind gem. § 12 Abs. 2 verpflichtet, die gem. Abs. 1 transparent gewordenen **Risiken** soweit wie möglich **zu beschränken** und **Defizite** gem. § 12 Abs. 2a **zu beheben**. 112

1. Prävention und Konsequenzenmanagement gem. § 12 Abs. 2

Die Wertpapierdienstleistungsunternehmen sind nach dem Wortlaut des § 12 Abs. 2 zudem verpflichtet, die **Gefahren und Risiken** soweit wie möglich **zu beschränken**. Ein totaler Ausschluss von Gefahren und Risiken ist dagegen nicht erforderlich. Diese Risikobeschränkung dient gerade nicht der Defizitbehebung, die erst in § 12 Abs. 2a ausdrücklich geregelt wird. Aus diesem Umstand, dass die Defizitbehebung eigenständig an anderer Stelle gefordert ist, wird deutlich, dass mit dem Verlangen nach **Risikobeschränkung ein Konzept zur Prävention** gefordert wird. Das heißt, das Wertpapierdienstleistungsunternehmen muss Maßnahmen ergreifen und Verfahren einrichten, die die Gefahren und Risiken **von vornherein** beschränken. 113

Auch hier sind Verfahren und Maßnahmen wieder so **unbestimmte Begriffe**, dass das Wertpapierdienstleistungsunternehmen letztlich sehr frei ist, zu wählen und zu gestalten. Hat es aber schon sorgfältig eine Risikoanalyse i.S.d. § 12 Abs. 1 durchgeführt[145] und daran angepasste Kontroll- und Überwachungshandlungen definiert, wird es ein Leichtes sein, diese Kontrollen und Überwachungen nicht nur so auszugestalten, dass sie die Risiken transparent machen, sondern sie auch gleich minimieren. So dürfen etwa sämtliche der oben im Wertpapierberatungsprozess dargestellten Kontrollen[146] auch gleichzeitig präventive Wirkung entfalten. Die Erfahrung in der Praxis zeigt, dass neben Kontrollen und Überwachungsmaßnahmen drei wesentliche weitere Faktoren entscheidend für die nach § 12 Abs. 2 geforderte Prävention sind: Der sog. **"Tone from the Top"**[147] der Geschäftsleitung des Wertpapierdienstleistungsunternehmens, durch den insbesondere die Kultur des Wertpapierdienstleistungsunternehmens geprägt wird, ausreichende **Schulung und Qualifikation** der Mitarbeiter, um eine sog. Awarness zu schaffen, und ein sog. **Konsequenzenmanagement**. Es dürfte insoweit inzwischen in der Praxis einhellige Meinung nicht nur unter den Vertretern der Wertpapier-Compliance-Funktionen, sondern branchenübergreifend unter allen Compliance-Funktionen sein, dass Gefahren und Risiken einer Rechts- 114

---

145 S. dazu bereits oben unter C.II.4.
146 S. dazu oben unter C.II.5.
147 *Bänziger/Procter*, in: Hopt/Wohlmannstetter, Handbuch Corporate Governance von Banken, S. 373.

verletzung nur dann wirksam zu beschränken sind, wenn ein eindeutiger entsprechender Wille der Geschäftsleitung zu erkennen ist, der sich in den konkreten Geschäftsleitungsentscheidungen widerspiegelt. Dazu gehört auch das Konsequenzenmanagement.

115 Das Konsequenzenmanagement ist letztlich nichts anderes als eine im Wertpapierdienstleistungsunternehmen gelebte Praxis, in der ein Verstoß gegen eine rechtliche Rahmenvorgabe für denjenigen, der diesen Verstoß ausgeführt hat, mit spür- und für die übrigen Mitarbeiter mit sichtbaren Folgen verbunden ist. Bei der Gestaltung eines solchen Konsequenzenmanagements sind natürlich unbedingt die arbeitsrechtlichen Rahmenbedingungen einzuhalten. Zudem muss den Mitarbeitern des Wertpapierdienstleistungsunternehmens in jeder mit einer Konsequenz belegten Situation vorab völlig transparent sein, dass ihr Verhalten mit einer Konsequenz belegt ist. Mögliche Konsequenzen in diesem Sinne können individuell vom Wertpapierdienstleistungsunternehmen gestaltet werden. In der Praxis reichen sie von Auswirkungen auf den variablen Vergütungsbestandteil des Mitarbeiters über Ermahnungen und Abmahnungen bis hin zu Kündigungen.

2. Behebung von Defiziten gem. § 12 Abs. 2a

116 Das Wertpapierdienstleistungsunternehmen ist gem. § 12 Abs. 2a verpflichtet, **Defizite hinsichtlich Angemessenheit und Wirksamkeit** der Grundsätze und Verfahren aus den Abs. 1 und 2 **zu beheben**. Die Regelung spricht von „festgestellten" Defiziten. Derartige Feststellungen werden typischerweise von Seiten der Compliance-Funktion bei ihrer Tätigkeit i.S.d. § 12 Abs. 3, durch einen internen oder externen Prüfer oder durch das Wertpapierdienstleistungsunternehmen selbst im Rahmen der gem. § 12 Abs. 1 und 2 durchgeführten Verfahren, Grundsätze und Maßnahmen sowie Kontrollen und Überwachungen getroffen. Natürlich muss die Feststellung nicht zwingend im Rahmen eines formalisierten Prozesses erfolgt sein. Jede – auch informelle, aber valide – Feststellung eines Defizits reicht aus.

117 Das Defizit ist in angemessener Zeit zu beheben. Wann ein Zeitraum in diesem Sinne als angemessen zu bewerten ist, hängt von der Größe des festgestellten Defizits und dem drohenden Risiko ab. Auch hier gilt der **Proportionalitätsgrundsatz**.[148] Das bedeutet: Je größer das Defizit und je größer das Risiko, desto kurzfristiger ist es zu beheben. Auch hierfür sind vom Wertpapierdienstleistungsunternehmen konkrete Mitarbeiter bzw. Funktionen zu benennen, die für die Behebung zuständig sind.[149]

---

148 S. dazu nachfolgend unter E.
149 S. zur Benennung von Verantwortlichen bereits oben unter C.II.6.

IV. Die Compliance-Funktion gem. § 12 Abs. 3, 4

Die originäre Verantwortlichkeit für die Entwicklung und Durchführung 118
der Verfahren und Grundsätze bzw. des Systems der ersten Verteidigungslinie liegt gerade nicht im Aufgabenbereich der Compliance-Funktion und des Compliance-Beauftragten.[150] An die Compliance-Funktion und den Compliance-Beauftragten sind in § 12 Abs. 3 und 4 eigene, zwar in Bezug zu den Pflichten der ersten Linie stehende, aber doch deutlich von ihr zu unterscheidende Pflichten adressiert. Die Pflichten der Compliance-Funktion und des Compliance-Beauftragten sind als solche von denen der ersten Verteidigungslinie, wie oben interpretiert, zu unterscheiden. Die Compliance-Funktion ist auf der zweiten Verteidigungslinie nach dem Three lines of defence-Modell angesiedelt – nach dem hier vorliegenden Verständnis des Modells exklusiv mit dem Chief Risk Officer nach MaRisk und weiteren Beauftragten-Funktionen (z.B. Geldwäsche, Datenschutz etc.).[151]

D. Zusammenspiel von Compliance-Funktion und Compliance-Beauftragtem gem. § 12 Abs. 4 Satz 1

Compliance-Funktion und Compliance-Beauftragter bilden die zweite 119
Verteidigungslinie ab, auch wenn die Darstellung in den Abs. 3 und 4 zunächst suggerieren mag, dass die Compliance-Funktion vom Compliance-Beauftragten separiert zu betrachten oder aufzustellen sei. Dem ist aber im Ergebnis nicht so. Zwar sind die Pflichten des Compliance-Beauftragten in den Abs. 3 und 4 ausdrücklich und als von der Compliance-Funktion im Übrigen zu unterscheidende Pflichten beschrieben. Dennoch bilden der **Compliance-Beauftragte und die Compliance-Funktion gemeinsam die zweite Verteidigungslinie** und sind in diesem Sinne als eine Einheit zu verstehen. Das kommt insbesondere in dem in Abs. 4 geregelten Erfordernis, dass der Compliance-Beauftragte für die Compliance-Funktion verantwortlich zu sein hat, zum Ausdruck. Dieses Erfordernis ist in der Praxis so umzusetzen, dass der **Compliance-Beauftragte organisatorisch die Führungskraft und der disziplinarische Vorgesetzte für die Mitarbeiter der Compliance-Funktion** der zweiten Verteidigungslinie sein muss.[152] Anders lässt sich eine Verantwortlichkeit des Compliance-Beauftragten für die Compliance-Funktion, insbesondere die dort erarbeiteten Ergebnisse – z.B. Bewertung der Angemessenheit der Verfahren und Grundsätze der ersten Verteidigungslinie –, weder denklogisch noch in der Praxis herstellen. Die Verantwortlichkeit des Compliance-Beauftragten ist nur gegeben, wenn er auch die Möglichkeit zur Einflussnahme auf die Compliance-Funktion bzw. die Mitarbeiter dort hat. Die Einflussnahmemöglichkeit wiederum lässt sich nur herstellen, wenn der Compli-

---

150 S. dazu bereits oben unter B.I.4.
151 S. zum Verständnis und der Besetzung der zweiten Verteidigungslinie oben unter B.II.2.
152 Wohl auch *Casper*, Festschrift für Karsten Schmidt, S. 199, 216.

ance-Beauftragte als disziplinarischer Vorgesetzter fungiert. Das bedeutet im Ergebnis aber auch umgekehrt, dass den Compliance-Beauftragten grundsätzlich die Pflichten der Compliance-Funktion ebenso treffen und Compliance-Beauftragter und von ihm verantwortete Funktion hinsichtlich der Pflichten der Compliance-Funktion als eine Einheit zu betrachten sind.

I. Aufgaben der Compliance-Funktion gem. § 12 Abs. 3

120 Der **Pflichtenkatalog** der Compliance-Funktion, aber nach dem eben Gesagten auch des für sie verantwortlichen Compliance-Beauftragten, ist gem. § 12 Abs. 3 wie folgt ausgestaltet:

- die **Angemessenheit und Wirksamkeit** der Grundsätze und Verfahren des Wertpapierdienstleistungsunternehmens sowie Maßnahmen zur Behebung der Defizite zu **überwachen und regelmäßig** zu **bewerten**;

- die **Mitarbeiter** des Wertpapierdienstleistungsunternehmens bei der Einhaltung der Vorgaben des WpHG und der entsprechenden Verordnungen zu **beraten**.

1. Eine Compliance-Funktion für zivil- und aufsichtsrechtliche Risiken

121 Nach dem hier vorliegenden Verständnis erweitern die MaRisk den Katalog der nach § 12 zu betrachtenden Gefahren und Risiken auf alle Aspekte des Wertpapiergeschäftes –[153] nicht nur die aufsichtsrechtlichen, die in den Rechtsvorschriften des WpHG, der WpDVerOV und der MaComp geregelt sind. Die Regelung in § 12 erfasst dem Wortlaut nach zwar nur Verletzungen des WpHG und seiner Ausführungsvorschriften. Über den Verweis in § 33 Abs. 1 Satz 1 WpHG i.V.m. § 25a KWG kommen für das Wertpapierdienstleistungsunternehmen aber auch die MaRisk zur Anwendung. Nach MaRisk muss die Compliance-Funktion uneingeschränkt Risiken entgegenwirken, die sich aus der Nichteinhaltung von rechtlichen Regelungen und Vorgaben ergeben können.[154] Unter dem Gesichtspunkt der MaRisk sind damit also auch Risiken und Folgen aus z.B. der Verletzung der zivilrechtlichen Wertpapierberatungsverträge mit den Kunden des Wertpapierdienstleistungsunternehmens zu betrachten – so z.B. Schadensersatzforderungen wegen Fehlberatung.[155]

122 Aus diesem Grund bietet es sich an, in einem Wertpapierdienstleistungsunternehmen **eine einzige Compliance-Funktion für alle Belange des Wertpapiergeschäftes** zu errichten, die in logischer Konsequenz sowohl für die Gefahr von Verletzungen zivilrechtlicher Vorschriften als auch der Vorgaben aus dem WpHG und der WpDVerOV sowie den weiteren Ausführungsverordnungen verantwortlich zeichnet. Durch eine solche Compliance-Funktion würden dann, bezogen auf das Wertpapiergeschäft des

---

153 Vgl. dazu bereits Rn. 24 ff., 75 ff. und 90 ff.
154 AT 4.4.2 Tz. 1 MaRisk.
155 S. dazu auch nachfolgend unter Rn. 122 ff. und bereits oben Rn. 75 ff. und 90 ff.

Wertpapierdienstleistungsunternehmens, an einer einzigen Stelle sowohl die Anforderungen nach MaRisk als auch nach WpDVerOV und MaComp erfüllt werden können.[156] Das macht mit Blick auf den Umstand, dass in der Regel ein einziger Lebenssachverhalt zugrunde liegt, der bei Aufteilung der Compliance-Funktion nach MaRisk einerseits und MaComp andererseits unnatürlich in eine zivilrechtliche und eine aufsichtsrechtliche Betrachtung aufgespalten würde, auch absolut Sinn.[157] Zudem liegt ein solches Vorgehen auf der Linie der gesetzgeberischen Intention, der mit der Neufassung des § 33 WpHG durch das FRUG, bei der der Verweis auf § 25a KWG eingeführt wurde, vermeiden wollte, das Wertpapierdienstleistungsunternehmen in zweifacher Hinsicht organisatorischen Anforderungen auszusetzen.[158]

In der Praxis lässt sich aber zurzeit eine geradezu gegenteilige Entwicklung beobachten. Danach entsteht der Eindruck, dass die oftmals seit Jahren etablierten und ausschließlich auf aufsichtsrechtliche Vorschriften ausgerichteten Wertpapier-Compliance-Funktionen i.S.d. § 33 WpHG in diesem Zuschnitt im Bestand geschützt werden, während daneben Compliance-Funktionen nach MaRisk, die für die zivilrechtliche Betrachtung des Wertpapiergeschäftes verantwortlich zeichnen, errichtet werden. Das ist nicht nur nicht sinnvoll (s.o.), sondern vor allem auch mit Blick auf das Erfordernis eines angemessenen Risikomanagements, das sowohl von § 25a KWG als auch von § 33 WpHG gefordert und einerseits von den MaRisk, andererseits auch von § 12 ausgeführt wird, nicht gesetzeskonform;[159] dies deshalb, weil in der Regel nur eine einheitliche Betrachtung der Sachverhalte im Wertpapierdienstleistungsgeschäft unter allen Aspekten einer möglichen Gefahr einer Verletzung von Vorschriften und der Risiken hieraus die volle Bedeutung des dem Sachverhalt innewohnenden Risikos zum Vorschein bringt. So wird etwa ein fehlerhaftes Beratungsprotokoll erst bei kumulierter Betrachtung der Risiken aus einerseits Aufsichtsrecht (Maßnahmen der BaFin bis hin zu Bußgeld) und andererseits Zivilrecht (Beratungshaftungsansprüche der Anleger) – bei einem wiederkehrenden Fehler in allen Beratungsprotokollen ein sehr relevantes wirtschaftliches Risiko – wirklich zu einem bedeutsamen Risiko. Jedenfalls würde umgekehrt die Gefahr bestehen, dass das dem Sachverhalt insgesamt innewohnende Risiko für die Geschäftsleitung des Wertpapierdienstleistungsunternehmens nicht transparent würde, wenn es durch zwei unterschiedliche Compliance-Funktionen auf Basis einer jeweils nur eingeschränkten Betrachtung bemessen würde. *123*

Vor diesem Hintergrund ist es nicht nur sinnvoll, sondern scheint für ein **angemessenes Risikomanagement** auch unter § 12 geradezu erforder- *124*

---

156 S. dazu bereits oben unter A.II.2.
157 So bewertet etwa *Fuchs*, in: Fuchs, § 33 Rn. 69, die Beschränkung in § 12 auf Verstöße aus dem WpHG als „nicht unproblematisch".
158 Begr. zum FRUG, S. 43 (vgl. Fn. 4).
159 Vgl. dazu ausführlich bereits oben unter Rn. 75 ff. und 90 ff.

lich, **eine einzige Compliance-Funktion** für das Wertpapiergeschäft des Wertpapierdienstleistungsunternehmens insgesamt zu etablieren. Aufgabe dieser Compliance-Funktion ist es dann, die Verfahren und Grundsätze sowie Maßnahmen zur Behebung von Defiziten, die vom Wertpapierdienstleistungsunternehmen ergriffen werden, sowohl im Hinblick auf die Frage, ob damit der Gefahr einer Verletzung des WpHG und seiner Ausführungsvorschriften angemessen begegnet wurde, als auch im Hinblick auf die Frage, ob der Gefahr einer Verletzung zivilrechtlicher und sonstiger Rechtsvorschriften ausreichend entgegengewirkt wurde, zu beurteilen.[160]

125 Soweit ein Wertpapierdienstleistungsunternehmen nicht nur Wertpapiergeschäft betreibt, sondern **gleichzeitig** auch z.b. als **Einlagenkreditinstitut** tätig ist – ein typisches Erscheinungsbild einer Universalbank –, stellt sich die Frage, ob die Teile der MaRisk-Compliance-Funktion, die sich demnach dann nicht dem Wertpapiergeschäft widmen würden, in einer eigenen, von der Wertpapier-Compliance-Funktion nach MaRisk und WpDVerOV abzugrenzenden Compliance-Funktion abgebildet werden müssten und ob zwei Compliance-Beauftragte erforderlich seien. Da die MaRisk nur die Ernennung eines einzigen Compliance-Beauftragten für zulässig erachten,[161] ist das Gegenteil der Fall. Die Rolle des Compliance-Beauftragten nach § 12 und nach MaRisk sollten **in einer Universalbank in Personalunion von einem einzigen Compliance-Beauftragten** abgebildet werden – und zwar bezogen auf die volle Bandbreite des insgesamt von der Universalbank betriebenen Geschäftes. Innerhalb der vom Compliance-Beauftragten verantworteten Compliance-Funktion kann dagegen natürlich divisional nach den jeweiligen Geschäftsarten unterschieden werden, wo das sinnvoll ist.

2. Überwachung und Bewertung gem. § 12 Abs. 3 Satz 1 Ziff. 1

126 Die Aufgaben der Compliance-Funktion liegen damit vor allem darin, die **Angemessenheit und Wirksamkeit** des oben beschriebenen Systems der ersten Verteidigungslinie[162] **zu bewerten**. Das heißt, dass die Compliance-Funktion im ersten Schritt der Frage nachgehen muss, ob die von der Unternehmensleitung bzw. von den von ihnen hierzu benannten Verantwortlichen entwickelten Verfahren und Grundsätze nach Art, Maß und Umfang gemessen an Art, Maß und Umfang des Wertpapierdienstleistungsgeschäftes überhaupt dazu dienen können, Gefahren und Risiken deutlich werden zu lassen. Im zweiten Schritt müssen die Mitarbeiter der Compliance-Funktion und ihr Vorgesetzter, der Compliance-Beauftragte,

---

160 Ähnlich *Fuchs*, in: Fuchs, § 33 Rn. 69 m.w.N. in Fn. 127, der vom Schutzweck der hinter § 12 liegenden MiFID-DRL her kommend die Zuständigkeit der Compliance-Funktion nach § 33 WpHG i.V.m. § 12 auf „alle Bereiche, in denen die Gefahr von kapitalmarktbezogenen Interessenkonflikten oder Missbräuchen besteht", ausdehnt.
161 MaRisk AT 4.4.2 Ziff. 4.
162 S. dazu oben unter C.

prüfen, ob Verfahren und Grundsätze auch dazu dienen können, Gefahren und Risiken wirksam zu beschränken.

Die Compliance-Funktion ist gem. § 12 Abs. 3 Satz 1 Ziff. 1 auch aufgefordert zu überwachen. Das bedeutet letztlich, dass die **Bewertung nicht nur als ein einmaliger Prozess ausgestaltet** werden kann. Sie muss **wiederkehrend** vorgenommen werden. Zudem wird die Compliance-Funktion nach einer ersten grundlegenden Bewertung aller Grundsätze und Verfahren in der Folgezeit vor allem damit beschäftigt sein, **Veränderungen** des Geschäfts (z.b. Aufnahme neuer Kundenkategorien, Einführung neuer Produkte, Umstellung des Handelssystems etc.) oder der äußeren Rahmenbedingungen (z.B. Neuregelung des § 33 WpHG, Einführung weiterer Verordnungen, geänderte aufsichtliche Praxis etc.) für das Wertpapierdienstleistungsunternehmen **zu bewerten** und daran anknüpfend die Frage zu beantworten, ob die zuvor als ausreichend empfundenen Verfahren und Grundsätze auch mit Blick auf diese Veränderungen noch so beurteilt werden können. Soweit sie regelmäßig wiederkehrend die einmal bewerteten Verfahren und Grundsätze auch ohne **Veränderungen des Geschäfts** oder der **äußeren Rahmenbedingungen** prüft, ist es vor allem die Frage, ob sich **der Ausführungsstandard** geändert hat, z.b. durch neue Mitarbeiter, durch eine zu stark eingetretene Routine oder ähnliche Erscheinungen in der täglichen Praxis. Das bedeutet zusammengefasst, dass die Compliance-Funktion folgende drei Bewertungsdimensionen berücksichtigen muss: 127

– (einmalige) **grundlegende Analyse** und Bewertung aller Verfahren und Grundsätze,

– **laufende Analyse** und Bewertung der bereits analysierten Verfahren und Grundsätze, im Hinblick auf die Frage, ob sie vollständig durchgeführt werden und der Standard gehalten wird,

– **anlassbezogene Analyse** und Bewertung von Verfahren und Grundsätzen, die von Veränderungen des Geschäfts oder der äußeren Rahmenbedingungen betroffen sind.

Die grundlegende Analyse, aber auch die anlassbezogenen Analysen nehmen in der Sache die Fragen aus der Risikoanalyse der ersten Verteidigungslinie[163] auf. Der Compliance-Funktion ist es erlaubt, auf diese Analyse der ersten Verteidigungslinie oder sonst bereits vorhandene Analysen, z.B. anderer Funktionen im Wertpapierdienstleistungsunternehmen, als Grundlage für die eigene Bewertung zuzugreifen.[164] Allerdings muss sich die Compliance-Funktion dabei selbst ein Bild von der Zuverlässigkeit der Analyseergebnisse der anderen Stellen des Wertpapierdienstleistungsunternehmens machen und darf diese nicht einfach ungeprüft übernehmen. 128

---

163 S. dazu oben unter C.II.4.
164 So wohl auch *Schäfer*, in: Krimphove/Kruse, BT 1.2.1 Rn. 103, der zugesteht, dass die Compliance-Funktion Überwachungshandlungen, die bereits im Rahmen des Internen Kontrollsystems der operativen Einheiten erfolgt seien, nicht noch einmal eins zu eins vorzunehmen seien.

3. Beurteilung der Angemessenheit gem. Abs. 3 Satz 1 Nr. 1

129 Die nach § 12 von der Compliance-Funktion geforderte Beurteilung der Angemessenheit von Verfahren und Grundsätzen beinhaltet aber nicht nur die Beurteilung der Frage, ob Verfahren und Grundsätze **dem genannten Zweck**[165] **dienen** können, d.h. geeignet und wirksam sind. Die Compliance-Funktion ist auch aufgefordert, auf das richtige Maß zu achten. Das richtige Maß in diesem Sinne ist nicht erst dann gefunden, wenn Verfahren und Grundsätze geeignet sind, jede Gefahr einer Verletzung des WpHG oder der Ausführungsvorschriften zu vermeiden oder jedes Risiko auszuschließen. Ein **völliger Ausschluss von Gefahren und Risiken** wird in § 12 gerade **nicht verlangt**. Die Regelung in § 12 Abs. 2 spricht insoweit lediglich davon, die Gefahren und Risiken „so weit wie möglich zu beschränken". Damit ist der Maßstab bei der Angemessenheitsprüfung von Seiten der Compliance-Funktion mit Blick auf diese Zielrichtung festgelegt:[166] Angemessen sind Verfahren und Grundsätze dann, wenn sie die Gefahren und Risiken **möglichst weitgehend beschränken**, sie aber nicht mit letzter Sicherheit ausschließen. Das bedeutet, dass die Verfahren und Grundsätze, wenn sie bei einem üblichen und vorhersehbaren Geschäftsablauf zur Folge haben, dass sich Mitarbeiter[167] des Wertpapierdienstleistungsunternehmens regelkonform verhalten, angemessen sind. Die Angemessenheit ist also nicht erschüttert, wenn es lediglich bei unvorhersehbaren und unüblichen Geschäftsabläufen, die auch nicht durch ein Notfallmanagement erfasst sind, oder bei nicht vorherzusehender krimineller Energie einzelner Mitarbeiter zu Verstößen kommt.

130 Im Rahmen der Angemessenheitsprüfung ist es **nicht Aufgabe der Compliance-Funktion**, auch **Aufwand und Kosten** für die vom Wertpapierdienstleistungsunternehmen einzurichtenden Verfahren und Grundsätze **zu bewerten** und dann bei der Frage der Angemessenheit ins Verhältnis zum Erlösbeitrag aus dem betroffenen Wertpapierdienstleistungsgeschäft zu setzen. Die Frage, ob sich das Wertpapiergeschäft noch lohnt, weil Kosten und Aufwand für die Errichtung und Unterhaltung der Verfahren und Grundsätze zur Gefahr- und Risikovermeidung aus dem Geschäft den Erlösbeitrag aus diesem Geschäft nahezu aufbrauchen, ist eine unternehmerische Frage, die von der Unternehmensleitung bzw. den entsprechenden Geschäftsverantwortlichen zu beantworten ist. Die Compliance-Funktion ist dagegen nicht aufgefordert, diese Frage zu bewerten bzw. bei der Bewertung der Angemessenheit von Verfahren und Grundsätzen auch Kosten, Aufwand und Erlösbeitrag mit ins Kalkül zu ziehen. Es wäre sogar geradezu mit den Vorschriften des WpHG und dem § 12 nicht zu vereinbaren, wenn eine solche Vermischung stattfände. Der **Blick der Compliance-Funktion** ist gem. § 12 vielmehr **exklusiv auf die Gefahren und Risiken** aus dem Wertpapierdienstleistungsgeschäft zu richten. Die unternehmerische Frage des Verhältnisses von Kosten und Er-

---

165 S. zur Beschreibung des Zwecks C.II.
166 Vgl. auch *Fuchs*, in: Fuchs, § 33 Rn. 70.
167 Vgl. zum Mitarbeiterbegriff C.II.2.

lös lenkt hiervon nur ab. Die Frage, ob sich ein Wertpapiergeschäft dann – nach Errichtung angemessener Verfahren und Grundsätze zur Gefahrenabwehr – überhaupt noch lohnt, ist daher ausschließlich durch die Unternehmensleitung bzw. die von ihr benannten Stellen – nicht aber Compliance – zu beantworten.

4. Gestaltung von Überwachungshandlungen i.S.d. § 12 Abs. 3 Satz 1 Nr. 1

Eine Vielzahl an Tätigkeiten, die von der Compliance-Funktion im Rahmen der Überwachung und Kontrolle der Angemessenheit der Verfahren und Grundsätze ausgeübt werden sollten, sind als von der BaFin erwarteter **Standard in den MaComp** beschrieben. So widmen sich die MaComp insbesondere in ihrem Besonderen Teil immer wieder, um nicht zu sagen überwiegend, den Aufgaben einer Compliance-Funktion. Dabei fällt auf, dass die MaComp ganz überwiegend Überwachungshandlungen beschreiben, die die **Integrität der Kapitalmärkte** sicherstellen und darüber hinaus **Interessenkonflikte verhindern** sollen. Neuerdings sind, etwa durch das Verlangen an das Wertpapierdienstleistungsunternehmen, ein System zur Beschwerdebearbeitung einzurichten, auch **Aspekte des Kundenschutzes** im engeren Sinne hinzugekommen. 131

Die MaComp erlauben der Compliance-Funktion, „risikoorientiert" vorzugehen.[168] Die Literatur bzw. die BaFin selbst erkennt hierin eine Ausprägung des Proportionalitätsgrundsatzes.[169] In der Praxis bedeute dies insbesondere, dass die Compliance-Funktion sich dort auf **stichprobenhafte Überwachungshandlungen** konzentrieren darf, wo das Interne Kontrollsystem der ersten Verteidigungslinie bereits ausreichende Selbstkontrollen vorsieht.[170] Das heißt, dass die regelmäßigen Überwachungshandlungen der Compliance-Funktion dann weniger tief ausfallen dürfen, wenn die Compliance-Funktion sich von der Angemessenheit der Grundsätze und Verfahren zuvor überzeugt hat. Ob dann die geringere Tiefe der Überwachung durch Stichproben zum Ausdruck kommt oder z.B. in Form einer verlangsamten Überwachungsfrequenz, ist letztlich unerheblich. 132

Der Katalog der Vorgaben in den MaComp ist aber nicht zwingend verpflichtend. Auch hier gilt gem. AT 3.2 MaComp der **Proportionalitätsgrundsatz**. Er ist innerhalb der MaComp bewusst vor die Klammer gezogen worden,[171] so dass jede der in den MaComp darauf folgenden Regelungen hieran gemessen werden und ggf. als nicht proportional unerfüllt bleiben kann. Die Erfahrung aus der Praxis der jährlichen Regelprüfungen zeigt jedoch, dass das Nicht-Einhalten der Vorgaben aus den MaComp mit der Aufsicht zu Diskussionen führt, die ggf. mehr Aufwand erzeugen als das Umsetzen der jeweiligen Vorgabe aus den MaComp. 133

---
168 BT 1.2.1 MaComp.
169 *Schäfer*, in: Krimphove/Kruse, BT 1.2.1 Rn. 102.
170 *Schäfer*, in: Krimphove/Kruse, BT 1.2.1 Rn. 103.
171 *Haußner*, in: Krimphove/Kruse, AT 3 Rn. 19.

WpDVerOV § 12 Organisationspflichten

134 Umgekehrt sind die **Vorgaben aus den MaComp andererseits keinesfalls abschließend**. So ist z.B. bezeichnenderweise die Vorgabe, ein Beschwerdesystem einzurichten, ausschließlich an das Wertpapierdienstleistungsunternehmen adressiert.[172] Eine korrespondierende Kontroll- und Überwachungshandlung der Compliance-Funktion fehlt. In der Literatur wird das Erfordernis einer Beschäftigung mit **Kundenbeschwerden** unter dem Gesichtspunkt des möglichen operationellen Risikos eher an die MaRisk-Compliance-Funktion adressiert.[173] Allenfalls wird zugestanden, dass sich die Compliance-Funktion nach § 33 WpHG mit sog. „WpHG-Beschwerden" auseinandersetzen solle.[174] Es ist in der Tat sinnvoll und erforderlich, dass die Compliance-Funktion aus § 12 im Rahmen ihrer Aufgabe nach § 12 Abs. 3 nicht nur kontrolliert, ob das Wertpapierdienstleistungsunternehmen die nach § 33 WpHG erforderlichen Verfahren für eine angemessene und unverzügliche Bearbeitung von Beschwerden durch Privatkunden vorhält. Vielmehr sollte die Compliance-Funktion sämtliche Beschwerden von Kunden im Zusammenhang mit der Erbringung von Wertpapierdienst- und -nebendienstleistungen umfassend analysieren. Ggf. kann die Compliance-Funktion als Grundlage oder neben der eigenen Analyse auch die Analyseergebnisse des nach MaRisk tätigen Op-Risk-Managements heranziehen, um hieraus zu weiteren Erkenntnissen für die eigene Arbeit zu gelangen. Oft lassen sich etwa aus Häufungen von Beschwerdethemen Rückschlüsse auf Verbesserungspotenzial in den Prozessen des Wertpapiergeschäftes, z.B. im Beratungsprozess, ziehen. Das heißt, durch eine differenzierte Überwachung der Beschwerden, insbesondere der Beschwerdeinhalte, kann die Compliance-Funktion Hinweise auf Gefahren erlangen und die Angemessenheit der Verfahren und Grundsätze besser beurteilen. Ein ähnliches Vorgehen hat zwischenzeitlich die BaFin über die Verpflichtung der Wertpapierdienstleistungsunternehmen zur Errichtung einer Beschwerdedatenbank, aus der die Beschwerden unmittelbar an die BaFin gemeldet werden, zur Grundlage für eigene Überwachungshandlungen gemacht.

135 Ebenso sollte die Compliance-Funktion weitere, etwa **aufbauorganisatorische Besonderheiten** des Wertpapierdienstleistungsunternehmens zum Anlass nehmen, ggf. eigene, über die MaComp hinaus gehende Prüfungs- und Überwachungshandlungen zu entwickeln. So können sich z.B. aus der Wahl der Aufbauorganisation Anhaltspunkte ergeben, die zu einem erhöhten Gefahrenpotenzial führen und denen dementsprechend zu begegnen ist. So zeigt z.B. die Erfahrung in der Praxis, dass die in modernen Betrieben häufig gewählte Matrix-Organistion, noch ergänzt z.B. durch eine sog. Projektorganisation, dazu führt, dass zwar mehr Informationen schneller durch die Hierarchieebenen fließen. Anderseits besteht die Gefahr, dass diese Informationen, da sie nicht durch den Leitungsflaschenhals gebündelt und gefiltert werden, nicht immer ausreichend aufeinander abgestimmt sind, sich ggf. sogar widersprechen oder sonst nicht

---

172 AT 6.2 Ziff. 1c MaComp.
173 *Stahlke*, in: Krimphove/Kruse, AT 6 Rn. 101.
174 *Stahlke*, in: Krimphove/Kruse, AT 6 Rn. 101 m.w.N.

zueinander passen. Das kann zu Handlungsunsicherheiten bei den Mitarbeitern führen. Da diese in der Matrix-/Projektorganisation üblicherweise gerade nicht durch den einen Vorgesetzten aufgelöst werden, wie es in der Linienorganisation der Fall wäre, sondern von den Mitarbeitern in der Regel erwartet wird, dass sie den Fall selbst kompetent auflösen, liegen hier folgende Gefahren: Der Mitarbeiter hat möglicherweise nicht die ausreichende fachliche Kompetenz, nicht alle Informationen oder keinen Zugang zu einer anderen fachkompetenten Stelle. Er trifft daher ggf. eher als in einer anderen Organisationsform eine Entscheidung, die eine Verletzung des WpHG darstellt.

Dies ist nur ein Beispiel für weitere Gefahren, die aus den Spezifika der betrieblichen Organisation des Wertpapierdienstleistungsunternehmens entstehen können und denen durch eigens von der Compliance-Funktion zu entwickelnde Überwachungshandlungen zu begegnen ist. 136

Insgesamt lässt sich damit festhalten, dass die Compliance-Funktion die gesamten die betriebliche Organisation des Wertpapierdienstleistungsunternehmens bildenden Verfahren und Grundsätze im Blick haben und bewerten muss. Der Katalog der in den MaComp aufgeführten Überwachungshandlungen ist dabei exemplarisch, aber weder zwingend noch abschließend. Vielmehr ist die Compliance-Funktion aufgerufen, die passenden Überwachungshandlungen im Zweifel selbst zu entwickeln. Im Idealfall bilden die Kontrollen des Wertpapierdienstleistungsunternehmen und Überwachungshandlungen der ersten Verteidigungslinie gemeinsam mit den Überwachungshandlungen der Compliance-Funktion auf der zweiten Linie ein engmaschiges Netz, das nahezu lückenlos für Transparenz und Risikominimierung sorgt. Das vollständige Netz aus Kontroll- und Überwachungshandlungen ist in nachfolgendem Bild dargestellt: 137

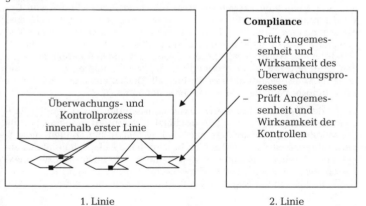

Bild 7: Überwachungs- und Kontrollprozess im Compliance-System

5. Beratung und Unterstützung der Mitarbeiter gem. Abs. 3 Satz 1 Nr. 2

138 Aufgabe der Compliance-Funktion ist es darüber hinaus, die Mitarbeiter des Wertpapierdienstleistungsunternehmens im Hinblick auf die Einhaltung des WpHG und seiner Ausführungsvorschriften zu beraten und zu unterstützen. Der **Beratungsfunktion** kommt eine wesentliche Bedeutung zu. Ihr wird **Präventionswirkung** zugeordnet. Vor allem nach der Vorstellung der BaFin wird über sie ganz entscheidend zur Verbreitung und Stärkung einer **Compliance-Kultur** beigetragen. Nach dem Verständnis vieler, auch der Compliance-Verantwortlichen, zeigt die Compliance-Funktion an dieser Stelle ihr „freundliches Gesicht", während z.b. die Kontroll- und Überwachungshandlungen, die auch in ihren Aufgabenbereich fallen, in der Regel Angst, Unverständnis und Ablehnung auslösen.

139 Nach der hier vertretenen Auffassung ist diese positive Wirkung der Beratungstätigkeit theoretisch möglich und in jedem Fall wünschenswert. In der Praxis allerdings führt die Beratungsfunktion häufiger zu Missverständnissen und Ungereimtheiten, ist in der Wirkung also leider nicht so positiv, wie in der Theorie erwartet. Das gilt umso mehr, je weniger klar Verantwortlichkeiten[175] im Wertpapierdienstleistungsunternehmen festgelegt sind, hier vor allem, je weniger klar die erste Linie sich bewusst ist, dass die Verantwortlichkeit für regelkonformes Verhalten der Mitarbeiter des Wertpapierdienstleistungsunternehmens in der ersten Linie liegt – und damit gerade nicht orginär bei Compliance. So kommt es z.b. in der Praxis immer wieder dazu, dass die Compliance-Funktion beratend eingebunden wird, die einbindende Stelle dann aber nicht nur einen Rat, sondern vielmehr eine umfangreiche **Freizeichnung von Compliance** für das eigene Vorhaben bekommen, die eigene Verantwortung für die Ordnungsgemäßheit ihrer Geschäfte also nicht selbst wahrnehmen, sondern auf Compliance „delegieren" möchte. So ist an vielen Stellen zu beobachten, dass Compliance regelmäßig zur Mit-/oder Freizeichnung von Geschäftsvorgängen eingebunden wird. Das bedeutet dann oft auch, dass die Compliance-Funktion gleichzeitig die meistens in einem solchen Vorgang noch enthaltene Frage, ob z.B. ein Restrisiko oder eine verbleibende Gefahr[176] vom Wertpapierdienstleistungsunternehmen übernommen werden kann und soll, stellvertretend für das Wertpapierdienstleistungsunternehmen insgesamt mitbeantworten soll. Das ist zumindest häufig die Erwartungshaltung der Einheiten der ersten Linie.

140 Folgendes Beispiel kann dieses Erwartungshaltung illustrieren: Im Rahmen der Einführung eines EDV-geschützten Beratungsprotokolls besteht die Möglichkeit, Plausibilitätschecks im System zu hinterlegen, die z.B. dazu führen, dass das vom Kunden beschriebene Anlageziel und das angebotene Produkt zusammenpassen – tun sie das nicht, gibt das EDV-System einen entsprechenden Hinweis oder verbietet sogar die Auswahl des Produktes. In der Regel ist das Programmieren von weniger Plausibi-

---

175 S. dazu oben unter C.II.6.
176 S. dazu oben unter Rn. 129, wonach ein Restrisiko auch bei einer ordnungsgemäßen ersten Linie verbleiben kann.

litätschecks die für das Wertpapierdienstleistungsunternehmen preislich günstigere Variante. Sie ist aber zugleich die mit Blick auf das Risiko von Verstößen seitens der Mitarbeiter des Wertpapierdienstleistungsunternehmens riskantere Variante. Solange die Programmierung aber noch angemessen risikominimierend wirkt, kann Compliance nur beraten, vielleicht auch eine Empfehlung abgeben. Häufig wird Compliance aber zur „Freizeichnung" der mit weniger Plausibilitätschecks versehenen Variante aufgefordert, in der fälschlichen Erwartung der ersten Linie, damit habe Compliance doch die Ordnungsgemäßheit des Vorgehens bestätigt, also dafür gesorgt, dass das Wertpapierdienstleistungsunternehmen auch mit dieser Variante „compliant" sei. Diese Bewertung der Situation geht fehl. Richtig ist vielmehr, dass das Wertpapierdienstleistungsunternehmen, sprich die Vertreter der ersten Linie, beraten von Compliance, jetzt aufgerufen wären, eine **Risikoentscheidung** zu treffen. Das bedeutet, sie müssten die Beratung und Empfehlung von Seiten der Compliance-Funktion aufnehmen und bewerten, müssten die Risiken aus der EDV-Lösung mit weniger Plausibilitätschecks (mehr Fehlberatung mit entsprechenden Folgen) gegen die mit mehr Plausibilitätschecks abwägen und dürften dazu – anders als die Compliance-Funktion[177] – auch die Kostenseite mit berücksichtigen. Am Ende müsste das Wertpapierdienstleistungsunternehmen dann bei der Wahl einer der Varianten auch über die Übernahme eines dann noch enthaltenen Risikos entscheiden. Bei einer solchen Risikoübernahmeentscheidung handelt es sich um eine unternehmerische Entscheidung, die nicht nur nicht in den Aufgabenbereich von Compliance fällt, sondern im Konflikt zur Überwachungsaufgabe der Compliance-Funktion steht und daher von Compliance nicht beantwortet werden sollte. Wird diese Risikoübernahme auf Compliance übertragen, handelt es sich zudem um eine andauernde Überschreitung der Grenzen zwischen der ersten und der zweiten Verteidigungslinie.

Die Erfahrung in der Praxis zeigt aber auch, dass, wenn die Compliance-Funktion ihrer in § 12 vorgesehenen Rolle entsprechend die Beteiligung an der Risikoübernahmeentscheidung des Wertpapierdienstleistungsunternehmens mit Blick auf eben diese gesetzlich geregelte Rolle zurückweist und sich auf die – zulässige – Beratung beschränkt, dass dann die anfragende Stelle häufig mit Unverständnis reagiert. Die **Erwartungshaltung an Compliance** ist in der Regel, dass die Compliance-Funktion für die Richtigkeit und Ordnungsgemäßheit der Geschäfte einsteht, was eben häufig genug in dem Sinne missverstanden wird, dass Compliance anstelle der ersten Linie hierfür einsteht, ihr also diese Verantwortung abnimmt. Die gewünschte positive Wirkung der Beratungsrolle wird in solchen Fällen nicht erreicht, weil die Erwartung der ersten Linie an Compliance nicht erfüllt wird. 141

Wo ein solcher Mechanismus auftaucht, dürfte er zugleich ein Hinweis auf eine noch nicht vollständig ausgeprägte **Compliance-Kultur** sein, da den Mitarbeitern der ersten Linie entweder nicht transparent ist, dass die 142

---

177 S. dazu bereits oben unter Rn. 130.

originäre Verantwortung für die Ordnungsgemäßheit der Geschäfte des Wertpapierdienstleistungsunternehmens in der ersten Linie bei ihnen liegt, oder sie diesen Umstand nicht akzeptieren. In letzterem Fall wäre ihr Verhalten als „uncompliant" zu werten. In ersterem Fall dürfte das Nichtwissen z.b. darauf hinweisen, dass die Elemente des Compliance-Systems entweder noch nicht ausreichend geschaffen wurden (z.B. klare und eindeutige Festlegung der Verantwortlichkeit innerhalb der ersten Linie) oder nicht ausreichend kommuniziert oder in das Konsequenzenmanagement eingebunden wurden. In jedem Fall besteht bei einer solchen Wirkung der Compliance-Beratung grundsätzlich Handlungsbedarf, um die nötige Compliance-Reife im Unternehmen herzustellen. Anders herum dürfte die Situation, in der die reine Beratungsrolle der Compliance-Funktion ohne regelwidrige Übernahme einer originären Risikoverantwortung von der ersten Linie anerkannt und gewertschätzt wird, für eine im Hinblick auf Compliance-Anforderungen reife Geschäftsorganisation und ein etabliertes Compliance-System sprechen. Die **Verantwortung der Compliance-Funktion** liegt in einem solchen, compliant agierenden Wertpapierdienstleistungsunternehmen dann nicht in einer Risikoüberprüfung stellvertretend für das Business, sondern allein darin, **dass der fachliche Rat der Compliance-Funktion zutreffend ist.**

143 Auch führt das Beratungserfordernis immer wieder in der Praxis zu Verwirrung und Unklarheiten betreffend die Verteilung der Rollen und Verantwortlichkeit zwischen der Compliance-Funktion und der – in der Regel sämtliche Rechtsgebiete, also auch Rechtsfragen aus dem WpHG und seinen Ausführungsvorschriften verantwortenden – Rechtsabteilung. Zum Verhältnis zur Rechtsabteilung siehe ausführlich nachfolgend unter Rn. 172 f.

6. Geschäftsleitende Maßnahmen zur Abwehr konkreter Gefahren gem. § 12 Abs. 3 Satz 2

144 Grundsätzlich sieht das Compliance-System des § 12 folgenden Vorgehensmechanismus vor.[178] Die Ergebnisse aus den Überwachungshandlungen der Compliance-Funktion werden von der Compliance-Funktion an die Geschäftsleitung des Wertpapierdienstleistungsunternehmens berichtet. Soweit die Überwachungshandlungen einen Verbesserungsbedarf im Wertpapiergeschäft erkennen lassen oder Maßnahmen zur Herstellung der Risikotransparenz und -minimierung, wie sie in § 12 Abs. 1 Satz 2 verlangt werden, nicht angemessen sind, liegt es in der Verantwortung der Geschäftsleitung, diese Handlungsbedarfe innerhalb der ersten Verteidigungslinie – wie hier definiert –[179] zu bearbeiten.[180] Die **Compliance-Funktion und/oder der Compliance-Beauftragte haben keine eigene Anordnungs- und/oder Verbotskompetenz**, um selbst Mängel abzustellen oder ein Einschreiten der Geschäftsleitung zu verlangen.

---

178 S. dazu bereits oben Rn. 45.
179 S. dazu oben Rn. 56.
180 S. dazu ebenfalls *Schäfer*, in: Krimphove/Kruse, BT 1 Rn. 287 f.

Eine **Ausnahme** von diesem Grundsatz bildet die Regelung in § 12 Abs. 3 *145* Satz 2. Sie sieht vor, dass der Compliance-Beauftragte berechtigt sein muss, **geeignete vorläufige** Maßnahmen zu treffen, **um eine konkrete Gefahr der Beeinträchtigung von Kundeninteressen** abzuwenden. Voraussetzung für diese Ausnahme sind also erstens eine **entsprechende Berechtigung des Compliance-Beauftragten** und zweitens eine konkrete Gefahr der Beeinträchtigung von Kundeninteressen. Die Berechtigung des Compliance-Beauftragten ergibt sich, wie die Formulierung in § 12 Abs. 3 Satz 2 deutlich erkennen lässt, dem Wortlaut nach nicht bereits aus seiner Rolle. Es bedarf vielmehr einer expliziten entsprechenden Berechtigung, die von der Geschäftsleitung erteilt werden muss und zu Nachweiszwecken dokumentiert werden sollte. Der Geschäftsleitung des Wertpapierdienstleistungsunternehmens steht es dabei dem Wortlaut nach nicht frei, die Berechtigung zu verweigern. Die Regelung ist im Wortlaut insofern eindeutig, der Compliance-Beauftragte „*muss* **berechtigt**" **sein**. Bei Fehlen einer expliziten Berechtigung darf es daher nach Sinn und Zweck der Vorschrift auch nicht zu negativen Konsequenzen für den Compliance-Beauftragten führen, wenn er in einem Eilfall ohne explizite Berechtigung trotzdem einschreitet. Insbesondere in arbeitsrechtlicher Hinsicht wird die Geschäftsleitung des Wertpapierdienstleistungsunternehmens ihm bei Fehlen einer dokumentierten Berechtigung daher keinen Vorwurf machen können, dass er unangemessen eingeschritten sei, da sie es ihrerseits versäumt hat, den erforderlichen Rahmen zu schaffen.

Umgekehrt dürfte es für den Compliance-Beauftragten, der nicht ein- *146* schreitet, obwohl etwa ein Eilfall i.S.d. § 12 Abs. 3 Satz 2 vorliegt, eben weil er noch keine ausdrücklich erteilte Berechtigung von Seiten der Geschäftsleitung hat, ebenfalls keine negativen Konsequenzen haben. Im Gegenteil dürfte es wohl positiv für ihn wirken, dass die Berechtigung nicht existiert, weil es damit in einem solchen Fall an der Grundlage für seine Garantenstellung[181] fehlt. Die Berechtigung zu erteilen, liegt damit vornehmlich im Interesse der Geschäftsleitung. Durch die Formulierung und den ausdrücklichen Akt der Berechtigung schafft sie Klarheit und die Grundlage für ein gemeinsames Verständnis mit dem Compliance-Beauftragten, wann ein Einschreiten von seiner Seite gefordert ist. Zudem gibt der Formalakt und die Dokumentation beiden Seiten die Gelegenheit, festzulegen, wann und wie die Geschäftsleitung über die Eilmaßnahme informiert wird und welche nächsten Schritte zu ergreifen sind. Erteilt die Geschäftsleitung die Berechtigung nicht, ist der Compliance-Beauftragte frei, in einem Eilfall einzuschreiten oder auch nicht. Wäre ein Einschreiten zum Schutz von Kundeninteressen geboten gewesen, verhindert das Fehlen der ausdrücklichen Berechtigung das mögliche Entstehen einer Garantenstellung des Compliance-Beauftragten. Die Geschäftsleitung bleibt allein verantwortlich. Umgekehrt kann die Berechtigung, wenn sie denn ausgesprochen wird, gleichzeitig eine Verpflichtung des Compliance-Beauftragten beinhalten; allerdings nicht automatisch. Der Wortlaut

---

[181] S. dazu bereits oben Rn. 67 ff.

des § 12 Abs. 3 Satz 2 spricht gerade nur von einer Berechtigung und eben nicht von einer Pflicht.

147 Natürlich besteht aber für das Wertpapierdienstleistungsunternehmen die Möglichkeit, die Berechtigung um eine korrespondierende Verpflichtung des Compliance-Beauftragten zu erweitern. In diesem Fall dürfte dann eine **Garantenpflicht des Compliance-Beauftragten** begründet sein.[182] Vor diesem Hintergrund ist es eine Obliegenheit für jeden Compliance-Beauftragten, mit Blick auf seine mögliche Haftungssituation auf den genauen Wortlaut der Berechtigung bzw. der damit korrespondierenden Verpflichtung zu achten und darauf Einfluss zu nehmen. Es dürfte ratsam sein, diese Pflicht bereits bei der Aufnahme der Rolle als Compliance-Beauftragter zum Gegenstand der arbeitsvertraglichen Verhandlungen zu machen.

148 Daneben ist es für die Anwendung der Ausnahmeregelung in § 12 Abs. 3 Satz 2 erforderlich, dass eine konkrete Gefahr der Beeinträchtigung von Kundeninteressen gegeben ist. Die Voraussetzungen gelten bei einigen Vertretern in der Literatur als erfüllt, wenn **sog. Eilfälle** vorliegen.[183] Eilfälle seien gegeben, wenn z.b. ein Mitarbeitergeschäft den Tatbestand eines Verstoßes gegen die Insidervorschriften oder die Kurs- und Marktpreismanipulationsvorschriften erfüllt hätte.[184] Dass in diesen Fällen eine Anordnungskompetenz, z.B. die Ausführung des Mitarbeitergeschäftes zu untersagen, besteht, erscheint zweifelhaft. Für Fälle dieser Art findet sich ein Reaktionsmechanismus in § 10 WpHG. Danach hat das Wertpapierdienstleistungsunternehmen – ggf. vertreten durch den Compliance-Beauftragten – den entsprechenden Verdacht noch vor Ausführung des Wertpapiergeschäftes an die BaFin zu melden. Die weiteren Schritte werden von dort eingeleitet. Fälle von Insiderhandel und Marktmanipulation sind von der Regelung in § 12 Abs. 3 Satz 2 daher nicht erfasst.

149 Die Vermeidung von Marktmanipulation und Insiderhandel dient schon nicht in erster Linie dem Schutz der Kundeninteressen, sondern vor allem dem Schutz der Integrität der Kapitalmärkte. Die Regelung in § 12 Abs. 3 Satz 2 verlangt aber gerade die konkrete Gefahr der Beeinträchtigung von Kundeninteressen. Fälle, die hierunter zu fassen wären, sind vor allem solche, in denen Kunden nicht passende oder sonst für sie nicht geeignete Produkte verkauft werden oder die erforderliche Beratung nicht erbracht wird. **Sachverhalte in diesem Zusammenhang** könnten etwa sein, dass die Compliance-Funktion im Rahmen ihrer Überwachungshandlungen feststellt, dass z.B. einzelne Berater wiederholt oder dauernd ungeeignete Produkte an Kunden verkaufen. In dem Fall muss es dem Compliance-Beauftragten erlaubt sein, diesem einzelnen Berater die weitere Beratung mit sofortiger Wirkung zu untersagen – so lange, bis der Sachverhalt gründlich aufgeklärt wurde.

---

182 S. zur Rechtsprechung des BGH zur Garantenstellung des Compliance-Beauftragten oben Rn. 67 ff.
183 Vgl. *Schäfer*, BKR 2011, 190 f.
184 *Schäfer*, in: Krimphove/Kruse, § 12 Rn. 526.

In der Regel erfolgt die weitere Aufklärung und Gestaltung von Maß- 150
nahmen unter **Beteiligung der Personalabteilung und der internen Revision**, um künftig eine ordnungsgemäße Beratung sicherzustellen. Ein weiterer möglicher Sachverhalt könnte sein, dass die Risikoeinstufung eines Produktes das Produkt fehlerhaft als geeignet für z.B. sicherheitsorientierte Anleger bewertet hat. Tatsächlich ist es aber nur für spekulativ eingestellte Anleger geeignet. In einem solchen Fall muss der Compliance-Beauftragte die Befugnis haben, den Vertrieb dieses Produktes an sicherheitsorientierte Anleger mit sofortiger Wirkung zu untersagen. Das Wertpapierdienstleistungsunternehmen kann dann entscheiden, wie mit diesem Produkt weiter verfahren werden soll (z.B. Vertrieb nur an geeignete Kunden oder Rückverkauf der Papiere an den Emittenten). All diesen Beispielen ist gemein, dass eine konkrete Gefahr einer Beeinträchtigung von Kundeninteressen vorliegt, die in der Regel durch sofortiges Eingreifen von Seiten des Compliance-Beauftragten gebannt werden kann, sobald er den Sachverhalt erkannt und bewertet hat. Diesen Fällen ist zudem gemein, dass eine Entscheidungsfindung innerhalb des Wertpapierdienstleistungsunternehmens so viel Zeit in Anspruch nehmen würde, dass in dieser Zeit bereits weiteren Kunden ungeeignete Anlageprodukte verkauft werden könnten. Dazu reichen in den genannten Beispielen bereits wenige Stunden. Es besteht also Eilbedürftigkeit.

Die vom Compliance-Beauftragten ergriffenen **Maßnahmen müssen ge-** 151
eignet und erforderlich sein, die Gefahr zu beseitigen. Geeignet ist eine Maßnahme, wenn durch sie die beabsichtigte Wirkung – Beseitigung der Gefahr – erzielt werden kann. Erforderlich ist sie, wenn es sich um die mildeste der geeigneten Maßnahmen handelt, die noch in der Lage ist, das angestrebte Ziel zu erreichen. Sie muss zudem **vorläufig** sein. Die endgültigen Maßnahmen liegen dann wieder im Verantwortungsbereich des Wertpapierdienstleistungsunternehmens selbst. In den vorgenannten Beispielfällen wären das z.B. im ersten Beispiel die Frage, ob eine Abmahnung ausgesprochen oder dem Berater seine Beratungskompetenz entzogen wird, oder als Minus dazu, ob er eine Nachschulung bestehen muss. Im zweiten Beispiel wäre es die Frage, ob das Produkt gehalten oder wieder zurückverkauft wird. Das sind Fragen, die das Wertpapierdienstleistungsunternehmen im Rahmen der abschließenden Lösung dieser Fälle beantworten müsste.

II. Der Compliance-Beauftragte gem. § 12 Abs. 4

In § 12 Abs. 4 wird das Wertpapierdienstleistungsunternehmen verpflich- 152
tet, einen Compliance-Beauftragten zu benennen. Wie bei allen Verordnungen dürfen die Regelungen in § 12 in ihrer inhaltlichen Reichweite nicht weiter gehen als die Vorschriften aus der zugrunde liegenden parlamentsgesetzlichen Regelung in § 33 WpHG, da anderenfalls die Gefahr bestünde, dass der grundgesetzliche Gesetzesvorbehalt ausgehebelt oder umgangen würde. In der Folge bedeutet das, dass umgekehrt die Rege-

lungen der WpDVerOV auch immer mit Blick auf die Rahmenvorgaben in § 33 WpHG ausgelegt und interpretiert werden müssen.[185]

153 Bereits der erste Blick in den § 12 lässt jedoch erkennen, dass dort in Abs. 4 die Ernennung eines Compliance-Beauftragten verlangt wird, während in § 33 WpHG kein derartiges Erfordernis auftaucht. Mit Blick auf den Charakter der WpDVerOV als Verordnung wurde daher noch im Vorfeld ihres Erlasses auf eine mögliche Verfassungswidrigkeit dieser konkreten Regelung in Abs. 3 hingewiesen. Die Verordnungsermächtigung erlaube nur Regelungen, die eindeutig bereits im § 33 WpHG angelegt seien, und dort sei an keiner Stelle die Rede von einem Compliance-Beauftragten. Es fehle daher an dieser Stelle an einer entsprechenden Ermächtigung des Verordnungsgebers. Einer solchen habe es aber bedurft, da durch das Erfordernis eines Compliance-Beauftragten die Organisationshoheit der regelmäßig als Kapitalgesellschaft (AG, gelegentlich auch GmbH) organisierten Wertpapierdienstleistungsunternehmen beschränkt werde. Hierbei handele es sich um ein Grundrecht, das nur durch ein Parlamentsgesetz eingeschränkt werden könne.[186]

154 Der Ansatz ist nicht so leicht von der Hand zu weisen. Dennoch dürfte diese Diskussion inzwischen nicht mehr von Belang sein, mindestens wird sie nicht mehr aktiv geführt bzw. ist in der Praxis überholt, da das Erfordernis einer Ernennung eines Compliance-Beauftragten zwischenzeitlich durch kein Wertpapierdienstleistungsunternehmen mehr in Frage gestellt wird.

1. Verantwortlichkeit des Compliance-Beauftragten für die Compliance-Funktion i.S.d. § 12 Abs. 4 Satz 1

155 Der Compliance-Beauftragte ist gem. § 12 Abs. 4 Satz 1 verantwortlich für die Compliance-Funktion. Das bedeutet, dass ihm die Leitung über die Mitarbeiter der Compliance-Funktion zu übertragen ist.[187] Es reicht dabei nicht, wenn der Compliance-Beauftragte die Mitarbeiter der Compliance-Funktion lediglich fachlich führt. Auch die **disziplinarische und hierarchische Zuordnung** der Mitarbeiter der Compliance-Funktion zum Compliance-Beauftragten ist erforderlich. Nur so wird die in § 12 geforderte Verantwortlichkeit des Compliance-Beauftragten für die Compliance-Funktion hergestellt.[188] Anderenfalls könnte die Compliance-Funktion über eine disziplinarische Einwirkungsmöglichkeit eines anderen hierarchisch Vorgesetzten faktisch gelenkt werden, während der Compliance-Beauftragte außer seiner fachlichen Meinung keine weitere Einwirkungsmöglichkeit auf die Mitarbeiter der Compliance-Funktion hätte. In einer solchen Konstellation kann von Verantwortlichkeit des Compli-

---

185 S. dazu bereits Rn. 5 ff.
186 Die Argumente wurden in der internen Debatte des Regelungsentwurfs durch die Verbände aufgeworfen, sind aber nicht verschriftlicht worden und inzwischen überholt.
187 *Casper*, Festschrift für Karsten Schmidt, S. 199, 216.
188 S. dazu bereits oben Rn. 119.

ance-Beauftragten für die Compliance-Funktion nicht die Rede sein. Die Mitarbeiter der Compliance-Funktion würden sich in dieser Konstellation immer in letzter Instanz an den hierarchisch und disziplinarisch Vorgesetzten halten müssen, da er letztlich der Entscheidende für die Bewertung ihrer Arbeit wäre – angefangen von persönlichen, zeugnisrelevanten Bewertungen über Zielerreichungsgrade bis hin zur Frage, ob ein Fehlverhalten mit personalrechtlichen Konsequenzen vorliegt. Das bedeutet, dass der Compliance-Beauftragte gerade nicht derjenige wäre, der in einer solchen Konstellation die Mitarbeiter seiner Compliance-Funktion lenken würde. In diesem Fall würde man nicht von der Verantwortlichkeit des Compliance-Beauftragten für die Compliance-Funktion sprechen können, da die zwingende Voraussetzung für die Verantwortung des Compliance-Beauftragten, nämlich seine **Einwirkungsmöglichkeit auf die Compliance-Funktion**, fehlt.

Die hierarchische und disziplinarische Überordnung des Compliance-Beauftragten über die Mitarbeiter der Compliance-Funktion ist zudem auch im Unabhängigkeitserfordernis des Compliance-Beauftragten sowie der Compliance-Funktion angelegt. Das Unabhängigkeitserfordernis verlangt, dass die Compliance-Funktion frei von Weisungs- und Eingriffsrechten anderer Unternehmenseinheiten, mit Ausnahme der Geschäftsleitung, aufgestellt ist.[189] Zudem wäre im Hinblick auf ein Wertpapierdienstleistungsunternehmen, das eine solche Konstruktion wählt, die Frage angebracht, was gegen eine allein vom Compliance-Beauftragten in jeder Hinsicht verantwortete Compliance-Funktion spricht. Soweit z.B. eine Kontrolle des Compliance-Beauftragten der Hintergrund sein sollte, spricht dies deutlich für einen entwicklungsbedürftigen Reifegrad der Compliance-Kultur des Wertpapierdienstleistungsunternehmens. Erst wenn die Unabhängigkeit der Compliance-Funktion akzeptiert und umgesetzt ist, dürfte sich auch eine **Compliance-Kultur** im Unternehmen entwickeln. 156

2. Regelmäßige Berichtslegung an Geschäftsleitung und Aufsichtsorgan gem. § 12 Abs. 4 Satz 1

Der Compliance-Beauftragte ist gem. § 12 Abs. 4 Satz 1 im Vergleich mit § 33 Abs. 1 Satz 2 Nr. 5 WpHG für die **Berichte an die Geschäftsleitung und das Aufsichtsorgan** des Wertpapierdienstleistungsunternehmens zuständig. Die Berichte müssen gem. Abs. 1 Satz 2 Nr. 5 WpHG mindestens einmal jährlich erfolgen. Sie bedürfen der Schriftform gem. Abs. 9 Abs. 2 MiFID-DRL. In der Regel fertigt der Compliance-Beauftragte einen schriftlichen Bericht an, der sowohl der Geschäftsleitung als auch dem Aufsichtsorgan vorgelegt wird. Inhaltlich muss der Bericht sich damit auseinandersetzen, ob das Wertpapierdienstleistungsunternehmen nach Ansicht des Compliance-Beauftragten seine Pflichten aus § 12 erfüllt. Dazu sollte der Bericht zunächst einen **Überblick über die Wertpapierdienstleistungs- und -nebendienstleistungsgeschäfte** des Wertpapierdienstleis- 157

---

189 *Casper*, Festschrift für Karsten Schmidt, S. 199, 210, mit weiteren Angaben in Fn. 41.

WpDVerOV § 12 Organisationspflichten

tungsunternehmens liefern und dann alle **Elemente des korrespondierenden Compliance-Systems**[190] darstellen und bewerten. Die BaFin hat in diesem Zusammenhang ihre Erwartungen an die Berichtsinhalte in BT 1.2.2 MaComp festgehalten.

158 Auch zur **Aufstellung und Ausstattung der Compliance-Funktion** muss der Compliance-Beauftragte Stellung nehmen.[191] Ziel des Berichts ist, der Geschäftsleitung und dem Aufsichtsorgan ein klares Bild dazu zu vermitteln, ob das Wertpapierdienstleistungsunternehmen angemessene Maßnahmen ergriffen hat, um Risiken einer Verletzung von Rahmenvorgaben[192] transparent werden zu lassen (vgl. § 12 Abs. 1) und möglichst zu beschränken (vgl. § 12 Abs. 2a) sowie Defizite zu beheben (vgl. § 12 Abs. 2a). Um die Lesbarkeit des Berichts für die externen Prüfer, die im Rahmen der jährlichen Regelprüfung des WpHG und der Compliance-Funktion in der Regel den Einstieg über den Compliance-Bericht wählen, zu verbessern, ist es ratsam, auch mindestens **explizit zu allen Gesichtspunkten der Verordnung über die Prüfung der Wertpapierdienstleistungsunternehmen nach § 36 WpHG (Wertpapierdienstleistungs-Prüfungsverordnung – WpDPV)**[193] Stellung zu nehmen. Insbesondere auf die in der Anlage zu § 5 Abs. 6 WpDPV aufgeführten Gesichtspunkte und Themen sollte im Bericht ausführlich und nachvollziehbar eingegangen werden.

3. Anlassbezogene Berichtslegung gem. § 12 Abs. 4 Satz 2

159 Der Compliance-Beauftragte hat gem. § 12 Abs. 4 Satz 2 darüber hinaus **anlassbezogen** und damit abweichend vom regelmäßigen Berichtsturnus **die Geschäftsleitung in Kenntnis** zu setzen, wenn die zur Behebung von Defiziten erforderlichen Maßnahmen i.S.d. § 12 Abs. 2a WpHG nicht in angemessener Zeit ergriffen und umgesetzt werden. Ein explizites Schriftformerfordernis für diese Art von Berichten existiert nicht. Dennoch empfiehlt es sich, auch diese Berichte schriftlich zu verfassen, um das Funktionieren des Compliance-Systems zu dokumentieren. Zudem wird auch nur auf Basis von schriftlichen Berichten eine Überführung in das **Konsequenzenmanagement**[194] möglich sein. Wann ein Bericht veranlasst ist, ist letztlich gem. § 12 Abs. 4 Satz 2 der Wertung durch den Compliance-Beauftragten überlassen. Voraussetzung ist jedenfalls das Vorliegen eines **Defizits i.S.d. § 12 Abs. 2a**[195] und die Wertung seitens des Compliance-Beauftragten, dass die vom Wertpapierdienstleistungsunter-

---

190 S. vollständige Darstellung aller Elemente unter C.
191 Vgl. BT 1.2.2 letzter Spiegelstrich MaComp.
192 Als Rahmenvorgaben sind alle das Wertpapiergeschäft des Wertpapierdienstleistungsunternehmens regelnden gesetzlichen Vorgaben zu verstehen, auch zivilrechtliche. Siehe dazu oben Rn. 24 ff., 70 ff. und 90 ff.
193 Wertpapierdienstleistungs-Prüfungsverordnung vom 16.12.2004 (BGBl. I, S. 3515).
194 S. zum Konsequenzenmanagement oben C.III.1.
195 S. dazu bereits oben Rn. 116 f.

nehmen selbst zur Behebung definierten **Maßnahmen**[196] **nicht innerhalb angemessener Zeit ergriffen und umgesetzt werden.**

Klar dürfte nach dem Sinn und Zweck der Vorschrift sein, dass der Anlass auch dann gegeben ist, wenn das Unternehmen schon gar keine Maßnahmen definiert – und nicht nur, wenn es sie nicht umsetzt. Wann der angemessene Zeitraum aus Sicht des Compliance-Beauftragten abgelaufen ist, dürfte insbesondere auch im Zusammenhang mit der Schwere und Bedeutung des Defizits stehen. In jedem Fall aber dürfte der Zeitpunkt für einen anlassbezogenen Bericht gekommen sein, wenn ein weiteres Verstreichen von Zeit zu einer **konkreten Gefahr einer Beeinträchtigung von Kundeninteressen und damit** zu einem Anwendungsfall des § 12 Abs. 3 Satz 2 zu werden droht. Ebenso dürfte ein Anlass zu einem Bericht i.S.d. § 12 Abs. 4 gegeben sein, wenn der Compliance-Beauftragte den Eindruck gewinnt, der Behebung des Defizits wird nicht ausreichend Aufmerksamkeit geschenkt, es wird immer wieder gegenüber anderen Anforderungen nach hinten priorisiert. Sollte der Compliance-Beauftragte in diesem Zusammenhang oder sonst im Rahmen seiner Überwachungsaufgabe zu der Überzeugung gelangen, dass die Geschäftsleitung des Wertpapierdienstleistungsunternehmens selbst in das Defizit involviert ist, wird in der Literatur teilweise eine **Pflicht** des Compliance-Beauftragten erkannt, **den Aufsichtsrat bzw. das Aufsichtsorgan zu informieren.**[197] 160

4. Anforderungen an die Mitarbeiter der Compliance-Funktion gem. § 12 Abs. 4 Satz 3

Die mit der Compliance-Funktion betrauten Personen müssen über die für eine ordnungsgemäße und unabhängige Erfüllung ihrer Aufgaben erforderlichen Fachkenntnisse, Mittel und Kompetenzen sowie über Zugang für alle ihre Tätigkeit relevanten Informationen verfügen. 161

a) Fachkenntnisse gem. § 12 Abs. 4 Satz 3

Die erforderlichen **Fachkenntnisse**, über die nach Ansicht der BaFin die mit der Compliance-Funktion beauftragten Mitarbeiter verfügen müssen, sind **als Sachkundeerfordernis in BT 1.3.1.3 MaComp** niedergelegt. Danach sind es vor allem Kenntnisse über die rechtlichen Rahmenvorgaben für ein Wertpapierdienstleistungsunternehmen. Hierunter fallen Gesetze, europarechtliche Grundlagen, aber auch Verwaltungsvorschriften und Verlautbarungen der BaFin sowie Leitlinien und Standards der ESMA.[198] Darüber hinaus verlangt die BaFin **Methodenkompetenz** insbesondere im Hinblick auf die Gestaltung von Kontroll- und Überwachungsprozessen.[199] Daneben sind **Kenntnisse vom Aufbau- und Ablauf eines Wertpapierdienstleistungsunternehmens, von Finanzprodukten und Vertriebs- 162

---

196 S. dazu bereits oben Rn. 116 f.
197 *Casper*, Festschrift für Karsten Schmidt, S. 199, 207.
198 S. BT 1.3.1.3 Ziff. 1 Spiegelstrich 1–3 MaComp.
199 BT 1.3.1.3 Ziff. 1 Spiegelstrich 5 MaComp.

wegen sowie Vertriebsvorgaben erforderlich.[200] Die Erfahrung in der Praxis zeigt, das vor allem gemischte, interdisziplinäre und unterschiedlich erfahrene Teams erfolgreich sind. Gut ist eine Mischung aus Juristen, Qualitätsmanagern, ehemaligen Auditoren, Bankkaufleuten mit Wertpapierschwerpunkt und ehemaligen Vertrieblern. Arbeiten diese Disziplinen gemeinsam an den Aufgaben der Compliance-Funktion, wird ihnen in der Regel eine Bewertung der Angemessenheit der Grundsätze und Vorkehrungen des Wertpapierdienstleistungsunternehmens gem. § 12 Abs. 3 sehr erfolgreich gelingen, genauso wie die Beratung der Mitarbeiter des Unternehmens.

b) Mittel gem. § 12 Abs. 4 Satz 3

163 Die erforderlichen Mittel sind vor allem dann gegeben, wenn die Ausstattung der Compliance-Funktion gemessen an ihren Aufgaben so ausgestaltet ist, dass sie diesen unabhängig und voll umfänglich nachkommen kann. Dazu gehört ein **eigenes Budget der Compliance-Funktion**, um selbst für die erforderliche Ausgestaltung der Mitarbeiter mit Technik, Literatur und Weiterbildung sorgen zu können – und zwar unabhängig von anderen Einheiten des Wertpapierdienstleistungsunternehmens. Das Budget und die Angemessenheit desselben sollte nur mit den Vertretern der Geschäftsleitung zu diskutieren sein, nicht mit anderen, etwa für Kostensenkung verantwortlichen Einheiten des Hauses, die ganz klar einen Auftrag verfolgen, im Zweifel ohne Rücksicht auf Risiken, die hierdurch entstehen – eine Kostensenkung für das Wertpapierdienstleistungsunternehmen zu erreichen. Die Erfahrung zeigt sogar, dass dort, wo Kosten vom Wertpapierdienstleistungsunternehmen eingespart werden müssen, häufig als Erstes Kontroll- und Überwachungsmaßnahmen, also Grundsätze, Verfahren und Maßnahmen i.S.d. § 12 Abs. 1 und Abs. 2 eingespart werden, weil ihr Ergebnisbeitrag nicht unmittelbar zu erkennen ist. In diesen Fällen wäre es geradezu fatal, wenn dann noch das Budget für die Compliance-Funktion eingespart würde. Hier müssten vielmehr – wegen reduzierter Selbstkontrollen in der ersten Verteidigungslinie des Wertpapierdienstleistungsunternehmens – die Mittel der Compliance-Funktion eher steigen, weil die Angemessenheitsbeurteilung gem. § 12 Abs. 3 vermutlich nur mit größerem Aufwand als bei einem offensichtlich gut ausgebauten und funktionierenden Internen Kontroll-System (IKS) in der ersten Linie möglich wäre.

164 Das Budget sollte auch ein **eigenes Budget der Compliance-Funktion** beinhalten, um den **Rat Externer** einkaufen zu können. Hier gilt dasselbe wie zuvor gesagt: Umfang eines solchen Budget und die Entscheidung, ob und welche Externen von der Compliance-Funktion beauftragt werden, sollte allenfalls mit der Geschäftsleitung des Wertpapierdienstleistungsunternehmens diskutiert werden müssen. Genau hier zeigt sich die **Unabhängigkeit der Compliance-Funktion** vom Wertpapierdienstleistungsgeschäft im Übrigen. Die MaComp verlangen zudem, dass **wesent-**

---

200 BT 1.3.1.3 Ziff. 1 Spiegelstrich 7, 8 MaComp.

Organisationspflichten § 12 WpDVerOV

liche Kürzungen des Budgets der Compliance-Funktion an das Aufsichtsorgan zu berichten sind.[201]

Zur Mittelausstattung i.S.d. § 12 Abs. 4 gehört auch die Ausstattung der Compliance-Funktion mit der erforderlichen Menge **an Personal**. Die Frage, welche Menge erforderlich ist, ist ein häufig diskutierter Punkt nicht nur zwischen Compliance-Funktion und Geschäftsleitung des Wertpapierdienstleistungsunternehmens, sondern auch unter Compliance-Beauftragten. Für die Unabhängigkeit der Compliance-Funktion wird in diesem Zusammenhang sprechen, wenn Compliance ausschließlich mit der Geschäftsleitung des Wertpapierdienstleistungsunternehmens die Frage der Zahl der Compliance-Mitarbeiter diskutiert. Üblich ist aber eine Diskussion mit anderen, in der Regel nicht ausschließlich risikoorientiert aufgestellten Abteilungen wie Personal und Controlling. 165

Die richtige Menge an Compliance-Mitarbeitern wird von Umfang, Vielfalt und Komplexität des Wertpapierdienstleistungsgeschäftes des Wertpapierdienstleistungsunternehmens abhängen. Angesichts der Komplexität der Aufgabe scheint eine Besetzung mit nur einer Person aber auf jeden Fall heutzutage nicht mehr angemessen, selbst wenn für ganz **kleine Unternehmen eine Personalunion mit einem Mitglied der Geschäftsleitung** noch möglich ist. Erfahrungswerte zu integrierten Compliance-Funktionen in einer Vollbank, die alle Compliance-Rollen in einer Funktion abbilden (MaRisk, WpHG, Geldwäsche, Terrorismusfinanzierung und Sanktionen und sonstige strafbare Handlungen), lassen eine Daumenregel im Verhältnis zur Zahl der Mitarbeiter der ersten Linie, wie hier definiert,[202] zu. Die Daumenregel lautet: ein Mitarbeiter für Compliance pro 100 Mitarbeiter der ersten Linie der Vollbank. Geht man davon aus, dass die Abbildung der Compliance-Funktion nach WpHG/WpDVerOV ca. 1/3 der Aufgaben in einer solchen integrierten Compliance-Funktion umfassen wird, dürfte für reine Wertpapierdienstleistungsunternehmen die Faustregel von ca. einem Mitarbeiter in Compliance auf 300 Mitarbeiter des Wertpapierdienstleistungsunternehmens im Übrigen gelten. Die Richtigkeit der Ergebnisse der Faustregel wäre natürlich auf Basis des Proportionalitätsgrundsatzes zu überprüfen. 166

Abgesehen von der zahlenmäßigen Ausstattung der Compliance-Funktion mit Personal gehört zu einer Ausstattung mit den erforderlichen Mitteln auch, dass die **Gehälter der Mitarbeiter** auch die geforderte Ausbildungsqualität, sonstige Fachkompetenz und Seniorität widerspiegeln. Insbesondere in den zahlreichen Stellenausschreibungen, die sich zurzeit auf den einschlägigen Online-Portalen finden, lässt sich ein anderes Bild ablesen. Dort werden in der Regel sehr wenig erfahrene Mitarbeiter gesucht, die bei weitem bei der erforderlichen Fachlichkeit[203] kein wettbewerbsfähiges Gehalt verdienen. Die in den MaComp geforderte Anlehnung des Gehalts des Compliance-Beauftragten an die der Leiter der 167

---

201 BT 1.3.1.1 Ziff. 2 MaComp.
202 S. dazu Rn. 56.
203 Zur erforderlichen Fachlichkeit s. oben Rn. 162.

Abteilungen Revision und Recht sollte auch auf die Vergütung der weiteren Mitarbeiter der Compliance-Funktion ausgedehnt werden.

c) Kompetenzen gem. § 12 Abs. 4 Satz 3

168 Die erforderlichen Kompetenzen sind vor allem dann gegeben, wenn die Compliance-Funktion die **Handlungs- und Entscheidungskompetenz** besitzt, um ihren Aufgaben nachgehen zu können. Dazu gehören neben solchen Selbstverständlichkeiten wie Zeichnungskompetenzen für Schriftverkehr nach dem oben Genannten auch Kompetenzen, über das zur Verfügung stehende Budget allein verfügen zu können oder externe Berater heranzuziehen sowie die Entscheidung, Personal einzustellen, bzw. die Auswahlentscheidung unter mehreren Bewerbern. Auch die Kompetenz des Compliance-Beauftragten, die gem. § 12 Abs. 3 Satz 2 vorgesehen ist, wonach er vorläufig Maßnahmen zur Gefahr einer Beeinträchtigung von Kundeninteressen abwenden können muss, gehört dazu.[204]

d) Zugang zu allen für ihre Tätigkeit relevanten Informationen gem. § 12 Abs. 4 Satz 3

169 Die Mitarbeiter der Compliance-Funktion müssen über **Zugang zu allen** für ihre Tätigkeit relevanten **Informationen** verfügen. Die Frage, was relevante Informationen sind, können letztlich nur sie bzw. im Zweifel die Geschäftsleitung des Wertpapierdienstleistungsunternehmens festlegen. Auch hierin zeigt sich die Unabhängigkeit der Compliance-Funktion. Der Umstand, dass sie **allein entscheidet**, zeigt den Reifegrad des Compliance-Systems. Zugang bedeutet, dass Compliance die Herausgabe von Informationen verlangen kann oder vor Ort Zutritt erhalten muss. Sollten sich die angesprochenen Mitarbeiter weigern, steht der Compliance-Funktion in der Regel aber wohl keine Durchsetzungshandhabe zur Verfügung. Hierzu muss Compliance auf die Geschäftsleitung oder ggf. die Interne Revision zugehen und um Unterstützung bitten. Etwas anderes dürfte nur gelten, wenn Compliance die Durchsetzungsrechte ausdrücklich eingeräumt worden sind.

5. Unabhängigkeit vom Wertpapierdienstleistungsgeschäft gem. § 12 Abs. 4 Satz 3

170 Die Mitarbeiter der Compliance-Funktion müssen ihre Aufgaben unabhängig erfüllen können. Was unter dieser Unabhängigkeit zu verstehen ist, wird unterschiedlich diskutiert.[205] Einig sind sich die Stimmen jedoch, dass dem Kriterium der Unabhängigkeit eine zentrale Bedeutung zukommt.[206] Teilweise wird unterschieden nach einerseits disziplinarischer Unabhängigkeit, andererseits organisatorischer, dann fachlicher und finanzieller, und nicht zu guter Letzt wird in der neuerdings in den

---

204 S. dazu ausführlich bereits oben Rn. 144 ff.
205 Vgl. *Lösler*, WM 2010, 1917, 1920, mit Angaben in Fn. 25 dort.
206 Vgl. *Lösler*, WM 2010, 1917, 1920.

MaComp geregelten arbeitsrechtlichen Sonderstellung[207] eine weitere Ausprägung des Unabhängigkeitserfordernisses gesehen.

Einigkeit herrscht im Hinblick auf das Erfordernis der organisatorischen Unabhängigkeit. Dieses Erfordernis wird auch einheitlich in der Regelung des § 12 Abs. 4 Satz 3 erkannt und ist erfüllt, wenn die Compliance-Funktion von den geschäftlichen Aktivitäten der Bank getrennt aufgestellt wird.[208] Mindestens bedeutet das eine Trennung von den Geschäfts-, Handels- und Abwicklungsabteilungen eines Institutes;[209] darüber hinaus eine organisatorische Trennung von sämtlichen Einheiten der ersten Verteidigungslinie.[210] Das bedeutet z.B. auch Unabhängigkeit von der Rechtsabteilung, jedenfalls, wenn deren Aufgabe nicht ausschließlich die einer Risikomanagementeinheit in dem Sinne ist, dass sie neben dem Ziel und der Aufgabe, Risiken zu bewerten, keine anderen Ziele und Aufgaben erfüllt – etwa das Möglichmachen von riskanten Geschäften oder die Minimierung von Haftungsrisiken des Wertpapierdienstleistungsunternehmens durch z.B. besonders gute und damit oftmals die Rechtsposition der Kunden verschlechternde Formulierungen von z.B. Produktinformationen etc.

171

Eine solche Rechtsabteilung wäre, wie oben unter B.II.2. bereits beschrieben, nach dem Verständnis des Systems in § 12 auf der ersten Linie anzusiedeln. Als solche Funktion der ersten Linie würde sie, wie alle anderen Funktionen der ersten Linie, von Compliance überwacht. Das heißt, Compliance müsste in der Lage sein, die Arbeit in der Rechtsabteilung/Legaleinheit zu bewerten. Das müsste in einem solchem Fall innerhalb der Compliance-Funktion auf Basis einer eigenen – auch fachlichen – Kompetenz erfolgen. Erst dann wäre Compliance auch von Recht unabhängig. Die in der Praxis oft zu beobachtenden Zusammenarbeitsmodelle, in denen die Compliance-Funktion bei der Bewertung von Rechtsfragen auf die Kompetenz der Rechtsabteilung angewiesen ist, erfüllen das Unabhängigkeitserfordernis dagegen nicht. Etwas anders kann nur gelten, wenn die Rechtsabteilung durch entsprechende Festlegung von Seiten der Geschäftsleitung ausschließlich auf die Bewertung von Risiken aus Rechtsverstößen fokussiert ist.

172

Eine solche Rechtsabteilung dürfte möglicherweise auch geeignet sein, um eine Anbindung von Compliance an sie zu begründen, wie in BT 1.3.3.3 Ziff. 2, 3 MaComp vorgesehen. Noch überzeugender wäre es jedoch, wenn eine solche Rechtsabteilung umgekehrt an die Compliance-Funktion angebunden wäre. In diesem Fall wäre der Compliance-Beauftragte gleichzeitig Leiter Recht und die Rechtseinheit Teil der Compliance-Funktion und damit auf der zweiten Linie i.S.d. § 12 angesiedelt. Nur in einer solchen Konstellation wäre das Unabhängigkeitserfordernis bei einer Verbindung von Recht und Compliance zweifelsfrei erfüllt. Ein

173

---

207 BT 1.3.3.4 Ziff. 4 MaComp (12-monatige Kündigungsfrist).
208 *Lösler*, WM 2010, 1917, 1920, mit weiteren Angaben in Fn. 27, 28 dort.
209 *Lösler*, WM 2010, 1917, 1920.
210 Zu den Einheiten der ersten Verteidigungslinie s. bereits oben unter B.II.2.

Zusammenführen von Recht und Compliance unter der Leitung des Compliance-Beauftragten kann mit Blick auf die sich vielfach überschneidenden Aufgaben[211] von Recht und Compliance durchaus Sinn machen. Das gilt umso mehr, als in der aktuellen Entwicklung die beratende Rolle von Compliance immer mehr als Schlüsselfaktor für eine erfolgreiche Compliance-Kultur erkannt wird. Die Beratungsrolle wurde noch vor kurzem bei Recht gesehen, Compliance auf die Überwachung beschränkt.[212] Die Betrachtungen zur Unabhängigkeit von Compliance mit Bezug auf die Rechtsfunktion haben gezeigt, dass – jedenfalls bei einer nicht lediglich auf Risikobewertung fokussierten Rechtseinheit – die Unabhängigkeit von Compliance organisatorischer Natur sein müsste, aber auch auf fachlicher Ebene sicherzustellen ist. Etwas anderes gilt ggf., wenn Recht an Compliance angebunden wird – nicht umgekehrt.

174 Die fachliche Weisungsunabhängigkeit der Compliance-Funktion, die neuerdings in BT 1.1.1 Tz. 1 MaComp ausdrücklich benannt ist, gilt gegenüber allen Einheiten des Wertpapierdienstleistungsunternehmens. Lediglich gegenüber der Geschäftsleitung ist der Compliance-Beauftragte danach weisungsgebunden.[213] Diese Einschränkung der fachlichen Weisungsgebundenheit resultiert aus dem Umstand, dass Compliance ein Instrument der Geschäftsleitung des Wertpapierdienstleistungsunternehmens ist, die Compliance-Funktion also nicht außerhalb des oder neben dem Unternehmen steht. Dennoch dürfte sich die Unabhängigkeit einer Compliance-Funktion in der Praxis auch gerade darin manifestieren, ob und wie weit Compliance von der Geschäftsleitung als unabhängiger Berater, gerade auch in fachlicher Hinsicht, genutzt wird.

175 Umgekehrt dürfte es ein Zeichen für einen verbesserungswürdigen Reifegrad des Compliance-Systems eines Wertpapierdienstleistungsunternehmens sein, wenn die fachlichen Urteile der Compliance-Funktion/des Compliance-Beauftragten häufig oder gar regelmäßig von der Geschäftsleitung kassiert[214] werden. Es gibt inzwischen sogar Stimmen in der Literatur, die auch eine Unabhängigkeit von Weisungen der Geschäftsleitung erkennen,[215] da auch die Maßnahmen der Geschäftsleitung, soweit es Maßnahmen des § 12 Abs. 1–2a sind, vom Compliance-Beauftragten in ihrer Angemessenheit überwacht werden müssen. In anderen Teilen der Literatur wird dagegen angenommen, dass der Compliance-Beauftragte, wenn auch fachlich gegenüber anderen Einheiten des Wertpapierdienstleistungsunternehmens unabhängig, so doch zumindest gegenüber der Geschäftsleitung des Wertpapierdienstleistungsunternehmens fachlich weisungsgebunden sei.[216] Auch in einer solchen Konstellation stellt sich

---

211 Zur Ähnlichkeit der Aufgaben s. *Früh*, CCZ 2010, 121, 124.
212 Vgl. *Früh*, CCZ 2010, 121.
213 Vgl. auch *Casper*, Festschrift für Karsten Schmidt, S. 199, 208.
214 Dieses Recht der Geschäftsleitung besteht; vgl. *Lösler*, WM 2010, 1917, 1919; ähnlich wohl *Casper*, Festschrift für Karsten Schmidt, S. 199, 210.
215 *Wunderberg*, in: Veil, Europäisches Kapitalmarktrecht, § 28 Rn. 55 ff.
216 *Röh*, BB 2008, 398, 406; *Spindler*, WM 2008, 905, 911.

die Frage, ob dann noch eine Verantwortlichkeit des Compliance-Beauftragten i.S.d. § 12 Abs. 4 gegeben sein kann. Mindestens aber dürfte in dieser Konstellation eine Garantenpflicht des Compliance-Beauftragten sicher ausgeschlossen sein.[217]

Die anderen Vertreter in der Literatur erkennen darüber hinaus die Verantwortlichkeit des Compliance-Beauftragten i.S.d. § 12 Abs. 4 nur bei völliger Weisungsfreiheit – und dazu gehört auch die fachliche gegenüber dem Vorstand/der Geschäftsleitung des Wertpapierdienstleistungsunternehmen.[218] Weisungsgebundenheit und wirksame Compliance-Funktion schlössen sich immer und egal in welcher Form aus. Nach hier vertretener Ansicht kann dagegen eine fachliche und auch sonstige Weisungsgebundenheit des Compliance-Beauftragten gegenüber der Geschäftsleitung eingerichtet werden, ohne das die Verantwortlichkeit des Compliance-Beauftragten i.S.d. § 12 Abs. 4 beeinträchtigt ist; dies deshalb, weil der Compliance-Beauftragte zwar unabhängig von der ersten Linie agiert, aber natürlich dennoch Bestandteil des Wertpapierdienstleistungsunternehmens ist und damit auch der Leitungsmacht der Geschäftsleitung unterfällt. *176*

Darüber hinaus sind nach hier vertretener Ansicht insbesondere die in § 12 Abs. 4 Satz 3 genannten erforderlichen Fachkenntnisse, Mittel und Kompetenzen Ausdruck und Messgröße für die Unabhängigkeit der Compliance-Funktion und des Compliance-Beauftragten. Zur Erfüllung dieser Voraussetzungen gehören nach dem oben Gesagten[219] insbesondere eine entsprechende fachliche Qualifikation der Compliance-Mitarbeiter, wettbewerbsfähige Gehälter, ein eigenes Budget der Compliance-Funktion mit alleinigem Entscheidungs- und Zugriffsrecht von Seiten des Compliance-Beauftragten. Hierzu gehört auch ein Personalkostenbudget. Darüber hinaus ist zwingend erforderlich die ausschließliche disziplinarische Zuordnung des Compliance-Beauftragten zur Geschäftsleitung des Wertpapierdienstleistungsunternehmens.[220] Etwas anderes kann nur gelten, wenn die Ausnahmeregelung aus den MaComp oder den MaRisk in Anspruch genommen und die Compliance-Funktion an eine andere Kontrolleinheit, wie etwa die Geldwäschepräventionsfunktion, angebunden wird. *177*

Zur Unabhängigkeit der Compliance-Funktion gehört also unbedingt die disziplinarische Zuordnung aller Mitarbeiter der Compliance-Funktion zum Compliance-Beauftragten als dem disziplinarisch Vorgesetzten;[221] ebenso wie das Vorhandensein der erforderlichen Kompetenzen.[222] Ob die arbeitsrechtliche Sonderstellung des Compliance-Beauftragten[223] *178*

---

217 S. dazu ausführlich oben Rn. 67 ff., 147.
218 *Illing/Umnuß*, CCZ 2009, 1, 5.
219 S. dazu ausführlich bereits oben Rn. 161 ff.
220 S. dazu bereits oben Rn. 155.
221 S. dazu bereits oben Rn. 156.
222 S. dazu bereits oben Rn. 168.
223 S. dazu bereits oben Rn. 170.

dagegen seine Unabhängigkeit unterstreicht, sei dahingestellt. Die Bestellung für 24 Monate[224] wirkt eher gegenteilig. Die Praxis zeigt, dass wirksame Compliance-Arbeit viel Veränderungsarbeit – neudeutsch: Changemanagement – beinhaltet. Wirksame Veränderungen, die sich vor allem auf die Compliance-Kultur des Wertpapierdienstleistungsunternehmens auswirken, sind aber kaum binnen 24 Monaten zu erreichen. Fällt ein Wertpapierdienstleistungsunternehmen durch wiederholte Wechsel in der Rolle des Compliance-Beauftragten auf, dürfte das daher eher ein schlechtes Zeichen für die Compliance-Kultur im Wertpapierdienstleistungsunternehmen insgesamt sein. Auch die Kündigungsfrist von mindestens 12 Monaten ist letztlich kein wirkliches Mittel, weil diese Regelung die Unabhängigkeit des Compliance-Beauftragten nur für den Fall schützt, in dem das Vertrauensverhältnis zwischen ihm und der Geschäftsleitung des Wertpapierdienstleistungsunternehmens ohnehin bereits zerstört ist.

179 Letztlich zeigt sich die echte Unabhängigkeit der Compliance-Funktion also darin, ob dem Compliance-Beauftragten über seine entsprechende Ausstattung mit Mitteln und fachkompetentem Personal und über seine Entscheidungskompetenzen wirklich eine unabhängige Bewertung der Grundsätze, Verfahren und Maßnahmen des Wertpapierdienstleistungsunternehmens gem. § 12 Abs. 1, 2 ermöglicht wird; ob er also so fachkompetent und unabhängig agieren kann, dass er auf Augenhöhe mit den Leitungen der Einheiten der ersten Verteidigungslinie und der Geschäftsleitung eine eigene, ggf. auch andere Position als die seiner Gesprächspartner vertreten kann, weil er in der Lage war, sie selbstständig zu entwickeln. Dazu sind Kompetenz und Mittel- und Personalausstattung zwingende Schlüsselfaktoren. Zudem wird man das Maß an Unabhängigkeit der Compliance-Funktion daran erkennen können, wie stark die Geschäftsleitung des Wertpapierdienstleistungsunternehmens den unabhängigen Rat des Compliance-Beauftragten nutzt und anerkennt. Messgrößen für die Unabhängigkeit sind daher auch solche Faktoren wie Management-Attention der Geschäftsleitung auf Compliance-Themen und Maß und Art des Dialoges zwischen Geschäftsleitung des Wertpapierdienstleistungsunternehmens und dem Compliance-Beauftragten.

III. Unabhängigkeit der Vergütung der Mitarbeiter der Compliance-Funktion gem. § 12 Abs. 4

180 Gem. § 12 Abs. 4 ist es erforderlich, dass die Art und Weise der Vergütung der Mitarbeiter der Compliance-Funktion keine Beeinträchtigung ihrer Unvoreingenommenheit weder bewirken noch wahrscheinlich erscheinen lassen darf. Dieser Anspruch gilt selbstverständlich für den Compliance-Beauftragten ebenso, der gemeinsam mit der Compliance-Funktion für diese verantwortlich zeichnet.[225] Das bedeutet, dass die Vergütung der Mitarbeiter der Compliance-Funktion keine leistungsbezoge-

---

224 BT 1.3.3.4 Ziff. 4.
225 S. dazu bereits oben Rn. 155.

nen Bestandteile haben darf, die unmittelbar mit Geschäftserfolgen der ersten Linie verknüpft sind. Das größte Maß an Unabhängigkeit ist gewahrt, wenn die Vergütung der Mitarbeiter der Compliance-Funktion ausschließlich in einem vorhersehbaren Fixum besteht. Mit § 12 Abs. 4 zu vereinbaren scheint es außerdem, wenn ein geringer Anteil der Gesamtvergütung an eine Leistungskomponente gebunden wird, die einen Bezug zum Unternehmenserfolg insgesamt darstellt.

Keinesfalls aber sollten sich in den Zielvereinbarungen der Compliance-Mitarbeiter Voraussetzungen finden, die etwa die Zufriedenheit der Mitarbeiter der ersten Linie mit der Arbeit der Compliance-Funktion zur Bedingung einer leistungsabhängigen Vergütung machen. Es liegt in der Natur der Sache, dass insbesondere in einem Wertpapierdienstleistungsunternehmen mit noch nicht völlig ausgeprägtem Reifegrad der Compliance-Kultur, in dem besonders viel Veränderung erforderlich ist, die Mitarbeiter der ersten Linie also gezwungen sind, sich zu verändern, um Compliance herzustellen, die Zufriedenheit mit der Compliance-Funktion gerade keine Messgröße für die Güte deren Arbeit ist. Das Gegenteil dürfte der Fall sein. In jedem Fall würde die Unabhängigkeit der Compliance-Funktion in derartigen Verhältnissen gefährdet, wenn die Zufriedenheit der ersten Linie einen Einflussfaktor bei der Leistungsbeurteilung darstellen könnte. 181

E. Proportionalitätsgrundsatz i.S.d. § 12 Abs. 5

Nach § 12 Abs. 5 ist es möglich, dass ein Wertpapierdienstleistungsunternehmen von den Anforderungen des § 12 abweichen kann, wenn es darlegt, dass diese aufgrund Art, Umfang und Komplexität seiner Geschäftstätigkeit oder der Art und des Spektrums seiner Wertpapierdienstleistungen unverhältnismäßig sind und die die ordnungsgemäße Erfüllung der Compliance-Aufgaben nicht gefährdet ist. Die Formulierung zeigt, dass die Erfüllung der Anforderungen der vom Gesetzgeber erwartete Regelfall ist. Die Ausnahme ist zu begründen. 182

F. Organisatorische Trennung der Honoraranlagenberatung gem. § 12 Abs. 6

Mit Umsetzung[226] des Honoraranlageberatungsgesetzes[226] wurde zum 1. August 2014 ein Abs. 6 in den § 12 WpDVerOV eingeführt. Dieser neue Abs. 6 konkretisiert die ebenfalls auf Basis des Honoraranlagenberatungsgesetzes erfolgte Neufassung des § 33 Abs. 3a WpHG, wonach die Honoraranlagenberatung, also die Beratung, in der sich der Anlageberater direkt und ausschließlich vom Anleger bezahlen lässt,[227] organisato- 183

---

226 Gesetz zur Förderung und Regulierung einer Honorarberatung über Finanzinstrumente (Honoraranlageberatungsgesetz), vom 15. Juli 2013, Bundesgesetzblatt Jahrgang 2013 Teil I Nr. 38, 18. Juli 2013.
227 S. Definition in § 31 Abs. 4c Ziff. 2 WpHG.

risch, funktional und personell von der übrigen Anlagenberatung zu trennen ist. Die damit eingeführte Trennung der Honoraranlagenberatung, die üblicherweise nach Zeit und unabhängig von einem Wertpapiergeschäftsabschluss vergütet wird, von (in der Regel provisionsgestützter) sog. „übriger" Anlagenberatung erfolgte zum Schutz der Anleger.[228]

184 Insbesondere sollte sichergestellt werden, dass den Anlegern in der Beratungssituation transparent ist, wie der Anlageberater sein Geld verdient und ob die Verdienstmöglichkeiten möglicherweise Einfluss auf seine Beratung haben. Zum anderen sollte sichergestellt werden, dass der Anlageberater grundsätzlich keine anderen Interessen als die des von ihm beratenen Anlegers verfolgt, insbesondere keine Interessen der Emittenten oder Anbieter von Wertpapieren.[229] Vor diesem Hintergrund ist es gem. Definition in § 31 Abs. 4c WpHG zwingende Voraussetzung bei einer Honoraranlageberatung, dass die Vergütung des Beraters vom Anleger gezahlt wird und eventuell von einem Dritten geleistete Zuwendungen ohne Abzüge an den Anleger herausgegeben werden.

185 Im Übrigen soll unter anderem die organisatorische Trennung der beiden Anlageformen innerhalb des Wertpapierdienstleistungsunternehmens, wie sie in § 33 Abs. 3a WpHG festgelegt ist und durch § 12 Abs. 6 konkretisiert wird, sicherstellen, dass die Honoraranlageberatung frei von Interessenkonflikten, insbesondere nicht mittelbar gesteuert durch das der (provisionsgestützten) übrigen Anlageberatung innewohnende Provisionsinteresse des Anlageberaters/Wertpapierdienstleistungsunternehmens, erfolgt. Im Detail wird zu diesem Zweck im Rahmen der Konkretisierung des § 33 Abs. 3a WpHG durch die Regelung in § 12 Abs. 6 Satz 1 sogar festgelegt, dass das Wertpapierdienstleistungsunternehmen sicherstellen muss, dass seitens der übrigen Anlagenberatung kein Einfluss auf die Honoraranlagenberatung ausgeübt werden kann.

186 Bereits hier wird deutlich, dass die Trennung sehr weit gehend verstanden wird, da in der Formulierung „werden kann" zum Ausdruck kommt, dass schon die Möglichkeit einer Einflussnahme ausgeschlossen werden muss. Im Folgenden werden dann in § 12 Abs. 6 Satz 2 durch ein „insbesondere" eingeleitet zwei weitere konkretisierende Vorgaben gemacht: Geregelt wird dort, dass erstens gem. § 12 Abs. 6 Satz 2 Ziff. 1 die Vertriebsvorgaben für die Honoraranlageberatung unabhängig von den Vertriebsvorgaben für die übrige Anlageberatung ausgestaltet, umgesetzt und überwacht werden müssen und zweitens gem. § 12 Abs. 6 Satz 2 Ziff. 2 die mit der Erbringung der Honoraranlageberatung betrauten Mitarbeiter nicht auch mit der Erbringung der übrigen Anlageberatung betraut sein dürfen. Mit Vertriebsvorgaben i.S.d. § 12 Abs. 6 Satz 2

---

228 Vgl. Informationen der BaFin auf http://www.bafin.de/SharedDocs/Ver oeffentlichungen/DE/Fachartikel/2014/fa_bj_1407_honorar-anlageberatung.ht ml?nn=3803924#doc5299958bodyText1 (20.08.2014).
229 http://www.bafin.de/SharedDocs/Veroeffentlichungen/DE/Fachartikel/ 2014/fa_bj_1407_honorar-anlageberatung.html?nn=3803924#doc5299958body Text1 (20.08.2014).

Ziff. 1 sind die in § 33 Abs. 1 Satz 2 Nr. 3a WpHG geregelten Vorgaben gemeint, die in irgendeiner Form, direkt oder mittelbar, Auswirkungen auf den Vertrieb der Wertpapierdienst- und -nebendienstleistungen haben können.[230]

Diese Vertriebsvorgaben müssen nunmehr gem. Abs. 6 des § 12 innerhalb des Wertpapierdienstleistungsunternehmens für die Honoraranlagenberatung einerseits und die übrige Anlagenberatung andererseits getrennt ausgestaltet, umgesetzt und überwacht werden. Die Regelung konkretisiert, wie der gesamte § 12 Abs. 6, die grundsätzliche Regelung in § 33 Abs. 3a WpHG, wonach innerhalb des Wertpapierdienstleistungsunternehmens die Honoraranlagenberatung ohnehin organisatorisch, funktional und personell von der übrigen (provisionsgesteuerten) Anlagenberatung aufgestellt werden muss, und betont, dass diese Trennung auch für die Gestaltung, Umsetzung und Überwachung von Vertriebsvorgaben zu erfolgen hat. *187*

Vor dem Hintergrund, dass mit der Regelung in § 12 Abs. 6 basierend auf § 33 Abs. 3a WpHG insgesamt eine Vermischung der Anlageberatungsformen untereinander sowie eine Einflussnahmemöglichkeit der übrigen Anlageberatung auf die Honorarberatung und das Entstehen von möglichen Interessenkonflikten hierdurch ausgeschlossen werden sollte, ist die Regelung in Abs. 6 Satz 2 Ziff. 1 im Hinblick auf die dort genannte „Überwachung" so zu verstehen, dass dort nur die Überwachungshandlungen innerhalb der ersten Linie des Wertpapierdienstleistungsunternehmens gemeint sind, nicht dagegen die Überwachung durch die Compliance-Funktion i.S.d. § 12 Abs. 4; dies deshalb, weil nach dem Wortlaut des § 12 Abs. 4 die Compliance-Funktion unabhängig vom Wertpapierdienstleistungsgeschäft des Wertpapierdienstleistungsunternehmens insgesamt aufzustellen ist, also sowohl unabhängig von der Honoraranlagenberatung als auch der (provisionsgesteuerten) übrigen Anlagenberatung. Durch die Unabhängigkeit der Compliance-Funktion vom Wertpapiergeschäft des Wertpapierdienstleistungsunternehmens insgesamt – die Compliance-Funktion ist als Funktion auf der sog. zweiten Verteidigungslinie[231] unabhängig von sämtlichen Funktionen der ersten Linie des Wertpapierdienstleistungsunternehmens aufgestellt – kann ein solcher Interessenkonflikt innerhalb der Compliance-Funktion von vornherein gar nicht entstehen. *188*

Nach dem Sinn und Zweck der Regelung in § 12 Abs. 6 bezieht sich die Forderung nach einer getrennten Überwachung der Vertriebsvorgaben i.S.d. § 12 Abs. 6 Satz 2 Ziff. 1 daher nicht auf die Überwachung der Vertriebsvorgaben durch die Compliance-Funktion, sondern ausschließlich *189*

---

230 Vgl. FAQ der BaFin zu Vertriebsvorgaben auf http://www.bafin.de/DE/DatenDokumente/FAQ/WA_Vertriebssteuerung/vertriebssteuerung_node.html (20.08.2014).
231 Zum sog. Three lines of defence-Modell, das drei Verteidigungslinien unterscheidet und die Compliance-Funktion auf der zweiten Verteidigungslinie einordnet, s. oben unter B.II.

auf die innerhalb der ersten Linie[232] im Rahmen des Internen Kontrollsystems[233] des Wertpapierdienstleistungsunternehmens vorgesehenen Kontroll- und Überwachungsmaßnahmen i.S.d. § 12 Abs. 1–2a.

190 Zusätzlich zur Regelung in § 12 Abs. 6 Satz 2 Ziff. 1 dürfen gem. § 12 Abs. 6 Satz 2 Ziff. 2 die mit der Honoraranlagenberatung betrauten Mitarbeiter nicht auch mit der Erbringung der übrigen Anlagenberatung betraut sein. Durch diese Regelung wird ebenfalls, wie durch § 12 Abs. 6 Satz 2 Ziff. 1, die in § 33 Abs. 3a WpHG ohnehin im Grundsatz festgelegte personelle Trennung der Honoraranlagenberatung von der übrigen Anlagenberatung sowie der in § 12 Abs. 6 Satz 1 geforderte Ausschluss der Einflussnahmemöglichkeit der übrigen Anlageberatung auf die Honorarberatung weiter konkretisiert. Was zur in § 12 Abs. 6 Satz 2 Ziff. 2 genannten Erbringung der Anlagenberatung zählt, dürfte weit zu verstehen sein, da insgesamt eine Einflussnahmemöglichkeit von Seiten der übrigen Anlageberatung ausgeschlossen werden muss. Da sowohl die Regelung in Abs. 6 Satz 2 Ziff. 2 als auch die Regelung in Satz 2 Ziff. 1 als „insbesondere"-Regelungen im Sinne von Mindestanforderungen zu verstehen sind, sind sie keinesfalls abschließend gemeint und zudem in der Zusammenschau miteinander und im Kontext der Regelung in Abs. 6 Satz 1 zu interpretieren.

191 Vor diesem Hintergrund dürfte es zudem in der Zusammenschau mit Satz 2 erforderlich sein, dass die in Satz 1 geregelten Vertriebsvorgaben für das Honorarberatungsgeschäft von anderen Mitarbeitern als den für die übrige Anlagenberatung zuständigen Mitarbeitern zu erstellen sind. In der Zusammenschau der Regelungen ist darüber hinaus auch anzunehmen, dass die in Abs. 6 Satz 1 geregelte Kontrolle und Überwachung des Honoraranlagenberatungsgeschäftes innerhalb der ersten Linie des Wertpapierdienstleistungsunternehmens gem. Abs. 6 Satz 2 von anderem Personal als dem für die übrige Anlagenberatung zuständigen ausgeführt werden muss.

192 Letztlich dürften die Regelungen zur organisatorischen, funktionalen und personellen Trennung der Honoraranlagenberatung von der übrigen Anlagenberatung in § 33 Abs. 3a WpHG und ihre Konkretisierung in § 12 Abs. 6 Satz 2 Ziff. 1 und 2 WpDVerOV zusammengenommen insgesamt bedeuten, dass innerhalb eines Wertpapierdienstleistungsunternehmens, das sowohl Honoraranlageberatung also auch provisionsgestützte Anlageberatung anbietet, zwei unabhängige erste Linien[234] aufzubauen sind – einmal für die Honoraranlageberatung und einmal für die übrige Anlageberatung. Lediglich innerhalb der auf der ersten Linie angesiedelten, nicht vertriebsorientierten Beratungs- und Unterstützungsfunktionen, die in der Literatur teilweise auch auf der zweiten Verteidigungslinie angesiedelt werden,[235] wie z.B. der Personalabteilung, dürfte es möglich sein, diese strikte Trennung aufzuheben.

---

232 S. zum Verständnis von der ersten Linie oben unter B.II.
233 S. zum Verständnis vom und der Ausgestaltung des IKS oben Rn. 163 und unter C.
234 Zum Verständnis der ersten Linie s.o. unter B.II.
235 S. dazu Darstellung oben Rn. 53.

Mit Blick auf den mit § 12 Abs. 6 verfolgten Zweck, die Honoraranlageberatung frei von Interessenkonflikten, insbesondere unbeeinflusst vom Interesse des Wertpapierdienstleistungsunternehmens am Erfolg der (provisionsabhängigen) übrigen Anlageberatung, und sogar ausdrücklich frei von Einflussnahmemöglichkeiten aufzustellen, dürfte dies allerdings nur dann gelten, wenn diese Unterstützungsfunktionen in keiner Weise abhängig vom Erfolg des übrigen Anlageberatungsgeschäftes aufgestellt sind. In jedem Fall sind für die Honoraranlagenberatung ein eigener Vertrieb und eine eigene Vertriebssteuerung sowie ein eigenes Internes Kontrollsystem unabhängig von Einflussnahmemöglichkeiten der übrigen Anlageberatung aufzubauen und mit eigenem Personal zu versehen. Eine verbindende Klammer über die beiden möglichen Anlageberatungsformen würde grundsätzlich allein durch die Geschäftsleitung des Wertpapierdienstleistungsunternehmens gebildet werden können. *193*

Die Regelung in § 12 Abs. 6 Satz 1 regelt allerdings einschränkend, dass ein Wertpapierdienstleistungsunternehmen diese Vorgaben des Abs. 6 nur entsprechend seiner Größe und Organisation sowie der Art, des Umfangs und der Komplexität seiner Geschäftstätigkeit sicherstellen muss. Im Gegensatz zum in § 12 Abs. 5 geregelten Proportionalitätsgrundsatz ist in § 12 Abs. 6 nicht geregelt, dass die Unverhältnismäßigkeit begründet werden muss, bevor von den Vorgaben des Abs. 6 abgewichen werden kann. Die Regelung in Abs. 6 ist schon allein aufgrund der Anordnung innerhalb des § 12 – nachfolgend auf die Regelung zum allgemeinen Proportionalitätsgrundsatz in Abs. 5 – als Spezialregelung zu verstehen. Vor diesem Hintergrund ist es innerhalb des Abs. 6 auch ohne Begründung der Unverhältnismäßigkeit von vornherein möglich, dass die Anforderungen des Abs. 6 nur im – gemessen an Art, Umfang und Komplexität des Wertpapierdienstleistungsgeschäftes – erforderlichen und angemessenen Umfang umgesetzt werden müssen. *194*

In der Praxis dürfte sich der Unterschied zwischen den Regelungen zur Proportionalität in § 12 Abs. 5 und 6 allerdings darauf beschränken, dass im Rahmen der Regelung in Abs. 6 keine Begründung der Unverhältnismäßigkeit verlangt würde, wenn das Wertpapierdienstleistungsunternehmen hinter den Anforderungen des Abs. 6 zurückbleiben würde. Allerdings dürfte auch dieser Unterschied sich am Ende im Bereich der Marginalität bewegen, da es im Rahmen des Abs. 6 für das Wertpapierdienstleistungsunternehmen mindestens sinnvoll sein dürfte, im Rahmen der jährlichen Prüfungen des Wertpapiergeschäftes den Prüfern eine schriftliche Begründung vorzulegen, warum die Anforderungen des § 12 Abs. 6 im vorhandenen Umfang umgesetzt worden sind. *195*

§ 13 Interessenkonflikte

(1) Um die Arten von Interessenkonflikten nach § 33 Abs. 1 Satz 2 Nr. 3 des Wertpapierhandelsgesetzes zu erkennen, die in die Grundsätze zum Interessenkonfliktmanagement nach Absatz 2 aufzunehmen sind, müssen Wertpapierdienstleistungsunternehmen prüfen, inwieweit sie selbst, ihre Mitarbeiter oder Personen oder Unternehmen, die direkt oder indirekt durch Kontrolle im Sinne von § 1 Abs. 8 des Kreditwesengesetzes mit ihm verbunden sind, aufgrund der Erbringung von Wertpapierdienstleistungen oder Wertpapiernebendienstleistungen

1. zu Lasten von Kunden einen finanziellen Vorteil erzielen oder Verlust vermeiden könnten,

2. am Ergebnis einer für Kunden erbrachten Dienstleistung oder eines für diese getätigten Geschäfts ein Interesse haben, das nicht mit dem Kundeninteresse an diesem Ergebnis übereinstimmt,

3. einen finanziellen oder sonstigen Anreiz haben, die Interessen eines Kunden oder einer Kundengruppe über die Interessen anderer Kunden zu stellen,

4. dem gleichen Geschäft nachgehen wie Kunden,

5. im Zusammenhang mit der für einen Kunden erbrachten Dienstleistung über die hierfür übliche Provision oder Gebühr hinaus von einem Dritten eine Zuwendung im Sinne von § 31d Abs. 2 des Wertpapierhandelsgesetzes erhalten oder in Zukunft erhalten könnten.

(2) Um eine Beeinträchtigung von Kundeninteressen nach § 33 Abs. 1 Satz 2 Nr. 3 des Wertpapierhandelsgesetzes zu verhindern, müssen Wertpapierdienstleistungsunternehmen ihrer Größe und Organisation sowie der Art, des Umfangs und der Komplexität ihrer Geschäftstätigkeit entsprechend angemessene Grundsätze für den Umgang mit Interessenkonflikten auf einem dauerhaften Datenträger festlegen und dauerhaft anwenden, in denen sie bestimmen,

1. unter welchen Umständen bei der Erbringung von Wertpapierdienstleistungen oder Wertpapiernebendienstleistungen Interessenkonflikte auftreten können, die den Kundeninteressen erheblich schaden könnten und

2. welche Maßnahmen zu treffen sind, um diese Interessenkonflikte zu bewältigen.

In den Grundsätzen ist auch Interessenkonflikten Rechnung zu tragen, die sich aus der Struktur und Geschäftstätigkeit anderer Unternehmen derselben Unternehmensgruppe ergeben und die das Wertpapierdienstleistungsunternehmen kennt oder kennen müsste. Eine Unternehmensgruppe im Sinne des Satzes 2 und des Absatzes 3 erfasst

Mutterunternehmen und Tochterunternehmen im Sinne des § 290 des Handelsgesetzbuchs, Unternehmen, an denen diese eine Beteiligung im Sinne des § 271 Abs. 1 des Handelsgesetzbuchs halten, sowie alle Unternehmen, die aufgrund eines mit diesen Unternehmen geschlossenen Vertrages oder einer Satzungsbestimmung dieser Unternehmen einer einheitlichen Leitung unterstehen oder deren Verwaltungs-, Leitungs- oder Aufsichtsorgane sich während des Geschäftsjahres und bis zur Aufstellung des konsolidierten Abschlusses mehrheitlich aus denselben Personen zusammensetzen.

(3) Die Maßnahmen nach Absatz 2 Satz 1 Nr. 2 müssen so ausgestaltet sein, dass Mitarbeiter Tätigkeiten, bei denen Interessenkonflikte im Sinne des Absatzes 2 Satz 1 Nr. 1 auftreten und Kundeninteressen beeinträchtigt werden könnten, mit einer der Größe und Geschäftstätigkeit des Wertpapierdienstleistungsunternehmens und seiner Unternehmensgruppe sowie dem Risiko einer Beeinträchtigung von Kundeninteressen angemessenen Unabhängigkeit ausführen. Soweit dieses zur Gewährleistung des erforderlichen Grades an Unabhängigkeit notwendig und angemessen ist, umfassen die Maßnahmen nach Satz 1

1. Vorkehrungen zur wirksamen Verhinderung oder Kontrolle eines Informationsaustauschs zwischen Mitarbeitern, deren Tätigkeiten einen Interessenkonflikt nach sich ziehen könnten, wenn dieser Informationsaustausch Kundeninteressen beeinträchtigen könnte,

2. die Unabhängigkeit der Vergütung von Mitarbeitern von der Vergütung anderer Mitarbeiter mit anderen Aufgabenbereichen sowie von den von diesen erwirtschafteten Unternehmenserlösen oder Prämien, sofern die beiden Tätigkeiten einen Interessenkonflikt auslösen könnten,

3. die Verhinderung einer unsachgemäßen Einflussnahme anderer Personen auf die Tätigkeit von Mitarbeitern, die Wertpapierdienstleistungen oder Wertpapiernebendienstleistungen erbringen,

4. die Verhinderung oder Kontrolle einer Beteiligung eines Mitarbeiters an verschiedenen Wertpapierdienstleistungen oder Wertpapiernebendienstleistungen in engem zeitlichen Zusammenhang, sofern diese Beteiligung ein ordnungsgemäßes Interessenkonfliktmanagement beeinträchtigen könnte, und

5. die gesonderte Überwachung von Mitarbeitern, die im Rahmen ihrer Haupttätigkeit potentiell widerstreitende Interessen, insbesondere von Kunden oder des Wertpapierdienstleistungsunternehmens, wahrnehmen.

Soweit mit einer oder mehrerer dieser Maßnahmen der erforderliche Grad an Unabhängigkeit nicht erzielt wird, sind dafür notwendige alternative oder zusätzliche Maßnahmen zu treffen.

(4) Die Unterrichtung des Kunden über Interessenkonflikte nach § 31 Abs. 1 Nr. 2 des Wertpapierhandelsgesetzes muss unter Berücksichtigung seiner Einstufung als Privatkunde, professioneller Kunde oder ge-

eigneter Gegenpartei dem Kunden ermöglichen, seine Entscheidung über die Wertpapierdienstleistung oder Wertpapiernebendienstleistung, in deren Zusammenhang der Interessenkonflikt auftritt, auf informierter Grundlage zu treffen. Die Information hat auf einem dauerhaften Datenträger zu erfolgen.

Inhalt

	Rn.
A. Überblick	1
I. Regulierung von Interessenkonflikten in WpHG, WpDVerOV und MaComp	1
1. Organisationspflichten	2
2. Verhaltenspflichten	5
3. Vertriebsvorgaben	7
II. Trias: Erkennen – Vermeiden – Offenlegen	8
B. Identifizierung von Interessenkonflikten (Abs. 1)	13
I. Begriff des Interessenkonflikts	13
II. Keine generelle Pflicht zur Vermeidung von Interessenkonflikten	14
III. Arten von Interessenkonflikten (Abs. 1)	15
1. Relevante Personen	16
2. Vorteilserzielung/Verlustvermeidung zu Lasten von Kunden (Nr. 1)	19
3. Abweichendes Interesse am Ergebnis (Nr. 2)	21
4. Höherstellung eines Kundeninteresses gegenüber anderen Kunden (Nr. 3)	22
5. Konkurrenz zum Kunden (Nr. 4)	24
6. Außerordentliches Provisionsinteresse (Nr. 5)	25
III. Prüfungspflicht	26
1. Fortlaufende Analyse	27
2. Einzelfallbezogene Prüfungshandlungen	28
3. Aufzeichnung	30
C. Grundsätze für den Umgang mit Interessenkonflikten (Abs. 2)	31
I. Interessenkonflikt-Policy	31
1. Formale Anforderungen	32
2. Inhaltliche Anforderungen	33
3. Verhältnismäßigkeitsgrundsatz	35
4. Konzernweite Betrachtung	36
a) Unternehmensgruppe	37
b) Kenntnis/Kennenmüssen von Interessenkonflikten	41
II. Festlegung und dauerhafte Anwendung	42
D. Organisatorische Maßnahmen (Abs. 3)	44
I. Unabhängigkeitskriterium (Satz 1)	44
II. Maßnahmen im Einzelnen (Satz 2)	45
1. Verhinderungen/Kontrolle des Informationsaustausches (Nr. 1)	46
a) Ziel und Funktion von Vertraulichkeitsbereichen (Chinese Walls)	47
b) Personelle Segmentierung	51
c) Physische und kommunikative Trennung	55
d) Bereichsüberschreitender Informationsfluss (sog. Wall Crossing)	58
e) Wissenszurechnung	64
f) Ablauforganisation	68
2. Unabhängigkeit der Vergütung (Nr. 2)	78

3. Verhinderung unsachgemäßer Einflussnahme (Nr. 3) 80	6. Gebot der Geeignetheit (Satz 3) 85
4. Verhinderung/Kontrolle der Beteiligung an verschiedenen Wertpapierdienstleistungen (Nr. 4) 82	E. Unterrichtung des Kunden (Abs. 4) 89
	I. Inhaltliche Anforderungen (Satz 1) 90
5. Gesonderte Überwachung (Nr. 5) 84	II. Dauerhafter Datenträger (Satz 2) 91

A. Überblick

I. Regulierung von Interessenkonflikten in WpHG, WpDVerOV und MaComp

Das Aufsichtsrecht reguliert Interessenkonflikte von Wertpapierdienst- 1
leistungsunternehmen in zweierlei Weise: als Gegenstand von Organisationspflichten (§ 33 Abs. 1 Satz 2 Nr. 3 und 3a WpHG) und als Gegenstand von Verhaltenspflichten gegenüber dem Kunden (§ 31 Abs. 1 Nr. 2 WpHG).

1. Organisationspflichten

Nach § 33 Abs. 1 Satz 2 Nr. 3 WpHG haben Wertpapierdienstleistungsun- 2
ternehmen organisatorische Vorkehrungen zu treffen, die sicherstellen, dass Interessenkonflikte zwischen

– ihm selbst, einschließlich seiner Mitarbeiter und mit ihm verbundener Unternehmen, und seinen Kunden

– oder zwischen seinen Kunden untereinander

identifiziert und Maßnahmen getroffen werden, um eine Beeinträchtigung von Kundeninteressen zu vermeiden. Das **Wertpapierhandelsgesetz** bietet nur den **programmatischen Leitsatz** für die interessenkonfliktbezogene Organisationspflicht des Wertpapierdienstleistungsunternehmen.

Die **inhaltliche Konkretisierung** erfolgt auf **Verordnungsebene** durch die 3
Vorschrift des § 13 mit aufbau- und ablauforganisatorischen Vorgaben in Abs. 1–3.

Auf einer dritten Regelungsebene weist die BaFin in den **MaComp** der 4
Compliance-Funktion die Aufgabe der Interessenkonfliktsteuerung zu (BT 1.2.1 MaComp).[1] Ferner werden in AT 6.2 MaComp die der Interessenkonfliktbewältigung dienenden Instrumente der Vertraulichkeitsbereiche (Chinese Walls), einschließlich des bereichsüberschreitenden Informationsflusses (Wall Crossing), sowie der Beobachtungsliste (watchlist) und der Sperrliste (restricted-list) erläutert.

---

1   S. hierzu *Schäfer*, in: Krimphove/Kruse, BT 1 Rn. 135.

2. Verhaltenspflichten

5 Nach § 31 Abs. 2 Nr. 1 WpHG müssen Wertpapierdienstleitungsunternehmen vor der Durchführung von Geschäften für Kunden diesen die allgemeine Art und Herkunft der Interessenkonflikte eindeutig darlegen, soweit die organisatorischen Vorkehrungen nach § 33 Abs. 1 Satz 2 Nr. 3 WpHG nicht ausreichen, um nach vernünftigem Ermessen das Risiko der Beeinträchtigung von Kundeninteressen zu vermeiden. § 13 Abs. 4 enthält konkretisierende Vorgaben für die Erfüllung dieser Offenlegungspflicht.

6 Ferner haben Wertpapierdienstleistungsunternehmen ihren Privatkunden die unternehmensinternen Grundsätze für den Umgang mit Interessenkonflikten zu beschreiben sowie auf Wunsch des Kunden Einzelheiten hierzu offenzulegen (§ 5 Abs. 2 Satz 2 Nr. 1 lit. h und i), s. hierzu § 5 Rn. 67 ff.

3. Vertriebsvorgaben

7 Eine Spezialregelung zu den Organisationspflichten im Zusammenhang mit Interessenkonflikten ist die Vorschrift des § 33 Abs. 1 Satz 2 Nr. 3a WpHG.[2] Danach haben Wertpapierdienstleistungsunternehmen Vertriebsvorgaben so auszugestalten, umzusetzen und zu überwachen, dass Kundeninteressen nicht beeinträchtigt werden. Eine Konkretisierung dieser Vorgabe findet sich indes nicht in der Vorschrift des § 13, sondern in den Regelungen zu den Aufzeichnungs- und Aufbewahrungspflichten gem. § 14 Abs. 3a (s. § 14 Rn. 11).

II. Trias: Erkennen – Vermeiden – Offenlegen

8 Der praktische Umgang mit Interessenkonflikten ist nicht in das Belieben des Wertpapierdienstleistungsunternehmen gestellt, sondern hat nach Maßgabe des § 13 i.V.m. § 31 Abs. 1 Nr. 2 WpHG in einem dreistufigen Prozess zu erfolgen, der sich mit den Stichworten *Erkennen, Verhindern* und *Offenlegen* umschreiben lässt.[3]

9 Auf der ersten Stufe steht eine umfassende **Prüfungspflicht** des Wertpapierdienstleistungsunternehmen (Abs. 1). Das Unternehmen hat die in seinem Geschäftsbetrieb auftretenden Interessenkonflikte zu identifizieren (Erkennen).

10 Sodann hat es Maßnahmen zu ergreifen, die darauf ausgerichtet sind, dass Interessenkonflikte entweder gar nicht erst entstehen oder aber ihre Existenz nicht zu einer Beeinträchtigung von Kundeninteressen führt

---

2   Die Vorschrift wurde im Rahmen des Anlegerschutz- und Funktionsverbesserungsgesetzes (AnsFuG) vom 7. April 2011 (BGBl. I, S. 538) in das WpHG eingefügt.
3   *Stahlke*, in: Krimphove/Kruse, AT 6 Rn. 44 f.; *Schäfer/Russo*, in: Renz/Hense, S. 607, 612 Rn. 7; *Assmann*, ÖBA 2007, 40, 43 f.

(Verhindern). Diese Maßnahmen sind in **Grundsätzen** über den Umgang mit Interessenkonflikten niederzulegen (Abs. 2). Welchen qualitativen Ansprüchen diese **Interessenkonflikt-Policy** genügen muss, ergibt sich aus Abs. 3. Die Anforderungen reichen von der Schaffung von Vertraulichkeitsbereichen (Nr. 1) über die wechselseitige Unabhängigkeit der Mitarbeitervergütung (Nr. 2), die Verhinderung unsachgemäßen Einflusses anderer Personen auf die Tätigkeit von Mitarbeitern (Nr. 3), die Verhinderung bzw. Kontrolle der Beteiligung eines Mitarbeiters an verschiedenen Wertpapierdienstleistungen im engen zeitlichen Zusammenhang (Nr. 4) bis zur Beaufsichtigung von Mitarbeitern mit potentiell widerstreitenden Interessen (Nr. 5).

Reichen die organisatorischen Vorkehrungen nicht aus, um nach vernünftigem Ermessen das Risiko einer Beeinträchtigung von Kundeninteressen zu vermeiden, müssen die Kunden auf einer dritten Stufe gem. § 31 Abs. 1 Nr. 2 WpHG über die Art und Herkunft des jeweiligen Interessenkonflikts **informiert** werden (Offenlegen).[4] Abweichend von ihrem vorherrschenden organisationsrechtlichen Charakter adressiert die Vorschrift des § 13 auch diese verhaltensbezogene Offenlegungspflicht in Form von Vorgaben für die Kundeninformation über Interessenkonflikte nach § 31 Abs. 1 Nr. 2 WpHG (Abs. 4). 11

Für den Umfang der organisatorischen Pflichten gilt nicht der *one-size-fits-all*-Ansatz.[5] Vielmehr können sich die organisatorischen Vorkehrungen individuell an der Art, dem Umfang, der Komplexität und dem Risikogehalt der Geschäftstätigkeit ausrichten (Abs. 3 Satz 1). 12

B. Identifizierung von Interessenkonflikten (Abs. 1)

I. Begriff des Interessenkonflikts

Was ein Interessenkonflikt ist, wird weder im WpHG noch in der WpDVerOV definiert. Der Begriff des Interessenkonflikts ist weit zu verstehen.[6] Nach herkömmlicher Lesart liegt ein Interessenkonflikt dann vor, wenn die Interessen mehrerer Personen (hier: Wertpapierdienstleistungsunternehmen, Mitarbeiter und Kunden) an einem geschäftlichen Vorgang (hier: Wertpapierdienstleistung) nicht gleichgelagert sind.[7] Um aufsichtsrechtlich relevant zu sein, muss der Interessenkonflikt das **Risiko** 13

---

4   S. zu der voraussichtlichen Schärfung der Offenlegungsoption als *ulitma ratio* durch die MiFID II *Röh/Zingel*, Compliance-Berater 2014, 429, 431 f.
5   *Koller*, in: Assmann/Schneider, § 33 Rn. 40; *Schäfer/Russo*, in: Renz/Hense, S. 607, 617 Rn. 26.
6   Begr. RegE FRUG, BT-Drs. 16/4028, S. 63; *Koller*, in: Assmann/Schneider, § 33 Rn. 38; *Schäfer*, in: Heidel, § 33 WpHG Rn. 80.
7   *Meyer/Paetzel/Will*, in: KK-WpHG, § 33 Rn. 138; *Rothenhöfer*, in: Schwark/Zimmer, § 13 WpHG Rn. 53. Abstrakter *Koller*, in: Assmann/Schneider, § 33 Rn. 38: Interesse mehrerer Personen an der Realisierung einer Geschäftschance oder Abhängigkeit der Geschäftschance einer Person von der Entscheidung einer anderen Person.

einer Beeinträchtigung von Kundeninteressen beinhalten. Ein Interessenkonflikt scheidet also nicht allein deshalb aus, weil es im konkreten Fall zu keiner Beeinträchtigung gekommen ist (also z.b. der Kunde nachweislich anleger- und objektgerecht beraten wurde). Andererseits muss ein Sachverhalt vorliegen, aus dem sich **objektiv** eine Gefährdung des Kundeninteresses ergibt. Fehlt es hieran, liegt auch kein rechtlich relevanter Interessenkonflikt vor. Es gibt keine gesetzlich konkretisierte Bagatellgrenze, unterhalb deren ein Interessenkonflikt trotz Vorliegens einer dieser Fallkonstellationen außer Betracht bleiben kann.[8] Wie stark ausgeprägt der Interessenkonflikt im Einzelfall ist, spielt aufsichtsrechtlich also grundsätzlich keine Rolle. Lediglich **Kleinst- und Minimalkonflikte** werden aufsichtsrechtlich nicht erfasst.[9] Zudem gibt es eine weitere Einschränkung, die vor allem für die in Abs. 1 Nr. 2 genannten Interessenkonflikte wichtig ist: Nach Erwägungsgrund Nr. 24 Satz 2 der MiFID-DRL reicht es für einen Interessenkonflikt nicht aus, dass dem Wertpapierdienstleistungsunternehmen ein Vorteil an sich entstehen kann. Insoweit ist es als legitim anzusehen, dass das Unternehmen ein **Geschäfts- oder Umsatzinteresse** verfolgt, das sich nicht mit demjenigen des Kunden deckt (s. zu dem Problem der negativen Marktwerte bei Swap-Geschäften unten Rn. 20).[10]

II. Keine generelle Pflicht zur Vermeidung von Interessenkonflikten

14 Die Existenz von Interessenkonflikten ist in einem Wertpapierdienstleistungsunternehmen mit einem breit gefächerten Angebot, als Intermediär für verschiedene Kundengruppen tätig zu sein, und eigener Handelstätigkeit unvermeidbar.[11] § 13 verfolgt deshalb nicht das Ziel, Interessenkonflikte generell zu verhindern.[12] Dies wäre theoretisch nur durch eine radikale Beschränkung des eigenen Geschäftsmodells[13] oder eine Ab-

---

8 Das mag zivilrechtlich auf der Ebene der Kausalität einer Aufklärungspflichtverletzung (s. hierzu BGHZ 193, 159 Rn. 28 = BKR 2012, 368, 370; BGH WM 2012, 1337 Rn. 50 ff. m.w.N.) anders sein, ist dort jedoch wegen der Vermutung aufklärungsrichtigen Verhaltens ebenfalls mit erheblichen Unsicherheiten behaftet.
9 *Fuchs*, in: Fuchs, § 31 Rn. 52, *Schäfer/Russo*, in: Renz/Hense, S. 607, 614 Rn. 12.
10 *Schäfer/Russo*, in: Renz/Hense, S. 607, 614 Rn. 12; *Frisch*, in: Derleder/Knops/Bamberger, Hdb. zum deutschen und europäischen Bankrecht, § 7 Rn. 268; *Koller*, in: Assmann/Schneider, § 31 Rn. 27; *Loy*, in: Ellenberger/Schäfer/Clouth/Lang, Rn. 2018; *Schwark*, in: Schwark/Zimmer, § 31 WpHG Rn. 27; ökonomisch wird dies mit einer entsprechenden impliziten Erwartung des Kunden gerechtfertigt, die den Interessenkonflikt als tragbar erscheinen lässt, *Kuhner*, zfwu 2005, 138, 147 f.
11 *Meyer/Paetzel/Will*, in: KK-WpHG, § 33 Rn. 137, 159; *Schäfer/Russo*, in: Renz/Hense, S. 607, 609 Rn. 1.
12 *Meyer/Paetzel/Will*, in: KK-WpHG, § 33 Rn. 160.
13 Das Trennbankengesetz (Gesetz zur Abschirmung von Risiken und zur Planung der Sanierung und Absicherung von Kreditinstituten und Finanzgruppen vom

standnahme von konkreten Einzelgeschäften möglich. So weit geht weder der europäische noch der nationale Gesetzgeber. Die Vorgaben des § 13 haben vielmehr zum Ziel, durch geeignete Maßnahmen die Gefährdung von Kundeninteressen aus (unvermeidbaren) Interessenkonflikten auszuschließen.

III. Arten von Interessenkonflikten (Abs. 1)

Abs. 1 enthält eine Aufzählung von Fallgruppen, die aufsichtsrechtlich relevante Interessenkonflikte beinhalten. Die Regelung setzt Art. 21 MiFID-DRL um. Die Fallgruppen sind nicht abschließend. Sie enthalten lediglich das Mindestprogramm für die vom Wertpapierdienstleistungsunternehmen vorzunehmende Prüfung seiner Geschäftstätigkeit und -organisation.[14]

1. Relevante Personen

Um einen angemessenen Umgang mit Interessenkonflikten sicherzustellen, sind Interessenkonflikte nicht nur des Wertpapierdienstleistungsunternehmens selbst, sondern auch seiner Mitarbeiter und seiner verbundenen Unternehmen zu identifizieren.

Wer **Mitarbeiter** ist, ergibt sich aus der Vorschrift des § 33b Abs. 1 WpHG.[15] Demnach sind Mitarbeiter

– die Mitglieder der Leitungsorgane (Vorstand, Aufsichts- oder Verwaltungsrat), die persönlich haftenden Gesellschafter und vergleichbare Personen, die Geschäftsführer sowie die vertraglich gebundenen Vermittler i.S.d. § 2 Abs. 10 Satz 1 KWG sowie deren Leitungsorganmitglieder, persönlich haftende Gesellschafter und die Geschäftsführer der vertraglich gebundenen Vermittler, und

– alle natürlichen Personen, deren sich das Wertpapierdienstleistungsunternehmen oder dessen vertraglich gebundene Vermittler bei der Erbringung von Wertpapierdienstleistungen bedient (entweder selbst oder im Rahmen einer Auslagerungsvereinbarung).[16]

Für die Erstreckung auf **verbundene Unternehmen** stellt Abs. 1 auf den (alten) Kontrollbegriff in § 1 Abs. 8 KWG a.F. ab. Dieser Verweis geht

---

7. August 2013, BGBl. I, S. 3090), das Kreditinstituten vorschreibt, bei Überschreiten bestimmter Schwellenwerte als schädlich eingestufte Geschäfte auf ein sog. Finanzhandelsinstitut zu übertragen (§ 3 Abs. 2 und 4 i.V.m. § 25 f. KWG), geht in diese Richtung. Das Gesetz hat jedoch weniger das Thema Interessenkonflikte als vielmehr die Systemstabilität des Finanzsektors im Fokus, s. dazu Steck/van Meegen, in: Paetzmann/Schöning, Corporate Governance von Kreditinstituten, 2014, S. 101 f.
14 WpDVerOV-Begr. v. 1. Oktober 2007, S. 19; Erwägungsgrund Nr. 24 MiFID-DRL.
15 Meyer/Paetzel/Will, in: KK-WpHG, § 33 Rn. 140.
16 S. zum Mitarbeiterbegriff Fett, in: Schwark/Zimmer, § 33b WpHG Rn. 4 ff.; Koller, in: Assmann/Schneider, § 33b Rn. 2 ff.

seit der Neufassung des KWG durch das **CRD IV-Umsetzungsgesetz** (BGBl. I 2013, S. 3395) ins Leere: Die Vorschrift des § 1 Abs. 8 KWG wurde mit Wirkung zum 1. Januar 2014 aufgehoben, ohne die Regelung in § 13 Abs. 1 entsprechend anzupassen. Die Anpassung erfolgte lediglich auf Ebene des WpHG in der Vorschrift des § 33 Abs. 1 Satz 2 Nr. 3 WpHG, die nunmehr auf den Kontrollbegriff in Art. 4 Abs. 1 Nr. 37 der Verordnung (EU) Nr. 575/2013 (CRR-Verordnung) verweist. „Kontrolle" meint demnach das Verhältnis zwischen einem Mutter- und einem Tochterunternehmen i.S.v. Art. 1 der Richtlinie 83/349/EWG[17] oder des Rechnungslegungsstandards, der gem. der Verordnung (EU) Nr. 1606/2002 (sog. IAS-Verordnung) für ein Institut gilt, oder ein vergleichbares Verhältnis zwischen einer natürlichen oder juristischen Person. Dieser Verweis ist inhaltlich weitgehend identisch mit der Regelung in § 1 Abs. 8 KWG a.F., der auf Art. 1 Nr. 9 der Richtlinie 83/349/EWG (Zweite Bankrechtskoordinierungsrichtlinie) beruhte. Dort findet sich ebenfalls ein Verweis auf Art. 1 der Richtlinie 83/349/EWG a.F.[18] Der weitergehende Verweis in § 33 WpHG auf die IAS-Verordnung ist auch für § 13 maßgeblich, da es sich bei § 33 WpHG um die ranghöhere Norm handelt.

2. Vorteilserzielung/Verlustvermeidung zu Lasten von Kunden (Nr. 1)

19 Die erste Konfliktkategorie zeichnet sich dadurch aus, dass das Wertpapierdienstleistungsunternehmen zu Lasten des Kunden einen finanziellen Vorteil erzielt oder einen Verlust vermeidet. Das Tatbestandsmerkmal „zu Lasten des Kunden" ist im Sinne eines Nachteils für den Kunden zu verstehen.[19] Eine Stoffgleichheit zwischen Nachteil des Kunden und Vorteil des Wertpapierdienstleistungsunternehmens ist indes nicht erforderlich.[20]

Beispiele:

Durchführung möglichst vieler entgeltpflichtiger Transaktionen entgegen dem Kundeninteresse an einer kostenschonenden Wertpapierbetreuung (***Churning***); Aussprechen von Kaufempfehlungen für Wertpapiere, die das Wertpapierdienstleistungsunternehmen zuvor selbst erworben hat, um sie nach der durch die Empfehlung ausgelösten Kurssteigerung wieder zu verkaufen (***Scalping***); Platzierung von für Privatkunden ungeeigneten Aktien/Anleihen einer vom Wertpapierdienstleistungsunternehmen begleiteten Emission zur Vermeidung ei-

---

17 Siebente Richtlinie des Rates vom 13. Juni 1983 aufgrund von Artikel 54 Absatz 3 lit. g des Vertrages über den konsolidierten Abschluss.
18 Vgl. *Schäfer*, in: Boos/Fischer/Schulte-Mattler, § 1 Rn. 211; *Schwennicke*, in: Schwennicke/Auerbach, § 1 Rn. 222.
19 WpDVerOV-Begr. v. 1. Oktober 2007, S. 19; *Meyer/Paetzel/Will*, in: KK-WpHG, § 33 Rn. 144.
20 *Koller*, in: Assmann/Schneider, § 333 Rn. 39; *Meyer/Paetzel/Will*, in: KK-WpHG, § 33 Rn. 144.

nes Verlustes aus einer vom Wertpapierdienstleistungsunternehmen abgegebenen Platzierungsgarantie.

Zweifelhaft sind die Fälle, in denen die Zivilrechtsprechung wegen bewussten Einstrukturierens eines negativen Marktwerts in ein Swap-Geschäft zu Lasten des Kunden einen offenlegungspflichtigen Interessenkonflikt annimmt (z.B. bei einem *Spread Ladder Swap*).[21] Hier ist zwar das Vorliegen eines auch aufsichtsrechtlich relevanten Interessenkonflikts zumindest diskutabel. Dem steht jedoch die eindeutige (und ausnahmslos geltende) Vorgabe des europäischen Gesetzgebers entgegen, wonach das eigene Gewinninteresse des Unternehmens als solches keinen aufsichtsrechtlich relevanten Interessenkonflikt beinhaltet (s.o. Rn. 13) – und zwar unabhängig von seinem Gewicht im Einzelfall. Gleichwohl wird ein Wertpapierdienstleistungsunternehmen auch aufsichtsrechtlich gut beraten sein, aus Reputationsgründen darauf zu achten, zivilrechtlich relevante Interessenkonflikte, die aus einer für den Kunden nachteiligen Produktgestaltung resultieren, möglichst zu vermeiden oder zumindest offenzulegen.[22]

3. Abweichendes Interesse am Ergebnis (Nr. 2)

Die zweite Fallgruppe umfasst solche Konflikte, die sich aus einem mit dem Kundeninteresse nicht identischen Eigeninteresse an dem Ergebnis eines Geschäfts ergeben. Ein Nachteil beim Kunden ist hierfür nicht erforderlich.[23]

Beispiel:

Bevorzugung haus-, konzern- oder verbundeigener Produkte bei der Anlageberatung gegenüber Produkten von Wettbewerbern wegen höherer Provisionen/Margen oder sonstiger Verbundvorteile.

4. Höherstellung eines Kundeninteresses gegenüber anderen Kunden (Nr. 3)

Die dritte Fallgruppe beinhaltet Konflikte, die sich aus widerstreitenden Interessen einzelner Kunden oder Kundengruppen des Wertpapierdienstleistungsunternehmens ergeben. Das Konfliktpotential besteht hier darin, dass das Wertpapierdienstleistungsunternehmen aufgrund seiner Geschäftsbeziehung zu beiden Kunden(gruppen) deren Interessen zu wahren hat, dies aber aufgrund des Interessenwiderstreits nicht gleichermaßen möglich ist. Diese Konfliktsituation für sich genommen reicht noch nicht aus, um aufsichtsrechtlich relevant zu sein. Hinzutreten muss, dass das Wertpapierdienstleistungsunternehmen einen **finanziellen Anreiz** hat, ein Kundeninteresse über das andere zu stellen. Ein solcher Anreiz wird in der Praxis jedoch regelmäßig gegeben sein.

---

21 BGHZ 189, 13 ff. = BKR 2011, 293 ff.
22 Ähnlich *Göres*, in: Schäfer/Hamann, § 33 WpHG Rn. 185.
23 *Meyer/Paetzel/Will*, in: KK-WpHG, § 33 Rn. 145.

Beispiel:

Das Wertpapierdienstleistungsunternehmen übernimmt für einen Firmenkunden, zu dem es eine Kreditbeziehung unterhält, die Platzierung einer Anleihe bei seinen Privatkunden und erhält hierfür eine Platzierungsvergütung. Hier widerstreitet das Interesse des Emittenten (Firmenkunde) an einer erfolgreichen Platzierung der Anleihe mit dem Interesse der Privatkunden an einer unvoreingenommen anleger- und objektgerechten Beratung. Der finanzielle Anreiz des Wertpapierdienstleistungsunternehmens, das Interesse des Firmenkunden über das der Privatkunden zu stellen, ergibt sich aus der Platzierungsvergütung. Zusätzliches Konfliktpotential kann sich daraus ergeben, dass das Wertpapierdienstleistungsunternehmen den Emittenten auch beim Pricing der Anleihe berät. Hier konfligiert das Interesse des Emittenten an einer möglichst kostengünstigen Finanzierung mit demjenigen der Privatkunden an einer möglichst hohen Verzinsung.[24]

23 Weitere **Beispiele:**

Parallele Platzierung von Wertpapieren mehrerer Emittenten bei Investoren;[25] gleichzeitig eingehende Zeichnungsaufträge von Kunden bei drohender Überzeichnung einer Emission; Beratung des Veräußerers eines Aktienpakets bei gleichzeitiger Finanzierungsberatung des Erwerbers (*stapled financing*).[26]

5. Konkurrenz zum Kunden (Nr. 4)

24 Die dritte Fallgruppe betrifft Konflikte, die aus dem Umstand resultieren, dass das Wertpapierdienstleistungsunternehmen bei Eigengeschäften in Konkurrenz zu den eigenen Kunden stehen kann. Klassische Fälle sind das sog. Front- und Parallelrunning. Der Begriff **Front Running** bezeichnet das Ausnutzen des Wissens um vertrauliche Kundeninformationen zum eigenen Vorteil. Im Wissen um bevorstehende Kundentransaktionen werden eigene Positionen ge- oder verkauft, um von den durch die Kundentransaktion entstehenden Kursbewegungen zu profitieren.[27] **Parallel Running** beschreibt denselben Vorgang, mit dem Unterschied, dass das Eigengeschäft zeitgleich zum Kundengeschäft ausgeführt wird.[28]

6. Außerordentliches Provisionsinteresse (Nr. 5)

25 An sich werden Interessenkonflikte, die sich aus Provisionszahlungen Dritter im Zusammenhang mit Wertpapierdienstleistungen gegenüber Kunden ergeben, aufsichtsrechtlich über das Verbot der Entgegennah-

---

24 *Meyer/Paetzel/Will*, in: KK-WpHG, § 33 Rn. 150.
25 *Meyer/Paetzel/Will*, in: KK-WpHG, § 33 Rn. 149.
26 *Meyer/Paetzel/Will*, in: KK-WpHG, § 33 Rn. 150.
27 *Koch*, in: Schwark/Zimmer, § 31c WpHG Rn. 28 f.; *Mennicke/Jakovou*, in: Fuchs, § 13 Rn. 167 ff.; *Zieschang*, in: Park, § 263 StGB Rn. 112 ff.
28 *Koch*, in: Schwark/Zimmer, § 31c WpHG Rn. 30; *Zieschang*, in: Park, § 263 StGB Rn. 140.

me von Zuwendungen nach der Vorschrift des § 31d WpHG reguliert (mit Ausnahmen im Falle der Eignung zur Verbesserung der Qualität der Wertpapierdienstleistung und gleichzeitiger Offenlegung gegenüber dem Kunden, § 31d Abs. 1 Satz 1 WpHG). Zusätzlich erfordert Nr. 5 eine gesonderte Berücksichtigung solcher Zuwendungen in der Interessenkonflikt-Policy, die über das übliche Maß hinausgehen. Hinsichtlich des Zuwendungsbegriffs verweist Nr. 5 auf die Legaldefinition in § 31d Abs. 2 WpHG.[29] Das Kriterium der **(Un-)Üblichkeit** ist **gattungs- und laufzeitbezogen** für das jeweilige Produkt zu beurteilen.

Beispiele:

Provisionen für den Vertrieb von geschlossenen AIF mögen (mangels Bestandsprovisionen) höher sein als solche für den Vertrieb von offenen AIF oder OGAW; ein Zertifikat mit einer Laufzeit von zehn Jahren wird mit Blick auf die lange Kapitalbindung beim Anleger höher provisioniert sein als ein Kurzläufer-Zertifikat mit einer Laufzeit von ein oder zwei Jahren. Als unüblich dürften Provisionen gelten, die um mehr als **50 %** höher liegen als diejenigen in der jeweiligen Vergleichsgruppe.

III. Prüfungspflicht

Das Wertpapierdienstleistungsunternehmen hat zu **prüfen**, inwieweit der 26 oben unter Rn. 16 ff. beschriebene Personenkreis (Wertpapierdienstleistungsunternehmen, Mitarbeiter, verbundene Unternehmen) einem Interessenkonflikt ausgesetzt ist.

1. Fortlaufende Analyse

Im Rahmen der MiFID-Umsetzung im Jahre 2007 waren die Institute gehalten, eine Bestandsaufnahme vorzunehmen, mit der sie ihren gesamten Geschäftsablauf auf Interessenkonflikte hin durchleuchten (*Screening*).[30] Dabei ist den konfliktträchtigen Bereichen Anlageberatung, Handel (einschließlich Eigenhandel und Eigengeschäft), Finanzportfolioverwaltung, Emissions- und Platzierungsgeschäft, Corporate Finance und M&A eine erhöhte Aufmerksamkeit zu widmen.[31] Der Analysebefund ist in einer Interessenkonfliktmatrix oder einem Konfliktregister zusammenzufassen und regelmäßig zu aktualisieren.[32] In einer **Interessenkonfliktmatrix** werden auf der horizontalen Achse die verschiedenen Dienstleistungen des Unternehmens und auf der vertikalen Achse die Quellen möglicher Interessenkonflikte abgebildet.[33] Im Unterschied zu dem eher generischen 27

---

29 S. hierzu die einschlägigen Kommentierungen zu § 31d WpHG.
30 S. hierzu beispielhaft DSGV, MiFID-Umsetzungsleitfaden, Version 2.0, S. 185 ff.
31 *Schäfer*, in: Krimphove/Kruse, BT 1 Rn. 131.
32 *Schäfer*, in: Krimphove/Kruse, BT 1 Rn. 133.
33 *Schmies*, in: Renz/Hense, Organisation der Wertpapier-Compliance-Funktion, I. 3. Rn. 58; s. zu Beispielen für eine Interessenkonfliktmatrix *Göres*, in: Schäfer/Hamann, § 33 WpHG Rn. 189; *Loy*, in: Ellenberger/Schäfer/Clouth/Lang, Rn. 2019 ff.

Ansatz der Interessenkonfliktmatrix dient das **Konfliktregister** der systematischen Erfassung möglicher Interessenkonflikte, die aus konkreten Transaktionen oder Kundenbeziehungen resultieren.[34] Die Aktualisierung kann im Rahmen der nach BT 1.2.1.1 MaComp vorzunehmenden **Risikoanalyse** erfolgen, deren Hauptgegenstand das Interessenkonfliktpotential des Wertpapierdienstleistungsunternehmens ist.[35] Eine **jährliche Aktualisierung** dürfte grundsätzlich ausreichend sein, sofern nicht aufgrund unterjähriger Transaktionen eine anlassbezogene Aktualisierung erforderlich ist (s. dazu Rn. 28 f.). Zuständig für die fortlaufende Analyse ist die **Compliance-Funktion**.[36]

2. Einzelfallbezogene Prüfungshandlungen

28 Über die routinemäßigen Prüfungshandlungen hinaus sollten insbesondere größere Wertpapierdienstleistungsunternehmen einen anlassbezogenen Konfliktklärungsprozess etablieren (*Conflict Clearing*).[37] Danach ist vor der Übernahme eines bedeutenden Kundenauftrags, einer Emissionsbegleitung, eines M&A-Beratungsmandats oder einer anderweitigen Wertpapierdienstleistung das hiermit verbundene Interessenkonfliktpotential zu analysieren. Sodann ist zu klären, ob und, wenn ja, unter Ergreifung welcher Maßnahmen das Geschäft durchgeführt werden kann. Zu diesem Zweck sollten außergewöhnliche Geschäfte **vorab** der **Compliance-Funktion** oder – bei größeren Unternehmen – einem eigens hierfür eingerichteten **Ausschuss** gemeldet werden.

29 Um sicherzustellen, dass ein solches Clearing tatsächlich durchgeführt wird, hat das Institut geeignete ablauforganisatorische Maßnahmen zu ergreifen. Diese sind abhängig von der Größe und der geschäftlichen Ausrichtung des Wertpapierdienstleistungsunternehmens. Sie können von einer Dienstanweisung an die betroffenen Fachbereiche, Geschäfte der vorgenannten Art mündlich oder per E-Mail zu melden, bis hin zu komplexen IT-gestützten Transaktionserfassungssystemen (*Deal Logging*) reichen.[38]

3. Aufzeichnung

30 Die identifizierten Interessenkonflikte sind nach Maßgabe des § 14 Abs. 5 und Nr. 16 des „Verzeichnisses der Mindestaufzeichnungspflichten gem. § 34 Abs. 5 WpHG" der BaFin (WA 11-FR 4407-2007/0020) aufzuzeichnen

---

34 *Schmies*, in: Renz/Hense, Organisation der Wertpapier-Compliance-Funktion, I. 3. Rn. 58.
35 S. hierzu *Schäfer*, in: Krimphove/Kruse, BT 1 Rn. 179.
36 *Meyer/Paetzel/Will*, in: KK-WpHG, § 33 Rn. 153.
37 *Göres*, in: Schäfer/Hamann, § 33 WpHG Rn. 303 ff.; *Meyer/Paetzel/Will*, in: KK-WpHG, § 33 Rn. 152.
38 S. zu Letzteren *Meyer/Paetzel/Will*, in: KK-WpHG, § 33 Rn. 185, sowie ausführlich *Göres*, in: Schäfer/Hamann, § 33 WpHG Rn. 304 ff.

(s. dazu § 14 Rn. 13). Die aufzuzeichnenden Interessenkonflikte sind diejenigen Fälle, in denen die Grundsätze für den Umgang mit Interessenkonflikten nach Abs. 2 praktisch zum Tragen kommen können.[39]

C. Grundsätze für den Umgang mit Interessenkonflikten (Abs. 2)

I. Interessenkonflikt-Policy

Auf Grundlage der nach Abs. 1 durchzuführenden Konfliktanalyse hat das Wertpapierdienstleistungsunternehmen Grundsätze darüber aufzustellen, wie es mit Interessenkonflikten angemessen umgeht. Die Grundsätze werden in Anlehnung an die englische Terminologie in Art. 22 MiFID-DRL auch als Interessenkonflikt-Policy bezeichnet.[40] 31

1. Formale Anforderungen

Die Interessenkonflikt-Policy ist auf einem **dauerhaften Datenträger** niederzulegen (Abs. 2 Satz 1). Da es hier – anders als bei der Information des Kunden über die Interessenkonflikt-Policy nach § 5 Abs. 2 Satz 2 Nr. 1 lit. h – um eine unternehmensinterne Erfassung der Grundsätze über den Umgang mit Interessenkonflikten geht, unterliegt das Wertpapierdienstleistungsunternehmen insoweit nicht dem Gebot der papiergebundenen Form nach § 3 Abs. 2. Siehe zum Begriff des dauerhaften Datenträgers die Kommentierung zu § 3 Rn. 1 ff. 32

2. Inhaltliche Anforderungen

Inhaltlich müssen die Grundsätze zwei Anforderungen erfüllen: Zum einen muss in ihnen dargelegt werden, unter welchen **Umständen** bei der Erbringung von Wertpapierdienstleistungen oder -nebendienstleistungen Interessenkonflikte auftreten können, die den Kundeninteressen erheblich schaden könnten (Abs. 2 Satz 1 Nr. 2). Hierfür ist auf die Situationsbeschreibungen in dem Konfliktregister bzw. der Interessenkonfliktmatrix zurückzugreifen. 33

Zum anderen ist in den Grundsätzen festzuhalten, welche **Maßnahmen** zu treffen sind, um diese Interessenkonflikte zu bewältigen (Abs. 2 Satz 2 Nr. 2). Auch insoweit können die in der Interessenkonfliktmatrix oder dem Konfliktregister erfassten Maßnahmen herangezogen werden. Eine stichwortartige Beschreibung der Maßnahme ist grundsätzlich ausreichend. 34

---

39 *Richter*, in: Krimphove/Kruse, AT 8 Rn. 32.
40 Beispielhaft *Stahlke*, in: Krimphove/Kruse, AT 6 Rn. 71 ff.

3. Verhältnismäßigkeitsgrundsatz

35 Der Umgang mit Interessenkonflikten unterliegt einem strikten **Verhältnismäßigkeitsgebot**. Dies bedeutet, dass nicht jedes Wertpapierdienstleistungsunternehmen das Gleiche tun muss, um den Anforderungen des § 13 Abs. 2 zu genügen. Vielmehr darf ein Unternehmen mit Blick auf seine Größe und Organisation sowie die Art, den Umfang und die Komplexität seiner Geschäftätigkeit eine Einschätzung vornehmen, welche Maßnahmen zur Interessenkonfliktbewältigung für das Unternehmen und seine Kunden angemessen sind (Abs. 2 Satz 1). Ein maßgebendes Unterscheidungskriterium ist dabei das Vorliegen oder Nichtvorliegen von **compliance-relevanten Informationen** (s. hierzu Rn. 49). Kleinere Institute, die keinen Eigenhandel betreiben und deren Interessenkonflikte sich vornehmlich auf das Thema „Zuwendungen" im Wertpapiervertrieb beschränken, werden nicht jede der in Abs. 3 Nr. 1–5 genannten Maßnahmen umzusetzen haben. Insbesondere kann auf die Einrichtung von Vertraulichkeitsbereichen verzichtet werden, sofern im Institut keine compliancerelevanten Informationen vorliegen (s. zur diesbezüglichen Prüfungsobliegenheit unten Rn. 49). Umgekehrt gilt, dass es auch eine Proportionalität nach oben gibt, Unternehmen mit überdurchschnittlichem Konfliktpotential also mehr Vorkehrungen treffen müssen als andere Unternehmen.

4. Konzernweite Betrachtung

36 Sind Wertpapierdienstleistungsunternehmen als Konzern organisiert, können widerstreitende Interessen auf unterschiedlichen gesellschaftsrechtlichen Ebenen auftreten.

Beispiel:

Eine Bank oder Sparkasse lagert ihren mobilen Wertpapiervertrieb auf eine Tochtergesellschaft aus, bleibt aber selbst Empfängerin von Provisionszahlungen der Produktemittenten. Es liegt auf der Hand, dass hier ein relevanter Interessenkonflikt vorliegt, weil die Vertriebstochter möglicherweise ihr Beratungsangebot an dem Provisionsinteresse ihres Mutterunternehmens orientieren wird.

Um diese Fälle aufsichtsrechtlich zu erfassen,[41] schreibt Abs. 2 Satz 2 eine **konzerndimensionale Ermittlung und Bewältigung von Interessenkonflikten** vor. Danach ist in der Interessenkonflikt-Policy auch solchen Interessenkonflikten Rechnung zu tragen, die sich aus der Struktur und Geschäftstätigkeit anderer Unternehmen derselben Unternehmensgruppe ergeben und die das Wertpapierdienstleistungsunternehmen kennt oder kennen müsste.

---

41 S. zu der bislang abweichenden zivilrechtlichen Betrachtungsweise der Rechtsprechung, die *keinen* offenlegungsbedürftigen Interessenkonflikt bei der Banktochter annimmt, BGH, Urt. v. 19.07.2012 – III ZR 308/11, WM 2012, 1574 Rn. 12 ff., anders möglicherweise nunmehr BGH, Urt. v. 3.6.2014 – XI ZR 147/12, BKR 2014, 370 Rn. 37, für die Zeit ab dem 1. August 2014 mit Blick auf die Vorschrift des § 31 Abs. 4b Satz 2 WpHG i.d.F. des Honoraranlageberatungsgesetzes (BGBl. I 2013, S. 2390).

a) Unternehmensgruppe

Dem Begriff der Unternehmensgruppe unterfallen drei Konstellationen: 37

(i) Mutter- und Tochterunternehmen i.S.v. § 290 HGB.

Kennzeichnend für die Fallgruppe ist die Möglichkeit des Mutterunternehmens, unmittelbar oder mittelbar einen beherrschenden Einfluss auf das Tochterunternehmen nach Maßgabe des § 290 Abs. 2 HGB auszuüben. 38

§ 290 HGB ist indes nur auf Kapitalgesellschaften anwendbar.[42] **Genossenschaften** fallen nicht hierunter. Es ist zu vermuten, dass es sich hierbei um eine unabsichtliche Gesetzeslücke handelt, die mit einer analogen Anwendung des § 290 HGB für die Zwecke der aufsichtsrechtlich gebotenen konzernweiten Erfassung von Interessenkonflikten auch in Genossenschaftsbankkonzernen zu schließen ist. Jedenfalls für **Kreditgenossenschaften** ergibt sich eine Anwendbarkeit des § 290 HGB zudem mittelbar über den Verweis in der Vorschrift des § 340i HGB. 39

(ii) das Halten einer Beteiligung i.S.v. § 271 Abs. 1 HGB durch ein Mutter- oder Tochterunternehmen nach (i).

Voraussetzung für eine **Beteiligung** ist, dass ein Anteil an einer Kapitalgesellschaft gehalten wird, der dazu bestimmt ist, der Herstellung einer dauerhaften Verbindung zu dem anderen Unternehmen zu dienen. Die Vorschrift des § 271 Abs. 1 Satz 3 HGB begründet eine Vermutung für das Bestehen einer Beteiligung, wenn ein Anteil von mehr als 20 % am Nennkapital einer Kapitalgesellschaft gehalten wird. Durch den Verweis auf § 271 Abs. 1 HGB werden somit auch nicht gesellschaftsrechtlich beherrschte Beteiligungsunternehmen in den Kreis der für die Interessenkonflikterfassung relevanten Unternehmen einbezogen. Die Identifizierung der dort angesiedelten Interessenkonflikte wird deshalb dem Wertpapierdienstleistungsunternehmen ggf. nur eingeschränkt möglich sein (s. unten Rn. 41). 40

(iii) Unternehmen, die aufgrund eines Vertrages oder einer Satzungsbestimmung der einheitlichen Leitung des Wertpapierdienstleistungsunternehmens unterstehen.

(iv) Unternehmen, deren Verwaltungs-, Leitungs- oder Aufsichtsorgane während des Geschäftsjahres und bis zur Aufstellung des konsolidierten Abschlusses mehrheitlich mit den entsprechenden Personen in dem Wertpapierdienstleistungsunternehmen identisch sind.

Die Fallgruppen (iii) und (iv) dürften in der Praxis keine eigenständige Bedeutung gegenüber den beiden ersten Fallgruppen haben. Sie dienen in erster Linie dem Umgehungsschutz.

---

42 *Baumbach/Hopt*, § 290 Rn. 1; *Kindler*, in: Staub, GroßKommHGB, § 290 Rn. 13 f.

b) Kenntnis/Kennenmüssen von Interessenkonflikten

41 Das Wertpapierdienstleistungsunternehmen hat nur solche Interessenkonflikte in seinen Grundsätzen zu berücksichtigen, die es positiv kennt oder die es kennen muss. Soweit es um den Geschäftsbetrieb des Wertpapierdienstleistungsunternehmens selbst geht, ist davon auszugehen, dass *jeder* Interessenkonflikt zu berücksichtigen ist. Denn dem Unternehmen ist es zuzumuten, durch eine sorgfältige Vornahme der Konfliktanalyse (s. hierzu oben Rn. 27) sämtliche Interessenkonflikte zu identifizieren, die nach § 13 relevant sein können. Dasselbe gilt für solche Interessenkonflikte, die in den Wertpapierdienstleistungsunternehmen beherrschten Tochter- oder Konzerngesellschaften angesiedelt sind, sofern die Rechtsform dieser Konzerngesellschaften einen organisatorischen Durchgriff erlaubt.[43] Dies ist bei Kapitalgesellschaften im Falle der GmbH (§ 37 Abs. 1 GmbHG) und der durch einen Beherrschungsvertrag verbundenen AG (§ 308 AktG) zu bejahen. Bei einem **faktischen Aktienkonzern** besteht indes aufgrund der Weisungsunabhängigkeit des Vorstands grundsätzlich keine Möglichkeit für das Mutterunternehmen, ein Monitoring sämtlicher Interessenkonflikte in der abhängigen AG vorzunehmen. Dasselbe gilt für **Beteiligungen, die unterhalb einer 50 %-Schwelle** liegen (s.o. die Fallgruppe ii). Hier wird das Mutterunternehmen entweder auf einen goodwill der Geschäftsführung der Beteiligungsgesellschaften[44] angewiesen sein oder ansonsten ein vollständiges Interessenkonflikt-Monitoring nicht durchführen können. Insoweit stoßen die aufsichtsrechtlichen Vorgaben an die normativen Grenzen des geltenden Gesellschaftsrechts. Die Compliance-Verantwortung des Vorstands der Obergesellschaft wandelt sich in eine Bemühenspflicht.[45]

II. Festlegung und dauerhafte Anwendung

42 Die Grundsätze über den Umgang mit Interessenkonflikten sind festzulegen und dauerhaft anzuwenden (Abs. 2 Satz 1). Die **Festlegung** erfolgt durch die nach der Aufbauorganisation des Wertpapierdienstleistungsunternehmens vorgesehene Stelle. Im Zweifel ist dies die Geschäftsleitung des Unternehmens, sofern nicht eine Delegation auf eine andere Unternehmenseinheit erfolgt ist.

43 Die Interessenkonflikt-Policy ist dauerhaft **anzuwenden**, sprich: in der Praxis mit Leben zu füllen. Die zur Interessenkonfliktbewältigung vorgesehenen Maßnahmen sind somit tatsächlich umzusetzen, und zwar nicht nur einmalig, sondern – situationsangepasst – fortlaufend. Es ist grundsätzlich Aufgabe der **Geschäftsleitung**, dafür Sorge zu tragen, dass dies geschieht. Sie kann diese Aufgabe aber auf die **Leitung** der betreffen-

---

43 Vgl. zu dieser gesellschaftsrechtlich bedingten Schranke der Compliance-Pflicht *Gebauer/Niermann*, in: Hauschka, § 36 Rn. 69; *Spindler*, WM 2008, 905, 916 f.; *Veil*, WM 2008, 1093, 1096; *Fleischer*, CCZ 2008, 1, 6.
44 *Spindler*, WM 2008, 905, 916 m.w.N.
45 Vgl. Ziff. 4.1.3 DCGK; *Fleischer*, CCZ 2008, 1, 6.

den **Unternehmensbereiche und -abteilungen** delegieren. Ebenso kann und sollte die Geschäftsleitung die **Überwachung** der dauerhaften Anwendung auf die **Compliance-Funktion** übertragen.

D. Organisatorische Maßnahmen (Abs. 3)

I. Unabhängigkeitskriterium (Satz 1)

In Abs. 3 wird ein **qualitativer Standard** für die Maßnahmen zur Bewältigung von Interessenkonflikten (Abs. 2 Satz 1 Nr. 2) definiert: Trotz des Bestehens eines Interessenkonflikts müssen die Mitarbeiter, bei denen Interessenkonflikte auftreten, ihre Tätigkeiten **unabhängig** ausführen können. Unabhängigkeit ist dabei im Sinne einer Nicht-Beeinflussung der Tätigkeit durch den Interessenkonflikt zu verstehen. Der Mitarbeiter soll also seine Tätigkeit möglichst so ausüben, als ob der Interessenkonflikt tatsächlich nicht existierte. Die hierfür zu ergreifenden Maßnahmen müssen nicht holzschnittartig für alle Wertpapierdienstleistungsunternehmen identisch sein. Vielmehr gilt in zweifacher Hinsicht der Vorbehalt der **Verhältnismäßigkeit**: Die Angemessenheit der Maßnahmen richtet sich (i) nach der Größe und Geschäftstätigkeit des Wertpapierdienstleistungsunternehmens und seiner Unternehmensgruppe sowie (ii) dem Risiko einer Beeinträchtigung von Kundeninteressen. Die Regelung in Abs. 3 belässt den Unternehmen damit einerseits einen **Beurteilungsspielraum** bei der Erfüllung des Unabhängigkeitskriteriums. Andererseits verlangt sie den Unternehmen ab, die Ausgestaltung der Maßnahmen zur Sicherstellung der Unabhängigkeit sachlich begründen zu können. Um dies für die BaFin und die externe Prüfung nach § 36 WpHG nachvollziehbar zu machen, bietet sich an, in der Interessenkonflikt-Policy eine solche **Begründung** zumindest kursorisch zu dokumentieren. Zwingend durch Abs. 3 vorgegeben ist dies indes nicht.

44

II. Maßnahmen im Einzelnen (Satz 2)

Satz 2 enthält einen Katalog von Maßnahmen, mit denen typischerweise die nach Satz 1 erforderliche Unabhängigkeit sichergestellt werden kann. Ist dies ausnahmsweise nicht der Fall, sind gem. Satz 3 alternative oder ergänzende Maßnahmen zu ergreifen.

45

1. Verhinderungen/Kontrolle des Informationsaustausches (Nr. 1)

Das in der Praxis mit Abstand wichtigste Instrument zur Verhinderung des Einflusses von Interessenkonflikten auf die Tätigkeit von Mitarbeitern ist die Schaffung von Vertraulichkeitsbereichen durch die Errichtung von Informationsbarrieren (sog. *Chinese Walls*). Es wird deshalb im Maßnahmenkatalog des Satzes 2 an erster Stelle genannt.[46]

46

---

[46] Ebenso schon die „alte" Compliance-Richtlinie des Bundesaufsichtsamtes für den Wertpapierhandel (BAWe) vom 25.10.1999 (BAnz Nr. 210 vom 6.11.1999, S. 18453), in Ziff. 3.3.

WpDVerOV § 13 Interessenkonflikte

a) Ziel und Funktion von Vertraulichkeitsbereichen (Chinese Walls)

47 Der Schwerpunkt der Funktion von Chinese Walls wurde ursprünglich in der Begrenzung der Verbreitung von Insiderinformationen und damit in der Verhinderung von Verstößen gegen das **Insiderhandelsverbot** gesehen.[47] Mittlerweile ist jedoch anerkannt, dass die Errichtung von Vertraulichkeitsbereichen auch das **Mittel der Wahl** ist, um die **Auswirkungen von Interessenkonflikten** möglichst gering zu halten und eine nicht mit Interessenkonflikten belastete Handlungsfähigkeit der einzelnen Bereiche des Wertpapierdienstleistungsunternehmens sicherzustellen.[48] Die BaFin widmet sich dem Instrument der Vertraulichkeitsbereiche unter dem Aspekt des Interessenkonfliktmanagements ausführlich in AT 6.2 MaComp.

48 Vertraulichkeitsbereiche verfolgen einen **funktionalen Zweck**: Einen Interessenkonflikt begründende Informationen, die in einem bestimmten Bereich des Wertpapierdienstleistungsunternehmens bekannt werden, sollen diesen Bereich nur unter den engen Voraussetzungen eines zulässigen bereichsübergreifenden Informationsflusses nach dem Need to know-Prinzip verlassen (AT 6.2 Tz. 3 lit. a MaComp).

49 Nach Auffassung der **BaFin** kommt der Einrichtung von Vertraulichkeitsbereichen der Vorrang vor anderen organisatorischen Maßnahmen zu, um sich aus einem unkontrollierten Informationsfluss ergebende Interessenkonflikte möglichst gering zu halten (AT 6.2 Tz. 3 lit. a Satz 5 und 6 MaComp). Die BaFin knüpft die Vorgabe, Vertraulichkeitsbereiche einzurichten und diese mit Hilfe einer Beobachtungsliste und einer Sperrliste zu überwachen, an das Vorhandensein von **compliance-relevanten Informationen** i.S.v. AT 6.1 MaComp (AT 6.2 Tz. 3 MaComp). Compliance-relevante Informationen sind Insiderinformationen i.S.v. § 13 WpHG sowie die Kenntnis von Kundenaufträgen, soweit diese durch den Abschluss von Eigenschaften des Unternehmens oder Mitarbeitergeschäften zum Nachteil des Kunden verwendet werden können (Vor-, Mit- oder Gegenlaufen, s. dazu oben Rn. 24).[49] Insbesondere kleinere und mittlere Wertpapierdienstleistungsunternehmen sind deshalb gehalten, regelmä-

---

47 Eingehend *Lösler*, Compliance im Wertpapierdienstleistungskonzern, 2003, S. 73 ff.
48 AT 6.2 Ziff. 3 lit. a MaComp sowie *Meyer/Paetzel/Will*, in: KK-WpHG, § 33 Rn. 69; *Fuchs*, in: Fuchs, § 33 Rn. 107; speziell zur Vermögensverwaltung *Benicke*, Wertpapiervermögensverwaltung, 2007, S. 625: „Besteht in der Vermögensverwaltungsabteilung keine Kenntnis der Aktivitäten in anderen Abteilungen, so können auch keine Maßnahmen ergriffen werden, die im Interesse des Unternehmens diese Aktivitäten unterstützen, aber gegen die Interessen des Kunden verstoßen. So kann etwa die Gefahr des Abladens oder Auskaufens vermieden werden."
49 *Schäfer*, in: Krimphove/Kruse, BT 1 Rn. 146, hält den Begriff der compliance-relevanten Informationen für einen „der zentralen Begriffe für die Compliance-Tätigkeit". Er sei Einfallstor für interessengerechte Lösungen auch für Institute mit geringem Interessenkonfliktpotential.

ßig zu überprüfen, ob sie über compliance-relevante Informationen verfügen – beispielsweise aufgrund von Firmenkundenbeziehungen zu Unternehmen, deren Aktien oder Anleihen zum Handel an einem regulierten Markt zugelassen oder in den Freiverkehr einbezogen sind. Selbst wenn dies nicht der Fall ist, kann sich die Situation innerhalb kurzer Zeit ändern, wenn z.B. ein mittelständischer Firmenkunde eine Anleihe begibt, die in den Freiverkehr einbezogen werden soll. Das kann es für ein Kreditinstitut, das in einer Kreditbeziehung zu dem Emittenten steht, erforderlich machen, ad hoc-Vertraulichkeitsbereiche einzurichten. Dies gilt insbesondere dann, wenn das Institut den Vertrieb der Anleihe ganz oder teilweise übernommen hat.[50]

Ausgangspunkt jeder sachgerechten Festlegung von Vertraulichkeitsbereichen ist eine eingehende, im Zeitablauf regelmäßig zu überprüfende **Analyse des Informationsflusses** innerhalb des Unternehmens.[51] Die Analysetätigkeit sollte in enger Zusammenarbeit des jeweiligen Geschäftsbereichs mit der Compliance-Funktion erfolgen und ist zu dokumentieren. Ihr Ergebnis bestimmt Zuschnitt, Anzahl und Größe der Vertraulichkeitsbereiche.[52] Herkömmlicherweise werden folgende operative Unternehmenseinheiten als Vertraulichkeitsbereiche eingestuft: Emissionsgeschäft, Firmenkundenkreditgeschäft, Corporate Finance/M&A-Beratung, Finanzanalyse (Research), Eigenhandel (Depot A), Wertpapier-Kundengeschäft (Depot B), Vermögensverwaltung (Private Banking).[53] Daneben können auch Stabsstellenfunktionen (Vorstandssekretariat, Beteiligungsverwaltung, Unternehmenskommunikation) und Einheiten des Internen Kontrollsystems (IKS) wie Risikomanagement, Recht und Compliance als Vertraulichkeitsbereiche eingerichtet werden.[54]

50

b) Personelle Segmentierung

Ausgangspunkt für die Einrichtung von Vertraulichkeitsbereichen ist eine personelle Segmentierung von Mitarbeitern des Wertpapierdienstleistungsunternehmens. Es sollte demnach eine Zuordnung der Mitarbeiter, die regelmäßig Zugang zu compliance-relevanten Informationen haben, zu einem Kreis von Personen erfolgen, denen die Weitergabe der in ihrem Aufgabengebiet anfallenden compliance-relevanten Informationen an Personen außerhalb dieses Kreises nicht gestattet ist. Diese Zuordnung kann, soweit es sich um **dauerhaft** eingerichtete Vertraulichkeitsbereiche

51

---

50 S. zu der Differenzierung zwischen ständigen Vertraulichkeitsbereichen und – transaktionsbezogenen – ad hoc gerichteten Vertraulichkeitsbereichen *Göres*, in: Schäfer/Hamann, § 33 WpHG Rn. 205 f.; *Eisele/Faust*, in: Schimansky/Bunte/Lwowski, § 109 Rn. 144.
51 *Meyer/Paetzel/Will*, in: KK-WpHG, § 33 Rn. 175.
52 *Fuchs*, in: Fuchs, § 33 Rn. 108; *Meyer/Paetzel/Will*, in: KK-WpHG, § 33 Rn. 175.
53 *Fett*, in: Schwark/Zimmer, § 33 WpHG Rn. 40; *Koller*, in: Assmann/Schneider, § 33 Rn. 54; *Meyer/Paetzel/Will*, in: KK-WpHG, § 33 Rn. 175.
54 *Koller*, in: Assmann/Schneider, § 33 Rn. 54; *Meyer/Paetzel/Will*, in: KK-WpHG, § 33 Rn. 175.

handelt, anhand der Zugehörigkeit des Mitarbeiters zu einer bestimmten Unternehmenseinheit (Firmenkundengeschäft, M&A, Corporates & Markets etc.) erfolgen.

52 Bei **ad hoc** errichteten Vertraulichkeitsbereichen für ein angebahntes Geschäft erfolgt die personelle Segmentierung anhand der projektbezogenen Aufgabenstellung, für die der Mitarbeiter vorgesehen ist. Dies kann zur Einrichtung eines „**Vertraulichkeitsbereichs im Vertraulichkeitsbereich**" führen.

Beispiel:

Sofern der Unternehmensbereich Corporate Finance einen eigenen Vertraulichkeitsbereich darstellt, kann projektbezogen für eine einzelne Transaktion innerhalb dieses Vertraulichkeitsbereiches ein enger Kreis von Personen einen weiteren Vertraulichkeitsbereich bilden, über den hinweg die Informationsweitergabe bereits an andere Mitarbeiter des Unternehmensbereichs Corporate Finance unzulässig ist (s. zum Need to know-Prinzip unten Rn. 58). Im Extremfall kann demnach ein Vertraulichkeitsbereich sogar nur aus einer einzigen Person bestehen.

53 Jeder Mitarbeiter, der einem bestimmten Vertraulichkeitsbereich zugeordnet ist, muss ein Aufgabenfeld übertragen bekommen, das sich im Rahmen dieses Vertraulichkeitsbereiches bewegt. Hierauf ist auch bei der Regelung von **Abwesenheitsvertretungen** zu achten. Den Mitarbeitern muss also zu jeder Zeit bekannt sein, welchem Vertraulichkeitsbereich sie angehören und welche Konsequenzen für die Weitergabe von vertraulichen Informationen hiermit verbunden sind.[55]

54 Bei der Vornahme einer personellen Segmentierung kommt der **Compliance-Funktion** eine zentrale Rolle zu. Dasselbe gilt für die Aufstellung von Verfahrensregeln (Arbeits- und Organisationsanweisungen) und Schulungen von Mitarbeitern, um eine „Kultur von Vertraulichkeitsbereichen" im Wertpapierdienstleistungsunternehmen zu etablieren. Zu Recht wird deshalb auch die Bedeutung der gedanklichen Trennung von Vertraulichkeitsbereichen in den Köpfen der Mitarbeiter betont.[56]

c) Physische und kommunikative Trennung

55 Die physische Einrichtung von Vertraulichkeitsbereichen erfolgt durch eine **räumliche Trennung** der betreffenden Unternehmenseinheiten (AT 6.2 Tz. 3 lit. a MaComp) in Form der Unterbringung in unterschiedlichen Räumen oder Stockwerken eines Bürohauses oder der Nutzung verschiedener Gebäude.[57] Der nicht berechtigte Zugang ist mittels ent-

---

55 *Meyer/Paetzel/Will*, in: KK-WpHG, § 33 Rn. 176.
56 *Eisele/Faust*, in: Schimansky/Bunte/Lwowski, § 109 Rn. 142d; *Meyer/Paetzel/Will*, in: KK-WpHG, § 33 Rn. 176.
57 *Eisele/Faust*, in: Schimansky/Bunte/Lwowski, § 109 Rn. 142d; *Koller*, in: Assmann/Schneider, § 33 Rn. 55; *Meyer/Paetzel/Will*, in: KK-WpHG, § 33 Rn. 176.

sprechender Zutrittsschranken zu verhindern.⁵⁸ Die Mitarbeiter sind ergänzend dahin gehend anzuweisen und zu schulen, vertrauliche Unterlagen nicht unbeaufsichtigt an ihrem Arbeitsplatz zurückzulassen (sog. *Clean Desk Policy*).⁵⁹

Um die Wirksamkeit der Informationsabschottung zu gewährleisten, sind 56 zusätzlich zu den physischen Elementen die vielfältigen, von räumlicher Grenzziehung nicht berührten Kommunikationsmittel in das Trennungskonzept einzubeziehen. Hierfür ist es erforderlich, dass sich die Chinese Walls auch in der Struktur und den Zugriffsrechten der bankinternen **Datenverarbeitungssysteme** widerspiegeln (vgl. AT 6.2 Tz. 3 lit. a MaComp). Hierzu zählen etwa Verfahrensregeln für den Versand von E-Mails, die Benutzung von Code-Namen für vertrauliche Projekte, die Verwendung von Passwörtern für Datenverarbeitungssysteme sowie die sonstige zugriffsgesicherte Verwaltung von Daten und Dokumenten.⁶⁰ Gefordert wird in diesem Zusammenhang auch, dass **telefonische Kontakte** zwischen den einzelnen Bereichen zu begrenzen und ggf. durch eine Aufzeichnung der Gespräche zu kontrollieren sind.⁶¹

Eine weitere Möglichkeit zur Kontrolle des Informationsaustauschs ist das 57 sog. *Chaperoning* (engl.: to chaperon – begleiten). Es bezeichnet die Begleitung von Gesprächen zwischen dem Personal verschiedener Vertraulichkeitsbereiche durch Compliance-Mitarbeiter. Chaperoning wird vor allem in den USA aufgrund einer Vorgabe der SEC zur Trennung der Bereiche Research/Finanzanalysen und Investmentbanking eingesetzt.⁶²

d) Bereichsüberschreitender Informationsfluss (sog. Wall Crossing)

Trotz der Errichtung von *Chinese Walls* muss in kontrolliertem Um- 58 fang ein bereichsüberschreitender Informationsfluss möglich sein (sog. *Wall Crossing*).⁶³ Die BaFin erkennt an, dass in einem auf vielen Geschäftsfeldern tätigen, arbeitsteilig organisierten Wertpapierdienstleistungsunternehmen die Hinzuziehung von Mitarbeitern aus anderen Be-

---

58 *Koller*, in: Assmann/Schneider, § 33 Rn. 55; *Meyer/Paetzel/Will*, in: KK-WpHG, § 33 Rn. 176.
59 *Koller*, in: Assmann/Schneider, § 33 Rn. 55; *Meyer/Paetzel/Will*, in: KK-WpHG, § 33 Rn. 176.
60 *Koller*, in: Assmann/Schneider, § 33 Rn. 56; *Meyer/Paetzel/Will*, in: KK-WpHG, § 33 Rn. 176; *Eisele/Faust*, in: Schimansky/Bunte/Lwowski, § 109 Rn. 142b; *Schäfer*, in: Heidel, § 33 WpHG Rn. 114; *Spindler*, Unternehmensorganisationspflichten, 2001, S. 226.
61 *Fuchs*, in: Fuchs, § 33 Rn. 109; *Koller*, in: Assmann/Schneider, § 33 Rn. 11; noch weitergehend *Schweizer*, Insiderverbote, Interessenkonflikte und Compliance, 1996, S. 184 f. (Verhinderung der direkten Durchwahl zwischen den einzelnen Geschäftsbereichen).
62 Vgl. *Repke*, Die Rolle von Finanzanalysten in Investmentbanken unter Berücksichtigung von Interessenkonflikten, 2007, S. 248 ff.
63 *Fuchs*, in: Fuchs, § 33 Rn. 113; *Koller*, in: Assmann/Schneider, § 33 Rn. 60 ff.; *Fett*, in: Schwark/Zimmer, § 33 WpHG Rn. 43, jeweils m.w.N.

reichen oder die bereichsüberschreitende Informationsweitergabe insbesondere bei Transaktionen mit hohem Schwierigkeits- und/oder Risikograd oder zur vollen Ausschöpfung der Produktpalette des Wertpapierdienstleistungsunternehmens notwendig sein kann (AT 6.2. Tz. 3 lit. b MaComp). Andernfalls würde die Handlungsfähigkeit einer Universalbank jedenfalls bei der Durchführung komplexer Transaktionen, bei denen die Zusammenarbeit mehrerer Abteilungen erforderlich ist, infrage gestellt. Allerdings besteht Einigkeit darüber, dass jede Überschreitung der Chinese Walls anhand der Umstände des Einzelfalls sorgfältig auf ihre Notwendigkeit und Zulässigkeit hin überprüft und auf das unbedingt erforderliche Maß beschränkt werden muss (sog. **Need to know-Prinzip**).[64] Unter diesen Voraussetzungen können **einzelne Mitarbeiter** anderer Bereiche gezielt hinzugezogen und über die Hintergründe des Projekts in Kenntnis gesetzt werden. Die benötigten Mitarbeiter werden also aus ihrer jeweiligen Abteilung „über die Mauer" geholt und dem mit der Transaktion befassten Vertraulichkeitsbereich zugeordnet.[65]

59 Ferner ist anerkannt, dass ein bereichsübergreifender Informationsfluss in Bezug auf solche Tatsachen zulässig ist, die **öffentlich** bekannt sind.[66]

Beispiel:

Gerät der Emittent einer Mittelstandsanleihe, zu dem die Bank eine Kreditbeziehung unterhält, während der Platzierungsphase in wirtschaftliche Schwierigkeiten, darf der Bereich Firmenkunden diese Information nicht an den Bereich Privatkundengeschäft, der mit der Platzierung der Anleihe befasst ist, weitergeben. Eine Informationsweitergabe ist aber zulässig, sobald der Emittent im Wege eines Prospektnachtrags (§ 16 WpPG) auf einer Verschlechterung seiner wirtschaftlichen Verhältnisse öffentlich aufmerksam gemacht hat.

60 Bislang nicht eindeutig geklärt ist die Frage, ob die Chinese Walls bis in den **Vorstand** hinein reichen müssen oder der Vorstand „**Supra Chinese Walls**" steht. Die überwiegende Meinung in der Literatur geht davon aus, dass aufgrund der Gesamtverantwortung des Vorstands (§ 76 Abs. 1 AktG) die auf Arbeitsebene definierten Vertraulichkeitsbereiche grundsätzlich aufgehoben sind.[67] Der Vorstand unterliege insoweit lediglich einer strikten „Self Compliance".

61 Die Aufhebung von Chinese Walls auf Vorstandsebene ist jedoch nicht unumstritten. Insbesondere wird von *Eisele* gefordert, dass Chinese Walls auf Vorstandsebene durch vertikale Separierung (also die Ausgestaltung

---

64 *Meyer/Paetzel/Will*, in: KK-WpHG, § 33 Rn. 177; *Rothenhöfer*, in: Kümpel/Wittig, Rn. 16.698; *Eisele*, WM 1993, 1021, 1025.
65 *Fuchs*, in: Fuchs, § 33 Rn. 116; *Eisele/Faust*, in: Schimansky/Bunte/Lwowski, § 109 Rn. 146.
66 *Fuchs*, in: Fuchs, § 33 Rn. 114; *Göres*, in: von Böhlen/Kan, S. 313.
67 *Fuchs*, in: Fuchs, § 33 Rn. 118; *Meyer/Paetzel*, in: KK-WpHG, § 33 Rn. 70; *Schwark*, in: Schwark/Zimmer, § 33 WpHG Rn. 18; *Tippach*, Insider-Handelsverbot, 1995, S. 235.

der funktionalen Bereichsgrenzen zwischen den einzelnen Vorstandsmitgliedern als eigene Vertraulichkeitsbereiche) und durch die Delegation von Entscheidungszuständigkeiten mit der Folge einer Abschottung des ressortleitenden Organmitglieds von den in seinem Geschäftsbereich anfallenden compliance-relevanten Informationen (sog. sekundäre Chinese Walls) durchgehalten werden.[68]

Das Konzept einer „Self Compliance" von Vorstandsmitgliedern erscheint 62 jedenfalls für diejenigen Institute, die nicht in demselben Umfang kapitalmarktlastiges Geschäft betreiben wie eine global agierende Investmentbank, als vorzugswürdig und ausreichend. Von den Organmitgliedern ist allerdings höchste Sensibilität im Umgang mit den im Rahmen ihrer Organfunktion erlangten Kenntnissen zu verlangen. Dazu gehört, dass sie sich möglichst jeglicher Einmischung in das tägliche Geschäft enthalten, die auf sensiblen Informationen beruhen könnte. Dies dient insbesondere der Verhinderung einer strafbaren Ausnutzung von Insidertatsachen in mittelbarer Täterschaft.[69] Flankierend sollte darauf geachtet werden, dass Insiderinformationen i.S.v. § 13 WpHG, die ein Vorstandsmitglied aus seinem Ressort in den Gesamtvorstand trägt (z.B. Informationen über die wirtschaftliche Schieflage des Emittenten), im Zuge eines sog. Pre-Clearings der Compliance-Stelle gemeldet werden. Eine Weitergabe der Insiderinformation in die anderen Ressorts durch das jeweilige Vorstandsmitglied ist grundsätzlich unzulässig.[70] Von der Compliance-Funktion ist zu zudem zu veranlassen, dass sämtliche Vorstandsmitglieder in das institutsinterne Insiderverzeichnis (§ 15b WpHG) aufgenommen werden.

Droht die konkrete Gefahr, dass wegen der Informationsabschottung 63 durch Vertraulichkeitsbereiche Unternehmensentscheidungen getroffen werden, die zu einer Gefährdung von Kundeninteressen führen, ist es Aufgabe der „Supra Chinese Walls" stehenden Mitglieder des Leitungsorgans, in Zusammenarbeit der Compliance-Funktion hiergegen ggf. einzuschreiten.

Beispiel:

Der Bereich M&A berät ein börsennotiertes Unternehmen bei der Abwehr eines Übernahmeversuchs, während der Bereich Corporate Finance in Unkenntnis hiervon den Bieter bei der Finanzierung unterstützen will.[71]

---

68 *Eisele/Faust*, in: Schimansky/Bunte/Lwowski, § 109 Rn. 148; ähnlich *Scharpf*, Corporate Governance, Compliance und Chinese Walls, 2000, S. 122.
69 *Lösler*, Compliance im Wertpapierdienstleistungskonzern, 2003, S. 92; *Fuchs*, in: Fuchs, § 33 Rn. 119. Nach *Bülow*, die bank 1997, 290, 293, müssen die Chinese Walls „durch den eigenen Kopf verlaufen".
70 S. zu möglichen Differenzierungen bei der unternehmensinternen Weitergabe *Schäfer*, in: Marsch-Barner/Schäfer, § 13 Rn. 52 ff.
71 *Meyer/Paetzel/Will*, in: KK-WpHG, § 33 Rn. 175, s. in diesem Zusammenhang ausführlich zum Fall Deutsche Bank/Telekom aus dem Jahr 2001 *Göres*, in: Schäfer/Hamann, § 33 WpHG Rn. 175.

e) Wissenszurechnung

64 Werden Vertraulichkeitsbereiche durch Chinese Walls voneinander getrennt, stellt sich die Frage, ob dies die Zurechnung von Informationen, die in einem Vertraulichkeitsbereich erlangt werden, zu den übrigen Unternehmensbereichen unterbindet. Nach dem Prinzip der Wissenszurechnung analog **§ 166 BGB** werden die an einer Stelle im Unternehmen angekommenen Informationen grundsätzlich unternehmensweit zugerechnet.[72] Ferner ist auf Ebene der Kundenbeziehung zu beachten, dass Kreditinstitute dem Bankgeheimnis unterliegen.[73] Mit Blick auf das Privatkundengeschäft von Wertpapierdienstleistungsunternehmen geht es vor allem um Konstellationen, in denen das Unternehmen aufgrund einer Firmenkundenbeziehung oder einer Emissionsbegleitung über Insiderinformationen in Bezug auf den Emittenten eines Finanzinstruments (z.B. Aktie oder Anleihe) verfügt, die für die Beurteilung des gegenüber Privatkunden empfohlenen Finanzinstruments wesentlich sind. Nach h.M. geht das Verbot der Weitergabe von Insiderinformationen gem. § 14 Abs. 1 Nr. 2 WpHG dem Informationsanspruch des Beratungskunden vor. Dies wird damit begründet, dass das Insiderverbot den Kapitalmarkt als Institution schützt und deshalb nicht durch eine privatrechtlich begründete Treue- und Informationspflicht der Bank gegenüber ihren Kunden überwunden werden kann.[74]

65 Dem ist zuzustimmen. Insbesondere liefe eine bevorzugte Weitergabe an eigene Kunden im Rahmen der Anlageberatung oder der Vermögensverwaltung dem Zweck der Ad-hoc-Publizität nach § 15 WpHG zuwider, den Kreis der potentiellen Insider klein zu halten und die informationelle Chancengleichheit im Anlegerpublikum zu wahren.[75] Konsequenterweise findet in solchen insiderrelevanten Fällen auch keine Wissenszurechnung statt.

66 Nach zutreffender Meinung ist die Wissenszurechnung nach § 166 BGB auch dann unterbrochen, wenn es sich um eine Information unterhalb der Insiderrelevanz handelt, deren Weitergabe aber durch das Gebot des angemessenen Umgangs mit Interessenkonflikten oder das Bankgeheimnis ausgeschlossen ist.[76] Dies lässt sich unter Wertungsaspekten damit rechtfertigen, dass derjenige, der mit der Erwartung einer Offenle-

---

72 BGHZ 133, 30, 35; eingehend *Buck-Heeb*, in: FS Hopt, 2010, S. 1647, 1651 f.; *Lösler*, Compliance im Wertpapierdienstleistungskonzern, 2003, S. 97 ff.
73 S. zu der rechtlichen Fundierung des Bankgeheimnisses als vorkonstitutionelles Gewohnheitsrecht *Krepold*, in: Schimansky/Bunte/Lwowski, § 39 Rn. 9; *Hoeren*, ZBB 2010, 64, 65 f.; *Nobbe*, WM 2005, 1537, 1540 m.w.N.
74 *Ekkenga*, in: Schmidt, MüKo-HGB, Effektengeschäft Rn. 404; *Fuchs*, in: Fuchs, § 33 Rn. 126; *Meyer/Paetzel/Will*, in: KK-WpHG, § 33 Rn. 179; *Hammen*, in: Hellner/Steuer, BuB, 7/746 und 7/830; a.A. *Ellenberger*, Prospekthaftung im Wertpapierhandel, 2001, S. 53; *Tippach*, Insider-Handelsverbot, 1995, S. 263.
75 *Fuchs*, in: Fuchs, § 33 Rn. 126.
76 *Fuchs*, in: Fuchs, § 33 Rn. 127; *Göres*, in: Schäfer/Hamann, § 33 WpHG Rn. 214; *Meyer/Paetzel/Will*, in: KK-WpHG, § 33 Rn. 180; *Ekkenga*, in: Schmidt, Mü-

gung vertraulicher Angaben an das Unternehmen herantritt, dieses zu einem Treuebruch gegenüber anderen Kunden auffordert. Für die Preisgabe solcher Geheimnisse besteht auch im Rahmen der Anlageberatung kein schützenswertes Vertrauen des Kunden.[77]

Der Ausschluss der Wissenszurechnung durch Chinese Walls ist jedoch bislang gesetzlich nicht festgeschrieben. Auch die Rechtsprechung hat sich hierzu noch nicht positioniert.[78] Insoweit verbleibt hier für die Unternehmen ein Restrisiko, das vorzugsweise durch das Instrument der restricted-list (s. dazu unten Rn. 71) begrenzt werden sollte.[79] 67

f) Ablauforganisation

In der Literatur besteht Einigkeit darüber, dass die Vorschrift des § 33 Abs. 1 Satz 2 Nr. 3 WpHG nicht nur Anforderungen an die Aufbau-, sondern auch an die Ablauforganisation eines Wertpapierdienstleistungsunternehmens stellt.[80] Dies entspricht der Sichtweise der BaFin, die in den MaComp unter AT 6.1 ausdrücklich die Ablauforganisation benennt und in AT 6.2 Ziff. 2 lit. c die Überwachungsinstrumente der Beobachtungsliste (watch-list) und der Sperrliste (restricted-list) als sinnvolle Maßnahmen für die Überwachung von Geschäften in Finanzinstrumenten aufführt. 68

Beobachtungsliste (watch-list)

Die Beobachtungsliste (sog. *watch-list)* ist eine nicht öffentliche, laufend aktualisierte Liste von Finanzinstrumenten, zu denen im Wertpapierdienstleistungsunternehmen compliance-relevante Informationen i.S.v. AT 6.1 MaComp vorliegen (AT 6.2 Tz. 3 lit. c 1. Punkt Satz 1 MaComp).[81] Die watch-list dient der Compliance-Funktion zum einen dazu, in den betreffenden Werten die Eigenhandels- bzw. Mitarbeitergeschäfte zu überwachen. Ihre Bedeutung für das **Interessenkonfliktmanagement** liegt darin, dass mit ihrer Hilfe beobachtet werden kann, ob die Chinese Walls zwischen den verschiedenen Vertraulichkeitsbereichen des Unternehmens eingehalten werden (AT 6.2 Tz. 3 lit. c 1. Punkt Satz 5 69

Ko-HGB, Effektengeschäft Rn. 403; *Buck-Heeb*, CCZ 2009, 18, 25; *dies.*, in: FS Hopt, 2010, S. 1647, 1661 f.; a.A.: *Tippach*, Insiderhandelsverbot, 1995, S. 274 f.
77 *Fuchs*, in: Fuchs, § 33 Rn. 127.
78 In einer älteren Entscheidung hat der BGH eine anlageberatende Bank für verpflichtet gehalten, dem Anleger ihr bekannte Tatsachen zu offenbaren, die auf eine akute Insolvenzgefährdung des kapitalaufnehmenden Unternehmens hindeuten, ungeachtet des Umstandes, dass die Bank selbst Kreditgeberin war, BGH NJW 1973, 456, 457. Andererseits hat nach LG Essen NJW-RR 1993, 1392, 1393, die Bank dem Kunden nicht mitteilen müssen, dass sie einen Kreditantrag des Emittenten abgelehnt hat.
79 *Fuchs*, in: Fuchs, § 33 Rn. 129: „Eine Entscheidung über den Ausschluss der Wissenszurechnung zur Stärkung der Compliance-Strukturen bleibt im beschriebenen Restbereich dem Gesetzgeber überlassen." Die Nutzung der restricted-list empfiehlt auch *Koller*, in: Assmann/Schneider, § 31 Rn. 118.
80 Vgl. etwa *Fuchs*, in: Fuchs, § 33 Rn. 132 m.w.N.
81 Siehe zum Begriff der compliance-relevanten Informationen oben Rn. 49.

MaComp).[82] Zudem bietet eine konsequent geführte *watch-list* eine gute Datenbasis für das Monitoring und die Analyse von bestehenden Interessenkonflikten (Clearing-Funktion).[83] Anders als die auf die Sperrliste gesetzten Finanzinstrumente (s. unten Rn. 71 ff.) unterliegen die auf der watch-list vermerkten Werte zwar grundsätzlich keinen Handels- und/ oder Beratungsbeschränkungen (AT 6.2 Tz. 3 lit. c 1. Punkt Satz 3 MaComp). Der Compliance-Funktion sollte jedoch im Rahmen ihrer Interventionsbefugnis nach § 12 Abs. 3 Satz 2 das Recht eingeräumt werden, die Ausführung von Geschäften vorläufig zu untersagen, bei denen der Verdacht einer interessenkonfliktbehafteten Gefährdung von Kundeninteressen besteht.[84]

70 Die watch-list ist von der Compliance-Funktion zu führen. Die Liste unterliegt einer strikten **Vertraulichkeit** (AT 6.2 Tz. 3 lit. c 1. Punkt Satz 2 MaComp). Mitarbeiter des Wertpapierdienstleistungsunternehmens, bei denen in Ausübung ihrer Tätigkeit compliance-relevante Informationen anfallen, sind verpflichtet, unverzüglich eine entsprechende **Meldung** zur watch-list zu veranlassen. Die Meldung sollte neben dem Namen des Emittenten und des betreffenden Finanzinstruments auch die Namen der involvierten Mitarbeiter, Details zum Sachverhalt und den Meldegrund umfassen.[85] Eine **Abmeldung** von der watch-list darf erst erfolgen, wenn die betreffende Information öffentlich geworden oder der Meldegrund anderweitig weggefallen ist.[86] Generell bietet sich an, das **Verfahren der Meldung**, einschließlich einer definitorischen Eingrenzung des Begriffs der compliance-relevanten Information, in einem institutseigenen **Regelwerk** niederzulegen.[87] Dieses Regelwerk sollte allen Mitarbeitern mit regelmäßigem Zugang zu compliance-relevanten Informationen zur Verfügung gestellt werden.

Sperrliste (restricted-list)

71 Als weiteres Compliance-Instrument neben der watch-list kann ein Wertpapierdienstleistungsunternehmen auch eine Sperrliste (sog. *restrictedlist*) führen (AT 6.2 Tz. 3 lit. c 2. Punkt MaComp). Die restricted-list ist eine gleichfalls laufend zu aktualisierende Liste meldepflichtiger Werte, die jedoch im Gegensatz zur watch-list **unternehmensintern nicht**

---

82 *Meyer/Paetzel/Will*, in: KK-WpHG, § 33 Rn. 181: „maßgebliches Instrument zur Kontrolle der Funktionsfähigkeit von *Chinese Walls*".
83 *Fuchs*, in: Fuchs, § 33 Rn. 134; *Meyer/Paetzel/Will*, in: KK-WpHG, § 33 Rn. 181; *Rothenhöfer*, in: Kümpel/Wittig, Rn. 3.361.
84 Über die Fälle des § 13 hinaus für eine generelle Untersagungsbefugnis beim Verdacht auf unlautere Ausnutzung vertraulicher Informationen *Meyer/Paetzel/Will*, in: KK-WpHG, § 33 Rn. 181; *Rothenhöfer*, in: Kümpel/Wittig, Rn. 3.361; *Eisele/Faust*, in: Schimansky/Bunte/Lwowski, § 109 Rn. 150; *Lösler*, in: Hellner/ Steuer, Bankrecht und Bankpraxis, 7/854.
85 Näher zum zweckmäßigen Inhalt der Meldung *Göres*, in: Schäfer/Hamann, § 33 WpHG Rn. 225.
86 *Göres*, in: Schäfer/Hamann, § 33 WpHG Rn. 229.
87 *Meyer/Paetzel/Will*, in: KK-WpHG, § 33 Rn. 182.

geheim[88] zu halten ist und die dazu dient, den betroffenen Mitarbeitern und Bereichen des Wertpapierdienstleistungsunternehmens etwaige Beschränkungen für Mitarbeiter- und Eigengeschäfte sowie Kunden- und Beratungsgeschäfte mitzuteilen (AT 6.3 lit c 2. Punkt Satz 2 MaComp).

Bei den in die restricted-list aufgenommenen Finanzinstrumenten besteht aufgrund der Informationslage im Wertpapierdienstleistungsunternehmen ein gegenüber der watch-list erhöhtes Risiko von Insiderverstößen und/oder der Gefährdung von Kundeninteressen durch Interessenkonflikte.[89]

72

Beispiel:

Ein Kreditinstitut erfährt aufgrund seiner Firmenkundenkreditbeziehung zu einem börsennotierten Emittenten, dass dieser wegen des unerwarteten Verlustes mehrerer Großaufträge mittelfristig in seiner Existenz gefährdet ist. Aufgrund ihrer Kursrelevanz handelt es sich um eine Insiderinformation i.S.v. § 13 WpHG. Vertreibt das Kreditinstitut Aktien des Emittenten an seine Privatkunden, liegt zugleich ein Interessenkonflikt im Verhältnis Kunde/Kunde vor. Die Information ist deshalb vom Unternehmensbereich Firmenkunden, der Kenntnis von dem Entzug der Großaufträge erlangt hat, an die Compliance-Funktion weiterzuleiten. Die Compliance-Funktion setzt das Finanzinstrument sodann auf die restricted-list.

Die Aufnahme in die restricted-list hat grundsätzlich zur Folge, dass

73

– Eigenhandelsaktivitäten des Wertpapierdienstleistungsunternehmens in dem Finanzinstrument untersagt sind (Handelsrestriktionen),

– Anlageempfehlungen zu dem Finanzinstrument nicht abgegeben werden dürfen (Beratungsrestriktionen) und

– Finanzanalysen zu dem Finanzinstrument nicht erstellt bzw. veröffentlicht werden dürfen (Research-Restriktionen).[90]

In dem o.g. Beispiel dürfen deshalb Aktien des Emittenten bis auf weiteres nicht im Rahmen der Anlageberatung empfohlen werden. Das **beratungsfreie Geschäft** ist hiervon nicht betroffen. Möchte also ein Kunde von sich aus, ohne vorherige Beratung Aktien des Emittenten erwerben, kann dieser Auftrag vom Kreditinstitut ungeachtet der Aufnahme der Aktie in die restricted-list ausgeführt werden (vgl. AT 6.3 lit c 2. Punkt Satz 2 MaComp).[91]

74

---

88 Außerhalb des Wertpapierdienstleistungsunternehmens stehenden Personen darf die restricted-list hingegen nicht offenbart werden, *Göres*, in: Schäfer/Hamann, § 33 WpHG Rn. 232; *Koller*, in: Assmann/Schneider, § 33 Rn. 68.
89 Vgl. *Koller*, in: Assmann/Schneider, § 33 Rn. 68; *Eisele/Faust*, in: Schimansky/Bunte/Lwowski, § 109 Rn. 186; *Lösler*, Compliance im Wertpapierdienstleistungskonzern, 2003, S. 86 f.
90 *Göres*, in: Schäfer/Hamann, § 33 WpHG Rn. 235 ff.; *Eisele/Faust*, in: Schimansky/Bunte/Lwowski, § 109 Rn. 186; *Koller*, in: Assmann/Schneider, § 33 Rn. 69.
91 *Göres*, in: Schäfer/Hamann, § 33 WpHG Rn. 241.

75 Der Erwerb oder Verkauf des Wertpapiers im Rahmen der **Vermögensverwaltung** ist ebenfalls grundsätzlich zu vermeiden und sollte nur in Ausnahmefällen und nach Rücksprache mit der Compliance-Funktion erfolgen.[92]

76 Bei der Aufnahme von Werten in die restricted-list kann die Nennung eines **Grundes** für die Aufnahme nur insoweit erfolgen, als die entsprechenden Tatsachen bereits **öffentlich** bekannt sind (AT 6.3 lit c 2. Punkt Satz 3 MaComp). Ansonsten würde das Wertpapierdienstleistungsunternehmen bei kursrelevanten Informationen gegen das Verbot der Weitergabe von Insiderinformationen (§ 14 Abs. 1 Nr. 2 WpHG) verstoßen und ggf. das Bankgeheimnis verletzen. Auch ohne Nennung eines Grundes kann allerdings allein die Aufnahme eines Titels in die restricted-list eine das Insiderhandelsverbot unterminierende **Signalwirkung** haben. Das Konzept der Sperrliste wird deshalb teilweise kritisch gesehen.[93] Diese Kritik ist grundsätzlich berechtigt. Sie sollte jedoch nicht dazu führen, auf den Einsatz von Sperrlisten zu verzichten. Das Instrument der restricted-list mag eine „Krücke" sein. Es gibt zu ihm jedoch keine sinnvolle Alternative, um mit der Pflichtenkollision eines Instituts im Geflecht von Insiderverboten und der Wahrung des Bankgeheimnisses sowie dem Schutz von Wertpapierkunden vor ungeeigneten Empfehlungen umzugehen.[94] Umso wichtiger ist, durch angemessene Verfahren sicherzustellen, dass außerhalb der Compliance-Funktion niemand im Unternehmen etwas über den Grund für die Aufnahme in die Sperrliste erfährt.[95]

77 Die grundsätzliche Sperrwirkung der restricted-list kann in begründeten Fällen aufgehoben werden, sofern die Compliance-Funktion das betreffende Geschäft nach vorheriger Konsultation zulässt (Verbot mit Erlaubnisvorbehalt/**Pre-Approval**).[96] Ebenso kann von vornherein die Wirkung der Sperrliste **flexibel** und situationsangemessen gestaltet werden. So werden in der Praxis unterschiedliche Restriktionsniveaus bei Börsengängen (IPOs), Mergers & Acquisitions, öffentlichen Übernahmeangeboten, Kapitalerhöhungen mit und ohne Bezugsrecht sowie der Emission von equity-linked Finanzinstrumenten festgelegt.[97]

---

[92] A.A. *Eisele/Faust*, in: Schimansky/Bunte/Lwowski, § 109 Rn. 154.
[93] *Hammen*, in: Hellner/Steuer, Bankrecht und Bankpraxis, 7/748; *Benicke*, Wertpapiervermögensverwaltung, 2006, S. 755 f., unter Verweis auf eine kritische Haltung der SEC.
[94] Im Ergebnis wie hier *Meyer/Paetzel/Will*, in: KK-WpHG, § 33 Rn. 184; *Eisele/Faust*, in: Schimansky/Bunte/Lwowski, § 109 Rn. 154; *Fett*, in: Schwark/Zimmer, § 33 WpHG Rn. 30.
[95] *Meyer/Paetzel/Will*, in: KK-WpHG, § 33 Rn. 184.
[96] *Meyer/Paetzel/Will*, in: KK-WpHG, § 33 Rn. 183; *Göres*, in: Schäfer/Hamann, § 33 WpHG Rn. 235.
[97] S. zu den diesbezüglichen Differenzierungen *Göres*, in: Schäfer/Hamann, § 33 WpHG Rn. 242 ff.

2. Unabhängigkeit der Vergütung (Nr. 2)

Interessenkonflikte können sich vor allem dann nachteilig auf die Qualität der für den Kunden erbrachten Wertpapierdienstleistung auswirken, wenn es für die betreffenden Mitarbeiter finanzielle Anreize gibt, ihre Tätigkeit nicht ausschließlich am Kundeninteresse auszurichten. Nach Nr. 2 hat deshalb die **Vergütung von Mitarbeitern** mit einem **Aufgabenbereich A** unabhängig von der Vergütung der Mitarbeiter mit dem Aufgabenbereich B sowie von den im **Aufgabenbereich B erwirtschafteten Unternehmenserlösen** und Prämien zu sein, sofern „die beiden Tätigkeiten einen Interessenkonflikt auslösen können". Letztere aus Art. 22 Abs. 3 Unterabs. 2 lit. c MiFID-DRL übernommene Formulierung ist etwas unscharf. Gemeint ist, dass die Tätigkeiten in den beiden Aufgabenbereichen aufgrund ihrer Ausrichtung auf unterschiedliche Interessen konfliktbehaftet sind und deshalb vergütungsmäßig getrennt werden müssen.

Beispiele:

Die Vergütung eines Mitarbeiters im Bereich Finanzanalyse, der die sog. Hausmeinung für einzelne Produkte festlegt, darf nicht auf das Ertragsergebnis des Bereichs Privatkundengeschäft verzielt werden. Die Mitarbeiter im Privatkundengeschäft dürfen nicht an einem Bonus partizipieren, der Mitarbeitern im Emissionsbereich gewährt wird, wenn das Wertpapierdienstleistungsunternehmen ganz oder teilweise die Platzierung der Emission bei seinen Privatkunden übernommen hat.

Eine spezielle Vorgabe für die Unabhängigkeit der Vergütung von Mitarbeitern der Compliance-Funktion findet sich in § 12 Abs. 4 Satz 3 i.V.m. BT 1.3.3.4 MaComp.[98]

3. Verhinderung unsachgemäßer Einflussnahme (Nr. 3)

Nach Nr. 3 muss das Wertpapierdienstleistungsunternehmen aufbauorganisatorisch dafür Sorge tragen, dass Mitarbeiter, die Wertpapierdienst- oder -nebendienstleistungen erbringen, dies unbeeinflusst von anderen Personen tun können, deren Tätigkeit auf ein abweichendes Interesse ausgerichtet ist. Eine „unsachgemäße Einflussnahme" wird in erster Linie über die **Unternehmenshierarchie** ermöglicht.

Beispiel:

In einer Bank sollte die Abteilung Produkteinkauf, die sich mit der Prüfung und Bewertung von Wertpapieren für die Aufnahme in das Anlageprogramm für Privatkunden befasst, organisatorisch nicht im Unternehmensbereich Corporates & Markets angesiedelt werden, der die Emission strukturierter Anlageprodukte betreut.[99] Ansonsten droht eine unsachgemäße Einflussnahme des Bereichsleiters auf die

---

[98] S. dazu § 12 Rn. 180 f. sowie *Schäfer*, in: Krimphove/Kruse, BT 1 Rn. 842 ff.
[99] Ähnlich *Göres*, in: von Böhlen/Kan, MiFID-Kompendium, 2008, S. 313 f.

Einkaufspolitik unter Vorrang von vertrieblichen Eigeninteressen der Bank.

81 Einen Spezialfall der Verhinderung unsachgemäßer Einflussnahme regelt die Vorschrift des § 5a Abs. 1 Satz 2 Nr. 3 FinAnV i.V.m. § 34b Abs. 5 WpHG für den Bereich der Finanzanalyse.

4. Verhinderung/Kontrolle der Beteiligung an verschiedenen Wertpapierdienstleistungen (Nr. 4)

82 Nr. 4 enthält eine **ablauforganisatorische Vorgabe,** die das aufbauorganisatorische Konzept der getrennten Vertraulichkeitsbereiche (Nr. 1) auf Ebene der Mitarbeitertätigkeit ergänzt. Mitarbeiter können nicht in ihren Köpfen gegenläufige Interessen, die sie wahrzunehmen haben, zu einem sinnvollen Ausgleich bringen. Jedenfalls lässt sich dies, wenn überhaupt, nur eingeschränkt kontrollieren. Deshalb sollen Mitarbeiter möglichst von vornherein nicht an mehreren Wertpapierdienstleistungen beteiligt sein, die sie Interessenkonflikten aussetzen.

Beispiele:

Im Handelsbereich tätige Mitarbeiter sollten nicht gleichzeitig Depot A-Geschäfte (Eigengeschäft) und Depot B-Geschäfte für Kunden (Eigenhandel für andere) tätigen dürfen. Begleitet das Wertpapierdienstleistungsunternehmen eine Aktienemission, sollte ein Mitarbeiter, der hieran zunächst beteiligt war, dann aber in den Privatkundenbereich wechselt, nicht mit der Empfehlung der jungen Aktien im Rahmen der Anlageberatung befasst sein.

83 Mit Blick auf den Verhältnismäßigkeitsvorbehalt sind von der strikten Trennung der Aufgabenzuweisungen anhand der einzelnen Dienstleistungsarten Ausnahmen denkbar.

Beispiel:

In kleinen Instituten mit wenigen Interessenkonflikten kann es zulässig sein, dass ein im Wertpapiergeschäft spezialisierter Mitarbeiter sowohl in der Anlageberatung als auch im Back Office, also bei der Orderweiterleitung und -abwicklung, tätig ist.

5. Gesonderte Überwachung (Nr. 5)

84 Nr. 5 weist den Wertpapierdienstleistungsunternehmen die Aufgabe zu, Mitarbeiter, die mit ihrer Haupttätigkeit Interessenkonflikten ausgesetzt sind, gesondert zu überwachen. Bei der klassischen Retailbank geht es hier vor allem um Privatkundenberater, die in der provisionsgestützten Anlageberatung und -vermittlung tätig sind. Wertpapierdienstleistungsunternehmen mit einem hohen Anteil an institutionellen Wertpapierkunden (Wholesale) werden ihre im Eigenhandel für andere tätigen Mitarbeiter in besonderem Maße zu überwachen haben. Mittel für die „gesonderte Überwachung" dieser Mitarbeiter können z.B. **Priorisierungen im Rahmen des Jahresüberwachungsplans** (BT 1.3.2.1 MaComp) oder bei den Vor-Ort-Prüfungen (BT 1.2.1.2 MaComp) sein.

6. Gebot der Geeignetheit (Satz 3)

Satz 3 enthält eine Auffangregelung: Reichen die unter Nr. 1–5 genannten Maßnahmen nicht aus, um das erforderliche Maß an Unabhängigkeit der Mitarbeiter zu erzielen, hat das Wertpapierdienstleistungsunternehmen die hierfür notwendigen alternativen oder zusätzlichen Maßnahmen zu treffen. Von dieser Regelung können vor allem die Modelle einer **variablen Mitarbeitervergütung** erfasst sein.[100] Adressiert wird der Konflikt zwischen dem Interesse des Kundenberaters an einer möglichst hohen Vergütung seiner beruflichen Tätigkeit und dem Interesse des Kunden an einer unvoreingenommenen anleger- und objektgerechten Beratung. Anders als bei der Vorschrift des § 31d WpHG geht es hier nicht um Zuwendungen, die das Wertpapierdienstleistungsunternehmen von dritter Seite erhält. Die Mitarbeiterincentivierung ist vielmehr ein Innenthema, das mittels eines angemessenen Interessenkonfliktmanagements zu adressieren ist. Folgende Leitlinien haben sich hierzu herausgebildet: 85

Eine auf den Absatz von Einzelprodukten bezogene Incentivierung von Mitarbeitern wird überwiegend als kritisch angesehen.[101] Dem ist im Grundsatz zuzustimmen. Eine solche Praxis erscheint nur dann als vertretbar, wenn die Tätigkeit der einzelproduktbezogen incentivierten Mitarbeiter einer deutlich erhöhten Ex-post-Kontrolle durch die Compliance-Funktion unterzogen und ein striktes Konsequenzenmanagement im Falle von Fehlberatungen praktiziert wird.[102] 86

Auch auf den Absatz von Produktgruppen bezogene variable Vergütungsmodelle sind problematisch, weil sie geeignet sein können, das Gesichtsfeld des Kundenberaters von vornherein auf eine Empfehlung dieser Produktgruppe zu verengen.[103] 87

Vor diesem Hintergrund setzen sich in der Praxis zunehmend variable Vergütungsmodelle durch, die durch qualitative, nicht absatzorientierte Bestandteile angereichert sind. 88

E. Unterrichtung des Kunden (Abs. 4)

Abs. 4 konkretisiert die Anforderungen an die dritte Stufe der Interessenkonfliktbewältigung (s. hierzu oben Rn. 8 ff.): die Offenlegung nach § 31 Abs. 1 Nr. 2 WpHG. 89

I. Inhaltliche Anforderungen (Satz 1)

Die Regelung in Satz 1 ist Ausdruck des Verhältnismäßigkeitsgrundsatzes: Nicht jeder Kunde bedarf einer gleich intensiven Erläuterung der Her- 90

---

100 *Göres*, in: Schäfer/Hamann, § 33 WpHG Rn. 294 f.
101 *Göres*, in: Schäfer/Hamann, § 33 WpHG Rn. 298, unter Verweis auf die Aufsichtspraxis der österreichischen FMA.
102 Vgl. *Röh*, BB 2008, 398, 406.
103 *Göres*, in: Schäfer/Hamann, § 33 WpHG Rn. 299.

kunft und generellen Art des Interessenkonflikts, wie sie in § 31 Abs. 1 Nr. 2 WpHG vorgegeben wird.

Beispiel:

Ein professioneller Kunde wird ohne weiteres begreifen, worin der Interessenkonflikt besteht, wenn ein Mitglied des Vorstands oder ein Mitarbeiter der Bank Mandatsträger bei einem Unternehmen ist, das von der Bank empfohlene Wertpapiere emittiert. Einem unerfahrenen Privatkunden gegenüber ist dies hingegen näher zu erläutern. Dem Wertpapierdienstleistungsunternehmen ist jedoch ein eigener Beurteilungsspielraum bei der Frage zuzubilligen, wie ausführlich es die Aufklärung über den betreffenden Interessenkonflikt im Kundenverhältnis gestaltet.

II. Dauerhafter Datenträger (Satz 2)

91 Eine bloß mündliche Aufklärung über den Interessenkonflikt ist nicht ausreichend. Vielmehr muss der Informationstransport über einen dauerhaften Datenträger erfolgen (s. zu dem Begriff und die sich aus § 3 ergebenden Restriktionen die Kommentierung dort). So bieten sich als Informationsmedien Produktflyer, gesonderte Aufklärungsblätter als Beileger oder – falls aus Platzgründen gangbar – auch das PIB nach § 31 Abs. 3a WpHG oder die wesentlichen Anlegerinformationen nach §§ 166, 270 KAGB an.

§ 14 Aufzeichnungs- und Aufbewahrungspflichten

(1) Ein Wertpapierdienstleistungsunternehmen genügt seiner Pflicht, Aufzeichnungen zu erstellen, die eine Nachprüfbarkeit im Sinne des § 34 Abs. 1 des Wertpapierhandelsgesetzes ermöglichen, wenn aufgrund der Aufzeichnung nachvollziehbar ist, ob das Wertpapierdienstleistungsunternehmen die jeweils in Rede stehende Pflicht erfüllt hat. Organisationsanweisungen und Aufzeichnungen über systemische Vorkehrungen sind geeignete Formen der Aufzeichnung, wenn durch sie die Nachvollziehbarkeit im Sinne des Satzes 1 gewährleistet ist.

(2) Unbeschadet der im Wertpapierhandelsgesetz und in der Verordnung (EG) Nr. 1287/2006 ausdrücklich normierten Aufzeichnungs- und Dokumentationspflichten sind nach § 34 Abs. 1 des Wertpapierhandelsgesetzes insbesondere aufzuzeichnen:

1. die Identität des Kunden und der Personen, die im Auftrag des Kunden handeln, soweit notwendig zusätzlich die Identität der Kunden, deren Aufträge in einem Geschäft zusammengefasst wurden, sowie vorbehaltlich des Absatzes 8 die Merkmale oder die Bewertung als professioneller Kunde oder geeignete Gegenpartei im Sinne des § 31a Abs. 2 Satz 2 Nr. 2, Abs. 4 Satz 2 oder Abs. 7 des Wertpapierhandelsgesetzes,

2. der Umstand, ob das Geschäft ganz oder teilweise im Rahmen der Finanzportfolioverwaltung erbracht wurde,

3. die Kundeninformationen nach § 31 Abs. 3 des Wertpapierhandelsgesetzes,

4. Nachweise der regelmäßigen Überprüfung der Ausführungsgrundsätze nach § 33a des Wertpapierhandelsgesetzes und

5. die Umstände, aus denen sich ergibt, dass eine Zuwendung im Sinne des § 31d Abs. 1 Satz 1 Nr. 1 des Wertpapierhandelsgesetzes darauf ausgelegt ist, die Qualität der für die Kunden erbrachten Dienstleistungen zu verbessern.

(3) Grundsätze und Organisationsanweisungen im Zusammenhang mit Geschäften oder Dienstleistungen, die zur Erfüllung der Pflichten des Abschnitts 6 des Wertpapierhandelsgesetzes gegenüber Kunden erforderlich sind, sowie die notwendigen Berichte an die Geschäftsleitung sind ebenfalls aufzuzeichnen.

(3a) Vertriebsvorgaben im Sinne des § 33 Absatz 1 Satz 2 Nummer 3a des Wertpapierhandelsgesetzes sowie die zur Umsetzung oder Überwachung getroffenen Maßnahmen, die Erfüllung der Vertriebsvorgaben und die Kriterien zur Überprüfung der Vereinbarkeit der Vertriebsvor-

WpDVerOV § 14 Aufzeichnungs- und Aufbewahrungspflichten

gaben mit den Kundeninteressen sowie die Ergebnisse dieser Überprüfung sind ebenfalls aufzuzeichnen.

(4) Angaben der Kunden im Zusammenhang mit Geschäften oder Dienstleistungen, die zur Erfüllung der Pflichten des Abschnitts 6 des Wertpapierhandelsgesetzes gegenüber Kunden notwendig sind, sowie die Weigerung des Kunden, die erforderlichen Angaben zu machen, sind ebenfalls aufzuzeichnen; sie können zusammengefasst werden mit den Aufzeichnungen des Wertpapierdienstleistungsunternehmens über die Erfüllung dieser Pflichten.

(5) Die jeweiligen von dem Wertpapierdienstleistungsunternehmen erbrachten Arten von Wertpapierdienstleistungen oder Wertpapiernebendienstleistungen, bei denen ein den Interessen eines Kunden in erheblichem Maße abträglicher Interessenkonflikt aufgetreten ist oder noch während der Erbringung der Dienstleistung auftreten könnte, sind ebenfalls aufzuzeichnen.

(6) Das Protokoll nach § 34 Absatz 2a Satz 1 des Wertpapierhandelsgesetzes hat vollständige Angaben zu enthalten über

1. den Anlass der Anlageberatung,

2. die Dauer des Beratungsgesprächs,

3. die der Beratung zugrunde liegenden Informationen über die persönliche Situation des Kunden, einschließlich der nach § 31 Absatz 4 Satz 1 des Wertpapierhandelsgesetzes einzuholenden Informationen, sowie über die Finanzinstrumente und Wertpapierdienstleistungen, die Gegenstand der Anlageberatung sind,

4. die vom Kunden im Zusammenhang mit der Anlageberatung geäußerten wesentlichen Anliegen und deren Gewichtung,

5. die im Verlauf des Beratungsgesprächs erteilten Empfehlungen und die für diese Empfehlungen genannten wesentlichen Gründe.

Im Falle des § 34 Absatz 2a Satz 4 ist in dem Protokoll außerdem der ausdrückliche Wunsch des Kunden zu vermerken, einen Geschäftsabschluss auch vor Erhalt des Protokolls zu tätigen, sowie auf das eingeräumte Rücktrittsrecht hinzuweisen.

(7) Hinsichtlich der Informationen im Sinne des Absatzes 2 Nr. 3, der Werbemitteilungen im Sinne des § 31 Abs. 2 Satz 1 und 2 des Wertpapierhandelsgesetzes und der Finanzanalysen im Sinne des § 34b des Wertpapierhandelsgesetzes bedarf es neben der Aufbewahrung eines Exemplars der jeweiligen standardisierten Information, Werbemitteilung oder Finanzanalyse keiner weiteren Aufzeichnungen, soweit aus der Aufzeichnung hervorgeht, an welchen Kundenkreis sich die Information, Werbemitteilung oder Finanzanalyse richtet.

(8) Tätigt das Wertpapierdienstleistungsunternehmen ausschließlich Geschäfte mit nur einer Art von Kunden im Sinne des § 31a Abs. 2, 3 oder 4 des Wertpapierhandelsgesetzes, ist hinsichtlich der Einstufung

der Kunden die Aufzeichnung der entsprechenden Organisationsanweisung ausreichend.

(9) Die Aufzeichnungen nach § 34 des Wertpapierhandelsgesetzes sind in der Weise auf einem dauerhaften Datenträger vorzuhalten, dass die Bundesanstalt innerhalb der Aufbewahrungsfrist jederzeit leicht darauf zugreifen und jede wesentliche Phase der Bearbeitung sämtlicher Geschäfte rekonstruieren kann. Das Wertpapierdienstleistungsunternehmen muss sicherstellen, dass jede nachträgliche Änderung einer Aufzeichnung und der Zustand vor der Änderung deutlich erkennbar und die Aufzeichnungen vor sachlich nicht gebotenen Änderungen geschützt bleiben.

Inhalt

	Rn.		Rn.
A. Hintergrund	1	E. Vertriebsvorgaben (Abs. 3a)	11
B. Generalklausel sowie Organisationsanweisungen als Mittel der Aufzeichnung (Abs. 1)	2	F. Angaben der Kunden (Abs. 4)	12
		G. Interessenkonflikte (Abs. 5) Abs. 6 wird gesondert kommentiert	13
C. Spezifische Aufzeichnungspflichten (Abs. 2)	4	H. Einschränkungen der Aufbewahrungspflichten (Abs. 7)	14
D. Grundsätze, Organisationsanweisungen und Berichte an die Geschäftsleitung (Abs. 3)	10	I. Sonderfall bei der Einstufung der Kunden (Abs. 8)	15
		J. Form und Dauerhaftigkeit der Aufzeichnungen (Abs. 9)	16

A. Hintergrund

§ 14 Abs. 1–5 konkretisieren auf der Grundlage der Verordnungsermächtigung in § 14 Abs. 4 WpHG die **Aufzeichnungs- und Aufbewahrungspflichten** aus § 34 Abs. 1 und 2 WpHG. § 14 Abs. 6 konkretisiert die Dokumentationspflicht nach § 34 Abs. 2a Satz 1 WpHG (= **Beratungsprotokoll**). § 14 Abs. 7 **beschränkt die Aufbewahrungspflichten** hinsichtlich Kundeninformationen (§ 31 Abs. 3 WpHG), Werbemitteilungen (§ 31 Abs. 2 Satz 1 und 2 WpHG) und Finanzanalysen (§ 34b WpHG). § 14 Abs. 8 legt fest, dass hinsichtlich der Einstufung von Kunden (§ 31a Abs. 2, 3 oder 4 WpHG = professionelle Kunden, Privatkunden, geeignete Gegenparteien) lediglich die **Organisationsanweisung** zu dokumentieren ist, wenn alle Kunden derselben Kundenkategorie angehören. § 14 Abs. 9 legt **Form und Dauerhaftigkeit** der Dokumentation fest. Die Verletzung der Pflichten sind gem. § 39 Abs. 2 Nr. 10 und Nr. 19a und 19c WpHG bußgeldbewehrt. Die Aufzählung von Aufzeichnungspflichten in § 14 ist nicht abschließend.[1] Die BaFin pflegt und veröffentlicht auf Grundlage von § 31 Abs. 5 WpHG ein „Verzeichnis der Mindestaufzeichnungen gem. § 34 Abs. 5 WpHG".[2] 1

---

1 *Fuchs*, in: Fuchs, § 34 Rn. 13; *Koller*, in: Assmann/Schneider, § 34 Rn. 9.
2 Die seit dem 1. Juli 2011 gültige Fassung findet sich auf der Website der BaFin. Aktualisierungen werden dort bekannt gemacht.

B. Generalklausel sowie Organisationsanweisungen als Mittel der Aufzeichnung (Abs. 1)

2 Mit § 14 Abs. 1 Satz 1 WpHG soll näher bestimmt werden, wann ein Wertpapierdienstleistungsunternehmen seine Verpflichtung gem. § 34 Abs. 1 WpHG erfüllt; wann also die Aufzeichnungen über erbrachte Wertpapierdienstleistungen, Wertpapiernebendienstleistungen und getätigte Geschäfte hinreichend sind, um der BaFin „**die Einhaltung der in diesem Abschnitt geregelten Pflichten** zu ermöglichen". Mit dem vom Verordnungsgeber gefundenen Wortlaut (= „wenn aufgrund der Aufzeichnung nachvollziehbar ist, ob das Wertpapierdienstleistungsunternehmen die jeweils in Rede stehende Pflicht erfüllt") wird indes dasselbe wie in § 34 Abs. 1 WpHG mit anderen Worten gesagt. § 14 Abs. 1 Satz 1 WpHG hilft für die Bestimmung der Pflichten daher nicht weiter. Konkretisiert werden die Aufzeichnungspflichten aus § 34 Abs. 1 Satz 1 WpHG erst durch § 14 Abs. 2–5.[3]

3 Allgemein beschränkt wird die Aufzeichnungspflicht allerdings bereits durch § 14 Abs. 1 Satz 2. Die BaFin muss aus den Aufzeichnungen nicht für jede einzelne Dienstleistung und jedes einzelne Geschäft positiv feststellen können, ob die Pflichten im sechsten Abschnitt des WpHG eingehalten wurden. Ausreichend ist, dass **Organisationsanweisungen** und **Aufzeichnungen über systemische Vorkehrungen** existieren, solange die BaFin aus diesen die Einhaltung der gesetzlichen Vorgaben schlussfolgern kann. Dies hat Bedeutung vor allem für die Festlegung von ablauforganisatorischen Verfahren. Sind diese in der von § 14 Abs. 1 Satz 2 normierten Form dokumentiert, ist nicht mehr notwendig, dass die Mitarbeiter eines Wertpapierdienstleistungsunternehmens im Einzelfall den Ablauf des Verfahrens dokumentieren.

C. Spezifische Aufzeichnungspflichten (Abs. 2)

4 Europarechtlich sind Aufzeichnungspflichten in Art. 7 (für die Finanzportfolioverwaltung) und 8 MiFID-DVO (für Kundenaufträge) normiert. Nach Art. 7 MiFID-DVO sind aufzuzeichnen:

– Name und sonstige Bezeichnung des Kunden,

– Name oder sonstige Bezeichnung jeder relevanten Person, die im Auftrag des Kunden handelt,

– Angaben der Ziff. 4, 6 und 16–19 der Tabelle 1 in Anhang I,[4]

– Art des Auftrags, falls kein Kauf- oder Verkaufsauftrag vorliegt,

– Auftragstyp,

---

3 Vgl. *Möllers*, in: KK-WpHG, § 34 Rn. 41.
4 Kauf-/Verkauf-Indikator, Identifikation des Finanzinstruments, Stückpreis, Währung, Menge, Art der Mengenangabe.

– sonstige Details, Bedingungen oder spezifische Anweisungen des Kunden, die Art und Weise der Durchführung des Auftrags betreffen,

– Datum, genauer Zeitpunkt des Eingangs des Kundenauftrags bzw. der Handelsentscheidung.

Art. 8 Abs. 1 MiFID-DVO verlangt die Aufzeichnung von:

– Namen oder sonstiger Bezeichnung des Kunden,

– Angaben der Ziff. 2, 3, 4, 6, 16–21 der Tabelle 1 in Anhang I,[5]

– Gesamtentgelt (= Stückpreis und Menge),

– der natürlichen Person, die das Geschäft ausgeführt hat.

Nach Art. 8 Abs. 2 MiFID-DVO muss ein Wertpapierdienstleistungsunternehmen folgende Angaben aufzeichnen, wenn es einen Auftrag an eine andere Person übermittelt:

– Name oder sonstige Bezeichnung des Kunden,

– Name oder sonstige Bezeichnung der Person, an die der Auftrag übermittelt wurde,

– Bedingungen des übermittelten Auftrags,

– Datum und genauen Zeitpunkt der Übermittlung.

§ 14 Abs. 2 legt „unbeschadet" dieser Verpflichtungen spezifische Aufzeichnungspflichten fest. Eine klare Abgrenzung der europarechtlichen und der nationalen Vorgaben ist nicht möglich,[6] die Verpflichtungen überschneiden sich.[7] Allerdings gelten die europarechtlichen Aufzeichnungspflichten nur für Kundengeschäfte, während § 14 Abs. 2 auch Eigengeschäfte des Wertpapierdienstleistungsunternehmens erfasst.[8]

§ 14 Abs. 2 Nr. 1 Halbs. 1 verlangt die **Aufzeichnung der Identität** des 5 Kunden und der Personen, die in seinem Auftrag handeln. Dies gilt auch dann, wenn Aufträge mehrerer Kunden zusammengefasst werden. Die BaFin verlangt dabei, dass bezogen auf jeden einzelnen Kunden Datum und Zeitpunkt sowie Höhe der Auftragszuteilung für bestimmte Finanzinstrumente aufgezeichnet werden und jede Neuzuteilung begründet und ihre Grundlage genannt wird (Ziff. 20 Verzeichnis der Mindestaufzeichnungen). Eine der Verpflichtung in § 14 Abs. 2 Nr. 1 vergleichbare Verpflichtung findet sich in Art. 7 lit. a und b und Art. 8 Abs. 1 lit. a MiFID-DVO. § 14 Abs. 2 Nr. 1 Halbs. 2 verlangt, dass ein Wertpapierdienstleistungsunternehmen aufzeichnet, wenn es einen **Kunden als pro-**

---

5 Handelstag, Handelszeit, Kauf-/Verkauf-Indikator, Identifikation des Finanzinstruments, Stückpreis, Währung, Menge, Art der Mengenangabe, Gegenpartei und Identifikation des Handelsplatzes.
6 *Fuchs*, in: Fuchs, § 34 Rn. 12; *Lenenbach*, Rn. 5.258.
7 *Möllers*, in: KK-WpHG, § 34 Rn. 45.
8 BT-Drs. 16/4028, S. 75; s. auch *Koller*, in: Assmann/Schneider, § 34 Rn. 9 m.w.N.

fessionell oder als eine geeignete Gegenpartei bewertet (zur Einschränkung dieser Pflicht in den von § 14 Abs. 8 geregelten Fällen s.u.). Dies betrifft nur die Einstufungsfälle, bei denen ein Wertpapierdienstleistungsunternehmen Ermessen ausübt. Erfasst sind damit sog. gekorene professionelle Kunden und geeignete Gegenparteien nach § 31a Abs. 4 Satz 2 bzw. Abs. 7 WpHG und jene sog. geborenen professionellen Kunden, bei denen das Wertpapierdienstleistungsunternehmen gem. § 31a Abs. 2 Satz 2 Nr. 2 feststellen muss, ob zwei von drei Kriterien (Bilanzsumme, Umsätze, Eigenmittel) erfüllt sind.[9]

6 Ein Wertpapierdienstleistungsunternehmen muss gem. § 14 Abs. 2 Nr. 2 festhalten, wenn ein Geschäft ganz oder zum Teil **im Rahmen der Finanzportfolioverwaltung** erbracht wurde. Eine entsprechende Verpflichtung folgt auch aus Art. 7 lit. g MiFID-DVO. Die Pflicht bezieht sich auf jedes einzelne Geschäft, unabhängig davon, ob es mit Dritten oder mit dem Wertpapierdienstleistungsunternehmen selbst erfolgt.[10]

7 § 14 Abs. 2 Nr. 3 fordert die Aufzeichnung der Informationen, die ein Wertpapierdienstleistungsunternehmen seinen Kunden zur Verfügung stellt, um die **Informationspflicht aus § 31 Abs. 3 WpHG** zu erfüllen. Beim üblichen, nach § 33 Abs. 3 Satz 2 WpHG ausdrücklich zulässigen Einsatz von standardisierten Materialien ist dies regelmäßig ohne größeren Aufwand möglich. Es müssen schlicht die eingesetzten Informationsmaterialien angemessen aufbewahrt werden. Die Dokumentation muss dabei nicht einzelfallbezogen erfolgen, um der BaFin die Überprüfung der Einhaltung der gesetzlichen Anforderungen zu ermöglichen. Dies wird durch § 14 Abs. 7 ausdrücklich klargestellt. Hinreichend ist, dass erkennbar ist, welche Informationsmaterialien in welchem Zeitraum eingesetzt wurden. Durch eine Dokumentation des Zeitpunkts der Übergabe der Materialien an den einzelnen Kunden kann dann der Kundenkreis bestimmt werden, der diese Informationen erhalten hat (vgl. auch Ziff. 1 des BaFin-Verzeichnisses).

8 Nach § 14 Abs. 2 Nr. 4 ist die **Überprüfung der Ausführungsgrundsätze** aufzuzeichnen. Diese Überprüfung muss ein Wertpapierdienstleistungsunternehmen gem. § 33a Abs. 1 Nr. 1 WpHG mindestens jährlich vornehmen. Die Aufzeichnung muss festhalten, nach welcher Methode (etwa einem „back testing"[11]) das Unternehmen welche Handelsplätze überprüft und zu welchen Ergebnissen die Anwendung der in den Ausführungsgrundsätzen niedergelegten Kriterien (etwa Preis, Kosten und Ausführungsgeschwindigkeit) hierbei geführt hat. Die unmittelbar aus § 33a Abs. 1 Satz 1 Nr. 1 und Abs. 6 WpHG folgenden Aufzeichnungspflichten über die Ausführungsgrundsätze selbst und die Informationen der Kunden darüber stehen selbständig neben dieser Dokumentationspflicht nach § 14 Abs. 2 Nr. 4.

---

9 S. auch *Möllers*, in: KK-WpHG, § 34 Rn. 47.
10 *Möllers*, in: KK-WpHG, § 34 Rn. 50; *Koller*, in: Assmann/Schneider, § 34 Rn. 43.
11 Vgl. BT 4.3 Tz. 2 MaComp.

§ 14 Abs. 2 Nr. 5 verlangt Aufzeichnungen im Zusammenhang mit der An- 9
nahme von **Zuwendungen** i.S.v. § 31d Abs. 2 WpHG. Wertpapierdienstleistungsunternehmen müssen danach jene Umstände aufzeichnen, aus denen sich ergibt, dass eine Zuwendung i.S.v. § 31d Abs. 1 Satz 1 Nr. 1 WpHG darauf ausgelegt ist, die Qualität der Dienstleistungen für den Kunden zu verbessern. Die BaFin verlangt nach AT 8.2 MaComp die Führung eines **Zuwendungsverzeichnisses** und eines **Verwendungsverzeichnisses**. Im Zuwendungsverzeichnis müssen gemäß den Anforderungen in AT 8.2.1 MaComp sämtliche Zuwendungen einmal jährlich erfasst werden, die ein Unternehmen im Zusammenhang mit der Erbringung von Wertpapierdienstleistungen und Wertpapiernebendienstleistungen erhält. Im Verwendungsverzeichnis ist nach den Vorgaben in AT 8.2.2 MaComp darzulegen, für welche einzeln aufgezählten „Cluster möglicher Maßnahmen der Qualitätsverbesserung" die Zuwendungen eingesetzt wurden. Die aufgeführten und näher ausgeführten Cluster sind:

- effiziente und hochwertige Infrastruktur,

- Personalressourcen,

- Qualifizierung und Information der Mitarbeiter,

- Information der Kunden,

- Qualitätssicherungs- und Qualitätsverbesserungsprozesse.

Diese Aufzählung ist nicht abschließend. In AT 8.2.3 stellt die BaFin klar, dass als Qualitätsverbesserung i.S.v. § 31d Abs. 1 Satz 1 Nr. 1 WpHG auch die **Qualitätssicherung** anzusehen ist. Jede Qualitätsverbesserung setze die Sicherung des erreichten Qualitätsstandards notwendigerweise voraus. Damit dienen der Qualitätssicherung auch solche Zuwendungen, die für eine Infrastruktur verwandt werden, die ein Wertpapierdienstleistungsunternehmen nach § 25a Abs. 1 KWG oder § 33 Abs. 1 WpHG vorhalten muss. Kontrolleinheiten wie die Compliance-Funktion dienen damit der Qualitätsverbesserung.

D. Grundsätze, Organisationsanweisungen und Berichte an die Geschäftsleitung (Abs. 3)

§§ 33 ff. WpHG verpflichten Wertpapierdienstleistungsunternehmen zur 10
Erstellung einer Reihe von Grundsätzen, Organisationsanweisungen und Berichten an die Geschäftsleitung (vor allem §§ 33 Abs. 1 Satz 2 Nr. 1, Nr. 3–5, 33a, 33b Abs. 3–6 WpHG). § 14 Abs. 3 verlangt die Dokumentation dieser Vorgänge.

E. Vertriebsvorgaben (Abs. 3a)

Für Vertriebsvorgaben i.S.v. § 33 Abs. 1 Satz 2 Nr. 3a WpHG verlangt § 14 11
Abs. 3a mehr als die bloße Aufzeichnung der Vertriebsvorgabe selbst. Aufzuzeichnen sind auch

Zingel 353

- die zur Umsetzung und Überwachung getroffenen Maßnahmen,
- die Erfüllung der Vertriebsvorgabe und
- die Kriterien zur Überprüfung der Vereinbarkeit der Vertriebsvorgabe mit den Kundeninteressen sowie die Ergebnisse dieser Überprüfung.

Notwendig ist danach eine **Dokumentation der Vertriebssteuerung und der internen Kontrollverfahren**. Daneben ist die Bewertung einer Vertriebsvorgabe festzuhalten. Darin sollte erläutert sein, warum die Vorgabe angesichts ihrer konkreten Ausgestaltung mit den Kundeninteressen vereinbar ist. Diese Bewertung muss von der Compliance-Funktion geteilt werden.

F. Angaben der Kunden (Abs. 4)

12 Ein Wertpapierdienstleistungsunternehmen ist gem. § 31 Abs. 4 Satz 1 (vor einer Anlageberatung/Finanzportfolioverwaltung) bzw. gem. § 31 Abs. 5 Satz 1 WpHG (vor einer beratungsfreien Auftragsausführung) verpflichtet, von seinen Kunden bestimmte Informationen einzuholen. § 14 Abs. 4 stellt klar, dass die Kundenangaben so zu dokumentieren sind, dass die BaFin die Einhaltung der gesetzlichen Verpflichtungen prüfen kann. Gleiches gilt für die Angaben, die ein Kunde im Zusammenhang mit seiner Einstufung i.S.v. § 31a WpHG macht.[12] In der Praxis wird diese Aufzeichnungspflicht unmittelbar durch das **Erfassen der Kundenangaben im Datenverarbeitungssystem** des Unternehmens erfüllt. Verweigert ein Kunde seine Angaben, sollte dies gleichfalls aufgezeichnet werden. Nur so ist im Rahmen der Prüfung nachvollziehbar, dass das Unternehmen sich um die Angaben entsprechend seiner gesetzlichen Verpflichtung bemüht hat. Zudem ist so auch ein Nachweis möglich, dass die vorgeschriebene Geeignetheits- bzw. Angemessenheitsprüfung nicht möglich war.[13] Ein Wertpapierdienstleistungsunternehmen kann aber auch ohne positive Angemessenheitsprüfung einen Kundenauftrag ausführen (vgl. § 31 Abs. 5 Satz 4 WpHG). Dann muss es aufzeichnen, dass die Angaben des Kunden für eine Angemessenheitsprüfung nicht hinreichend waren bzw. dass nach diesen Angaben der Auftrag für den Kunden nicht angemessen war.[14]

G. Interessenkonflikte (Abs. 5)

13 § 14 Abs. 5 setzt Art. 23 MiFID-DRL um.[15] Ein Wertpapierdienstleistungsunternehmen muss nach § 14 Abs. 5 die Arten von Wertpapier(neben)dienstleistungen aufzeichnen, bei denen ein solcher Interessenkonflikt

---

12 WpDVerOV-Begr., S. 23; s. auch *Möllers*, in: KK-WpHG, § 34 Rn. 57.
13 *Balzer*, ZBB 2007, 333, 343; *Möllers*, in: KK-WpHG, § 34 Rn. 58.
14 *Balzer*, ZBB 2007, 333, 344; *Balzer/Loy*, in: Ellenberger/Schäfer/Clouth/Lang, Rn. 1351 f.; *Möllers*, in: KK-WpHG, § 34 Rn. 59.
15 WpDVerOV-Begr., S. 23.

aufgetreten ist oder auftreten könnte, der den Interessen eines Kunden in erheblichem Maß abträglich sein kann. Erheblich ist ein Interessenkonflikt, wenn er dazu führt, dass Mitarbeiter mit einiger Wahrscheinlichkeit gegen die Interessen des Kunden handeln und dabei wesentliche Interessen des Kunden verletzen.[16] Die Regelung soll es der BaFin ermöglichen, „den für die Erstellung der Grundsätze zum Interessenkonfliktmanagement erforderlichen Prozess nachzuvollziehen". Die von § 14 Abs. 5 geforderte **Auflistung von Interessenkonflikten** dient zudem der Vorbereitung einer Strategie zum Interessenkonfliktmanagement.[17]

H. Einschränkungen der Aufbewahrungspflichten (Abs. 7)

§ 14 Abs. 7 schränkt die Aufbewahrungspflichten bezüglich folgender Informationen ein: 14

- Kundeninformationen nach § 31 Abs. 3 WpHG,
- Werbemitteilungen i.S.v. § 31 Abs. 2 Satz 1 und 2 WpHG,
- Finanzanalysen i.S.v. § 34b WpHG.

Es reicht, wenn ein Wertpapierdienstleistungsunternehmen von diesen Dokumenten jeweils **ein Exemplar aufbewahrt**, sofern nachvollziehbar ist, an welchen Kundenkreis sich dieses richtet. Ein Unternehmen muss also nicht dokumentieren, an wen diese Informationen im Einzelnen gegangen sind.[18]

I. Sonderfall bei der Einstufung der Kunden (Abs. 8)

Ein Wertpapierdienstleistungsunternehmen muss gem. § 14 Abs. 2 Nr. 1   15
Halbs. 2 grundsätzlich dokumentieren, wenn es einen Kunden als professionell oder als geeignete Gegenpartei eingestuft hat und nach welchen Kriterien diese Einstufung erfolgte. Dies wird durch § 14 Abs. 8 für den Fall eingeschränkt, dass ein Unternehmen lediglich mit einer Gruppe von Kunden, also ausschließlich mit professionellen Kunden oder ausschließlich mit geeigneten Gegenparteien, Geschäfte macht. Dann muss die Einstufung und die hierfür maßgeblichen Kriterien nicht in jedem Einzelfall dokumentiert werden. Ausreichend ist, wenn in einer **Organisationsanweisung** das entsprechende Verfahren dokumentiert wird.

---

16 S. auch die Definition von *Koller*, in: Assmann/Schneider, § 34 Rn. 50 und *Möllers*, in: KK-WpHG, § 34 Rn. 61.
17 WpDVerOV-Begr., S. 23.
18 WpDVerOV-Begr., S. 24.

J. Form und Dauerhaftigkeit der Aufzeichnungen (Abs. 9)

16 Ein Wertpapierdienstleistungsunternehmen muss seine Aufzeichnungen gem. § 14 Abs. 9 Satz 1 auf einem **dauerhaften Datenträger** vorhalten. Die BaFin muss auf den Datenträger jederzeit leicht zugreifen können und jede wesentliche Phase der Bearbeitung von Geschäften rekonstruieren können. Der Begriff des dauerhaften Datenträgers ist in § 3 Abs. 1 Satz 1 definiert. Die Aufzeichnung muss danach in einer lesbaren Form erfolgen, die innerhalb der jeweiligen Aufbewahrungspflicht die **unveränderte Wiedergabe** ermöglicht.[19] Notwendig ist damit, dass entweder jede Änderung technisch ausgeschlossen ist oder aber nachträgliche Änderungen erkennbar sind.[20] Die bloße Ablage handschriftlicher Aufzeichnungen dürfte dieses Erfordernis regelmäßig nicht erfüllen.[21]

---

[19] Näher zur Begriffsbestimmung unter § 3.
[20] *Balzer*, ZBB 2007, 333, 343.
[21] Vgl. auch *Fett*, in: Schwark/Zimmer, § 34 WpHG Rn. 8; *Koller*, in: Assmann/Schneider, § 34 Rn. 56.

§ 14 Abs. 6 Aufzeichnungs- und Aufbewahrungspflichten

(6) Das Protokoll nach § 34 Absatz 2a Satz 1 des Wertpapierhandelsgesetzes hat vollständige Angaben zu enthalten über

1. den Anlass der Anlageberatung,
2. die Dauer des Beratungsgesprächs,
3. die der Beratung zugrunde liegenden Informationen über die persönliche Situation des Kunden, einschließlich der nach § 31 Absatz 4 Satz 1 des Wertpapierhandelsgesetzes einzuholenden Informationen, sowie über die Finanzinstrumente und Wertpapierdienstleistungen, die Gegenstand der Anlageberatung sind,
4. die vom Kunden im Zusammenhang mit der Anlageberatung geäußerten wesentlichen Anliegen und deren Gewichtung,
5. die im Verlauf des Beratungsgesprächs erteilten Empfehlungen und die für diese Empfehlungen genannten wesentlichen Gründe.

Im Falle des § 34 Absatz 2a Satz 4 ist in dem Protokoll außerdem der ausdrückliche Wunsch des Kunden zu vermerken, einen Geschäftsabschluss auch vor Erhalt des Protokolls zu tätigen, sowie auf das eingeräumte Rücktrittsrecht hinzuweisen.

Inhalt

	Rn.		Rn.
A. Einführung, gesetzliche Grundlage; Konkretisierung, systematische Einordnung	1	b) Überregulierung/inhaltliche Fehler	22
I. Einführung	1	c) Forderung einer Sonderregelung für „erfahrene" Kunden	26
II. Gesetzesgeschichte, Ermächtigungsgrundlage	4	d) Positive Resonanz	27
III. Europarechtliche Zulässigkeit der Protokollpflicht	6	2. Erfahrungen der BaFin	30
IV. Öffentliches Recht – Zivilrecht	11	3. Ausblick: Koalitionsvertrag	33
V. Verzicht auf das Protokoll	12	C. Die Rolle der Kunden	34
B. Hintergrund/Zielsetzung/Kritik	13	D. Beweislast	35
I. Hintergrund	13	E. Anwendungsbereich des Beratungsprotokolls (Abs. 1 Satz 1)	37
II. Resonanz in Praxis und Literatur, erste Erkenntnisse der BaFin	18	I. Verweis auf § 34 Abs. 2 a WpHG	37
1. Literatur und Praxis	19	II. Normadressaten: Wertpapierdienstleistungsunternehmen	38
a) Unzureichende Regelung/unzureichende Umsetzung	19	III. Sachlicher Anwendungsbereich Anlageberatung	39

1. Anlageberatung/Voraussetzungen 39
   a) Begriff 39
   b) Persönliche Empfehlung 40
   c) Geschäfte mit bestimmten Finanzinstrumenten 44
   d) Verbreitung 47
2. Vorbereitende Gespräche/Folgeberatungen/Empfehlungen per Mail 49
3. Beweislast 53
4. Keine Pflicht zur Protokollerstellung bei Anlagevermittlung und Vermögensverwaltung 54

IV. Privatkunden 56
1. Grundsatz/Begriff des Kunden 56
2. Kundengruppen 61
   a) Grundsatz 61
   b) Professioneller Kunde (§ 31a Abs. 2 WpHG) 62
   c) Privatkunde (§ 31a Abs. 3 WpHG) 63
   d) Geeignete Gegenpartei (§ 31a Abs. 4 WpHG) 64
3. Konsequenz: Unterschiedliche Schutzniveaus 65
4. Herabstufung und Heraufstufung von Kunden (§ 33a Abs. 5–7 WpHG) 66
   a) Grundsatz 66
   b) „Umgehungsmöglichkeit" Umstufung 68
5. Organisatorische Vorkehrungen 69
6. Freiwillige Protokollerstellung auch bei professionellen Kunden .. 70

V. Sonderfall Vertreter 71
VI. Keine Voraussetzung: Geschäftsabschluss. 72
VII. Keine Voraussetzung: Einholung der Kundenangaben 74

F. Schriftliches Protokoll 75
G. Generelle Anforderungen an den Inhalt des Beratungsprotokolls 77
   I. Mindestinhalt 77
   II. Vollständige Angaben 79
   III. Klare Angaben 83
   IV. Kein Wortprotokoll 84
H. Form der Aufzeichnung 85
   I. Technische Lösungen 85
   II. Standardisierung 86
   III. Freitextfehler 87
   IV. Stichworte 88
I. Bezugnahme auf weitere Unterlagen (BT 6.2 Tz. 4 MaComp) 89
J. Anlass der Anlageberatung (§ 14 Abs. 6 Nr. 1, BT 6.2 Tz. 1 MaComp) 92
   I. Einführung, Begriff 92
   II. Gesprächsinitiative (BT 6.2 Tz. 1 Satz 1, 2 MaComp) .. 94
   III. Vertriebsmaßnahmen (BT 6.2 Tz. 1 Satz 3–5 MaComp) 95
   IV. Persönliche Situation des Kunden (BT 6.2 Satz 6 Alt. 1 MaComp) 97
   V. Informationen von dritter Seite (BT 6.2 Satz 6 Alt. 2 MaComp) 98
K. Dauer des Beratungsgespräches (§ 14 Abs. 6 Satz 1 Nr. 2) . 99
L. Der Beratung zugrunde liegende Informationen (§ 14 Abs. 6 Satz 1 Nr. 3, BT 6.2 Tz. 2 MaComp) 101
   I. Einführung; Sinn und Zweck 101
   II. Informationen über die persönliche Situation des Kunden 102
   III. Informationen nach § 31 Abs. 4 WpHG 105
      1. Einführung 105
      2. Finanzielle Verhältnisse 106
      3. Kenntnisse und Erfahrungen............... 107
   IV. Sichtbares Freitextfeld..... 108
   V. Informationen über Gegenstand der Anlageberatung (§ 14 Abs. 6 Satz 1 Nr. 3, BT 6.2 Tz. 5 MaComp) 109
      1. Einführung; Sinn und Zweck 109
      2. Finanzinstrumente 110
      3. Wertpapierdienstleistungen 111

M. Vom Kunden im Zusammenhang mit der Anlageberatung geäußerte wesentliche Anliegen und deren Gewichtung (§ 14 Abs. 6 Satz 1 Nr. 4, BT 6.2 Tz. 3 MaComp) 112
   I. Einführung; Sinn und Zweck 112
   II. Wesentliche Anliegen 113
      1. Anlageziele 113
      2. Weitere individuelle Angaben 115
      3. „Geäußerte" Anliegen . 116
   III. Gewichtung der Anliegen . 118
   IV. Änderung von Anliegen und/oder Gewichtung 120
   V. Sichtbares Freitextfeld 122
N. Im Verlauf des Beratungsgesprächs erteilte Empfehlungen und die für diese Empfehlungen genannten wesentlichen Gründe und deren Gewichtung (§ 14 Abs. 6 Satz 1 Nr. 5, BT 6.2 Tz. 6 MaComp) 124
   I. Einführung 124
   II. Erteilte Empfehlungen 125
   III. Wesentliche Gründe 126
      1. Begriff, Beispiele 126
      2. (Tatsächlich) genannt .. 127
      3. (Theoretisch) keine Verpflichtung 128
   IV. Sichtbares Freitextfeld 129
O. Geschäftsabschluss vor Erhalt des Protokolls/Hinweis auf Rücktrittsrecht (§ 14 Abs. 6 Satz 2) 130
   I. Einführung 130
   II. Anlageberatung unter Einsatz von elektronischen Kommunikationsmitteln/Zusendung des Protokolls (§ 34 Abs. 2a Satz 3 WpHG) 132
      1. Gesetzliche Regelung/Voraussetzungen 132
         a) Anlageberatung über Kommunikationsmittel 132
         b) Wahl des Kunden ... 134
      2. Rechtsfolge: Zusendung einer Ausfertigung des Protokolls 136
   III. Anlageberatung unter Einsatz von elektronischen Kommunikationsmitteln/Geschäftsabschluss/Rücktrittsrecht (§ 34 Abs. 2a Satz 4–6 WpHG) 137
      1. Geschäftsabschluss vor Erhalt des Protokolls (§ 34 Abs. 2a Satz 4 WpHG) 137
      2. Voraussetzung: ausdrücklicher Kundenwunsch 138
      3. Voraussetzung: Rücktrittsrecht 139
         a) Einräumung eines Rücktrittsrechts 139
         b) Hinweispflicht 140
         c) Folgen des Rücktritts 141
         d) Beweislast beim Rücktritt 142
      4. Rechtsfolge 144
   IV. § 14 Abs. 6 Satz 2 145
P. Exkurs I: Unterschrift des Anlageberaters (§ 34 Abs. 2a Satz 2 1. Halbs. WpHG; BT 6.2 Tz. 7 MaComp) 146
   I. Unterschrift unter das Originalprotokoll 146
   II. (Keine) Unterschrift unter die für den Kunden bestimmte Ausfertigung 153
Q. Exkurs II: Unterschrift des Kunden 154
   I. Kein gesetzliches Erfordernis 154
   II. Freiwillige Leistung einer Unterschrift 156
      1. Grundsätzlich zulässig . 156
      2. Konsequenzen der Kundenunterschrift 158
R. Exkurs III: Datum und Zeitpunkt der Fertigstellung (BT 6.2 Tz. 7 MaComp) 162
S. Exkurs IV: Zurverfügungstellung des Protokolls 163
   I. Grundsatz/Regelung/Sinn und Zweck 163
   II. Form: dauerhafter Datenträger 168
      1. Grundsatz/Sinn und Zweck 168
      2. Begriff des „dauerhaften Datenträgers" 171
         a) Systematik 171
         b) Urkunde 172

3. Angemessenheit/Einverständnis des Kunden bei anderen Datenträgern als Papier 177
4. Veröffentlichung über Internet 178
III. Zivilrechtliche Konsequenzen einer Nicht-Zurverfügungstellung 179
IV. Zeitpunkt der Zurverfügungstellung 180
　1. Unverzüglich/vor Geschäftsabschluss 180
　2. Ausnahme 187
V. Annahmeverweigerung durch Kunden 190
VI. Zurverfügungstellung bei Bevollmächtigten (BT 6.1 Abs. 4 MaComp) 193
　1. Grundsatz 193
　2. Besondere Konstellationen 194
T. Exkurs V: Organisatorische Anforderungen (BT 6.1 Tz. 2 MaComp) 195
　I. Allgemein 195
　II. Organisatorische Vorkehrungen, wenn kein Geschäftsabschluss erfolgt ... 196
U. Exkurs VI: Sanktionsmöglichkeiten der BaFin 202
　I. § 39 Abs. 2 Nr. 19a, Abs. 4 WpHG 203
　　1. Begehungstatbestände . 203
　　2. Subjektiver Tatbestand/ Bemessungsrahmen ... 208
　II. § 39 Abs. 2 Nr. 19b, Abs. 4 WpHG 209
　　1. Begehungstatbestände . 209
　　2. Subjektiver Tatbestand/Bemessungsrahmen 214
　III. § 39 Abs. 2 Nr. 19c, Abs. 4 WpHG 215
　　1. Begehungstatbestände . 215
　　2. Subjektiver Tatbestand/ Bemessungsrahmen ... 218
　IV. § 39 Abs. 2 Nr. 20, Abs. 4 WpHG 219
V. Exkurs VII: Herausgabepflicht (§ 34 Abs. 2b WpHG) 220
W. Exkurs VIII: Aufbewahrungsfristen (§ 34 Abs. 3 WpHG) 222
　I. Aufsichtsrechtliche Vorgaben 222
　II. Empfehlung 10 Jahre 223
X. Exkurs IX: Prüfung nach § 36 WpHG 224
　I. Grundsatz: Jährliche Prüfungspflicht/ WpDPV 224
　II. Inhalt der Prüfung (§ 36 Abs. 1 Satz 1 und 2 WpHG) 227
　　1. Generell 227
　　2. Im Hinblick auf die Beratung 229

A. Einführung, gesetzliche Grundlage; Konkretisierung, systematische Einordnung*

I. Einführung

1 Regelungsgegenstand des § 14 Abs. 6 sind besondere Aufzeichnungspflichten, die im Zusammenhang mit der Anlageberatung bestehen. Hier ist nämlich ein Beratungsprotokoll zu erstellen.

2 Die Vorschrift **konkretisiert** § 34 Abs. 2a WpHG. Dabei beschränkt sie sich allerdings auf die Konkretisierung der an ein Beratungsprotokoll zu stellenden **inhaltlichen** Anforderungen. Dass die Regelungen grundsätzlich abstrakt ausgestaltet sind, ist dem Wesen einer Rechtsverordnung geschuldet.[1]

---

* Der Verfasser ist Mitarbeiter der BaFin. Er gibt in diesem Beitrag nur seine persönliche Auffassung wieder.
1 Eher kritisch *Teuber*, in: Krimphove/Kruse, BT 6 Rn. 67: „Unklarheiten".

Weitere umfassende Konkretisierungen der gesetzlichen und der verordnungsrechtlichen Vorgabe sind Gegenstand des Moduls BT 6 **MaComp**, das aufgrund nach wie vor bestehenden Konkretisierungsbedarfs in das Rundschreiben aufgenommen wurde.[2]

II. Gesetzesgeschichte, Ermächtigungsgrundlage

§ 14 Abs. 6 ist (wie auch § 34 Abs. 2a WpHG) im Rahmen des **Schuldverschreibungsgesetzes** in die WpDVerOV eingefügt worden.[3] Seitdem blieb die Vorschrift unverändert.

Die **Verordnungsermächtigung** resultiert aus § 34 Abs. 4 Satz 1 WpHG. Danach kann das Bundesministerium der Finanzen durch Rechtsverordnung, die nicht der Zustimmung des Bundesrates bedarf, nähere Bestimmungen zu den Aufzeichnungspflichten und zu der Geeignetheit von Datenträgern nach Abs. 1–2a erlassen.

III. Europarechtliche Zulässigkeit der Protokollpflicht

Gegen die neuen Regelungen zur Erstellung und Zurverfügungstellung von Beratungsprotokollen sind in mehrfacher Hinsicht Zweifel bezüglich ihrer **europarechtlichen Konformität** geäußert worden.

Der zentrale Vorwurf moniert eine „Verschärfung" der Rechtslage im Vergleich zum bisherigen Recht. Das wiederum verstoße gegen die MiFID.[4] Diese strebe zwar keine Vollharmonisierung, aber doch eine Maximalharmonisierung an, die strengere nationale Regelungen – wie sie die Vorschriften zum Beratungsprotokoll darstellten – verbiete.[5] In Konsequenz dieser Auffassung wird deshalb teilweise von einer Nichtigkeit des § 34 Abs. 2a Satz 2 2. Halbs., Satz 3–6 und Abs. 2b WpHG ausgegangen.[6]

Demgegenüber geht die Regierungsbegründung von einer **Konkretisierung** der geltenden Regelungen durch § 34 Abs. 2a und 2b WpHG aus. Damit würde für alle Beteiligten Klarheit über den Inhalt des Beratungsgesprächs herbeigeführt. Außerdem stünden dem Anleger für den Fall

---

2 S. hierzu *Teuber*, in: Krimphove/Kruse, BT 6.
3 Gesetz zur Neuregelung der Rechtsverhältnisse bei Schuldverschreibungen aus Gesamtemissionen und zur verbesserten Durchsetzbarkeit von Ansprüchen von Anlegern aus Falschberatung vom 31.7.2009 (BGBl. I, S. 2512), in Kraft getreten am 5.8.2009.
4 Richtlinie 2004/39/EG des Europäischen Parlaments und des Rates v. 21.4.2004 über Märkte für Finanzinstrumente, zur Änderung der Richtlinie 85/611/EWG und 93/6/EWG des Rates und der Richtlinie 2000/12/EG des Europäischen Parlaments und des Rates und zur Aufhebung der Richtlinie 93/22/EWG des Rates, ABl. L 145 v. 30.4.2004, S. 1.
5 *Böhm*, BKR 2009, 221, 228; *Schäfer*, in: Festschrift Hopt, Bd. 1, S. 2427, 2452 ff.; s. auch *Koller*, in: Festschrift Uwe H. Schneider, S. 651, 666 f.
6 *Schäfer*, in: Festschrift Hopt, Bd. 1, S. 2427, 2452 ff.

der Geltendmachung von Schadensersatzansprüchen die erforderlichen Beweismittel zur Verfügung.[7]

9 Ein weiterer Kritikpunkt sieht einen Verstoß gegen die Richtlinie über den **Fernabsatz von Finanzdienstleistungen** an Verbraucher.[8] Hintergrund hier ist die von den Vertretern dieser Auffassung vorgenommene Einordnung des in § 34 Abs. 2a Satz 4 WpHG bei telefonischen Anlageberatungen eingeräumten Rücktrittsrechts des Kunden als *gesetzliches* Rücktrittsrecht.[9]

10 Der Rechtsausschuss hatte allerdings schon früh angemerkt, dass es sich bei § 34 Abs. 2a Satz 4 WpHG um ein *vertraglich* eingeräumtes Rücktrittsrecht handele.[10]

IV. Öffentliches Recht – Zivilrecht

11 Die in § 34 Abs. 2a WpHG und § 14 Abs. 6 geregelten Pflichten sind **öffentlich-rechtlicher Natur**.[11] Sie sind deshalb von den **zivilrechtlichen Aspekten** der Anlageberatung im Wertpapiergeschäft streng zu trennen.[12] Die öffentlich-rechtlichen Verhaltenspflichten bestehen grundsätzlich neben und unabhängig von den zivilrechtlichen Pflichten. Das kann etwa zu unterschiedlichen Anforderungen führen. Allerdings ist eine Reihe von Parallelen festzustellen. Beide Materien beeinflussen sich zudem gegenseitig.[13]

V. Verzicht auf das Protokoll

12 Aufgrund ihrer öffentlich-rechtlichen Klassifizierung stellen die im Zusammenhang mit dem Beratungsprotokoll normierten Pflichten **zwingendes Recht** dar.[14] Damit können sie weder durch AGB noch individualvertraglich abbedungen werden.[15] Das gilt auch dann, wenn ein Kunde dies anregt oder verlangt. Es kann deshalb weder auf die Ausstellung noch auf die Zurverfügungstellung des Protokolls verzichtet werden.[16]

---

7 Begr. RegE SchVG, BT-Drs. 16/12814, S. 22 f.
8 Richtlinie 2002/65/EG vom 23.09.2002, ABl. L 271 vom 9.10.2002, S. 16.
9 *Leuering/Zetsche*, NJW 2009, 2856, 2860.
10 Rechtsausschuss, BT-Drs. 16/13672, S. 33; s. auch *Schäfer*, in: Festschrift Hopt, Bd. 1, S. 2427, 2451 f.
11 S. etwa *Fuchs*, in: Fuchs, Vor §§ 31–37a Rn. 56; *Koller*, in: Assmann/Schneider, Vor § 31 Rn. 2.
12 Zur Qualifizierung der einzelnen Regelungen als öffentlich-rechtlich/aufsichtsrechtlich oder zivilrechtlich s. *Schäfer*, in: Festschrift Hopt, Bd. 1, S. 2427, 2430.
13 Vgl. etwa *Fuchs*, in: Fuchs, Vor §§ 31–37 Rn. 55 f., 63; *Koller*, in: Assmann/Schneider, Vor § 31 Rn. 2; Brinckmann, BKR 2010, 45, 49.
14 *Koller*, in: Assmann/Schneider, § 31 Rn. 126.
15 *Teuber*, in: Krimphove/Kruse, BT 6 Rn. 13; *F. Schäfer*, in: Festschrift Hopt, Bd. 1, S. 2427, 2430.
16 Kritisch hierzu *Böhm*, BKR 2009, 221, 225, unter Hinweis auf § 61 Abs. 2 VVG.

B. Hintergrund/Zielsetzung/Kritik

I. Hintergrund

Die in § 34 Abs. 2a und 2b normierten Verpflichtungen zur Erstellung und 13
Zurverfügungstellung von Beratungsprotokollen zum 01.01.2010 haben
die Dokumentation der Anlageberatung grundlegend **reformiert**.[17]

Ausgangspunkt dieser Entwicklung war hier insbesondere die **Schädi-** 14
gung von Anlegern durch sog. „Lehman-Zertifikate", aber auch durch
andere Finanzinstrumente.[18] Die Anleger trugen in diesem Zusammenhang häufig vor, nicht oder nicht ausreichend durch die Wertpapierdienstleistungsunternehmen aufgeklärt worden zu sein. Ein zweiter, vielfach
geäußerter Vorwurf war der einer **Falschberatung** durch die Wertpapierdienstleistungsunternehmen; so etwa, dass dem Anlageziel – häufig eine
sichere Anlage (etwa zur Altersvorsorge oder Risikoabsicherung) mit jederzeitiger Verfügbarkeit ohne Kursrisiko – durch die Anlageberatung
nicht Rechnung getragen worden sei. Meist stand dabei die Aussage der
Anleger gegen die Aussage der Wertpapierdienstleistungsunternehmen.

Das Beratungsgespräch war aufgrund der bis dahin geltenden Dokumen- 15
tationspflichten **nicht nachvollziehbar**. Die Wertpapierdienstleistungsunternehmen erstellten in der Vergangenheit häufig nur ansatzweise Aufzeichnungen über die von ihnen durchgeführten Anlageberatungen.
Diese Aufzeichnungen beschränkten sich in der Regel auf die eingeholten Kundenangaben, die Risikoklasse sowie die Aufklärung der Kunden.
Zudem wurde vermerkt, ob eine Anlageberatung stattgefunden hat und
welches Finanzinstrument der Kunde erworben oder verkauft hat.[19] **Freiwillig** erstellte **Aufzeichnungen** wurden den Kunden zudem durch die
Wertpapierdienstleistungsunternehmen nicht zur Verfügung gestellt. Die
Zivilgerichte billigten diese Praxis.[20]

Keinen Aufschluss gaben die Unterlagen der Wertpapierdienstleistungs- 16
unternehmen hingegen oft über den **Hergang** und die **abschließenden**
Empfehlungen des Beratungsgesprächs. So ist sowohl für die BaFin als
auch für die Zivilgerichte im Falle von Schadensersatzklagen von Anlegern kaum nachprüfbar gewesen, ob ein Kunde etwa zu einem Finanzinstrument überredet wurde, das einer anderen als der von ihm ursprünglich gewollten Risikoklasse entsprach. Das Gleiche galt für ein **Abraten**
von dem Verkauf eines Finanzinstruments, den der Kunde im Hinblick
auf von ihm angenommene Verlustrisiken vornehmen wollte.[21] Auch in-

---

17 Zur Entstehungsgeschichte s. ausführlich *F. Schäfer*, in: Festschrift Hopt, Bd. 1,
S. 2427 ff.
18 Zur Analyse der Anlageberatung und Ermittlung von Defiziten am Beispiel der
„Lehman-Zertifikate" s. *Brinckmann*, BKR 2010, 45, 47.
19 Begr. RegE SchVG, BT-Drs., 16/12814, S. 27; s. auch *Böhm*, BKR 2009, 221, 222.
20 Vgl. hierzu mit Hinweisen auf die Rechtsprechung *F. Schäfer*, in: Festschrift
Hopt, Bd. 1, S. 2427, 2437.
21 Begr. RegE SchVG, BT-Drs. 16/12814, S. 27.

nerhalb einer Risikoklasse ist ein Abraten bzw. „Umberaten" – etwa von einer Aktie A zu einer Aktie B – kaum nachprüfbar gewesen.

17 Dem sollte mit dem Erfordernis der Erstellung und Zurverfügungstellung eines Beratungsprotokolls **entgegengewirkt** werden. Ziel war es nach dem Willen des Gesetzgebers insbesondere auch, die **Durchsetzbarkeit von Ansprüchen** der Anleger im Fall einer Falschberatung zu verbessern.[22]

II. Resonanz in Praxis und Literatur, erste Erkenntnisse der BaFin

18 Die Resonanz auf die neuen Regelungen des § 34 Abs. 2a und 2b WpHG sowie § 14 Abs. 6 war bereits zu Beginn sehr heterogen.

1. Literatur und Praxis

a) Unzureichende Regelung/unzureichende Umsetzung

19 Teilweise wurden die neuen Regelungen – bei einer allerdings wohl positiven Grundhaltung gegenüber der Einführung des Beratungsprotokolls – als **unzureichend** angesehen.[23] Es handele sich nicht vielmehr als um den „Tropfen auf den heißen Stein".

20 Auch wurde angemerkt, dass verschiedene Fallkonstellationen – etwa die Beweislastfrage im Falle der **Nichtanfertigung und des Untergangs** des Protokolls – nicht geregelt worden seien.[24]

21 Von Seiten der Verbraucherschützer wurde die Einführung des Beratungsprotokolls zwar befürwortet. Kritik erfuhr jedoch die (praktische) **Umsetzung**.[25]

b) Überregulierung/inhaltliche Fehler

22 Insbesondere aus dem Umfeld der Wertpapierdienstleistungsunternehmen bzw. ihrer Verbände war hingegen häufig der Vorwurf einer **Überregulierung** zu vernehmen. So führten die jüngsten Regulierungsmaßnahmen zu größerem Druck auf die Erträge und steigenden Kosten im Wertpapiergeschäft.[26] Konkret wurde hier etwa die gestiegene Beratungsdauer genannt, die zu Lasten der Rentabilität gehe.[27] Zudem wurde

---

22 Begr. RegE SchVG, BT-Drs. 16/12814, S. 27.
23 *Strohmeyer*, ZBB 2009, 197; skeptisch auch *Leuering/Zetsche*, NJW 2009, 2856, 2860.
24 *Strohmeyer*, ZBB 2009, 197, 200.
25 Vgl. etwa Verbraucherzentrale Nordrhein-Westfalen, bank und markt 2010, 9.
26 *Messenböck/Klein*, die bank 8/2012, 46, 47.
27 *Mosch*, Sparkasse 9/2010, 10, die einen DSGV-Vertreter zitiert, der aber gleichzeitig einräumt, dass ein verkürztes Beratungsprotokoll, bei dem ein „Kunde die Begründung der Empfehlung und ihre Herleitung nicht nachvollziehen könne, ... nicht zur Strategie der Sparkassen passe, die auf Transparenz für den Kunden abziele".

der Vorwurf erhoben, es handele sich um regulatorische Schnellschüsse, die weder im Sinn der Anleger noch der Banken seien.[28]

Auch werden die Regelungen zum Beratungsprotokoll als eher **kontra-** **produktiv** zu dem vom Gesetzgeber verfolgten Ziel **einer Stärkung des Anlegerschutzes** angesehen. U.a. wegen der steigenden Kosten und sinkenden Margen im Wertpapiergeschäft nehme nämlich die Attraktivität der Anlageberatung ab, so dass sich die Frage stelle, inwieweit die Anlageberatung für die „breite Kundschaft", d.h. mit anderen Worten für „kleinere Privatkunden", zukünftig noch angeboten werden solle. Kleinere Anbieter würden deshalb erwägen, das Beratungsgeschäft für „geringe Vermögen" komplett einzustellen, und nur noch Execution only-Geschäft anbieten. So werde aber die „eigentliche Absicht des Regulierers, den Privatkunden bessere Unterstützung bei ihren Anlageentscheidungen zu geben, durch „die Überwälzung der Entscheidung auf den Kunden verfehlt".[29] Zudem wurden immer wieder Zweifel geäußert, ob die u.a. durch Beratungsprotokolle vermittelte höhere Transparenz auch zu besseren Entscheidungen der Kunden führe. Es sei fraglich, ob die Regulierung die Qualität der Anlageberatung verbessere und den Verbraucherschutz erhöhe.[30] Außerdem bestehe die Gefahr, dass, wenn zu viele Informationen zur Verfügung gestellt würden, „Kunden die für sie wichtigen Aspekte nicht mehr richtig würdigen würden". Das aber sei weder im Sinne des Kunden noch des Gesetzgebers.[31] Die Kritiker merken darüber hinaus an oder stellen zumindest die Frage, ob bzw. inwieweit die Protokollpflicht zu einer **Einschränkung der Produktpalette** oder einer **Ausweich- bzw. Verlagerungsbewegung** zu Produkten, bei deren Beratung kein Protokoll zu erstellen ist, führe.[32]

Neben derart klaren Aussagen wird teilweise eine gewisse Skepsis geäußert. Danach bleibt etwa „abzuwarten, ob sich durch das Anlageberatungsprotokoll „die Anlageberatungssituation in Deutschland … verbessern wird."[33] In einer Stellungnahme jüngeren Datums wird z.B. angemerkt, dass sich „nach vier Jahren … nun die Frage stellt, ob die Beratungsprotokolle den gewünschten Nutzen erbracht haben", wobei allerdings die in der Überschrift des Artikels enthaltene Aussage „Beratungsprotokoll – **viel Aufwand, wenig Mehrwert**" bereits die Antwort gibt.[34]

---

28 Vgl. etwa – aus Sicht des BVR – *Claßen*, BI 9/2009, 71, 72; *Claßen/Müller*, BI 12/2009, 6.
29 *Messenböck/Klein*, die bank 8/2012, 46, 47, die als Alternative zur Einstellung der Beratung von Privatkunden oder zur Einführung von Honoraren die Systemberatung, also die konsequente Zentralisierung aller diskretionären Entscheidungen und klare Standardisierung des Beratungsprozesses, vorschlagen.
30 *Messenböck/Klein*, die bank 8/2012, 46.
31 *Böhm*, BKR 2009, 221, 223, der vorschlägt, das Protokoll „sollte lediglich wesentliche Aussagen zu allen relevanten Kriterien enthalten".
32 *Teuber*, in: Krimphove/Kruse, BT 6 Rn. 15.
33 *Teuber*, in: Krimphove/Kruse, BT 6 Rn. 65.
34 *Kindler*, die bank 2/2014, 34.

25 Ebenso sei, so ein weiterer Kritikpunkt, nicht ersichtlich, warum für Wertpapierdienstleistungsunternehmen strengere Anforderungen im Hinblick auf die Protokollierung als für **Versicherungsvermittler** nach § 61 VVG gelten sollen.[35]

c) Forderung einer Sonderregelung für „erfahrene" Kunden

26 Während ein Teil der Kritik auf die weitgehende oder doch zumindest teilweise Abschaffung oder Änderung der Protokollierungsvorgaben abzielt, gibt es auch differenzierende Stimmen, die Erleichterungen für „erfahrene Anleger, die regelmäßige Anlageberatungen in Anspruch nehmen und deren Anlagevermögen eine Mindestgrenze überschreitet", fordern.[36] In diesem Zusammenhang wird häufig vorgebracht, dass „Kunden, die mehrmals in der Woche Wertpapierkäufe tätigen, ... wenig Verständnis für den neuen prozessualen Aufwand hätten".[37] Als Lösung wird in diesen Fällen insbesondere die Möglichkeit eines **Verzichts** auf das Beratungsprotokoll zumindest für die vorstehend skizzierten Kundengruppen vorgeschlagen.

d) Positive Resonanz

27 Die vorgenannte Kritik lässt weitgehend außer Acht, dass der Neuregelung unerfreuliche Entwicklungen im **Wertpapierberatungsgeschäft** zugrunde lagen, die erst ein gesetzgeberisches Handeln erforderlich machten. Dabei soll nicht bestritten werden, dass die Einführung der Protokollpflicht zu einem höheren zeitlichen (und damit finanziellen) Aufwand für die Wertpapierdienstleistungsunternehmen geführt hat.[38] Allerdings überwiegen aus Sicht der BaFin demgegenüber die Vorteile, die mit der Einführung des Beratungsprotokolls verbunden sind.[39] Zunächst ist nämlich festzuhalten, dass sich die Qualität der Beratung gebessert hat (dazu sogleich).

28 Unabhängig davon werden die **Chancen**, die die neuen Dokumentationspflichten für die Institute eröffnen, häufig verkannt. So ist das Beratungsprotokoll „weit mehr als eine bürokratische Last, mit der sich bestenfalls das Risiko von Fehlberatungsklagen reduzieren lässt".[40] Vielmehr wird zu Recht angemerkt, dass sich aus den gemachten Angaben, sofern diese systematisch ausgewertet werden, „wertvolle Hinweise auf Ansprachenlässe, aktive oder passive Vertriebsansätze oder auch für die Gestal-

---

35 S. hierzu ausführlich *Böhm*, BKR 2009, 221, 224.
36 *Teuber*, in: Krimphove/Kruse, BT 6 Rn. 15; *Böhm*, BKR 2009, 221, 222.
37 *Mosch*, Sparkasse 9/2010, 10, die eine Sparkassen-Mitarbeiterin zitiert. Ähnlich der hier zitierte DSGV-Vertreter.
38 S. Pressemitteilung der BaFin vom 4. Mai 2010: „Markterhebung Beratungsprotokoll: BaFin sieht Verbesserungsbedarf", zu konkreten Zahlen vgl. *Wilken/Wildhirt/Krause*, die bank 8/2010, 45, 46.
39 Interview mit *Caspari*, BaFinJournal 2013, Heft 11 (November), 12.
40 *Ankert*, bank und markt 2012, 34.

tung des Anlageportfolios" ergeben können.⁴¹ Die mit dem Beratungsprotokoll gewonnenen Informationen sollten deshalb für ein professionelles Kundenmanagement genutzt werden.⁴²

Auch innerhalb der Wertpapierdienstleistungsunternehmen erfährt das 29 Beratungsprotokoll positive Resonanz. So empfinden Anlageberater vor Ort das Protokoll „als positiv und hilfreich, da es den **Beratungsprozess strukturiere**".⁴³

2. Erfahrungen der BaFin

Eine erste systematische Untersuchung hinsichtlich der Umsetzung der 30 neuen Vorschriften hatte die BaFin bereits kurz nach deren Inkrafttreten vorgenommen.⁴⁴ Eine Erkenntnis hieraus war, dass „eine deutliche Verbesserung der Beratungsqualität" festzustellen war.⁴⁵ Weiterhin war festzustellen, dass in der Praxis bei der Erstellung von Beratungsprotokollen vor allem auf (grundsätzlich zulässige, sofern Freitextfelder vorhanden sind, s. hierzu ausführlich unten H.III) EDV-basierte, **standardisierte** Lösungen zurückgegriffen wurde, wenngleich hier teilweise auch Defizite festzustellen waren. Außerdem waren Vorlagen teilweise **fehlerhaft oder unzureichend**, etwa ohne eine ausreichende Nutzung der Freitextfelder, **ausgefüllt**.⁴⁶

Für die Tätigkeit der BaFin ist zudem festzuhalten, dass die Aufsicht über 31 die Beratungsgespräche durch das Protokoll, das zu einer unverzichtbaren Informationsquelle geworden ist, erleichtert wird.

Die Bedeutung der Beratungsprotokolle hat überdies durch das in § 34d 32 geregelte **Mitarbeiter- und Beschwerderegister** noch weiter zugenommen. Danach werden nämlich gemeldete Beschwerden Anlageberatern und Vertriebsbeauftragten zugeordnet.⁴⁷ Mit Hilfe der Beratungsprotokolle können die Beratungsgespräche, die derartigen Beschwerden i.d.R. zugrunde liegen, besser nachvollzogen werden.⁴⁸

3. Ausblick: Koalitionsvertrag

Unabhängig davon scheint wohl zumindest ein Überprüfungsbedarf von 33 der Politik gesehen zu werden, der sogar Eingang in den **Koalitionsvertrag** gefunden hat. Dort heißt es nämlich, dass die Koalitionspartner „das

---

41 *Ankert*, bank und markt 2012, 34.
42 S. auch *Wilken/Wildhirt/Krause*, die bank 8/2010, 45, 46 f.
43 Interview mit *Caspari*, BaFinJournal 2013, Heft 11 (November), 12, 13.
44 Die an eine Reihe von Wertpapierdienstleistungsunternehmen gestellten Fragen sind abgedruckt in IDW Fachnachrichten 2010, 94; s. hierzu auch *Teuber*, in: Krimphove/Kruse, BT 6 Rn. 67.
45 Äußerung von *Birnbaum*, Sparkasse 9/2010, 11.
46 BaFinJournal 2013, Juli (Heft 7), 19, 20.
47 Vgl. hierzu etwa *Rößler/Yoo*, BKR 2011, 377.
48 S. BaFinJournal 2013, Heft 7 (Juli), 19.

in der finanziellen Anlageberatung verwendete Beratungsprotokoll ... im Hinblick auf die praktische Handhabung überprüfen" werden.[49]

C. Die Rolle der Kunden

34 Bei allen Argumenten pro und contra darf nicht vergessen werden, dass auch der **Kunde** durch das Beratungsprotokoll **gefordert** wird, um eine dauerhafte Besserung der Protokollqualität zu erreichen. Das Beratungsprotokoll kann nur dann seinen Zweck erfüllen, wenn der Kunde es nach der Zurverfügungstellung liest, die Inhalte prüft und etwaige Unrichtigkeiten oder Unklarheiten gegenüber dem Berater anmahnt. Im Zweifel wird neben dem Anlageberater nur der Kunde Teilnehmer des Beratungsgesprächs sein. Er muss darauf achten, dass alle für ihn wichtigen Punkte Aufnahme in das Protokoll finden.[50] Nur wenn die Inhalte des Beratungsgesprächs richtig und vollständig wiedergegeben werden, erhöht dies zudem seine Chancen, etwaige (Schadensersatz-)Ansprüche durchzusetzen.[51]

D. Beweislast

35 Wie bereits ausgeführt, soll durch die Protokollpflicht von Anlageberatungen die **Durchsetzbarkeit** der Ansprüche der Anleger verbessert werden. Trotz der Verbesserungen der Anlegerposition durch die Einführung des Beratungsprotokolls liegt die **Beweislast** hinsichtlich der Vollständigkeit und Richtigkeit des Protokolls auch nach der Einführung des Beratungsprotokolls allerdings grundsätzlich beim **Kunden**.[52] Zwar war teilweise eine Umkehr der Beweislast gefordert worden.[53] Der Gesetzgeber hat sich allerdings **gegen eine Beweislastumkehr** entschieden.[54]

36 Lediglich für den Fall des Bestreitens des Rechts zum Rücktritt weist § 34 Abs. 2a Satz 6 WpHG dem Wertpapierdienstleistungsunternehmen die **Beweislastumkehr** bzgl. der Vollständigkeit und Richtigkeit des Protokolls zu (s. hierzu unten, O.III.).[55]

---

49 Koalitionsvertrag zwischen CDU, CSU und SPD aus der 18. Legislaturperiode; gleichzeitig wird in derselben Passage darauf hingewiesen, dass die Koalitionsparteien das Beratungsprotokoll „mit Verbesserungen für den Anlegerschutz weiterentwickeln" werden.
50 S. hierzu etwa Interview mit *Caspari*, BaFinJournal 2013, Heft 11 (November), 12, 13.
51 BaFinJournal 2013, Heft 7 (Juli), 19, 20.
52 Zur Beweislastverteilung s. ausführlich *Böhm*, BKR 2009, 221, 224.
53 Vgl. etwa die Stellungnahme des Bundesrats zum Entwurf des SchVG, BR-Drucks. 180/09 vom 03.04.2009, S. 3.
54 Vgl. etwa *Pfeifer*, BKR 2009, 485, 489; *Koller*, in: Festschrift Uwe H. Schneider, S. 651, 666 f.
55 S. hierzu etwa *Koller*, in: Festschrift Uwe H. Schneider, S. 651, 666 f.

E. Anwendungsbereich des Beratungsprotokolls (Abs. 1 Satz 1)

I. Verweis auf § 34 Abs. 2a WpHG

§ 14 Satz 1 verweist hinsichtlich des Anwendungsbereichs auf die **formalgesetzliche Grundlage** des § 34 Abs. 2a WpHG. 37

II. Normadressaten: Wertpapierdienstleistungsunternehmen

Normadressaten sind nach § 34 Abs. 2a Satz 1 WpHG **Wertpapierdienstleistungsunternehmen**. Die Definition des Begriffs findet sich in § 2 Abs. 4 WpHG.[56] Zur Erstellung von Anlageberatungsprotokollen verpflichtet sind also nicht etwa die Anlageberater. Diese agieren i.d.R. als Erfüllungsgehilfen ihres Instituts.[57] 38

III. Sachlicher Anwendungsbereich Anlageberatung

1. Anlageberatung/Voraussetzungen

a) Begriff

§ 34 Abs. 2a Satz 1, § 14 Abs. 2a, BT 6.1 Tz. 1 Satz 1 MaComp fordern eine Protokollierung für **jede Anlageberatung**. Eine Definition des Begriffs enthält § 2 Abs. 3 Satz 1 Nr. 9 WpHG.[58] Die BaFin hat die Voraussetzungen der Anlageberatung (zusammen mit der Deutschen Bundesbank) in einem Rundschreiben präzisiert.[59] 39

b) Persönliche Empfehlung

Eine Anlageberatung setzt zunächst eine (persönliche) **Empfehlung** voraus. Eine solche Empfehlung ist etwa bei einer reinen Information nicht gegeben. Beide Begriffe lassen sich zwar „theoretisch ... gut auseinanderhalten", in der Praxis ist das jedoch anders. Maßgeblich dürfte hier der Empfängerhorizont des Anlegers sein.[60] Auch kann eine Empfehlung nicht einfach durch einen Disclaimer in eine Information umfunktioniert 40

---

56 Zu Einzelheiten s. *F. Schäfer*, in: Festschrift Hopt, Bd. 1, S. 2427, 2430.
57 *Pfeifer*, BKR 2009, 485, 487, mit umfangreichen Ausführungen auch zur Stellung der gebundenen Vermittler sowie freien Anlageberater; a.A. *Schäfer*, in: Festschrift Hopt, Bd. 1, S. 2427, 2430 f.
58 S. hierzu auch *F. Schäfer*, in: Festschrift Hopt, Bd. 1, S. 2427, 2433; s. auch *Koller*, in: Festschrift Uwe H. Schneider, S. 651, 658 ff., ausführlich zur Frage, ob der Begriff der Anlageberatung ausschließlich im Sinn eines Beratungsgesprächs zu verstehen ist.
59 Gemeinsames Informationsblatt der Bundesanstalt für Finanzdienstleistungsaufsicht und der deutschen Bundesbank zum Tatbestand der Anlageberatung, Stand Juli 2013, abrufbar unter www.bafin.de.
60 S. hierzu ausführlich *Koller*, in: Festschrift Uwe H. Schneider, S. 651 ff.

werden.⁶¹ Einer Qualifikation als Empfehlung nicht entgegen stehen zudem Fallgestaltungen, in denen Kunden etwa per Internet die Informationen nach § 31 Abs. 4 WpHG eingeben und das „System" eine Empfehlung „auswirft".⁶² Es kommt bei einer Empfehlung zudem nicht darauf an, ob diese umgesetzt wird.⁶³

41 Die Empfehlung wird meist gegenüber dem **Kunden** selbst abgegeben werden. Gleichgestellt sind nach § 2 Abs. 3 Satz 1 Nr. 9 Alt. 1 WpHG Empfehlungen an den **Vertreter**.⁶⁴

42 Die Empfehlung wiederum muss nach § 2 Abs. 3 Satz 1 Nr. 9 Alt. 1 WpHG auf eine Prüfung der **persönlichen Umstände** des Anlegers gestützt sein. Eine Prüfung der persönlichen Umstände des Anlegers liegt bereits dann vor, wenn der Kunde das Wertpapierdienstleistungsunternehmen lediglich in allgemeiner Form über seine finanzielle Situation unterrichtet und dieses daraufhin Geschäfte mit bestimmten Finanzinstrumenten empfiehlt (s. hierzu sogleich unten c)), wobei der Anlageberater die erhaltenen Informationen allerdings bei seiner Empfehlung berücksichtigen muss.⁶⁵

43 Alternativ kann die Empfehlung – so § 2 Abs. 3 Nr. 9 Satz 1 Alt. 2 WpHG – als für ihn **geeignet** dargestellt werden.⁶⁶ Letzteres ist dann der Fall, wenn der Kunde (oder Vertreter) davon ausgehen muss, die Empfehlung beruhe auf einer Berücksichtigung seiner persönlichen Verhältnisse.⁶⁷ Eine pauschale Mitteilung etwa an alle Depotinhaber eines Wertpapierdienstleistungsunternehmens, dass „Fonds eine geeignete Anlage" seien, würde dem nicht gerecht.

c) Geschäfte mit bestimmten Finanzinstrumenten

44 Die Empfehlung muss sich nach § 2 Abs. 3 Nr. 9 WpHG auf **Geschäfte** mit bestimmten Finanzinstrumenten beziehen. Hierzu zählt nicht nur der

---

61 Zu dieser Thematik s. auch *Koller*, in: Festschrift Uwe H. Schneider, S. 651, 654, der in diesen Fällen vorschlägt, „die gesamte Kommunikation auszuwerten".
62 S. hierzu ausführlich *Koller,* in: Festschrift Uwe H. Schneider, S. 651, 652.
63 S. das gemeinsame Informationsblatt der Bundesanstalt für Finanzdienstleistungsaufsicht und der deutschen Bundesbank zum Tatbestand der Anlageberatung, Stand Juli 2013, S. 1.
64 S. ausführlich *Koller*, in: Assmann/Schneider, § 2 Rn. 114; s. auch das gemeinsame Informationsblatt der Bundesanstalt für Finanzdienstleistungsaufsicht und der deutschen Bundesbank zum Tatbestand der Anlageberatung, Stand Juli 2013, S. 2.
65 S. das gemeinsame Informationsblatt der Bundesanstalt für Finanzdienstleistungsaufsicht und der deutschen Bundesbank zum Tatbestand der Anlageberatung, Stand Juli 2013, S. 3.
66 S. ausführlich *Koller*, in: Festschrift Uwe H. Schneider, S. 651, 654 f.
67 S. das gemeinsame Informationsblatt der Bundesanstalt für Finanzdienstleistungsaufsicht und der deutschen Bundesbank zum Tatbestand der Anlageberatung, Stand Juli 2013, S. 3; s. auch ausführlich *Koller*, in: Assmann/Schneider, § 2 Rn. 115; *ders.*, in: Festschrift Uwe H. Schneider, S. 651, 655 ff.

Kauf von Finanzinstrumenten. Auch Empfehlungen zum **Halten** und zum **Verkauf** werden von dem Begriff erfasst.[68]

Hinsichtlich des Begriffs der **Finanzinstrumente** ist auf § 2 Abs. 2b WpHG abzustellen.[69] Nicht erfasst werden deshalb andere Anlageformen wie etwa Festgeldanlagen, Zuwachssparen, Bausparverträge oder Versicherungen.

45

Es muss sich um **bestimmte** Finanzinstrumente handeln. Das Finanzinstrument muss konkret benannt werden. Allerdings ist es ausreichend, dass der Anlageberater dem Kunden mehrere Anlagevorschläge unterbreitet, die Wahl dann aber dem Kunden überlässt. Empfehlungen, die sich lediglich auf **Arten von Finanzinstrumenten** beziehen, erfüllen nicht die Anforderungen an die Bestimmtheit. Das wäre etwa bei der allgemeinen Empfehlung zum Kauf von Zertifikaten, Fonds, Aktien etc. der Fall. Selbst bei näherer Konkretisierung wie Index-Zertifikate, Immobilienfonds oder Technologieaktien wäre das Bestimmtheitserfordernis nicht erfüllt.[70]

46

d) Verbreitung

Außerdem darf die Empfehlung gem. § 2 Abs. 3 Satz 1 Nr. 9 a.E. WpHG nicht ausschließlich über **Informationsverbreitungskanäle** oder für die **Öffentlichkeit** bekannt gegeben werden. Das ist dann der Fall, wenn die Form der Bekanntgabe geeignet und bestimmt ist, die Allgemeinheit, also einen individuell nicht bestimmbaren Personenkreis, zu erreichen. Hierbei ist etwa an Ratschläge, die in der Presse, im Hörfunk, Fernsehen, Internet oder in öffentlichen Veranstaltungen erteilt werden, zu denken. Auch die Finanzanalyse i.S.d. § 34 Abs. 1 Satz 1 WpHG fällt hierunter.[71]

47

Etwas anderes gilt, wenn Empfehlungen nur an Einzelne oder einen **bestimmten, zuvor festgelegten Personenkreis** adressiert sind. Die Tatsache, dass es sich hierbei um mehrere gleichlautende Mitteilungen handelt, steht dem nicht entgegen.[72]

48

---

68 S. das gemeinsame Informationsblatt der Bundesanstalt für Finanzdienstleistungsaufsicht und der deutschen Bundesbank zum Tatbestand der Anlageberatung, Stand Juli 2013, S. 1; s. auch *Böhm*, BKR 2009, 221, 223; *Koller*, in: Assmann/Schneider, § 2 Rn. 118.

69 Der Begriff entspricht weitgehend dem des § 1 Abs. 11 KWG, auf den in dem gemeinsamen Informationsblatt der Bundesanstalt für Finanzdienstleistungsaufsicht und der deutschen Bundesbank zum Tatbestand der Anlageberatung, Stand Juli 2013, S. 1 f., Bezug genommen wird.

70 S. das gemeinsame Informationsblatt der Bundesanstalt für Finanzdienstleistungsaufsicht und der deutschen Bundesbank zum Tatbestand der Anlageberatung, Stand Juli 2013, S. 2; s. auch *Koller*, in: Festschrift Uwe H. Schneider, S. 651, 657 f.

71 S. das gemeinsame Informationsblatt der Bundesanstalt für Finanzdienstleistungsaufsicht und der deutschen Bundesbank zum Tatbestand der Anlageberatung, Stand Juli 2013, S. 4.

72 S. das gemeinsame Informationsblatt der Bundesanstalt für Finanzdienstleistungsaufsicht und der deutschen Bundesbank zum Tatbestand der Anlageberatung, Stand Juli 2013, S. 4.

2. Vorbereitende Gespräche/Folgeberatungen/ Empfehlungen per Mail

49 Da die Erteilung einer Empfehlung maßgeblich für die Frage ist, ob ein Beratungsprotokoll zu erstellen ist oder nicht, wird i.d.R. bei **vorbereitenden Gesprächen**, die nicht in eine Empfehlung münden, ein solches nicht zu erstellen sein.[73]

50 Von der Protokollpflicht werden nicht nur Erstberatungen, sondern auch **Folgeberatungen** erfasst. Gehen der Anlageentscheidung mehrere Beratungsgespräche voraus, ist grundsätzlich ein Protokoll für jedes Gespräch (sofern hier eine „Empfehlung" ausgesprochen wird) anzufertigen.[74]

51 Gibt ein Wertpapierdienstleistungsunternehmen eine Empfehlung **per Mail** ab, muss **nicht** zwangsläufig ein **separates Beratungsprotokoll** erstellt werden. Das ergibt sich aus einer teleologischen Reduktion des § 14. Die E-Mail stellt hier quasi das Beratungsprotokoll dar. Voraussetzung hierfür ist allerdings, dass in der Mail alle für das Beratungsprotokoll geforderten Informationen enthalten sind. Hier kann – innerhalb der zulässigen Grenzen (s. hierzu ausführlich unten I.) – mit Verweisen auf andere Unterlagen gearbeitet werden. Zudem ist ein Verweis auf die persönliche Situation des Kunden einschließlich der gem. § 31 Abs. 4 WpHG einzuholenden Kundenangaben in der Mail erforderlich.

52 Dies gilt allerdings nicht, wenn in **engem zeitlichem Zusammenhang** mit dem Versenden einer Mail, die eine konkrete Anlageempfehlung enthält, ein Gespräch zwischen Kunden und Berater stattfindet, in dem keine Empfehlung abgegeben wird. Hier sind beide Ereignisse als einheitlicher Lebensvorgang zu werten, so dass eine Verpflichtung zum Erstellen eines Beratungsprotokolls besteht. Eine andere Sichtweise würde Umgehungsmöglichkeiten dahin gehend eröffnen, dass im Beratungsgespräch keine Empfehlungen ausgesprochen werden, dies dann per Mail versandt und kein Beratungsprotokoll versandt wird.

3. Beweislast

53 Bestreitet ein Wertpapierdienstleistungsunternehmen das Vorliegen einer zur Erstellung eines Protokolls verpflichtenden Beratungssituation gegenüber der **Bundesanstalt für Finanzdienstleistungsaufsicht** (BaFin), so hat die Aufsichtsbehörde dies zu beweisen.[75]

---

73 So wohl auch *Koller*, in: Festschrift Uwe H. Schneider, S. 651, 657 f.
74 A.A. *Lang/Kühne*, WM 2009, 1301, 1306, wenn es sich um einen „einheitlichen Lebenssachverhalt" handelt.
75 *F. Schäfer*, in: Festschrift Hopt, Bd. 1, S. 2427, 2432.

Aufzeichnungs-/Aufbewahrungspflichten § 14 Abs. 6 WpDVerOV

4. Keine Pflicht zur Protokollerstellung bei Anlagevermittlung und Vermögensverwaltung

Kein Beratungsprotokoll ist bei der **Anlagevermittlung** nach § 2 Abs. 3 Satz 1 Nr. 4 WpHG zu erstellen.[76]

Das gilt auch für die **Vermögensverwaltung** i.S.d. § 2 Abs. 3 Satz 1 Nr. 7 WpHG. Nicht hierunter fallen Gestaltungen, bei denen Kunde und Vermögensverwalter eine Rücksprache vor jedem Geschäft und eine Entscheidung des *Kunden* vereinbaren. Hier würde es an einem eigenen Entscheidungsspielraum des Vermögensverwalters fehlen und möglicherweise eine Protokollpflicht bestehen.[77]

IV. Privatkunden

1. Grundsatz/Begriff des Kunden

Die **Pflicht** zur Erstellung und Zurverfügungstellung von Beratungsprotokollen besteht allerdings nur bei Anlageberatungen von **Privatkunden** i.S.d. § 31a Abs. 3 WpHG. Mit dieser Regelung wird dem erhöhten Schutzbedürfnis dieser Kundengruppe Rechnung getragen.

Der Thematik „Kunde" hat der Gesetzgeber mit § 31a WpHG eine eigene Vorschrift gewidmet. Konkretisierungen hierzu enthält § 2 (s. oben Kommentierung zu § 2).

Zunächst definiert der Gesetzgeber in § 31a Abs. 1 WpHG einen **allgemeinen Kundenbegriff**. Kunden sind danach zum einen alle natürlichen Personen. Zweitens fallen juristische Personen unter den Kundenbegriff. Obwohl nicht ausdrücklich benannt, sind auch die rechtsfähigen Personengesellschaften als Kunden zu behandeln.[78]

Weitere Voraussetzung der Qualifizierung als Kunde ist die Erbringung oder Anbahnung von Wertpapierdienstleistungen oder -nebendienstleistungen – hier Anlageberatungen – für diese Personen durch das Wertpapierdienstleistungsunternehmen.

Kunde ist danach der Vertragspartner des Wertpapierdienstleistungsunternehmens. Dies gilt auch, wenn der Vertragspartner durch einen Vertreter handelt.[79] Zwar werden in diesen Fällen die Pflichten des Wertpapierdienstleistungsunternehmens modifiziert, dies hat jedoch aus aufsichtsrechtlicher Sicht keinen Einfluss auf die Frage, wer Kunde ist.

---

76 *Leuering/Zetsche*, NJW 2009, 2856, 2858; *Schäfer*, in: Festschrift Hopt, Bd. 1, S. 2427, 2433; *Fett*, in: Schwark/Zimmer, § 34 WpHG Rn. 7 Fn. 17; *Pfeifer*, BKR 2009, 485, 486 f.; s. auch *Koller*, in: Festschrift Uwe H. Schneider, S. 651, 653 f.
77 *Fett*, in: Schwark/Zimmer, § 34 WpHG Rn. 7 Fn. 17.
78 *Fuchs*, in: Fuchs, § 31a Rn. 15.
79 A.A. *Koller*, in: Assmann/Schneider, § 31 Rn. 98.

2. Kundengruppen

a) Grundsatz

61 Der Gesetzgeber fächert den Kundenbegriff dann weiter auf und definiert drei **Kundengruppen** (Privatkunden, professionelle Kunden sowie geeignete Gegenparteien).

b) Professioneller Kunde (§ 31a Abs. 2 WpHG)

62 Ausgangspunkt der Kundenkategorisierung ist dabei die in § 31a Abs. 2 WpHG vorgenommene Definition der **professionellen Kunden**. Dabei handelt es sich nach Satz 1 um Kunden, bei denen das Wertpapierdienstleistungsunternehmen davon ausgehen kann, dass sie über ausreichende Erfahrungen, Kenntnisse und Sachverstand verfügen, um ihre Anlageentscheidungen zu treffen und die damit verbundenen Risiken angemessen beurteilen zu können. Satz 2 führt hierzu verschiedene Fallgruppen auf.[80]

c) Privatkunde (§ 31a Abs. 3 WpHG)

63 Den Begriff des **Privatkunden** grenzt § 31a Abs. 3 WpHG negativ ab als Kunden, die keine professionellen Kunden sind.

d) Geeignete Gegenpartei (§ 31a Abs. 4 WpHG)

64 Abs. 4 führt den Begriff der „**geeigneten Gegenpartei**" in das WpHG ein. Hierbei handelt es letztendlich um einen Unterfall der Kategorie „professionelle Kunden".[81]

3. Konsequenz: Unterschiedliche Schutzniveaus

65 Die Einstufung in eine der drei Gruppen führt zu **unterschiedlichen Schutzniveaus** der Kunden und beeinflusst so das Pflichtenprogramm der Wertpapierdienstleistungsunternehmen insbesondere im Bereich der Informationspflichten. Das höchste Schutzniveau genießen hier private Kunden, das niedrigste geeignete Gegenparteien. Während bei Privatkunden das volle Pflichtenprogramm der §§ 31 ff. WpHG durchzuführen ist, gelten für professionelle Kunden geringere Anforderungen.[82]

---

80 S. hierzu im Einzelnen *H. Schäfer*, in: Heidel, § 33 WpHG Rn. 7 ff.
81 So auch *Fuchs*, in: Fuchs, § 31a Rn. 17; *Balzer/Lang*, Kundenkategorisierung und allgemeine Informationspflichten, BankPraktiker Beilage 01/2007, 10, 12: „Begriff der geeigneten Gegenpartei deckt sich weitgehend mit dem Begriff des professionellen Kunden."
82 S. hierzu im Einzelnen *Fuchs*, in: Fuchs, § 31a Rn. 46 ff.

4. Herabstufung und Heraufstufung von Kunden (§ 33a Abs. 5–7 WpHG)

a) Grundsatz

Verschiedene Varianten der **Herabstufung** („Opt-Out") und **Heraufstufung** („Opt-In") von Kunden sowie die hierzu erforderlichen Voraussetzungen und Vorgehensweisen sind im § 31a Abs. 5–7 WpHG geregelt. Konkretisierende Regelungen finden sich in § 2. 66

Der Weg der **einheitlichen Kategorisierung** als Privatkunden ist in der Vergangenheit vor allem von mittleren und kleinen Wertpapierdienstleistungsunternehmen, insbesondere unter ökonomischen Aspekten, häufig gegangen worden. So werden etwa komplizierte Abgrenzungsfragen und ein u.U. erheblicher Verwaltungsaufwand vermieden. Auch dem Risiko von Irrtümern und Auseinandersetzungen kann auf diese Weise aus dem Weg gegangen werden.[83] Zudem kann eine derartige Vorgehensweise marketingmäßig genutzt werden.[84] 67

b) „Umgehungsmöglichkeit" Umstufung

Im Zusammenhang mit der Einführung des Beratungsprotokolls wurden allerdings verstärkt Überlegungen angestellt, zu Differenzierungen zu kommen und **Privatkunden hochzustufen**, um Protokollpflichten zu vermeiden. Das ist – bei Vorliegen der erforderlichen Voraussetzungen – aufsichtsrechtlich nicht zu beanstanden. Allerdings sollten auch die möglichen negativen Konsequenzen in die Entscheidungsfindung mit einbezogen werden. 68

5. Organisatorische Vorkehrungen

Nach § 2 Abs. 1 müssen Wertpapierdienstleistungsunternehmen die notwendigen **organisatorischen Vorkehrungen** treffen, um Kunden nach § 31a WpHG einstufen zu können. Auch die Überprüfung der Einstufung professioneller Kunden soll so ermöglicht werden. Allerdings muss diese Überprüfung nur aus begründetem Anlass und nicht regelmäßig erfolgen.[85] Zu den organisatorischen Vorkehrungen gehören insbesondere die Aufstellung von Grundsätzen, die Einrichtung von Verfahren sowie das Ergreifen von Maßnahmen. 69

6. Freiwillige Protokollerstellung auch bei professionellen Kunden

Auch wenn die Verpflichtung von Wertpapierdienstleistungsunternehmen zur Erstellung des Beratungsprotokolls nur für die Beratung von Privatkunden vorgegeben ist, schließt das die Protokollierung von Beratungsgesprächen mit **professionellen Kunden** nicht aus. Geht dieser 70

---

83 *Fuchs*, in: Fuchs, § 31a Rn. 54.
84 *Balzer/Lang*, Kundenkategorisierung und allgemeine Informationspflichten, BankPraktiker Beilage 01/2007, 10, 12.
85 *Fuchs*, in: Fuchs, § 31a Rn. 44.

Wunsch von dem professionellen Kunden aus, muss er ihn dem beratenden Institut vor dem Beratungsgespräch **mitteilen**, damit es sich hierauf rechtzeitig einstellen kann.[86]

V. Sonderfall Vertreter

71 Bei der Beteiligung von gesetzlichen oder rechtsgeschäftlichen Vertretern sind mehrere Fallgestaltungen zu unterscheiden.[87] Sind Vertreter und Vertretener Privatkunden, ist ein Protokoll zu erstellen. Ist nur der **Vertretene Privatkunde**, spricht vieles dafür, auf die Erstellung eines Protokolls zu verzichten, da es auf den konkreten Gesprächspartner ankommt.[88]

VI. Keine Voraussetzung: Geschäftsabschluss

72 Das Protokoll ist nach BT 6.1 Abs. 3 MaComp auch dann zu erstellen, wenn es nach einer Beratung **nicht zu einem Geschäftsabschluss** kommt. Auch die Frage, ob der Beratene Kunde des Wertpapierdienstleistungsunternehmens ist, spielt hier keine Rolle. Diese Thematik war durch das Auftreten verschiedener Fälle, in denen Wertpapierdienstleistungsunternehmen bei Anlageberatungen i.S.d. § 2 Abs. 3 Satz 1 Nr. 9 WpHG gegenüber **Interessenten** keine Ausfertigung des Beratungsprotokolls zur Verfügung gestellt haben, in den Fokus des öffentlichen Interesses gerückt. Die BaFin hatte das Thema und die sich hier ergebenden Fragen in einem Schreiben aufgegriffen.[89] Interessenten sind hierbei Privatkunden, die vor der Erbringung der Anlageberatung noch keine Geschäftsverbindung zu den beratenden Wertpapierdienstleistungsunternehmen unterhalten haben und im Anschluss an die Anlageberatung kein auf der Beratung beruhendes Geschäft abschließen.

73 Das Erfordernis einer Protokollerstellung ohne Geschäftsabschluss kann dazu führen, dass eine Anlageberatung bei einem Wertpapierdienstleistungsunternehmen in Anspruch genommen wird, der Abschluss aber **nicht dort** erfolgt. Diese Gefahr bestand allerdings bereits vor der Einführung des Anlageberatungsprotokolls.[90]

VII. Keine Voraussetzung: Einholung der Kundenangaben

74 Die Frage der Pflicht zur Erstellung eines Beratungsprotokolls ist von der Frage, ob eine Empfehlung ausgesprochen werden durfte, zu unterscheiden. Werden etwa die nach § 31 Abs. 4 Satz 1 oder Abs. 5 Satz 1 erforderlichen **Kundenangaben nicht eingeholt** und dennoch ein konkretes

---

86 *Pfeifer*, BKR 2009, 485, 488.
87 S. ausführlich Schäfer, in: Festschrift Hopt, Bd. 1, S. 2427, 2435 f.
88 *F. Schäfer*, in: Festschrift Hopt, Bd. 1, S. 2427, 2435 f.
89 Schreiben der Bundesanstalt für Finanzdienstleistungsaufsicht zur Anlageberatung gegenüber Interessenten vom 01. November 2010.
90 Vgl. hierzu *Böhm*, BKR 2009, 221, 223.

Finanzinstrument empfohlen, ist ein Beratungsprotokoll zu erstellen.[91] Maßstab für die inhaltliche Bewertung der Empfehlung ist die **Geeignetheit** gem. § 31 Abs. 5 WpHG.

F. Schriftliches Protokoll

Zu erstellen ist ein **schriftliches** Protokoll. Was unter Schriftlichkeit zu verstehen ist, wird weder in Gesetz oder Verordnung noch in den Materialien erläutert. Ein Teil der Literatur befürwortet hier eine direkte Anwendung des § 126 BGB.[92] Dagegen spricht zunächst die Qualifizierung des § 34 Abs. 2a WpHG als öffentlich-rechtliche Norm.[93] Zudem sind bei § 126 BGB Willenserklärungen und rechtsgeschäftliche Handlungen die Bezugspunkte.[94] Die BaFin hat einer Gleichsetzung des Schriftlichkeitserfordernisses mit der in § 126 BGB geregelten Schriftform durch BT 6.2 Tz. 7 Satz 2 MaComp mittelbar eine Absage erteilt. Danach ist nämlich eine faksimilierte Unterschrift, die gerade keine eigenhändige Unterschrift – wie von § 126 BGB gefordert – darstellt, ausreichend. Die Zulässigkeit der Faksimile-Unterzeichnung steht zudem im Einklang mit dem Ziel des Gesetzgebers. Die Verbesserung der Durchsetzbarkeit von Schadenersatzansprüchen und die damit verbundene Beweisfunktion des Protokolls erfordern keine eigenhändige Unterschrift.[95]

75

Entscheidet sich ein Wertpapierdienstleistungsunternehmen dazu, das gesamte Anlageberatungsgespräch (mit den Inhalten, die in einem schriftlichen Protokoll aufzunehmen wären) **technisch aufzuzeichnen**, entspricht dies mangels Vorliegens von Schriftzeichen nicht den gesetzlichen Anforderungen.[96] Auch wenn mit einer derartigen **Sprachaufzeichnung** die mit dem Beratungsprotokoll verfolgten Ziele erreicht oder vielleicht sogar besser erreicht werden können, steht der eindeutige Wortlaut der Regelung einer solchen Lösung entgegen. Ebenso wenig kann ein inhaltsleeres Protokoll erstellt werden, das auf eine Sprachaufzeichnung verweist. Hier besteht insbesondere kein Widerspruch zu den grundsätzlich möglichen Verweisoptionen (s. hierzu unten I.).

76

G. Generelle Anforderungen an den Inhalt des Beratungsprotokolls

I. Mindestinhalt

Die in § 34 Abs. 2a WpHG statuierten Anforderungen an das Beratungsprotokoll sind zwingend („hat zu enthalten") und unterliegen damit nicht der Disposition der Wertpapierdienstleistungsunternehmen.

77

---

91 S. auch *Koller*, in: Festschrift Uwe H. Schneider, S. 651, 652.
92 So etwa *Fett*, in: Schwark/Zimmer, § 34 WpHG Rn. 7.
93 *F. Schäfer*, in: Festschrift Hopt, Bd. 1, S. 2427, 3436.
94 *Koller*, in: Festschrift Uwe H. Schneider, S. 651, 661.
95 *F. Schäfer*, in: Festschrift Hopt, Bd. 1, S. 2427, 3436.
96 *Koller*, in: Festschrift Uwe H. Schneider, S. 651, 661.

78 § 14 Abs. 6 legt im Hinblick auf den Inhalt des Beratungsprotokolls nur einen **Mindestinhalt** fest. Die Wertpapierdienstleistungsunternehmen können deshalb hierüber hinausgehen. So ist die Thematik des Erhalts von **Zuwendungen** i.S.d. § 31d WpHG häufig Gegenstand des Beratungsprotokolls.[97] Sofern von den Instituten derartige freiwillige Inhalte in das Protokoll aufgenommen werden, stellt dies einen Mehraufwand dar, den der Gesetzgeber nicht vorgegeben hat.[98]

II. Vollständige Angaben

79 Nach § 14 Abs. 6 Satz 1 hat das Protokoll **vollständige** Angaben im Hinblick auf die verlangten Inhalte zu enthalten. Die Erfüllung dieser Anforderung ist auch „praktisch" möglich, zumal unter bestimmten Voraussetzungen Verweise auf Unterlagen, die bei der Anlageberatung herangezogen wurden, zulässig sind, sofern diese Unterlagen mit ausgehändigt werden.[99]

80 **Konsequenzen** entfaltet ein unvollständiges Protokoll bei der telefonischen Anlageberatung nach § 34 Abs. 2a Satz 4 WpHG. Dort eröffnet es nämlich die Möglichkeit eines Rückstritts innerhalb einer Woche (s.u. O.III.).

81 Ein unvollständiges Protokoll ist zudem im Hinblick auf die **bußgeldrechtliche Ahndung** von Relevanz (s.u. U.).

82 Zu Recht wird darauf hingewiesen, dass der Begriff der **Vollständigkeit** in allen betroffenen Normen **einheitlich ausgelegt** werden sollte. Alles andere wäre der Rechtsklarheit und -sicherheit abträglich.[100]

III. Klare Angaben

83 Die Angaben müssen zudem **klar** sein. Das wird zwar nicht explizit gefordert, ergibt sich aber aus dem Sinn und Zweck des Beratungsprotokolls. In der Vergangenheit wurde insbesondere die Verwendung von Fachwörtern kritisiert.[101] Im Zweifel muss der Anleger hier bei dem Anlageberater nachfragen. Entscheidend ist hierbei der Empfängerhorizont des beratenen Kunden.

IV. Kein Wortprotokoll

84 Der Gesetz- und Verordnungsgeber verlangt zudem **kein Wortprotokoll**. Das wird zwar nicht ausdrücklich gesagt, ergibt sich aber aus Historie, Schutzzweck und Wortwahl.[102] Andererseits würde ein reines Ergebnis-

---

97 S. auch *Böhm*, BKR 2009, 221, 224.
98 Interview mit *Caspari*, BaFinJournal 2013, Heft 11 (November), 12, 13.
99 A.A. *Böhm*, BKR 2009, 221, 223.
100 *Teuber*, in: Krimphove/Kruse, BT 6 Rn. 69.
101 Finanztest 4/2010, 27.
102 Zur Thematik s. auch *Koller*, in: Assmann/Schneider, § 34 Rn. 23.

protokoll dem Sinn und Zweck, das Beratungsgespräch nachvollziehen zu können, nicht gerecht werden. Erforderlich ist letztendlich, wenn man diese Kategorie bemühen will, die Erstellung eines ausdifferenzierten **Verlaufsprotokolls** des Anlageberatungsgesprächs.

H. Form der Aufzeichnung

I. Technische Lösungen

Überwiegend werden in der Praxis technische, **EDV-gestützte** Lösungen eingesetzt. Allerdings finden sich – etwa bei Beratungsgesprächen in den Privat- oder Geschäftsräumen von Kunden – auch mit Hand geschriebene Protokolle.

85

II. Standardisierung

Ein Wertpapierdienstleistungsunternehmen kann zwar grundsätzlich **standardisierte Protokollvordrucke** bzw. Textbausteine bei der Protokollierung verwenden. Standardisierung hat allerdings auch ihre Grenzen.[103] Hier besteht letztlich ein Spannungsfeld zwischen Standardisierung und Individualität. Ein Beratungsprozess, der „einerseits einen internen Standard für Qualität und Haftungssicherheit" schaffen soll, muss gleichzeitig „die Einzigartigkeit einer Beratungssituation unterstützen".[104] Insbesondere von Verbraucherseite werden zumindest einige Inhalte derartiger Protokollvorlagen wegen der **Gefahr standardmäßiger Setzung** von „Kreuzchen" kritisch gesehen.[105]

86

III. Freitextfelder

Deshalb sind standardisierte Protokollvordrucke nur dann zulässig, wenn individuellen Besonderheiten durch das Befüllen von **Freitextfeldern** Rechnung getragen werden kann. Formaljuristisch ergibt sich dies aus einem Gegenschluss zu verschiedenen Vorgaben des BT 6.2 MaComp, die die Einrichtung von Freitextfeldern explizit verlangen.[106] Unabhängig davon gibt es Inhalte, die einer „Textbausteinlösung der Protokollerstellung Grenzen setzen".[107] Mittlerweile finden sich in den meisten Wertpapierdienstleistungsunternehmen standardisierte Protokolllösungen, die auch Freitextfelder enthalten. In fast allen genossenschaftlich organisierten Volks- und Raiffeisenbanken sowie den Sparkassen werden zudem

87

---

103 Siehe Äußerung *Birnbaum*, Sparkasse 9/2010, 11.
104 *Dlugosch*, die bank 10/2011, 70.
105 Verbraucherzentrale Nordrhein-Westfalen, bank und markt 2010, 9.
106 So auch *Teuber*, in: Krimphove/Kruse, BT 6 Rn. 75.
107 *F. Schäfer*, in: Festschrift Hopt, Bd. 1, S. 2427, 2438, zur nach § 14 Abs. 6 Satz 1 geforderten Dokumentation der wesentlichen Gründe der Empfehlung (s. hierzu ausführlich unten N.).

von den jeweiligen Verbänden entwickelte einheitliche Protokollvordrucke eingesetzt.[108]

IV. Stichworte

88 Die Protokolle müssen **nicht in Fließtext** ausgefüllt werden. Grundsätzlich ausreichend sind Stichworte, soweit der Inhalt aus sich heraus verständlich ist.[109]

I. Bezugnahme auf weitere Unterlagen (BT 6.2 Tz. 4 MaComp)

89 Um den Aufwand bei der Erstellung von Beratungsprotokollen zu reduzieren, bestehen Verweismöglichkeiten für die Institute.[110] So darf das Wertpapierdienstleistungsunternehmen in dem Beratungsprotokoll gem. BT 6.2 Tz. 4 Satz 1 MaComp auf zu einem früheren Zeitpunkt erstellte Unterlagen wie beispielsweise Aufzeichnungen von Informationen über die persönliche Situation des Kunden, einschließlich der nach § 31 Abs. 4 Satz 1 WpHG einzuholenden Informationen, unter bestimmten Voraussetzungen **Bezug** nehmen. Grundsätzlich zulässig sind auch Verweise auf dem Protokoll beiliegende Präsentationen, in denen die Hintergründe der Empfehlung ausführlich erläutert werden. Darüber hinausgehende Erläuterungen oder Begründungen sind dann allerdings in das (eigentliche) Beratungsprotokoll aufzunehmen.

90 Das Protokoll muss – einschließlich der Unterlagen, auf die verwiesen wird – für den Kunden verständlich sein. Verweisungen finden deshalb vom Sinn und Zweck der Verweisungsoption her da ihre **Grenze**, wo der Inhalt des Protokolls aufgrund der Vielzahl von Verweisen für den Kunden nicht mehr zu überblicken ist. Konsequenterweise ist deshalb ein Protokoll, das nur Verweise enthält, nicht zulässig.

91 Aus der Bezugnahme muss nach BT 6.2 Tz. 4 Satz 2 MaComp auch für einen **Dritten ersichtlich** sein, um welche zu einem früheren Zeitpunkt gefertigte Aufzeichnung es sich handelt; hierzu müssen die genaue Bezeichnung sowie das Erstellungsdatum der Unterlagen im Protokoll angegeben sein. Weiterhin – so BT 6.2 Tz. 4 Satz 3 MaComp – müssen die in Bezug genommenen Unterlagen dem Kunden auf einem **dauerhaften Datenträger** zur Verfügung gestellt worden sein und das Wertpapierdienstleistungsunternehmen die in Bezug genommene frühere Aufzeichnung solange aufbewahren, wie das Beratungsprotokoll aufzubewahren ist (zur Aufbewahrungsfrist von Beratungsprotokollen s. unten W.). Aber auch im Falle einer Bezugnahme auf zu einem früheren Zeitpunkt erstellte Unter-

---

108 Für den Bereich der Volks- und Raiffeisenbanken s. *Claßen/Müller*, BI 2009, 6, 7 f.
109 *Koller*, in: Assmann/Schneider, § 34 Rn. 23 m.w.N.
110 Interview mit *Caspari*, BaFinJournal 2013 Heft 11 (November), 12, 13.

lagen muss der Protokollvordruck gem. BT 6.2 Tz. 4 Satz 4 MaComp die **Dokumentation ergänzender Angaben** des Kunden über seine persönliche Situation sowie seiner wesentlichen Anliegen und deren Gewichtung ermöglichen.

J. Anlass der Anlageberatung (§ 14 Abs. 6 Nr. 1, BT 6.2 Tz. 1 MaComp)

I. Einführung, Begriff

Zu dem vorgeschriebenen Inhalt eines Beratungsprotokolls gehören nach § 14 Abs. 6 Nr. 1 Angaben zum **Anlass der Anlageberatung**. Auch diese Anforderung ist vor dem Hintergrund der Entstehungsgeschichte zu sehen.[111] Der Anlass der Anlageberatung ist begrifflich von den **Anlagezielen** zu trennen, die unter Nr. 3 zu erfassen sind.[112] 92

Anlageberatung ist hierbei nicht nur als „Empfehlung" zu verstehen, sondern umfasst den „**gesamten Vorgang** der Anlageberatung", der zu einer Empfehlung eines bestimmten Finanzinstruments führt.[113] 93

II. Gesprächsinitiative (BT 6.2 Tz. 1 Satz 1, 2 MaComp)

Die Angaben zum Gesprächsanlass müssen nach BT 6.2 Tz. 1 Satz 1 MaComp Aufschluss darüber geben, auf wessen **Initiative** das Gespräch geführt worden ist. Daher ist gem. BT 6.2 Tz. 1 Satz 2 MaComp gesondert aufzuzeichnen, ob die Initiative vom Wertpapierdienstleistungsunternehmen oder vom Kunden ausgegangen ist.[114] 94

III. Vertriebsmaßnahmen (BT 6.2 Tz. 1 Satz 3–5 MaComp)

Zum anderen muss aus den Angaben über den Gesprächsanlass – das verlangt BT 6.2 Tz. 1 Satz 3 MaComp – ersichtlich sein, ob das Wertpapierdienstleistungsunternehmen seinen Mitarbeitern vorgegeben hat, Kunden auf bestimmte Finanzinstrumente anzusprechen. Gemeint sind hiermit – so BT 6.2 Tz. 1 Satz 4 MaComp – **Vertriebsmaßnahmen**, die den Absatz bestimmter Finanzinstrumente oder bestimmter Arten von Finanzinstrumenten zu fördern beabsichtigen. Zur Dokumentation von zentralen Vertriebsmaßnahmen soll – das gibt BT 6.2 Tz. 1 Satz 5 MaComp vor 95

---

111 S. auch *Teuber*, in: Krimphove/Kruse, BT 6 Rn. 70, für den die Vorgaben zum Pflichtinhalt des Beratungsprotokolls ... „Misstrauen von Gesetzgeber und Aufsichtsbehörde gegenüber der Integrität der Wertpapierdienstleistungsunternehmen erkennen" lassen. „Das wird besonders augenfällig bei der Forderung, den Anlass der Anlageberatung in das Beratungsprotokoll aufzunehmen."
112 Anders wohl *Teuber*, in: Krimphove/Kruse, BT 6 Rn. 70.
113 *Koller*, in: Assmann/Schneider, § 34 Rn. 12.
114 Die Forderung befindet sich bereits in den Materialien, vgl. BR-Drs. 180/09, S. 43.

– ein entsprechender vorformulierter Gesprächsanlass in den Protokollvordruck aufgenommen werden.

96 Aus dieser Regelung kann zudem der Schluss gezogen werden, dass derartige **Vertriebsmaßnahmen grundsätzlich zulässig** sind, sofern diesbezügliche Transparenz hergestellt wird.[115] Entscheidend ist, dass ein gewisses Maß im Hinblick auf die Vertriebsmaßnahmen – das nur im jeweiligen Einzelfall bestimmt werden kann – nicht überschritten wird. Maßstab hierfür ist das Kundeninteresse, das nicht beeinträchtigt werden darf.

IV. Persönliche Situation des Kunden (BT 6.2 Satz 6 Alt. 1 MaComp)

97 Die Angaben über den Anlass der Anlageberatung müssen gem. BT 6.2 Satz 6 Alt. 1 MaComp außerdem Aufschluss darüber geben, ob der Kunde in einer **besonderen persönlichen Situation** um Beratung nachsucht und dieses seinem Berater entsprechend mitteilt. Hierzu gehören etwa der Eintritt ins Berufsleben, Arbeitslosigkeit, eine Eheschließung, erwarteter Nachwuchs oder eine Scheidung.

V. Informationen von dritter Seite (BT 6.2 Satz 6 Alt. 2 MaComp)

98 Darüber hinaus ist es erforderlich, dass die Angaben über den Anlass der Anlageberatung gem. BT 6.2 Satz 6 Alt. 2 MaComp Aufschluss darüber geben, ob der Kunde auf Informationen hin, die er **von dritter Seite** erhalten hat, um Beratung nachsucht und dieses seinem Berater entsprechend mitteilt. Hierbei ist beispielsweise an Informationen aus der Presse oder Werbungen zu denken. Aber auch „Tipps" aus dem Umfeld des Kunden fallen hierunter.

K. Dauer des Beratungsgesprächs (§ 14 Abs. 6 Satz 1 Nr. 2)

99 § 14 Abs. 6 Satz 1 Nr. 2 verlangt vollständige Angaben zur **Dauer des Beratungsgesprächs** im Protokoll. Die Dauer lässt Rückschlüsse auf die Qualität sowie die Plausibilität der inhaltlichen Angaben zum Gesprächsverlauf der Beratung zu.[116] Insbesondere bei einer sehr kurzen Beratungsdauer kann sich nämlich die Frage nach der Qualität einer Anlageberatung stellen.

100 Hier kann allerdings mit **Zeitgruppen** gearbeitet werden. Eine minutengenaue Angabe ist nicht erforderlich. In der Praxis finden sich etwa Zeit-

---

115 S. auch *Teuber*, in: Krimphove/Kruse, BT 6 Rn. 71.
116 WpDVerOV-Begr., BT-Drs. 16/12814, S. 28.

intervalle von > 5 Minuten, > 15 Minuten, > 45 Minuten, > 60 Minuten, > 90 Minuten.

L. Der Beratung zugrunde liegende Informationen (§ 14 Abs. 6 Satz 1 Nr. 3, BT 6.2 Tz. 2 MaComp)

I. Einführung; Sinn und Zweck

Zum notwendigen Inhalt des Protokolls gehören gem. § 14 Abs. 6 Satz 1 Nr. 3, BT 6.2 Tz. 2 MaComp vollständige Angaben über die der Beratung zugrunde liegenden **Informationen**. Diese Informationen sind unerlässlich, um die Ordnungsmäßigkeit der Beratung überprüfen zu können. Dies wiederum ist für die **Eignung** des Protokolls als Beweismittel von Bedeutung.[117]

101

II. Informationen über die persönliche Situation des Kunden

Hierunter fallen – so die generelle Aussage in § 14 Abs. 6 Satz 1 Nr. 3 – Informationen über die **persönliche Situation** des Kunden. Insbesondere mit diesen Angaben wird der „Individualität" des Beratungsgesprächs Rechnung getragen.[118]

102

BT 6.2 Tz. 2 Satz 2 MaComp konkretisiert dies dahin gehend, dass diese Angaben für die Anlageberatung **relevant** sein müssen. Hierzu gehören die bereits vorstehend genannten Angaben wie Eintritt ins Berufsleben, Arbeitslosigkeit, eine Eheschließung, (erwarteter) Nachwuchs, die Ausbildung der Kinder oder eine Scheidung.

103

Nicht relevant im Sinne der Vorschrift dürften etwa Ereignisse sein, die keine finanziellen Auswirkungen mit sich bringen.

104

III. Informationen nach § 31 Abs. 4 WpHG

1. Einführung

Die Angaben über die der Beratung zugrunde liegenden Informationen betreffend die persönliche Situation des Kunden beinhalten die nach **§ 31 Abs. 4 Satz 1 WpHG** einzuholenden Kundenangaben.[119]

105

2. Finanzielle Verhältnisse

Hierzu gehören gem. BT 6.2 Tz. 2 Satz 1 1. Alt. MaComp zum einen Informationen über die **finanziellen Verhältnisse** des Kunden. Dabei handelt es sich i.d.R. um den sensibelsten Bereich bei der Einholung der Kun-

106

---

117 WpDVerOV-Begr., BT-Drs. 16/12814, S. 28.
118 S. auch *Teuber*, in: Krimphove/Kruse, BT 6 Rn. 75.
119 S. auch *Teuber*, in: Krimphove/Kruse, BT 6 Rn. 73.

denangaben.[120] Die Angaben müssen **nicht** centgenau, sondern können in aussagekräftigen Gruppen vorgenommen werden.[121]

3. Kenntnisse und Erfahrungen

107 Außerdem fallen Informationen über die **Kenntnisse und Erfahrungen** des Kunden in Bezug auf Geschäfte mit bestimmten Arten von Finanzinstrumenten oder Wertpapierdienstleistungen hierunter.

IV. Sichtbares Freitextfeld

108 Um eine entsprechende Aufzeichnung zu gewährleisten, muss das Wertpapierdienstleistungsunternehmen – das verlangt BT 6.2 Tz. 2 Satz 3 MaComp – in seinem Protokollvordruck ein entsprechendes **Freitextfeld** zur Aufzeichnung solcher Angaben vorsehen. Damit der Kunde überprüfen kann, ob das Beratungsprotokoll vollständige Angaben über seine persönliche Situation enthält, muss dieses Freitextfeld gem. BT 6.2 Tz. 2 Satz 4 MaComp auch in der dem Kunden zur Verfügung gestellten Fassung **sichtbar** sein. Aus der Kennzeichnung dieses Freitextfeldes muss gem. BT 6.2 Tz. 2 Satz 5 MaComp für den Kunden erkennbar sein, dass in diesem Freitextfeld **weitere Angaben** zu seiner persönlichen Situation aufgezeichnet werden können.

V. Informationen über Gegenstand der Anlageberatung (§ 14 Abs. 6 Satz 1 Nr. 3, BT 6.2 Tz. 5 MaComp)

1. Einführung; Sinn und Zweck

109 Ebenso muss das Beratungsprotokoll gem. § 14 Abs. 6 Satz 1 Nr. 3, BT 6.2 Tz. 2 MaComp vollständige Angaben über die Finanzinstrumente und Wertpapierdienstleistungen, die **Gegenstand der Anlageberatung** sind, enthalten. Auch diese Informationen sind unerlässlich, um die **Ordnungsmäßigkeit** der Beratung überprüfen zu können, was auch hier für die Eignung des Protokolls als Beweismittel von Bedeutung ist.[122]

2. Finanzinstrumente

110 Die Anforderung bezieht sich zum einen auf die **Finanzinstrumente,** die Gegenstand der Anlageberatung sind. Der Begriff der Finanzinstrumente wird in § 2b Abs. 2 WpHG definiert.

---

120 S. auch *Teuber*, in: Krimphove/Kruse, BT 6 Rn. 73.
121 S. auch *Teuber*, in: Krimphove/Kruse, BT 6 Rn. 73: „Zusammenfassung oder Kategorisierung".
122 WpDVerOV-Begr., BT-Drs. 16/12814, S. 28.

3. Wertpapierdienstleistungen

Zudem betrifft sie die **Wertpapierdienstleistungen,** die Gegenstand der 111
Anlageberatung sind. Als Angaben über die Finanzinstrumente und
Wertpapierdienstleistungen, die Gegenstand der Anlageberatung sind,
ist nach BT 6.2 Tz. 5 Satz 1 MaComp auch die Vorstellung verschiedener
Wertpapierdienstleistungen aufzuzeichnen. Empfiehlt der Anlageberater
– so BT 6.2 Tz. 5 Satz 2 MaComp – beispielsweise nicht nur den Kauf, den
Verkauf oder das Halten konkreter Finanzinstrumente, sondern stellt er
im Rahmen der Anlageberatung auch die Finanzportfolioverwaltung vor,
ist dies entsprechend in das Protokoll aufzunehmen.

M. Vom Kunden im Zusammenhang mit der Anlageberatung geäußerte wesentliche Anliegen und deren Gewichtung
(§ 14 Abs. 6 Satz 1 Nr. 4 , BT 6.2 Tz. 3 MaComp)

I. Einführung; Sinn und Zweck

Pflichtinhalt des Protokolls sind zudem gem. Satz 1 Nr. 4 vollständige An- 112
gaben über die vom Kunden im Zusammenhang mit der Anlageberatung
geäußerten **wesentlichen Anliegen** und deren **Gewichtung.** Insbesondere bei mehreren und sich möglicherweise widersprechenden Anlagezielen kommt diesen Angaben im Beratungsprotokoll eine besondere Bedeutung zu.

II. Wesentliche Anliegen

1. Anlageziele

Wesentlich ist ein Anliegen dann, wenn es für den Kunden einen beson- 113
ders hohen Stellenwert besitzt.

Die Angaben über die vom Kunden im Zusammenhang mit der Anlage- 114
beratung geäußerten wesentlichen Anliegen und deren Gewichtung umfassen nach BT 6.2 Tz. 3 Satz 1 MaComp die nach § 31 Abs. 4 Satz 1
WpHG einzuholenden Informationen über die **Anlageziele** des Kunden
(s. hierzu die Kommentierung zu § 4).

2. Weitere individuelle Angaben

Das Wertpapierdienstleistungsunternehmen muss aber auch – das regelt 115
BT 6.2 Tz. 3 Satz 2 MaComp – ergänzende **weitere individuelle Angaben** des Kunden zu seinen wesentlichen Anliegen und deren Gewichtung aufzeichnen.

3. „Geäußerte" Anliegen

Die Anliegen müssen von dem Beratungskunden gegenüber dem Anla- 116
geberater **geäußert** worden sein. Mit anderen Worten wird auch der Kunde hier gefordert, sich aktiv in das Gespräch einzubringen.

117 Strittig ist, ob dies eine **Fragepflicht** des Wertpapierdienstleistungsunternehmens erfordert oder nicht.[123] Unabhängig von der juristischen Frage dürfte ein Wertpapierdienstleistungsunternehmen, das eine umfassende Beratung im Interesse des Kunden führt, auf derartige Informationen allerdings kaum verzichten können.

III. Gewichtung der Anliegen

118 Liegen mehrere Anlageziele vor oder sind die verschiedenen vom Kunden genannten Anliegen möglicherweise **widerstreitend**, ist nach BT 6.2 Tz. 3 Satz 3 MaComp im Protokoll darzustellen, wie die Kundenanliegen gewichtet werden. Einer der klassischen Zielkonflikte bei von Kunden geäußerten Anlagezielen, den Satz 3 als Beispiel anführt, betrifft das Verhältnis einer möglichst hohen Rendite zur Sicherheit einer Anlage.[124] In diesem Fall muss sich aus dem Beratungsprotokoll ergeben, welches Ziel **vorrangig** sein soll. Auch muss aufgezeichnet werden, inwieweit der Kunde diesbezüglich von seinem Berater geleitet wurde.[125]

119 Auch hier gilt, dass der Kunde sich zu der Gewichtung der unterschiedlichen Anliegen **geäußert** haben muss.

IV. Änderung von Anliegen und/oder Gewichtung

120 Aufzeichnungen über die Angaben des Kunden zu seinen Anliegen und deren Gewichtung müssen ferner – so BT 6.2 Tz. 3 Satz 4 MaComp – Rückschluss darauf geben, ob der Kunde im Verlauf der Anlageberatung seine Anliegen und deren Gewichtung **geändert** hat.

121 Das ist beispielsweise nach BT 6.2 Tz. 3 Satz 5 MaComp der Fall, wenn der Kunde zunächst eine bestimmte Anlage oder Anlagen einer bestimmten Risikoklasse im Blick hatte, sich dann aber für eine andere Anlage oder eine Anlage einer anderen Risikoklasse entschieden hat und dies zugleich eine **Änderung der Kundenanliegen** darstellt.

V. Sichtbares Freitextfeld

122 Um eine entsprechende Aufzeichnung zu gewährleisten, muss auch hier das Wertpapierdienstleistungsunternehmen gem. BT 6.2 Tz. 3 Satz 6 MaComp in seinem Protokollvordruck ein entsprechendes **Freitextfeld** zur Aufzeichnung solcher Angaben vorsehen. Damit der Kunde überprüfen kann, ob das Beratungsprotokoll vollständige Angaben über seine im Zusammenhang mit der Anlageberatung geäußerten wesentlichen Anliegen und deren Gewichtung enthält, muss dieses Freitextfeld – das bestimmt BT 6.2 Tz. 3 Satz 7 MaComp – auch im Falle einer EDV-gestützten Erstellung für den Kunden **sichtbar** sein. Aus der Kennzeichnung dieses Frei-

---

123 Verneinend *Teuber*, in: Krimphove/Kruse, BT 6 Rn. 77.
124 S. auch *Mosch*, Sparkasse 9/2010, 10, 11.
125 WpDVerOV-Begr., BT-Drs. 16/12814, S. 28.

textfeldes muss nach BT 6.2 Tz. 3 Satz 8 für den Kunden erkennbar sein, dass in diesem Freitextfeld **weitere Angaben** zu seinen Anliegen und deren Gewichtung aufgezeichnet werden können.

Zur Dokumentation ergänzender Angaben des Kunden über seine persönliche Situation sowie seine wesentlichen Anliegen und deren Gewichtung kann nach BT 6.2 Tz. 3 Satz 9 MaComp auch ein **einziges**, entsprechend überschriebenes Freitextfeld verwendet werden.

N. Im Verlauf des Beratungsgesprächs erteilte Empfehlungen und die für diese Empfehlungen genannten wesentlichen Gründe und deren Gewichtung (§ 14 Abs. 6 Satz 1 Nr. 5, BT 6.2 Tz. 6 MaComp)

I. Einführung

Als letzten explizit genannten Protokollbestandteil benennt § 14 Abs. 6 Satz 1 Nr. 5 die im Verlauf des Beratungsgesprächs erteilten Empfehlungen und die für diese Empfehlungen genannten **wesentlichen Gründe**.

II. Erteilte Empfehlungen

Zu dokumentieren sind alle in dem Beratungsgespräch erteilten **Empfehlungen**. Auch Empfehlungen, die **nicht weiter verfolgt** werden, müssen protokolliert werden.[126] Nur so kann der Verlauf des Beratungsgesprächs nachvollzogen werden.

III. Wesentliche Gründe

1. Begriff, Beispiele

Die Protokollierungspflicht nach § 14 Abs. 6 Satz 1 Nr. 5 verlangt zudem die Dokumentation der für die Empfehlung **wesentlichen Gründe**. Dabei handelt es nach BT 6.2 Tz. 6 Satz 2 MaComp um die vom Berater vorgebrachten **wesentlichen Argumente**, mit denen er den Kunden von seiner Empfehlung zu überzeugen beabsichtigt. Als Beispiele führt die MaComp-Konkretisierung den Verweis auf die vergangene Wertentwicklung, die besondere Expertise des Fondsmanagements, eine besondere steuerliche Gestaltung oder die Sicherheit der empfohlenen Anlage an.

2. (Tatsächlich) genannt

Die Gründe müssen durch das Wertpapierdienstleistungsunternehmen **genannt** worden sein. Die in BT 6.2 Tz. 6 Satz 1 MaComp verwendete

---

126 WpDVerOV-Begr., BT-Drs. 16/12814, S. 28.

Formulierung *tatsächlich* genannt dürfte inhaltlich keine Auswirkungen haben.

3. (Theoretisch) keine Verpflichtung

128 Eine Empfehlung **muss allerdings nicht begründet** werden, wenngleich dies in einem Anlageberatungsgespräch üblich sein dürfte.[127]

IV. Sichtbares Freitextfeld

129 Um die Aufzeichnung der wesentlichen Gründe der Empfehlung zu gewährleisten, muss das Wertpapierdienstleistungsunternehmen gem. BT 6.2 Tz. 6 Satz 3 MaComp in seinem Protokollvordruck ein entsprechendes **Freitextfeld** zur Aufzeichnung solcher Angaben vorsehen. Damit der Kunde überprüfen kann, dass das Beratungsprotokoll vollständige Angaben über die vom Berater tatsächlich genannten Gründe für die erteilten Empfehlungen enthält, muss dieses Freitextfeld – das bestimmt BT 6.2 Tz. 6 Satz 4 MaComp – auch im Falle einer EDV-gestützten Erstellung für den **Kunden sichtbar** sein. Aus der **Überschrift** dieses Freitextfeldes muss gem. BT 6.2 Tz. 6 Satz 5 MaComp für den Kunden erkennbar sein, dass in diesem Freitextfeld die vom Berater tatsächlich genannten Gründe für die erteilten Empfehlungen aufgezeichnet werden müssen.

O. Geschäftsabschluss vor Erhalt des Protokolls/Hinweis auf Rücktrittsrecht (§ 14 Abs. 6 Satz 2)

I. Einführung

130 § 14 Abs. 6 Satz 2 konkretisiert § 34 Abs. 2a Satz 4 WpHG, der Anforderungen im Zusammenhang mit dem Einsatz **elektronischer Kommunikationsmittel** enthält. In diesen Fällen gelten u.a. hinsichtlich des Zeitpunktes des Geschäftsabschlusses besondere Regeln. Gegenüber der „Grundregel" des § 34 Abs. 2a Satz 2 2. Halbs., die den Instituten vorgibt, dem Kunden eine Ausfertigung des Protokolls unverzüglich nach Abschluss der Anlageberatung, jedenfalls vor einem auf der Beratung beruhenden Geschäftsabschluss zur Verfügung zu stellen, bestehen bei dem Einsatz von elektronischen Kommunikationsmitteln Abweichungen.

131 § 34 Abs. 2a Satz 3 und 4 WpHG eröffnen den Wertpapierdienstleistungsunternehmen unter bestimmten Voraussetzungen die Möglichkeit, den Geschäftsabschluss vor Erhalt des Protokolls durchzuführen. Dem Kunden ist in diesen Fällen eine Ausfertigung des Protokolls **unverzüglich nach Abschluss der Anlageberatung** zuzusenden.

---

127 So auch *Teuber*, in: Krimphove/Kruse, BT 6 Rn. 13.

II. Anlageberatung unter Einsatz von elektronischen Kommunikationsmitteln/Zusendung des Protokolls (§ 34 Abs. 2a Satz 3 WpHG)

1. Gesetzliche Regelung/Voraussetzungen

a) Anlageberatung über Kommunikationsmittel

Voraussetzung ist nach § 34a Abs. 2a Satz 3 WpHG zunächst der Einsatz von **Kommunikationsmitteln**, die die Übermittlung des Protokolls vor Geschäftsabschluss nicht gestatten. Hier ist insbesondere an die **telefonische Beratung** durch die Wertpapierdienstleistungsunternehmen zu denken.

132

Anders liegt der Fall bei einer Anlageberatung via **E-Mail** (und der darauf folgenden Ordererteilung durch den Kunden aufgrund der Empfehlungen des Anlageberaters). Hier ist nämlich eine Protokollübermittlung vor dem Geschäftsabschluss möglich.

133

b) Wahl des Kunden

Der **Kunde** muss das Kommunikationsmittel **gewählt** haben. Mit anderen Worten muss ein ausdrücklicher dahin gehender Kundenwunsch geäußert worden sein. Die Präferenz des Wertpapierdienstleistungsunternehmens ist unerheblich.[128] Davon zu unterscheiden ist die Frage, ob das Wertpapierdienstleistungsunternehmen die Beratung über derartige Kommunikationsmittel anbietet. Hierbei handelt es sich um eine geschäftspolitische Entscheidung des jeweiligen Instituts.

134

Die Kundenwahl muss sich zudem sowohl auf die **Anlageberatung** als auch auf den **Geschäftsabschluss** beziehen. Sollen nur die Anlageberatung oder nur der Geschäftsabschluss über ein derartiges Kommunikationsmittel erfolgen, ist § 34a Abs. 2a Satz 3 WpHG nicht einschlägig.[129]

135

2. Rechtsfolge: Zusendung einer Ausfertigung des Protokolls

Liegen diese Voraussetzungen vor, muss das Wertpapierdienstleistungsunternehmen dem Kunden eine **Ausfertigung** des Protokolls nach Abschluss der Anlageberatung **zusenden**. Das hat **unverzüglich** zu geschehen.

136

---

128 Zur Thematik der „Wahl" s. auch *Koller*, in: Assmann/Schneider, § 34 Rn. 34.
129 *Koller*, in: Assmann/Schneider, § 34 Rn. 28.

III. Anlageberatung unter Einsatz von elektronischen Kommunikationsmitteln/Geschäftsabschluss/Rücktrittsrecht (§ 34 Abs. 2a Satz 4–6 WpHG)

1. Geschäftsabschluss vor Erhalt des Protokolls (§ 34 Abs. 2a Satz 4 WpHG)

137 Der Einsatz eines elektronischen Kommunikationsmittels eröffnet dem Wertpapierdienstleistungsunternehmen zudem gem. § 34 Abs. 2a Satz 4 WpHG die Möglichkeit, den **Geschäftsabschluss vor Erhalt des Protokolls** – gemeint ist, wie in § 34 Abs. 2a Satz 3 WpHG klargestellt, eine *Ausfertigung* des Protokolls – zu tätigen.

2. Voraussetzung: ausdrücklicher Kundenwunsch

138 Das Vorziehen des Geschäftsabschlusses setzt allerdings einen **ausdrücklichen Kundenwunsch** voraus.

3. Voraussetzung: Rücktrittsrecht

a) Einräumung eines Rücktrittsrechts

139 Weitere Voraussetzung ist, dass das Wertpapierdienstleistungsunternehmen dem Kunden gem. § 34 Abs. 2a Satz 4 WpHG für den Fall eines unrichtigen oder unvollständigen Protokolls ausdrücklich ein innerhalb von einer Woche nach dem Zugang des Protokolls auszuübendes **Recht zum Rücktritt** von dem auf der Beratung beruhenden Geschäft eingeräumt hat.

b) Hinweispflicht

140 § 34 Abs. 2a Satz 5 WpHG verlangt zwei Hinweise gegenüber dem Kunden. Zum einen betrifft dies das **Rücktrittsrecht**. Mit dem zweiten Hinweis soll der Kunde über die **Rücktrittsfrist** informiert werden.

c) Folgen des Rücktritts

141 Der Gesetzgeber hat allerdings darauf verzichtet, die **Folgen des Rücktritts** und einige hieraus resultierende Fragen zu regeln.[130]

d) Beweislast beim Rücktritt

142 Die **Beweislast** hingegen ist gesetzlich geregelt worden. § 34 Abs. 2a Satz 6 WpHG weist diese hinsichtlich der Vollständigkeit und Richtigkeit des Protokolls für den Fall des Bestreitens des Rechts zum Rücktritt dem Wertpapierdienstleistungsunternehmen zu.

143 Die Regelung wird wegen der Tatsache, dass ein derartiger Beweis den Wertpapierdienstleistungsunternehmen insbesondere bei aus Sicht des

---

[130] Zu dieser Thematik s. etwa *Leuering/Zetsche*, NJW 2009, 2856, 2859; s. auch F. *Schäfer*, in: Festschrift Hopt, Bd. 1, S. 2427, 2441.

Kunden nicht zufriedenstellenden Anlagen „schwer fallen wird", kritisch gesehen.[131] Hier bestehe zudem die „Gefahr, dass Kunden nun **zu Lasten der Institute** spekulieren können".[132]

4. Rechtsfolge

Liegen die vorstehend genannten Voraussetzungen vor, kann der Geschäftsabschluss auch **vor Erhalt** des Protokolls erfolgen.

144

IV. § 14 Abs. 6 Satz 2

Nach § 14 Abs. 6 Satz 2 ist im Falle des § 34 Abs. 2a Satz 4 WpHG der ausdrückliche Wunsch des Kunden, einen **Geschäftsabschluss auch vor Erhalt des Protokolls** zu tätigen, zu vermerken. Ebenso muss ein Hinweis auf das eingeräumte **Rücktrittsrecht** im Protokoll enthalten sein.

145

P. Exkurs I: Unterschrift des Anlageberaters (§ 34 Abs. 2a Satz 2 1. Halbs. WpHG; BT 6.2 Tz. 7 MaComp)

I. Unterschrift unter das Originalprotokoll

§ 34 Abs. 2a Satz 2 1. Halbs. WpHG, BT 6.2 Tz. 7 Satz 1 MaComp bestimmen, dass das Protokoll von demjenigen zu **unterzeichnen** ist, der die Beratung durchgeführt hat. Wie die Unterzeichnung zu erfolgen hat, erläutern weder Gesetz noch Materialien.

146

Insbesondere wird hier **kein Bezug auf § 126 BGB** hergestellt, einer zivilrechtlichen Norm, die zudem nur bei Willenserklärungen und rechtsgeschäftsähnlichen Erklärungen unmittelbar angewendet werden kann.[133] Deshalb erfüllt eine eigenhändige Unterschrift zwar das Schriftlichkeitserfordernis des § 34 Abs. 2a Satz 2 1. Halbs. WpHG. Allerdings ist diese Option nicht erschöpfend.

147

Maßgeblich ist nämlich das öffentlich-rechtliche Unterzeichnungserfordernis des § 34 Abs. 2a WpHG.[134] **Sinn und Zweck** der Beraterunterschrift ist es, die aufsichtsrechtliche Kontrolle zu ermöglichen und die Beweisführung für Anleger zu erleichtern.[135] Deshalb muss sichergestellt sein, dass die Unterzeichnung den gesamten Pflichtinhalt des Beratungsprotokolls umfasst und gegen Manipulationen geschützt ist.[136]

148

Vor diesem Hintergrund konkretisiert BT 6.2 Tz. 7 Satz 2 MaComp das Erfordernis einer Unterschrift dahin gehend, dass hier für das Wertpapierdienstleistungsunternehmen zwei Optionen bestehen. Neben der in der 1. Alt. geregelten Möglichkeit einer **Originalunterschrift** des das Pro-

149

---

131 *Fett,* in: Schwark/Zimmer, § 34 WpHG Rn. 7 m.w.N.
132 *Brinkmann,* in: Renz/Hense, Kap. II 4 Rn. 39.
133 *Pfeifer,* BKR 2009, 485, 488.
134 *Pfeifer,* BKR 2009, 485, 488.
135 BT-Drs. 16/12814, S. 27.
136 *Pfeifer,* BKR 2009, 485, 488.

tokoll erstellenden Beraters ist gem. der 2. Alt. eine **faksimilierte Unterschrift** des erstellenden Beraters zulässig. Die Abgabe der Unterschrift per Faksimile ist nach BT 6.2 Tz. 7 Satz 2 MaComp allerdings nur ausreichend, wenn sichergestellt ist, dass die Unterschrift technisch erst nach Fertigstellung des Protokolls geleistet, somit in das elektronische Dokument eingefügt werden kann.

150 Die **reine Benennung** des Beraters im Protokoll ist gem. BT 6.2 Tz. 7 Satz 4 MaComp nicht ausreichend. Sie würde dem Sinn und Zweck einer Unterschrift, den Ersteller erkennen zu können, nicht gerecht. Ebenso wenig ist eine Erkennbarkeit des beratenden Wertpapierdienstleistungsunternehmens ausreichend. Es muss nämlich erkennbar sein, welche natürliche Person für den Inhalt des Protokolls verantwortlich ist. Deshalb erfüllen auch Angaben wie „Kundenservice", „Ihre Kundenberatung" o.Ä. nicht die gesetzlichen Anforderungen.

151 Führen **mehrere Berater** eine Anlageberatung durch, müssen grundsätzlich alle das Beratungsprotokoll unterschreiben.

152 Erfolgt die Entscheidungsfindung innerhalb eines Wertpapierdienstleistungsunternehmens durch eine **Personenmehrheit** und die Mitteilung der Empfehlung an den Kunden per **E-Mail**, so muss diese nicht notwendigerweise die Namen aller Personen des Gremiums enthalten. Allerdings muss aus der E-Mail mindestens eine verantwortliche natürliche Person zu entnehmen sein, die für den Inhalt nach außen verantwortlich ist. Eine faksimilierte Unterschrift ist hierfür nicht unbedingt erforderlich.

II. (Keine) Unterschrift unter die für den Kunden bestimmte Ausfertigung

153 Gem. § 34 Abs. 2a Satz 2 WpHG ist dem Kunden eine **Ausfertigung** des Protokolls zur Verfügung zu stellen. Die Entbehrlichkeit einer Beraterunterschrift unter diesem Exemplar wird teilweise damit begründet, dass deren Fehlen nicht die Beweisfunktion des Beratungsprotokolls im Zivilprozess vereitele. Der Kunde könne nämlich gem. § 421 ZPO die Vorlage der Urschrift durch das Wertpapierdienstleistungsunternehmen beantragen.[137]

Q. Exkurs II: Unterschrift des Kunden

I. Kein gesetzliches Erfordernis

154 Die **Unterschrift des Kunden** unter das Beratungsprotokoll wird von § 34 Abs. 2a WpHG hingegen nicht verlangt.

155 Zwar war dies mit dem Ziel einer Erhöhung der Beweiskraft des Protokolls vorgeschlagen worden.[138] Der Gesetzgeber sah in einer solchen

---

137 Begr. RegE SchVG, BT-Drs. 16/12814, S. 27, 36.
138 Stellungnahme des Bundesrates v. 3. April 2003, BR-Drs. 180/09, S. 3; s. auch *Fett*, in: Schwark/Zimmer, § 34 WpHG Rn. 7.

Anforderung allerdings u. a. das Risiko einer **Erschwerung von Fernabsatzgeschäften** und hat deshalb von einer entsprechenden Verpflichtung Abstand genommen.

II. Freiwillige Leistung einer Unterschrift

1. Grundsätzlich zulässig

Aufsichtsrechtlich nicht zu beanstanden ist die **geschäftspolitische Entscheidung** eines Wertpapierdienstleistungsunternehmens, sich das Protokoll von seinen Kunden unterzeichnen zu lassen.[139] Das kann auch nach einer vom Kunden gewünschten Prüfungsfrist geschehen.[140]   156

Die **Aushändigung des Protokolls** darf allerdings nicht von der Unterzeichnung abhängig gemacht werden. Auf den **Wunsch des Wertpapierdienstleistungsunternehmens**, sich das Protokoll vom Kunden unterschreiben zu lassen, ist der Kunde vor Beginn der Anlageberatung hinzuweisen.   157

2. Konsequenzen der Kundenunterschrift

Für den Fall, dass der beratene Kunde das Protokoll dennoch (freiwillig) unterschreibt, muss er darüber **aufgeklärt** werden, was die Leistung der Unterschrift bedeutet.[141] Hier sind im Wesentlichen zwei Möglichkeiten denkbar.   158

So kann der **Kunde** mit seiner Unterschrift bestätigen, dass das Protokoll den Verlauf des Beratungsgesprächs inhaltlich vollständig und richtig wiedergibt. Das kann erhebliche **Konsequenzen** in einem etwaigen Schadensersatzprozess mit sich bringen. Sein späterer Einwand, das Protokoll wäre nicht richtig oder vollständig, würde zumindest erheblich erschwert, da der Kunde dies beweisen müsste.[142] Die nachträgliche Geltendmachung einer Falschberatung kann so für den Kunden schwieriger werden.[143] Für das **Wertpapierdienstleistungsunternehmen** stellt ein auch vom Kunden unterzeichnetes Protokoll, mit dem er die Richtigkeit und Vollständigkeit ausdrücklich bestätigt, ein wichtiges Beweismittel dar.[144]   159

Der Kunde kann mit seiner Unterschrift aber auch lediglich bestätigen, dass er das Beratungsprotokoll **erhalten** hat.[145]   160

---

139 Kritisch hierzu die Verbraucherschutzseite, vgl. Finanztest 4/2010, 27.
140 Begr. RegE SchVG, BT-Drs. 16/12814, S. 27.
141 *Fett* in: Schwark/Zimmer, § 34 WpHG Rn. 7; *Leuering/Zetsche*, NJW 2009, 2856, 2859.
142 *Böhm*, BKR 2009, 221, 224; *Leuering/Zetsche*, NJW 2009, 2856, 2859; *Teuber*, BankPraktiker 2009, 462, 465; *F. Schäfer*, in: Festschrift Hopt, Bd. 1, S. 2427, 2436.
143 So etwa die Verbraucherzentrale Nordrhein-Westfalen, bank und markt 2010, 9.
144 S. Empfehlungen der Ausschüsse, BR-Drs. 180/109, S. 3; *Böhm*, BKR 2009, 221, 224 f.
145 *F. Schäfer*, in: Festschrift Hopt, Bd. 1, S. 2427, 2437.

161 Bereits oben (s. C.) wurde darauf hingewiesen, dass bei der Erstellung von Beratungsprotokollen auch der **Kunde gefordert** ist. Das gilt angesichts der möglichen Konsequenzen in besonderem Maße bei der Leistung für die Fälle, in denen der Kunde das Beratungsprotokoll unterschreibt.[146]

R. Exkurs III: Datum und Zeitpunkt der Fertigstellung (BT 6.2 Tz. 7 MaComp)

162 Im Zusammenhang mit der Unterzeichnung müssen gem. BT 6.2 Tz. 7 MaComp auch das **Datum und der Zeitpunkt** der Fertigstellung des Protokolls erkennbar sein. Nur so ist feststellbar, ob der Geschäftsabschluss vor oder nach der Zurverfügungstellung des Protokolls erfolgt ist.

S. Exkurs IV: Zurverfügungstellung des Protokolls

I. Grundsatz/Regelung/Sinn und Zweck

163 Gem. § 34 Abs. 2a Satz 2 2. Halbs. WpHG, BT 6.1 Tz. 1 Satz 3 MaComp ist dem Kunden eine **Ausfertigung** des Protokolls **zur Verfügung zu stellen**. Die WpDVerOV enthält keine Konkretisierungen der Zurverfügungstellung des Beratungsprotokolls.

164 Die Terminologie in § 34a Abs. 2 WpHG ist diesbezüglich nicht einheitlich und verwendet nicht nur den Begriff der Zurverfügungstellung. So spricht Satz 3 von der **„Übermittlung"**, Satz 4 von dem **„Erhalt"** des Protokolls. In der Sache dürfte hier kein Unterschied bestehen.[147]

165 Ob unter Zurverfügungstellung i.S.d. § 34 Abs. 2a Satz 2 WpHG der **Zugang** des Protokolls an den Kunden i.S.d. § 130 BGB zu verstehen ist, erscheint angesichts der zivilrechtlichen Qualität der Norm fraglich.[148] Anwendbar dürften jedoch die dem § 130 BGB innewohnenden Grundgedanken sein, wonach auf das Gelangen in den Machtbereich des Empfängers und die mögliche und zumutbare Kenntnisnahme abzustellen ist.

166 Sofern Berater und Kunde das Beratungsprotokoll nach dem Beratungsgespräch (nur) noch einmal am **Bildschirm** des Beraters „durchgehen", stellt dies keine Zurverfügungstellung dar.

167 Nicht verlangt wird die **persönliche Kenntnisnahme** des Kunden, wenngleich diese bei einer Zurverfügungstellung vor Ort regelmäßig gegeben sein dürfte. Ebenso wenig wird die Kenntnis vom Zugang gefordert.[149]

---

146 *Böhm*, BKR 2009, 221, 224.
147 So auch *Koller*, in: Assmann/Schneider, § 34 Rn. 28.
148 *Koller*, in: Assmann/Schneider, § 34 Rn. 28.
149 *Koller*, in: Assmann/Schneider, § 34 Rn. 28.

Aufzeichnungs-/Aufbewahrungspflichten § 14 Abs. 6 WpDVerOV

II. Form: dauerhafter Datenträger

1. Grundsatz/Sinn und Zweck

Die Zurverfügungstellung muss nach § 34 Abs. 2a Satz 2 2. Halbs. WpHG, BT 6.1 Tz. 1 Satz 3 MaComp in **Papierform** oder auf einem anderen **dauerhaften Datenträger** vorgenommen werden. *168*

Dadurch wird es dem **Kunden** ermöglicht, das Protokoll zu **überprüfen**. Zudem wird das Protokoll vor Manipulationen geschützt. Der Kunde wird so in die Lage versetzt, das Beratungsgesprächsgespräch auszuwerten und eine fundierte Anlageentscheidung zu treffen. Im Streitfall kann das Protokoll als Beweismittel dienen.[150] *169*

Auch die **BaFin** kann die auf einem dauerhaften Datenträger dokumentierten Beratungsgespräche besser nachvollziehen.[151] *170*

2. Begriff des „dauerhaften Datenträgers"

a) Systematik

Die Wortwahl („oder einem anderen") in § 34 Abs. 2a Satz 2 2. Halbs. WpHG zeigt, dass der Terminus dauerhafter Datenträger den **Oberbegriff**[152] darstellt. Das bestätigt § 3 Abs. 1. Hier finden sich zudem auch wesentliche Kriterien zum Begriff des **dauerhaften Datenträgers**. *171*

b) Urkunde

So müssen die dort bereitgestellten Informationen dem Kunden gemäß einer der in § 3 Abs. 1 genannten Optionen in einer „**Urkunde**" zur Verfügung gestellt werden. Das Erfordernis der Lesbarkeit (s. hierzu sogleich) der Urkunde dürfte in der Regel unproblematisch sein. *172*

Als zweite Alternative eröffnet § 3 Abs. 1 den Wertpapierdienstleistungsunternehmen die Möglichkeit, die Informationen **„in einer anderen lesbaren Form"** zur Verfügung stehen. „In einer lesbaren Form im Sinne des § 3" zielt auf die objektive Lesbarkeit ab, die etwa bei einer Verschlüsselung (und der fehlenden Möglichkeit des Kunden zur Entschlüsselung) nicht gegeben wäre. Diese Anforderungen erfüllt etwa eine **EDV-Datei.** Denkbar ist deshalb die Übersendung des Protokolls auf elektronischem Weg.[153] Die Übergabe eines **USB-Sticks** genügt nur dann den gesetzlichen Anforderungen, wenn der Kunde – etwa bei einer Beratung in den Privat- oder Geschäftsräumen des Kunden – noch bei Anwesenheit die Gelegenheit zum Lesen des Protokolls erhält. *173*

Die Option einer Ausfertigung in **Papierform** eröffnet mehrere Möglichkeiten. Bei einer handschriftlichen Erstellung wird dies i.d.R. durch eine *174*

---

150 BT-Drs. 16/12814, S. 27.
151 So auch *Teuber*, in: Krimphove/Kruse, BT 6 Rn. 17.
152 Zu dem Begriff des „dauerhaften Datenträgers" s. auch *Koller*, in: Assmann/Schneider, § 34 Rn. 26.
153 S. auch *Koller*, in: Assmann/Schneider, § 34 Rn. 26; *Fett*, in: Schwark/Zimmer, § 34 WpHG Rn. 8.

Kopie erfolgen. Erfolgt die Protokollerstellung elektronisch – was den Regelfall darstellen dürfte –, erhält der Anleger i.d.R. einen Zweitausdruck.[154]

175 Ein **dauerhafter** Datenträger liegt nach § 3 Abs. 1 vor, wenn der Datenträger die **inhaltlich unveränderte Wiedergabe** der Informationen – und zwar für einen angemessenen Zeitraum – ermöglicht. Sofern **nachträgliche Veränderungen** vorgenommen werden, müssen diese erkennbar sein.

176 Diese Voraussetzungen sind z.B. bei einer **PDF-Datei** grundsätzlich gegeben. Allerdings muss die Datei schreibgeschützt sein.[155] Auch eine schreibgeschützte **CD-ROM** erfüllt die gesetzlichen Anforderungen.[156] Ebenso wenig bestehen gegen die Verwendung von **USB-Sticks** grundsätzliche Bedenken, auch wenn hier die „Haltbarkeit" i.d.R. kürzer sein dürfte. Die Übergabe eines USB-Sticks spielt insbesondere bei der Anlageberatung in den Privat- oder Geschäftsräumen von Kunden eine Rolle.

3. Angemessenheit/Einverständnis des Kunden bei anderen Datenträgern als Papier

177 Zwar weisen weder § 34 Abs. 2a WpHG noch die MaComp ausdrücklich auf § 3 Abs. 2 hin. Dennoch dürfte die Regelung auch bei der Zurverfügungstellung von Beratungsprotokollen Anwendung finden.[157] Voraussetzung für die Zulässigkeit der **Verwendung eines anderen dauerhaften Datenträgers als Papier** ist nach § 3 Abs. 2 1. Halbs. die Angemessenheit im Hinblick auf die Rahmenbedingungen, unter denen das Geschäft ausgeführt wird (s. hierzu die Kommentierung zu § 3). Das kann nur im Einzelfall entschieden werden. Auch muss sich der Kunde – so der zweite Halbsatz der Vorschrift – ausdrücklich für diese andere Form der Bereitstellung von Informationen **entschieden** haben. Davon zu trennen ist die geschäftspolitische Frage, ob ein Wertpapierdienstleistungsunternehmen überhaupt Papier als Datenträger vorsieht. Sollte das nicht der Fall sein, muss der Kunde hierüber informiert werden.

4. Veröffentlichung über Internet

178 Eine Bereitstellung von Informationen über das Internet gilt nach § 3 Abs. 4 insbesondere dann als angemessen, wenn der Kunde nachweislich über regelmäßigen Zugang zum Internet verfügt. Der Nachweis ist geführt, wenn der Kunde für die Bereitstellung von Informationen oder im Zusammenhang mit Wertpapierdienstleistungen eine E-Mail-Adresse angegeben hat.

---

154 S. auch *Koller*, in: Assmann/Schneider, § 34 Rn. 26.
155 *Koller*, in: Festschrift Uwe H. Schneider, S. 651, 661, s. auch *Koller*, in: Assmann/Schneider, § 34 Rn. 26; *Fett*, in: Schwark/Zimmer, § 34 WpHG Rn. 8.
156 *Koller*, in: Festschrift Uwe H. Schneider, S. 651, 661.
157 *Koller*, in: Festschrift Uwe H. Schneider, S. 651, 661.

III. Zivilrechtliche Konsequenzen einer Nicht-Zurverfügungstellung

Wird das Protokoll dem Kunden nicht zur Verfügung gestellt, hat dies zwar aufsichtsrechtliche Konsequenzen. Die **zivilrechtliche Wirksamkeit** des Geschäfts beeinflusst dies allerdings nicht.[158]

179

IV. Zeitpunkt der Zurverfügungstellung

1. Unverzüglich/vor Geschäftsabschluss

Die Zurverfügungstellung hat gem. § 34 Abs. 2a Satz 2 2. Halbs. WpHG, BT 6.1 Tz. 3 Abs. 1 MaComp **unverzüglich** nach Abschluss der Anlageberatung zu erfolgen, auf jeden Fall vor einem auf der Beratung beruhenden Geschäftsabschluss.

180

Das unverzügliche Erstellen und die Zurverfügungstellung des Protokolls nach Durchführung der Beratung ist dem Berater – darauf weist BT 6.1 Tz. 1 Satz 4 MaComp hin – zumutbar und vom Gesetzgeber beabsichtigt, da nur so ein **Abgleich** des Inhalts des Gesprächs durch den Kunden mit dem Protokoll aus der eigenen Erinnerung möglich ist und der gesetzgeberische Zweck erfüllt wird.[159]

181

Die Anforderung einer unverzüglichen Zurverfügungstellung lässt es nicht zu, das Protokoll dem Kunden nach einer Beratung in dem Wertpapierdienstleistungsunternehmen nicht zu übergeben, sondern eine „Qualitätskontrolle" durchzuführen und es ihm dann zuzuschicken. Sollte eine Qualitätskontrolle durchgeführt werden, die zu Änderungen führt – etwa die Empfehlung eines anderen Finanzinstruments –, löst dies eine **erneute Protokollpflicht** aus.

182

Erst recht gilt dies für **Anlageberatungen bei den Kunden**, wenn der Berater keine Möglichkeit zum Ausdruck vorhält und auch keine Zurverfügungstellung auf technischem Weg – etwa durch Übergabe einer (vor Ort gebrannten) CD oder eines USB-Sticks (s. hierzu bereits oben II.) – erfolgt. Ein Ausdruck in den Räumen des Wertpapierdienstleistungsunternehmens und die daraufhin erfolgende Zusendung an den Kunden stellen grundsätzlich keine unverzügliche Zurverfügungstellung dar.

183

Denkbar ist allerdings die Alternative einer **„Fernwartung"** während des Anlageberatungsgesprächs, bei der Experten „zugeschaltet" werden können. Zulässig ist es auch, einen Entwurf des Protokolls auszudrucken, diesen mit dem Kunden noch einmal „durchzugehen" und bei dieser Durchsicht Änderungen vorzunehmen.

184

Der Einschub „jedenfalls vor einem auf der Beratung beruhenden Geschäftsabschluss" in § 34 Abs. 2a Satz 2 2. Halbs. WpHG stellt nach BT 6.1 Tz. 1 Satz 5 MaComp klar, dass ein auf der Anlageberatung beruhender

185

---

158 *Böhm*, BKR 2009, 221, 225.
159 So auch *Teuber*, in: Krimphove/Kruse, BT 6 Rn. 22.

Geschäftsabschluss erst erfolgen darf, nachdem das Protokoll dem Kunden zur Verfügung gestellt wurde, damit dieser Gelegenheit hat, es zur Kenntnis zu nehmen.

186 Die Wertpapierdienstleistungsunternehmen müssen ihre **internen Abläufe** auf die gesetzlichen Anforderungen ausrichten.[160]

2. Ausnahme

187 Eine Ausnahme von diesem Grundsatz der unverzüglichen Zurverfügungstellung nach Abschluss der Anlageberatung ist nach BT 6.1 Tz. 1 Satz 5 MaComp unter den in § 34 Abs. 2a Satz 3 und Satz 4 WpHG genannten Voraussetzungen nur bei Einsatz von **Fernkommunikationsmitteln** zulässig (s. hierzu oben O.).

188 Weitere Ausnahmen bestehen gem. BT 6.1 Tz. 1 Satz 6 MaComp nicht.[161] Die in der Praxis vermehrt festzustellende Alternative, auch wenn **keine Fernkommunikationsmittel** bei der Erbringung der Anlageberatung eingesetzt werden, dem Kunden das Protokoll erst nach Geschäftsabschluss zur Verfügung zu stellen und ihm eine Rücktrittsrecht einzuräumen (s. hierzu unten O.III.), sehen die Regelungen zum Beratungsprotokoll nicht vor.

189 Umstritten ist, ob ein entgegen den aufsichtsrechtlichen zeitlichen Vorgaben getätigter Geschäftsabschluss **zivilrechtlich** wirksam ist.[162]

V. Annahmeverweigerung durch Kunden

190 Der Kunde kann **nicht gezwungen** werden, das Protokoll **entgegenzunehmen**.[163] Das Wertpapierdienstleistungsunternehmen muss ihm das Beratungsprotokoll allerdings ernsthaft anbieten. Auf die Zurverfügungstellung kann nämlich nicht verzichtet werden.[164]

191 Erst recht kann der Kunde nicht gezwungen werden, das Protokoll **durchzulesen** oder sich mit seinem Inhalt auseinanderzusetzen. Er kann es völlig ignorieren.[165]

192 Weigert sich der Kunde, das Protokoll entgegenzunehmen, muss der Anlageberater dies **dokumentieren**.

---

160 *Teuber*, in: Krimphove/Kruse, BT 6 Rn. 23.
161 A.A. *Teuber*, in: Krimphove/Kruse, BT 6 Rn. 24, wenngleich er einräumt, dass diese „in praxi ... selten" seien.
162 So etwa *Teuber*, in: Krimphove/Kruse, BT 6 Rn. 24.
163 *Koller*, in: Assmann/Schneider, § 34 Rn. 29.
164 *Koller*, in: Assmann/Schneider, § 34 Rn. 29.
165 *Teuber*, in: Krimphove/Kruse, BT 6 Rn. 13.

VI. Zurverfügungstellung bei Bevollmächtigten (BT 6.1 Abs. 4 MaComp)

1. Grundsatz

§ 14 Abs. 6 enthält keine Regelung der Frage, wem das Protokoll im Fall einer **Bevollmächtigung** zur Verfügung zu stellen ist. Bei derartigen Vertretungsverhältnissen kann es sich um solche gesetzlicher Natur wie etwa bei Minderjährigen handeln. Die zweite Fallgruppe betrifft rechtsgeschäftliche Vertretungsverhältnisse, deren Grundlage die Einräumung von Vertretungsmacht i.S.d. § 164 BGB ist. Unbestritten dürfte sein, dass die Stellvertretung zulässig ist, da es sich bei Beratungsprotokollen nicht um höchstpersönliche Rechtsgeschäfte handelt.[166] Von daher ist die konkretisierende Regelung in BT 6.1. Tz. 1 Abs. 4 MaComp unbedenklich. Danach ist das Protokoll, soweit die Anlageberatung gegenüber einem Bevollmächtigten erbracht wird, diesem, somit der Person, die das jeweilige Gespräch geführt hat, zur Verfügung zu stellen.[167] Es wird nicht verlangt, das Protokoll zusätzlich dem vertretenen Depotinhaber zur Verfügung zu stellen bzw. – etwa bei telefonischen Beratungen – zuzusenden (zu Letzterem s. auch oben O.).

193

2. Besondere Konstellationen

Fraglich ist, wem das Protokoll zur Verfügung zu stellen ist, wenn der Vertreter Privatkunde, der Bevollmächtigte hingegen **professioneller Kunde** i.S.d. § 31a WpHG ist.[168] Weder die WpDVerOV noch die MaComp enthalten hierzu Vorgaben.[169]

194

T. Exkurs V: Organisatorische Anforderungen (BT 6.1 Tz. 2 MaComp)

I. Allgemein

Wertpapierdienstleistungsunternehmen müssen nach § 33 Abs. 1 Satz 2 Nr. 1 und 6 WpHG eine Reihe von (allgemein formulierten) **organisatorischen** Verpflichtungen erfüllen.[170] Die WpDPV enthält zwar in §§ 12, 13 diesbezüglich konkretisierende Bestimmungen. Speziell auf die Erstellung und Zurverfügungstellung von Beratungsprotokollen bezogen äußert sie sich jedoch nicht. Fündig wird man jedoch in den MaComp. Gem. BT 6.1 Tz. 2 Satz 1 beinhalten die allgemeinen organisatorischen Anforde-

195

---

166 *Teuber,* in: Krimphove/Kruse, BT 6 Rn. 28.
167 So auch *Schäfer,* in: Festschrift Hopt, Bd. 1, S. 2427, 3425.
168 Die Problematik stellt sich etwa dann, wenn sich das Wertpapierdienstleistungsunternehmen nicht sicher sein kann, dass es sich bei dem Bevollmächtigten um einen professionellen Kunden i.S.d. § 31a WpHG handelt; vgl. hierzu *Teuber,* in: Krimphove/Kruse, BT 6 Rn. 29.
169 S. insbesondere BT 6.1 Tz. 1 Abs. 4 MaComp.
170 S. etwa *Fuchs,* in: Fuchs, § 33 Rn. 46 ff., 144.

rungen an Wertpapierdienstleistungsunternehmen in AT 6 Tz. 1 und Tz. 2 MaComp die Pflicht, angemessene und wirksame **organisatorische Vorkehrungen** zur Einhaltung der Pflicht zu dem Erstellen und der Zurverfügungstellung des Beratungsprotokolls bei Anlageberatungen gegenüber Privatkunden vorzuhalten sowie die Angemessenheit und Wirksamkeit dieser organisatorischen Vorkehrungen zu überwachen und regelmäßig zu bewerten.

II. Organisatorische Vorkehrungen, wenn kein Geschäftsabschluss erfolgt

196 Die organisatorischen Vorkehrungen müssen – so BT 6.1 Tz. 2 Satz 2 MaComp – darauf ausgerichtet sein sicherzustellen, dass die Pflicht zu dem Erstellen und der Zurverfügungstellung der Protokolle in allen von § 34 Abs. 2a WpHG geforderten Fallgestaltungen eingehalten wird, somit auch, wenn durchgeführte Anlageberatungen **nicht zu einem Geschäftsabschluss** führen.

197 Dies erfordert nach BT 6.1 Tz. 2 Satz 3 MaComp, dass Wertpapierdienstleistungsunternehmen im Zusammenhang mit der Durchführung von Anlageberatungen organisatorische Vorkehrungen treffen, die im Rahmen der allgemeinen Kontrollhandlungen auch die Vornahme wirksamer **Kontrollhandlungen** in Bezug auf die Einhaltung der Pflichten aus § 34 Abs. 2a WpHG bei Anlageberatungen ohne darauf folgenden Geschäftsabschluss, somit auch bei Personen, die nicht Kunde des Wertpapierdienstleistungsunternehmens sind, ermöglichen.

198 Die organisatorischen Vorkehrungen müssen gem. BT 6.1 Tz. 2 Satz 4 MaComp darauf ausgerichtet sein sicherzustellen, dass auch sämtliche individuellen **Interessentengespräche** über Geldanlagen in Finanzinstrumenten mit potentiellen Neukunden, die nicht zu einem Geschäftsabschluss führen, im Unternehmen festgehalten werden, beispielsweise in Terminkalendern oder Listen, so dass ein Abgleich mit den erstellten Beratungsprotokollen möglich ist.[171]

199 Zu den Überwachungshandlungen gehören regelmäßige **Kontrollhandlungen durch die operativen Bereiche** selbst. Diese Kontrollhandlungen wiederum sind durch die Compliance-Funktion regelmäßig zu überwachen. Das wiederum kann, wie sich aus AT 6 Tz. 2 MaComp ergibt, risikoorientiert erfolgen.

200 Um die Überwachungshandlungen im Zusammenhang mit der Anlageberatung gegenüber **Interessenten** zu ermöglichen, ist es erforderlich, neben der Protokollierung von Anlageberatungen im Sinne des WpHG gegenüber Interessenten auch Gespräche über Geldanlagen in Finanzinstrumenten mit **potentiellen Neukunden**, die letztendlich nicht zu einer Anlageberatung im Sinne des WpHG geführt haben, zu dokumen-

---

[171] S. hierzu auch das Schreiben der Bundesanstalt für Finanzdienstleistungsaufsicht zur Anlageberatung gegenüber Interessenten vom 01. November 2010.

tieren. Auch potenzielle Neukunden sind Privatkunden, die noch keine Geschäftsverbindung zu dem Wertpapierdienstleistungsunternehmen unterhalten haben. Im Gegensatz zu ersteren Interessenten führt das Gespräch über Geldanlagen in Finanzinstrumenten hier aber **nicht zu einer Empfehlung** eines konkreten Finanzinstruments.

Aus der Dokumentation der Gespräche über Geldanlagen in Finanzinstrumenten mit potentiellen Neukunden muss sich **nachvollziehbar** ergeben, dass **keine Anlageberatung** i.S.v. § 2 Abs. 3 Satz 1 Nr. 9 WpHG stattgefunden hat. Diese Dokumentation kann beispielsweise in Listen, Terminkalendern, entsprechenden Vermerken in Kundendatensätzen, Vermerken über die Befragung von mit der Anlageberatung betrauten Mitarbeiter erfolgen. *201*

U. Exkurs VI: Sanktionsmöglichkeiten der BaFin

Der Gesetzgeber hat eine Reihe von Verstößen im Zusammenhang mit der Erstellung und Zurverfügungstellung von Beratungsprotokollen bußgeldbewehrt, so dass diese Verstöße von der BaFin geahndet werden können. *202*

I. § 39 Abs. 2 Nr. 19a, Abs. 4 WpHG

1. Begehungstatbestände

So handelt nach § 39 Abs. 2 Nr. 19a WpHG ordnungswidrig, wer entgegen § 34 Abs. 2a Satz 1 WpHG in Verbindung mit einer Rechtsverordnung nach § 34 Abs. 4 Satz 1 WpHG ein **Protokoll nicht, nicht richtig, nicht vollständig oder nicht rechtzeitig** anfertigt. *203*

Ein ordnungswidriges Verhalten liegt gemäß der ersten Variante vor, wenn das Wertpapierdienstleistungsunternehmen gar **kein Protokoll** erstellt. Nicht von dem Tatbestand erfasst sind die Fälle, in denen ein Wertpapierdienstleistungsunternehmen ein Protokoll erstellt, ohne dass ein Beratungsgespräch stattgefunden hat. *204*

Außerdem stellt die **nicht richtige** Erstellung einen Begehungstatbestand dar. Nicht richtig bedeutet, dass der Inhalt des Protokolls nicht den Inhalt des Beratungsgesprächs wiedergibt. *205*

Davon abzugrenzen sind die Fälle eines **unvollständigen** Protokolls. In diesen Fällen finden sich die in § 14 Abs. 6 WpDPV normierten Vorgaben **partiell oder gänzlich nicht** im Protokoll wieder.[172] Im Gesetzentwurf der Bundesregierung war die nicht vollständige Anfertigung eines Protokolls noch enthalten. In der endgültigen Fassung wurde sie dann gestrichen. Diese (bewusste) Streichung verschloss den Weg, die Unvollständigkeit *206*

---

172 Der Fall, dass das Protokoll „nur Teile des Inhaltes des Beratungsgesprächs wiedergibt", wird von *Schäfer*, in: Festschrift Hopt, Bd. 1, S. 2427, 2447, wohl der „Unrichtigkeit" zugeordnet.

unter die Unrichtigkeit zu subsumieren. Insbesondere **unzureichend ausgefüllte "Freitextfelder"** in standardisierten Protokollen – wie sie große Teile der Banken und Sparkassen verwenden – waren somit nicht bußgeldbewehrt. Vor diesem Hintergrund wurde eine Regelung, die die unvollständige Erstellung sanktioniert, in § 39 Abs. 2 Nr. 19 WpHG aufgenommen.[173]

207 Als vierte Begehungsvariante ist die **nicht rechtzeitige** Protokollerstellung bußgeldbewehrt. Die Protokolle werden hier nach Geschäftsabschluss erstellt.

2. Subjektiver Tatbestand/Bemessungsrahmen

208 Die Ordnungswidrigkeit setzt in allen Begehungsalternativen ein **vorsätzliches oder leichtfertiges** Handeln voraus. Sie kann gem. § 39 Abs. 4 WpHG mit einer Geldbuße bis zu **fünfzigtausend Euro** geahndet werden.

II. § 39 Abs. 2 Nr. 19b, Abs. 4 WpHG

1. Begehungstatbestände

209 Nach § 39 Abs. 2 Nr. 19b, Abs. 4 WpHG handelt zudem ordnungswidrig, wer vorsätzlich oder leichtfertig entgegen § 34 Absatz 2a Satz 2 WpHG eine Ausfertigung des Protokolls **nicht, nicht vollständig, nicht in der vorgeschriebenen Weise oder nicht rechtzeitig zur Verfügung** stellt.

210 In der ersten Begehungsvariante wird dem Kunden das Protokoll **gar nicht** zur Verfügung gestellt. Der Fall ist von demjenigen zu unterscheiden, in dem der Berater dem Kunden das Protokoll zur Verfügung stellen möchte, dieser sich aber weigert, das Protokoll anzunehmen.

211 **Nicht vollständig** wird ein Protokoll ausgehändigt, wenn einzelne Teile (Seiten) des Protokolls fehlen.

212 **Nicht in der vorgeschriebenen Weise** wird ein Protokoll zur Verfügung gestellt, wenn es weder in Papierform – was in den meisten Fällen der Fall sein wird – noch auf einem dauerhaften Datenträger zur Verfügung gestellt wird.

213 Eine **nicht rechtzeitige** Zurverfügungstellung des Protokolls liegt vor, wenn es nach dem Geschäftsabschluss zur Verfügung gestellt wird.

2. Subjektiver Tatbestand/Bemessungsrahmen

214 Die Ordnungswidrigkeit setzt in allen Begehungstatbeständen ein **vorsätzliches oder leichtfertiges** Handeln voraus. Sie kann gem. § 39 Abs. 4 WpHG mit einer Geldbuße bis zu **fünfzigtausend Euro** geahndet werden.

---

173 Die Regelung wurde im Rahmen des AnsFuG aufgenommen.

III. § 39 Abs. 2 Nr. 19c, Abs. 4 WpHG

1. Begehungstatbestände

Ordnungswidrig handelt gem. § 39 Abs. 2 Nr. 19c, Abs. 4 WpHG, wer entgegen § 34 Abs. 2a Satz 3 und 5 WpHG in Verbindung mit einer Rechtsverordnung nach § 34 Absatz 4 Satz 1 WpHG eine Ausfertigung des Protokolls nicht, nicht vollständig, nicht in der vorgeschriebenen Weise oder nicht rechtzeitig **zusendet**.

Tathandlung ist einmal das **Unterlassen** der Zusendung des Beratungsprotokolls. Auch die **nicht nichtvollständige** Zusendung ist gesetzeswidrig. Ebenso erfüllt eine Aushändigung, die **nicht in der vorgeschriebenen Weise** erfolgt, den Tatbestand.

Nicht rechtzeitig wird ein Protokoll zugesendet, wenn die Zusendung nach dem Geschäftsabschluss erfolgt.

2. Subjektiver Tatbestand/Bemessungsrahmen

Die Ordnungswidrigkeit in allen Begehungstatbeständen setzt ein **vorsätzliches oder leichtfertiges** Handeln voraus. Sie kann gem. § 39 Abs. 4 WpHG mit einer Geldbuße bis zu **fünfzigtausend Euro** geahndet werden.

IV. § 39 Abs. 2 Nr. 20, Abs. 4 WpHG

Ein Verstoß gegen die **Aufbewahrungspflicht** des § 34 Abs. 3 Satz 1 WpHG kann nach § 39 Abs. 2 Nr. 20 WpHG sanktioniert werden. Die Ordnungswidrigkeit setzt gem. § 39 Abs. 2 WpHG ein **vorsätzliches oder leichtfertiges** Handeln voraus. Sie kann gem. § 39 Abs. 4 WpHG mit einer Geldbuße bis zu **fünfzigtausend Euro** geahndet werden.

V. Exkurs VII: Herausgabepflicht (§ 34 Abs. 2b WpHG)

§ 34 Abs. 2b WpHG gewährt dem Kunden einen **Anspruch auf Herausgabe** einer Ausfertigung des Protokolls gegen das Wertpapierdienstleistungsunternehmen. Der hier normierte Anspruch erleichtert es dem Kunden, etwaige zivilrechtliche Ansprüche gegen das Unternehmen zu prüfen und durchzusetzen. Durch die Regelung wird nämlich klargestellt, dass der Verpflichtung der Wertpapierdienstleistungsunternehmen zur Aushändigung des Protokolls ein korrespondierender Anspruch des Kunden gegenübersteht. Hintergrund ist die Aufgabenstellung der BaFin, die die aufsichtsrechtliche Pflicht nach Abs. 2a nur im öffentlichen Interesse und im Rahmen der ihr zur Verfügung stehenden Mittel überprüfen kann. Die Wahrnehmung individueller Anlegerinteressen ist der Aufsichtsbehörde nicht möglich.[174]

---

174 BT-Drs. 16/12814, S. 28.

221 Keine explizite Regelung hat der Gesetzgeber in § 34 Abs. 2b WpHG für den Fall getroffen, dass der Kunde sein ihm nachweislich korrekt zur Verfügung gestelltes Protokoll **nicht mehr besitzt.**[175] Hier wird teilweise eine Verpflichtung der Wertpapierdienstleistungsunternehmen gesehen, dem Kunden das Protokoll bzw. eine Kopie noch einmal zur Verfügung zu stellen. Voraussetzung ist allerdings, dass dies dem Institut möglich ist, d.h. während der Aufbewahrungsfrist.[176]

W. Exkurs VIII: Aufbewahrungsfristen (§ 34 Abs. 3 WpHG)

I. Aufsichtsrechtliche Vorgaben

222 Alle nach dem 6. Abschnitt des WpHG erforderlichen Aufzeichnungen – und damit auch das Beratungsprotokoll – sind gem. § 34 Abs. 3 Satz 1 WpHG mindestens **fünf Jahre** ab dem Zeitpunkt ihrer Erstellung aufzubewahren.[177]

II. Empfehlung 10 Jahre

223 Im Hinblick auf mögliche Schadensersatzansprüche und etwaige Verjährungsfristen wird zudem eine Aufbewahrung von zehn Jahren empfohlen.[178] In diesem Zusammenhang wird allerdings auf datenschutzrechtliche Bedenken hingewiesen.[179]

X. Exkurs IX: Prüfung nach § 36 WpHG

I. Grundsatz: Jährliche Prüfungspflicht/WpDPV

224 Der Gesetzgeber sieht eine Reihe von Maßnahmen vor, um die Einhaltung der gesetzlichen Vorgaben – darunter diejenigen, die sich auf das Beratungsprotokoll beziehen – sicherzustellen. So besteht nach § 36 Abs. 1 Satz 1 WpHG grundsätzlich eine **jährliche Prüfungspflicht** für die Wertpapierdienstleistungsunternehmen.[180]

---

175 Kritisch *Strohmeyer*, ZBB 2009, 197, 201: „Gesetzgebungsorgane ... sollten sich um Klarstellung bemühen".
176 *Schäfer*, in: Festschrift Hopt, Bd. 1, S. 2427, 2438 f.
177 *Böhm*, BKR 2009, 221, 225; *Teuber*, BankPraktiker 2009, 462, 465; s. auch *Schäfer*, in: Festschrift Hopt, Bd. 1, S. 2427, 2446.
178 *Böhm*, BKR 2009, 221, 225; *Claßen*, BI 9/2009, 71.
179 *Böhm*, BKR 2009, 221, 225.
180 Eine Ausnahme von der jährlichen Prüfungspflicht enthält § 36 Abs. 1 Satz 3 WpHG, wonach Wertpapierdienstleistungsunternehmen auf Antrag ganz oder teilweise von der Prüfung befreit werden können, soweit dies aus besonderen Gründen, insbesondere wegen der Art und des Umfangs der betriebenen Geschäfte, angezeigt ist. Eine Befreiung von der Prüfung der Einhaltung der Anforderungen nach § 34a WpHG ist nicht möglich. Die Bundesanstalt hat die

Umfangreiche **Konkretisierungen zur Prüfung** der Wertpapierdienstleistungsunternehmen enthält die aufgrund der in § 36 Abs. 5 WpHG enthaltenen Ermächtigungsgrundlage erlassene Wertpapierdienstleistungs-Prüfungsverordnung (WpDPV).[181] Deren Adressaten sind allerdings nicht die Wertpapierdienstleistungsunternehmen, sondern die Prüfer. 225

Die Auswertung der Prüfungsberichte ist ein wesentlicher Baustein im **Überwachungsinstrumentarium der BaFin**. 226

II. Inhalt der Prüfung
(§ 36 Abs. 1 Satz 1 und 2 WpHG)

1. Generell

Die Prüfung erstreckt sich auf die Einhaltung der Meldepflichten nach § 9 WpHG, der im 6. Abschnitt des WpHG geregelten Pflichten sowie der sich aus der Verordnung (EG) Nr. 1287/2006 ergebenden Pflichten. 227

Nach Abs. 1 Satz 2 WpHG hat der Prüfer bei Kreditinstituten, die das Depotgeschäft i.S.v. § 1 Abs. 1 Satz 2 Nr. 5 KWG betreiben, auch dieses Geschäft besonders zu prüfen; diese Prüfung hat sich auch auf die Einhaltung der Mitteilungspflichten in § 128 AktG und die Vorgaben in § 135 AktG über die Ausübung von Stimmrechten zu erstrecken. 228

2. Im Hinblick auf die Beratung

Gem. § 4 Abs. 1 WpDPV umfasst die Prüfung auch die Einhaltung der „... Verhaltensregeln in allen Teilbereichen der Wertpapierdienstleistungen und Wertpapiernebendienstleistungen". Damit ist die **Anlageberatung** Gegenstand der WpHG-Prüfung. 229

Nach § 6 Abs. 1 Nr. 15 WpDPV sind im **Prüfbericht** u.a. „im Einzelnen" die Einhaltung der Aufzeichnungs- und Aufbewahrungspflichten nach § 34 WpHG, insbesondere die Einhaltung der Anforderungen nach § 34 Abs. 2a, 2b WpHG darzustellen. 230

In dem gem. § 5 Abs. 6 Satz 1 WpDPV zu erstellenden **Fragebogen**, in dem die wesentlichen Prüfungsergebnisse aufzuzeichnen sind, bezieht sich Nr. 19 auf das Themengebiet „Beratungsprotokoll, Einhaltung des BT 6 der MaComp". 231

Befreiungskriterien in einem Rundschreiben konkretisiert (Schreiben zur „Änderung der Ermessenskriterien im Rahmen der Prüfungsbefreiung gem. § 36 Abs. 1 Satz 3 WpHG" v. 29. Januar 2009 (abrufbar unter www.bafin.de.).

181 Verordnung über die Prüfung der Wertpapierdienstleistungsunternehmen nach § 36 des Wertpapierhandelsgesetzes (Wertpapierdienstleistungs-Prüfungsverordnung – WpDPV) vom 16. Dezember 2004, BGBl. I, S. 3515 (abrufbar unter www.bafin.de), zuletzt geändert durch Artikel 27 Absatz 4 des Gesetzes vom 4. Juli 2013, BGBl. I, S. 1981 (abrufbar unter www.bafin.de).

§ 14a Getrennte Vermögensverwahrung

(1) Wertpapierdienstleistungsunternehmen müssen bei der Auswahl, Beauftragung und regelmäßigen Überwachung von Dritten, bei denen sie nach § 34a Abs. 1 oder 2 des Wertpapierhandelsgesetzes Kundengelder oder Kundenfinanzinstrumente verwahren, mit der erforderlichen Sorgfalt und Gewissenhaftigkeit vorgehen. Insbesondere sind die fachliche Eignung und die Reputation der Dritten sowie die relevanten Vorschriften und Marktpraktiken des Dritten im Zusammenhang mit der Verwahrung zu prüfen.

(2) Bei der Auswahl eines Verwahrers mit Sitz in einem Drittstaat genügt ein Wertpapierdienstleistungsunternehmen seinen Pflichten nach Absatz 1 in Bezug auf die Verwahrung von Kundenfinanzinstrumenten nur dann, wenn der Dritte besonderen Vorschriften für die Verwahrung und einer besonderen Aufsicht unterliegt. Bei einem Dritten, der keinen besonderen Vorgaben nach Satz 1 unterliegt, dürfen Kundenfinanzinstrumente nur dann verwahrt werden, wenn die Verwahrung bei diesem wegen der Art der betreffenden Finanzinstrumente oder Wertpapierdienstleistungen erforderlich ist oder ein professioneller Kunde das Wertpapierdienstleistungsunternehmen zur Verwahrung bei einem Dritten in diesem Drittstaat zumindest in Textform angewiesen hat.

(3) Um die Rechte von Kunden an den ihnen gehörenden Geldern und Finanzinstrumenten nach § 34a Abs. 1 und 2 des Wertpapierhandelsgesetzes zu schützen, sind Wertpapierdienstleistungsunternehmen verpflichtet,

1. durch Aufzeichnungen und eine korrekte Buchführung jederzeit eine Zuordnung der von ihnen gehaltenen Gelder und Finanzinstrumente zu den einzelnen Kunden und deren Abgrenzbarkeit von eigenen Vermögenswerten zu gewährleisten,

2. ihre Aufzeichnungen und Bücher regelmäßig mit denen aller Dritten, bei denen sie nach § 34a Abs. 1 oder 2 des Wertpapierhandelsgesetzes ihren Kunden gehörende Gelder oder Finanzinstrumente verwahren, abzugleichen,

3. organisatorische Vorkehrungen zu treffen, um das Risiko eines Verlustes oder Teilverlustes von Kundengeldern oder Finanzinstrumenten oder damit verbundenen Rechten durch Pflichtverletzungen so gering wie möglich zu halten.

(4) Bei der Verwahrung von Kundengeldern nach § 34a Abs. 1 des Wertpapierhandelsgesetzes müssen Wertpapierdienstleistungsunternehmen sicherstellen, dass die Kundengelder auf einem oder mehreren separaten Konten geführt werden, die von anderen Konten, auf denen Gelder des Wertpapierdienstleistungsunternehmens geführt werden, getrennt sind.

(5) Bei der Verwahrung von Kundenfinanzinstrumenten nach § 34a Abs. 2 des Wertpapierhandelsgesetzes sind Wertpapierdienstleistungsunternehmen verpflichtet, die notwendigen Vorkehrungen zu treffen, um jederzeit eine korrekte Abgrenzbarkeit der Kundenfinanzinstrumente von den eigenen Vermögenswerten und denjenigen des mit der Verwahrung beauftragten Instituts zu gewährleisten.

(6) Ein Wertpapierdienstleistungsunternehmen muss Kunden, deren Gelder oder Finanzinstrumente es nach § 34a Abs. 1 oder 2 des Wertpapierhandelsgesetzes entgegennimmt, über Sicherungs-, Pfand- oder Verrechnungsrechte informieren, die hieran zu seinen Gunsten oder zugunsten einer Verwahrstelle bestehen oder entstehen könnten. Unterliegt die Verwahrung der Gelder oder Finanzinstrumente dem Recht eines Drittstaates, sind die Kunden hierüber zu informieren und darauf hinzuweisen, dass dies ihre Rechte an den Geldern oder Finanzinstrumenten beeinflussen kann.

(7) Privatkunden sind darüber zu informieren, wo ihre Gelder oder Finanzinstrumente bei einem Dritten verwahrt werden könnten, welche Folgen eine Zahlungsunfähigkeit einer Verwahrstelle mit Sitz im Ausland haben könnte und inwieweit das Wertpapierdienstleistungsunternehmen für das Verhalten dieser ausländischen Verwahrstelle haftet.

(8) Bevor Kundenfinanzinstrumente an einen Verwahrer mit Sitz im Ausland weitergeleitet werden, wo sie nicht von Vermögenswerten anderer Kunden, des Wertpapierdienstleistungsunternehmens oder des mit der Verwahrung Beauftragten getrennt verwahrt werden, sind Privatkunden angemessen zu unterrichten und auf die damit verbundenen Risiken eindeutig hinzuweisen.

(9) Die Bedingungen der Nutzung von Kundenfinanzinstrumenten nach § 34a Abs. 4 Satz 1 des Wertpapierhandelsgesetzes einschließlich der Bedingungen für die Beendigung der Nutzung und die mit der Nutzung verbundenen Risiken sind Privatkunden auf einem dauerhaften Datenträger zu übermitteln.

(10) Die Informationen nach den Absätzen 6 bis 9 sind an Privatkunden vor Erbringung der Wertpapierdienstleistung oder Wertpapiernebendienstleistung zu übermitteln. § 5 Abs. 3 Satz 2 gilt entsprechend. Bei professionellen Kunden gilt Satz 1 nur hinsichtlich der Informationen nach Absatz 6.

(11) Qualifizierte Geldmarktfonds im Sinne des § 34a Abs. 1 Satz 1 des Wertpapierhandelsgesetzes sind Investmentvermögen, die

1. im Inland oder in einem anderen Mitgliedstaat der Europäischen Union oder einem anderen Vertragsstaat des Abkommens über den Europäischen Wirtschaftsraum nach Maßgabe der Richtlinie 85/611/EWG des Rates vom 20. Dezember 1985 zur Koordinierung der Rechts- und Verwaltungsvorschriften betreffend bestimmte Organismen für gemeinsame Anlagen in Wertpapieren (OGAW) (ABl. EG Nr. L 375 S. 3) in der jeweils geltenden Fassung zugelassen oder ei-

ner Aufsicht über Vermögen zur gemeinschaftlichen Kapitalanlage unterstellt sind,

2. zur Erreichung ihres primären Anlageziels, das eingezahlte Kapital oder das eingezahlte Kapital zuzüglich der Erträge zu erhalten, ausschließlich in Geldmarktinstrumenten angelegt sind, die

   a) über eine Restlaufzeit von nicht mehr als 397 Tagen verfügen oder deren Rendite regelmäßig, mindestens jedoch alle 397 Tage, an die Bedingungen des Geldmarktes angepasst wird,

   b) eine gewichtete durchschnittliche Restlaufzeit von 60 Tagen haben und

   c) von mindestens einer Ratingagentur, die Geldmarktfonds regelmäßig gewerblich bewertet und im Sinne des Artikels 81 Abs. 1 der Richtlinie 2006/48/EG des Europäischen Parlaments und des Rates vom 14. Juni 2006 über die Aufnahme und Ausübung der Tätigkeiten der Kreditinstitute (ABl. EU Nr. L 177 S. 1) anerkannt ist, die höchste und von keiner solchen Ratingagentur eine schlechtere Bewertung erhalten haben,

   wobei ergänzend die Anlage in Guthaben bei einem Kreditinstitut, einer Zweigniederlassung von Kreditinstituten im Sinne des § 53b Abs. 1 Satz 1 des Kreditwesengesetzes oder vergleichbaren Instituten mit Sitz in einem Drittstaat zulässig ist, und

3. deren Wertstellung spätestens an dem auf den Rücknahmeauftrag des Anlegers folgenden Bankarbeitstag erfolgt.

Inhalt

	Rn.		Rn.
A. Überblick	1	E. Qualifizierte Geldmarktfonds	16
B. Auswahl, Beauftragung und Überwachung der Verwahrstelle (Abs. 1 und 2)	3	I. Allgemein	16
C. Schutz der Gelder und Finanzinstrumente durch Aufzeichnungen und organisatorische Vorkehrungen (Abs. 3–5)	7	II. Qualifizierte Anforderungen	19
		1. Zulässiges Investitionsvehikel (Abs. 11 Nr. 1)	20
D. Informationspflichten über Sicherungs- oder Verwertungsrechte, anwendbares Recht eines Drittstaates und Ort der Verwahrung (Abs. 6–10)	11	2. Anforderungen an zulässige Investitionen (Abs. 11 Nr. 2)	22
		3. Wertstellungszeitpunkt (Abs. 11 Nr. 3)	24

A. Überblick

§ 14a wurde mit der Ersten Verordnung zur Änderung der Wertpapier- 1
dienstleistungs-, Verhaltens- und Organisationsverordnung vom 21. November 2007 in die WpDVerOV eingefügt.[1] Die Regelung konkretisiert zum einen auf Grundlage der Ermächtigung in § 34a Abs. 5 WpHG den Umfang der Verpflichtungen zu einer getrennten Vermögensverwahrung nach § 34a Abs. 1–4 WpHG. Zum anderen wird in § 14a Abs. 11 der Begriff eines „qualifizierten Geldmarktfonds" i.S.v. § 34a Abs. 1 Satz 1 WpHG näher bestimmt.

Reguliert wird von § 34a WpHG i.V.m. § 14a die Verwahrung von Kun- 2
dengeldern und/oder Kundenfinanzinstrumenten durch ein Wertpapierdienstleistungsunternehmen, das keine Erlaubnis zum Betreiben des Einlagengeschäfts i.S.v. § 1 Abs. 1 Satz 2 Nr. 1 KWG bzw. des Depotgeschäfts i.S.v. § 1 Abs. 1 Satz 2 Nr. 5 KWG besitzt. Solche Unternehmen fallen nicht unter die bankaufsichtsrechtlichen Regelungen des KWG und unterliegen nicht den anlegerschützenden Vorschriften des Depotgesetzes. Dennoch können ihnen Geld und Finanzinstrumente überlassen werden. Durch § 34a WpHG, § 14a soll das Vermögen der Kunden in der Insolvenz solcher Wertpapierdienstleistungsunternehmen geschützt werden.[2]

B. Auswahl, Beauftragung und Überwachung der Verwahrstelle (Abs. 1 und 2)

Nach § 34a Abs. 1 Satz 1 WpHG müssen Wertpapierdienstleistungsun- 3
ternehmen, die keine Erlaubnis für das Einlagengeschäft i.S.v. § 1 Abs. 1 Satz 2 Nr. 1 KWG besitzen, Kundengelder gesondert auf einem **Treuhandkonto** verwahren.[3] Dieses Treuhandkonto muss bei einem Kreditinstitut geführt werden, das die **Erlaubnis für das Einlagengeschäft** besitzt. Dies kann auch ein Einlagenkreditinstitut oder ein Wertpapierhandelsunternehmen mit Sitz in einem anderen Staat des EWR sein, das die Voraussetzungen von § 53b Abs. 1 Satz 1 KWG erfüllt und durch eine Zweigniederlassung oder im Wege des grenzüberschreitenden Dienstleistungsverkehr im Inland tätig ist. Ein Institut in einem Drittstaat kann gewählt werden, wenn es die gleiche Sicherheit wie ein inländisches Institut bietet.[4] Von § 34a Abs. 1 Satz 1 WpHG vorgesehen, aber ohne praktische Bedeutung,[5] ist die Verwahrung der Kundengelder bei einer **Zentralbank**. Als letzte Möglichkeit sieht § 34a Abs. 1 Satz 1 WpHG die Verwahrung der Kundengelder bei einem **qualifizierten Geldmarktfonds** vor.

---

1 Erste Verordnung zur Änderung der Wertpapierdienstleistungs-Verhaltens- und Organisationsverordnung vom 21. November 2007, BGBl. I, S. 2602.
2 S. Erwägungsgrund Nr. 26 MiFID; vgl. auch *Möllers*, in: KK-WpHG, § 34a Rn. 1.
3 Zu den Anforderungen an das Treuhandkonto vgl. *du Buisson*, WM 2009, 834, 836.
4 *Möllers*, in: KK-WpHG, § 34a Rn. 42
5 S. hierzu *Möllers*, in: KK-WpHG, § 34a Rn. 44.

4 Nach § 34a Abs. 2 Satz 1 WpHG müssen Wertpapierdienstleistungsunternehmen, die keine Erlaubnis für das Depotgeschäft i.s.v. § 1 Abs. 1 Satz 2 Nr. 5 KWG besitzen, die *Wertpapiere* (gemeint sind **Finanzinstrumente**)[6] ihrer Kunden bei einem in- oder ausländischen Kreditinstitut verwahren, das die Erlaubnis zum Betreiben des Depotgeschäfts besitzt.

5 § 14a Abs. 1 stellt Anforderungen an die **Auswahl, Beauftragung** und **Überwachung** einer Verwahrstelle für Kundengelder oder Kundenfinanzinstrumente auf. Die Regelung dient der Umsetzung von Art. 17 Abs. 1 und 18 Abs. 3 MiFID-DRL. Kundengelder oder Kundenfinanzinstrumente im Sinne der Vorschrift sind solche, die einer natürlichen oder juristischen Person, für die die Wertpapierdienstleistung angebahnt oder erbracht wird, zugeordnet werden können.[7] Gem. § 14a Abs. 1 Satz 1 muss das Wertpapierdienstleistungsunternehmen bei der Auswahl, Beauftragung und Überwachung des Drittverwahrers **sorgfältig** und **gewissenhaft** handeln. § 14a Abs. 1 Satz 2 verlangt hierfür, dass die **fachliche Eignung** und **Reputation** des Verwahrers ebenso geprüft wird wie die relevanten Vorschriften und Marktpraktiken. Zudem muss eine ordnungsgemäße Vereinbarung mit dem Drittverwahrer über die Verwahrung der Kundenvermögenswerte geschlossen werden.[8]

6 Bei inländischen Verwahrern und Verwahrern aus einem anderen EWR-Staat i.S.v. § 53b Abs. 1 Satz 1 KWG dürfte die **fachliche Eignung** und **Reputation** regelmäßig bereits dadurch zu bejahen sein, dass ihre Tätigkeit im Inland bzw. in dem anderen EWR-Staat aufsichtsrechtlich erlaubt und überwacht ist. Bei der Auswahl eines Verwahrers für Finanzinstrumente aus einem Drittstaat muss das Wertpapierdienstleistungsunternehmen nach § 14a Abs. 2 Satz 1 zum einen feststellen, dass er besonderen Vorschriften für die Verwahrung unterliegt, die i.S.v. § 34a Abs. 2 Satz 1 eine dem **Depotgesetz vergleichbare Rechtsstellung** vermitteln. Zum anderen muss der ausländische Verwahrer einer **besonderen Aufsicht** unterliegen. Besondere Vorschriften für die Verwahrung sind dann zu bejahen, wenn die Finanzinstrumente vor einem Zugriff der Gläubiger des Wertpapierdienstleistungsunternehmens und des Verwahrers geschützt sind. Eine Eigentümerstellung im Sinne des deutschen Sachenrechts ist hierbei nicht notwendig, ausreichend ist die Begründung eines Treuhandverhält-

---

6 § 34a Abs. 2 WpHG gilt trotz seines Wortlautes für alle Finanzinstrumente i.s.v. § 2 Abs. 2b WpHG und nicht nur für Wertpapiere i.S.v. § 2 Abs. 1 WpHG. Dies wird durch § 14a deutlich, der anstelle von Wertpapieren stets auf Finanzinstrumente abstellt. Vgl. hierzu *Möllers*, in: KK-WpHG, § 34a Rn. 76.

7 *Koller*, in: Assmann/Schneider, § 34a Rn. 4, der auch geeignete Gegenparteien unter den Kundenbegriff subsumiert; abweichend hierzu: *Fuchs*, in: Fuchs, § 34a Rn. 8 (... insbesondere ...).

8 Entwurf einer Begründung des Bundesministeriums der Finanzen zur Ersten Verordnung zur Änderung der Wertpapierdienstleistungs-Verhaltens- und Organisationsverordnung vom 21. November 2007, Bundesverband Öffentlicher Banken Deutschlands, 2007, Das Finanzmarktrichtlinie-Umsetzungsgesetz, Neue Anforderungen an das Wertpapiergeschäft in Deutschland, S. 511.

nisses.[9] Eine **besondere Aufsicht** ist dann zu bejahen, wenn der ausländische Verwahrer von einer Behörde so beaufsichtigt wird, wie die BaFin das inländische Depotgeschäft beaufsichtigt. Allgemein werden die Zentralverwahrer in den EU-Ländern Belgien, Dänemark, Frankreich, Großbritannien, Italien, Niederlande, Spanien, Österreich und die Zentralverwahrer in Japan, Kanada, der Schweiz und in den USA als gleichwertig angesehen.[10]

C. Schutz der Gelder und Finanzinstrumente durch Aufzeichnungen und organisatorische Vorkehrungen (Abs. 3–5)

§ 14a Abs. 3 konkretisiert § 34a Abs. 1 und 2 WpHG im Hinblick auf Organisations- und Dokumentationspflichten und verlangt, dass Wertpapierdienstleistungsunternehmen

- gewährleisten, dass Gelder und Finanzinstrumente jederzeit **einzelnen Kunden zugeordnet** werden können, was entsprechende Aufzeichnungen und eine korrekte Buchführung erfordert,

- ihre **Aufzeichnungen und Bücher** regemäßig mit den von ihnen eingeschalteten Verwahrern abgleichen und

- **organisatorische Vorkehrungen** treffen, um das Risiko zu verringern, dass Kundengelder oder Finanzinstrumente (teilweise) verloren gehen.

Damit setzt § 14a Abs. 3 die Regelungen aus Art. 16 Abs. 1 lit. a–c und f MiFID-DRL um. Im Gegensatz zu § 34 WpHG, §14 dient die Vorschrift nicht der Dokumentation der Durchführung von Wertpapierdienstleistungen, sondern der Aufzeichnung innerbetrieblicher bzw. organisatorischer Vorgänge. Die Aufzeichnungen sollen das Kundenvermögen schützen und jederzeit eine Zuordnung der Vermögenswerte zu einem bestimmten Kunden gewährleisten. Mit der Verpflichtung aus § 14a Abs. 3 Nr. 2 soll sichergestellt werden, dass sich die Kundenbestände bei dem Wertpapierdienstleistungsunternehmen und bei dem eingeschalteten Verwahrer gleichlautend entwickeln und keine divergierenden Kundenbestände entstehen.

§ 14a Abs. 4 betont in Umsetzung von Art. 16 Abs. 1 lit. e MiFID-DRL, dass Kundengelder auf „einem oder mehreren separaten Konten" zu führen sind. Diese müssen eindeutig abgegrenzt von den Konten sein, auf denen Gelder des Wertpapierdienstleistungsunternehmens geführt werden. Hierfür ist die Errichtung eines **offenen Treuhandkontos** notwendig. Dieses sollte – entsprechend den Anforderungen der höchstrichterlichen

---

9 *Koller*, in: Assmann/Schneider, § 34a Rn. 24.
10 *Möllers*, in: KK-WpHG, § 34a Rn. 83; *Koller*, in: Assmann/Schneider, § 34a Rn. 24.

Zivilrechtsprechung an Treuhandkonten[11] – ausdrücklich als „Treuhandkonto" bezeichnet werden.[12] Das Konto kann als **Vollrechtstreuhandkonto** oder als **Ermächtigungstreuhandkonto** geführt werden.[13] Grundsätzlich ist für jeden Kunden ein separates Konto einzurichten. Eine Sammelverwahrung von Kundengeldern ist aber gem. § 34a Abs. 1 Satz 2 WpHG zulässig, wenn der Kunde durch eine individuelle Vertragsabrede – also nicht durch eine Vereinbarung im Rahmen von AGB –[14] eine entsprechende Weisung erteilt hat.[15]

9 § 14a Abs. 5 verpflichtet Wertpapierdienstleistungsunternehmen dazu, durch geeignete Vorkehrungen die jederzeitige und korrekte Abgrenzbarkeit der **Kundenfinanzinstrumente** von den eigenen Vermögenswerten und denen des mit der Verwahrung beauftragten Dritten sicherzustellen. Eine Drittverwahrung kann überhaupt nur erfolgen, wenn die Finanzinstrumente **depotfähig**[16] i.S.v. § 1 DepotG sind.[17] Durch die Trennung der jeweiligen Bestände wird die jederzeitige Zuordnung von Finanzinstrumenten zu einem bestimmten Kunden sichergestellt.[18] Da das **Depotgeschäft im Inland** nur durch Institute erbracht werden darf, die über die notwendige Erlaubnis gem. § 1 Abs. 1 Satz 2 Nr. 5 KWG verfügen, unterfällt die Drittverwahrung in Deutschland dem DepotG und bietet mithin einen weitgehenden Schutz für den Fall der Zahlungsunfähigkeit des Verwahrers sowie treuwidriger Verfügungen.[19]

10 Die korrekte Abgrenzbarkeit muss stets und ohne besondere Maßnahmen sichergestellt sein. In Bezug auf die bestandsmäßige Trennung wird beispielsweise die unterschiedliche Bezeichnung der Finanzinstrumente in den Büchern des Drittverwahrers als geeignet angesehen.[20] Es kommen für die Segregation der Kundenfinanzinstrumente aber auch andere Maßnahmen in Betracht, wenn und soweit die Schutzwirkung der Norm hierdurch erreicht wird.[21]

---

11 BGH WM 1973, 894.
12 *Möllers*, in: KK-WpHG § 34a Rn. 47.
13 *Koller*, in: Assmann/Schneider, § 34a Rn. 5; kritisch dazu, dass das Gesetz auch ein Vollrechtstreuhandkonto zulässt, *Möllers*, in: KK-WpHG, § 34a Rn. 49. Zu den Arten von Treuhandkonten näher *Hadding/Häuser*, in: Schimansky/Bunte/Lwowski, § 37 Rn. 32 f.
14 *Koller*, in: Assmann/Schneider, § 34a Rn. 17.
15 Die europarechtliche Zulässigkeit dieser Einschränkung verneint *Möllers*, in: KK-WpHG, § 34a Rn. 58 ff.
16 Depotfähig sind Wertpapiere i.S.d. § 1 Abs. 1 DepotG. Hierzu gehören Aktien, Kuxe, Zwischenscheine, Zins-, Gewinnanteil- und Erneuerungsscheine sowie auf den Inhaber lautende oder durch Indossament übertragbare Schuldverschreibungen.
17 *Koller*, in: Assmann/Schneider, § 34a Rn. 19.
18 *Koller*, in: Assmann/Schneider, § 34a Rn. 18.
19 *Fuchs*, in: Fuchs, § 34a Rn. 20.
20 Vgl. Art. 16 Abs. 1 lit. d MiFID-DRL.
21 Vgl. Art. 16 Abs. 1 lit. d MiFID-DRL.

D. Informationspflichten über Sicherungs- oder Verwertungsrechte, anwendbares Recht eines Drittstaates und Ort der Verwahrung (Abs. 6–10)

§ 14a Abs. 6 Satz 1 legt fest, dass Wertpapierdienstleistungsunternehmen die Pflicht zur Information über die **Sicherungs-, Pfand- oder Verrechnungsrechte** trifft, die zu ihren Gunsten oder zugunsten einer Verwahrstelle in Bezug auf die entgegengenommenen Kundengelder oder -finanzinstrumente bestehen bzw. entstehen könnten. Gem. § 14a Abs. 6 Satz 2 muss der Kunde zusätzlich unterrichtet werden, wenn die Verwahrung der Gelder oder Finanzinstrumente in einem Drittstaat erfolgt. Die Informationen sollen den Kunden in die Lage versetzen, sich über die Beeinträchtigung seiner Vermögenswerte durch Dritte ein Bild zu machen, um auf Basis dieses Informationsstandes eine Anlageentscheidung treffen zu können.[22] In § 14a Abs. 6 wird nicht zwischen den verschiedenen **Kundenkategorien** unterschieden. Damit gilt die Vorschrift für alle Kunden i.S.v. § 31a WpHG, mithin für Privatkunden (§ 31a Abs. 3 WpHG), für professionelle Kunden (§ 31a Abs. 2 WpHG) und für geeignete Gegenparteien (Art. 31a Abs. 4, § 31b WpHG).[23]

11

§ 14a Abs. 7–9 legen besondere **Informationspflichten** gegenüber **Privatkunden** fest. Gem. § 14a Abs. 7 ist ein Privatkunde darüber zu informieren, wo Gelder bzw. Finanzinstrumente verwahrt werden. Dabei müssen der **Name und die Anschrift der Verwahrstelle** und die **Kontobezeichnung** genannt werden.[24] Bei der Verwahrung im Ausland muss der Kunde zudem darüber unterrichtet werden, welche rechtlichen Auswirkungen eine Zahlungsunfähigkeit des Drittverwahrers auf die Kundenvermögen haben kann und in welchem Umfang sein Wertpapierdienstleistungsunternehmen für das Verhalten des Drittverwahrers haftet.

12

§ 14a Abs. 8 legt in Umsetzung von Art. 32 Abs. 3 und 4 MiFID-DRL fest, dass Privatkunden vor einer Verwahrung von Finanzinstrumenten im Ausland darüber zu informieren sind, dass dort die Vermögenswerte des Kunden nicht getrennt von Vermögenswerten anderer Kunden oder des Wertpapierdienstleistungsunternehmens verwahrt werden. Darüber hinaus müssen einem Privatkunden die hieraus entstehenden rechtlichen Risiken angemessen und eindeutig dargestellt werden. Dabei muss dem Kunden insbesondere erläutert werden, inwieweit der Schutz gegen die Verfügungen über fremdes Vermögen und gegen den Zugriff Dritter eingeschränkt sein kann.

13

Durch § 14a Abs. 9 werden Wertpapierdienstleistungsunternehmen verpflichtet, Privatkunden auf einem dauerhaften Datenträger über die Bedingungen zu informieren, unter denen sie deren Finanzinstrumente **für eigene Rechnung oder für Rechnung eines anderen Kunden** nutzen kön-

14

---

22 *Schäfer/Lang*, in: Clouth/Lang, Rn. 114.
23 *Koller*, in: Assmann/Schneider, § 34a Rn. 4.
24 *Koller*, in: Assmann/Schneider, § 34a Rn. 25.

nen. § 34a Abs. 4 WpHG erlaubt unter bestimmten Voraussetzungen eine solche Nutzung und verweist auf Wertpapierfinanzierungsgeschäfte.[25] Zu dieser Nutzung muss ein Kunde jedoch ausdrücklich sein Einverständnis erklärt haben.[26] Die Verpflichtung in § 14a Abs. 9 umfasst Informationen über die Nutzungsbedingungen als solche, über die Bedingungen zur Beendigung der Nutzung und über die mit der Nutzung verbundenen Risiken.[27]

15 Grundsätzlich bestehen die Informationspflichten **vor der Erbringung von Wertpapierdienstleistungen oder Wertpapiernebendienstleistungen**.[28] Dies bekräftigt § 14a Abs. 10 für die Informationen **gegenüber Privatkunden** gem. § 14a Abs. 6–9. Im Hinblick auf die Erteilung einer telefonischen Weisung oder unter Verwendung eines anderen Fernkommunikationsmittels sieht die Vorschrift aber eine entsprechende Anwendung von § 5 Abs. 3 Satz 2 vor, so dass die Informationsübermittlung in diesen Fällen unverzüglich **nach dem Beginn der Ausführung** der Wertpapier(neben)dienstleistung erfolgen kann.[29]

E. Qualifizierte Geldmarktfonds

I. Allgemein

16 Alternativ zu der Verwahrung der Kundengelder auf einem Treuhandkonto erlaubt § 34a Abs. 1 Satz 1 WpHG die Verwahrung der Kundengelder in einem **qualifizierten Geldmarktfonds**, sofern der Kunde einer solchen Verwahrung zugestimmt hat (§ 34a Abs. 1 Satz 3 WpHG). In § 14 Abs. 11 werden die Anforderungen für die Einstufung als qualifizierter Geldmarktfonds beschrieben. Damit wird Art. 18 Abs. 2 MiFID-DRL umgesetzt.

17 Als qualifizierte Geldmarktfonds sind Investmentvermögen (§ 1 Abs. 1 Satz 1 KAGB) anzusehen, die

– ein entweder im Inland, in einem Mitgliedsstaat der EU oder in einem anderen Staat des Europäischen Wirtschaftsraums zugelassener oder beaufsichtigter Organismus für gemeinsame Anlagen in Wertpapiere (**OGAW**)[30] sind (§ 14a Abs. 11 Nr. 1),

---

25 Vgl. Art. 19 Abs. 1 MiFID-DRL, dessen Umsetzung in nationales Recht durch § 34a Abs. 4 WpHG erfolgte, s. Begr. RegE FRUG, BT-Drs. 16/4028, S. 76.
26 *Fuchs*, in: Fuchs, § 34a Rn. 26.
27 *Fuchs*, in: Fuchs, § 34a Rn. 26; *Koller*, in: Assmann/Schneider, § 34a Rn. 29.
28 Vgl. Art. 29 Abs. 2 und 3 MiFID-DRL.
29 S. zu den Voraussetzungen § 5 Rn. 103 f.
30 Richtlinie 85/611/EWG des Rates vom 20. Dezember 1985 zur Koordinierung der Rechts- und Verwaltungsvorschriften betreffend bestimmte Organismen für gemeinsame Anlagen in Wertpapiere (OGAW), neugefasst durch die Richtlinie 2009/65/EG vom 13. Juli 2009, zuletzt geändert durch die Richtlinie 2014/91/EG (OGAW V).

- das eingezahlte Kapital (ggf. zuzüglich der Erträge) ausschließlich in **Geldmarktinstrumente** anlegt, die die Voraussetzungen der Nr. 2 lit. a–c erfüllen, und

- bei dem spätestens an dem auf den Rücknahmeantrag folgenden Bankarbeitstag die Wertstellung erfolgt (§ 14a Abs. 11 Nr. 3).

Voraussetzung für das Vorliegen eines qualifizierten Geldmarktfonds ist das kumulative Zusammentreffen dieser Anforderungen.[31]

Zwar lässt sich aus den Anforderungen des § 14 Abs. 11 das zulässige Investitionsvehikel für die Verwahrung der Kundengelder eingrenzen, eine Definition des Geldmarktfonds findet sich in der Vorschrift indes nicht. Geldmarktfonds sind dadurch geprägt, dass sie die Anlegergelder in kurzfristige Anlagen investieren, wobei sich die Kurzfristigkeit nach der Restlaufzeit der Anlageform bestimmt. Darüber hinaus zeichnen sich Geldmarktfonds durch das Recht des Anlegers auf jederzeitige Rückgabe der Anteile ohne zeitliche oder betragsmäßige Beschränkungen aus.[32] Eine Definition von Geldmarktfonds findet sich in den Leitlinien des ehemaligen Committee of European Securities Regulators (CESR[33]) zu kurzfristigen Geldmarktfonds,[34] welche zuletzt durch die ESMA überarbeitet wurden.[35] 18

II. Qualifizierte Anforderungen

Im Einzelnen lassen sich vor diesem Hintergrund die Voraussetzungen für qualifizierte Geldmarktfonds i.S.v. § 14a Abs. 11 wie folgt näher bestimmen: 19

1. Zulässiges Investitionsvehikel (Abs. 11 Nr. 1)

Die Anlage der Kundengelder darf nur in Organismen für gemeinsame Anlagen in Wertpapiere (OGAW) erfolgen. § 14a Abs. 11 Nr. 1 verweist auf die Richtlinie 85/611/EWG (OGAW-Richtlinie). Diese wurde 20

---

31 Vgl. Art. 18 Abs. 2 MiFID-DRL.
32 *Baur*, in: Assmann/Schütze, § 20 Rn. 124.
33 CESR war der unabhängige Ausschuss der europäischen Wertpapieraufseher. Mit Wirkung zum 1. Januar 2011 ist CESR im Wege der Errichtung eines Europäischen Finanzaufsichtssystems in der Europäischen Wertpapier- und Marktaufsichtsbehörde (European Securities and Markets Authority, ESMA) aufgegangen.
34 CESR´s Guidelines on a common definition of European money market funds v. 19. Mai 2010, CESR/10-049, S. 7 f.; vgl. auch Richtlinie zur Festlegung von Fondskategorien gemäß § 4 Absatz 2 Kapitalanlagegesetzbuch und weitere Transparenzanforderungen an bestimmte Fondskategorien der BaFin vom 22. Juli 2013.
35 ESMA Opinion Review of the CESR guidelines on a Common Definition of European Money Market Funds v. 22. August 2014, ESMA/2014/1103, zu den Anforderungen an Geldmarktfonds S. 8 f.

durch die Richtlinie 2009/65/EG neugefasst und zuletzt durch die Richtlinie 2014/91/EG (OGAW V) geändert. Gem. Art. 1 Abs. 2 dieser Richtlinie sind OGAW Fonds, die Kundengelder für gemeinsame Rechnung unter Beachtung der Risikoverteilung in Wertpapiere oder andere liquide Finanzanlagen (z.B. Geldmarktinstrumente) anlegen und die Anteile des Anlegers zu Lasten des Fonds zurücknehmen. Die Beschränkung auf das Investitionsvehikel „OGAW" dient dem Anlegerschutz, da OGAW umfassend reguliert sind und im besonderen Maße der Aufsicht unterliegen.[36]

21 Auch der Verordnungsvorschlag der Europäischen Kommission zur Regulierung von Geldmarktfonds (Kommissionsentwurf Geldmarktfonds-VO)[37] sieht in Art. 3 Abs. 1 vor, dass innerhalb der EU ausschließlich Organismen für gemeinsame Anlagen als Geldmarktfonds zugelassen werden dürfen. Neben OGAW sind dies nach dem Verordnungsvorschlag nur noch alternative Investmentfonds (AIF), die auf europäischer Ebene durch die Richtlinie 2011/61/EU über die Verwalter alternativer Investmentfonds (AIFMD) und auf nationaler Ebene durch das KAGB umfassend reguliert werden. Der Grund für die (bisherige) Beschränkung auf OGAW in § 14a WpHG liegt darin, dass zum Zeitpunkt seiner Einfügung Geldmarktfonds überwiegend als OGAW operiert haben und eine Regulierung von AIF fehlte.

2. Anforderungen an zulässige Investitionen (Abs. 11 Nr. 2)

22 Als weitere Anforderung schreibt § 14a Abs. 11 Nr. 2 vor, dass Kundengelder nur in solche OGAW angelegt werden dürfen, die ausschließlich in **Geldmarktinstrumente** investieren. Der Begriff der Geldmarktinstrumente wird in § 2 Abs. 1a WpHG negativ von § 2 Abs. 1 WpHG abgegrenzt. Danach sind Geldmarktinstrumente solche, die **üblicherweise auf dem Geldmarkt gehandelt** werden und nicht bereits in § 2 Abs. 1 WpHG benannt sind. Es muss sich daher um Instrumente handeln, die tatsächlich auch auf einem bestehenden Markt gehandelt werden.[38]

23 Neben der ausschließlichen Anlage in Geldmarktinstrumente statuiert § 14a Abs. 11 Nr. 2 weitere Voraussetzungen hinsichtlich der Laufzeit und der Bewertung der Geldmarktinstrumente.

– Abs. 11 Nr. 2 lit. a erfordert eine **Restlaufzeit** von nicht mehr als 397 Tagen oder eine regelmäßige Anpassung der Rendite nach höchstens 397 Tage. Diese Regelung dient zur Limitierung des Kreditrisikos. Die Restlaufzeit wird bestimmt durch den Zeitpunkt der rechtlichen Kapitaltilgung. Alternativ hierzu lässt die Regelung die **Anpassung der Rendite** an die Gegebenheiten des Geldmarktes zu. Damit soll dem Umstand der Veränderlichkeit der Geldmarktzinsen und der Reagibilität des Fonds auf solche Veränderungen Rechnung getragen werden.

---

36 Vgl. etwa die besonderen Zulassungsvoraussetzungen auf nationaler Ebene in §§ 162 ff. KAGB.
37 Vgl. Vorschlag für eine Verordnung des Europäischen Parlaments und des Rates über Geldmarktfonds (COM(2013) 615 final) vom 4. September 2013.
38 *Assmann*, in: Assmann/Schneider, § 2 Rn. 36; *Fuchs*, in: Fuchs, § 2 Rn. 36.

- Die **gewichtete durchschnittliche Restlaufzeit** soll 60 Tage betragen. Unter der gewichteten durchschnittlichen Restlaufzeit (Weighted Average Life – WAL) ist die durchschnittliche Zeitspanne bis zur rechtlichen Fälligkeit aller Basiswerte im Fonds zu verstehen, die die relativen Bestände an jedem einzelnen Vermögenswert widerspiegeln.[39] Damit sind die Anforderungen an die WAL in Abs. 11 Nr. 2 lit. b deutlich strenger, als dies in den Leitlinien von CESR oder in dem Kommissionsentwurf Geldmarktfonds-VO vorgesehen ist. Dort wird die WAL mit 120 Tagen angegeben.[40] Die WAL ist jedoch nicht zu verwechseln mit der **durchschnittlichen gewichteten Zinsbindungsdauer** (Weighted Average Maturity – WAM), die sowohl in den Leitlinien von CESR[41] als auch im Kommissionsvorschlag[42] mit 60 Tagen angegeben wird. Bei der WAM wird der Zeitraum der nächsten Zinsanpassung berücksichtigt, wenn dieser kürzer ist als die durchschnittliche Zeitspanne bis zur rechtlichen Fälligkeit. Die WAM bewertet daher die Möglichkeit des Geldmarktfonds, auf Veränderungen bei den Geldmarktzinsen zu reagieren,[43] wohingegen die WAL das Kreditrisiko bewertet,[44] welches umso höher ist, je später die Rückzahlung des Kapitalertrages erfolgt. Art. 18 Abs. 2 lit. b spricht von einer durchschnittlichen Laufzeit. Dem Kontext des Art. 18 Abs. 2 lit. b ist jedoch zu entnehmen, dass der Normgeber tatsächlich eine Restlaufzeit von 60 Tagen und nicht die Zinsbindungsdauer im Blick hatte, weshalb vorliegend nicht von einem Redaktionsversehen auszugehen sein dürfte. Durch die kurze WAL wird das Kreditrisiko des OGAW entsprechend limitiert.

- Darüber hinaus sieht die Vorschrift vor, dass die Geldmarktinstrumente durch mindestens eine **anerkannte Ratingagentur** die höchste Bewertung und von keiner weiteren anerkannten Ratingagentur eine schlechtere Bewertung erhalten haben. Durch das externe Rating soll zum einen sichergestellt werden, dass der Geldmarktfonds nur in **Vermögenswerte bester Qualität** investiert. Zum anderen wird hierdurch das Risikogewicht bestimmt.[45] Die Anerkennung der Ratingagentur erfolgt durch die zuständige Behörde. Dabei hat diese zu prüfen,

---

39 Vgl. CESR-Leitlinien zu Geldmarktfonds (CESR/10-049), S. 5; ESMA Opinion (ESMA/2014/1103), S. 6.
40 Vgl. CESR-Leitlinien zu Geldmarktfonds (CESR/10-049), S. 8; ESMA Opinion (ESMA/2014/1103), S. 9; Art. 21 lit. b Kommissionsentwurf Geldmarktfonds-VO (COM(2013) 615 final).
41 Vgl. CESR-Leitlinien zu Geldmarktfonds (CESR/10-049), S. 8; ESMA Opinion (ESMA/2014/1103), S. 9.
42 Vgl. Art. 21 lit. a Entwurf Geldmarktfonds-VO (COM(2013) 615 final).
43 Kommissionsentwurf Geldmarktfonds-VO (COM(2013) 615 final), Erwägungsgrund Nr. 33.
44 Kommissionsentwurf Geldmarktfonds-VO (COM(2013) 615 final), Erwägungsgrund Nr. 34.
45 Vgl. Art. 81 Abs. 1 Richtlinie 2006/48/EG des Europäischen Parlaments und des Rates vom 14. Juni 2006 über die Aufnahme und Ausübung der Tätigkeit der Kreditinstitute (CRD).

ob die Anforderungen an Objektivität, Unabhängigkeit, Transparenz eingehalten werden und die Ratingmethode kontinuierlich überprüft wird.[46] Ratingagenturen, die im Sinne der **EU-Ratingverordnung** zugelassen sind, gelten per se als zugelassen im obigen Sinne.[47] Die Anforderungen stehen aber nunmehr im Konflikt mit den Bestimmungen der neugefassten EU-Ratingverordnung,[48] wonach der übermäßige Rückgriff auf Ratings abgebaut und Marktteilnehmer zur Einrichtung interner Bewertungsverfahren angeregt werden sollen.[49] Der Kommissionsentwurf zur Geldmarkt-VO sieht daher auch die Einrichtung von rigorosen internen Bewertungsverfahren zur Bestimmung der Kreditqualität der Geldmarktinstrumente, in die investiert werden soll, vor.[50] Auch die ESMA Opinion zu Geldmarktfonds enthält hier eine wesentliche Änderung zu den CESR Guidelines und empfiehlt nunmehr einen Abgleich zwischen dem Rating der Ratingagenturen mit dem internen Bewertungsverfahren.[51]

Alternativ zur Anlage der Kundengelder in Geldmarktinstrumente ist die Anlage in Guthaben bei einem Kreditinstitut i.S.d. § 53b Abs. 1 Satz 1 KWG oder vergleichbaren Instituten mit Sitz in einem Drittstaat zulässig.

3. Wertstellungszeitpunkt (Abs. 11 Nr. 3)

24 Als letztes kumulatives Merkmal muss gem. § 14a Abs. 11 Nr. 3 auf den **Rücknahmeantrag** des Anlegers die **Wertstellung** spätestens am darauffolgenden Bankarbeitstag erfolgen. Wertstellung bezeichnet den Zeitpunkt, an welchem das Guthaben auf dem Kundenkonto wirksam wird. Mit dem Rücknahmeantrag wird der Abrechnungsstichtag und mithin der Rücknahmepreis festgelegt. Der Rücknahmepreis entspricht dem am Abrechnungsstichtag ermittelten Anteilswert.

§ 15 Inkrafttreten

(1) Diese Verordnung tritt vorbehaltlich des Absatzes 2 am 1. November 2007 in Kraft.

(2) § 14 tritt am 1. Januar 2008 in Kraft.

---

46 Vgl. Art. 81 Abs. 2 CRD (2006/48/EG).
47 Vgl. Art. 81 Abs. 2 CRD (2006/48/EG).
48 Verordnung (EU) Nr. 462/2013 des Europäischen Parlaments und des Rates vom 21. Mai 2013 zur Änderung der Verordnung (EG) Nr. 1060/2009 über Ratingagenturen.
49 Vgl. EU-Ratingverordnung ((EU) Nr. 462/2013/EG), Erwägungsgrund Nr. 9.
50 Vgl. Kommissionsentwurf Geldmarktfonds-VO (COM(2013) 615 final), Erwägungsgrund Nr. 29.
51 Vgl. ESMA Opinion (ESMA/2014/1103), S. 8, Box 2, Nr. 4.

Stichwortverzeichnis

Die Vorschriften sind halbfett, die Randnummern mager gedruckt.

A
Aggregation von Aufträgen
§ 10 1
– Aufzeichnungen **§ 10** 19
– Benachteiligung des Kunden
§ 10 10
– Erfassung **§ 10** 3
– Externe Vermögensverwaltung
§ 10 16
– Finanzportfolioverwaltung **§ 10** 20
– Interessenwahrungspflicht **§ 10** 4, 6
– Ordnungsgemäße Bearbeitung
§ 10 4
– Organisationspflicht **§ 10** 5
– Prioritätsprinzip **§ 10** 8
– Zusammenlegung mit Eigengeschäften **§ 10** 23 ff.
Anforderung an die Organisation
§ 12 1
– Adressaten des Pflichtenkatalogs **§ 12** 38
– Bedeutung der MiFID-DRL
§ 12 6
– Compliance-System **§ 12** 15, 32 ff.
– Festlegung der Verantwortlichen **§ 12** 110
– Kontroll- und Überwachungshandlungen **§ 12** 106
– Maßnahmen im Geschäftsbetrieb **§ 12** 62
– Maßnahmen zur Risikobeschränkung **§ 12** 112 ff.
– Nichtbeachtung als Ordnungswidrigkeit **§ 12** 28 ff.
– Proportionalitätsgrundsatz **§ 12** 182
– Risikoanalyse **§ 12** 100
– Trennung der Honoraranlagenberatung **§ 12** 183
– Überwachungsmaßnahmen
§ 12 107
– Verhältnis zu MaComp und MaRisk **§ 12** 11
– Verletzung durch Mitarbeiter
§ 12 80
Anlageberatung **§ 14 VI** 39
Anlageziele **§ 6** 37
– Anlagedauer **§ 6** 38
– Anlagezweck **§ 6** 43
– Erforderlichkeit der Feststellung **§ 6** 44
– Risikobereitschaft **§ 6** 40
Auftragsausführung **§ 11** 19 ff.
Ausführungsgrundsätze **§ 11** 5
Ausführungsplätze **§ 11** 13 ff.
– Market Maker **§ 11** 17
– Multilaterales Handelssystem
§ 11 15
– Organisierter Markt **§ 11** 14
– Sonstige Ausführungsplätze
§ 11 18
– Systematischer Internalisierer
§ 11 16
Ausgewogenheit von Vorteilen und Risiken **§ 4** 19

B
Back Testing **§ 11** 28
Benchmark **§ 5** 72
Beratung **§ 6** 5
Beratungsprotokoll **§ 14 VI** 1 ff.
– Anlagevermittlung **§ 14 VI** 54
– Aufbewahrungspflichten **§ 14** 14
– Ausführungsgrundsätze **§ 14 VI** 8
– Beweislast **§ 14 VI** 35 f., 53, 142
– Durchsetzbarkeit von Ansprüchen **§ 14 VI** 17

- Einschränkung der Produktpalette § 14 VI 23
- Empfehlung § 14 VI 40, 124
- Falschberatung § 14 VI 14
- Finanzinstrumente § 14 VI 45
- Finanzportfolioverwaltung § 14 4, 6
- Folgeberatungen § 14 VI 50
- Folgen des Rücktritts § 14 VI 141
- Form und Dauerhaftigkeit § 14 VI 1, 16
- Geeignete Gegenpartei § 14 VI 5, 64
- Herabstufung („Opt-Out") § 14 VI 66
- Heraufstufung („Opt-In") § 14 VI 66
- Informationsverbreitungskanäle § 14 VI 47
- Interessenkonflikt § 14 VI 13
- Kundenangaben § 14 VI 12
- Kundengruppen § 14 VI 61
- Mitarbeiter- und Beschwerderegister § 14 VI 32
- Organisationsanweisung § 14 VI 15
- Privatkunde § 14 VI 63
- Professioneller Kunde § 14 VI 5, 62
- Protokollübermittlung § 14 VI 133
- Recht zum Rücktritt § 14 VI 139
- Rücktrittsfrist § 14 VI 140
- Sanktionsmöglichkeiten der BaFin § 14 VI 202
- Schädigung von Anlegern § 14 VI 14
- Sprachaufzeichnung § 14 VI 76
- Stärkung des Anlegerschutzes § 14 VI 23
- Systemische Vorkehrungen § 14 VI 3
- Überregulierung § 14 VI 22
- Unterschiedliches Schutzniveau § 14 VI 65
- Unterschrift des Anlageberaters § 14 VI 146 ff.
- Unterschrift des Kunden § 14 VI 154
- Vermögensverwaltung § 14 VI 55
- Vertreter § 14 VI 41
- Vertriebsvorgaben § 14 VI 11
- Verwendungsverzeichnis § 14 VI 9
- Verzicht auf das Beratungsprotokoll § 14 VI 12
- Vorbereitendes Gespräch § 14 VI 49
- Wesentliche Anliegen und deren Gewichtung § 14 VI 112
- Zuwendungen § 14 VI 9
- Zuwendungsverzeichnis § 14 VI 9

Berichtspflicht § 8 1; § 9 1
- Adressaten § 9 4 ff.
- Berichtszeitraum § 9 56 ff.
- Dauerhafter Datenträger § 9 17
- Einzelmitteilungen § 9 71 ff.
- E-Mail-Verkehr § 9 17
- Empfänger § 9 4 ff.
- Eventualverbindlichkeiten § 8 8
- Finanzportfolioverwaltung § 9 8
- Form des Berichts § 9 14 ff.
- Gebühren und Entgelte § 9 44 ff.
- Gegenstand des Berichts § 9 4 ff.
- Informationen § 8 2
- Inhalt § 9 28 f.
- Regelmäßige Aufträge § 8 7
- Standardcodes § 8 4
- Unverzüglich § 8 3
- Vergleich der Wertentwicklung § 9 48 f.
- Verluste § 9 82 ff.
- Vermeidung einer doppelten Information § 8 5
- Wohlverhaltensrichtlinie § 2 66

Best Execution § 11 1 ff.

C
Churning § 13 19
Compliance-Beauftragter § 12 119

Compliance-Funktion § 12 119
Compliance-System § 12 47
– Three lines of defence-Modell
  § 12 51, 55

D
Dauerhafter Datenträger § 3 1

E
Einholung von Kundenangaben
  § 6 1 ff.
– Besonderheiten bei professionellen Kunden § 6 17
– Einkommen § 6 27
– Finanzielle Verhältnisse § 6 24
– Sinn und Zweck der Regelung
  § 6 12
– Vermögenswerte § 6 32
Execution Only-Geschäfte § 7 1

F
Finanzportfolioverwaltung bei
  Privatkunden § 5 70
– Art der Finanzinstrumente § 5
  78
– Art der Geschäfte § 5 78
– Bewertungshäufigkeit § 5 76
– Bewertungs- oder Vergleichsmethode § 5 72–74
– Delegation § 5 77
– Einschränkungen § 5 78
– Managementziele § 5 75
– Risikoniveau § 5 75
Front Running § 13 24

G
Geeignete Gegenpartei als Kundenkategorie § 2 2
Gesamtentgelt § 11 21

H
Herabstufung einer geeigneten
  Gegenpartei § 2 51 ff., 63
Heraufstufung auf Antrag des
  Kunden § 2 24 ff.
Heraufstufung Privatkunde zu
  professionellem Kunden § 2
  21 ff.
Historische Wertentwicklung § 4 27

Honoraranlageberatung § 5b 2
– Hinreichende Anzahl von Finanzinstrumenten § 5b 3
– Hinreichende Streuung § 5b 6

I
Informationen für Privatkunden
  § 5 50 ff.; § 4 1–46
– Allgemeine Vertragsbedingungen § 5 52
– Anlageberatung § 5 79 ff.
– Eigene Informationen und
  Dienstleistungen § 5 53 ff.
– Eindeutigkeit § 4 17
– Empfehlungen von Finanzinstrumenten § 5 108
– Fernabsatzverträge § 5 105
– Finanzportfolioverwaltung § 5
  70 ff.
– Garantie durch einen Dritten
  § 5 86
– Invitatio ad offerendum § 4 45
– Irreführend § 4 17
– Kongruenz § 4 43
– Kosten und Nebenkosten § 5
  87 ff.
– Prospekte § 5 85
– Rechtzeitigkeit § 5 96 ff.
– Redlichkeit § 4 17
– Steuerliche Behandlung § 4 41
– Telefonischer Vertragsabschluss § 5 103
– Zugänglichmachen § 4 10
„Information overload" § 5 11
Informationsblätter § 5a 1–36
– Kostenangaben § 5a 30
– Risikoangaben § 5a 20
– Szenariodarstellung § 5a 26
– Verständlichkeitsgrundsatz
  § 5a 12
– Wesentlichkeitsgrundsatz § 5a
  8
Informationspflicht § 2 57; § 11 38
– Änderung der Kundeneinstufung § 2 57 f.
– Inhalt § 11 41 ff.
– Schriftformerfordernis § 2 59,
  60
– Umfang § 11 39

- Zurverfügungstellung § 11 45
- Zustimmungserfordernis § 11 40

Interessenkonflikte § 13 1
- Ablauforganisation § 13 68
- Abweichendes Interesse am Ergebnis § 13 21
- Arten von Interessenkonflikten § 13 15
- Aufzeichnung § 13 30
- Außerordentliches Provisionsinteresse § 13 25
- Bagatellgrenze § 13 13
- Beaufsichtigung von Mitarbeitern § 13 10
- Begriff des Interessenkonflikts § 13 13
- Beteiligung § 13 40
- Beteiligung eines Mitarbeiters an verschiedenen Wertpapierdienstleistungen § 13 10
- Bevorzugung haus-, konzern- oder verbundeigener Produkte § 13 21
- Compliance-Funktion § 13 27
- Compliance-relevante Informationen § 13 35
- Conflict Clearing § 13 28
- Deal Logging § 13 29
- Einzelfallbezogene Prüfungshandlungen § 13 28
- Faktischer Aktienkonzern § 13 41
- Finanzieller Anreiz § 13 22
- Fortlaufende Analyse § 13 27
- Geschäftsleitung § 13 43
- Geschäfts- oder Umsatzinteresse § 13 13
- Grundsätze für den Umgang mit Interessenkonflikten § 13 6
- Identifizierung von Interessenkonflikten § 13 13
- Insiderhandelsverbot § 13 47
- Interessenkonfliktmatrix § 13 27
- Interessenkonflikt-Policy § 13 10
- Keine generelle Pflicht zur Vermeidung von Interessenkonflikten § 13 14
- Kenntnis/Kennenmüssen von Interessenkonflikten § 13 41
- Kleinst- und Minimalkonflikte § 13 13
- Konfliktregister § 13 27
- Kontrolle § 13 18
- Konzernweite Betrachtung § 13 36
- Mitarbeiter § 13 2, 17
- Offenlegen § 13 11
- Organisationspflichten § 13 2
- Personelle Segmentierung § 13 51
- Prüfungspflicht § 13 26
- Risikoanalyse § 13 27
- Swap-Geschäft § 13 20
- Tochterunternehmen § 13 18
- Unabhängigkeit der Mitarbeitervergütung § 13 10
- Unternehmensgruppe § 13 37
- Verbundene Unternehmen § 13 18
- Verhaltenspflichten § 13 5
- Verhältnismäßigkeitsgrundsatz § 13 35
- Verhinderung unsachgemäßen Einflusses § 13 10
- Vertriebsvorgaben § 13 7
- Vorteilserzielung/Verlustvermeidung zu Lasten von Kunden § 13 19
- Zuwendungen § 13 25

K

Katalog von Informationen über das Wertpapierdienstleistungsunternehmen und seine Dienstleistungen § 5 53 ff.
- Anlegerschutz § 5 65
- Aufsichtsbehörde § 5 60
- Berichte § 5 62–64
- Interessenkonflikte § 5 67
- Kommunikationsmittel § 5 59
- Name und Anschrift § 5 56
- Sprache § 5 57
- Vermittler § 5 61

Kunde § 2 3

Kundenangaben § 6 1 ff.
- Einholung § 6 1

- Finanzielle Verhältnisse § 6 3
- Geeignetheit § 6 4
- Kenntnisse und Erfahrungen § 6 3 45
Kundeneinstufung § 2 17
Kundeninformation § 5 1
- Allgemeine Anforderungen § 5 23
- Allgemeine Beschreibung (Art und Risiken) § 5 24
- Erfüllung der Informationspflichten § 5 14
- Fehlende Sachkunde § 5 21
- Information über Finanzinstrumente § 5 23
- Kundeneinstufung § 5 29
- Mindestanforderungen § 5 1
- Standardisierbare Einheitsinformation § 5 8–10
- Teilinformationen § 5 20
- Übermaß an Informationen („information overload") § 5 11
- Umfang der Informationspflichten § 5 11–13
- Weitergehende Informationen § 5 16

L
Letztentscheidungsrecht § 2 28

M
Mitteilung wesentlicher Änderungen § 5 111 ff.

N
Nicht komplexe Finanzinstrumente § 7 1
- Information des Kunden § 7 6
- Negativdefinition § 7 8

P
Parallel Running § 13 24
Privatkunde § 2 2
- Heraufstufungsoption § 2 23
Professioneller Kunde § 2 2

Q
Qualifizierte Geldmarktfonds § 14a 16 ff.

R
Risiken der Finanzinstrumente § 5 31, 37
- Einschusspflichten § 5 45
- Hebelwirkung § 5 38
- Totalverlust § 5 39
- Verknüpfung mehrerer Finanzinstrumente § 5 37, 47
- Volatilität § 5 40
- Weitere finanzielle Verpflichtungen § 5 42

S
Scalping § 13 19
Simulierte Wertentwicklung § 4 34

T
Trennbankengesetz § 13 14

V
Vergleichende Werbung § 4 23
- Aussagekraft § 4 24
- Informationsquellen § 4 25
Vertraulichkeitsbereiche (Chinese Walls) § 13 4
- Abwesenheitsvertretungen § 13 53
- Ad hoc errichtete Vertraulichkeitsbereiche § 13 52
- Beobachtungsliste (Watch List) § 13 4
- Bereichsüberschreitender Informationsfluss (Wall Crossing) § 13 4
- Chaperoning § 13 57
- Datenverarbeitungssysteme § 13 56
- Dauerhafter Datenträger § 13 91
- Gebot der Geeignetheit § 13 85
- Insiderhandelsverbot § 13 47
- Meldung § 13 70
- Need to know-Prinzip § 13 48
- Personelle Segmentierung § 13 51
- Pre-Approval § 13 77
- Räumliche Trennung § 13 55
- Sperrliste (restricted-list) § 13 4

- Supra Chinese Walls **§ 13** 60
- Telefonische Kontakte **§ 13** 56
- Unterrichtung des Kunden **§ 13** 89
- Variable Mitarbeitervergütung **§ 13** 85
- Vertraulichkeitsbereich im Vertraulichkeitsbereich **§ 13** 52

Verwahrstelle **§ 14a** 1
- Auswahl, Beauftragung **§ 14a** 5
- Einlagengeschäft **§ 14a** 1
- Fachliche Eignung **§ 14a** 6
- Informationspflichten **§ 14a** 11 ff.
- Reputation **§ 14a** 5, 6
- Treuhandkonto **§ 14a** 1, 8
- Überwachung **§ 14a** 5

W

Werbemitteilungen **§ 4** 44